The Cross-Border E-Commerce
跨境电商
阿里巴巴速卖通宝典

速卖通大学 编著

电子工业出版社
Publishing House of Electronics Industry
北京·BEIJING

内 容 简 介

跨境电商作为中国电子商务发展的最新趋势，受到了全社会越来越多的重视，大量中国卖家借助阿里巴巴速卖通平台，将产品直接售卖到全球的消费者手中，通过这条短得不能再短的交易链，获得了丰厚的回报。

但同时，跨境电商这一贸易形式，对卖家的综合素质要求比较高：卖家要对海外市场比较熟悉，对跨境物流有所把握，能够用外语进行产品介绍和客户交流，通过跨境结算拿到货款……诸如此类的门槛，让不少新卖家心生畏难，而所有的老卖家也必须持续学习，以跟上不断进化和发展的市场。

有鉴于此，阿里巴巴速卖通大学集结了最为优秀的讲师力量，通过 10 章的内容，尽可能全面、详尽地介绍了从事跨境电商、操作速卖通平台的知识和技巧，这 10 章分别是：基础操作、平台规则、市场选品、跨境物流、市场营销、数据分析、视觉美工、客户服务、跨境支付、移动业务。

本书适合所有已经从事跨境电商，或有志于此的朋友们。

让天下没有难做的跨境生意！

未经许可，不得以任何方式复制或抄袭本书之部分或全部内容。
版权所有，侵权必究。

图书在版编目（CIP）数据

跨境电商：阿里巴巴速卖通宝典 / 速卖通大学编著. —2 版. —北京：电子工业出版社，2015.7
ISBN 978-7-121-26388-0

Ⅰ. ①跨… Ⅱ. ①速… Ⅲ. ①电子商务－商业经营－经验－中国 Ⅳ. ①F724.6

中国版本图书馆 CIP 数据核字(2015)第 137315 号

策划编辑：张彦红
责任编辑：徐津平　王丽萍
封面设计：安　鹏
印　　刷：北京天宇星印刷厂
装　　订：北京天宇星印刷厂
出版发行：电子工业出版社
　　　　　北京市海淀区万寿路 173 信箱　邮编：100036
开　　本：787×1092　1/16　印张：33.25　字数：739 千字
版　　次：2015 年 1 月第 1 版
　　　　　2015 年 7 月第 2 版
印　　次：2021 年 9 月第 25 次印刷
定　　价：79.00 元

凡所购买电子工业出版社图书有缺损问题，请向购买书店调换。若书店售缺，请与本社发行部联系，联系及邮购电话：（010）88254888，88258888。
质量投诉请发邮件至 zlts@phei.com.cn，盗版侵权举报请发邮件至 dbqq@phei.com.cn。
本书咨询联系方式：010-51260888-819，faq@phei.com.cn。

序言一

阿里巴巴旗下的全球速卖通平台原本只是阿里巴巴 B2B 业务中的一个项目。因为洞察到外贸订单碎片化的趋势，速卖通业务负责人沈涤凡和核心团队在过去 5 年卧薪尝胆，披荆斩棘，硬是蹚出一条跨境电商零售之路。

有时我会觉得不可思议，难道就是这样一群普通得不能再普通的小二，帮助中国数以万计的商家把上亿商品行销海外，服务了全球超过 220 个国家和地区的消费者吗？

之前速卖通低调得令国人甚至阿里巴巴同事都感觉陌生。直到在 2014 年全球化"双十一"活动中大放异彩，单日创造的 680 万笔订单，终于让坚定地跟了我们很多年的中国卖家幸福地泪流满面。

更让我们兴奋的是在活动结束前最后一小时全球还有 211 个国家和地区的买家在下单，最后一秒还有支付记录。远在地球北极附近的格陵兰岛居然有 60 笔订单！

感谢过去 5 年中无数"中国制造"和中小外贸公司以及个人卖家的不离不弃，陪伴速卖通平台一起成长壮大，共同探索跨境电商的技巧和心得。作为平台，我们除了帮助卖家获取到全球优质流量，配以完善的跨境支付和物流解决方案以外，最重要的任务是向卖家学习，把优秀卖家的心得和我们探索的经验充分与大家分享！

跨境电子商务领域的全球竞争已经开始，而中国将首次因为拥有世界上最大的电子商务市场而重新制定电商 WTO 新秩序。这对于一直在寻找转型方向感的中国制造，对于想要全球化、国际化的本土企业，对于渴望物美价廉的中国商品的全球消费者，都是一种希望。

让天下没有难做的跨境生意！

阿里巴巴集团跨境 B2C 事业部总经理　逸方

序言二

2014年4月底，江南渐入初夏的日子，我来到绥芬河，在这个湖面依然冰封的边陲小城举行客户见面会。当地的卖家热情之高，让我惊讶。与其中一位客户随意交谈，他告诉我，之前从事传统边贸生意十余年，也做过淘宝，而现在毅然转型速卖通的原因：一是在国外社交网站上，看到越来越多的老外在"晒单"，夸耀在速卖通上买到了物美价廉的商品；二是看到物流公司的速卖通业务突飞猛进。"这两件事情，假不了！"他非常肯定地说。

电子商务在中国虽然只有短短十余年的历史，但已经经历了B2B、C2C两次创业浪潮：第一次让许多外贸公司、外贸工厂如虎添翼；第二次，淘江湖应运而生，淘宝、天猫成为网购的代名词；而现在，跨境B2C来了。

速卖通平台能够让卖家直接面对全球终端客户，这条短得不能再短的商业链，造成了多赢的局面，因而业务呈现爆发式的增长。而大量卖家，经历过B2B、C2C的历练和准备后，如上面那位绥芬河卖家一样，有勇气和能力，直面全球220多个国家的消费者。

由于不同的语言、地域、气候、国家政策、文化、消费习惯等因素，跨境电商从一开始就对卖家提出了比较高的要求，在基础操作、规则、选品、物流、营销、数据分析、视觉美工、客服、支付等电商课题上，需要有不同于国内电商业务的视野和思考。

作为直接负责卖家成长和培训的部门，速卖通大学从创立开始，就秉持"助人为快乐之本"的信念，面对市场日益急迫和汹涌的学习需求，在线上及线下，借助速卖通大学讲师团及全国合作机构、商会、院校的力量，帮助速卖通卖家提升和进步！

本书的编纂工作，集结了速卖通大学最为优秀的师资力量：汪星老师作为此次改版工作的项目负责人，以极端负责的精神，投入了大量的时间和精力，没有汪星老师的努力，就不会有此书如此高质量的出版！第1章《基础操作》由华西瓦老师负责；第2章《平台规则》由王琴老师负责；第3章《市场选品》由夏波老师、李易老师负责；第4章《跨境物流》由张旻老师、周洪老师、张何文老师负责；第 5 章《市场营销》第 1 节由李俊锋老师和上官洪贵老师负责，第 2 节由金梦璐老师、周杭老师、洪绪土老师、柯奇岐老师负责，第 3 节由胡蓉老师和邵兆莹老师负责、第 4 节由傅志明老师负责；第 6 章《数据分析》由田畑老师、张峰老师、吕鹏老师负责；第 7 章《视觉美工》由安鹏老师负责；第 8 章《客户服务》由石杨老师负责；第 9 章《跨境支付》由张峰老师和环志萍老师负责；第 10 章《移动业务》由沈婷老师、傅海姣老师和卢传胜老师负责。本书的编写得到了速卖通平台的陈威宇老师、严峻老师、杨帆老师、邹丹老师，速卖通大学讲师团队的丁晖老师、查林涛老师、徐振南老师、唐霞老师、谢峰老师，速卖通规则团队的陆媛昕老师、张舟飞老师，速卖通产品团队的谢瑛老师、刘莎莎老师，菜鸟物流团队的伊那、观取、襄飑、唐玄、容嘉等诸位老师的大力支持和耐心指导，在此一并感谢！

由于电子商务时时刻刻都在高速进化，永远是 Beta 版本，本书的内容只是对应截稿时的速卖通页面、规则、数据和经验之谈。另外，由于水平有限，时间仓促，难免有不足之处，请各位同行及读者不吝提出宝贵意见和建议。

最后，愿此书能帮助所有从事跨境电商的朋友们取得更好的业绩！

速卖通大学　横刀

序言三

作为本书的作者之一,我很荣幸受到速卖通大学的邀请,代表速卖通大学讲师团为本书作序。

中国电子商务的兴起只有短短十余年的时间,我可以算作中国电子商务大潮第一拨的参与者,这十多年来我一直坚信电子商务必将成为中国经济贸易的核心组成力量。当最早的阿里巴巴国际站出现在我面前的时候,我毅然转变了公司发展方向,从参加展会、洽谈接单到生产发货的传统贸易形式,转为线上接单的电商贸易模式。阿里巴巴集团推出全球速卖通这一平台后,跨境B2C这一片巨大的蓝海就展现在我面前,当时的兴奋心情是不言而喻的,我几乎没有犹豫就加入了速卖通,成为第一批速卖通卖家。

几年来,速卖通平台的发展大家有目共睹,各类卖家源源不断地加入。但是跨境B2C在语言、物流、支付、产品等多方面,相比其他的电商模式,有更高的要求。这样就使很多的卖家陷入了想提升却不知如何操作的困境。国际市场如此庞大和复杂,让中国的卖家们憧憬却迷惘。

基于此,我们以最大的诚意推出了本书,作为速卖通大学的讲师,同时也是速卖通的普通卖家,我们本着一颗助人为乐的心,将自己的经验总结分享出来,奉献给更多的卖家,同时,通过对知识经验的汇总及交流,我们自己也获得了提升。

下面我们邀请各章节的作者,对各章节进行简要介绍。

华西瓦老师:"我负责的第1章有关基础操作,也是全书的开篇,里面的内容都是我的经验教训,并且融入了运营思路,仅作为抛砖引玉之用,希望能帮助各位读者快速上手,有一个比较高的起点。祝福大家在速卖通的道路上,越走越稳,前程似锦。"

王琴老师:"互联网将零售业这个古老的职业发展到了全球化的新高度,无规矩不成方圆,要遵守规则安全出海。第2章从注册、发布、交易、放款、评价、售后等方面,详细介绍了速卖通平台的规则,是速卖通初学者重要的前导必修课程。"

夏波老师、李易老师："通过第 3 章的学习可以帮助读者系统地了解站内选品的思路，对什么是行业选品，什么是类目选品，什么是产品选品等关于选品的问题有新的认识。"

张旻老师、周洪老师、张何文老师："充分掌握跨境物流知识有助于卖家适时地选择恰当的物流方式，相反，若选择不当则很可能造成财货两空，还影响了账号的健康经营。好的运费模板可以吸引买家购买，提高店铺转化率；如果运费模板设置不当则很可能让你错过订单，或导致一些不必要的纠纷产生。"

李俊锋老师、上官洪贵老师、周杭老师、金梦璐老师、洪绪土老师、柯奇岐老师、胡蓉老师、邵兆莹老师、傅志明老师："营销是本书的重点，我们从站内营销工具的使用，讲到站内付费营销，然后是平台大促，最后介绍了全球主流的 SNS 玩法，带领读者深入了解利用 SNS 进行速卖通店铺推广和营销的步骤。"

田畑老师、张峰老师、吕鹏老师："第 6 章数据分析以数据指标说明开始，提供各种应用案例，涵盖行业对比、选品开发、店铺监控、商品分析、打造爆款等内容。不论你是基础卖家、进阶卖家，还是超级卖家，在这一章都能找到适合自己的那部分。作者重点推荐'店铺流量来源分析'和'自有商品分析'这两节。"

安鹏老师："点击率与转化率都与视觉相关，优质的视觉可以做到品牌溢价，由数据可证明要想做好销售，必须做好视觉。如何做出高点击量的图片、高转化率的详情面、高档次的品牌形象，是视觉营销的关键。第 7 章将带领读者进入视觉营销的殿堂。"

石杨老师："客户服务能力对于跨境电商零售至关重要。第 8 章无私地提供了多名外贸销售达人在线询盘模板，完全属于干货，让跨境沟通零障碍，让差评纠纷无影踪，习读本章，读者将迈出提升服务第一步。"

张峰老师、环志萍老师："跨境支付一直是交易中困扰大部分卖家的问题，很多时候卖家愿意协助买家完成支付但是心有余而力不足，第 9 章从多个角度、多个方面，分别对目前平台上支持的支付方式进行了完整的介绍。"

沈婷老师、傅海姣老师、卢传胜老师："无线端日益成为跨境电商的重要战场，速卖通平台对此高度重视，并投入了大量的资源进行开发和推进。第 10 章介绍了无线端的行业和国家分布、买家访问特征，以及获取无线端流量和提升转化率的技巧。"

跨境电子商务时时刻刻处于高速发展的状态，我们不能刻舟求剑，速卖通大学讲师团也必将跟随速卖通平台一起成长，不断进步、不断创新和总结，这样才能更好地帮助大家。也希望更多的高手能带着自己的成功经验加入我们讲师团，为广大速卖通卖家学员提供更多优质的分享！

速卖通大学讲师团　张峰

目录

第 1 章 基础操作 1
  1.1 开通商铺 4
    1.1.1 注册账号 4
    1.1.2 实名认证 7
  1.2 管理产品 10
    1.2.1 产品发布 10
    1.2.2 产品管理 59
    1.2.3 模块管理 69
    1.2.4 管理订单通知 88
  1.3 交易管理 89
    1.3.1 管理订单 89
    1.3.2 交易评价 92

第 2 章 平台规则 96
  2.1 注册规则 97
  2.2 发布规则 97
    2.2.1 禁售、限售规则 97
    2.2.2 知识产权规则 98
    2.2.3 搜索排序规则 100
    2.2.4 搜索作弊及行业规则 100
  2.3 交易规则 103
    2.3.1 成交不卖与虚假发货 104
    2.3.2 货不对版与违背承诺 105

	2.3.3	不正当竞争与不法获利	105
	2.3.4	信用与销量炒作	106
	2.3.5	促销规则	106
	2.3.6	物流与纠纷规则	106
2.4	放款规则		107
	2.4.1	一般放款规则	107
	2.4.2	特殊放款规则	107
2.5	评价规则		108
	2.5.1	评价积分规则	108
	2.5.2	评价修改和评价申诉	109
2.6	售后规则		110
	2.6.1	限时达	110
	2.6.2	商品保障服务	111
	2.6.3	卖家服务等级	112

第3章 市场选品 116

3.1	站内选品		117
	3.1.1	行业选品	117
	3.1.2	类目选品	120
	3.1.3	产品选品	124
	3.1.4	直通车选品	128
	3.1.5	国家站选品	132
	3.1.6	潮流趋势选品	133
3.2	站外选品		134

第4章 跨境物流 140

4.1	邮政物流介绍		141
	4.1.1	EMS 介绍	141
	4.1.2	ePacket 介绍	142
	4.1.3	中国邮政大、小包介绍	143
	4.1.4	其他国家或地区的邮政小包介绍	145
4.2	商业快递介绍		146
	4.2.1	TNT 介绍	146
	4.2.2	UPS 介绍	148
	4.2.3	FedEx 介绍	149
	4.2.4	DHL 介绍	151

4.2.5　Toll 介绍 152
　　　4.2.6　SF Express 介绍 153
4.3　专线物流介绍 154
　　　4.3.1　Special Line-YW 介绍 154
　　　4.3.2　Russian Air 介绍 155
　　　4.3.3　Aramex 介绍 156
　　　4.3.4　芬兰邮政介绍 157
　　　4.3.5　中俄快递－SPSR 介绍 158
4.4　其他物流方式介绍 159
4.5　物流模板设置 159
　　　4.5.1　认识新手运费模板 159
　　　4.5.2　新建运费模板 161
4.6　速卖通线上发货 170
　　　4.6.1　什么是速卖通线上发货 170
　　　4.6.2　线上发货的优势 171
　　　4.6.3　线上发货的操作流程 171
4.7　海外仓集货物流 176
　　　4.7.1　海外仓产品运费模板设置 176
　　　4.7.2　海外仓产品运费模板选用 179
　　　4.7.3　海外仓产品前台展示 182
　　　4.7.4　海外仓产品涉及的增值税 185
4.8　国际物流网规认识 191

第 5 章　市场营销　193

5.1　速卖通营销 194
　　　5.1.1　店铺自主营销 194
　　　5.1.2　联盟营销 216
　　　5.1.3　店铺首页营销 221
　　　5.1.4　橱窗营销 223
　　　5.1.5　淘代销 225
　　　5.1.6　关联营销 227
　　　5.1.7　平台活动 229
5.2　速卖通直通车 237
　　　5.2.1　什么是速卖通直通车 237
　　　5.2.2　直通车基础概况 243
　　　5.2.3　利用直通车获取流量 258

5.2.4	提高直通车转化率	276
5.2.5	直通车推广策略	290

5.3 速卖通大促 314
    5.3.1 大促的意义 314
    5.3.2 大促中的卖家 314
    5.3.3 大促王牌活动 315
    5.3.4 卖家的大促计划 317
    5.3.5 大促的未来 318

5.4 SNS营销 318
    5.4.1 海外社交网站的分类 318
    5.4.2 海外社交网站及其使用方法 319
    5.4.3 如何办一场社交活动 332
    5.4.4 实用社交工具介绍 333

第6章 数据分析 334

6.1 数据分析导论 335
    6.1.1 目标和定位 335
    6.1.2 为什么要做数据分析 335
    6.1.3 数据分析要做什么 336

6.2 行业数据分析 336
    6.2.1 行业情报 336
    6.2.2 选品专家 340
    6.2.3 搜索词分析 346

6.3 店铺经营分析 348
    6.3.1 全球市场实时风暴 348
    6.3.2 店铺概况分析 348
    6.3.3 店铺流量来源分析 352
    6.3.4 装修效果分析 355
    6.3.5 自有商品分析 356

第7章 视觉美工 370

7.1 视觉营销的定义和重要性 371
    7.1.1 从平台的角度去看视觉的重要性 371
    7.1.2 从数据方面去看视觉的重要性 373

7.2 视觉规范化的实施和应用 376
    7.2.1 视觉规范化的重要性 376

		7.2.2	视觉规范化——图片尺寸	377
		7.2.3	视觉规范化——图片品质	378
		7.2.4	视觉规范化——图片命名	379
		7.2.5	视觉规范化——其他	380
	7.3	文案策划		381
		7.3.1	店招文案	382
		7.3.2	海报文案	383
		7.3.3	详情文案	383
	7.4	点爆广告图		384
		7.4.1	主图设计	385
		7.4.2	海报图设计	387
	7.5	速卖通旺铺装修基础操作		390
		7.5.1	基础模块下的首页设计	390
		7.5.2	店招板块	392
		7.5.3	图片轮播板块	393
		7.5.4	商品推荐板块	394
		7.5.5	自定义内容区	397
	7.6	速卖通旺铺装修进阶篇		400
		7.6.1	功能店招	401
		7.6.2	全屏海报	403
		7.6.3	广告墙	404
		7.6.4	分类导航	405
		7.6.5	自定义模块	406
		7.6.6	产品信息模块	407
	7.7	页面上线五步法		409
		7.7.1	操作切片工具	409
		7.7.2	上传图片	411
		7.7.3	调整代码	412
		7.7.4	发布网页代码	414
		7.7.5	测试优化	417

第 8 章 客户服务 419

8.1	电子商务中的沟通技巧		420
8.2	电子商务沟通的重要性及速卖通询盘技巧		422
	8.2.1	沟通的重要性	422
	8.2.2	沟通的概念	423

8.2.3　速卖通询盘回复中的沟通模板（留言和站内信通用） 423
8.3　海外客户的速卖通初体验 428
　　8.3.1　速卖通的销售对象 428
　　8.3.2　客户操作的平台和我们有何不同 428
　　8.3.3　解决买家可能遇到的问题 432
　　8.3.4　为什么订单会关闭 435
　　8.3.5　无法完成付款的原因（英文版） 436
8.4　信用评价 437
　　8.4.1　速卖通信用评价的规则 438
　　8.4.2　出现中差评的原因 442
　　8.4.3　完善服务，给客户留下美好初印象 443
　　8.4.4　如何解决差评问题 446
8.5　用智慧拥抱纠纷 448
　　8.5.1　速卖通纠纷规则 448
　　8.5.2　纠纷对卖家有什么影响 450
　　8.5.3　如何解决纠纷 452
　　8.5.4　卖家服务等级与ODR 465

第9章　跨境支付 470

9.1　收款账户设置 471
　　9.1.1　收款账户的类型 471
　　9.1.2　创建、绑定和修改支付宝收款账户的流程 471
　　9.1.3　注册和激活支付宝 472
　　9.1.4　查询银行的Swift Code 473
　　9.1.5　支付宝账户认证流程 475
　　9.1.6　创建美元收款账户 475
　　9.1.7　美元收款账户相关问题 476
9.2　速卖通收费标准 477
9.3　卖家提现 477
9.4　国际支付宝简介 479
　　9.4.1　如何申请国际支付宝账户 479
　　9.4.2　国际支付宝常见问题 480
　　9.4.3　国际支付宝卖家保护指南 482
9.5　买家支付方式介绍 484

第 10 章 移动业务 488

10.1 认识无线端 489
10.1.1 为什么要运营无线端 489
10.1.2 无线端买家的访问时间和频次 489
10.1.3 从买家角度体验无线端 490
10.1.4 以 Android App 为例了解无线端 492
10.1.5 无线店铺 496

10.2 无线端营销工具 500
10.2.1 手机专享价 500
10.2.2 二维码 505

10.3 卖家如何运营无线端 505
10.3.1 无线流量获取技巧 505
10.3.2 无线端转化率的提升技巧 509

第1章

基础操作

本章要点：
- 开通商铺
- 管理产品
- 交易管理

1. 速卖通的定位与使命

速卖通（www.aliexpress.com）是阿里巴巴集团帮助中小企业直接与全球的个人消费者在线交易的跨境电商平台，集合商品展示、客户下单、在线支付、跨境物流等多种功能于一体，实现小批量、多批次快速销售，拓展利润空间。在全球贸易新形势下，全球买家的采购方式正在发生剧烈变化，小批量、多批次正在形成一种新的潮流，在这种大形势下，速卖通应运而生，帮助更多的个人消费者直接上网采购，直接在线支付货款，通过跨境物流拿到商品，让买家和卖家实现了双赢。

无论你是否具有外贸经验，速卖通都可以帮你实现 3 分钟商品上架、3 小时处理买卖信息、获得订单、3 天通过快递将商品发往全球。在买家收货、确认付款之后，立刻拿到属于你的高额利润！

速卖通平台的核心优势如图 1-1 所示。

图 1-1

2. 速卖通的发展历程

速卖通平台于 2010 年 4 月正式发布，一直在海外主流网站、电视、报纸、杂志等媒体投放巨额广告，利用 SNS、电子邮件等方式扩大其在海外的影响，精确锁定海外买家，导入海量访问流量。2014 年，速卖通首次开启"双十一"，立志打造全球的购物狂欢节，通过买断全球流量、发放千万美元优惠券等方法促进销量，最终总订单超过 680 万笔，订单量点亮全球。

时至今日，速卖通平台的交易额增长已超过千百倍，每天有来自近 220 多个国家和地区的订单，数以百万计的海外消费者在速卖通平台上采购商品，速卖通平台已经培育了大量优秀卖家，目前的速卖通平台正处在高速发展时期。

也许你曾为错过 2003 年的淘宝而懊恼不已，现在你还能错过今天的速卖通吗？快快加入吧！

3. 玩转速卖通的基本思路

为了帮助大家更好地理解速卖通，我会先讲解一下速卖通平台的一些基本运营思路。

我们知道，实体店铺如果想要运营得好，实现较高的收益，首先，店铺所贩卖的产品要吸引人，品质要好，这样顾客才会选择购买你的产品，才会有回头客，而不是每次都是一锤子买卖。其次，选址也非常重要，店铺应该开在一个比较繁华、客流量比较大的地方，因为酒香也怕巷子深。

速卖通平台上的"网上店铺"想要运营得好，和实体店铺其实是有相通之处的。首先，我们产品本身也要求品质优良，物美价廉，这是货源的问题，而且店铺选品要符合国际市场和网络平台的特性，这个我们下文会再做详细介绍。其次，速卖通店铺同样需要充足的客流量，也就是引流。

先说第二个，流量。我们知道做电商一定离不开流量，本书将会教给你许多获得流量的方法，包括直通车、站外营销等操作起来有较高难度的引流工具。但是最核心的也是最基础的，还是平台内部搜索引擎所带来的流量，这些流量的获得入门简单，体量庞大，同时是可以免费获得的。

我们知道买家到速卖通进行购物，多数情况下是在通过搜索引擎输入关键词进行消费筛选，然后速卖通平台的搜索引擎就会反馈给买家一个产品的列表，就像我们用天猫购物一样。比如搜索"手表"（Watch），那么就会出现上百万件商品，会有成百上千页的结果。买家会把这些产品页面全部浏览吗？肯定不会。一般来说前 3 页的商品列表可能就已经占据了 90% 的流量，也就是说大多数的买家不会浏览第 3 页以后的商品（不同的产品有不同的情况，比如女装类目，买家浏览页面会更多一些），而这 90% 的流量，大多数又会被首页所抢占，总而言之产品在搜索引擎的排名中越靠前，产品所获得的流量就越多，而且这种流量是可以免费获取的。从平台角度来说，它会挑选其中买家认可度高，销量大，好评多，不违规的产品，让其排名靠前。这种产品，我们称之为爆款。

所以，如果想要玩转速卖通，我们就需要引流，而引流最为重要的一个方法，就是打造爆款。当然，爆款并不仅仅是为了引流，这个话题我们暂且按下不表。

再来说说第一个，选品。首先，如果还没有确定该卖什么产品的话，那么就需要选品，或者说选择类目，选择货源。因为部分类目竞争激烈但是市场份额较大，部分类目竞争度较小但是市场份额也较小，所以选择类目要看实际情况而定，不要盲目追求竞争度较小的类目。其次，如果确定了要卖的产品，就会出现新的问题。我们刚才讨论过关于打造爆款的重要性，但是我们不可能把店铺内所有的产品都打造成爆款，特别对于新手来说难度更大，我们能做的只是从自己的产品库里面，挑选几件产品出来打造爆款，那么该挑选哪个产品呢？解决这个问题的答案就是选品。这个在本书的后面有一个章节专门介绍。

假设我们知道了做速卖通打造爆款很重要，同时也学会了选品，那么然后该做什么呢？在上述的大方向明确了之后，简单来说，下面我们只需要做好两件事：发布产品，营销推广。

这两件事说简单也简单，说难也难。因为想要把这两件事做得足够好，门道很多。发布产品很大程度上影响了买家是否会形成最终的购买决定，同时也很大程度上影响了产品排名的问题，也就是说我们第一步必须发布出优质的产品详情页，才有可能后续打造出爆款。发布产品是店铺一切工作的基础，我们会在本章为大家好好讲解这个基础而又重要的工作。营销推广，新手可以简单地理解为一个加速店铺成长的过程，尤其是当卖家的营销能力还有所欠缺的时候。所以新手卖家不要太依赖于营销，它只是一个锦上添花的东西，不能够雪中送炭。对于新手，苦练基本功才是王道。

最后整理一下我们的思路。想要做好速卖通，首先我们需要优质的商品和流量，也就是说我们需要打造爆款，为了打造爆款，首先我们要选品，发布高品质的产品，然后我们对其进行营销推广。这就是运营速卖通的一个基本思路。让我们开始我们的速卖通之旅吧。

1.1 开通商铺

1.1.1 注册账号

想要开店，首先要有一个账号。

先来注册一个账号吧！打开 www.aliexpress.com 并单击"免费开店"按钮，如图 1-2 所示。

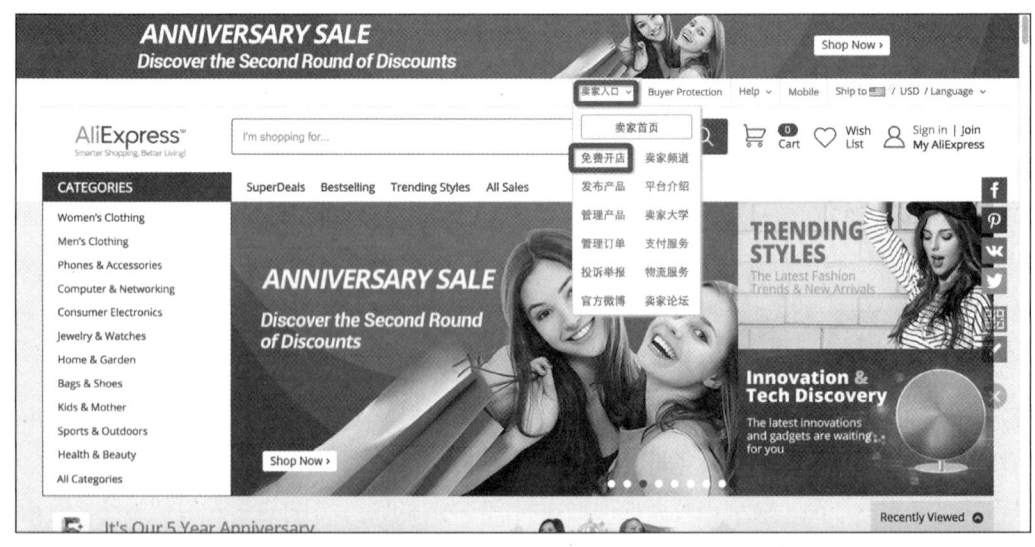

图 1-2

输入一个电子邮箱地址，并正确输入验证码，如图 1-3、图 1-4 所示。

图 1-3

图 1-4

单击"立即查收邮件"按钮，并单击邮件中的"立即注册"按钮，如图 1-5 所示。

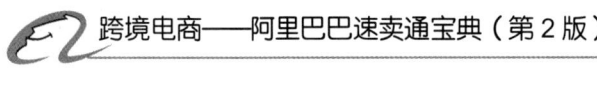

图 1-5

填写账户信息，如图 1-6、图 1-7 所示。要注意密码不要过于简单。

图 1-6

图 1-7

填写好注册信息后单击"确定"按钮，在弹出的对话框中输入手机校验码，即可完成注册，如图 1-8 所示。

第 1 章 基础操作

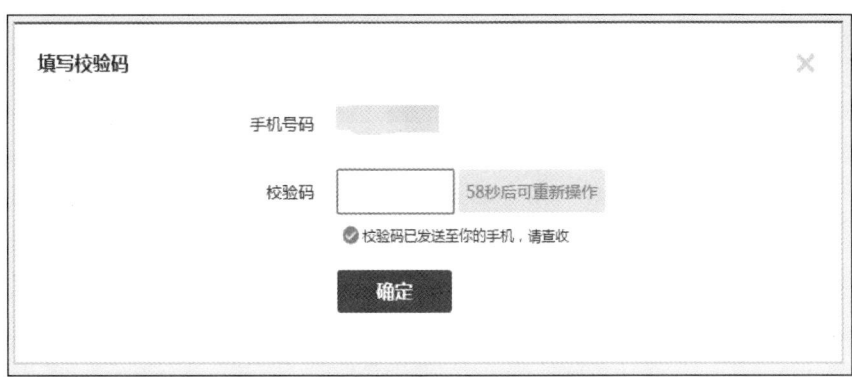

图 1-8

1.1.2 实名认证

单击"马上认证"按钮会跳转至支付宝页面,登录已通过实名认证的支付宝账号,如图 1-9 所示。

图 1-9

单击"个人实名认证"或者"企业认证"按钮,登录支付宝账号,即可通过实名认证,如图 1-10 所示。

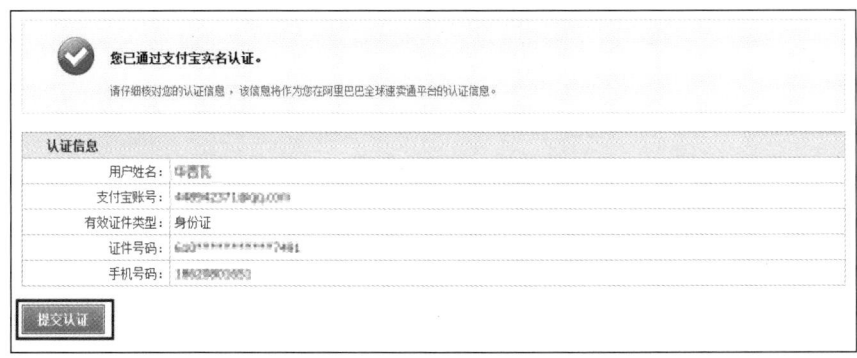

图 1-10

7

身份实名认证成功后,即可开始填写个人真实信息,如图1-11、图1-12所示。

图 1-11

图 1-12

个人真实信息填写完毕,单击"提交审核"按钮,即可完成实名认证,如图 1-13 所示。

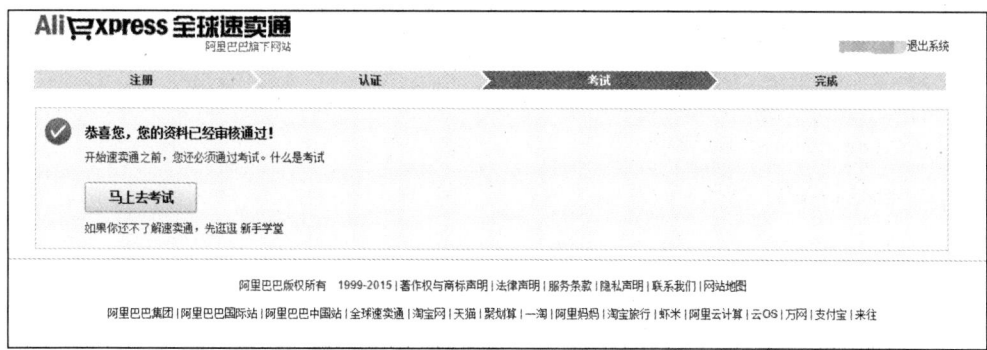

图 1-13

接下来我们将面临开店前最后一项考验——开店考试,如图 1-14 所示。

图 1-14

开店考试是开卷考试,每道题的右侧,都有相关的知识点供我们学习。每题 2 分,共 50

道题，满分 100 分，90 分及格，如图 1-15 所示。

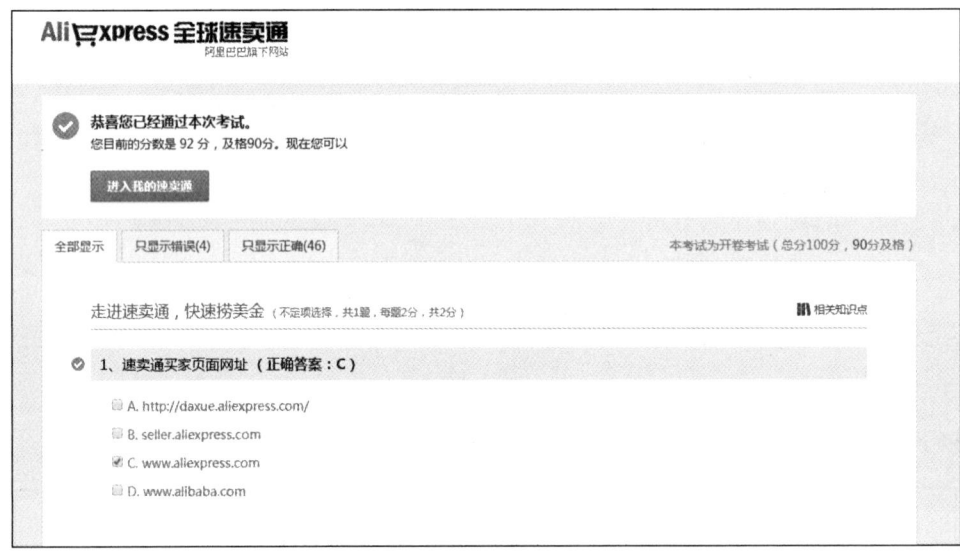

图 1-15

当我们通过自己的努力，通过开店考试之后，就可以正式开始速卖通之旅。

1.2 管理产品

1.2.1 产品发布

1.2.1.1 选品

究竟什么是选品？选品的目的是什么？

一般认为，商业的本质就是利益最大化。在运营、推广的过程中，总会遇到各种各样的问题，有些产品好卖，有些产品不好卖。有的产品在短时间之内就可以被打造成爆款，有的产品可能永远都不会成为爆款。举个例子，假设一家人一起去超市买蔬菜，看到番茄今天 5.58 元一斤，不经常买菜做饭的人可能什么想法都没有，但是家庭其他成员可能立刻会说："今天的番茄涨价了。"这简单的一句话其实包含了很多信息，首先他们知道今天的番茄贵，意味着他们知道之前番茄每一天的价格，在他们的大脑里对比之后判断出今天的番茄涨价了。其次，今天的番茄从品质来说和之前的区别不大。那么为什么不经常买菜的人看到番茄 5.58 元一斤不会觉得贵呢？原因是不了解市场，不能判断这个价位和历史水平相比是偏高还是偏低，品质是偏好还是偏差，所以才无法判断情况。

做速卖通也是一样，我们想要打造爆款，我们就要选择比较容易打造成爆款的商品。所谓比较容易意思就是说，市场上比较稀缺，买家需求相对比较大，而且竞争不太激烈，而我们的产品相对市场平均水平来说品质好，价格低。当然不可能这么多条件都满足，但是我们会尽量找到这样的产品，来把他们打造成爆款，这会节约我们的时间和金钱。

也就是说，选品的过程，其实就是一个先了解市场，再做出决策的过程。

选品12字诀：

- 人无我有——找到平台竞争比较小的蓝海产品线。
- 人有我优——优化产品信息展示，严把产品质量关，做口碑。
- 人优我特——特种产品，小需求也有大市场。

用一句话来解释选品的意义就是：保证推广爆款工作的成功。

接下来先简单介绍一些与选品相关的知识，有助于读者更好地理解本章的内容。

什么是引流款，利润款？引流款，即为店铺提供流量的产品，其曝光度高，点击率高，一般利润比较低。利润款，即能为店铺提供利润的产品，靠引流款带动销量。

那么什么是爆款？爆款和引流款的区别是什么？引流款，其实也可以被称作预爆款或小爆款。爆款，可以理解为是最大的引流款。

为了能更深入地了解市场，接下来简单介绍一下产品的生命周期，如图1-16所示。

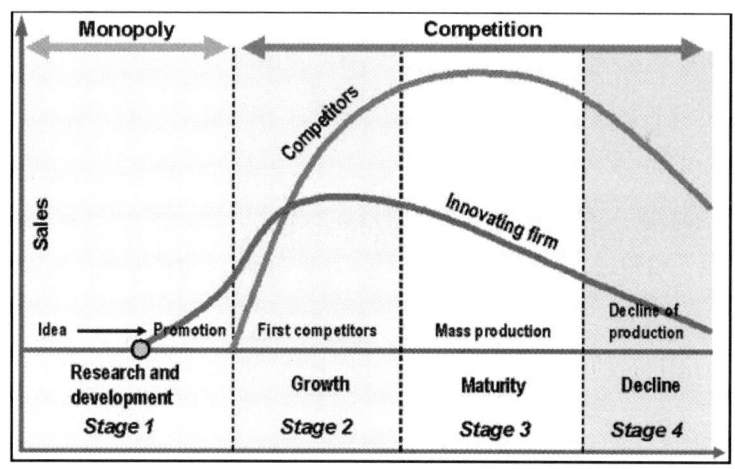

图 1-16

任何一个产品一般都会在市场上经历4个阶段。

阶段一：研究与开发阶段（Research and Development）。

产品从一个概念（Idea）起步，我们看创新曲线（Innovating firm），在第一阶段研发曲线上升得最快，但是这个阶段还没有竞争对手，属于垄断阶段（Monopoly）。

阶段二：成长阶段（Growth）。

这个阶段创新曲线达到顶峰并开始下滑，同时竞争对手开始出现，并且快速增加，在接近顶峰的时候进入下一个阶段。

阶段三：成熟阶段（Maturity）。

成熟阶段竞争对手数量达到顶峰，创新曲线继续下滑。这个阶段从经济学角度来说叫作完全竞争市场，这个阶段市场规模可能是最大的，但是利润率一般不如前两个阶段。同时由于有了利润所以没有人愿意退出，但由于竞争足够激烈，也没有人愿意再进入这个市场。

阶段四：衰退阶段（Decline）。

在这一阶段，产品不再继续研发和改进，由于市场充斥了过多产品，供大于求，利润率继续下降。某些产品会出现价格战。竞争对手开始退出，市场开始萎缩。

做生意就是为了赚钱，我相信绝大多数人都是这么认为的。那么你希望在一个产品的生命周期中的哪个环节介入呢？

首先，肯定不是第三、第四阶段，因为这两个阶段利润率都开始下降。

那么第一阶段呢？一般绝大多数人都不具备研发产品的能力，即使有研发产品的能力，研发产品也会耗时耗力，而且并不能保证产品成为今后市场的潮流。

那么答案就很明确了，在第二阶段介入是最好的，同时也是比较现实的选择。精确点来说，我们希望在第二阶段进入一个市场，并且越早越好。

还记得选品的目的是什么？是为了我们推广爆款工作的成功。这个说法有点太抽象了，下面具体介绍。

小明在选品的时候，会在平台上查看销量最好的产品，看到哪些产品月销量上千件，甚至上万件，于是他就开始跟进，在投入了高昂的广告费，花费了很多心血以后，得到的效果往往不好。为什么呢？

这里试着用前面讲过的知识来解答一下。小明在这个时候介入是在产品生命周期的第几阶段？当一个产品已经成为市场上最热销的产品，那么其应该处于产品生命周期的第三阶段，市场规模达到最大。市场规模大，固然挺好，但是随之而来的是无数的竞争者，以及低利润率和激烈的竞争。所以一般新手卖家在和市场上已经成熟的大卖家进行竞争时，虽然很用心地优化产品，打理店铺，甚至花费不菲的广告费，但是效果也不太好，其中原因就在这里。

假如我们能在第二阶段就介入，赶在所有的竞争者还没有反应过来之前就开始大力推广一个产品，那么这时的推广成本一定很低。而当竞争对手反应过来时，我们已经成为了销量名列前茅的卖家，再加上二八法则，我们的生意一定会好做很多。

那么如何才能在产品生命周期的第二阶段就介入呢？笔者是是从事服装类目的，有在一个市场刚刚起步的时候就介入的成功经验，结果毫无悬念地成功打造了爆款，并且单品销量位居行业第一。

如图 1-17、图 1-18 所示，这是笔者在 2015 年 3 月 16 日下载的女装类目的热搜词数据。

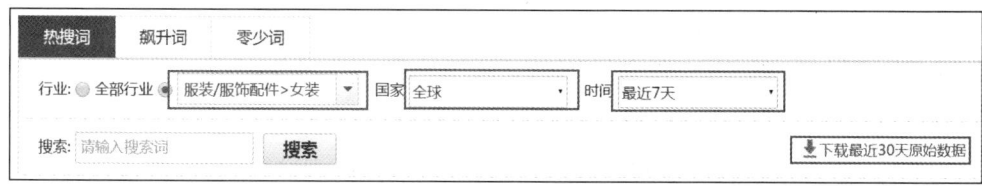

图 1-17

	A	B	D	E	F	G	H	I
1	NO.	搜索词	搜索人气	搜索指数	点击率	成交转化率	竞争指数	TOP3热搜国家
2	1	dress	133,504	1,247,559	28.68%	0.32%	87	RU,BR,US
3	2	vestidos	111,994	729,822	22.07%	0.23%	23	BR,ES,CL
4	3	dresses	75,918	697,982	25.46%	0.29%	94	RU,US,BR
5	4	women dress	86,078	661,569	30.76%	0.53%	78	US,IL,CA
6	5	платья	78,876	556,757	13.28%	0.17%	26	RU,BY,KZ
7	6	bikini	78,220	555,097	35.10%	0.80%	46	ES,US,TR
8	7	summer dress	60,691	499,924	34.80%	0.45%	79	US,RU,CA
9	8	swimsuit	57,429	488,156	29.48%	0.49%	66	RU,US,IL
10	9	vestido	70,168	376,496	30.11%	0.31%	19	BR,ES,US
11	10	skirt	50,654	376,211	30.20%	0.36%	72	RU,US,BR
12	11	платье	54,955	368,449	14.72%	0.23%	30	RU,BY,UA
13	12	jumpsuit	42,852	339,576	30.49%	0.38%	71	RU,US,ES
14	13	кардиганы	64,656	337,318	13.47%	0.09%	19	RU,BY,KZ
15	14	купальник	46,284	332,190	17.23%	0.29%	24	RU,BY,UA
16	15	jeans	57,678	312,112	25.17%	0.15%	46	RU,BY,FR

图 1-18

虽然当时还是早春，但是我们很明显地注意到"summer dress""bikini"等夏季服装的词汇，在热搜词榜上遥遥领先，而和"春装""冬装"相关的词汇则排在了几十位到几百位的位置。这说明即使在早春时节，全球买家对夏装的热情也遥遥领先于其他季节的服装。因此这个时候推夏装将是一个非常好的策略。笔者的服装店就曾通过这样的策略，花费了较少的营销推广的费用，取得了令人满意的成果。因此，选品最重要的就是顺势而为。

如果将思路放宽一些，则服装行业、饰品行业、鞋等类目都可以用这种思路选品。

实践证明，用此种方法选品的效果是非常好的，可是这里有一个问题，如何才能保证我们永远都能抓住市场的趋势，及时跟进呢？毕竟我们不可能通晓世界上所有的潮流、热门话题。

总之，选品就像是在射击时的瞄准，只有先瞄准了目标，才有可能击中目标，才会达到事半功倍的效果。但同时，选品是一项庞大而复杂的工作，不同行业的选品方式往往是天差地别。但是万变不离其宗，这里介绍选品的思路与一个通用的选品方法，抛砖引玉，希望读者在实际操作的时候活学活用，结合自身情况，聪明地选品。

还记得选品是什么吗？选品的过程，其实就是一个先了解市场，再做出决策的过程。

那么我们再具体一点，选品的三个步骤是：数据获取、数据分析、竞争力分析。下面先粗略解释一下这三个步骤。

（1）数据获取：顾名思义，就是获得我们所需要的数据，为选品工作提供原始数据。获取的数据越多，数据本身质量越高，选品的品质越高。

（2）数据分析：就是将第一步获取的数据进行加工与分析，加工的方法越巧妙，分析的角度越巧妙，所涉及的数据量越大，分析出来的结论越准确，可以为选品工作提供理论基础。

数据获取加上数据分析，其实是为了让我们了解市场，了解环境。让我们只需要花费几天，乃至几个小时的时间，就可以对一个行业，一个市场有一个比较准确的理解。

（3）竞争力分析：在前两步的基础之上，在我们对市场有一定的了解之后，就需要考虑选品的终极问题——自己的产品够不够好？哪些产品适合打造成爆款？这一步，叫作竞争力分析和竞品分析。

大致了解了选品的思路，让我们开始学习具体如何选品。

选品的数据获取途径有哪些？

- 数据纵横（搜索词分析、选品专家）。
- 卖家频道，卖家论坛。
- eBay 等外国电商网站。
- Google 搜索工具。
- 海外论坛。

这里着重介绍速卖通特有的一项工具：数据纵横。数据纵横中的数据质量高，数据量大，表现方式丰富。而这些数据只需简单几步操作就可以获得，是每一位卖家必备的工具。

数据纵横下面的子工具包含行业情报、选品专家、搜索词分析等。下面用这几个工具协同工作，完成选品的前两步：数据获取与数据分析，并且实现从行业到子类目，再到具体产品的选品历程。

首先选择行业。

因为选品必然需要了解行业情况，所以选品也可以理解为了解市场的步骤。因此无论你是因为刚进入速卖通而不知道该卖什么产品，还是有自己的公司或者工厂，已经确定要销售的产品，对于这个环节都应该了解一下。

首先打开"数据纵横"—"行业情报"页面，选择3个比较有代表性的类目：男装、女装、婚礼及重要场合，如图1-19所示。系统会默认呈现出这3个类目访客数占比在7天内的趋势图。注意，这里显示的并不是访客数，而是访客数占比。这3个类目都是二级类目，同级类目之间才有可比性，这个数据是百分比，不是具体的访客数数值。

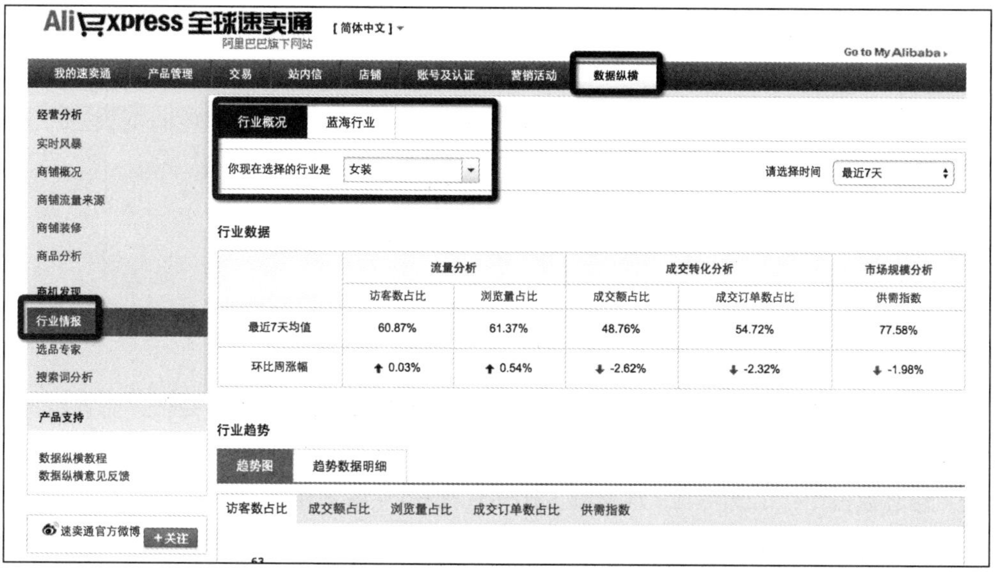

图 1-19

我们可以直观地看到这 3 个行业的访客数占比平均约为 62%、22%、12%，其中女装最多，婚礼及重要场合最少，如图 1-20 所示。

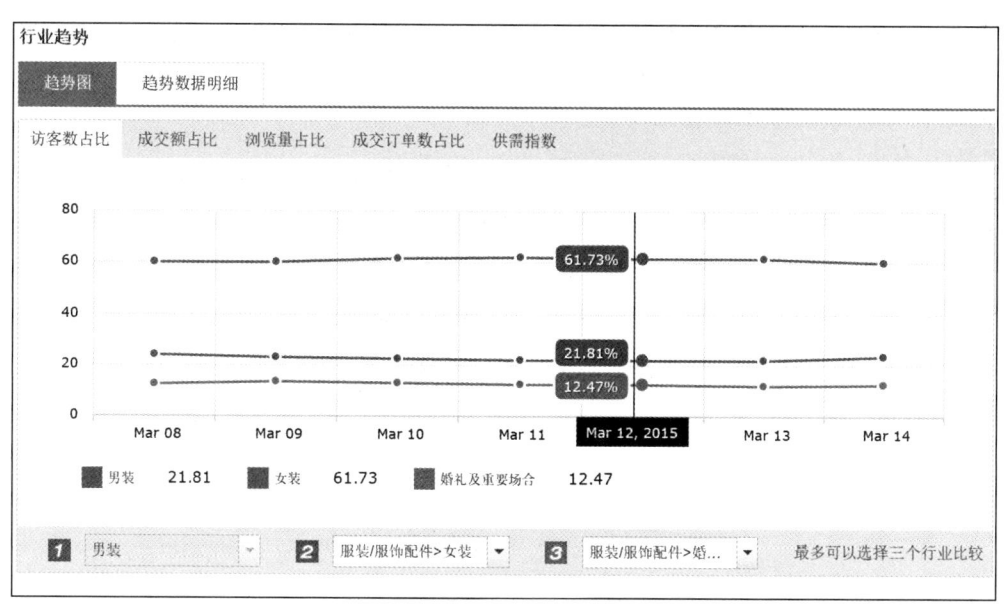

图 1-20

接下来是成交额占比图，三者数据平均大致为 50%，20%，6%，如图 1-21 所示。

和访客数占比图对比以后，我们就会发现一些有意思的现象了。

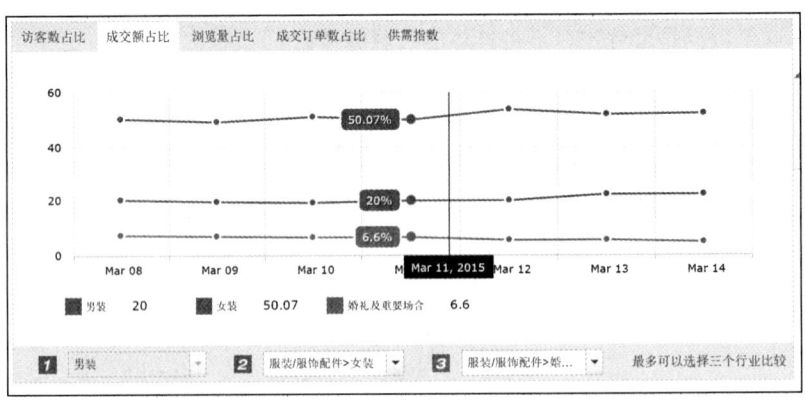

图 1-21

女装的访客数占比为 61% 左右，但成交额占比达到了 50% 左右，有所降低，而且相当于占据了服装类目大约一半的访客与成交额；男装类目访客数与成交额占比大致相同；婚礼及重要场合类目访客数占比有 12% 左右，成交额占比却只有 6% 左右，几乎下降了一半。

你想到了什么？你也许会想到：

- 女装类目占据了速卖通非常大的市场（约为 1/4）。
- 女装类目成交能力也不错（成交额占比高于访客数占比）。
- 男装类目总体来说中规中矩，但占有约 20% 的访客数与成交额也是不错的一个市场。
- 婚礼及重要场合类目要么转化率较低，要么客单价较低，或者二者兼而有之，具体是什么原因我们只看这张图表是无法得出结论的（成交额占比远低于访客数占比）。
- 婚礼及重要场合类目市场比较小。

实际情况是婚礼及重要场合类目的主要产品，婚纱普遍客单价很高，达到了 100～200 美元。而这就说明，婚礼及重要场合类目的转化率较低。

下面再看第三张图——供需指数图，如图 1-22 所示。供需指数来自于供求关系这一基本经济学理论。一般认为产品供过于求，价格下降；产品供不应求，价格上升。

供需指数大于 100%，认为属于供过于求，供需指数越大，市场竞争越激烈。

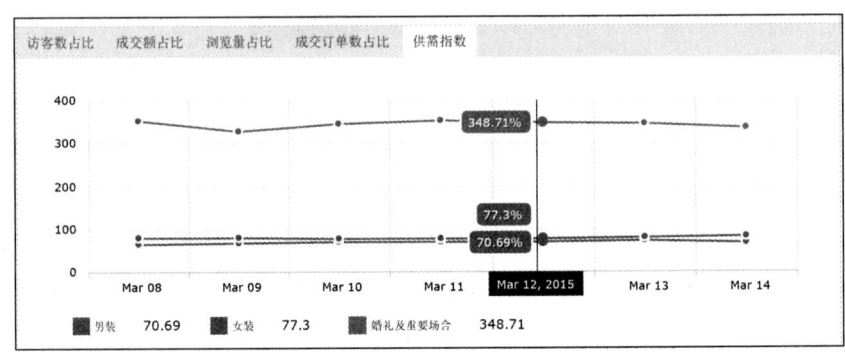

图 1-22

从图 1-22 中可以发现这三个类目的供需指数大致平均为：348%、77%、70%。其中婚礼及重要场合类目竞争最激烈，男装类目竞争最小。

笔者三个类目都有做过，而这样的结论是非常符合实际情况的。很多卖家朋友在选择行业的时候，常常会喜欢选择卖婚纱，即选择婚礼及重要场合类目，因为大家往往会这么想：婚纱一件 200 美元，我一天只要卖十件就是 2000 美元，利润很丰厚。而女装类目有很多产品，价格很低，这说明女装类目竞争激烈。这样的想法存在两个思维误区，第一，客单价高并不意味着利润高。第二，任何一个类目都一定存在高、中、低三个档次的产品，而低档的产品几乎永远是利润比较薄的，卖一件赚不了几个钱。这在经济学上叫作薄利多销，是非常常见的经济学现象，其总利润并不见得很低。

综合上面的分析不难看出：

（1）女装类目市场容量大，市场空间无限。

（2）女装类目浏览量高，访客数多，客户需求大。

（3）女装类目成交额占比高，客户购买欲望强。

（4）女装类目供需指数相对较低，市场竞争度低。

许多人可能会说，女装类目竞争挺激烈的，上面这个分析是不是不太对？

其实女装类目比起男装和婚礼及重要场合类目，竞争还真不算激烈。原因有很多，简单来说，女装类目虽然卖家多，但是买家也多，而且最重要的是女装类目产品多样化，这就导致竞争热度被分散了。而婚礼及重要场合类目，虽然卖家少、产品数量少，但是流量入口比较单一，客单价较高，而产品的品质却很难通过图片表现出来，最终导致了竞争比较激烈的效果。

经过行业情报这个工具的分析，我们大致可以认为女装类目是一个不错的类目。接下来让我们利用选品专家这个工具，试着选出比较好的细分类目。

打开选品专家工具，选择服装类目。这里有两个工具——热销与热搜。

一般情况下我们认为：

（1）热搜适合开发新品，挖掘新的商机。

（2）热销适合寻找爆款。

这里选择"热销"工具，打开的页面选择全球最近 30 天的数据，下载原始数据。图中的圆圈越大代表市场规模越大，圆圈越红代表竞争越激烈。下面先分析原始数据，如图 1-23、图 1-24 所示。

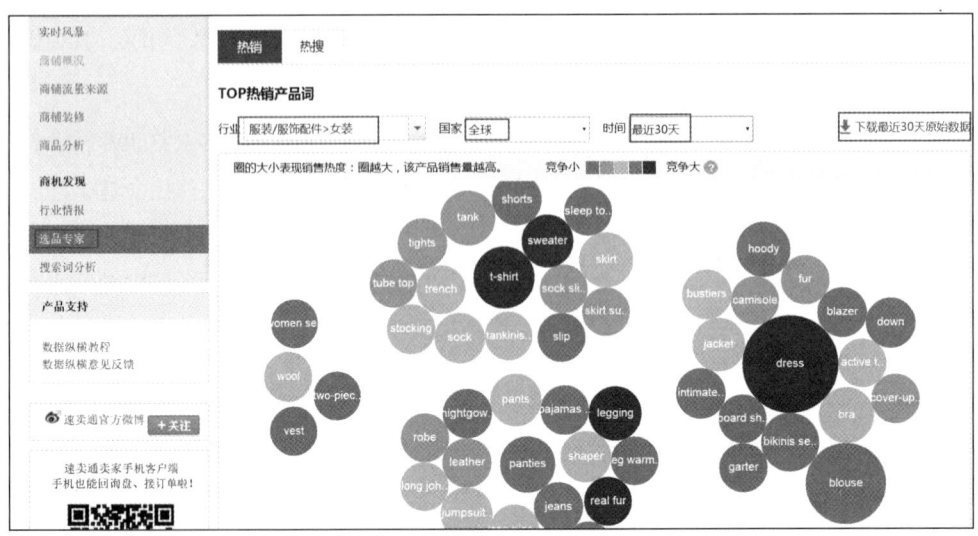

图 1-23

行业	国家	商品关键词	成交指数	购买率排名	竞争指数
女装	全球	active tracksuits	66	41	1.49
女装	全球	bikinis set	29055	2	1.94
女装	全球	blazer	3420	17	2.11
女装	全球	blouse	77373	1	2.38
女装	全球	board shorts	147	46	0.27
女装	全球	bra	17036	4	1.73
女装	全球	bustiers	2985	25	1.72
女装	全球	camisole	804	34	0.63
女装	全球	cover-ups	1767	29	0.87
女装	全球	down	3643	31	2.44
女装	全球	dress	113577	3	5.21
女装	全球	fur	804	42	1.28
女装	全球	garter	942	27	0.7
女装	全球	hoody	13307	10	2.16
女装	全球	intimate accessory	4314	15	0.51
女装	全球	jacket	10908	19	1.24
女装	全球	jeans	3556	20	2.16
女装	全球	jumpsuits	8071	9	1.58

图 1-24

在图 1-24 中会看到许多条目，许多数据，还有许多数字。各位读者可能不知道这到底能说明什么。另外有的产品成交指数高，可是竞争很激烈，有的产品虽然竞争不激烈，但是购买率又特别低，怎么选品呢？下面接着介绍。

首先，按 Ctrl+A 键全选数据，单击数据右边橙色的小感叹号图标，在弹出列表中选择"转换为数字"命令，如图 1-25 所示。

行业	国家	商品关键词	成交指数	购买率排名	竞争指数
女装	全球	active tracksuits	66	41	1.49
女装	全球	bikinis set	29055	2	1.94
女装	全球	blazer	3420	17	2.11
女装	全球	blouse	77373	1	2.38
女装	全球	board shorts	147	46	0.27
女装	全球	bra	17036	4	1.73
女装	全球	bustiers	2985	25	1.72
女装	全球	camisole	804	34	0.63
女装	全球	cover-ups	1767	29	0.87
女装	全球	down	3643	31	2.44
女装	全球	dress	113577	3	5.21
女装	全球	fur	804	42	1.28
女装	全球	garter	942	27	0.7
女装	全球	hoody	13307	10	2.16
女装	全球	intimate accessory	4314	15	0.51
女装	全球	jacket	10908	19	1.24
女装	全球	jeans	3556	20	2.16
女装	全球	jumpsuits	8071	9	1.58

图 1-25

卖家都希望自己销售的产品市场大，顾客爱买不会挑三拣四，而且最好竞争不激烈。所以，他们会试图选择出一个成交指数大，购买率排名靠前，但同时竞争指数小的产品。因此，这里可以设置一个 X 指数：X=成交指数÷购买率排名÷竞争指数。各位读者看到这个公式不要害怕，其实看不懂公式也可以，会操作就行，如图 1-26 所示。

	A	B	C	D	E	F	G
	行业	国家	商品关键词	成交指数	购买率排名	竞争指数	
	女装	全球	active tracksuits	66	41	1.49	=D2/E2/F2
	女装	全球	bikinis set	29055	2	1.94	
	女装	全球	blazer	3420	17	2.11	
	女装	全球	blouse	77373	1	2.38	
	女装	全球	board shorts	147	46	0.27	
	女装	全球	bra	17036	4	1.73	
	女装	全球	bustiers	2985	25	1.72	
	女装	全球	camisole	804	34	0.63	
	女装	全球	cover-ups	1767	29	0.87	
	女装	全球	down	3643	31	2.44	
	女装	全球	dress	113577	3	5.21	
	女装	全球	fur	804	42	1.28	
	女装	全球	garter	942	27	0.7	
	女装	全球	hoody	13307	10	2.16	
	女装	全球	intimate accessory	4314	15	0.51	
	女装	全球	jacket	10908	19	1.24	
	女装	全球	jeans	3556	20	2.16	
	女装	全球	jumpsuits	8071	9	1.58	

图 1-26

双击 G2 单元格，输入"="，然后单击 D2 单元格，输入"/"，再单击 E2 单元格，输入"/"，最后单击 F2 单元格，按 Enter 键，结果如图 1-27 所示。

行业	国家	商品关键词	成交指数	购买率排名	竞争指数	选品指数
女装	全球	active tracksuits	66	41	1.49	1.08037
女装	全球	bikinis set	29055	2	1.94	
女装	全球	blazer	3420	17	2.11	
女装	全球	blouse	77373	1	2.38	
女装	全球	board shorts	147	46	0.27	
女装	全球	bra	17036	4	1.73	
女装	全球	bustiers	2985	25	1.72	

图 1-27

把鼠标移动到 G2 单元格的右下角，当鼠标变为一个十字形状时，按住鼠标左键不动并向下拖动，会得到一列神奇的数字，如图 1-28 所示。

行业	国家	商品关键词	成交指数	购买率排名	竞争指数	选品指数
女装	全球	active tracksuits	66	41	1.49	1.08037
女装	全球	bikinis set	29055	2	1.94	7488.4
女装	全球	blazer	3420	17	2.11	95.3443
女装	全球	blouse	77373	1	2.38	32509.7
女装	全球	board shorts	147	46	0.27	11.8357
女装	全球	bra	17036	4	1.73	2461.85
女装	全球	bustiers	2985	25	1.72	69.4186
女装	全球	camisole	804	34	0.63	37.535
女装	全球	cover-ups	1767	29	0.87	70.0357
女装	全球	down	3643	31	2.44	48.1623
女装	全球	dress	113577	3	5.21	7266.6
女装	全球	fur	804	42	1.28	14.9554
女装	全球	garter	942	27	0.7	49.8413
女装	全球	hoody	13307	10	2.16	616.065
女装	全球	intimate accessory	4314	15	0.51	563.922
女装	全球	jacket	10908	19	1.24	462.988
女装	全球	jeans	3556	20	2.16	82.3148
女装	全球	jumpsuits	8071	9	1.58	567.581

图 1-28

进行到这一步，应该有读者已经能理解我们在做什么了。这个指数 X 越高，就意味着成交指数高，购买率高，竞争指数低，也就是说这个指数是参考了这 3 个数据的一个综合指数。接下来看一看谁的 X 指数最高，谁的最低。因此下面需要进行排序的工作。

首先选中"选品指数"这一列所有的数据，如图 1-29 所示，在弹出的提示框中选择"扩展选定区域"单选框并单击"排序"按钮，如图 1-30 所示。快看看发生了什么？

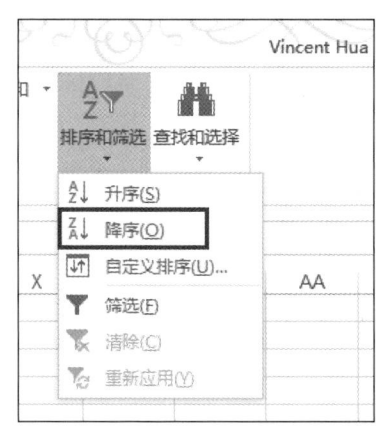

图 1-29

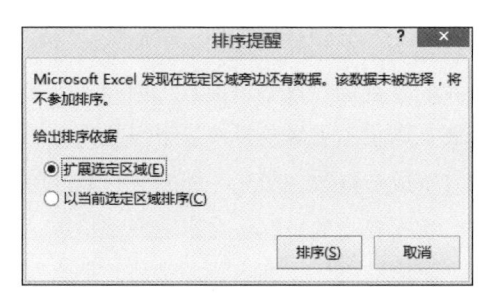

图 1-30

如图 1-31 所示，blouse 排在了第一位，而且它的 X 指数遥遥领先，bikinis set 和 dress 分列第二、第三位，并且 X 指数比较接近。

行业	国家	商品关键词	成交指数	购买率排名	竞争指数	选品指数
女装	全球	blouse	77373	1	2.38	32509.66
女装	全球	bikinis set	29055	2	1.94	7488.40
女装	全球	dress	113577	3	5.21	7266.60
女装	全球	bra	17036	4	1.73	2461.85
女装	全球	tank	15226	8	1.02	1865.93
女装	全球	t-shirt	35010	5	3.84	1823.44
女装	全球	skirt	16217	6	1.67	1618.46
女装	全球	panties	19298	7	1.89	1458.65
女装	全球	hoody	13307	10	2.16	616.06
女装	全球	shorts	5823	12	0.81	599.07
女装	全球	jumpsuits	8071	9	1.58	567.58
女装	全球	intimate accessory	4314	15	0.51	563.92
女装	全球	jacket	10908	19	1.24	462.99
女装	全球	pants	9569	13	1.83	402.23
女装	全球	legging	11482	11	2.97	351.45
女装	全球	shaper	6675	14	1.41	338.15
女装	全球	tights	4307	21	0.94	218.19

图 1-31

原本成交指数位于第一名的dress，现在变成了第二名，而且和第一名的blouse有比较大的差距，究其原因，我们发现：

首先，dress的成交指数并没有比blouse高太多。

其次，dress的购买率不如blouse高，blouse的购买率是这个类目的第一。

最后，dress的竞争指数太大，远远高于blouse。

另外，bikinis set原本的成交指数并不高，但是考虑到其具有不错的购买率与非常不激烈的竞争，它的选品指数反倒接近dress。

到这里，我们就会初步认为blouse就是我们想找的产品。按照2015年3月的销售情况来说，这样的结果也是符合市场情况的。不过各位卖家在实际操作过程中要注意，成交指数、购买率排名、竞争指数三者的权重不一定相同。这句话可能不好理解，下面举一个例子。比如某个类目竞争极其激烈，那么我们会更加看重竞争指数，因为一个产品就算有很多成交量，但是如果竞争激烈，作为初级卖家，则也不太容易打造一个爆款出来。但是如果一个类目竞争相对不太激烈，那么我们会更加看重成交指数，毕竟一周成交一笔订单就可以成为Top10的卖家也不是我们想要的结果。同时，卖家自身的情况也会影响成交指数、购买率排名、竞争指数三者的权重。比如说，如果我有一个服装工厂，拥有货源优势，那么对我来说最重要的就是成交指数。因为我有工厂，我有竞争力，有资格和能力成为行业顶级卖家，那么我一定追求在成交量最大的细分类目里面登顶，那么当我使用这个方法的时候我可能会这么来做：指数X=2×成交指数÷购买率排名÷竞争指数，也就是说我会把成交指数放大。而如果我是不具备货源优势，不具备物流优势的小卖家，那么对我来说，指数X=成交指数÷购买率排名÷2×竞争指数，也就是说我更加在乎竞争是否激烈，在乎竞争指数。

这种选品的方法我从很久以前就开始使用，并且传授给了很多人，帮助到了许多卖家。曾经的女装市场是dress一家独大，而我在一年前就开始推荐blouse。近一年来，dress类目竞争越来越激烈，虽然从成交指数来看还是第一位。但是如果通过笔者发明的成交指数来分析，就会发现blouse不光稳居第一，而且dress的得分在持续下滑，从一年前的第二位降到现在的第三位。

总结一下，使用这个方法进行选品，经过大量的学员卖家的实操验证，得到的结果是准确而且有效的，但是有个前提，就是一定要注意三点：

第一，选品指数越大的品类越好做。

第二，按照选品指数排序后，要研究造成这样排序的成因，可以帮助你更好地理解市场。比如上述案例中，我们就研究了为什么bikinis set排在了第二位，以及与第三位差距不大的原因。

第三，这也是最重要的一点，一定要结合自身情况调整二个参数的权重。

那么进行到这一步，我们就初步选定blouse这个细分类目。但要注意，选品的前两步收集数据和分析数据是笔者带领读者共同进行的。因为这是举例，而且笔者已经具备了一定的经验，比较了解市场，所以比较轻车熟路。所以在实际操作时，希望读者们一定要尝试收集更多的数据，然后再进行分析，这样出来的结果才更加真实、有效。

接下来继续看图 1-32，单击 blouse 图标。

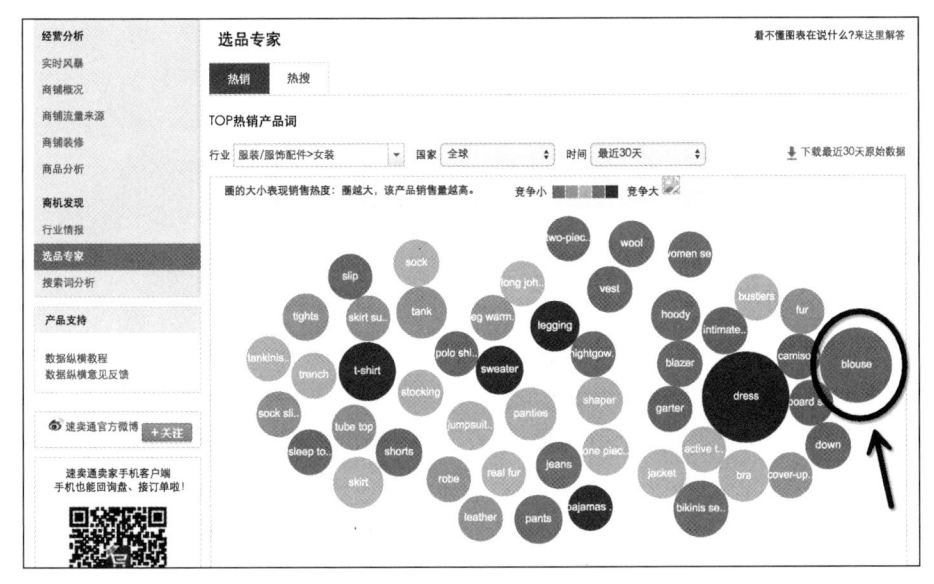

图 1-32

这里有两个工具，即"TOP 热销属性"与"热销属性组合"。通过这两个工具可以进一步确定到底哪款具体的 blouse 比较好，如图 1-33、图 1-34 所示。

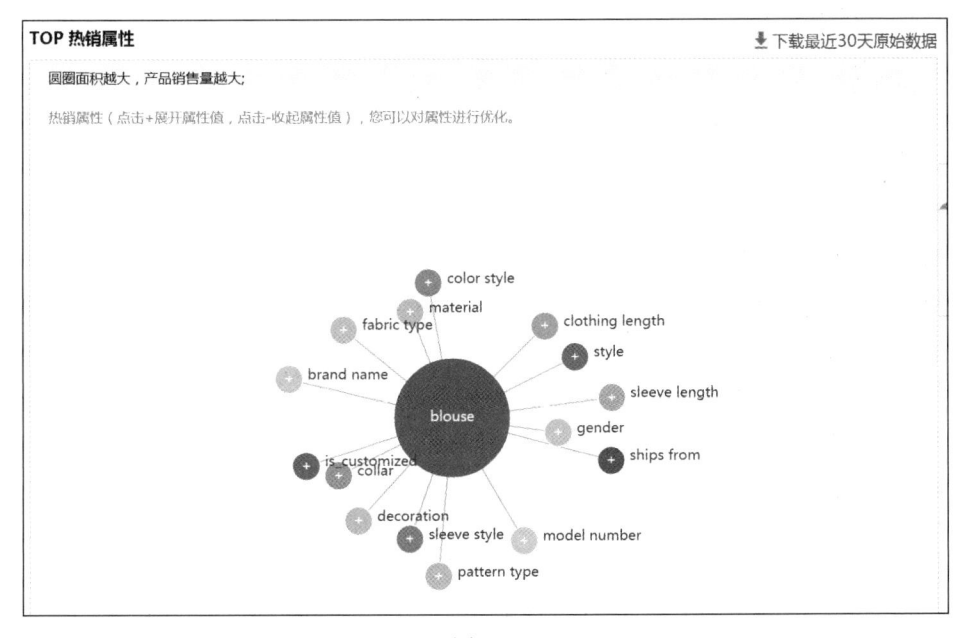

图 1-33

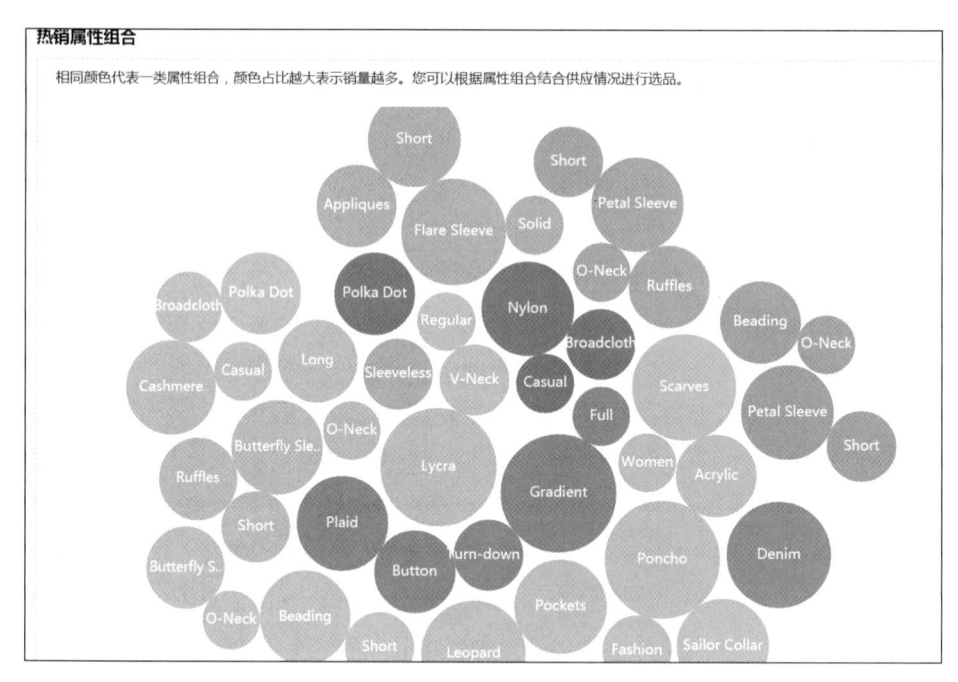

图 1-34

这里需要用到一个看似"高大上"，却很实用的工具：数据透视表。

先点击下载原始数据，如图 1-35 所示。

行业	国家	商品关键词	属性名	属性值	成交指数
/服饰配件>	全球	blouse	material	polyester	416944
/服饰配件>	全球	blouse	material	cotton	257666
/服饰配件>	全球	blouse	material	spandex	61916
/服饰配件>	全球	blouse	material	rayon	36050
/服饰配件>	全球	blouse	material	acetate	27213
/服饰配件>	全球	blouse	pattern type	solid	314977
/服饰配件>	全球	blouse	pattern type	print	70550
/服饰配件>	全球	blouse	pattern type	floral	48816
/服饰配件>	全球	blouse	pattern type	patchwork	44959
/服饰配件>	全球	blouse	pattern type	polka dot	20645
/服饰配件>	全球	blouse	gender	women	571917
/服饰配件>	全球	blouse	clothing length	regular	511745
/服饰配件>	全球	blouse	clothing length	long	39515
/服饰配件>	全球	blouse	clothing length	short	19826
/服饰配件>	全球	blouse	sleeve length	full	314340
/服饰配件>	全球	blouse	sleeve length	sleeveless	132289
/服饰配件>	全球	blouse	sleeve length	short	97255

图 1-35

然后将数据转化为数字格式，接下来插入数据透视表，如图 1-36 所示。

图 1-36

在弹出的对话框中选择整个表格区域然后单击"确定"按钮,如图 1-37 所示。

接下来在弹出的窗口中勾选"属性名""属性值"和"成交指数"选项,如图 1-38 所示。

就会出现详细的成交指数分析数据,如图 1-39 所示。

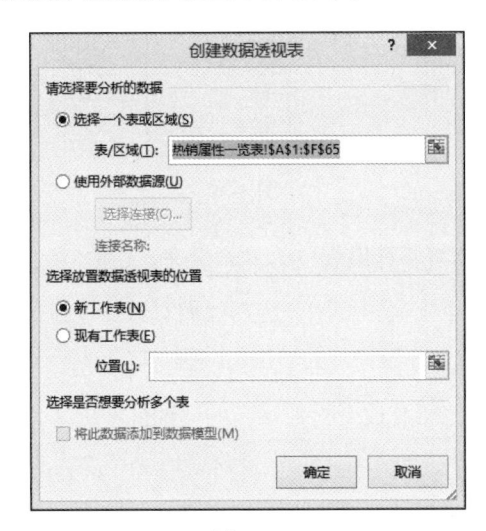

图 1-37

图 1-38

属性名	属性值	汇总
⊟brand name	brand new	26490
	new	14087
	no	16753
	other	15146
	za	11441
brand name 汇总		83917
⊟clothing length	long	39515
	regular	511745
	short	19826
clothing length 汇总		571086
⊟collar	o-neck	308937
	slash neck	7928
	stand	18410
	turn-down collar	104222
	v-neck	102193
collar 汇总		541690
⊟color style	contrast color	35225
	gradient	6691
	natural color	414830
color style 汇总		456746
⊟decoration	appliques	33539
	button	86304
	hollow out	35437
	lace	106021
	none	192256
decoration 汇总		453557

图 1-39

Excel 自动按照所选属性对属性值进行了分类整理，在最后一列还对应了成交指数。

由此可见数据透视表这个工具很好用，能帮我们对数据进行分类汇总整理，而不用我们自己深陷在茫茫的数据里。

下一步，简单来说只要将所有成交指数最高的属性挑选出来，就可以得到 blouse 这个细分类目里最好卖的产品！

不过上面这句话是不够严谨的，读者朋友可以试着想想为什么是不严谨的。

原因很简单，这样选出来的产品确实是平台在当前类目下，在最近一段时间里成交最多的产品，但是请注意这里只有一个属性就是成交指数。

所以请读者记住，做数据分析的时候如果只考虑一个因素或者少数几个因素，结论往往是不够精确的。数据分析本身就是片面的，所以我们会非常在乎数据的采集，尽量考虑更多的因素，来提高准确率，尽可能透过数据来描绘一个完整的市场。如果只通过一个因素来分析，还对结果特别自信的话，那就和管中窥豹、盲人摸象没什么区别。

所以这一步其实复杂来说，为我们整理出了一个当前类目下的热卖产品库。

复杂并严谨的用法是这样的，将属性组合成具体的产品，并根据属性对应的成交指数，计算出产品对应的总成交指数，这样就可以得出一份按照成交指数排名的产品列表，这份列表就是当前类目下的热卖产品库，并且按照成交指数排名。这样我们的选品之旅才算画上了一个完美的句号。

1.2.1.2 设置标题

标题的用途是什么？是为了让买家找到你的产品。所以买家用到的词就是你需要设置的词。

1. 排序规则简介

排序规则由相关性得分+商业得分得出，如图 1-40 所示。

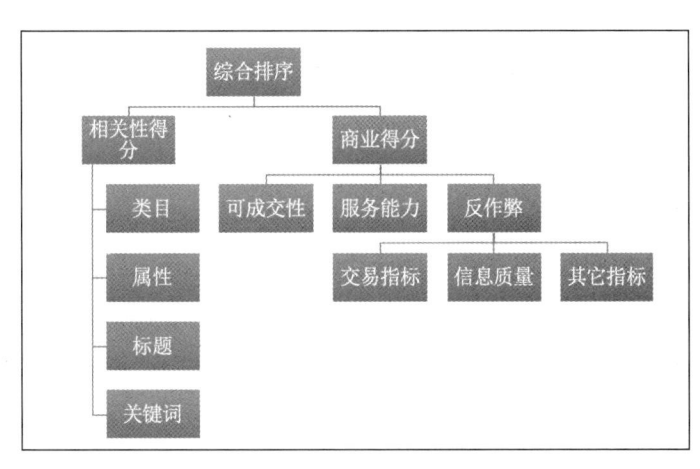

图 1-40

（1）相关性得分

① 当搜索关键词的所有单词可以在产品的以下三项信息中找齐时，产品就会进入搜索结果中：

- 标题。
- 系统提供的标准属性。
- 关键词。

② 系统会结合以下两点，计算出一个相关性得分：

- 判断产品所在类目与搜索词的关系远近。
- 判断产品的标题在语义上与搜索词的相关性强弱。

（2）商业得分

① 商业得分的计算会参考以下三个方面：

- 可成交性：系统结合产品和卖家等多方面信息预测产品未来的可成交性。
- 服务能力：平台对产品和卖家在服务类指标上的表现有硬性要求。
- 反作弊：平台会对作弊的产品和卖家有较大力度的处罚。

② 三者同等重要：

- 可成交性：交易模型是基础，得分越高，排名越高。
- 服务能力：交易不行的卖家和产品，服务再好也排不上去；而服务不够好的卖家和产品，交易再好，也会被排下去。
- 反作弊：作弊对产品和对卖家的影响也很大，特别是发生重复铺货、类目错放之类严重作弊的产品，会直接降到排序最后，甚至被屏蔽，对整个店铺产品的排序也会有影响。

（3）搜索排序原则

速卖通搜索的整体目标是帮助买家快速找到想要的商品并且能够有比较好的采购交易体验；而搜索排名的目标就是要将最好的商品、服务能力最好的卖家优先推荐给买家，所以能带给买家最好的采购体验的卖家，他的商品的排序就会靠前。

相关性是搜索引擎技术里面一套非常复杂的算法，简单地说就是判断卖家的商品在买家输入关键词搜索与浏览类目时，与买家实际需求的相关程度，相关度越高的商品，排名越靠前。

相关性五重匹配包括类目、属性、标题、关键词、详情页描述，可以称之为五码合一。其中标题和关键词是最重要的。

相关性可以简单地理解为，如果 A 产品的类目、属性、标题、关键词、详情页描述都出现了 B 关键词，那么当买家搜索 B 关键词的时候，A 产品的相关性得分就是最高的，所以通过优化我们可以让我们产品的相关性得分达到满分。但是注意这个相关性得分是针对某个关键词的。这里是重点也是难点，希望大家好好理解。也就是说当我们讨论相关性得分的时候，我们讨论的是你这个产品在某个关键词下的相关性。举个例子，我有一个产品是一件蓝色长裙，我可以把"蓝色裙子"这个词放到属性、标题、关键词、详情页描述里面，那么我这个蓝色长裙，在蓝色裙子这个关键词下的相关性得分就是最高的。同时我也可以把"长裙"这个关键词进行相同的操作，不过很明显的是一个产品的属性、标题、关键词是有限的，当我们不能覆盖所有的关键词的时候，我们就要学会取舍，获取我们想要的关键词的高相关性得分。

一般情况下，商业得分比相关性得分要重要，这并不是说我们可以不努力优化相关性得分，相关性得分是基础，没有相关性得分，商业得分再高也没用。但是在相关性得分差距不大的基础上，商业得分的影响更大，在商业得分中，转化率是重中之重，转化率可能是对于电商来说最重要的数据。这里举个例子来强调一下转化率的重要性，大家可以想象一下我们现在有个产品 A，排在搜索引擎第三页第 1 个位置，如果我这个产品的转化率低于第二页的其他竞争对手的产品，也低于第三页的其他产品，那么会导致什么结果呢？排在产品 A 之后的其他产品，在流量差距不大的情况下，由于转化率比我们高所以获得的订单也就更多，获得的订单多对应的好评也就更多，这会导致这些产品的商业得分比产品 A 要高，所以当产品 A 转化率低于它后面的产品时，产品 A 的排名往往会逐步下降。同理可得，如果产品 A 想要排名上升获得更多的流量，那么它必须要拥有比它排名靠前的那些产品更高的转化率。所以当我们运营店铺，打造爆款时，我们最需要在乎的就是转化率。

2. 分析并得出设置标题的策略

下面让我们由浅入深，试着寻找出设置标题的策略，首先为产品设置一个标题。

市场上会有许多卖家，但也会有许多的词（见图1-41）供我们设置标题。

图 1-41

这时候我们的策略：词语覆盖，达到流量最大化。

这很简单，但是现实情况并不是这样，而是像下面这样。

市场上有大卖家、中卖家和小卖家，也会有大词、中词和小词，如图1-42和图1-43所示。

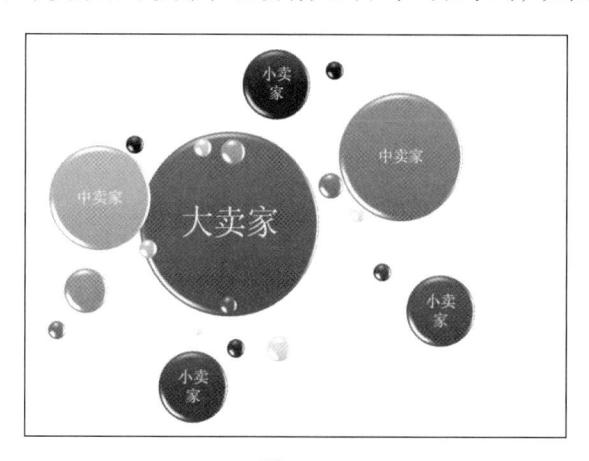

图 1-42

大卖家会占绝大多数的流量，中卖家占一部分流量，小卖家基本没有流量。词语也一样，有的词占了绝大多数流量，我们称其为大词；有的词占了一部分流量，我们称其为中词；有的词没有太多的人搜索，我们称其为小词。还有的词，一周才有一个人搜索一次，我们忽略它，如图1-44所示。

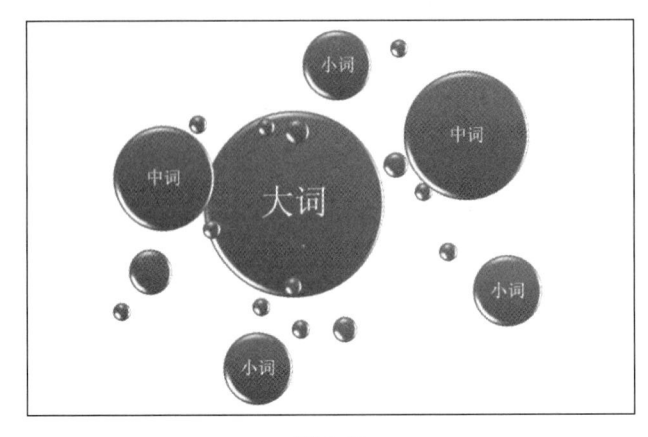

图 1-43

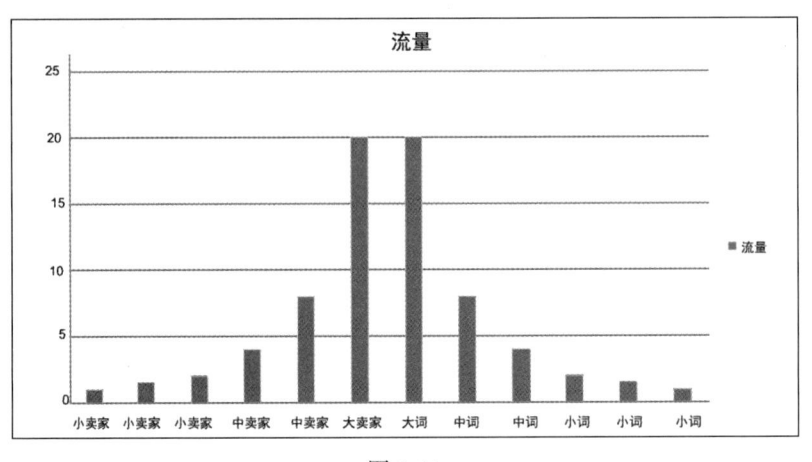

图 1-44

所以对于大卖家来说，他们只要抓住大词就可以了，因为这样就占了足够多的流量，因为他们商业得分高，一般相关性得分也会很好，买家搜索大词就能搜索到他们的产品，所以他们眼中就只有大词，如图 1-45 所示。

图 1-45

对于"土豪"卖家来说，他们想要许多流量，所以他们喜欢竞价，他们眼里只有最昂贵的词，也就是大词。不要笑话这种方法，第一，这是一种普遍现象；第二，有时这也是一种策略，后面会介绍到，如图1-46所示。

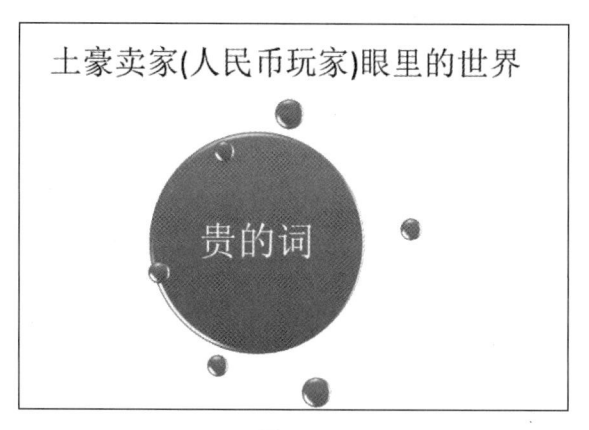

图1-46

所以分析了一圈下来，我们还是要进行词语覆盖，达到流量最大化的效果。看起来好像我们走了一圈回到了起点，但是其实我们对设置标题有了一定的理解。

3. 标题制作的详细流程

标题制作的详细流程是收集数据（数据纵横），分析数据（得出词表），设置标题。

收集数据的途径和选品其实是一样的，其中包括：

（1）数据纵横。

（2）卖家频道，卖家论坛。

（3）eBay等外国电商网站。

（4）Google搜索工具。

（5）海外论坛。

但是这时候我们就要更加专注于词语了，所以首先要把词语分为顶级热搜词、属性词、修饰词、单品名、店铺名等类别。

4. 标题制作的"三段法"

标题制作的"三段法"是指核心词汇+属性词+流量词，释义如下。

- 核心词：行业热门词（影响排行，影响点击率）。
- 属性词：例如长度、颜色等（影响排行，影响点击率）。
- 流量词：能带来流量的词。

按照之前的结论，我们需要进行词语覆盖，达到流量最大化的效果，但是同时也要考虑到相关性的问题。完全模仿大卖家使用的标题是不可以的，因为大卖家用的都是大词，他用可以排到前面去，可以获得流量，可是小卖家用就不会排到前面去，因为小卖家商业得分不够高，

31

也就不能获得流量。综合这两点，我们就需要一部分使用大卖家的标题，一部分使用有自己特色的标题。所以首先将核心词汇，也就是顶级热搜词，放到最前面，保证相关性，接下来放置属性词，依旧是为了相关性，为了让产品标题描述尽量好，尽量完善，使买家最大可能搜索到，同时买家通过类目也能找到我们。最后放置属于自己的流量词，也就是长尾词及特别精准的中词、小词。这些词是真正能为我们带来流量的词，买家通过这些词能真正搜索到我们的产品。

可是我们通常要为许多产品设置标题，也许有 300 个，要是每一个都认认真真设置标题，工作量太大了，考虑到这一点，我们可以从另外一个角度来理解标题制作的三段法。

- 核心词汇是不变的部分。
- 属性词是可变的部分。
- 流量词是可替换的部分。

比如选定 blouse 这个次级类目，这个类目下有很多种产品，产品之间的颜色、款式各不相同。

可以先设置一个核心词汇，也就是顶级热搜词，例如 2015 fashion blouse，那么这个类目下所有的产品都可以用这个关键词，接下来可以根据不同的产品放置不同的属性词，例如 Yellow o-neck 等。这样产品之间的词汇就有区别了，这部分叫作可变部分。最后放置能为我们带来流量的词，一般是中词或者小词，是长尾词，也是精准的词，比如 blusas plus size。这部分用大量的中词或小词进行替换。这样我们就能快速、批量地制作出很多高质量的标题了！

那么，如何为不同类型的产品批量设置标题呢？下面以为爆款、引流款、利润款商品设置标题为例进行介绍。

（1）爆款

特点：倾注绝大多数人力、物力、财力。

策略：核心词汇+修饰词+属性词。

爆款是需要和大卖家竞争的产品，这时候我们对待它就和大卖家的方法一样，所以要用大词，因为只有大词才能带来足够多的流量。就像前面所说的每周只有 1 人次搜索的词，排在搜索页面第一页的第一位也没有意义。但是如果是每周有 100 万人次搜索的词，那么哪怕排在搜索页面第一页的最后一行，也有不错的流量。所以这里我们只用大词和属性词，以及一点修饰词，比如 sexy 等进行标题设置。

（2）引流款

特点：广告花费不如爆款多，用于报名参加活动，拓展店铺流量来源（预备爆款）。

策略：核心词汇+修饰词+属性词+次级热词。

引流款就是一个小爆款，所以和设置爆款标题的思路一样，但是它是小爆款，所以我们用的词也相对小一点，可以用次级热搜词，而不用顶级热搜词，不能让它把爆款的风头抢了，不然就主次不分了。

（3）利润款

特点：承担为店铺带来自然搜索流量的任务。

策略：核心词汇+属性词+流量词。

店铺里的其他所有产品，也叫利润款，由于我们不会在它们身上投入大量人力、物力和财力，所以这些产品就使用最原始的设置标题的方式，即核心词汇+属性词+流量词。

5. 流量是有质量的

首先要知道流量是什么，这里有两个公式：

$$曝光量×点击率=流量$$

$$流量×转化率=订单数$$

很多时候我们总是想着流量，但是忽略了根本需求。我们真正想要的是订单，所以我们需要一个很重要的属性——转化率。转化率在我看来是整个电商最为重要的属性之一，也许没有之一。所以对卖家来说，精准的流量才是好流量（转化率高），因此一定要努力获得精准的好流量。

经常有卖家会问我一个问题："老师，我开了直通车，流量订单量确实都上去了，可是一停直通车就没有单了，是不是速卖通故意的呀，不'烧钱'就不给流量？"这里我要为速卖通喊冤了，造成这种状况的原因其实很简单，很多卖家朋友的思路是这样，开通店铺上传产品——发现没有订单——听说要开直通车——开始"烧钱"之旅。由于没有经过充分的直通车学习，随意加了一堆系统推荐的词就开始花钱了，直通车其实就是花钱买流量，那这样买来的流量转化率能高吗？假如我是卖手机的，我买了一堆"Mobile Phone"这样非常宽泛的词的流量，必然导致我产品的转化率下降，这时候如果停止直通车，必然导致我的产品的商业得分下降，进而导致排名比开直通车之前更低，流量更少，这里可以参考前面关于排序规则的讲解来理解。因此，忽视转化率讨论流量，在笔者看来属于耍流氓，是虚假的繁荣。

可是有些卖家却会选择用一些旁门左道的方法获取流量，这样一方面会受到平台严厉的惩罚，另一方面也扰乱了市场环境，损人不利己，这里非常不推荐这些做法。下面列举几种常见的摧毁优质标题的方法及处罚办法，请各位读者引以为戒：虚假描述（流量不精准，没有转化、被降权），关键词堆砌（被降权），侵权（被下架、降权）。

1.2.1.3 定价

产品的定价对于店铺来说是非常重要的，因为定价影响点击率，影响排序，影响买家最终是否决定购买（转化率）。

影响产品的定价因素有：产品进价、运费、折扣率、利润率、促销活动的价格空间、同行的定价、销售策略。

1. 折扣率

一般情况下,建议各位新手卖家在上架商品之前,把爆款、引流款、利润款确定好,因为它们的折扣一般是不同的,就算不为了报名平台活动,至少也要为大型促销活动(以下简称"大促")做准备。每到大促之前,就会有很多的卖家来询问:"老师,我想参加打5折的促销活动,可是我们商品打5折就亏了,我能不能先提价再打折?这样会不会被平台处罚?"所以我们在这里建议最好从一开始就考虑好如何设置折扣。至于具体的折扣率设置,建议参考表1-1。要注意两点:第一,折扣率和利润率是不同的。第二,虽然这里写的是爆款在初期可能会略亏损,但是这不是一定的,主要取决于市场环境、产品品质、资金实力、投入力度等。

表 1-1

产品分类	数量	折扣率	利润率
爆款	1	50% OFF	初期略亏(-1%)
引流款	3~5	30%~40% OFF	初期略赚(+1%)
利润款	+∞	5%~20% OFF	赚

2. 销售策略

销售策略复杂多变,但最基础的大致只有两种:

(1)打造爆款,带动销量。

(2)全面实价。

通过如图1-47、图1-48所示的这三个卖家的销售数据可以发现,前两个卖家销量第一的产品销量巨大,可是后面的产品销量大幅下滑,而第三个卖家却没有这样的现象。笔者认为前两个卖家属于使用单一爆款的策略,第三个卖家属于使用全面实价的策略。现在在速卖通中使用全面实价策略的卖家已经不多见了,究其原因是市场竞争开始变得激烈,大家都开始用电商的玩法来做了。这里有一个问题,一提到电商,我们就会说到爆款、流量。为什么爆款如此重要?还记得前面所说的相关性得分和商业得分吗?现在平台上已经有了很多销量遥遥领先的产品,它们占据了搜索排名的前几位,占了大多数的流量。这是因为它们的商业得分高同时相关性得分也高。换句话说,它们基础优化得好,同时销量、好评、转化率都很好。如果我们无法排到搜索页面的前面去,那么不管有多少产品在卖,也是没有流量的,没有流量就没有销量,没有销量就没有成长,没有未来。所以一定要明确的就是,做电商就一定要有爆款。笔者遇到很多人,费心费力花了1个月,上架了500个产品,然后来问笔者:"老师,为什么我的店铺没有销量?"笔者认为没有销量是应该的,不然你让那些每天费心费力打造爆款的卖家情何以堪。

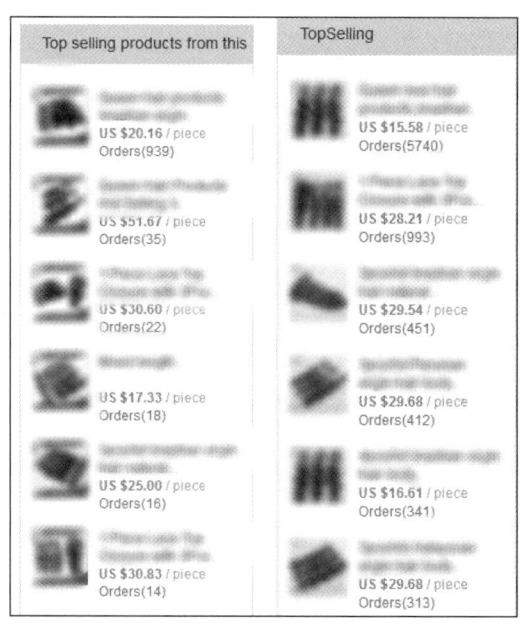

图 1-47　　　　　　　　　　　　　　　　　　图 1-48

3. 定价实操

首先给大家看一张"干货"图，如图 1-49 所示。图可能有点复杂，可能看不清，没关系，接下来会用局部放大图进行讲解。

图 1-49

这是笔者曾经用来管理店铺的一个表格，当然现在用一些软件会更好，不过原理是完全一样的。首先你需要这样的一个工具来管理你的每个产品，重点管理每个产品的价格。因为经常有卖家来询问，说："我当初发布产品价格设置低了，亏了，现在想上调价格，这样会不会受到惩罚呀？"这是一个非常常见的问题，笔者几乎每周都能碰到。所以希望大家引以为鉴，不要重蹈覆辙，在上架的时候就花点时间，把这些整理好。很多卖家卖了几千单了，还根本不知道自己每一单，每一个产品到底是亏了还是赚了，哪个产品赚得多那个产品赚的少，遇到平台活动，才测算自己到底能不能参加，这种状态怎么可能获得理想的利润呢？所以做到了这一步，也就算是迈入了精细化运营的大门了，希望大家一定要重视。

下面就正式讲讲这个表格，表格分为 4 个模块，分别是产品属性区、标题关键词区、定价区、备注提示区，我们依次讲解。

（1）产品属性区（如图 1-50 所示）

序号	标签	SKU	商品编号	重量(kg)	上架时间	备注1
1	单电-小米手机	Pink	MP-XIAOMIREDMI1SPIK	0.6		
		White	MP-XIAOMIREDMI1SWHE	0.6		
		Yellow	MP-XIAOMIREDMI1SYEW	0.6		
2	单电-小米手机	1G+8G		0.6		官网停售
		white 2G+8G	MP-REDMINOTE4GNETWHE	0.6		
3	单电-华为手机	Black 2G+16G	MP-MATE7BLA16GB	0.6		
		Black 3G+32G	MP-MATE7BLA32GB	0.6		
		Gold 3G+64G	MP-MATE7BLA64GB	0.6		
		Gold 2G+16G	MP-MATE7GOL16GB	0.6		
		Gold 3G+32G	MP-MATE7GOL32GB	0.6		
		Silver 2G+16G	MP-MATE7SIL16GB	0.6		
		Silver 3G+32G	MP-MATE7SIL32GB	0.6		
		Black 16G	MP-HWhonor6BLK16	0.6		
		Black 32G	MP-HWhonor6BLK32	0.6		

图 1-50

各列介绍如下：

- 序号：知道一共有多少个产品需要发布，注意这里我们自己定义的 SKU（Stock Keeping Unit，库存量单位）和速卖通官方的可能会不一样，比如同样一款手机有黑白金三色，同时有 16GB、64GB、128GB 三种存储空间，这样也就是一共有 3×3=9 个 SKU，在发布产品的时候我们可以发布一个产品，里面包含 9 个 SKU。也可以发布三个产品，每个包含 3 个 SKU，这取决于我们自己的意愿。另外请注意避免 SKU 作弊，具体请查看本书规则章节。
- 标签：标明产品特性，方便管理。
- SKU：注意这里要标注发布产品时的 SKU，也就是说你准备展示给买家的 SKU 标题。
- 商品编号：可以方便和仓储系统对接，便于快速查找。
- 重量：包装后的总重量，计算运费时使用。
- 上架时间：这个可有可无，若有则会方便管理，可以统计员工工作量，便于追责等。
- 备注：和产品属性相关的备注说明。

（2）标题关键词区（如图 1-51 所示）

标题	关键词1	关键词2	关键词3	备注2
Hot Sale Xiaomi Re	WCDMA Cell phones	Quad Core Android	Xiaomi Redmi 1S	
Hot Sale Xiaomi No	LTE Cell Phone	Snapdragon Quad C	Xiaomi Android Cell	
Original HUAWEI M	LTE Cell Phones	Kirin 925 Octa core	HUAWEI Mate7 Cell	

图 1-51

这部分包括了产品发布时所需的标题，以及三个关键词，具有方便管理，方便后期修改调整，加快发布速度，防止发布出错等功能。

（3）定价区（如图 1-52 所示）

预计进价	包装费	运费模板	包邮运费	成本	市场均价	推荐售价	实际售出价	吊牌售出价	折扣率	成本利润率	利润	当前汇率	备注3
¥2,402.10	¥7.00		$50.00	$463.15	118.58-163.99	$148.99	$171.00	$180.00	5.00%	-64.93%	-$300.70	6.1379	
¥2,245.10	¥7.00		$50.00	$436.23			$0.00			-100.00%	-$436.23	6.1379	
¥2,480.60	¥7.00	for phone 60	$50.00	$476.62			$0.00			-100.00%	-$476.62	6.1379	
¥2,386.40	¥7.00		$50.00	$460.46			$0.00			-100.00%	-$460.46	6.1379	
¥2,480.60	¥7.00		$50.00	$476.62			$0.00			-100.00%	-$476.62	6.1379	
¥0.00	¥7.00		$50.00	$51.20			$0.00			-100.00%	-$51.20	6.1379	
¥2,684.70	¥7.00	for phone 60	$50.00	$511.62	158.99-199.98	$158.99	$0.00			-100.00%	-$511.62	6.1379	
¥10,676.00	¥7.00		$50.00	$1,882.10	496.34-637	$603.25	$0.00			-100.00%	-$1,882.10	6.1379	
¥15,072.00	¥7.00		$50.00	$2,636.00	$760.00		$0.00			-100.00%	-$2,636.00	6.1379	
¥10,676.00	¥7.00		$50.00	$1,882.10	807.50	$807.00	$0.00			-100.00%	-$1,882.10	6.1379	
¥14,758.00	¥7.00	for phone 60	$50.00	$2,582.15	$632.95	$632.95	$0.00			-100.00%	-$2,582.15	6.1379	
¥15,072.00	¥7.00		$50.00	$2,636.00	684.99-868.78	$868.00	$0.00			-100.00%	-$2,636.00	6.1379	
¥10,676.00	¥7.00		$50.00	$1,882.10	494.99-664.99	$618.99	$0.00			-100.00%	-$1,882.10	6.1379	
¥15,072.00	¥7.00		$50.00	$2,636.00	565.99-868.78	$760.00	$0.00			-100.00%	-$2,636.00	6.1379	
¥5,385.10	¥7.00		$50.00	$974.73	316.69-357.99	$323.99	$0.00			-100.00%	-$974.73	6.1379	
¥6,217.20	¥7.00		$50.00	$1,117.43	353.99-425.99	$379.99	$0.00			-100.00%	-$1,117.43	6.1379	
¥5,620.60	¥7.00	for phone 60	$50.00	$1,015.12	314.06-355.99	$325.99	$0.00			-100.00%	-$1,015.12	6.1379	
¥6,201.50	¥7.00		$50.00	$1,114.74	353.99-386.96	$379.99	$0.00			-100.00%	-$1,114.74	6.1379	

图 1-52

这是重点板块，图中的数据经过调整，仅用于教学。

- 预计进价：这是进货的成本。
- 包装费：产品从进入仓库到发出，会经历入库—拣货—包装—发出的过程，这段过程产生的费用需要计算出来，这里我就简化为一个包装费。
- 运费模板：告诉发布人员这个产品应该使用哪个运费模板，我们经常会有十几个甚至更多的运费模板，如果不明确指出，那么会很容易在发布产品的时候选错，后果会很严重。
- 包邮运费：由于我们的产品一般都会小包包邮，所以这部分邮费会计算在成本里面，由前面的包装重量计算得出，具体计算因人而异。
- 成本：成本=预计进价+包装费+包邮运费。
- 市场均价与推荐售价：这部分可有可无，主要是参考同行的售价时使用，仅具备参考意义。
- 吊牌售出价与折扣率：我们知道我们去商场买东西，或者去淘宝天猫买东西，上面的商品几乎永远都是在打折的，为了吸引客户，我们在做速卖通的时候也往往会使用这个策略，即发布一个产品，设置一个折扣，折后的价格是我们实际想卖的价格。那么这个折扣到底是多少，就是指这里的折扣率。可以考虑略低于市场的平均折扣率，因为高于市场平均折扣率对买家没有刺激性作用。过低的折扣率又非常虚假。吊牌售出价就是你在发布产品时设置的价格，就好像我们在商场买东西的原价一样。

- 实际售出价：实际售出价=吊牌售出价 × 折扣率。
- 利润：利润=实际售出价 × 0.95（这是要除去 5%的平台佣金）–成本。
- 成本利润率：利润率=利润 ÷ 成本，注意这里的成本是包含了包邮运费的，你也可以在这里除去包邮运费，但是我并不建议这样做。
- 当前汇率：这是人民币兑换美元的汇率。这里有个小技巧，我们可以去中国银行下载这个汇率表，用 Excel 打开并且设置为自动更新，每次打开 Excel 都会自动连接中国银行网站更新这个数据，如图 1-53 所示。

6	中国银行外汇牌价							
8	起始时间：		结束时间：		牌价选择：			
9	货币名称	现汇买入价	现钞买入价	现汇卖出价	现钞卖出价	中行折算价	发布日期	发布时间
10	澳大利亚元	488.45	473.38	491.89	491.89	485.25	2015/2/27	0:00:05
11	巴西里亚尔		208.86		228.44	217.7	2015/2/27	0:00:05
12	加拿大元	499.23	483.81	503.23	503.23	493.56	2015/2/27	0:00:05
13	瑞士法郎	653.4	633.22	658.64	658.64	659.61	2015/2/27	0:00:05
14	丹麦克朗	93.71	90.82	94.47	94.47	95.28	2015/2/27	0:00:05
15	欧元	700.1	678.5	705.02	705.02	700.41	2015/2/27	0:00:05
16	英镑	961.76	932.08	968.52	968.52	957.51	2015/2/27	0:00:05
17	港币	80.53	79.88	80.84	80.84	79.14	2015/2/27	0:00:05
18	印尼卢比		0.047		0.0504	0.0487	2015/2/27	0:00:05
19	日元	5.235	5.0735	5.2718	5.2718	5.1948	2015/2/27	0:00:05
20	韩国元		0.5487		0.595	0.5696	2015/2/27	0:00:05
21	澳门元	78.31	75.68	78.6	81.12	78.42	2015/2/27	0:00:05
22	林吉特	174.02		175.24		175.14	2015/2/27	0:00:05
23	挪威克朗	81.76	79.24	82.42	82.42	83.07	2015/2/27	0:00:05
24	新西兰元	470.56	456.04	473.86	476.7	465.83	2015/2/27	0:00:05
25	菲律宾比索	14.16	13.73	14.28	14.71	14.2	2015/2/27	0:00:05
26	卢布	10.27	9.64	10.35	10.35	10.1	2015/2/27	0:00:05
27	瑞典克朗	74.58	72.28	75.18	75.18	75.55	2015/2/27	0:00:05
28	新加坡元	459.97	445.78	463.21	463.21	456.21	2015/2/27	0:00:05
29	泰国铢	19.16	18.57	19.32	19.91	19.25	2015/2/27	0:00:05
30	新台币		19.26		20.64	19.95	2015/2/27	0:00:05
31	美元	624.53	619.52	627.03	627.03	613.79	2015/2/27	0:00:05

图 1-53

这里不再赘述如何操作，毕竟本书不是讲解如何使用 Excel 的。

这部分表格的意义在于：

第一，方便管理，简洁明了，管理效率高。发布人员不会一头雾水地不会发布，后期管理的时候也会很方便。

第二，智能。比如我修改了重量，那么就会导致包邮运费自动改变，同时成本也会发生对应的变化，进而导致利润、利润率都会发生对应的变化。当我设定了一个吊牌价及折扣率后，利润和利润率都会自动计算得出相应的数值，我就可以立刻知道当前吊牌价下，我每卖一个产品到底是亏了还是赚了，如果是亏了，亏了多少钱，如果是赚了，能赚多少钱。

（4）备注提示区

由于这是一个发布产品时所使用的管理表格，所以这里并没有太多的东西，不过这里可以放置产品的在售状态，库存情况等信息。

总之，当我们研究透这个表格，使用好这个表格的时候，影响定价的几个因素：产品进价、运费、折扣率、利润率、促销活动的价格空间、同行的定价、销售策略等我们就已经都照顾到了，相信我们的定价就会比较靠谱，不会出现大的纰漏。最后要提醒各位的是，由于这个表格涉及了成本及计算，也许会属于公司机密，可以考虑将重要内容隐藏后，转化为图片格式提供给具体上架的人员使用。

1.2.1.4 详情页的设置

（1）为什么要优化详情页

现在在速卖通中竞争越来越激烈，卖家问得最多的就是如何打造爆款，增加流量。就像前面所说的，商品想要有排名，就需要有商业得分，就需要有转化率。那么谁对转化率的影响最大？那就是图片，做电商其实卖的不是产品，而是图片。在线下购物，买家可以摸，可以试，可以闻。但是在线上买衣服，买鞋子，你怎么知道穿起来舒服，看上去效果好？其实我们就是靠图片来传达这样的感觉，让买家觉得我们的产品品质高，效果好，衣服穿在身上显瘦，茶叶一泡香气四溢。网购让消费者从来都是感性消费、冲动消费，而不是理性消费。所以对于大多数人来说，初期的图片、视觉是重中之重。但是本书不是教读者如何成为一个好美工，所以这里只是教读者如何鉴别详情页的优劣。

评判详情页优劣的指标有：转化率、平均访问深度、平均页面停留时间、跳失率、客单价。

为什么要提升转化率？因为低转化率会使中小卖家有流量，没销量，会使大卖家流量越多越赔钱。

（2）影响转化率的因素有哪些

其实影响转化率的因素很多，但是简单来说，在现阶段的速卖通中影响转化率的因素如图1-54所示。

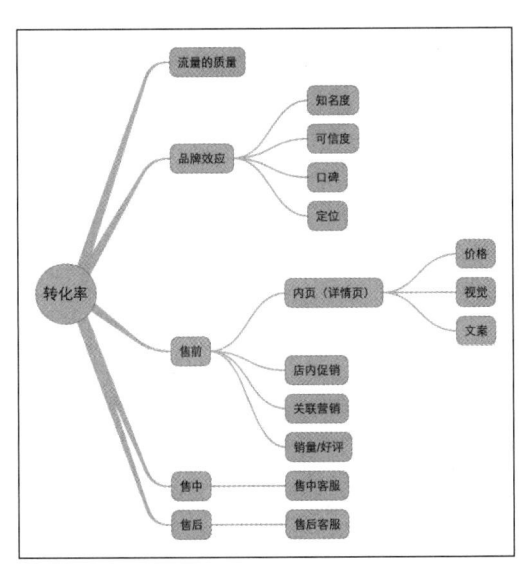

图1-54

流量的质量在前面已经讲过了。

品牌效应是什么呢？举个例子，如果要问各位女性读者，或者你的姐姐、妹妹、女同学、女同事，在"不差钱"的情况下，会买哪个品牌的包呢？我做过调查，大多数人异口同声回答是LV。这就是品牌的力量。现在速卖通越发成熟，越发走向小而美，所以卖家一定要重视品牌的打造。

在速卖通现阶段不询盘就下单的比例大约为80%~90%，所以其实卖家基本没有用到售前客服，而售中和售后其实能大幅提高店铺转化率的，尤其是对于复购率高的类目，但是这里暂时先不讨论。

有关如何打造优质的详情页，下面列举了几个案例，帮助读者学会如何判断好的详情页应该是什么样子的，后面会有专门的章节教读者如何具体制作图片。

1. 视觉

如图1-55所示，视觉对于电商的重要性是不言而喻的，我们常常会说，我们就是个卖图片的。当然产品也是非常重要的，只是图片会非常影响转化率，而转化率对于玩转速卖通平台来说，是重中之重。

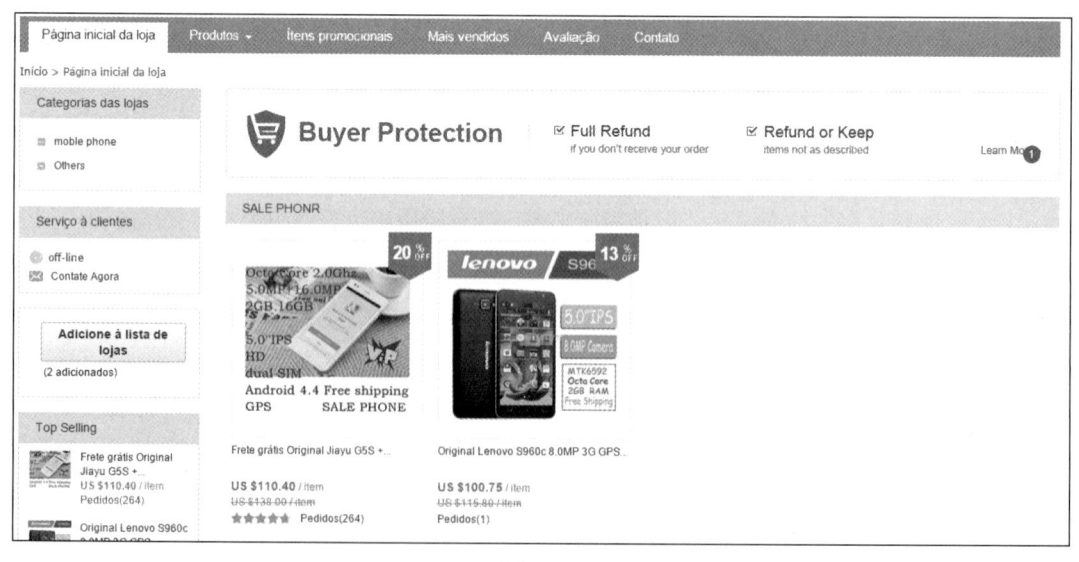

图1-55

我们的店铺是这个样子的，看起来非常简洁明了，如图1-56所示。

图 1-56

但是当买家看到有的店铺是这个样子的时候,你说他会怎么想?如果是你自己买东西,你会去哪个店铺?你会认为哪个店铺更可靠,产品品质更好,售后服务更好?所以衡量视觉的标准,不在于我们自己觉得是否过得去,而在于行业的顶级在哪里,如果我们的视觉效果处于行业中上游甚至是顶级的,那我们的基础转化率就远远高于其他人,我们就赢在了起点,反之我们就输在了起点。同样的道理对于详情页也是一样的。

如图 1-57、图 1-58 所示,这两个产品同样是裤子,同样是我们速卖通平台的产品,买家会选择哪个?其实,这两款裤子成本或许是接近甚至一样的,但是下面的裤子比上面的贵 1 倍也卖得出去,上面的产品亏本也不一定卖得好。

图 1-57

41

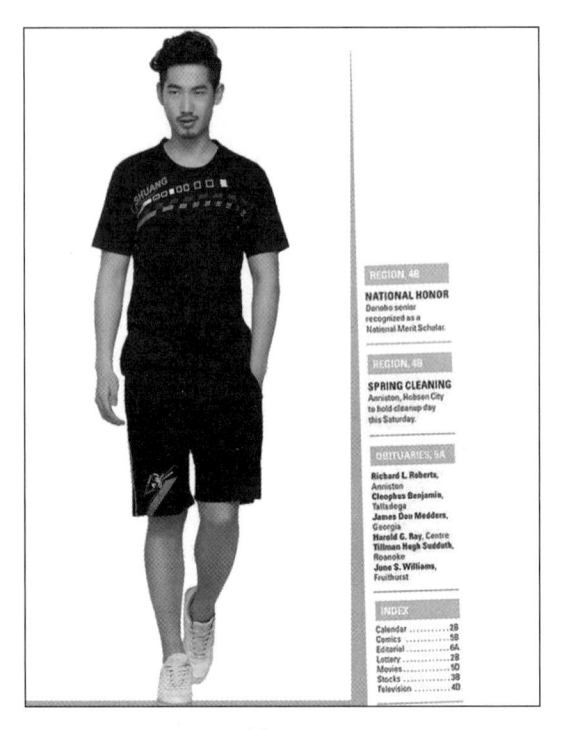

图 1-58

所以我们一定要重视视觉，不惜一切代价要做好视觉，因为我们不惜一切代价要做好转化率。对于大多数卖家来说，视觉外包是一个很划算、很有价值的选择，因为自己雇佣一个美工，无论是品质、效率，还是成本都会非常不理想。

（1）主图

衡量主图的指标：点击率。

主图有两个功能：第一，买家输入关键词进行搜索，在出现的产品列表里面会点开几个他感兴趣的产品查看，当你的产品出现在这一页的列表中时，就会获得曝光。你的产品被点击的概率叫作点击率，影响点击率的因素有四个，即主图、销量好评、价格和标题，其中主图的影响最大。第二，在移动端的产品浏览中，主图更是占据着最为重要的展示位。

所以我们的目标很明确，我们要通过主图获得更高的点击率进而获得更多的流量，同时要通过主图让移动端客户清楚明了地知道这个产品，以及产品的特性。

注意，提到流量就要想到流量的质量，因此主图过于好看，过于吸引眼球，图片美化过度，都是不行的，会严重影响转化率。主图不好看不吸引人也不行，会大幅减少流量。所以主图要实在、有质感。主图一共 6 张，第一张主图会被展示在搜索引擎列表里，所以第一张主图最重要，用途是获得更多精准的流量。剩下 5 张主图用来给移动端的买家看，要充分展示产品卖点，努力优化，努力修饰。

我们来看个优秀案例，这个例子里面一共有 3 个特点希望大家学习，如图 1-59 所示。

图 1-59

① 产品展示充分，美观，有质感。展示了产品的正面、反面和侧面。

② 图片为白色背景，简洁明了。

③ 其余 5 张主图为产品细节图。

这里讲解一下最后一点，为什么其余 5 张主图为产品细节图比较好？

因为速卖通的移动端 App，以及移动端的网页，在查看产品详情页的时候就会展示这 6 张主图，因此对于移动端的速卖通买家来说，6 张主图是一个非常好的展示产品的途径，因此我们建议除了第一张主图外，其余 5 张主图为产品细节图。

（2）详情页模板

衡量详情页的指标：转化率，页面停留时间，访问深度。

我们知道优质的详情页是由一系列图片构成的，目的很单纯，就是营销、卖产品。所以这也叫作视觉营销，注意这里的目标和主图是不一样的，所以侧重点也会不同。在这里要非常重视营销，让买家下单，让买家觉得不下单自己就亏了，下单就赚了，买得越多赚得越多，这是我们的目标。

由于一个店铺可能会有很多个产品，同时有些信息是每个产品的详情页都会展示的，基于提高效率的原因，我们往往会制作一套或者几套详情页的模板，对不同产品进行套用即可。

① 广告区

我们在详情页的最上面会放置关联营销产品信息模块，也就是说买家进入我们的详情页

43

后，在让他看我们的主打产品前，我们会先让他看看我们的关联产品，增加他进入我们店铺其他页面的可能性，引导流量。防止他看了产品以后没兴趣，立刻关闭页面离开我们的店铺。广告区如图 1-60 所示。

图 1-60

在这个区域我们会放置一些美观的广告图、海报图。放置一些想要告诉买家的重要信息，比如这里我们提醒买家买手机前要看看手机网络制式是否合适。同样地，比如过年时会延迟发货，这样的信息同样可以在这里以红色标出，告知买家。

同时这里还可以放置一个非常重要的东西——关联营销图，比如图 1-60 的下方我们放置了 m1 noto、MX4 Pro 等买家可能感兴趣的 4 个产品。

最后，强烈建议放置一张能引导买家去我们店铺首页的图片，对于速卖通来说，根据数据分析 80%～90% 的买家都是只看你的详情页，而不会看你的店铺首页，因为买家没有途径、没有理由去看。这给我们两个启示，第一，详情页比首页重要，第二，我们需要引导买家去我们店铺首页，店铺首页是最好的关联营销。

② 产品广告图

这里我们会放置产品的广告、多 SKU 介绍、产品属性、产品卖点、真假对比等图片，这个部分和第一个部分的区别在于，第一部分是对我们店铺打广告，这个部分是对具体产品打广告，如图 1-61、图 1-62 所示。

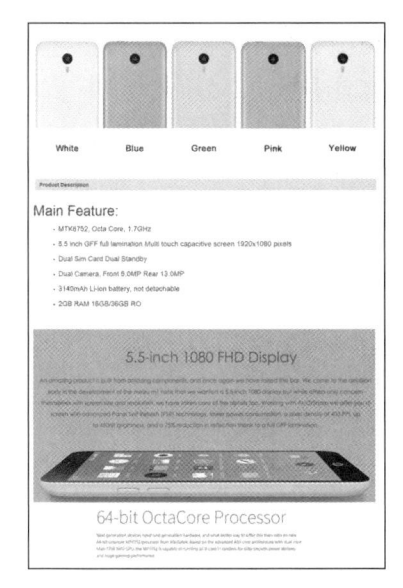

图 1-61

图 1-62

在上面这个例子中,我们有同款产品不同颜色的展示,列出了产品主要参数(Main Feature),用美观的大图依次展示了 5.5 寸屏幕、64 位 8 核处理器、1300 万像素后置摄像头和 500 万像素前置摄像头。

注意,我们的详情页是要说服买家购买的,一定要让买家首先觉得你的产品品质好。所以一定要好好的挖掘你的产品特性,提炼出卖点,然后通过美观的图片展示给你的买家。

③ 产品实拍图区

这里我们会放置产品的实拍图、细节图,如果是首饰衣服,可以放置佩戴图、使用图、买家分享图等。总之,图片要在真实的基础上美观有吸引力,如图 1-63、图 1-64 所示。

图 1-63

图 1-64

45

上面案例中的图片，是从各个角度拍摄的，从图中能看到屏幕的反光、手机后盖的圆润。背景和手机放置的位置都是精心设置的，看起来既真实亲切，又非常美观，富有设计感。为了更好地说明这一点，我们再来看一个反面教材。

在一次授课过程中有个学员问我："老师，我的店铺差评很多，好评率提不上去，还遇上了一些纠纷，我该怎么处理这种情况呢？"

图 1-65 是他的店铺详情页的图片。当你看到这个图时，你知道他是卖什么产品的吗？

他卖的是挂在墙上的壁画。这个图片其实非常美观，但是问题多多。

图 1-65

首先，干扰因素太多，产品不突出。

其次，也是最严重的问题，这幅图叫作渲染图。大家有没有感觉这个壁画有点不自然？因为这个图片是渲染出来，壁画是通过 Photoshop 软件处理出来的，不是真实拍摄的。这就导致这家店铺刚开始有订单，随着订单增加排名上升，可是接下来差评如潮，商业得分急剧下降，排名下降，流量订单又开始减少。一方面积累了很多的差评很难改回来，另一方面差评还在持续增加。所以这位卖家朋友注意到表面的现象，纠纷多，所以他问我如何处理纠纷。中医讲求治病要治本，所以这位卖家朋友的问题不在于如何处理纠纷，而在于如何调整视觉效果。

所以说图片不是越漂亮越好，而是有一个限度的，如果有人为了增加订单，刻意把图做得极其吸引人，超过了产品本身所能达到的效果，导致物极必反，那就要因小失大了。

④ 店铺信息图区

这部分可以放一些杂七杂八的，和产品无关但是和交易有关的信息，比如是否附送小礼品，支持哪些付款方式，支持哪些物流方式，公司介绍，公司实拍图，FAQ 等，如图 1-66、图 1-67 所示。

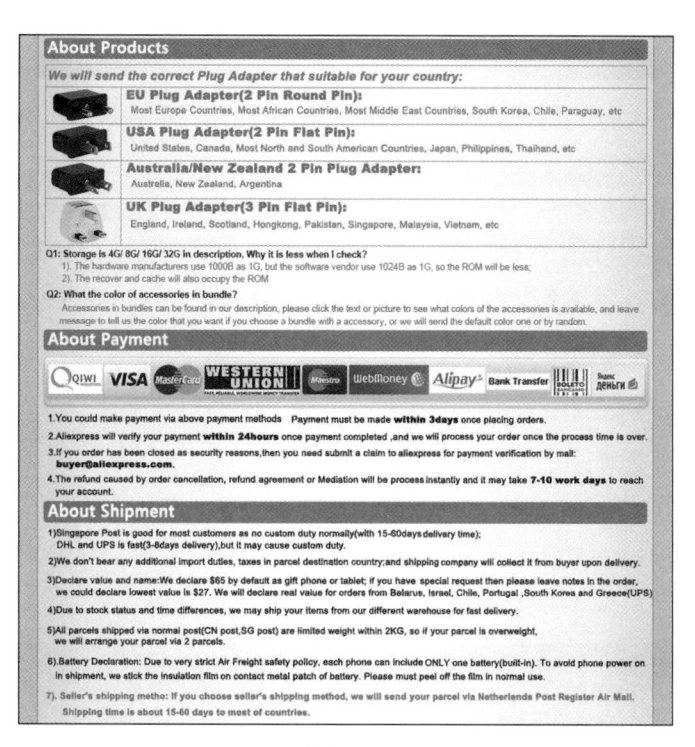

图 1-66

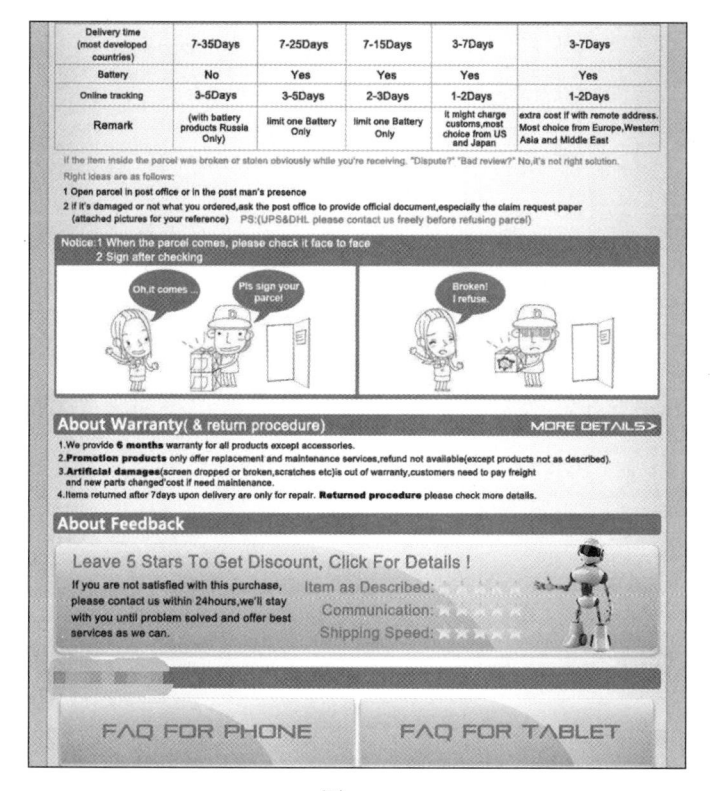

图 1-67

（3）文案

文案的力量是巨大的，图片只是文案的载体，只有图片没有文字会让人觉得假大空。而美观的图片，配合优秀的文案，从感性角度来说，给人一种"买买买"的冲动。从理性角度来说，文案是影响买家页面停留时间的最佳武器。在这个碎片化阅读严重的今天，买家是很没有耐心的，只有优秀的图片和文案结合到一起，才能更好地击中买家的内心，hit the spot。文案是一个很大的话题，这里只点明几个要点，想要深入了解这方面的知识，建议阅读专门讲解文案的书籍。

① 直白有效的描述

文案一定要直白有效，所谓直白有效，不是你认为直白有效，而是买家看了的感觉。如图1-68所示，大促临近，各家电商的文案不约而同都非常简洁，没有了"促销""打折"这样的字眼，有的是什么？Key word！"别闹""别吹""别不信""别扯"等。只有这样简洁有力的文案，才能深入买家的内心。

图 1-68

我们来看看将其实际运用到店铺的案例。如图1-69所示，这是来自淘宝的一张中文海报，我们用它来帮助大家理解。

图 1-69

这张海报的用途明显是促销。问题在于,这张海报能不能激发买家购买的欲望,让买家认可这个产品,信任这个店铺呢?全淘宝假发搜索排名第一、累计售出 10 万顶、回头客超过 30%、已被山寨模仿抄袭。嗯,不管你们信不信,我反正是信了,这是个值得买的产品。

这些文字都很简短、有力,包含了第一、10 万顶、销量神话等 Key word。那么这里有没有说这个产品的品质、选材、用料、做工、细节、参数?没有,一个都没有,买家购物,永远都是感性消费,或者说是冲动消费。所以这样的文案,才叫作直白有效的文案。

② 图文结合

我们再来看看图 1-70 中的这个案例。上下都是图片,中间插入了一句红色加大的文字,"全网长卷发销量第一!现在购买还送精美发饰,最后 100 份"。"销量第一""送精美发饰",注意不是一般的"发饰",是"精美发饰"!这种信息已经深深地刻入到买家的心中。最关键的是,如果只有图片没有文字,买家在看这个页面的时候,鼠标滚轮滚动一下,就看完了,那么你的产品特性,你的小礼品,很有可能没有被买家发现,就算被发现了,也无法深深地刻入到买家的内心,请大家好好理解这个词——刻入。所以优秀的文案,一定是图文结合,Key word 要反复出现,卖点要变着花样出现,这样才能触动买家。

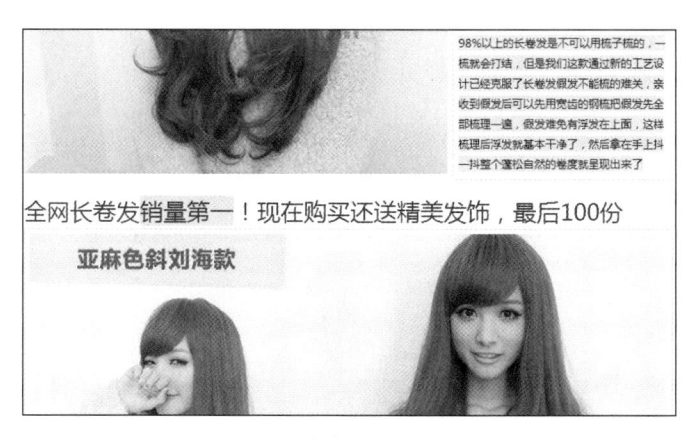

图 1-70

③ 与众不同

还记得开始讲文案时的那张图吗？那些电商的文案都是"别闹""别吹""别不信""别扯"等。为什么没有一个是"老板卷着 3.5 亿巨款带着小姨子跑了""跳楼大减价最后三天"？因为时代在发展，这样的文字已经无法触动买家的内心了，所以大家需要寻找新的台词、新的角度，来表达自己的优势、对手的劣势、自身产品的卖点等。如果你的文案和其他人的一样，那买家是不太可能去看的，也就没法引起触动。所以这里我放了一张图，上面是他们的文案，请大家自己阅读一下，感受一下与众不同的文案是如何让买家愿意看，以及带给买家的那种触动的，如图 1-71 所示。

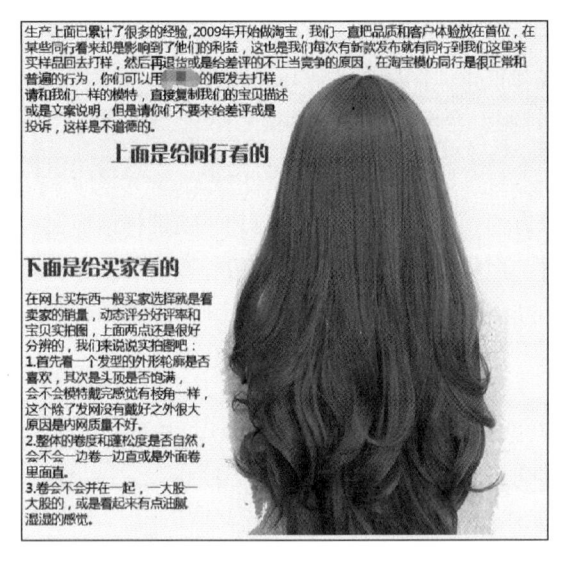

图 1-71

（4）侧边栏

侧边栏会出现在产品详情页的左侧（从店铺首页进入详情页才会出现侧边栏，而从搜索结果页进入详情页就不会出现侧边栏），可以简单地理解为一个额外的产品信息模块。

① 客服席位

建议多设置几个客服，并且全部都亮灯。另外建议将名字设置为多语言的，比如一个客服叫 English（英语），一个客服叫 French（法语），那么买家进来找客服时就会选择他所需要的语言的客服了，如图 1-72 所示。

图 1-72

② 新品与销量榜

这两个模块可以非常有效地产生关联营销的效果，强烈建议卖家使用，如图1-73、图1-74所示。

图1-73

图1-74

③ 二维码

二维码可以有效地引导客户通过移动端访问，速卖通在努力推进移动端的发展，移动端的流量与销量已经不容小觑。如图1-75所示为二维码。

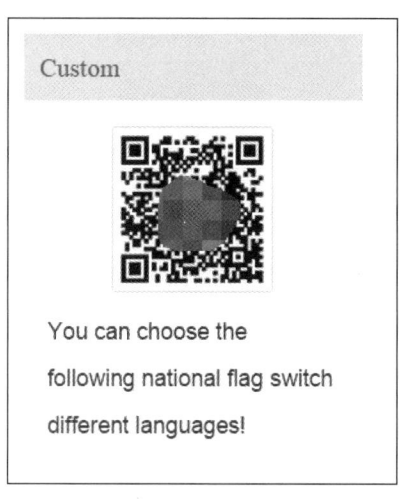

图1-75

④ 多语言选择

如图 1-76 所示，买家点击不同的图标就可以打开对应语言的页面，我们知道速卖通的买家来自世界各地，所以这个模块有一定用处，具体制作方法在视觉部分有。

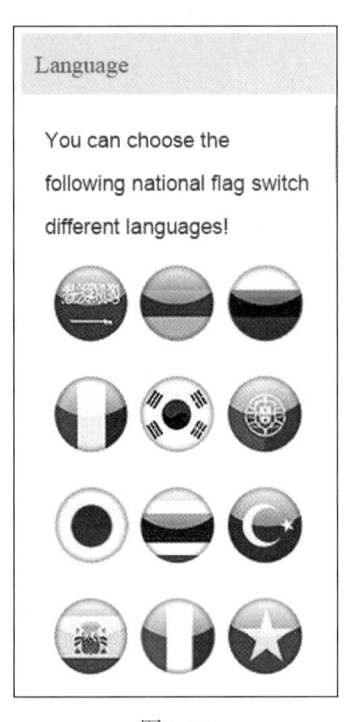

图 1-76

⑤ 工作时间

这是非常有效的一个模块，买家看到后就能知道他的信息何时能得到回复，买家何时能和卖家沟通。比如在过年期间，在这里也可以放置过年的相关信息，如图 1-77 所示。

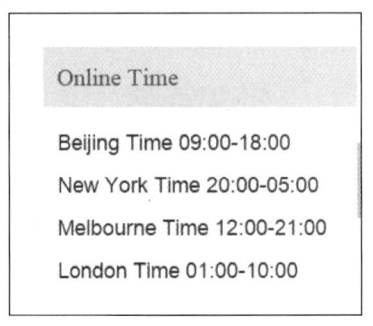

图 1-77

2. 自主营销

如果买家在通过详情页获得了产品信息后还不能下决心付款，那么还有一个东西会起到

"临门一脚"的效果，就是 4 个店铺自主营销工具：限时限量、全店铺打折、满立减、优惠券。这些工具的具体使用方法在本书有专门的章节讲解，这里不再赘述，而只从详情页的角度说一下要点。

（1）限时限量、全店铺打折

设置了这两个活动以后，会有样的效果，主图右上角有橙色标志，价格也用橙色显示，价格后面有活动结束的时间。这些会营造一种打折促销的氛围，尤其是当活动结束时间在 24 小时内时，很多卖家都反应订单增多了。这说明这种氛围是会实实在在促使买家下决心的。建议保持这样活动折扣，增加我们的转化率。活动如图 1-78 所示。

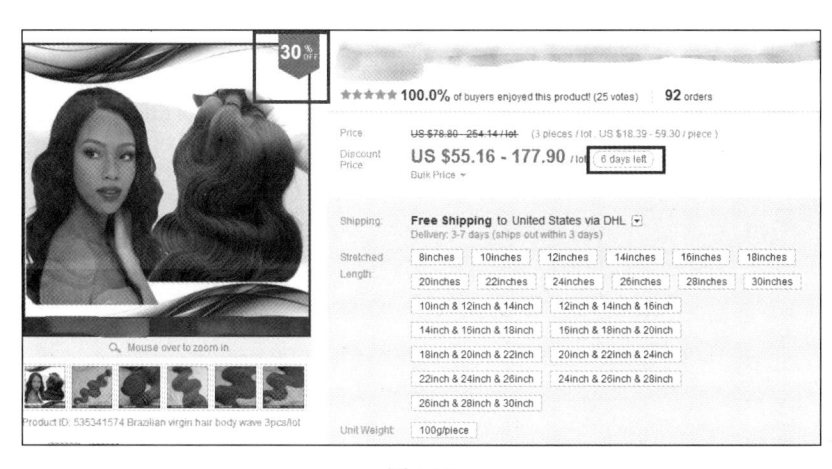

图 1-78

（2）优惠券、满立减

这两个工具是促成买家下决心付款的那"临门一脚"，非常有效。世界上最有效的传单，就是麦当劳、肯德基的优惠券，优惠券拿在手里就像是现金一样，不用掉心里不舒服，感觉像亏了一样。但是由于种种原因，买家常常没有发现优惠券、满立减的存在，就稀里糊涂下单了，当然更多的情况是稀里糊涂地就离开了我们的店铺。为了增加转化率，一方面我们要学会这两个工具的使用，另一方面，我们要从视觉上进行引导，如图 1-79 ~ 图 1-81 所示。

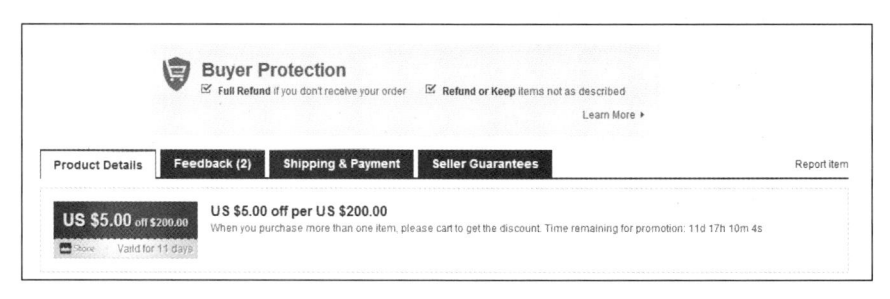

图 1-79

图 1-80

图 1-81

我们在淘宝、天猫的详情页都能看到这样的信息，同样我们做速卖通时也要放置这样的图片，旗帜鲜明地告诉买家这样一个信息：这里有现金可以拿。这样我们的营销工具才算是真正派上用场了。这个图片请添加一个超级链接，链接地址是 http://www.aliexpress.com/store/sale-items/（几位数字，你的店铺的号）.html。店铺号码在如图 1-82 所示的位置中可以找到。

图 1-82

3．关联营销

关联营销会影响访问深度，影响客单价，影响店铺的转化率，是非常有效的工具，属于必须要做的一个模块。很多几钻的卖家不明白，为什么他的店铺只有一个或者几个产品卖得动，其他产品都卖不动。原因很简单，买家的行为就是，搜索—点击打开详情页—没兴趣—关闭，而不会去你的店铺首页。在这样的情况下，买家是根本看不到你店铺的其他好产品的，又怎么可能下单呢。你店铺的某些产品卖得好，排名靠前，就有流量，而其他产品没有任何流量，当然是卖不动的。我们的目标是，让买家在把我们所有产品都认真看了一遍之后，如果她还是没兴趣，再放她离开。为了做到这一点，为了提高流量的利用率，为了增加我们的店铺访问深度，提升转化率，为了通过爆款为其他利润款引流，我们一定要做好关联营销。

关联营销有三要素：

① 充分展示产品。

② 关键词（折扣+品质）。

③ 一个非常显眼的按钮。

我们看看这个案例，首先这些衣服穿在模特身上效果非常好，拍摄的角度、造型都非常优秀，还有细节图来展示花纹、质感等，产品展示得非常充分，如图 1-83 所示。产品展示得充分才能提起买家的兴趣，吸引她点击。

图 1-83

其次，我们看到"天鹅绒休闲套装、皇冠烫钻、原价×××现价×××"这样的关键词，我们讲过图文结合，所以这里不再赘述。总之，就是为了和图片结合吸引买家的目光和注意力。

最后还有一个黑色的按钮。按钮是最重要的，大家在做关联营销的时候，一定要用产品信息模块来做，这样才会比较吸引人，展示会很充分。其实整张图片都是带超级链接的，所以整张图都可以单击跳转，并不是必须要单击那个黑色按钮才可以。但是这个按钮是必不可少的，因为买家购物的时候，是一种比较放松的状态，如果你不放置按钮，她心里就会默认为这个地方不可点击，不太容易注意到。而按钮能大幅增加能点击的暗示，引导买家进行点击跳转。

那么哪种产品更适合做关联营销？选项如下：

A．相似的产品

B．相关的产品

C．相辅相成的产品

相似的产品，意味着几乎完全相同，比如只是颜色不同的连衣裙。相关的产品意味着有点区别，比如休闲鞋和运动鞋。相辅相成的产品，就是鞋子和鞋油的关系。其实这三项都很适合做关联营销，但是假如只能选择一种的话，那么有一种产品的效果会最好，你想到答案了吗？

答案：A．相似的产品。

首先，这三个选项其实都适合设置关联营销。在实际操作的时候也建议卖家都要做。但是要说效果最好的，一般情况下是 A，这并不是笔者信口开河，而是有数据作为依据的。假如店铺的转化率是 10%，那么选择 C 意味着设置的关联营销对于 90% 的没有购买我们产品的顾客没有太多用途。而选择 B，这种情况很常见，想一下，我们买东西的时候，经常会有本来打算买运动鞋，结果买了休闲鞋的情况。一般情况下，我认为设置关联营销首先要满足顾客的第一需求。所以综合起来，我们会以 A 作为关联营销的主体，B 和 C 选项作为辅助，比如一共有 8 个关联营销位，我们可以把 5 个位置给 A，2 个位置给 B，1 个位置给 C，这样就比较合理有效了。

4．销量和好评

销量和好评的数量、好评的百分比，对商品的排名与成交转化率影响巨大。销量与好评会影响到一个产品的商业得分，进而影响到产品的排名。同时买家也会更倾向于购买销量多，好评多的产品，进而影响到一个产品的转化率。所以这里建议大家一定要做好服务营销，努力地追好评，酌情增加好评如潮图（一定不要盗图，关于盗图问题请参看本书第 2 章），如图 1-84、图 1-85 所示。

图 1-84

图 1-85

5. 属性填写

有不少买家反映速卖通搜索结果中展示的商品并不与他输入的搜索关键词匹配，从而导致买家搜索结果体验差。卖家千万不要觉得这样可以多获得一些曝光、流量,甚至还能产生订单,因为这其实会影响转化率。

案例 1:买家想购买黑色的高跟鞋,通常会搜索"pumps"(高跟鞋),然后在页面左侧"Refine Search"的"Color"里筛选出所需要的颜色,但搜索结果中却混杂着肉色等其他颜色的高跟鞋,如图 1-86 所示。

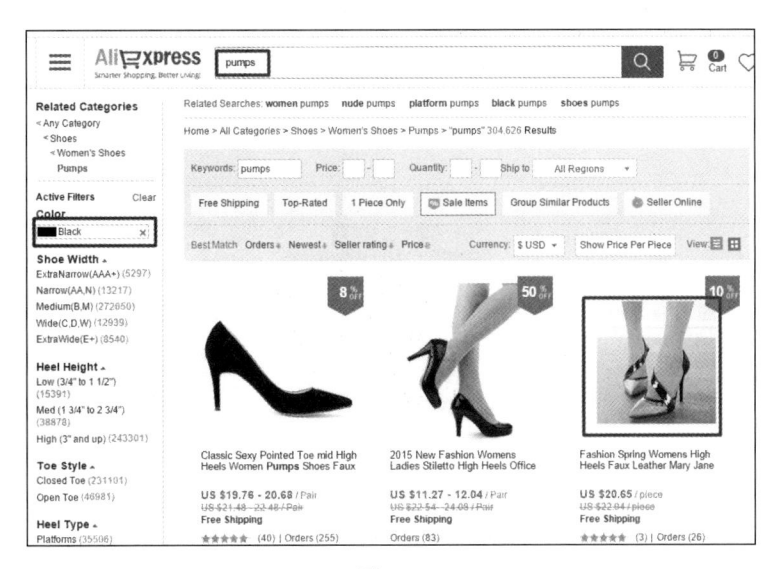

图 1-86

案例 2:买家想购买银色的相机,通常会搜索"digital cameras"(数码相机),然后在页面左侧"Refine Search"的"Color"里筛选出银色,但搜索结果中却混杂着黑色等其他颜色的相机,如图 1-87、图 1-88 所示。

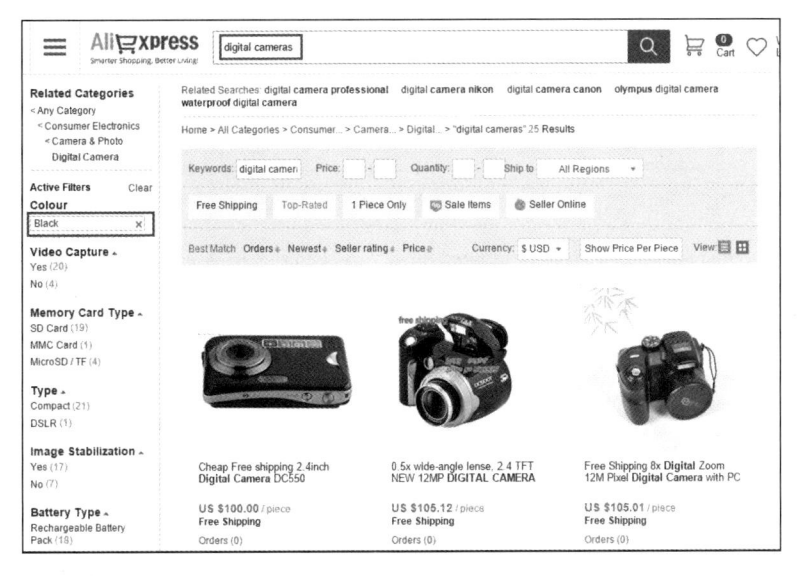

图 1-87

图 1-88

那么作为平台上的卖家，可以做什么来使我们的流量更精准，转化率更高呢？

（1）在发布产品时，产品属性填写尽量准确，比如销售方式下的颜色属性，如图 1-89 所示。

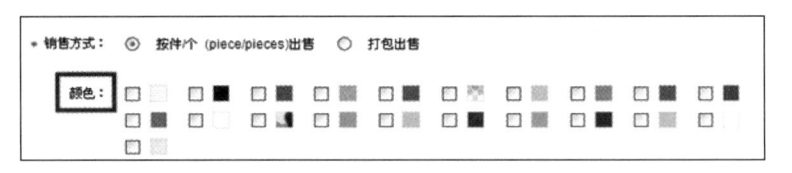

图 1-89

（2）在发布产品时，产品属性尽量填写完整，特别是一些关键属性，完整的信息便于买家筛选，也让你的产品看起来更专业。

例如，在发布服装类产品时，要尽可能把图案类型等属性选上，如图 1-90 所示。

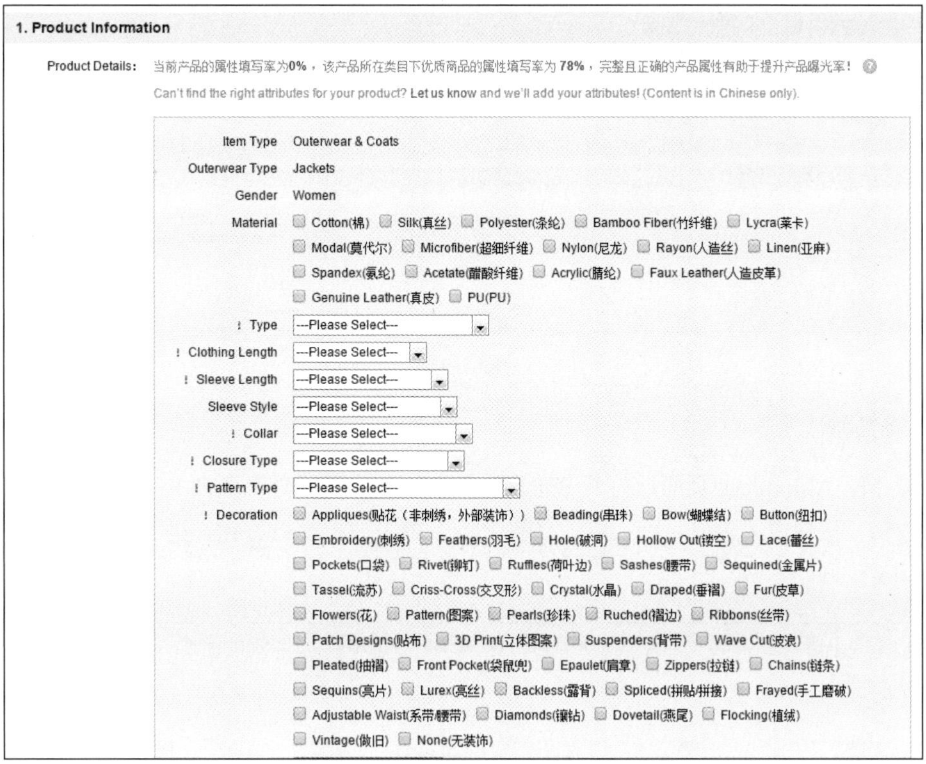

图 1-90

目前很多属性甚至是关键属性都没有设置成必填项，因而很多卖家忽略了这些产品属性的筛选，导致买家体验差。所以卖家的一个小操作将给买家带来很大的便利，卖家应选择正确的产品属性并完善现有的属性。

关于详情页我们分别讲了视觉、自主营销、关联营销、销量好评、属性填写五个方面，如果把这五个方面都做好，那么我们一定能打造出一个优质的、转化率高的详情页。转化率高会增加销量和好评，让我们产品的排名逐渐上升，流量逐步增加，进入"正螺旋"式的发展阶段。

1.2.2 产品管理

产品信息的管理及修改包括以下几个部分。

1. 商品审核

商品信息提交成功后，速卖通的工作人员会对商品信息进行审核。如果符合阿里巴巴信息发布规则的要求，则所发布的商品会在一个工作日之内审核完成，高峰期顺延。

可以打开"产品管理"—"管理产品"页面，在"正在销售"状态栏下查看和编辑通过审核的产品，如图 1-91 所示。

图 1-91

2. 商品修改

登录 My AliExpress 页面,打开"管理产品"—"产品管理"页面,选择要修改的商品,单击"编辑"按钮进入编辑页面,修改信息之后,单击"提交"按钮,进入等待审核阶段,如图 1-92 所示。

图 1-92

3. 商品下架

商品的有效期分为 14 天、30 天,过了有效期商品将从"正在销售"转为"已下架"状态。可以在"已下架"状态栏下查看下架的商品,也可以将已下架商品重新上架,如图 1-93 所示。

图 1-93

1.2.2.1 产品的 5 种状态

任何一个产品发布之后，可能会处于 5 种状态，如图 1-94 所示。

图 1-94

（1）草稿箱

- 若在"发布产品"页面进行编辑，则每 15 分钟系统自动保存一次信息。
- 若在"发布产品"页面单击"保存"按钮，则产品信息保存至草稿箱。
- 草稿箱保存信息数量上限为 20，超过应手动删除。
- 草稿箱中的产品描述图片只保留 15 天，逾期系统自动删除，应尽快提交审核。

（2）审核中

（3）审核不通过

（4）已下架

（5）正在销售

1.2.2.2 如何查找产品

如图 1-95 所示，查找产品一共有 5 种方式，即：

（1）产品名称或 ID

（2）产品编码

（3）产品分组

（4）产品负责人

（5）到期时间

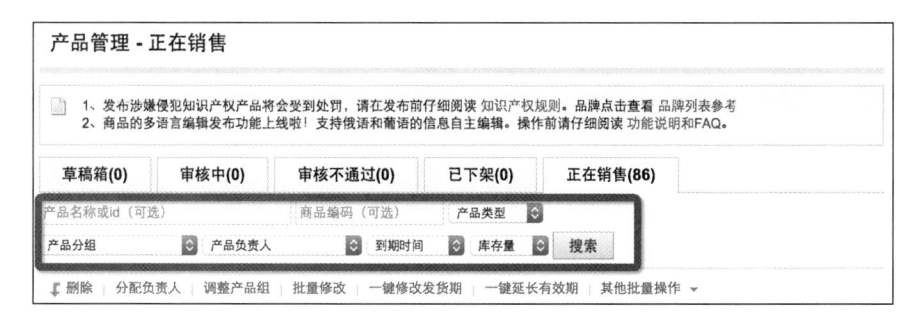

图 1-95

1.2.2.3 其他管理产品工具

其他管理产品工具还包括以下几个：

（1）批量修改

可同时修改多个产品的属性。包括产品标题、关键词、销售单位/方式、包装重量、包装尺寸、产品信息模块、服务模板、运费模板、零售价，如图1-96所示。

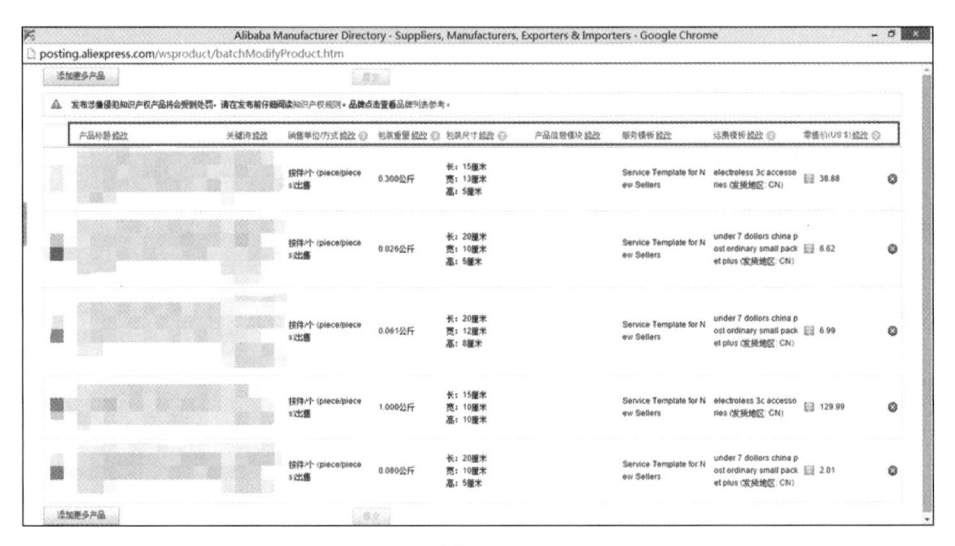

图1-96

（2）一键修改发货期

（3）一键延长有效期

（4）批量下架

（5）批量橱窗推荐

1.2.2.4 橱窗推荐产品

橱窗推荐是平台奖励给卖家的资源，将产品应用到橱窗推荐可以提高产品的排名（橱窗产品的曝光量比普通产品曝光量要大8~10倍）。

> （1）平台通过卖家服务等级或活动等免费赠送给卖家，卖家不需要付费。
> （2）您可以登录"我的速卖通"，在页面中间"可用资源"中查看可以使用的橱窗推荐位数量。

速卖通的橱窗设置是一种奖励机制，获得的方法如下：

（1）卖家可以通过提升卖家服务等级获得，等级越高的卖家享受的资源奖励越多。

各等级卖家可获得的橱窗展位个数如图 1-97 所示。

奖励资源	优秀	良好	及格	不及格	成长期
橱窗推荐数	10个	5个	2个	无	2个

图 1-97

（2）参加平台的一些活动也有橱窗展位奖励，具体情况可以关注卖家频道首页公告。

卖家可以按以下步骤操作：

（1）登录到"我的速卖通"，依次单击"产品管理"—"管理产品"—"正在销售"按钮，在后面"更多操作"的下拉菜单选择"橱窗推荐"即可，如图 1-98 所示。

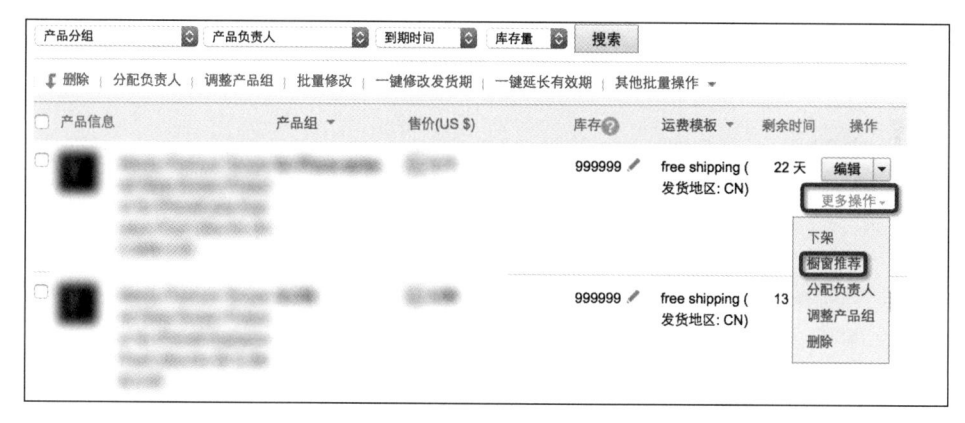

图 1-98

（2）如果你想批量操作，可勾选你想推荐的产品，在"其他批量操作"下拉菜单中单击"批量橱窗推荐"按钮即可，如图 1-99 所示。

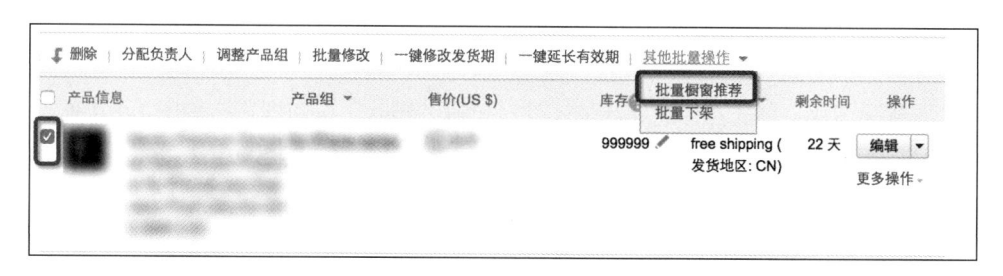

图 1-99

> **提示**
> （1）请不要直接从"我的速卖通"首页进去操作橱窗推荐，从这里进去只能查看你有多少条已推荐的橱窗产品。
> （2）如果你是子账号用户，则没有操作橱窗推荐权限，请联系管理员处理。
> （3）如果你想更换推荐产品，可以单击"取消推荐"按钮，再设置你想推荐的产品即可。

1.2.2.5 管理图片银行

图片银行集分组管理、图片搜索、图片筛选、图片重命名等功能于一体，能够提供更加强大的图片管理功能，帮助卖家更加方便、快捷地管理在线交易图片。

详细描述中的图片会默认保存到图片银行，如图 1-100 所示。

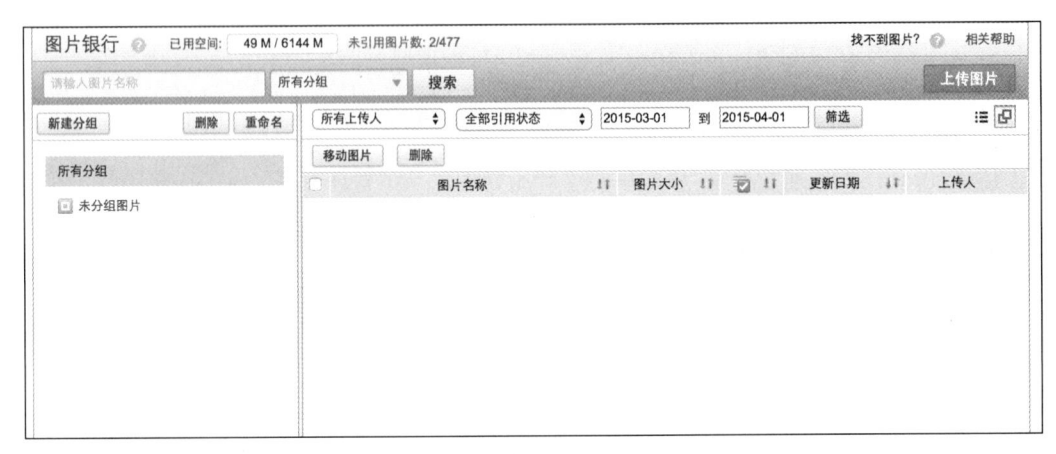

图 1-100

1. 图片上传、重命名和删除

（1）上传图片

你可以将电脑中的图片上传至图片银行，先选择要上传的分组，再从电脑中选择图片上传至该分组，一次最多可以上传 6 张图片。

（2）重命名图片

若需要更改图片名称，只需双击图片名称，在输入框内键入新图片名称，确认即可。

（3）删除图片

若需要删除图片，请选择你想删除的图片，单击"删除"按钮即可，如图 1-101 所示。

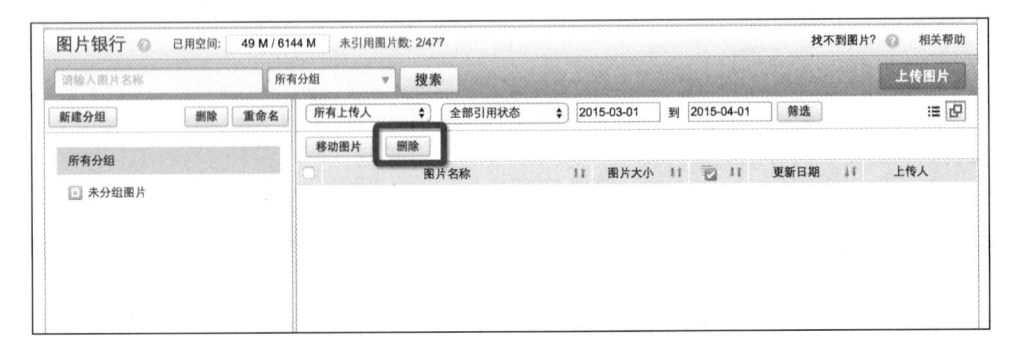

图 1-101

2. 图片分组管理

（1）新建分组

单击"新建分组"按钮，在输入框内键入新建组名称即可建立新的图片组。分组最多支持3层，每一个分组下最多能新建50个子分组。

（2）重命名分组

若需要更改图片名称，只需双击分组名，在输入框内键入新分组名称，确认即可。

（3）删除分组

若需要删除图片组，可选择分组，单击"删除"按钮，确认后分组及其子分组会全部删除。该分组下的图片不会被删除，将被移动到"未分组图片"下面，如图1-102所示。

图1-102

3. 图片展示管理

（1）图片筛选

图片银行可以根据上传人、上传日期、是否引用等条件筛选，快速找到图片。你只需选择筛选条件，单击"筛选"按钮即可，如图1-103所示。

图1-103

（2）图片搜索

图片银行可以根据名称直接搜索图片。单击搜索输入框，在框内输入图片名称，从下拉菜单中选择"所有分组"下的某个分组，单击"搜索"按钮，即可找到所需要的图片，如图1-104所示。

图 1-104

1.2.2.6　产品分组

产品分组是指就是把同类产品集合到一起，并能够将产品整合展示在店铺中的功能。产品可以设置成不同的产品组分类展示到网站上，如图1-105、图1-106所示。

1. 产品分组功能介绍

产品分组能让买家更容易检索卖家商铺中的产品。而在实际使用过程中，很多卖家并不了解怎么调整产品组更便于买家使用，也不知道如何调整自身产品组在商铺首页的展示。

图 1-105

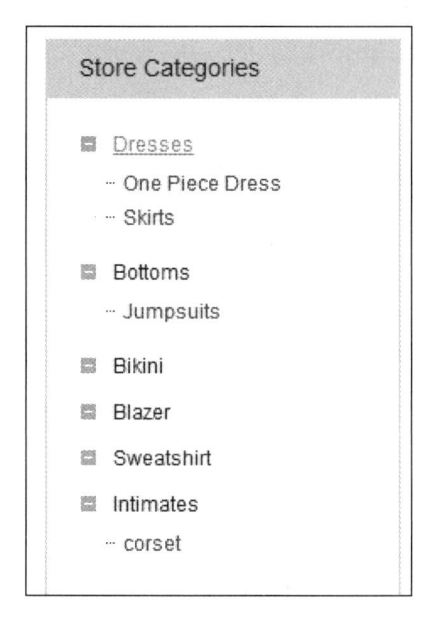

图 1-106

2. 如何优化商铺产品分组

进入速卖通后台，单击"产品管理"按钮，打开"产品分组"页面。如果想调整某个产品分组的排序，只要用鼠标单击该产品组后的十字形按钮，将其拖动至你想要展示的位置即可，如图 1-107 所示。

图 1-107

3. 合理的产品分组排序方式

合理的产品分组排序能够将店铺中的产品用最合理，最能吸引买家购买的方式展现。结合平台商店铺的数据分析，如下形式的产品分组会更容易吸引买家。

（1）促销产品分组，例如 New Arrive、Promotion、Discount。

（2）热门品类分组，例如 Xiaomi 配件、Meizu 配件。

（3）按照所属行业常用规则分组，例如平板电脑可以按照屏幕尺寸分组。

（4）其他分组，放一些无法归类的产品。

4. 产品分组的注意事项

（1）不要出现无分组的产品，无分组的产品会导致系统在你的分组里面增加一个额外的 other 分组。

（2）不要只注重促销产品的分组，促销的分组比重不要过多，最好不要超过 3 个。

（3）不要将不相关的产品加在产品组里面。

（4）不要用买家不容易搞懂的专业信息进行分组。

（5）不要有过多的产品分组。

扩展阅读：产品分组分为手动分组和自定义规则分组，其中手动分组可以设置 10 个，自定义规则分组可以设置 5 个。每个手动分组下还可设置 10 个子分组，但按自定义规则创建的分组不支持设置子分组，即手动分组和自定义规则分组一共最多可设置 105 个产品分组。

5. 设置分组排序

分组排序时通过上下拖动十字形按钮进行排序，如图 1-108 所示。

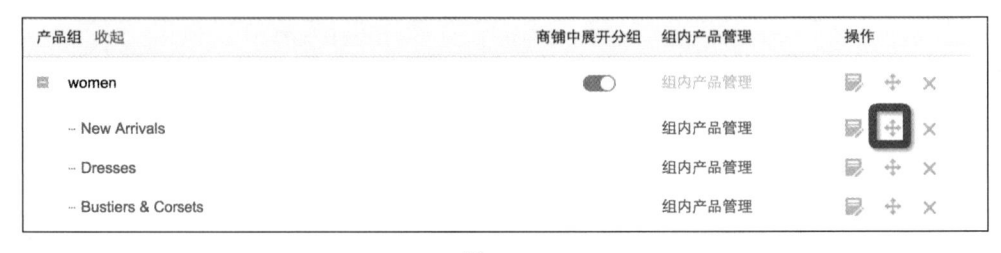

图 1-108

若新增的产品组未在店铺首页展示，一般来说有以下几种情况。

（1）如果产品组是刚设置的，则由于新建的产品组不会立即展示在店铺首页，建议等待 24 小时后再去店铺首页查看。

（2）确认你的产品组是否有添加过产品，若产品组未添加过任何产品，那么该产品组不会在店铺首页展示。

（3）若产品组里的产品均被下架，即产品组里的产品数是 0，那么该产品组也不会在商铺首页展示。同时在重新上架产品后，建议等待 24 小时后再去店铺首页查看。

1.2.2.7　回收站

如果你不小心删除了已发布的产品，可以在"产品管理"页面的回收站中找到。并且可以在这里单击"恢复"按钮来恢复已删除的产品，如图 1-109 所示。

图 1-109

> **提示**
> （1）被删除到回收站的产品信息需要在 24 小时后才能恢复上架操作，彻底删除或清空回收站后的产品将不能再被恢复。
> （2）产品被删除并及时恢复后，之前的交易记录还会保留，但若彻底删除产品，则交易记录无法被保留。

1.2.3　模块管理

1.2.3.1　产品信息模块

产品信息模块是一种新的管理产品信息的方式，你可以为产品信息中的公共信息（例如售后物流政策、活动信息等）单独创建一个模块，并在产品中引用。如果需要修改这些信息，只需要修改相应的模块，所有使用这个模块的产品中的信息全部会自动更新。

产品信息模块除了可以放置公共信息外，还可以放置关联产品（已上线）、限时打折（正在开发中）。

1. 在哪里创建模块

（1）在"卖家后台"—"产品管理"—"模板管理"页面中，可以找到"产品信息模块"的入口。在这里可以对产品信息模块进行管理操作，如图 1-110 所示。

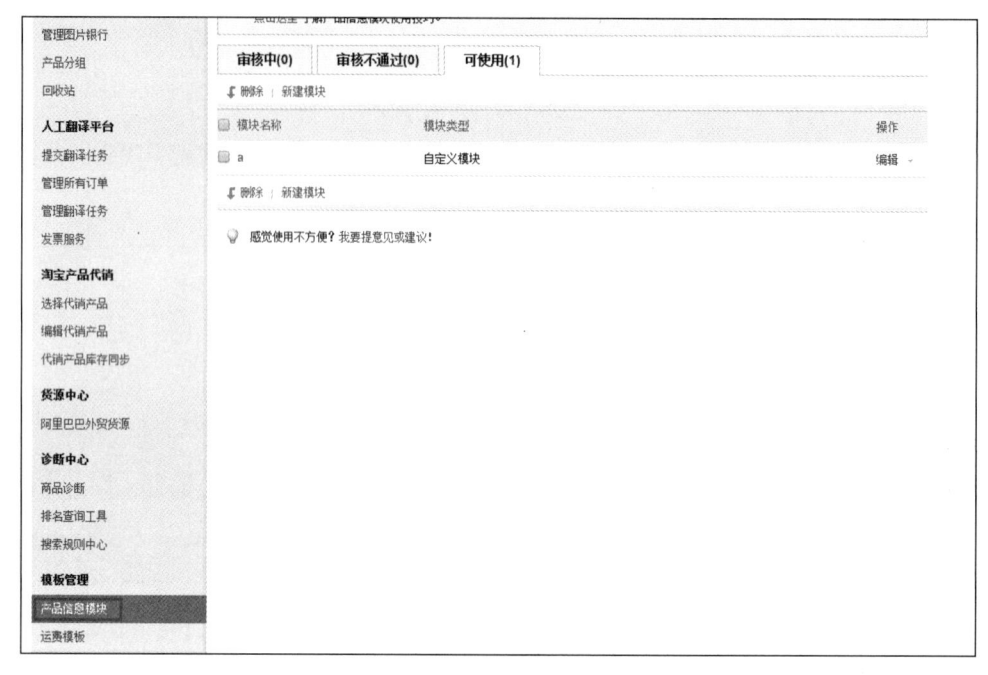

图 1-110

（2）目前可以创建两种模块，即：关联产品模块，可以选择最多 8 个关联产品；自定义模块，通常可以填写一些公共信息，例如公告、活动信息、物流售后政策等，如图 1-111 所示。速卖通平台会在后续提供更多的模块。

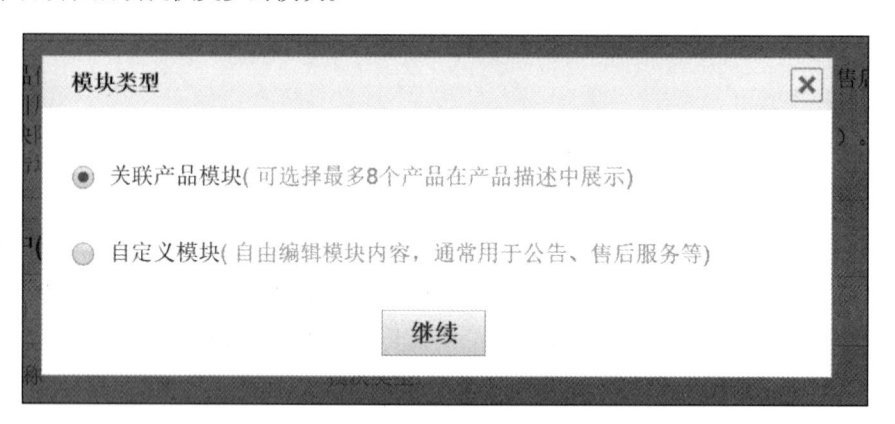

图 1-111

（3）创建关联产品模块需要填写模块标题（只能输入英文，用于区分模块），选择至少一个产品，如图 1-112 所示。

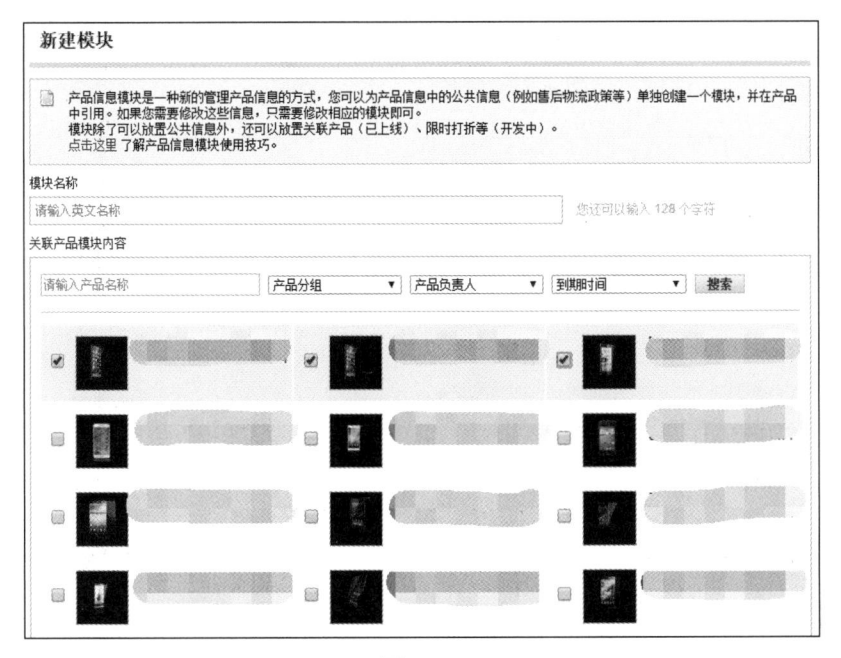

图 1-112

（4）可以单击"预览"按钮来查看模块在前台实际展示的效果，如图 1-113、图 1-114 所示。

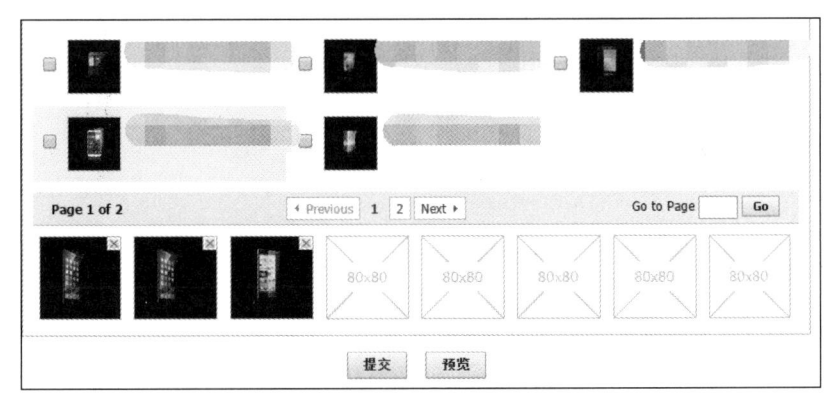

图 1-113

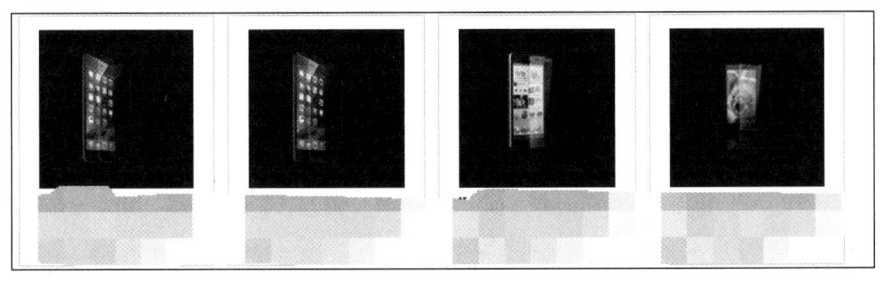

图 1-114

（5）创建自定义模块同样需要填写标题，跟关联产品模板不同的是，在自定义模块中可以随意填写你需要的内容。需要注意的是：自定义模块的内容是需要通过审核的，只有审核通过的自定义模块才能够被使用，如图 1-115 所示。

图 1-115

2. 怎么使用模块

（1）在详细描述编辑器中单击"插入产品信息模块"按钮，如图 1-116 所示。

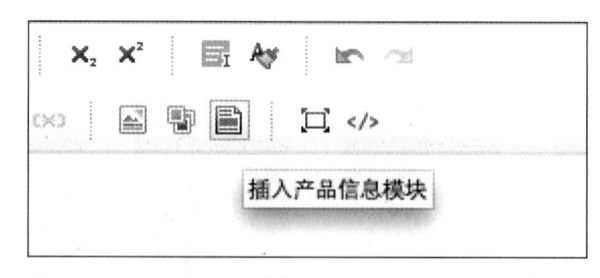

图 1-116

（2）选择需要插入的模块。这里需要注意的是，由于目前产品信息模块处于测试阶段，在一个产品中最多只能插入两个产品信息模块，而关联产品模块最多只能插入一个，如图 1-117 所示。后续测试期结束后，速卖通平台会逐步放开这些限制。

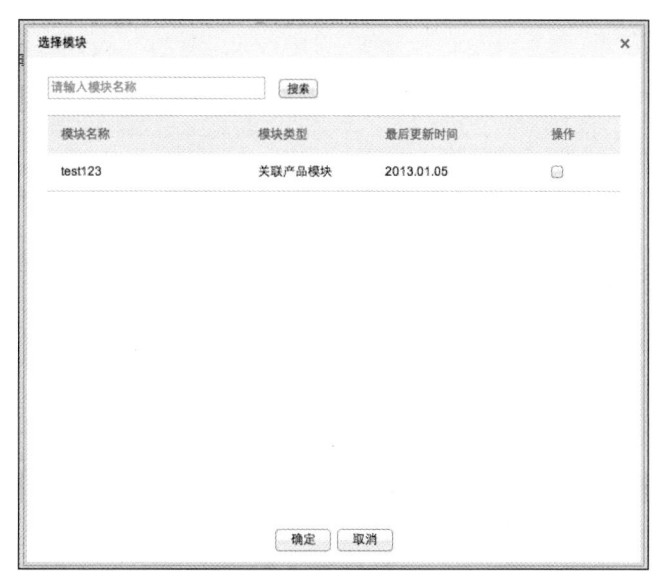

图 1-117

（3）插入成功后，可以随意拖动模块到想要的位置，如图 1-118 所示。

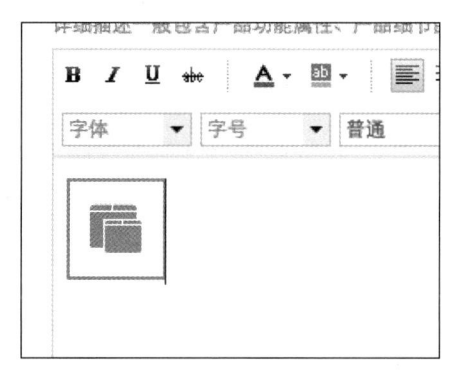

图 1-118

> **提示** 产品信息模块最大的好处在于你如果需要修改模块内容，则只需要在产品信息模块管理页面中去修改一次即可，之后所有的产品信息都会同步更新！

1.2.3.2 运费模板

1. 新增运费模板

第一步，打开"产品管理"—"运费模板"—"新增运费模板"页面，进行模板设置，如图 1-119 所示。

图 1-119

第二步，为该运费模板设置一个名字（不能输入中文），然后在如图所示的页面中选择物流方式，填写货物运达的时间和折扣，如图 1-120、图 1-121 所示。

图 1-120

图 1-121

(1)自定义运费设置

如果需要对某种物流方式进行个性化设置,比如对部分国家设置标准运费,对部分国家设置免运费等情况,则操作步骤如下。

① 可以在"运费模板设置"页面中选择"自定义运费"选项,如图 1-122 所示。

图 1-122

② 接着选择该运费组合包含的国家。可将某些热门国家选为一个组合(如果想吸引美国的买家,可选择美国,并将美国地区的运费设置为容易吸引买家下单的水平,例如卖家承担运费),或按照区域选择国家,如图 1-123 所示。

图 1-123

③ 勾选完毕,系统显示当前已选择××国家/地区,如图 1-124 所示。

图 1-124

④ 可以对该组合内的国家设置发货类型，例如：标准运费减免折扣、卖家承担运费或者自定义运费，如图 1-125 所示。

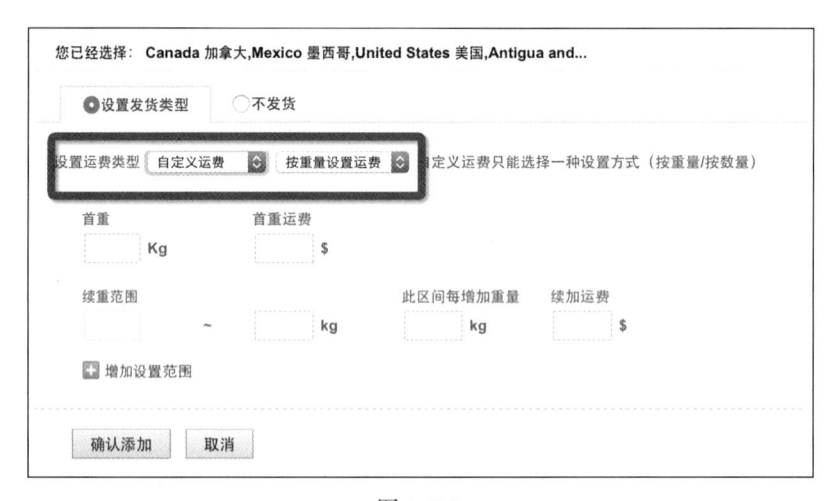

图 1-125

⑤ 单击"确认添加"按钮后生成一个新的运费组合，还可以继续添加运费组合，也可以对已经设置的运费组合进行编辑、删除等操作，如图 1-126 所示。

图 1-126

⑥ 对于难以查询妥投信息、大小包裹运输时效差的国家，可以选择"不发货"选项，再

单击"确认添加"按钮即可屏蔽该国家/地区，如图 1-127 所示。

图 1-127

（2）自定义运达时间设置

如果需要对货物运达时间进行个性化设置，则可以单击"自定义运达时间"按钮进行操作，如图 1-128 所示。

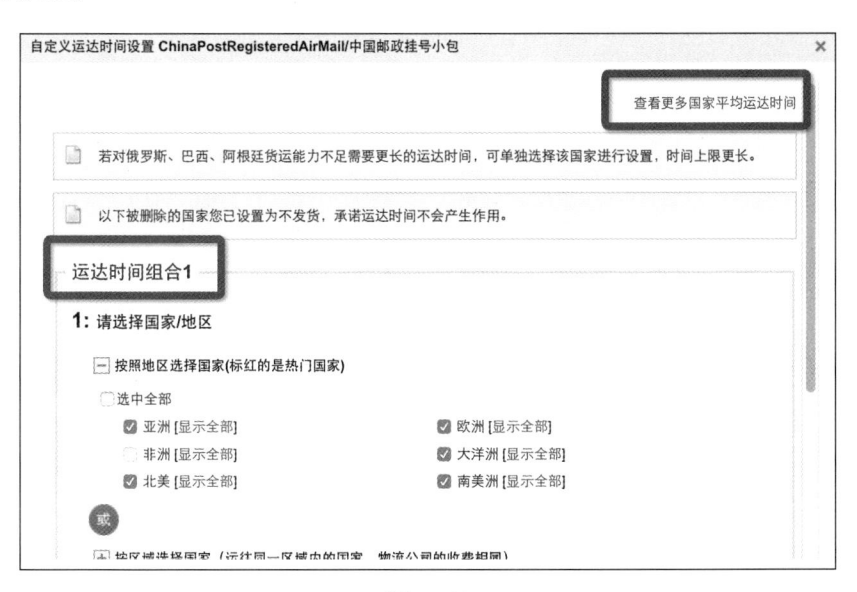

图 1-128

【补充阅读】承诺运达时间详细介绍

1. 什么是"承诺运达时间"

"承诺运达时间"是在速卖通平台原有"大小包 60 天未妥投纠纷退款规则"的基础上，将设置物流时间的功能开放给卖家，让有能力为买家提供更好物流服务、敢于对买家承诺物流服务的卖家的优势得到凸显，增强买家购物信心，提升买家购物保障而推出的一项消费者保障服务。

2. "承诺运达时间"的规则是什么

速卖通平台卖家根据自身货运能力填写运费模板中的"承诺运达时间"，对不同运输方式到达不同国家的运达时间进行保障（例如承诺 EMS 最迟在 27 天后可到达美国）。

若同时满足以下 3 个条件，经过平台仲裁后，货款将全部退给买家：

（1）货物超时未到达。

（2）买家提起超时赔付纠纷。

（3）买卖双方沟通后无法达成协议。

所以，只要卖家能够与买家保持良好的沟通，处理好因为客观原因导致的超时问题，获取买家的理解和支持，就不必担心超时退款的问题了。

"承诺运达时间"从卖家填写运单号开始到货物妥投为止，填写上限为 60 天，与现行大小包纠纷规则一致，比现行商业快递（23 天）、EMS（27 天）纠纷退款规则在时间上更为宽裕。

备注："大小包 60 天未妥投纠纷退款规则"是速卖通现行的一项针对大小包纠纷的退款规则，当买家以"未收到货"提起纠纷，买卖双方沟通后无法达成协议，并且卖家无法在发货后 60 天内提供物流妥投证明的情况下，平台执行全额退款给买家。

3. "承诺运达时间"对买卖双方有什么好处

"承诺运达时间"将在商品详情页面展示，对于承诺运达时间短的卖家会获得更多买家的信赖，得到更多订单。同时，买家可在长时间未收到货物时，及时得到赔付。

平台上服务意识强的卖家早已在详细描述中加入"承诺运达时间"，如图 1-129 所示。

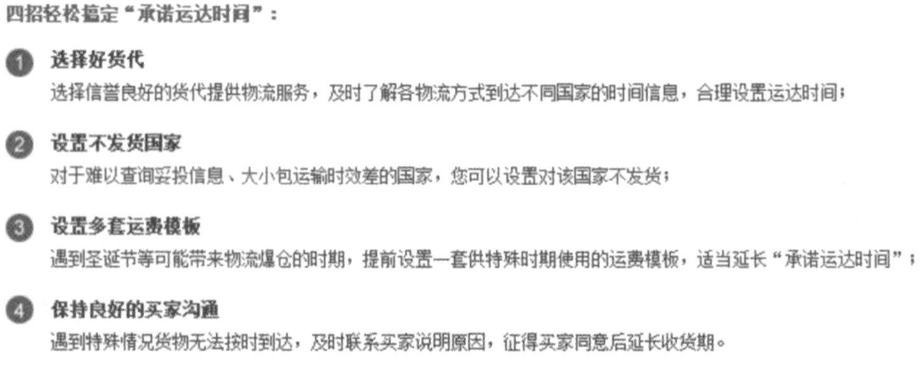

四招轻松搞定"承诺运达时间"：

① 选择好货代
选择信誉良好的货代提供物流服务，及时了解各物流方式到达不同国家的时间信息，合理设置运达时间；

② 设置不发货国家
对于难以查询妥投信息、大小包运输时效差的国家，您可以设置对该国家不发货；

③ 设置多套运费模板
遇到圣诞节等可能带来物流爆仓的时期，提前设置一套供特殊时期使用的运费模板，适当延长"承诺运达时间"；

④ 保持良好的买家沟通
遇到特殊情况货物无法按时到达，及时联系买家说明原因，征得买家同意后延长收货期。

图 1-129

4. 平台 TOP30 国家的平均运达时间参考（单位：天，如图 1-130 所示）

国家	EMS	DHL	UPS Express Saver	UPS Expedited	FEDEX	TNT	China Post Air Mail	China Post Air Parcel	HongKong Post Air Mail	HongKong Post Air Parcel
Russian Federation	8~26	-	1~27	-	7~24	6~51	20~54	20~54	16~41	15~42
United States	7~21	3~9	3~8	4~21	4~14	5~27	13~34	12~32	11~32	12~39
Brazil	23~50	6~25	4~23	9~21	5~23	10~60	22~54	23~55	21~55	29~60
Spain	9~28	4~19	4~21	6~23	5~16	6~30	13~37	14~37	13~30	15~60
France	6~27	3~12	4~19	5~23	5~18	4~19	11~32	12~39	9~24	10~39
Belarus	11~35	-	-	-	-	24~53	30~56	30~56	20~59	22~60
Israel	12~39	5~23	3~23	4~18	5~20	6~41	19~44	21~48	17~43	17~39
Canada	9~27	3~12	4~21	5~20	3~13	5~24	16~37	16~41	12~35	11~34
Ukraine	9~29	4~22	-	-	-	8~36	18~40	17~48	15~40	14~50
United Kingdom	7~27	3~11	5~22	5~22	5~16	4~26	10~31	10~39	9~39	9~39
Australia	6~19	4~20	4~23	5~20	4~20	4~27	14~50	14~60	11~60	10~51
Italy	9~27	4~13	3~21	5~21	5~14	5~38	23~55	23~60	19~60	16~60
Turkey	7~30	-	3~18	3~11	-	3~26	8~34	11~39	10~31	10~30
Sweden	8~27	4~19	3~24	6~22	-	7~29	13~35	17~45	10~31	10~30
Czech Republic	-	5~22	3~17	7~23	4~16	6~34	15~36	15~43	12~39	14~39
Netherlands	-	4~17	4~20	4~23	4~14	4~33	11~37	12~45	11~44	11~47
Chile	-	6~23	4~22	9~26	2~17	1~18	32~60	23~60	27~60	24~60
Poland	-	5~23	6~22	6~23	-	7~43	13~43	13~60	12~60	12~60
Belgium	12~36	4~19	3~17	5~17	4~18	5~34	13~35	13~39	10~59	11~48
Kazakhstan	8~28	7~18	-	-	-	-	22~55	22~59	17~60	18~60
Slovakia (Slovak Republic)	-	-	4~23	-	-	-	4~37	14~38	15~39	11~43	12~42
Latvia	-	-	-	-	-	4~26	20~50	19~55	17~60	18~59
New Zealand	6~27	5~19	4~23	5~21	-	-	12~31	11~35	9~39	9~39
Estonia	-	-	-	-	-	6~35	17~51	18~59	14~43	-
Switzerland	7~27	4~20	3~10	5~22	5~20	4~23	12~32	12~39	12~39	11~39
Lithuania	-	-	-	-	-	5~38	20~48	21~55	13~55	-
Germany	8~31	4~18	3~16	5~22	5~20	5~30	14~34	15~39	10~60	11~60
Argentina	19~49	-	4~23	11~22	7~23	-	27~60	27~60	27~60	27~60
Bulgaria	-	-	-	-	-	3~23	15~52	16~59	-	11~55
Hungary	-	-	4~20	6~20	-	9~44	15~60	16~60	-	-

图 1-130

相关说明如下：

- "-"：该国家使用该物流方式的订单数据较少，数值客观度不够，不予展示。
- "/"：该国家不支持该种物流方式发货。
- ePacket 到美国：9~21 天。
- SF 到中国香港：2~27 天，到中国台湾：2~27 天，到中国澳门：2~27 天。
- DGM 到德国：12~31 天。

设置完成后，单击页面下方"确认添加"按钮即可完成自定义运达时间设置，如图 1-131 所示。

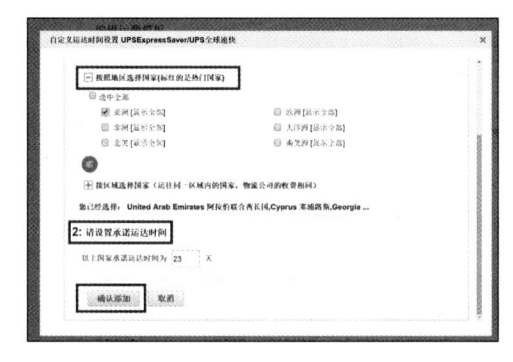

图 1-131

第三步，在发布产品时，在产品运费模板选项中选择"自定义运费模板"选项，单击下拉框选择之前设置的物流模板即可，如图 1-132 所示。

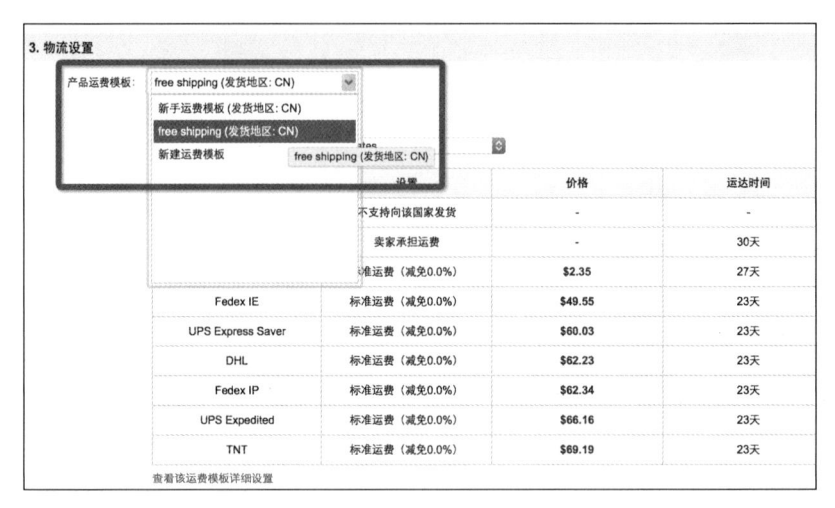

图 1-132

2. 管理运费模板

如果已有的运费模板不符合你现在的需要，那么可以编辑相关的运费模板。打开"产品管理"—"运费模板"—"具体模板名"—"编辑"页面，即可编辑运费模板，如图 1-133 所示。

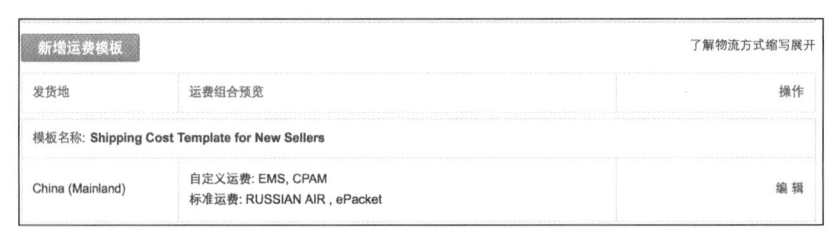

图 1-133

提示：修改运费模板后，所有使用该运费模板的产品的运费将会自动更新。

1.2.3.3 服务模板

卖家可以根据不同商品需要提供的服务设置不同的服务模板，提供的服务会展示在商品详情页面，作为强有力的保障买家权益的措施，减少买家对商品的担忧，增强其购买信心，提升店铺的购买率。

1. 服务内容介绍

卖家自行设置的模板包括两部分：货不对版买家要求退货，卖家是否接受无理由退货。

2. 如何设置并应用服务模板

（1）新增服务模板

① 打开"产品管理"—"模板管理"—"服务模板"页面，单击"新增服务模板"按钮，进行模板设置，如图1-134所示。

② 为该服务模板设置一个名称（不超过100个字符），然后在下面的页面中选择服务选项。设置完成后，单击页面下方"保存"按钮即可完成服务模板设置，如图1-135所示。

③ 服务模板保存后会跳转到服务模板列表页面，在这里会看到所有的服务模板，其中"新手服务模板"是为新手卖家设置的，不可编辑或删除；其他模板是卖家自定义的。如果卖家有经常使用的服务模板，可以设置为"默认"模板，产品应用模板的时候会默认该使用模板，如图1-136所示。

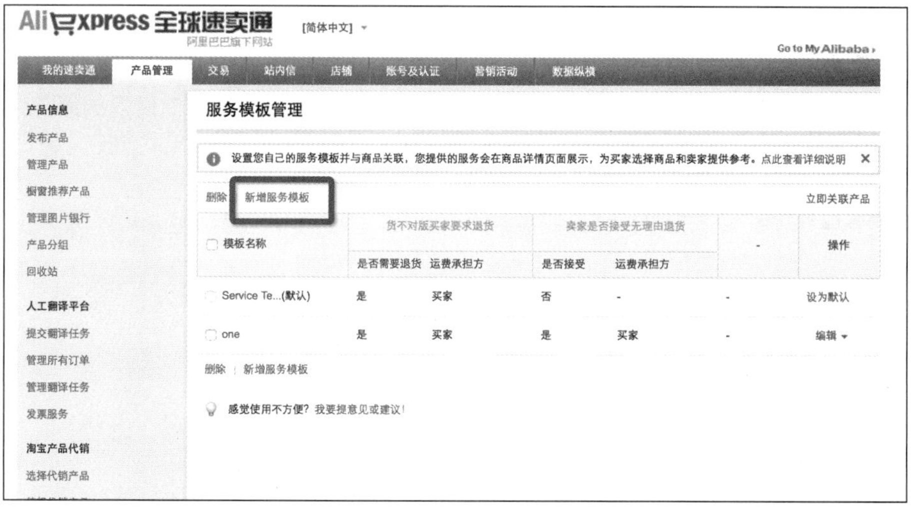

图 1-134

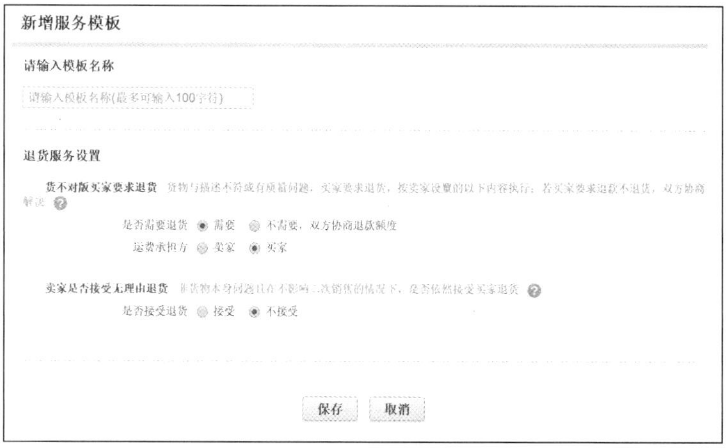

图 1-135

图 1-136

（2）应用服务模板

① 新发布的产品选择服务模板

在产品发布页面中单击"服务设置"模块的下拉列表按钮，选择之前设置的服务模板，如图 1-137 所示。

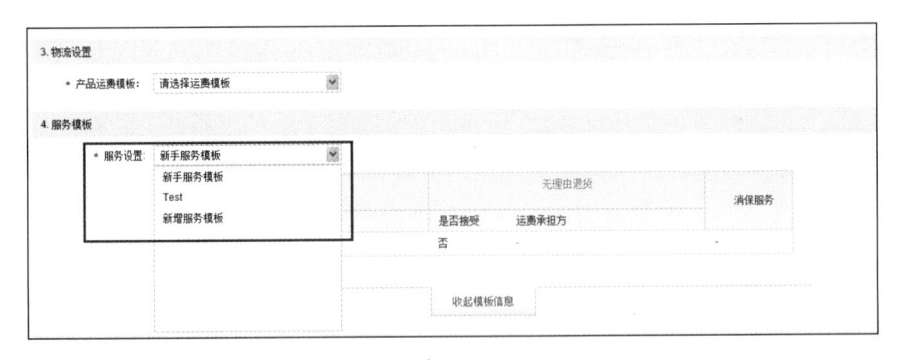

图 1-137

② 更换服务模板

打开"产品管理"—"管理产品"页面，选择不同状态下的产品，单击"批量修改"—"服务模板"旁边的"修改"按钮，选择对应的服务模板并单击"确认"按钮，如图 1-138、图 1-139 所示。

在编辑产品页面直接选择其他服务模板。

（3）管理服务模板

如果已有的服务模板不符合你现在的需要，可以编辑相关的服务模板。打开"产品管理"—"服务模板管理"页面，单击具体服务模板名称右侧的"编辑"按钮，如图 1-140 所示。

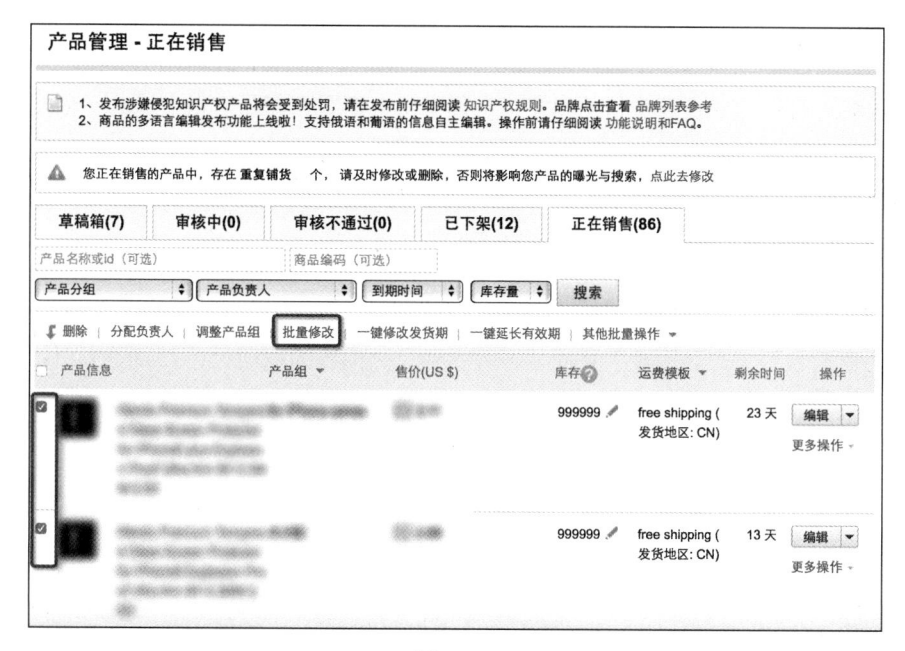

图 1-138

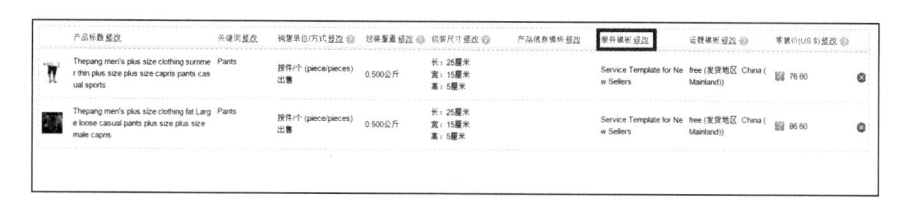

图 1-139

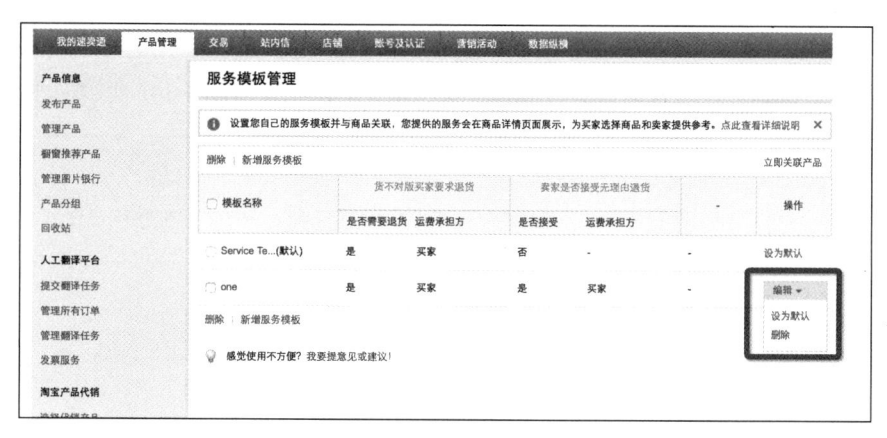

图 1-140

提示　如果服务模板已经应用于产品,修改服务模板后,所有使用该服务模板产品的服务将会自动更新。

1.2.3.4 尺码模板

经营服装、鞋子、戒指等类目的卖家一定苦于每次都要在商品信息中编辑一套尺码信息，不仅填写、修改麻烦，很多时候买家还不一定能够看到，为此产生了各种咨询和纠纷。为了解决上述问题，速卖通上线了尺码模板的功能，通过尺码模板，卖家可以轻松地维护几套常用的尺码表，然后在发布商品时直接勾选即可快速关联。

1. 在哪里创建尺码模板

进入卖家后台的"产品管理"页面，即可看到尺码模板的选项入口，如图 1-141 所示。

图 1-141

2. 如何创建尺码表模板

进入"尺码表模板"页面后，首先需要选择一个大类，例如你想要给上衣创建尺码表，那么就可以选择"服装"这个大类，然后单击"新增模板"按钮，如图 1-142 所示。

图 1-142

单击"新增模板"按钮后，可以在打开的新对话框中选择对应的小类，然后单击"下一步"按钮，如图 1-143 所示。

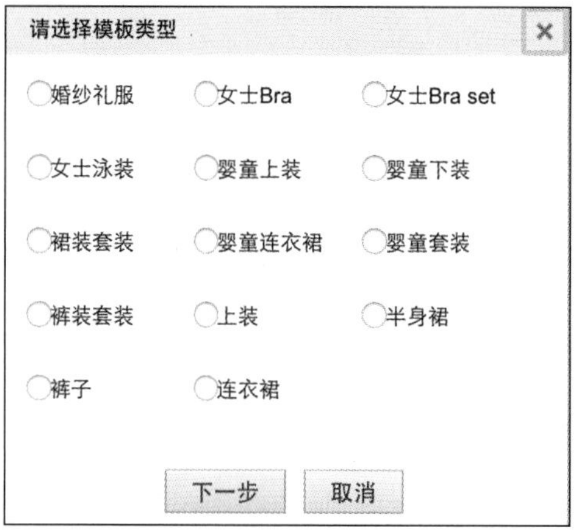

图 1-143

然后就进入尺码表编辑页面，在这里可以给尺码表模板指定一个名称（中英文均可），然后在左侧勾选需要的尺码（例如你的衣服号码只有 S、L、XL、XXL 4 种，那么只用勾选这 4 个选项即可），在右侧勾选需要展示的维度，如图 1-144 所示。

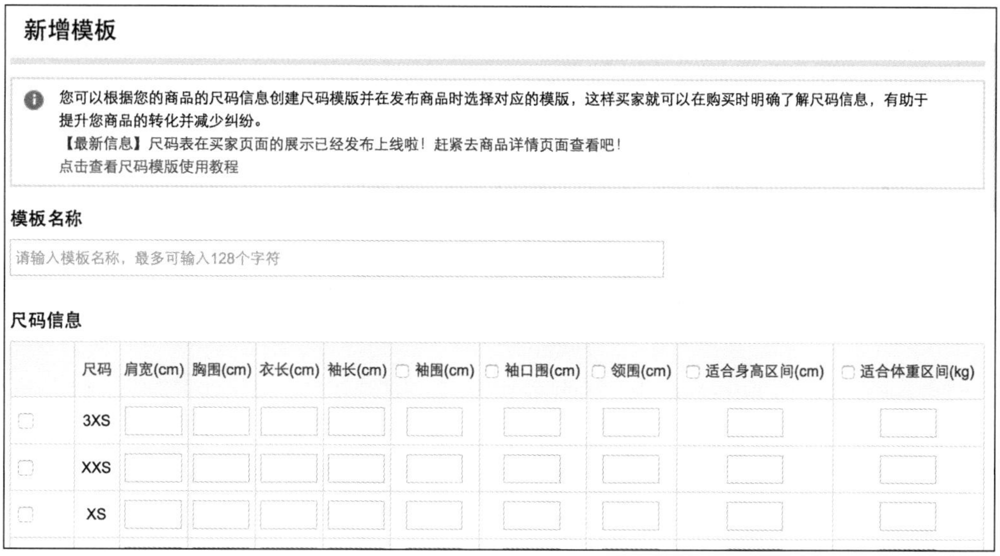

图 1-144

不可勾选的维度为必填项，可以勾选的维度为可选项，例如袖围就是可选项，勾选后即可填写，如图 1-145 所示。

图 1-145

填写完成后，单击"保存"按钮即可，如图 1-146 所示。

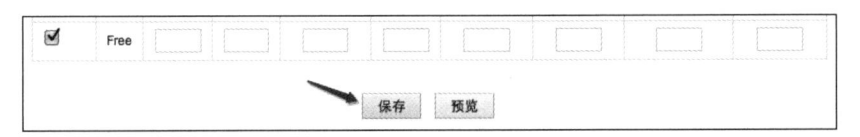

图 1-146

速卖通预设了一些推荐的尺码表模板，可以在"推荐模板"页面中找到，如图 1-147 所示。

图 1-147

卖家可以直接复制模板，稍做修改即可快速创建一个自定义的尺码表模板，对于自己创建的尺码表模板也可以复制。

3．如何使用尺码表模板

（1）发布商品时选择模板

在发布商品时，对于可以使用尺码表模板的商品，可以选择对应的尺码表模板，选择后即可正常关联，如图 1-148 所示。

图 1-148

（2）直接将尺码表模板应用到商品

在"尺码表模板管理"页面中单击尺码表模板右侧的小三角按钮，然后在打开的列表中选择"应用到产品"选项，即可打开如图所示的对话框，对话框中会出现可以使用这个尺码表模板的商品信息，直接勾选后单击"确定"按钮即可快速关联，如图 1-149、图 1-150 所示。

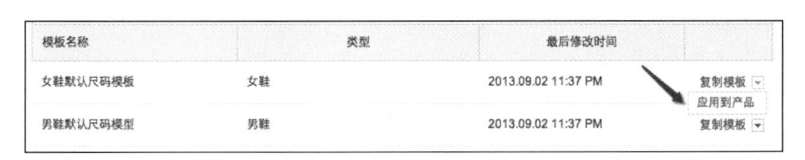

图 1-149

图 1-150

> **提示**
>
> 你可以筛选出想要应用的产品,然后单击"应用到所有产品"按钮,即可将尺码表模板应用于筛选的产品,方便又快捷!

1.2.4 管理订单通知

在速卖通的系统中可以设置短信通知,一旦买家下单系统会以短信的方式通知卖家。

可以登录"我的速卖通"页面,打开"产品管理"—"设置通知方式"页面,在其中设置使用短信通知的手机号码即可,如图 1-151 所示。

全球速卖通订单通知　　　　　　　　　　　　　　　　　　　　　　　帮助

通过短信、TradeManager,和邮件三种方式,随时随地得到订单通知,不错过任何商机!测试期免费!

短信通知	您的手机号:	第一步	填入您的手机号
	通知时间:✓ 买家付款时通知	第二步	设置通知内容频率
	通知频率:每天10点时汇总通知	第三步	按照您的设置接收订单通知短信
	修改手机号或通知方式		
TradeManager 只需保持登录,就不会错过订单通知	您的登录名: 通知内容:✓ 接到新订单时通知我 ✓ 买家付款时通知我 通知频率:在线即时通知 下载TradeManager	第一步 第二步 第三步	使用左侧链接下载TradeManager并安装 使用您的登录名登录,并保持在线 当接到新订单或买家付款时,就能立即收到通知
邮件 随时关注您的登录邮箱,接收订单通知邮件。	您的登录邮箱: 通知内容:✓ 接到新订单时通知我 ✓ 买家付款时通知我 通知频率:以HTML邮件形式即时发送 邮件订阅设置 您可以详细指定各类通知是否接收	第一步 第二步 第三步	把我们的邮件地址 transaction@notice.aliexpress.com 添加到您邮箱的"安全发件人列表" 随时关注您的邮箱 当接到新订单或买家付款时,就能立即收到通知

图 1-151

> **提示**
>
> (1)还可以设置 TradeManager、邮件通知方式。
> (2)如果想更换接收通知消息的手机号码,同样可以在这里修改。

1.3 交易管理

1.3.1 管理订单

交易管理是我们从事速卖通操作的一个重要环节。其主要组成部分有四个：管理订单、物流订单、资金管理、评价管理。我们在辛辛苦苦地上传产品、做推广后得到了订单，订单来了后还需要我们进行合理的管理。

1. 所有订单

这里可以查看并且管理开店以来的所有订单，如图 1-152 所示。

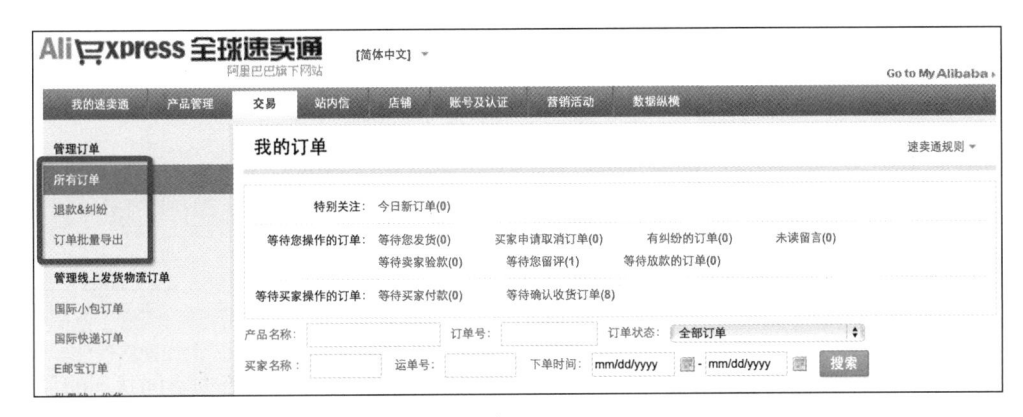

图 1-152

2. 退款&纠纷

在这里可以查看并且管理开店以来所有的退款和纠纷，如图 1-153 所示。

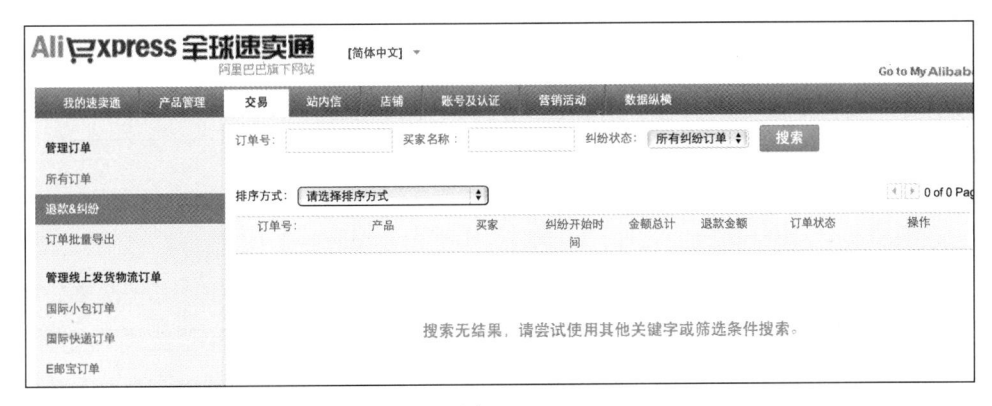

图 1-153

3. 订单批量导出

可以导出时间跨度最长为 3 个月的订单，下载到本地存为 xls 格式，以方便我们统一查询物流信息，统计资金，进行批量客户管理和二次营销，如图 1-154 所示。

图 1-154

这里是一个针对我们已有订单的快捷统计和速卖通操作，分别可以查询不同状态的订单，如图 1-155 所示。

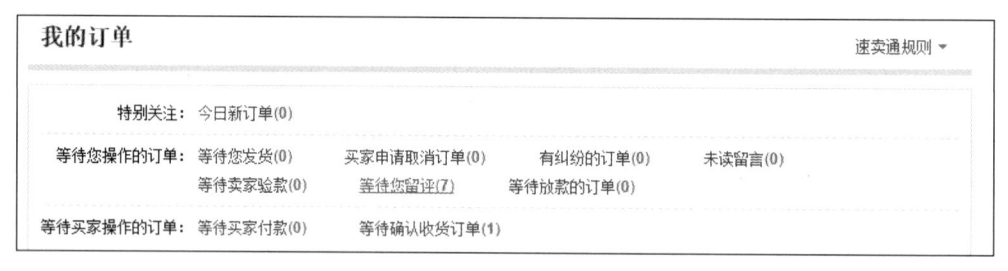

图 1-155

（1）买家申请取消订单

这里面的订单就是需要你来确认的，要么拒绝要么同意，这个要根据实际情况来处理。如果买家勾选的取消原因是"卖家缺货"等属于卖家的原因，那么这个订单依然属于成交不卖，卖家会被平台惩罚。所以一定要尽量避免这种情况，尽量努力沟通，让买家就算取消订单，也要勾选买家责任的选项，比如放东西到购物车时出错了等。

（2）有纠纷的订单

有纠纷的订单有多种产生原因，买家长时间没有收到货物，或者收到后货不对版，都有可能提出纠纷。纠纷产生后，卖家要积极配合平台进行解决，关于纠纷处理这里不做详细介绍，本书后面有专门的章节教你如何避免纠纷和处理纠纷。

买家收货超时或者买家确认收货后都需要评价，关于评价的相关知识大家要好好研读平台的评价规则。

（3）等待放款的订单

买家收货超时或者买家确认收货后，系统都会做一个物流妥投审核，如果审核通过，那么平台在几个工作日内就会放款，在放款前卖家也可以提供证明来请款。

（4）等待买家付款

好多买家提交订单后没有及时付款，我们要进行催付，一般会通过订单留言、站内信、邮件、电话等方法进行催付，这属于客服环节，在此就不展开了。

（5）等待确认收货

这里是已经发货等待买家收货的订单。

另外也可以根据不同条件和状态来自助查询不同的订单，以方便我们管理，如图 1-156 所示。

最后介绍一下完整的订单流程。买家下单后，不一定会付款。如果买家没有付款，那么卖家就千万不要发货。如果付款了，同时资金到账了，平台会对这个订单开始风控审核，时间一般是 24 小时。在这 24 小时内强烈建议卖家不要发货，因为存在审核未通过然后钱退回去的情况，如果你发货了，那么就真的货财两空了。在通过了风控审核以后，会出现填写发货通知与在线发货的按钮，这时候你就可以发货了。货发出去后要记得填写发货通知。接下来等买家收到货以后，他可能会来速卖通确认收货，这时候平台会在几个工作日内放款，双方也可以互相评价了。买家也有可能签收后不来平台确认收货，这也不用担心，在超时收货后，或者平台检测到这笔订单已经确认签收后，平台都会放款的。这就是整个订单流程，如图 1-157 所示。

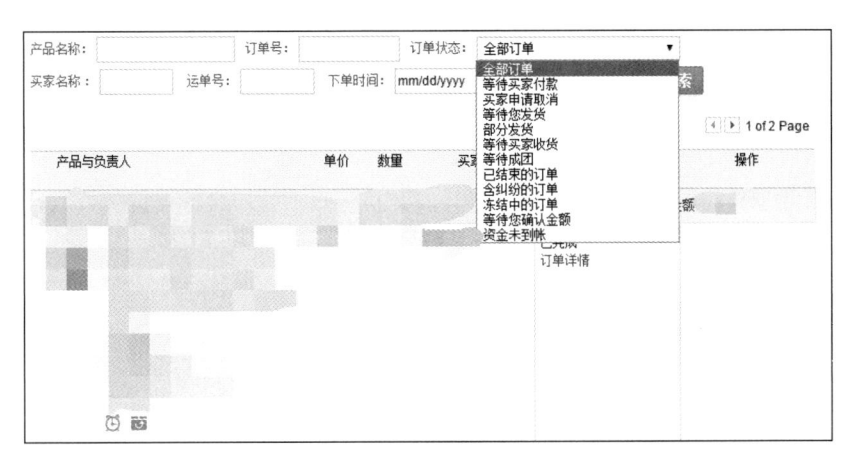

图 1-156

图 1-157

1.3.2 交易评价

交易评价反映了卖家的交易数量与质量，是买家下单时所考虑的重要因素。

好评率越高，买家下单的机会越大，你的产品排名越靠前。反之，好评率越低，越会影响产品的排名及曝光。

1. 交易结束后可以评价吗

在订单交易完成后的 30 天内，买卖双方需要做出评价，超时之后将无法评价。

除以下情况不能评价外，其余只要支付成功的订单都可以评价。

（1）买家选择 T/T 付款，但最终未获卖家确认的订单无法评价。

（2）资金审核时系统自动关闭或人工关闭的订单无法评价。

（3）卖家发货超时、买家申请取消订单并且卖家同意、卖家申请退款结案等交易结束前已全额退款的订单不可评价。

> **提示**：最终成交金额在 5 美元以下的订单不计入评价积分。

2. 如何查看评价

（1）可以登录"我的速卖通"页面，打开"交易"—"管理交易评价"页面，在"生效的评价"页面中查看评价信息，如图 1-158 所示。

图 1-158

（2）你也可以在自己的店铺找到该产品，在产品页面下方有历史成交记录，同时可以看到买家做出的评价。

> **提示**：生效的评价信息一般会在 24 小时内在你的店铺中展示。

全球速卖通平台的评价分为信用评价及卖家分项评分两类，如图 1-159 所示。

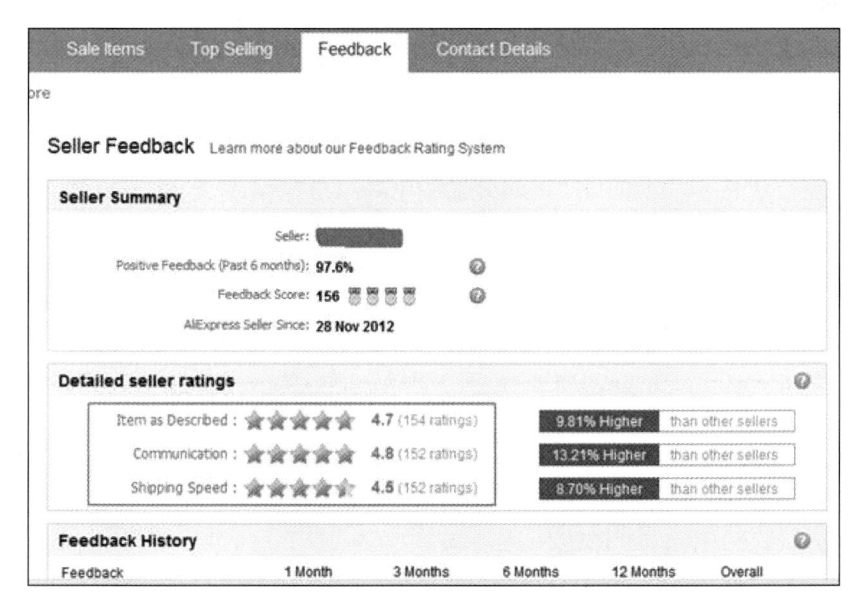

图 1-159

信用评价，是指交易双方在交易结束后对对方信用状况的评价；信用评价包括五分制评分和评论两部分。

卖家分项评分，是指买家在订单交易结束后以匿名的方式对卖家在交易中提供的商品描述的准确性（Item as Described）、沟通质量及回应速度（Communication）、物品运送时间合理性（Shipping Speed）三方面服务做出的评价，是买家对卖家的单向评分。

信用评价可以由买卖双方进行互评，但卖家分项评分只能由买家对卖家做出。

所有卖家全部发货的订单，在交易结束30天内买卖双方均可评价。

对于信用评价，如果双方都未给出评价，则该订单不会有任何评价记录；如一方在评价期间内做出评价，另一方在评价期间内未评的，则系统不会给评价方默认评价（卖家分项评分也无默认评价）。

商品/卖家好评率（Positive Feedback Ratings）和卖家信用积分（Feedback Score），可按照下面的原则计算。

（1）相同买家在同一个自然旬（自然旬即为每月1～10日，11～20日，21～31日）内对同一个卖家只做出一个评价的，该买家订单的评价星级则为当笔评价的星级（自然旬统计的是美国时间）。

（2）相同买家在同一个自然旬内对同一个卖家做出多个评价，按照评价类型（好评、中评、差评）分别汇总计算，即好中差评数都只各计一次（包括一个订单里有多个产品的情况）。

（3）在卖家分项评分中，同一买家在一个自然旬内对同一卖家的商品描述的准确性、沟通质量及回应速度、物品运送时间合理性三项中某一项的多次评分只算一个，该买家在该自然旬对某一项的评分计算方法如下：平均评分=买家对该分项评分总和÷评价次数（四舍五入）。

（4）以下三种情况不论买家留差评还是好评，仅展示留评内容，都不计算好评率，不评价积分。

① 成交金额低于5美元的订单（成交金额为买家支付金额减去售中的退款金额，不包括售后退款情况）。

② 买家提起未收到货纠纷，或纠纷中包含退货情况，且买家在纠纷上升到仲裁前未主动取消。

③ 与运费补差价、赠品、定金、结账专用链、预售品等有关的特殊商品（简称"黑五类"）的评价。

除以上情况之外的评价，都会正常计算商品/卖家好评率和卖家信用积分。不论订单金额，都统一为：好评+1，中评0，差评–1。

（5）卖家所得到的信用评价积分决定了卖家店铺的信用等级标志。

评价档案包括近期评价摘要（会员公司名、近6个月好评率、近6个月评价数量、信用度和会员起始日期），评价历史（过去1个月、3个月、6个月、12个月及历史累计的时间跨度内的好评率、中评率、差评率、评价数量和平均星级等指标）和评价记录（会员得到的所有评价记录、给出的所有评价记录及在指定时间段内的指定评价记录）。

好评率=6个月内好评数量÷（6个月内好评数量+6个月内差评数量）。

差评率=6个月内差评数量÷（6个月内好评数量+6个月内差评数量）。

平均星级=所有评价的星级总分÷评价数量。

卖家分项评分中各单项平均评分=买家对该分项评分总和÷评价次数（四舍五入）。

对于信用评价，卖家对买家给予的中差评有异议的，可在评价生效后30日内联系买家，由买家对其评价自行修改；买家可在评价生效后30日内对自己做出的该次评价进行修改，但修改仅限于中差评改为好评，修改次数仅限1次。

对于信用评价，买家对卖家给予的中差评有异议的，可在评价生效后30日内联系卖家，由卖家对其评价自行修改；卖家可在评价生效后30日内对自己做出的该次评价进行修改，但修改仅限于中差评改为好评，修改次数仅限1次。

买卖双方也可以针对自己收到的差评进行回复解释。

对于卖家分项评分，一旦买家提交，评分即时生效且不得修改。若买家信用评价被删除，则对应的卖家分项评分也随之被删除。

速卖通有权删除评价内容中包含人身攻击或者其他不适当的言论的评价。

速卖通保留变更信用评价体系包括评价方法、评价率计算方法、各种评价率等的权利。

第 2 章

平台规则

本章要点：
- 注册规则
- 发布规则
- 交易规则
- 放款规则
- 评价规则
- 售后规则

2.1　注册规则

在速卖通中注册开店的过程非常简单，只需要拥有一个你本人使用的电子邮箱及一个实名认证的中国支付宝账号就可以开启一个新的速卖通账户。在注册开店的支付宝绑定、电子邮箱验证、手机验证等过程中，你不需要向速卖通平台缴纳任何费用。注册成功后你将拥有一个系统自动分配的会员 ID，这个 ID 是唯一的，不能修改。一个会员仅能拥有一个可出售商品的速卖通账户（速卖通账户指主账户）。禁止出租、出借、转让会员账户。如果有相关行为，则由此产生的一切风险和责任由会员自行承担，并且速卖通有权关闭该会员账户。

全球速卖通有权终止、收回未通过身份认证且连续一年未登录速卖通或 TradeManager 的账户。用户在速卖通的账户因严重违规被关闭的，不得再重新注册账户。如果被发现重新注册了账户，则速卖通将关闭该会员账户。

中国供应商付费会员若在阿里巴巴平台中因严重违规被关闭账户，则速卖通平台的相关服务或产品也将同时被停止使用。

2.2　发布规则

在速卖通平台发布产品是完全免费的，但这并不是意味着你可以随意甚至恶意地发布产品。古人云：欲速则不达。在开展速卖通外贸生意之前，有必要先了解平台一系列的发布规则。

2.2.1　禁售、限售规则

禁售产品：指因涉嫌违法、违背社会道德或违背平台发展原则等原因，而禁止发布和交易的产品。

限售产品：指信息发布前需要取得商品销售的前置审批、凭证经营或授权经营等许可证明，否则不允许发布的产品。

具体的禁售、限售产品列表请参见《全球速卖通禁限售商品目录》，网址如下：

http://seller.aliexpress.com/education/rules/post001.html

需要重视的是以下这些禁售、限售产品：毒品、枪支、军警用品、各类药品、超长刀具、汽车安全气囊、音像制品、钱币、香烟、邮票、间谍用品、酒类、赌博用品、机票及航空制服、卫星接收设备、医学美容仪器、管制刀具等。

除了禁售产品外，我们还需要了解限售产品，例如电子烟等。有的限售产品无论是否涉及品牌，都需要经过前置审批才能发布。一旦发布，店铺会面临处罚。如图 2-1 所示为禁限售积分处罚和店铺处罚表。

处罚依据	行为类型	积分处罚	其他处罚	备注
《禁限售规则》	发布禁限售商品	严重违规：48分/次（关闭账号）	1. 退回/删除违规信息	规则新增的30天内拦截的信息，只退回或删除，不积分
		一般违规：0.5～6分/次（1天内累计不超过12分）	2. 若核查到订单中涉及禁售限售商品，速卖通将关闭订单，如买家已付款，无论物流状况均全额退款给买家，卖家承担全部责任	

0.5-6分/次扣分标准，详见《全球速卖通禁限售商品目录》。

图 2-1

速卖通根据违规积分的等级制定了公平的处罚标准，分数按行为年累计计算。如果卖家在 2014 年 5 月 30 日被处罚扣 12 分，则会被冻结账户 7 天，同时，这个处罚记录会保留到 2015 年 5 月 30 日才被清零。屡次被处罚的店铺，会被速卖通给予整个店铺不同程度的搜索排名靠后的处理，如图 2-2 所示。

违规行为类型	处罚方式	
	处罚标准	处罚方式
《禁限售规则》《知识产权规则》	分数累计达2分	严重警告
	分数累计达到6分	限制商品操作3天
	分数累计达12分	冻结账户7天
	分数累计达24分	冻结账户14天
	分数累计达36分	冻结账户30天
	分数累计达48分或全店铺售假或进行恶意规避等	关闭账户
	注： 1. 分数按行为年累计计算，行为年是指每项扣分都会被记365天，比如2013年2月1日12点被扣了6分，要到2014年2月1日12点才被清零； 2. 对处罚分数不断增加的卖家，将同时给予整个店铺不同程度的搜索排名靠后处理； 3. "限制商品操作"是指对速卖通卖家发布新产品以及产品编辑功能进行关闭，无法操作； 4. 如会员侵权情节特别严重，则阿里巴巴保留单方面解除合同、直接关闭账户的权利。	

图 2-2

2.2.2 知识产权规则

知识产权，指"权利人对其所创作的智力劳动成果所享有的专有权利"。未经知识产权所有人的许可，使用其依法享有的知识产权，即为知识产权侵权。如图 2-3 所示是知识产权的类型。

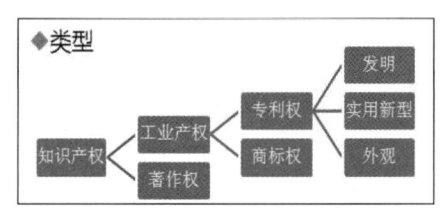

图 2-3

全球速卖通平台严禁用户未经授权发布、销售涉嫌侵犯第三方知识产权的商品。

若你发布、销售涉嫌侵犯第三方知识产权的商品，则有可能被知识产权所有人或者买家投诉，平台也会随机对商品（包含下架商品）信息进行抽查，若涉嫌侵权，则信息会被退回或删除。投诉成立或者信息被退回、删除，卖家会被扣一定的分数，一旦分数累计到相应标准，平台会执行处罚措施。处罚措施如图 2-4 所示。

违规行为			违规行为情节/频次				备注	其他处罚
			第一次违规	第二次违规	第三次违规	第四次违规及以上		
《知识产权规则》	买家投诉收到假货		6分/次					退回/删除违规信息
	图片盗用投诉		0分		6分/次		首次投诉5天内算一次；其后一天内若有多次投诉成立扣一次分。时间以投诉结案时间为准。	
	权利人投诉	一般侵权	0分		6分/次		首次被投诉后5天内的同一知识产权投诉成立扣一次分；其后每一天内所有同一知识产权投诉成立扣一次分。时间以投诉处理时间为准。	
		严重侵权	0分	12分	12分/36分	24分	首次被投诉后5天内投诉成立一次；其后每次被投诉成立扣12分，第四次扣24分；若累计同一知识产权投诉成立达第三次，扣36分。一天内所有知识产权投诉成立扣一次分，时间以投诉处理时间为准。（每次违规后，均需进行知识产权学习）	
平台抽样检查	一般		0.2分/次（一天内扣分不超过6分）					
	严重（发布涉嫌侵权的品牌衍生词；发布涉嫌侵权信息且类目错放；）		2分/次（一天内扣分不超过12分）					
	特别严重 (1) 全店售假 (2) 进行恶意规避行为等		48分/次					

图 2-4

那么发布产品时，如何避免品牌侵权呢？

首先，参考速卖通规则专区下的品牌参考列表，如果其中没有列举，可以去国家商标网查询，确定你的商品是否构成侵权。如果依然不确定，那么要注意所有产品、店铺等发布到网上的信息中（包括文字和图片）都不能使用他人品牌名称或衍生词；产品图片中不能含有他人品牌名称或衍生词、Logo 或相似 Logo；不发布含有模仿他人品牌代表性图案、底纹或款式的产品。如何避免侵权，可参考以下网址：

http://seller.aliexpress.com/education/rule/ipr07.html?tracelog=zhuanti

一旦发布了侵权产品，在没有被投诉之前，如果你及时发现，立即删除就不会受到任何处罚。如果不小心收到了知识产权所有人的投诉，那么也不必惊慌，采取积极有效的方法应对，可以将店铺的损失减少到最小。

你需要做的是登录知识产权保护系统：http://legal.alibaba.com，点击"我要回应投诉"按钮，查看知识产权编号名称，积极联系投诉方，取得对方的谅解和撤诉的机会。如果有证据证明自己的产品不涉及侵权，那么可以主动发起反投诉。

如果你收到的是盗图的投诉，那么首先必须要确认这个行为是否真实存在。盗图不可取，但是有时候你所用的图片来自供货商平台，在沟通不到位的情况下，产生误会也是在所难免的。如果遇到盗图的投诉，一旦投诉成立则一次扣6分，首次违规5天内算一次（不扣分）；从第6天开始，每次被投诉扣6分；如果一天内有多次被投诉则扣一次分，时间以投诉受理时间为准。可见这样的处罚是比较重的。如果你有胜诉的可能，不妨积极发起申诉。

首先打开投诉举报系统 http://channel.alibaba.com/complaint/home.htm，查看收到的投诉，点击"回应"按钮，提供相应的申诉的原始图片就可以了。

2.2.3 搜索排序规则

速卖通的搜索排序是以帮助买家找到最符合其需求的产品为目标的。

排序是对产品相关性、产品信息质量、产品交易转化能力、卖家服务能力、搜索作弊情况等因素的综合考量。相关性包含例如类目与搜索词、标题与搜索词、属性等与搜索词的关系。信息质量通常包括类目、标题、属性、详细描述、图片、价格等信息的描述质量。而服务能力包含例如好评率、仲裁、服务响应速度、订单执行情况等。在平台规则反作弊方面，一旦商品有信誉销量炒作、类目乱放、成交不卖、标题滥用、重复铺货、超低或超高价等严重违规行为，卖家将受到违规商品排名靠后甚至是全店降权和关闭账户的处罚，如图2-5所示。

违规行为类型	处罚措施
类目错放 属性错选 标题堆砌 黑五类商品错放 重复铺货 广告商品 描述不符 计量单位作弊 商品超低价 商品超高价 运费不符 SKU作弊 更换商品 标题类目不符	1. 违规商品给予搜索排名靠后的处罚 2. 同时根据卖家搜索作弊行为累计次数的严重程度对整体店铺给予搜索排名靠后或屏蔽的处罚；情节特别严重的，平台将给予冻结账户或关闭账户的处罚 注：对于更换商品的违规行为，平台将增加清除该违规商品所有销量记录的处罚。

图 2-5

2.2.4 搜索作弊及行业规则

在前面讲到反作弊，这里重点举例哪些行为是属于严重的搜索作弊的行为。

下面介绍几个卖家常犯的也是最容易疏忽的搜索作弊行为。

1. 搜索作弊之黑五类商品错放

黑五类商品错放指订单链接、运费补差价链接、赠品、定金、新品预告等五类特殊商品没有按规定放置到指定的特殊发布类目中。比如你卖一个 50 美元的手提包，买家因为要求更换运输方式，需要补差价 5 美元，于是你放了一个 1 美元的链接，让买家拍 5 次。可是这个补差价链接放在了手提包的类目中，那么这个链接就属于商品设置超低价，你也有商品信誉炒作的嫌疑。所以正确的做法就是将商品发布到正确的类目下面。另外，特殊的补差价的链接要放在正确的 special categary 类目下。

2. 搜索作弊之类目错放与属性错选

该行为指商品实际类别与发布商品所选择的类目不一致。对类目放错了的商品，平台将在搜索排名中将其排在后面，并将该商品记录到店铺搜索作弊违规商品总数里，当店铺搜索作弊违规商品累计达到一定数量后，将给予整个店铺不同程度的搜索排名靠后处理；情节严重的，将对店铺进行屏蔽；情节特别严重的，将冻结账户或直接关闭账户。

这类错误可能导致商品展示在网站前台错误的类目下，平台将对其进行规范和处理。例如将手机壳错放到化妆包"Cosmetic Bags & Cases"类目中，正确的类目应该为：电话和通讯（Phones & Telecommunications）→手机配件和零件（Mobile Phone Accessories & Parts）→手机包/手机壳（Mobile Phone Bags & Cases）。

那么如何避免类目错放呢？首先，要对平台的各个行业、各层类目有所了解，知道自己所售商品从物理属性上来讲应该放到哪个大类目下，例如准备销售手机壳，应知道它是属于手机大类下的；其次，可以在线上通过商品关键词查看此类商品的展示类目作为参考；最后，根据自己所要发布的商品逐层查看推荐类目层级，也可以使用商品关键词搜索推荐类目，从而在类目推荐列表中选择最准确的类目。在发布商品时要注意正确填写商品的重要属性（发布表单中标星号或绿色感叹号的属性）。

3. 搜索作弊之标题类目不符与标题堆砌

标题类目不符是卖家为提升商品排名，在商品标题中使用与实际商品类目不相符的词。标题堆砌指在商品标题描述中出现关键词使用多次的行为。商品的描述使用相同或近似的关键词堆砌是不允许的。比如 Stock lace wig Remy Full lace wig Straight wigs Human Lace Wigs #1 Jet Black 16inch，在这个标题中 wig 及 wigs 出现了 4 次，这样的标题给买家的阅读感受非常差。商品标题是吸引买家进入商品详情页的重要因素。字数不应太多，应尽量准确、完整、简洁，用一句完整的语句描述商品。标题的描述应该是完整通顺的一句话，例如描述一件婚纱：Ball Gown Sweetheart Chapel Train Satin Lace Wedding Dress，这里包含了婚纱的领型、轮廓外形、拖尾款式、材质，用 Wedding Dress 来表达商品的核心关键词。

4. 搜索作弊之 SKU 作弊

首先需要了解什么是 SKU。SKU 就是 Stock Keeping Unit，即库存进出计量的单位，可以以件、盒、托盘等为单位。SKU 作弊就是卖家通过刻意规避商品 SKU 设置规则，滥用商品属性（例如套餐、配件等）设置过低或者不真实的价格，使商品排序靠前（例如在价格排序时）

的行为；或者在同一个商品的属性选择区放置不同商品的行为。SKU作弊大致分为以下几种情况。

（1）将不同的商品放在一个链接里出售（例如触摸笔和手机壳）。

（2）将正常商品和不支持出售（或非正常）的商品放在同一个链接里出售。

（3）常规商品和商品配件（例如手表和表盒）放在一个链接里出售。

（4）将不同属性商品捆绑成不同套餐或捆绑其他配件放在一个链接里出售。例如A款手机和A款手机绳捆绑成一个套餐及B款手机和B款手机绳捆绑成另一个套餐，放在同一个链接下销售的行为。

这些卖家想通过标低价的SKU产品来获得虚假的销售量，或者想通过虚假的SKU的超低价格获得价格搜索排名，这样的行为都是属于SKU作弊，是平台严厉打击的对象。

5. 搜索作弊之重复铺货

为保证买家的购物体验及平台的公平性，同一件商品同一个卖家只允许在平台发布一次，而且同一个卖家不允许通过多个账户分别或同时发布同一件商品，否则视其为重复铺货行为。

重复铺货行为包含但不局限于商品主图完全相同，并且标题、属性雷同；或商品主图不同（例如主图为同一件商品以不同角度拍摄等），但标题、属性、价格高度雷同。

重复铺货特殊情况说明：商品主图、标题、属性均雷同，但若有合理的展示需求时，则不视为重复信息，例如同一件商品设置不同的打包方式，发布商品的数量不能超过3个，多余的商品将被视为重复铺货处理。

6. 搜索作弊之更换商品

更换商品是指通过对原有商品的标题、价格、图片、类目、详情等信息的修改后而发布其他商品（含更新换代的产品，新产品应选择重新发布），对买家的购买造成误导；但如果修改只涉及对原有产品信息的补充、更正，而不涉及产品更换，则不视为"更换产品"的行为。

7. 搜索作弊之运费不符

运费不符是指卖家在标题及运费模板等处设置的运费低于实际收取的运费的行为。

（1）卖家以超低或不合理的价格发布商品，在吸引买家注意的同时，相应调高运费价格补给成本，或在标题及运费模板等处设置与实际不相符运费的行为，属于运费不符。例如一部手机正常销售价格是159美元，但卖家将商品价格设置成1美元，运费设置成158美元，这是不允许的。

（2）标题中标注了免运费，而实际产品并不提供针对任何一个国家免运费或只提供部分国家免运费。若仅针对部分国家（不是所有国家）免运费，建议卖家在运费模板里做相应的免运费设置，而不是直接在标题里写上免运费，这样容易造成其他国家的买家看到标题后认为到该国也免运费，引起误解和纠纷。

（3）产品商业快递免运费，但产品总售价低于快递最低收费标准。

8. 搜索作弊之计量单位作弊

计量单位作弊是指将计量单位设置成与商品常规销售方式明显不符的单位，或将标题、描述里的包装物亦作为销售数量计算，并将产品价格平摊到包装物上，误导买家的行为。

9. 搜索作弊之商品超低价

卖家以偏离正常销售价格的低价发布商品，在默认排序和按价格排序时占优势，以吸引买家注意，骗取曝光率，属于商品超低价作弊。

10. 搜索作弊之商品超高价

卖家以偏离正常销售价格的高价发布商品，以特别的价格吸引买家注意，骗取曝光率，属于商品超高价作弊。

11. 搜索作弊之描述不符

描述不符指标题、图片、属性、详细描述等信息之间明显不符，信息涉嫌欺诈。

12. 搜索作弊之广告商品

以宣传店铺或商品为目的，发布带有广告性质的信息（包括但不限于在商品标题、图片、详细描述信息中留有联系信息或非速卖通的第三方链接等），吸引买家访问，属于广告商品作弊。

除了以上发布的规则外，每个行业都会有不同的行业规则，速卖通针对每个重点行业都有行业经理在指导，也有论坛板块发布的一些行业资讯和最新规则。所以每个新卖家在选择好行业之后，非常有必要找到行业经理进行咨询，如图2-6所示。

图2-6

2.3 交易规则

2.2节介绍了在产品发布阶段要注意的规则，下面介绍在交易环节中需要注意的规则。

2.3.1 成交不卖与虚假发货

成交不卖，指买家付款后，卖家逾期未按订单发货，或因卖家的原因导致取消订单的行为。成交不卖包括如下两种类型：买家付款后，卖家延误发货导致订单关闭；买家在发货前申请取消订单，同时选择是卖家原因造成的。成交不卖后产品会被下架，在一定时间内店铺成交不卖的次数和比例累计达到一定数量后，将给予整个店铺不同程度的搜索排名靠后处理；情节严重的，将对店铺进行屏蔽；情节特别严重的，将冻结账户或直接关闭账户。

如何避免成交不卖呢？

1. 价格设置方面

当把产品从单件销售改为打包销售的时候，要记得把价格改过来，如图 2-7 所示。

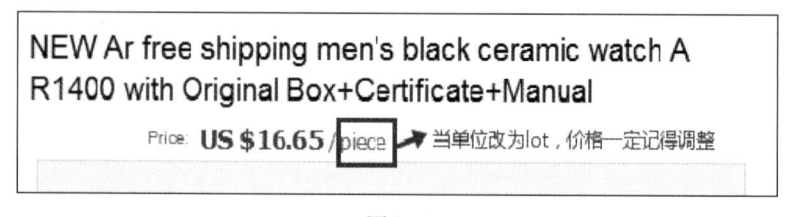

```
NEW Ar free shipping men's black ceramic watch A
R1400 with Original Box+Certificate+Manual
        Price: US $16.65 /piece    ➔ 当单位改为lot，价格一定记得调整
```

图 2-7

2. 运费设置方面

当将产品设置为免运费的时候，很多卖家会忘记把运费成本考虑进价格成本。新手卖家很容易犯这个错误，设置好价格之后，要及时检查，还有要及时关注自己的订单状态，在发货超时之前要填写好运单号。

有些人想避开"成交不卖"的规则，填写无效的运单号，或者虽然运单号有效但与订单交易明显无关，这就构成了虚假发货。如果遇到转单号或运单号填写错误，则应在运单号修改时间范围内及时更新，低价值货物无法单个发货，建议设置成打包销售。

一般虚假发货的处罚是冻结账户 7 天，若店铺虚假发货订单累计达到 3 笔，就属于严重违规，予以冻结账户 30 天的处罚，笔数较多或具有其他严重情节的，直接关闭账户。

> **提示**
>
> 卖家无法提供有效证据证明订单确实是根据双方约定及平台规则限期发货的，亦属于虚假发货。例如你承诺买家在 3 天内发货，但是因为缺货或忘记发货等原因，你直到第 10 天才发货，包裹跟踪号在第 12 天才在网上显示，买家在第 15 天投诉你虚假发货，买家在提供了证据确凿的情况下，即使包裹已经在途中，平台也会判定你虚假发货。另外针对虚假发货订单，即使买家未投诉到平台，平台也会定期抽查，若被平台抽查到订单存在虚假发货行为，则平台会对账号进行处罚，对订单进行相应退款。

2.3.2 货不对版与违背承诺

货不对版是指买家收到的商品与达成交易时卖家对商品的描述或承诺在类别、参数、材质、规格等方面不相符。严重货不对版行为包括但不限于以下情况：

（1）寄送空包裹给买家。

（2）订单产品为电子存储类设备，产品容量与产品描述或承诺严重不符。

（3）订单产品为电脑类产品硬件，产品配置与产品描述或承诺严重不符。

（4）订单产品和寄送产品非同类商品并且价值相差巨大。

违背承诺，指卖家未按照承诺向买家提供服务，损害买家正当权益的行为，包括交易及售后相关服务承诺、物流相关承诺、违背平台既定规则或要求，以及卖家违背其自行做出的其他承诺等，对买家购物体验造成严重影响。一旦买家提起此类投诉，则根据情节轻重卖家会被给予警告、7天冻结账户及永久关店的处罚。

2.3.3 不正当竞争与不法获利

1. 不正当竞争

不正当竞争指用户发生以下几种行为。

（1）不当使用他人权利的行为。

- 卖家在所发布的商品信息或所使用的店铺名、域名等中不当使用他人的商标权、著作权等权利。
- 卖家所发布的商品信息或所使用的其他信息造成消费者误认、混淆。

（2）卖家利用海外会员账户对其他卖家进行恶意下单、恶意评价、恶意投诉，从而影响其他卖家声誉与正常经营的行为。

2. 不法获利

不法获利是指卖家违反速卖通规则，涉嫌侵犯他人财产权或其他合法权益的行为，包括但不限于以下情形：

（1）卖家在交易中诱导买家违背速卖通正常交易流程操作获得不正当利益。

（2）卖家通过发布或提供虚假的或与承诺严重不符的商品、服务或物流信息骗取交易款项。

（3）卖家违反速卖通规则被关闭账户后仍注册，或直接或间接控制、使用其他账户。

（4）卖家违反速卖通规则，通过其他方式非法获利。

一旦店铺被发现存在不法获利行为，则平台一律给予关店的严重处罚。

2.3.4 信用与销量炒作

信用与销量炒作是指通过不正当方式提高账户信用积分或商品销量，妨碍买家高效购物权益的行为。对于被平台认定为构成信用及销量炒作行为的卖家，平台将删除其违规信用积分及销售记录并且给予搜索排序靠后处罚，对信用及销量炒作行为涉及的订单进行退款操作，并根据卖家违规行为的严重程度，分别给予冻结账户 7 天、冻结账户 14 天（最严重的冻结账户 180 天）、清退的处罚；对于第二次被平台认定为构成信用及销量炒作行为的卖家，不论行为的严重程度如何，平台一律做清退处理。

2.3.5 促销规则

卖家在速卖通平台的交易情况需要满足以下条件才有权申请加入促销活动。

1. 有交易记录的卖家

（1）好评率≥90%。

（2）速卖通平台对特定促销活动设定的其他条件。具体参见每次活动的要求。

上述"好评率"并非固定值，会根据不同类目、特定活动等有所变化，若遇到不可抗事件影响时，也会适当进行调整。

2. 无交易记录的卖家

由速卖通平台根据实际活动需求和商品特征接受卖家加入申请，但前提是店铺必须遵守报名规则，不卖假货，不提价销售，无成交不卖等行为。

2.3.6 物流与纠纷规则

速卖通目前只支持卖家使用航空物流方式。

卖家不得无故更改物流方式，所填写的运单号必须真实并且可查询，采用航空小包方式发货的必须挂号，在过去 30 天内小包"未收到货"纠纷大于或等于两笔且小包"未收到货"纠纷率大于 15%的卖家会员，速卖通有权限制卖家使用航空大小包物流方式。

在经营过程中，纠纷是不可避免的，但是很多纠纷是可以提前预防的。产生纠纷的主要原因是货物与描述不符、商品质量有问题、货物短装、货物破损。如何避免纠纷呢？对于新卖家，只要做到如实描述、积极与买家沟通、及时关注纠纷订单进展、自学平台规则，就能大大减少纠纷的产生。

2.4 放款规则

放款规则分为一般放款规则和特殊放款规则。

2.4.1 一般放款规则

速卖通中的订单采取的是担保交易的形式,必须满足买家确认收货和物流妥投双重条件。如果速卖通判断订单存在纠纷、欺诈等风险,则速卖通有权延长放款周期。针对交易完成的订单,速卖通会进行系统和人工的物流核实,只有确认为"物流妥投",订单的款项才会打入卖家相应的账户中。

2.4.2 特殊放款规则

在特殊放款规则出台之前,在一般放款条件下,如果订单的物流信息没有妥投记录,订单款项将被系统暂时冻结 180 天,从买家支付货款成功那天开始算。所以提前放款是速卖通成长的最大利器。

加入特别放款计划需要哪些条件?是否收费呢?

只要你在速卖通的各类经营指标达到系统计算的风控综合指标要求,就可以免费加入提前放款计划。提前放款计划流程如图 2-8 所示。

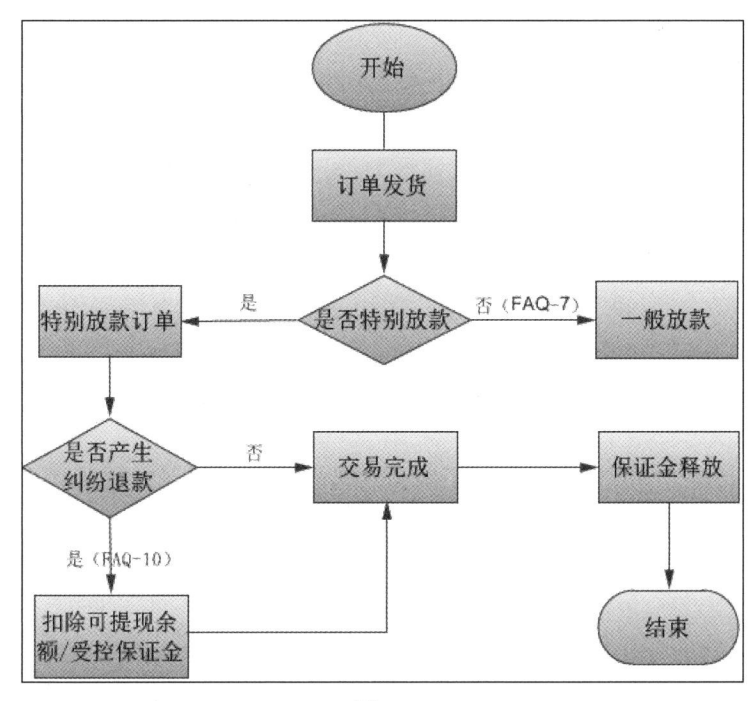

图 2-8

速卖通还根据卖家的需求，开发出适合速卖通卖家的金融贷款产品，这对卖家来说又是一个好消息！

2.5 评价规则

所有交易结束并且未全额退款的订单，在交易结束 30 天内买卖双方均可互相评价，如果一方给出好评，另一方在规定期限内未评，则系统不会给出默认评价。交易双方未在限期内互相评价，评价不公开、不生效、不计分。

交易双方在限期内互相评价，评价即时公开、生效、计分；在限期内如果买家给卖家留下评价，而卖家未对买家留下评价，则系统不会给买家留下评价，在评价期结束时卖家所得评价和计分生效。5 美元以下的订单不算入评价。交易结束前已全额退款的订单将不可评价。在纠纷环节中，如果买家收到了货，则对于货物和卖家的服务都是有权做出评价的，但如果纠纷环节已经全额退款了，则将不可做出评价。

2.5.1 评价积分规则

在速卖通的评价积分规则里有一个很关键的时间段叫作"自然旬"。自然旬即为每月 1～10 日，11～20 日，21～31 日。为防止不诚信的卖家进行信用炒作，一个自然旬内同一个买家的评价算一个。

（1）相同买家在同一个自然旬内对同一个卖家只做出一个评价。

（2）相同买家在同一个自然旬内对同一个卖家做出的多个评价算一个。

（3）同一买家在一个自然旬内对同一卖家的商品描述的准确性、沟通质量及回应速度、物品运送时间合理性三项中某一项的多次评分只算一个，该买家在该自然旬对某一项的评分计算方法如下：平均评分=买家对该分项评分总和÷评价次数（四舍五入）。

（4）以下 3 种情况不论买家留差评还是好评，都仅展示留评内容，不计算好评率及评价积分。

① 成交金额低于 5 美元的订单（成交金额明确为买家支付金额减去售时的退款金额，不包括售后退款情况）。

② 买家提起未收到货纠纷，或纠纷中包含退货情况，且买家在纠纷上升到仲裁前未主动取消。

③ 对运费补差价、赠品、定金、结账专用链、预售品等相关特殊商品（简称"黑五类"）的评价。

除以上情况之外的评价，都会正常计算商品或商家好评率和商家信用积分。不论订单金额，都统一为：好评+1，中评 0，差评-1。

（5）卖家所得到的积分决定了卖家店铺的等级标志。

除了积分之外，还有一个重要的评价指标叫作"平均评价星级"（Average Star Rating），如图 2-9 所示。

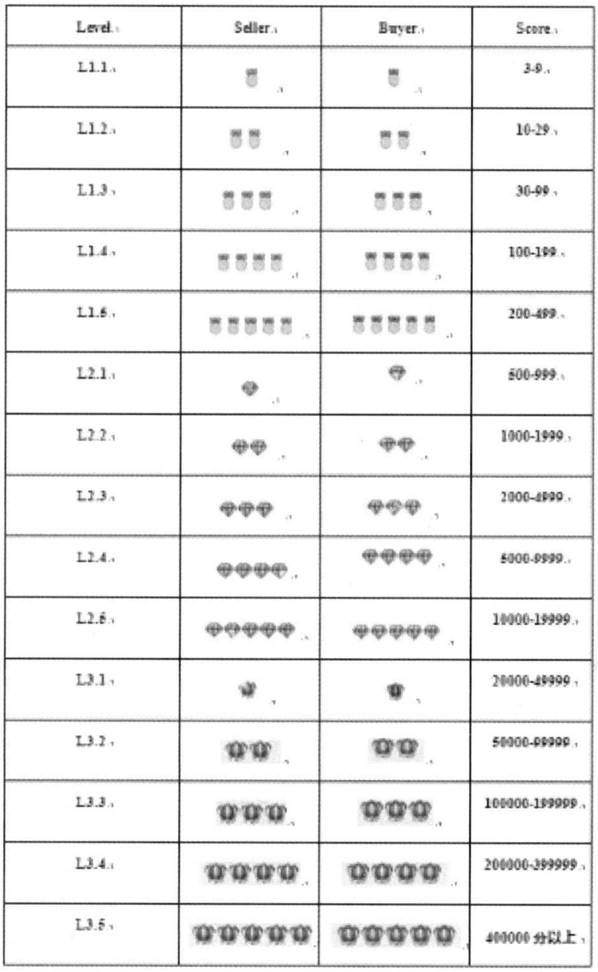

Level	Seller	Buyer	Score
L1.1			3-9
L1.2			10-29
L1.3			30-99
L1.4			100-199
L1.5			200-499
L2.1			500-999
L2.2			1000-1999
L2.3			2000-4999
L2.4			5000-9999
L2.5			10000-19999
L3.1			20000-49999
L3.2			50000-99999
L3.3			100000-199999
L3.4			200000-399999
L3.5			400000 分以上

图 2-9

平均评价星级（Average Star Rating）=该买家评价星级总和÷评价个数（结果四舍五入）

2.5.2 评价修改和评价申诉

如果买家或者卖家对评价有异议，则可首先联系对方让对方帮助修改评价。修改评价有效期为 30 天，仅可将自己给出的中差评修改为好评，且修改次数仅限一次。

速卖通有权删除评价内容中包括人身攻击或者其他不适当的言论的评价。

好评不可改成中评或差评，差评也不可改为中评。中评或差评在评价生效后的 30 天内可以有一次机会改成好评，修改后立即生效，同时评价解释将被清空。

2.6 售后规则

速卖通售后规则中最重要的规则是限时达和商品保障服务。

2.6.1 限时达

速卖通和淘宝一样，也有消费者保障计划，简称"消保"。在消保第一期期间，速卖通针对全体卖家推出限时达（承诺运达时间）服务。

"承诺运达时间"是在速卖通平台原有"大小包 60 天未妥投纠纷退款规则"的基础上，将设置物流时间的功能开放给卖家，让有能力为买家提供更好物流服务、敢于对买家承诺物流服务的卖家的优势得到凸显，增强买家购物信心，提升买家购物后保障而推出的一项消费者保障服务。

卖家根据自身货运能力填写运费模板中的"承诺运达时间"，对不同运输方式到达不同国家的运达时间进行承诺保障（例如承诺 EMS 最迟在 27 天后可到达美国）。

时间区间是指从卖家填写运单号开始到货物妥投为止，填写上限为 60 天，其中俄罗斯的限时达上限是 90 天，巴西是 120 天。比现行商业快递（23 天）、EMS（27 天）纠纷退款规则在时间上更为宽裕。如图 2-10 所示，添加运费模板时，卖家可以选择自定义运达时间进行设置。

图 2-10

若同时满足以下 3 个条件，则经过平台仲裁后，货款将全部退给买家。

（1）货物超时未到达。

（2）买家提起超时赔付纠纷。

（3）买卖双方沟通后无法达成协议。

2.6.2 商品保障服务

商品保障服务指卖家根据本协议约定的条款和条件及速卖通其他公示规则的规定，并根据卖家经营的主营类目或特定商品，应履行的确保商品材质、质量，以及保证商品是真品的义务，如图 2-11 所示。

图 2-11

卖家与买家进行交易后，如因卖家未履行"商品保障服务"承诺而导致买家权益受损，且在买家直接要求卖家处理未果的情况下，速卖通有权以普通或非专业人员的知识水平标准，根据相关证据材料和规则判定卖家是否应履行赔付义务。申请加入"商品保障服务"入口为 http://activities.aliexpress.com/brand-settled-apply.php?spm=5261.7057149.1996596237.1，如图 2-12 所示。

图 2-12

2.6.3 卖家服务等级

速卖通的规则不是一成不变的，卖家除了要关注日常经营外，还需要经常关注速卖通卖家首页右侧的规则公告，了解最新的规则变化，及时调整经营方向和策略，才能把店铺经营得更好。

速卖通经过多次的买家调研发现，卖家的商品质量及服务能力对于买家的购买决策有着至关重要的影响，特别是商品描述及评价、沟通效率、纠纷处理效率和态度等方面。买家强烈希望在选择商品时能快速识别商品和服务表现皆好的卖家。

所以，为了凸显商品质量及服务能力好的卖家，提升买家的购物体验，速卖通平台正式推出全新卖家服务等级，考核卖家在买家服务方面的各项能力，激励全体卖家提升店铺服务水平，如图 2-13 所示。

图 2-13

1. 什么是卖家服务等级

卖家服务等级在每月末评定一次，下个月 3 日之前在后台更新，考核在过去 90 天内卖家的经营能力，包括买家不良体验订单率、卖家责任裁决率、好评率等。重点考核体现卖家交易及服务能力的一项新指标——买家不良体验订单率（Order Defect Rate，ODR），即买家不良体验订单占所有考核订单的比例。根据考核结果将卖家划分为优秀、良好、及格和不及格 4 种等级，不同等级的卖家将获得不同的平台资源。

全新卖家服务等级在 2015 年 1 月 5 日正式生效，替换原有的卖家等级和商铺经营看板，原经营看板及搜索处罚结果将在数据纵横工具中展示。

2. 如何计算买家不良体验订单率 ODR

买家不良体验订单率 ODR=买家不良体验订单数÷所有考核订单。

（1）买家不良体验订单指满足以下任意一个条件的订单——买家给予中差评、DSR 中低分（商品描述≤3 星或卖家服务≤3 星或物流服务=1 星）、成交不卖、仲裁提起订单、卖家 5 天不回应纠纷导致纠纷结束的订单，如表 2-1 所示。

表 2-1

买家不良体验	指标详解
成交不卖	买家对订单付款后,卖家逾期未发货或由于卖家原因导致付款订单未发货的行为
仲裁提起	买卖双方对于买家提起的退款处理无法达成一致,最终提交至速卖通进行裁决的行为
5天不回应纠纷	买家提起纠纷后,卖家在5天之内未对纠纷订单做出回应导致纠纷结束的行为
中差评	在订单交易结束后,买家对卖家该笔订单总评给予3星及以下的评价
DSR商品描述中低分	在订单交易结束后,买家匿名给予分项评价——商品描述的准确性(Item as described)3星及以下的评价
DSR卖家服务中低分	在订单交易结束后,买家匿名给予分项评价——沟通质量及回应速度(Communication)3星及以下的评价
DSR物流服务低分	在订单交易结束后,买家匿名给予分项评价——物品运送时间合理性(Shipping speed)1星评价

(备注:① 如果一个订单同时满足两个及两个以上的不良体验描述,只计一次,不会重复计算。② 不包含评价不计分和DSR评分不计分的订单。)

(2)考核订单指在考核期内,符合以下任意一个条件的订单:卖家发货超时时间、买家选择卖家原因并成功取消订单的时间、卖家发货时间、买家确认收货或确认收货超时时间、买家提起/修改纠纷时间、仲裁提起/结束时间、评价生效时间中的任意一个时间点处于考核期内的所有订单。

(3)案例分享:买家Cindy由于商品描述不符问题向卖家小清提起纠纷,但在协商期内,小清未与Cindy达成一致导致纠纷上升到仲裁,仲裁结束后,买家给予该笔订单差评,并在DSR商品描述评分中只打了1分。请问买家不良体验订单数会如何计算呢?

专家解答:该笔订单虽然同时符合了3个买家不良体验的描述——中差评、DSR商品描述1分、仲裁提起,但只算作1笔买家不良体验订单,不会重复计算。

3. 服务等级的分级标准是什么

历史累计结束的已支付订单数大于或等于30笔的卖家,将根据其在考核期内的表现分为优秀、良好、及格和不及格4个等级,各等级要求如表2-2所示。

表 2-2

评级	优秀	良好	及格	不及格
评定标准	符合以下所有条件: 1. 考核期内结束的已支付订单数≥90笔 2. ODR<2.5% 3. 卖家责任裁决率<0.8% 4. 90天好评率≥97%	符合以下所有条件: 1. ODR<4% 2. 卖家责任裁决率<0.8%	符合以下所有条件: 1. 4%≤ODR<8% 2. 卖家责任裁决率<0.8%	符合以下任意一个条件: 1. ODR≥8% 2. 卖家责任裁决率≥0.8%

历史累计结束的已支付订单数小于30笔的卖家,属于成长期卖家,不参与卖家服务等级的考核,但还是要努力提升各项服务指标。

特别说明:

(1)结束的已支付订单指在买家支付成功且处于"已完成"和"已关闭"状态的所有订单中,除资金审核未通过、未成团以外的订单。

(2)若在考核期内,买家不良体验的订单来自两个及两个以下买家时,则将不考核ODR。

(3)若在考核期内,卖家责任裁决订单数仅为1个,则将不考核卖家责任裁决率。

4. 案例分享

案例①:卖家莎莎开店3个月,共有40笔买家成功支付的订单,在12月31日时已有25笔订单处于"已完成"状态,并且订单表现很好未产生买家不良体验,还有15笔仍在进行中,请问卖家莎莎1月份的服务等级是什么?

专家解答:由于在考核期内,虽然莎莎的支付成功订单已经超过了30笔,但实际完成的订单只有25笔,所以不会参与1月份的服务等级评定中,莎莎仍然属于成长期卖家。若在1月31日前,莎莎新增已完成订单10笔,历史累计结束的已支付订单达到了35笔,大于30笔,则莎莎将会在2月获得第一次服务等级的评级。

案例②:卖家阿虎在12月31日历史累计结束的已支付订单超过了30笔,可以参加服务等级的考核,在本次考核期内共有10笔符合考核要求的订单,其中有1笔是裁决提起订单,并且最终判定为阿虎的责任,请问阿虎在1月的服务等级是什么?

专家解答:按照ODR的计算标准,阿虎的ODR=1÷10=10%,已经超过8%,按理应该被评为不及格卖家,但是由于在整个考核期内,阿虎的买家不良体验订单仅来自于1个买家,所以不考核其ODR;又由于阿虎的卖家责任仲裁订单数仅为1,也不考核其卖家责任仲裁率;阿虎1月的服务等级应该是良好或者优秀,但是由于阿虎在考核期内结束的已支付订单小于90笔,不符合优秀卖家的标准,所以阿虎在1月的服务等级是良好。

5. 各等级卖家将获得哪些资源

不同等级的卖家将在橱窗数量、搜索排序曝光、提前放款、平台活动报名等方面享有不同的资源。等级越高的卖家享受的资源奖励越多,优秀卖家将获得"Top-rated Seller"的标志,买家可以在搜索商品时快速发现优秀卖家。指标表现较差的卖家将无法报名平台活动,并且在搜索排序上会受到不同程度的影响,如图2-14所示。

卖家服务等级详解	不及格	及格	良好	优秀
定义描述	符合以下任一条件： 1. ODR>=8% 2. 卖家责任裁决率>=0.8%	符合以下所有条件： 1. 4%<=ODR<8% 2. 卖家责任裁决率<0.8%	符合以下所有条件： 1. ODR<4% 2. 卖家责任裁决率<0.8%	符合以下所有条件： 1. 考核期内结束的已支付订单数>=90笔 2. ODR<2.5% 3. 卖家责任裁决率<0.8% 4. 90天好评率>=97%
橱窗推荐数	无	2个	5个	10个
搜索排序曝光权利	曝光靠后	正常	曝光优先	曝光优先+特殊标识
提前放款特权	无法享受最高放款比例	无法享受最高放款比例	无法享受最高放款比例	有机会享受最高放款比例
平台活动权利	不允许参加	正常参加	正常参加	优先参加
店铺活动资源	活动时长和数量大幅减少	正常	正常	正常
营销邮件数量	0	100	200	500

成长期卖家和无服务等级的卖家将与及格卖家享受同等的平台资源。

图 2-14

6. 问题解答

问：我还是"成长期卖家"，如果我的 ODR 指标表现较好，可以像"优秀"或者"良好"等级的卖家一样，享受搜索排序加权奖励吗？

答："成长期卖家"暂时没有搜索排序加权奖励，只有历史累计结束的已支付订单数大于或等于 30 笔时，才有机会成为"良好"或"优秀"的卖家！马上努力提升订单吧！

问：如果 1 月 5 日我的评级是"及格"，但是在 1 月 10 日时我的 ODR 指标已经达到了"良好"的标准，我是否能立刻享受排序加权的奖励？

答：不能。你的当月评级不会因指标变化而改变，即在下一次评级前，ODR 指标提升或下降都不会改变当前等级，只有下个月评级更新时才会进入新的等级。

第 3 章

市场选品

本章要点：
- 站内选品
- 站外选品

3.1 站内选品

站内选品是指根据速卖通平台的情况，结合一定的数据分析及自身的情况来选择要经营的行业及具体类目下的产品，具体分为行业选品、类目选品和产品选品3个方面。

3.1.1 行业选品

行业选品，即根据速卖通平台目前的情况，确定要经营的行业。

红海行业：即现有的竞争白热化、血腥、残酷的行业，例如饰品行业，婚纱、假发行业等。

蓝海行业：蓝海指的是未知的有待开拓的市场空间。蓝海行业指那些竞争尚不大，但又充满买家需求的行业，蓝海行业充满新的商机和机会，如图3-1所示。

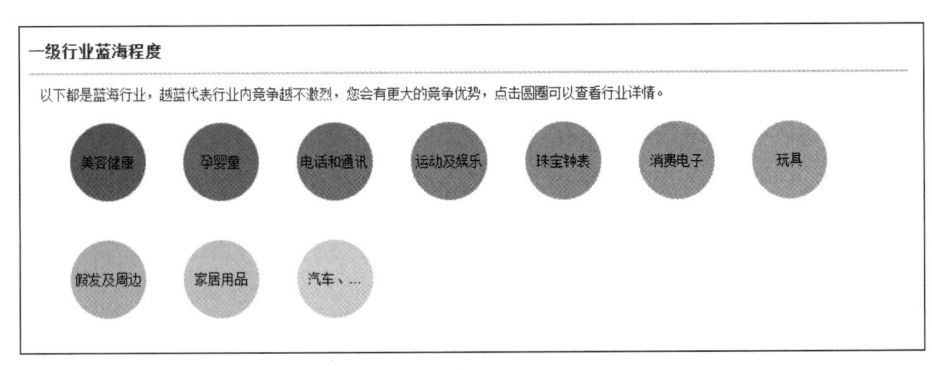

图 3-1

新手卖家应该在接触平台的时候寻找一级蓝海行业或者红海当中的蓝海行业去经营，这样会避免很多的竞争者，容易快速成长，下面介绍如何分析一级类目的行业。

在这里我们要用到速卖通后台给我们提供的一个工具——数据纵横，如图3-2所示。

图 3-2

打开速卖通后台"数据纵横"页面。

"数据纵横"页面分为行业概况和蓝海行业这两个维度,下面分别来看一下这两个维度的意思及作用。

在"行业概况"页面中可以选择目前平台下所有行业的全类目,以及全品类的产品;时间可以选择3种类型,分别是7天、30天和90天。

行业概况分为3个小类,分别是行业数据、行业趋势和行业国家。

(1)行业数据

下面先了解一下行业数据,如图3-3所示。

	流量分析		成交转化分析		市场规模分析
	访客数占比	浏览量占比	成交额占比	成交订单数占比	供需指数
最近7天均值	61.11%	60.9%	51.93%	57.59%	79.05%
环比周涨幅	↓-0.8%	↑0.69%	↑3.34%	↑1.57%	↑3.48%

图3-3

其中各指标的定义介绍如下。

- 访客数占比:统计时间段内行业访客数占上级行业访客数比例。
- 浏览量占比:统计时间段内行业浏览量占上级行业浏览量比例。
- 成交额占比:统计时间段内行业支付成功金额(排风控)占上级行业支付成功金额(排风控)比例。
- 成交订单数占比:统计时间段内行业支付成功订单数(排风控)占上级行业支付成功订(风控)比例。
- 供需指数:在统计时间段内行业中商品指数/流量指数。供需指数越小,竞争越小。

(2)行业趋势

行业趋势如图3-4所示。

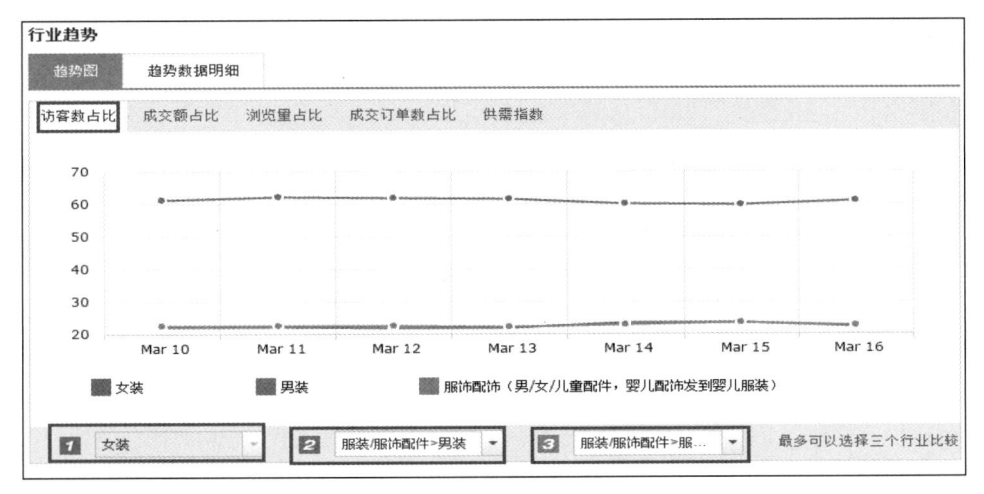

图 3-4

在这里可以选择 3 种行业进行比较，建议一级类目和一级类目比较，不要跨级比较。

在这里可以查看某个数据在一段时间的趋势，看看其动态，在趋势数据明细中，还可以查看具体某天的具体数据，可以下载整理，方便分析。

（3）行业国家分布

行业国家分布如图 3-5 所示。

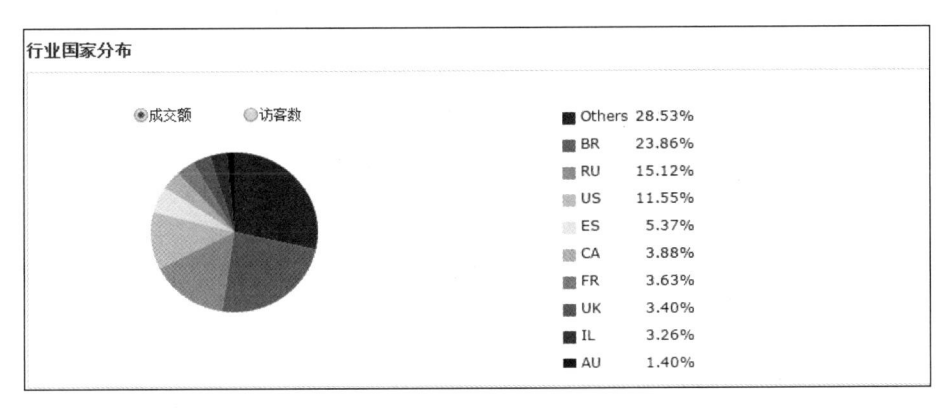

图 3-5

在这里可以查看某个行业在某个时间段下，成交额或者访客数的 TOP 国家排名。

介绍完行业概况这个维度后，再来看一下蓝海行业这个维度，如图 3-6 所示。

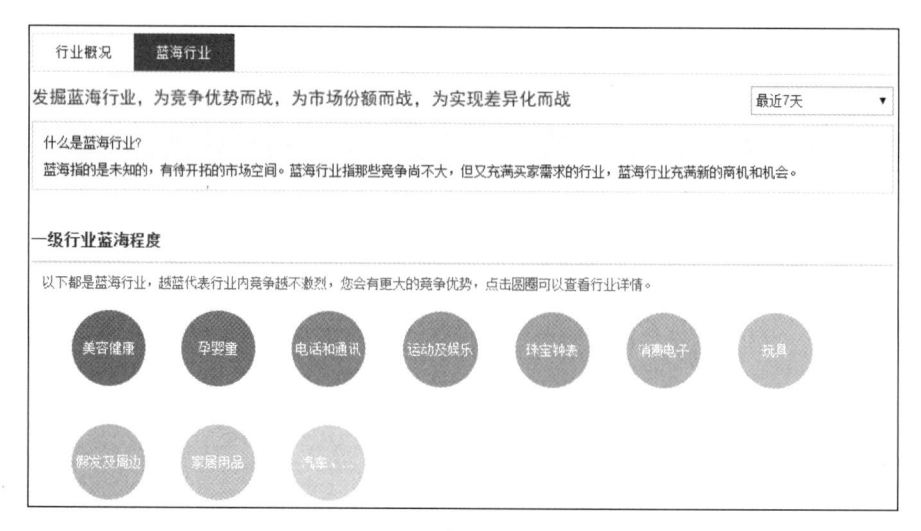

图 3-6

在这里平台推荐了一些蓝海行业，卖家可以参考并结合自己的优势来选择经营的行业。

3.1.2　类目选品

3.1.2.1　类目的了解

卖家在了解了行业选品，确定了自己要做的行业后，接下来就要确定要卖这个行业下哪些类目的产品，这就是本节的要点——类目选品。

所谓的类目选品就是在某个行业下要卖哪些类目的产品。

首先要了解某个行业下有哪些类目。这里以鞋子行业为例，如图 3-7 所示。

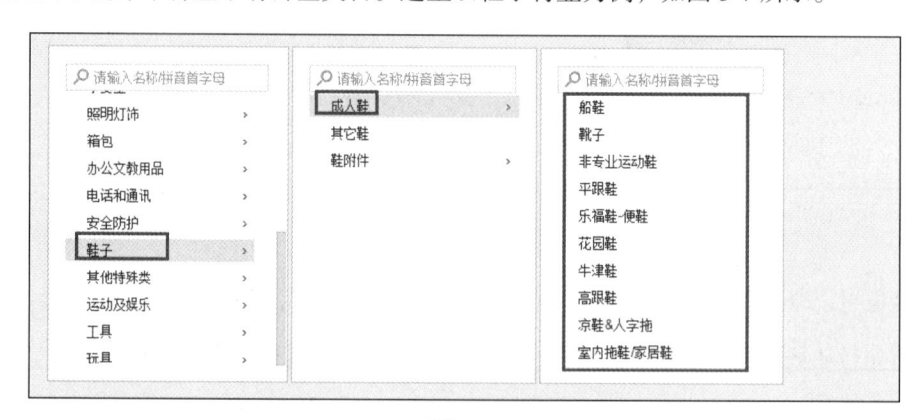

图 3-7

先看一下鞋子行业目前有哪些类目的产品。

如图 3-7 所示，鞋子行业分为成人鞋、婴儿鞋、童鞋、其他鞋和鞋附件，其中成人鞋下面又分为靴子、平跟鞋、高跟鞋等，其他婴儿鞋、童鞋也可以这样去查看其分类，这里建议在通过后台发布商品类目的时候先了解一下在行业下平台目前有哪些类目的产品，从而有助于我们认识行业。

当了解完一个行业下平台目前有哪些类目的产品后，接下来要知道平台卖家主要在卖哪些类目的产品，平台买家最需要哪些类目的产品。

首先站在卖家的角度，看一下平台卖家主要在卖哪些类目的产品。

3.1.2.2 平台卖家主要在卖哪些类目的产品

这里我们要用到平台提供的一个工具："数据纵横"—"选品专家"，如图 3-8 所示。

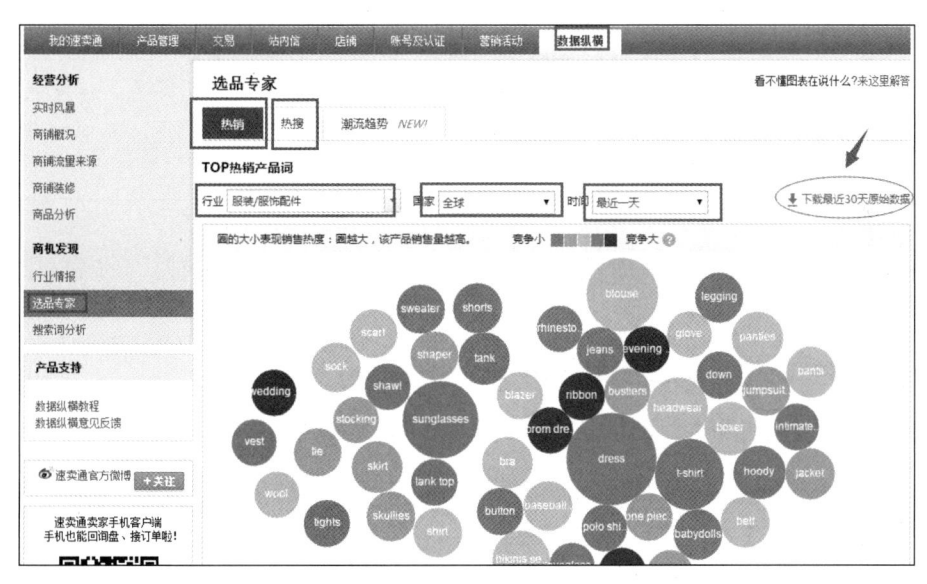

图 3-8

这里有两个维度，即热销和热搜，其中 "热销"代表卖家的角度，"热搜"代表买家的角度。先选择行业（建议选择一级类目）、国家（建议选择全球）、时间（可以选择 1 天，7 天，30 天），选择完以后下载表格，如图 3-9 所示（这里以鞋子行业为例）。

行业	国家	产品词	成交指数	购买率排名	竞争指数
鞋子	全球	fashion sneaker	20053	6	1.73
鞋子	全球	sandal	13498	7	3.51
鞋子	全球	flat	6177	9	4
鞋子	全球	pump	4098	11	5.13
鞋子	全球	first walker	4015	5	3.67
鞋子	全球	boot	3189	16	3.62
鞋子	全球	shoe cover	632	2	3.14
鞋子	全球	insole	432	10	1.89
鞋子	全球	slipper	409	21	1.77
鞋子	全球	loafer	317	25	0.58
鞋子	全球	oxford	276	24	0.95
鞋子	全球	athletic shoe	158	17	3.3

图 3-9

下载下来的表格有 3 个指标，下面具体介绍。

- 成交指数：在所选行业及所选时间范围内，累计成交订单数经过数据处理后得到的对应指数。成交指数不等于成交量，指数越大成交量越大。
- 购买率排名：在所选行业及所选时间范围内，产品词的购买率排名。
- 竞争指数：在所选行业及所选时间范围内，产品词对应的竞争指数。竞争指数越大，竞争越激烈。

这里看第一个指标：成交指数。按成交指数降序排列产品词，找到前 6 名产品词（也就是类目），它们分别是：时尚的运动鞋、凉鞋、平跟鞋、高跟鞋、学步鞋和靴子。

> **提示**：这里要注意人群的概念，比如凉鞋用户分为 9 个人群，即男人、女人、男女通用、男童、女童、男女童通用、男婴、女婴、男女婴通用，其他的类目是一样的操作思路。

因此可知道从买家的角度来看时尚的运动鞋、凉鞋、平跟鞋、高跟鞋、学步鞋和靴子这些类目就是目前鞋子行业下好卖的产品类目。

3.1.2.3 平台买家最需要哪些类目的产品

下面再从买家的角度，看看哪些类目的产品好卖，如图 3-10 所示。

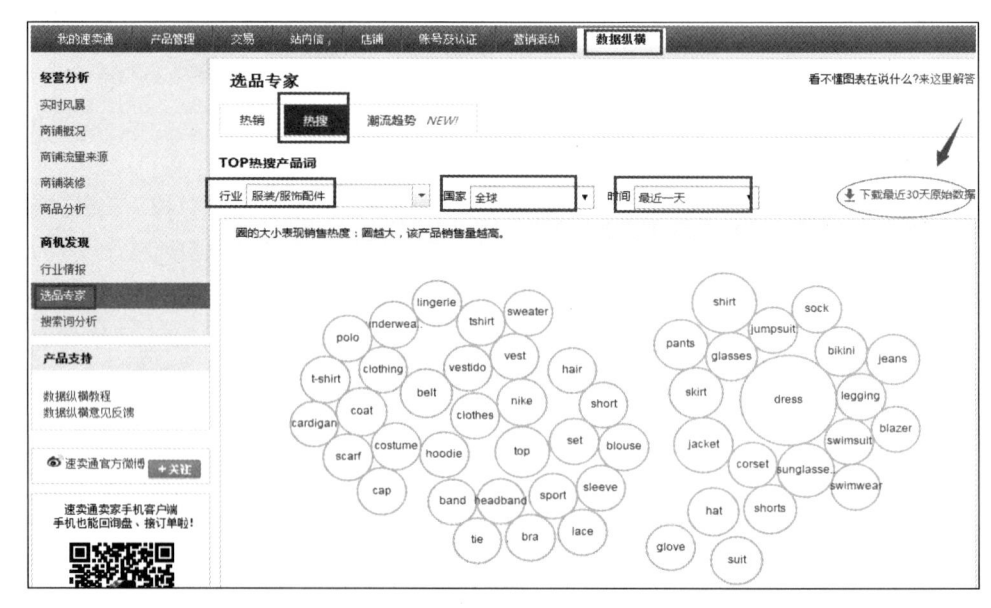

图 3-10

这里选择"热搜"维度，接着选择行业、国家、时间（这里以鞋子行业为例），接着下载表格、处理表格，如图 3-11 所示。

行业	国家	产品词	搜索指数	搜索人气	购买率排名	竞争指数
鞋子	全球	shoe	358679	104284	2	98.24
鞋子	全球	sandal	81117	23695	8	90.55
鞋子	全球	boot	71131	22338	11	84.78
鞋子	全球	sneaker	70527	25181	3	107.18
鞋子	全球	nike	46757	23691	41	0.91
鞋子	全球	air	40909	14961	29	46.99
鞋子	全球	heel	34774	11160	45	272.93
鞋子	全球	balance	25590	8022	50	712.47
鞋子	全球	slipper	13625	4166	5	204.84
鞋子	全球	pump	11601	4330	26	390.05
鞋子	全球	van	10575	4607	7	5.55
鞋子	全球	star	10192	3791	10	365.83
鞋子	全球	flop	9710	3049	32	110.28

图 3-11

这里有 4 个指标，先来了解一下它们的定义。

- 搜索指数：在所选行业及所选时间范围内，搜索该关键词的次数经过数据处理后得到的对应指数。搜索指数不等于搜索次数，指数越大搜索量越大。
- 搜索人气：在所选行业及所选时间范围内，搜索该关键词的人数经过数据处理后得到的对应指数。搜索人气不等于搜索人数，人气越大搜索人越多。
- 购买率排名：在所选行业所选时间范围内，该关键词购买率排名。
- 竞争指数：在所选行业及所选时间范围内，关键词对应的竞争指数。指数越大竞争越激烈。

在图 3-11 中，以搜索指数降序排列产品词，于是得出目前从买家的角度来看卖得好的类目分别是凉鞋、靴子、运动鞋、高跟鞋。

通过买家和卖家的角度，我们知道目前平台卖得好的类目有：凉鞋、靴子、高跟鞋、运动鞋后，还需要看一下平台数据给我们的支持。

3.1.2.4 查看目标类目的数据，确定主要的类目

这里要用到的一个工具："数据纵横"—"行业情报"。

首先来看一下鞋子行业在平台的流量，如图 3-12 所示。

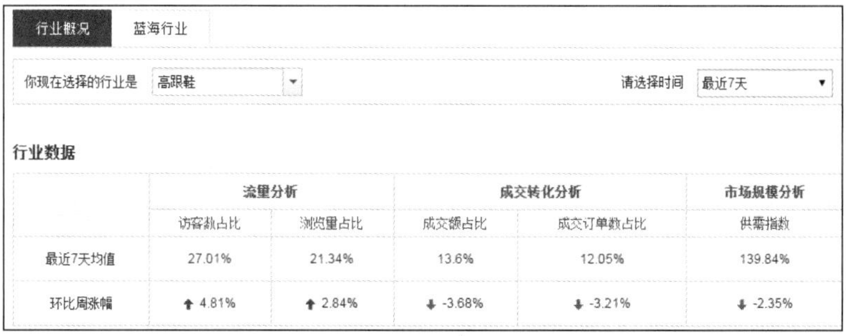

	流量分析		成交转化分析		市场规模分析
	访客数占比	浏览量占比	成交额占比	成交订单数占比	供需指数
最近7天均值	27.01%	21.34%	13.6%	12.05%	139.84%
环比周涨幅	↑ 4.81%	↑ 2.84%	↓ -3.68%	↓ -3.21%	↓ -2.35%

图 3-12

高跟鞋占整个成人鞋流量的 21.34%，成交订单数占比 12.05%，供需指数是 139.84%，相对来说是竞争比较激烈的行业。

通过以上方法，我们分析得到了高跟鞋在市场中的情况，就可以决定是否选择它作为进入鞋子行业的类目。

3.1.3 产品选品

通过以上内容我们知道了如何在行业中选品，以及如何在类目中选品，接下来学习一下如何在产品中选品，这里用到的工具有很多，下面一一介绍。

3.1.3.1 属性选品

这里用到的工具是："数据纵横"—"选品专家"，如图 3-13 所示。

图 3-13

这里选择"热销"维度，选择鞋子行业下面的高跟鞋，国家选择全球范围，时间选择最近 7 天，点击 pump 这个词，会进入到这个词对应的页面，即 TOP 热销属性页面，下载表格，如图 3-14 所示。

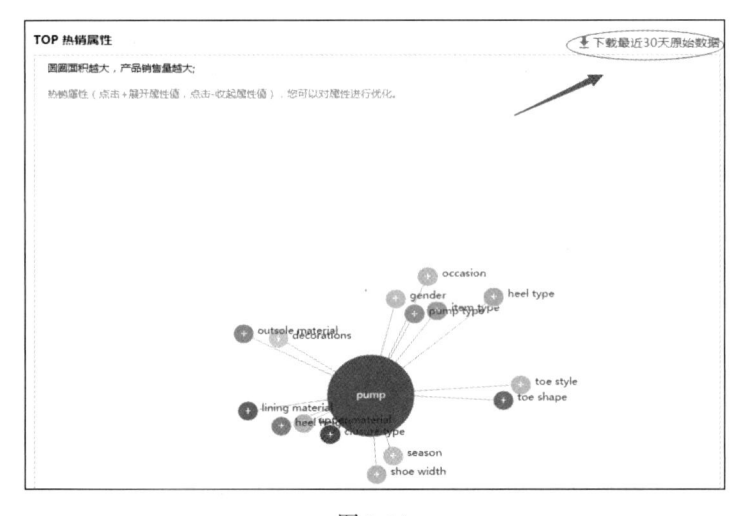

图 3-14

下载完表格后，站在卖家角度（热销维度），来看卖家主要在卖哪些属性的高跟鞋，根据这些属性的特征来选择要经营的高跟鞋的款式，如图 3-15 所示。

行业	国家	产品词	属性名	属性值	成交指数
鞋子>成人鞋>高跟鞋	全球	pump	item type	pumps	9488
鞋子>成人鞋>高跟鞋	全球	pump	gender	women	9488
鞋子>成人鞋>高跟鞋	全球	pump	shoe width	medium(b,m)	8468
鞋子>成人鞋>高跟鞋	全球	pump	heel height	high (3" and up)	7516
鞋子>成人鞋>高跟鞋	全球	pump	outsole material	rubber	7204
鞋子>成人鞋>高跟鞋	全球	pump	pump type	basic	6842
鞋子>成人鞋>高跟鞋	全球	pump	toe style	closed toe	6544
鞋子>成人鞋>高跟鞋	全球	pump	season	spring/autumn	6291
鞋子>成人鞋>高跟鞋	全球	pump	heel type	thin heels	5603
鞋子>成人鞋>高跟鞋	全球	pump	lining material	pu	5468
鞋子>成人鞋>高跟鞋	全球	pump	toe shape	round toe	5176
鞋子>成人鞋>高跟鞋	全球	pump	closure type	slip-on	4808
鞋子>成人鞋>高跟鞋	全球	pump	upper material	pu	4717
鞋子>成人鞋>高跟鞋	全球	pump	toe shape	pointed toe	4021
鞋子>成人鞋>高跟鞋	全球	pump	occasion	party	3879
鞋子>成人鞋>高跟鞋	全球	pump	occasion	casual	2768

图 3-15

> **提示**：我们可以根据高跟鞋鞋跟的风格、鞋头的风格等来选择高跟鞋的类型。选品专家热搜维度的选品思路和热销维度的选品思路一样。

3.1.3.2 关键词选品

当了解完属性选品的思路以后，下面来看另外一种选品思路——关键词选品。这里会用到两个工具："数据纵横"—"搜索词分析（买家角度）"和"营销中心—关键词工具（卖家角度）"。

首先看一下站在买家角度分析的关键词选品工具："数据纵横"—"搜索词分析"，如图 3-16 所示。

图 3-16

先选择热搜词维度，然后选择产品，比如高跟鞋，接着选择国家和时间，下载表格，如图 3-17 所示。

搜索词	是否品牌原词	搜索人气	搜索指数	点击率	成交转化率	竞争指数	TOP3热搜国家
shoes woman	N	77,096	424,367	12.51%	0.06%	26	US,CA,GB
shoes	N	67,306	295,781	13.59%	0.06%	25	RU,US,IT
women shoes	N	29,674	202,136	12.10%	0.05%	39	US,TR,GB
zapatos mujer	N	24,378	124,294	10.56%	0.03%	26	ES,CL,US
high heels	N	21,220	121,851	29.31%	0.13%	72	US,GB,CH
high heel shoes	N	12,528	96,665	27.03%	0.07%	71	RU,BY,UA
туфли женские	N	12,804	89,650	19.05%	0.05%	29	RU,BY,UA
wedding shoes	N	9,806	82,504	34.63%	0.10%	123	US,RU,CA
red bottom high heels	N	17,120	74,474	31.72%	0.32%	31	US,GB,CA
обувь женская	N	10,337	71,026	6.55%	0.01%	20	RU,BY,KZ
platform shoes	N	8,541	57,546	21.68%	0.05%	95	US,RU,ES
chaussure femme	N	11,838	56,725	8.57%	0.02%	13	FR,BE,CA
women pumps	N	8,224	56,464	27.55%	0.29%	95	BR,US,FR

图 3-17

我们可以根据搜索词里面买家的搜索词来选择高跟鞋的产品，比如，red bootom（红底的）、platform（厚底的），以此类推。

3.1.3.3 网站推荐选品

目前速卖通平台提供了一些行业在某时间段里在平台中的流行趋势，其实在这里列的产品我们也可以利用一下，如图 3-18 所示。

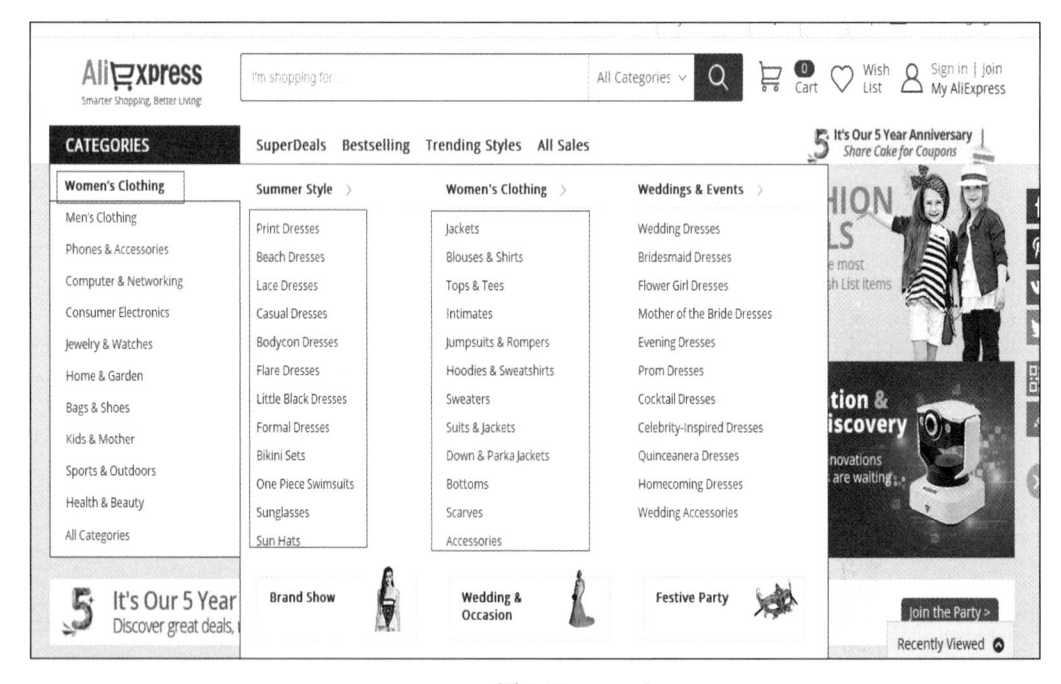

图 3-18

这里是女装行业目前在平台流行的类目产品，例如蕾丝连衣裙、休闲连衣裙等，这里的信息卖家也要关注。

还有平台各个行业板块推荐也是需要关注的，会有助于我们选品，如图 3-19 所示。

图 3-19

3.1.3.4 同行业卖家款式的参考

下面再参考一下同行卖家的产品款式。

首先，在买家首页输入想要了解的产品，比如 women pums，以订单降序排列，看看目前在平台中高跟鞋这个类目下卖得好的卖家在卖什么款式的产品，如图 3-20 所示。

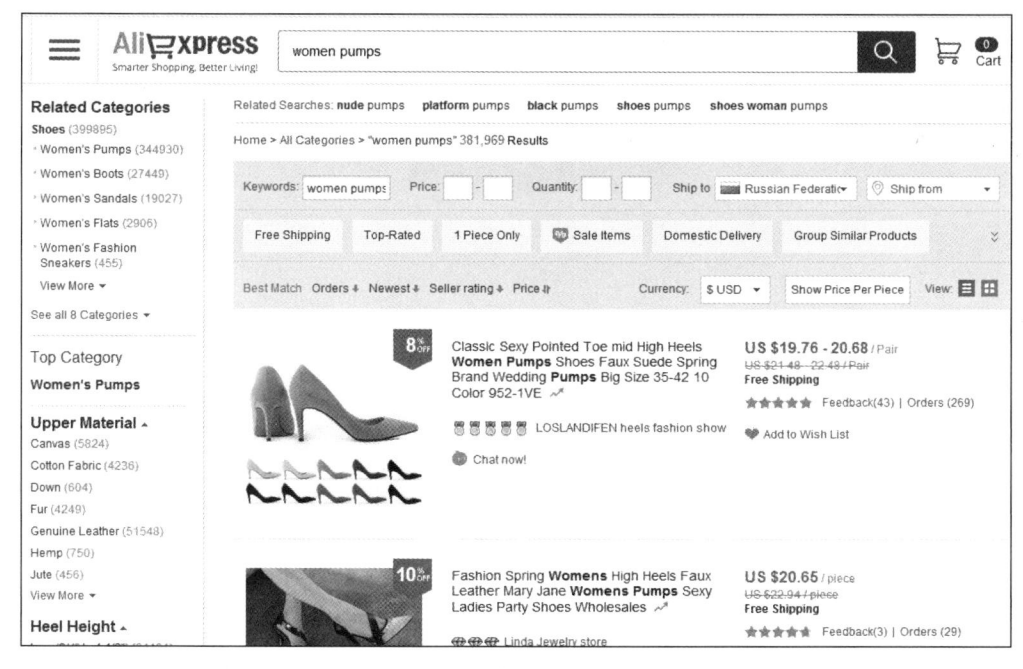

图 3-20

3.1.4 直通车选品

直通车选品,就是利用直通车的选品工具和关键词工具进行选品,用直通车推广产品进行引流测品。

1. 热搜选品

(1)名词解释

热搜:统计近期网站上买家热搜的产品属性,跟你店铺的商品进行匹配。如果属性有重合,则会包含在热搜的产品集合中。重合的属性越多,则热搜度的条状图越长。

(2)适用场景

① 新店铺。目前店铺中的商品基本没什么订单数据,无法为选品提供参考,需要从行业角度选品测试。

② 开发新品。了解行业哪类商品近期更热门,为上新或推广测试做参考。

(3)使用步骤

① 基本条件设定,如图 3-21 所示。

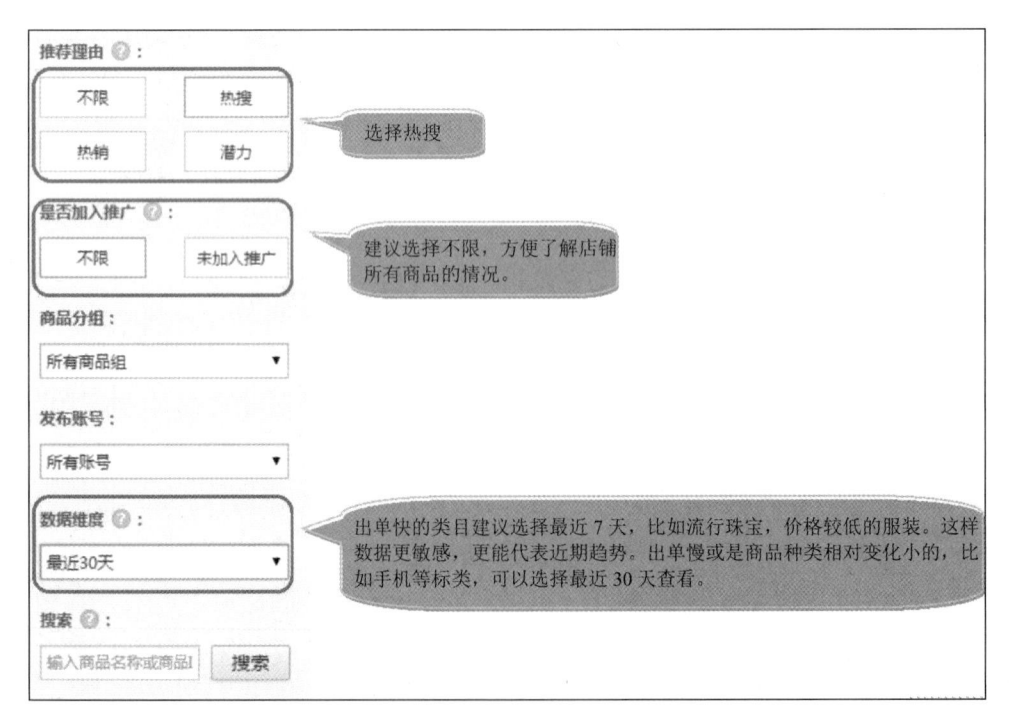

图 3-21

② 列表项选择

列表项中,常规的选项已经默认为必选。此外,在查看热搜时,主要是了解网站整体的情况，因此建议选择类目供需指数和竞争力。

类目供需指数：将买家的搜索次数与类目的商品总数做数据计算的结果，间接反映类目供需程度。条状图越长，代表类目越是供少于求，即商机越大；反之，竞争越激烈。

竞争力：以商品定价为主要要素，将自身商品定价及其他要素与同类目商品做比较。条状图越长，代表商品在同类商品中竞争力越大，越容易被买家点击或购买。

2. 热销选品

（1）名词解释

热销：统计近期网站上热销的产品属性，跟你店铺的商品进行匹配。如果属性有重合，则会包含在热销的产品集合中。重合的属性越多，则热销度的条状图越长。

（2）适用场景

① 针对已经在推广中的商品，了解网站热销与否可以为策略调整提供参考。比如网站热销，但是我们自身商品卖不动，则要排查原因，看是价格还是评价等问题。

② 针对未推广的商品，可以根据热销的各个值，选出自身符合热销特性的商品，推广测试

（3）使用步骤

热销选品的使用步骤同热搜选品。

3. 潜力选品

（1）名词解释

潜力：根据前期各行业卖家及小二测试，综合了订单量、收藏比、购物车比、点击率、订单转化率等重要数据，对店铺中的商品进行打分排序。潜力值越高则意味着这款商品的表现越好，成为爆品的可能性越大。

（2）适用场景

潜力选品适用于店铺内爆品、准爆品的挖掘。

（3）使用步骤

① 基本条件设定，如图 3-22 所示。

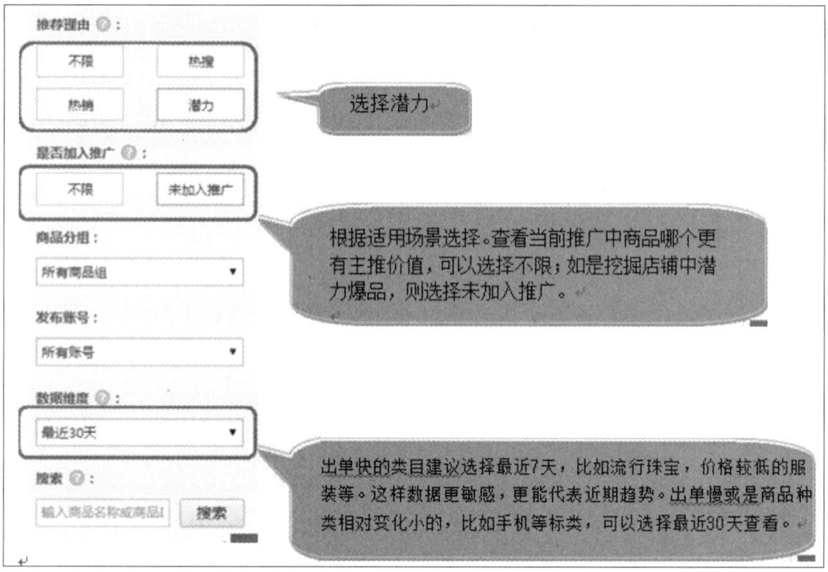

图 3-22

② 列表项选择

在列表项中，常规的选项已经默认必选。在查看时，主要是根据自身历史数据来对自己已有商品进行排序。如果商品确实综合实力强，受买家欢迎，则会在加入购物车数、订单转化率等方面有所体现（新发布的商品除外）。建议点击"下载商品列表"查看。

下载后，表格如图 3-23 所示，其中标色的为重要指标。

图 3-23

A. 一般筛选浏览量在 100 以上（当浏览量太低时，转化率和订单量数据会存在偶然性。比如只有一次浏览量，正好也有一个订单，那转化指数就会很高，但商品表现也许只是巧合）。

B. 一般筛选订单量在 5 个以上（有历史订单和评价，可以增加买家信任度，提高下单率）。

C. 在前两者的基础上，优先选择转化指数高的（转化指数的计算中，已经包含了加入购物车的比例、加入收藏夹比例及点击率等）。

4. 直通车关键词工具选品

智能推荐：可以选择指定的行业及指定的维度（高流量、高转化、高订单、小二推荐等），由系统智能推荐搜索词，还可以以行业相关度、30 天热搜度、竞争度进行排序。通过买家的这些搜索词，可以挖掘出买家的需求，从而确定选品的方向，如图 3-24 所示。

图 3-24

自主搜词：通过具体的词，搜索相关搜索词，通过长尾词分析获取买家的具体需求，如图 3-25 所示。

图 3-25

5. 直通车引流测品

定义：对于已经选定的属性相同只是款式存在差异的产品，可以通过直通车引流测试，再分析转化数据进行选品。

方法：从一批类似产品中选定一款创建推广计划进行推广，并把其他的类似产品关联在这个产品里。注意关联产品的关联图风格要保持一致。推广一段时间后，通过这些产品的点击、转化数据分析出最具潜力的产品。

注意：把类似产品放入同一个推广计划推广来测品的方法是错误的。因为不同的商品推广质量评分不一样，无法做到均衡引流，所以无法达到要测试的效果。

3.1.5 国家站选品

为了解决新兴市场大量不具备英语能力的新买家的语言问题，新的小语种分站逐个上线。对不同语种国家有针对性地选品越来越成为一个非常重要的选品方向。我们来看一下具体方法。

1. 选出目的国家高需求低竞争的产品

例如，对于全球市场，blouse 和 dress 虽然流量较大，但是竞争也非常激烈。我们可以通过选品专家—TOP 热销产品词进行查看，如图 3-26 所示。

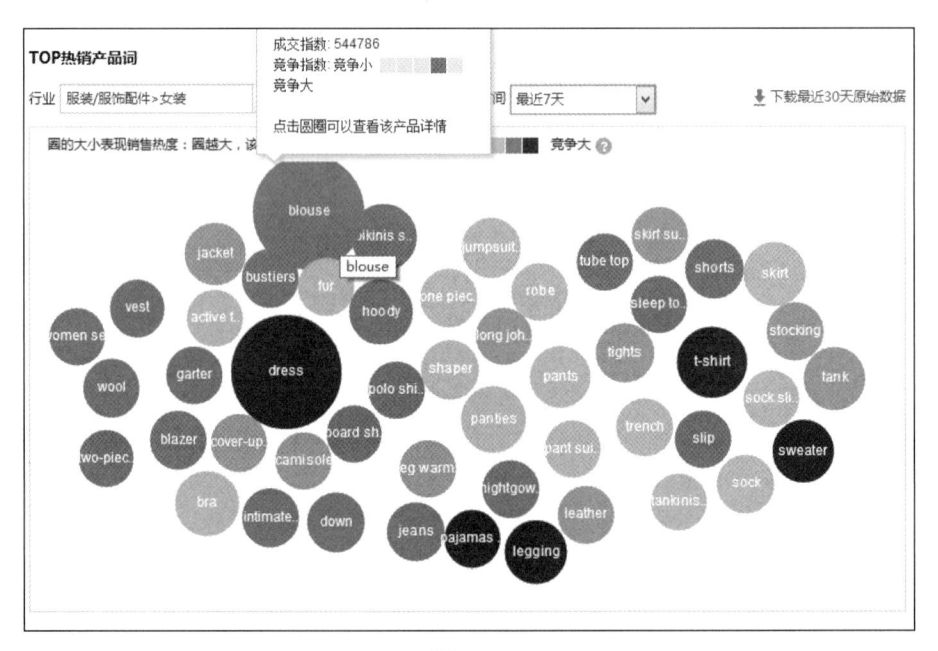

图 3-26

然而对于使用葡萄牙语的巴西市场，我们可以根据选品专家看出 blouse 的热销程度远大于 dress，但是竞争度选小于 dress，如图 3-27 所示。

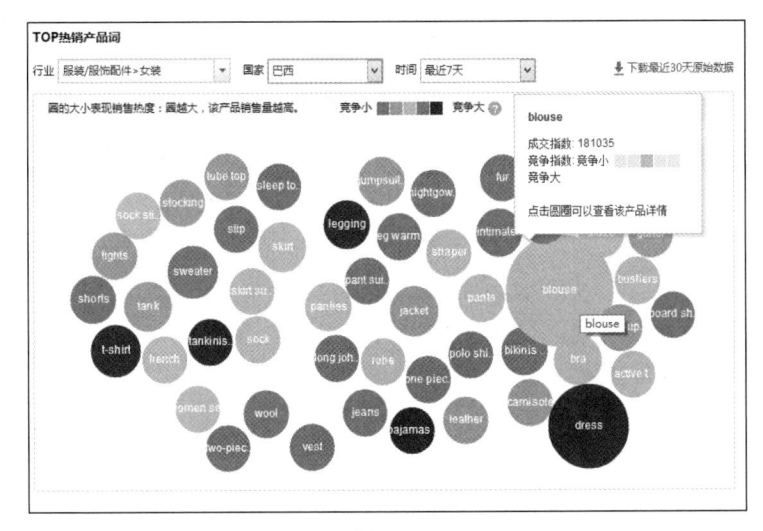

图 3-27

所以，我们可以确定，对于葡萄牙语站的女装行业，blouse 是比 dress 更好的产品。

2. 找小语种搜索词

借助搜索词分析工具，找出 blouse 所在的细分行业来自巴西的热搜词，并整理与 blouse 有关的葡萄牙语搜索词，如图 3-28 所示。

图 3-28

3.1.6 潮流趋势选品

潮流趋势选品是卖家后台的一个新工具。目前适用的是服饰、鞋包、珠宝与手表等类目。它是平台利用站内外大数据挖掘并整合、分析出的流行趋势数据，对卖家特别是 fashion 类卖家把握最新潮流趋势有很大帮助。

在查询时，可以依次选择"行业""品类""匹配结果"，还可以按 Hottest 或 Newest 的维度进行排序，如图 3-29 所示。

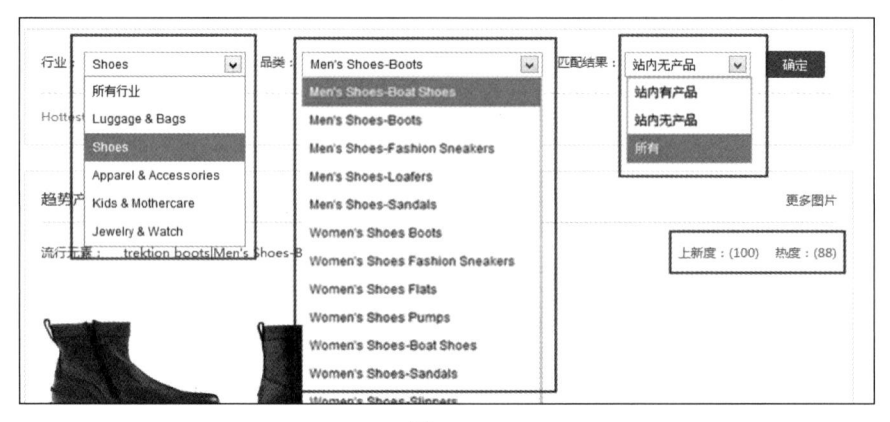

图 3-29

3.2 站外选品

我们已经了解了如何在站内选品，下面我们学习一下如何在站外选品。

和速卖通相关的跨境电商网站有 eBay、亚马逊等，我们在选品的时候也可以参考这些平台同行的选品情况，这将有助于我们选品。下面举例说明如何查看 eBay 中的热销款产品。

1. 如何查看 eBay 的热销款

在这里我们将用到两个工具。

（1）第一个工具是：www.watchcount.com，如图 3-30 所示。

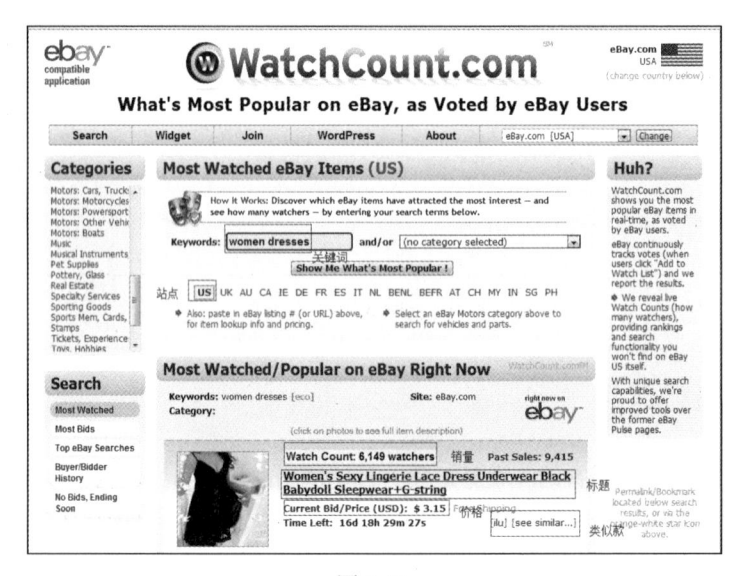

图 3-30

我们可以查看 eBay 某个站点下某个关键词对应的产品的销量、标题、售价和类似款式等信息，这有助于我们选品，如图 3-31、图 3-32 所示。

图 3-31

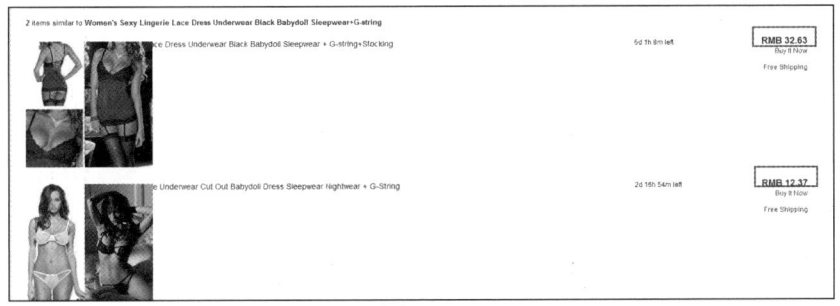

图 3-32

我们可以查看与具体某款产品类似的款式在 eBay 上的销售情况，这也可以帮助我们进行选品。

（2）第二个工具是：www.watcheditem.com，如图 3-33 所示。

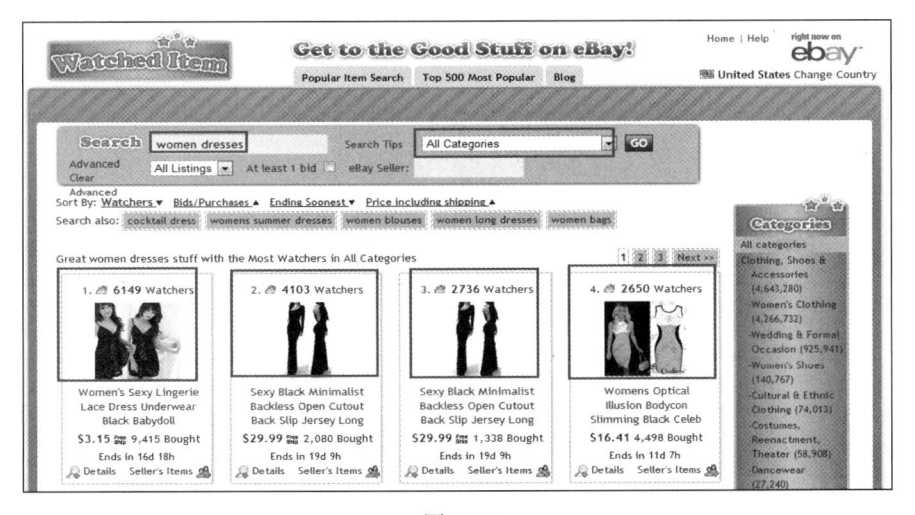

图 3-33

通过这个工具，我们也可以查看 eBay 上面某个站点下某个关键词的款式，这也会有助于帮助我们选品。

2. 参考小语种网站选款

我们可以在葡萄牙语购物网站或者搜索引擎里搜索这些关键词，来确定当地买家的热销款式。

例如，在 mercado livre 里搜索 blusas femininas，然后根据搜索结果总结市场信息，如图 3-34 所示。

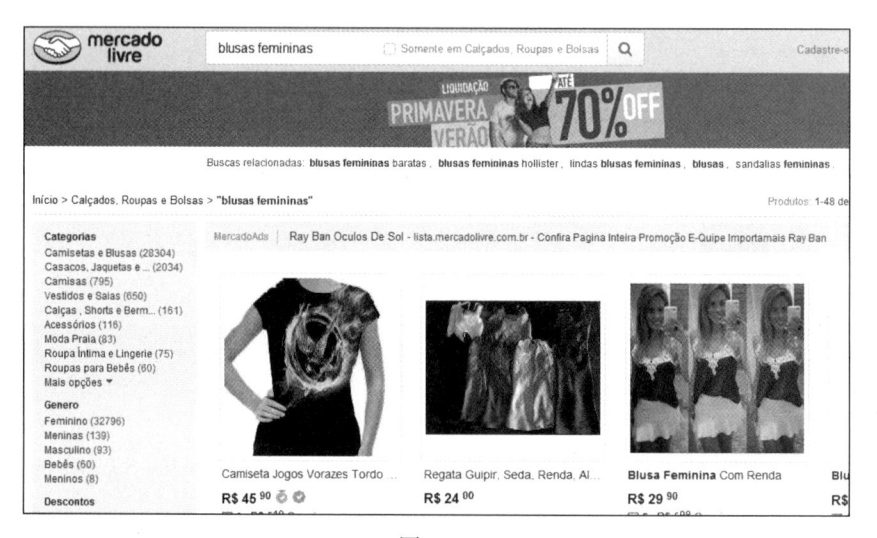

图 3-34

【补充阅读】关于 AliExpress 全球速卖通选品新利器"潮流趋势"

如图 3-35 所示，速卖通网站推出的"潮流趋势"功能是了解海外潮流趋势的一大利器，它将帮助卖家进行合理选品。

图 3-35

1. 关于潮流趋势

潮流趋势是平台利用站内外大数据挖掘并整合、分析出服装、服饰、鞋包、珠宝手表等类目的流行趋势，希望推动有一定供应能力和市场敏锐度的卖家，开发系列新款商品快速成长，带动潜力增长。因此，具有相关流行元素、特征、描述、关键词、图片的商品，将有机会在 AliExpress 各个分站的流行趋势频道中曝光。包括：英文站 Fashion Trending、俄文站 Fashion Trending、葡文站 Fashion Trending。

2. 潮流趋势的入口在哪里

潮流趋势的入口是："数据纵横"—"选品专家"—"潮流趋势"，如图 3-36 所示。

图 3-36

3. 哪些行业可以使用潮流趋势功能

潮流趋势针对的是 Fashion 相关行业的流行趋势，例如：服饰、鞋包、珠宝与手表等行业，所以速卖通我们挖掘了这些行业的海外流行趋势。

主营行业具体包括：女装、男装、童装、珠宝与手表、鞋、包等。

4. 卖家是否有权限查看这样的内容

为了保障买家的体验，目前该功能只开放给主营行业是 Fashion 的相关行业，包括女装、男装、童装、珠宝与手表、鞋、包等，并且店铺近 30 天交易额满足表 3-1 条件的卖家。

表 3-1

一级发布类目	店铺近 30 天交易额（美元 $）
Apparel & Accessories	≥ 5000
Jewelry & Watch	≥ 3000
Luggage & Bags	≥ 3000
Shoes	≥ 3000
Kids & Mothercare	≥ 3000

5. 平台可以提供哪些曝光资源

（1）固定频道入口

英文站：英文站 Fashion Trending，如图 3-37 所示。

图 3-37

俄文站：俄文站 Fashion Trending，如图 3-38 所示。

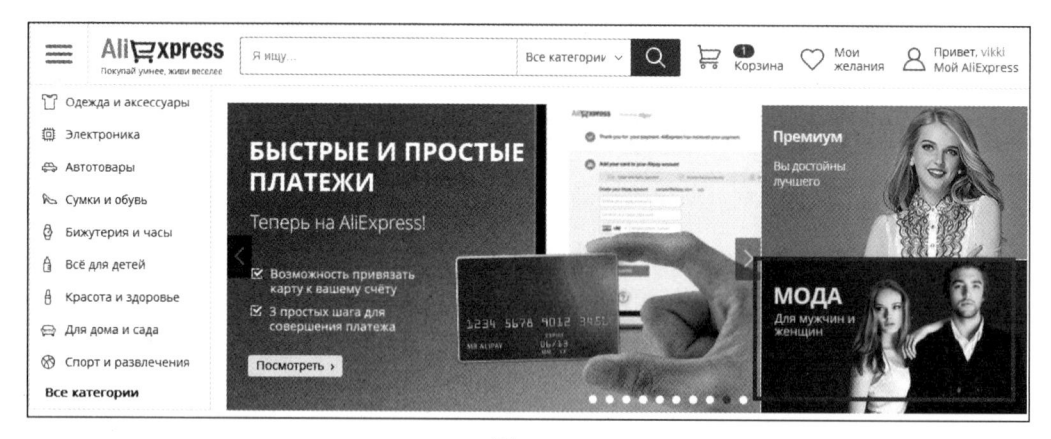

图 3-38

葡文站：葡文站 Fashion Trending，如图 3-39 所示。

图 3-39

（2）类目浏览桥页

（3）外部流量投放

6. 如何才能获取这些曝光资源

参考"数据纵横"——"潮流趋势"中挖掘提炼出来的目前的流行趋势，发布类似元素和风格的产品。潮流趋势图片仅供参考学习，供卖家了解行业流行趋势。禁止卖家使用该类图片或局部图片用于商品发布或任何其他商业用途，平台将定期抽查，一旦发现，将按网规进行处理。特别注意关键词的推荐请勿使用任何"品牌词"。

（1）图片要求

高质量的产品图片，为外国模特或者原始产品单图，无边框，无"牛皮癣"，图片主体突出。产品图片与"潮流趋势"图片风格类似。严禁盗用"潮流趋势"的产品图片发布产品，一经发现将按侵权网规处理。

（2）产品标题

标题中要含有"潮流趋势"提炼出来的关键词，但是严禁关键词滥用行为。

（3）服务等级要求

服务等级需要在及格和及格以上。

对于速卖通卖家来说，在接到客户的订单之后，首先需要考虑的问题是，我应该选择什么样的物流方式将产品递送给海外客户。以下就让我们一起来逐一对邮政物流、商业快递、专线及海外仓储物流方式进行了解。

第 4 章

跨境物流

本章要点：

- 邮政物流介绍
- 商业快递介绍
- 专线物流介绍
- 其他物流方式介绍
- 物流模板设置
- 速卖通线上发货
- 海外仓集货物流
- 国际物流网规认识

4.1 邮政物流介绍

邮政物流包括了各国及中国香港邮政局的邮政航空大包、小包,以及中国邮政速递物流分公司的 EMS、ePacket 等。下面,我们依次对这几种常见的邮政物流方式进行了解。

4.1.1 EMS 介绍

EMS,即 Express Mail Service,特快专递邮件业务,是中国邮政速递物流与各国(地区)邮政合作开办的中国大陆与其他国家、台港澳间寄递特快专递(EMS)邮件的一项服务。由于是跟其他国家(地区)的邮政合办的,所以 EMS 在各国(地区)邮政、海关、航空等部门均享有优先处理权。这是 EMS 区别于很多商业快递的最根本的地方。

1. EMS 的资费标准

EMS 国际快递的资费标准请参考网站 http://www.ems.com.cn,不同分区,折扣不同,卖家可与邮政或货代公司协商。

2. EMS 的参考时效

EMS 国际快递投递时间通常为 3 至 8 个工作日,不包括清关的时间。由于各个国家和地区的邮政、海关处理的时间长短不一,有些国家的包裹投递时间可能会长一些,卡哈拉国家的承诺妥投时间以 EMS 官方网站公布的为准。

3. EMS 跟踪查询

卖家可以登录 EMS 快递网站 http://www.ems.com.cn/查看相应的收寄、跟踪信息。

4. EMS 的体积和重量限制

EMS 的体积、重量限制参考网站 http://www.ems.com.cn。

5. 禁限寄物品

跨境电商出口禁限寄的物品因卖家选择的物流方式不同而存在差异,具体以各物流方式官方网站公布的为准。国际航空条款规定的不能邮寄或限制邮寄的货物,如粉末、液体、易燃易爆物品等危险品,以及烟酒、现金及有价证券、侵权产品等均不适宜寄递。具体包括以下几个方面:

(1)国家法律法规禁止流通或者寄递的物品。

(2)爆炸性、易燃性、腐蚀性、放射性和毒性等危险物品。

(3)反动或者淫秽报刊、书籍,以及其他宣传品。

(4)各种货币。

（5）妨害公共卫生的物品。

（6）容易腐烂的物品。

（7）活的动物（包装能确保寄递和工作人员安全的蜜蜂、蚕、水蛭除外）。

（8）包装不妥，可能危害人身安全、污染或损毁其他邮件设备的物品。

（9）其他不适合邮递的物品。

因此，卖家在选品和发货时均要注意排查。

6. EMS 的优缺点总结

概括起来，EMS 主要有以下几个突出的优点：

（1）邮政的投递网络强大，覆盖面广，价格比较合理，不算抛重，以实重计费。

（2）不用提供商业发票就可以清关，而且具有优先通关的权利，即使通关不过的货物也可以免费运回国内，其他快递一般都要收费。

（3）EMS 适用于小件，以及对时效要求不高的货物，可走敏感货物，不易打关税。

（4）EMS 寄往南美国家及俄罗斯等国家有绝对优势。

但是 EMS 也存在着几个比较明显的缺点：

（1）EMS 相对于商业快递来说，速度会偏慢一些。

（2）查询网站信息滞后，一旦出现问题，只能做书面查询，查询的时间较长。

（3）EMS 不能一票多件，大货价格偏高。

4.1.2 ePacket 介绍

ePacket 俗称 e 邮宝，又称 EUB，是中国邮政速递物流旗下的国际电子商务业务。ePacket 目前可以发往美国、澳大利亚、英国、加拿大、法国和俄罗斯。

1. ePacket 的资费标准

ePacket 的资费参考网站 http://www.ems.com.cn。

2. ePacket 的参考时限

中国邮政对 ePacket 业务是没有承诺时限的，这点卖家在发货时要注意。

3. ePacket 的跟踪查询

美国、澳大利亚和加拿大 ePacket 业务提供全程时限跟踪查询，但不提供收件人签收证明；英国 ePacket 业务提供收寄、出口封发和进口接收信息，不提供投递确认信息。卖家可以登录邮政官方网站 http://www.ems.com.cn 或拨打客服热线 11183 查询。

要注意的是，ePacket 业务不受理查单业务，不提供邮件丢失、延误赔偿。因此，ePacket 并不适合寄递一些价值比较高的产品。

4. ePacket 的体积和重量限制

（1）单件最高限重 2kg。

（2）最大尺寸：单件邮件长、宽、厚合计不超过 90cm，最长一边不超过 60cm。圆卷邮件直径的两倍和长度合计不超过 104cm，长度不得超过 90cm。

（3）最小尺寸：单件邮件长度不小于 14cm，宽度不小于 11cm。圆卷邮件直径的两倍和长度合计不小于 17cm，长度不少于 11cm。

4.1.3 中国邮政大、小包介绍

4.1.3.1 中国邮政大包

中国邮政航空大包，即 China Post Air Parcel，俗称"航空大包"或"中邮大包"。中国邮政大包除了航空大包外，还包括水陆运输的大包，本书所提及的"中邮大包"仅指航空大包。中邮大包可寄达全球 200 多个国家，价格低廉，清关能力强，对时效性要求不高而稍重的货物，可选择使用此方式发货。

1. 中邮大包的资费标准，体积和重量限制

中邮大包相关资费及体积和重量的限制根据运输物品的重量及目的国家而有所不同，参照网址 http://11185.cn/index.html。

2. 中邮大包的跟踪查询

查询网址 http://intmail.183.com.cn/。

3. 中邮大包的优点总结

中邮大包拥有中国邮政的大部分优点，主要包括：

（1）成本低，尤其是该方式以首重 1kg，续重 1kg 的计费方式结算，价格比 EMS 低，且和 EMS 一样不计算体积重量，没有偏远附加费，较商业快递有绝对的价格优势。

（2）通达国多，中邮大包可通达全球大部分国家和地区，且清关能力非常强。

（3）运单操作简单，中邮大包的运单简单，操作方便。

4. 中邮大包的缺点总结

（1）部分国家限重 10kg，最重也只能 30kg。

（2）妥投速度慢。

（3）查询信息更新慢。

4.1.3.2 中国邮政小包

中国邮政国际小包，即 China Post Air Mail，俗称"中邮小包""空邮小包""航空小包"，以及其他以收寄地市局命名的小包（如"北京小包"），是指重量在 2kg 以内（阿富汗为 1kg 以内），外包装长、宽、高之和小于 90cm，且最长边小于 60cm，通过邮政空邮服务寄往国外的小邮包，可以称为国际小包。国际小包可以分为中国邮政平常小包+（China Post Ordinary Small Packet Plus）和挂号小包（China Post Registered Air Mail）两种。主要区别在于，利用挂号小包提供的物流跟踪条码能实时跟踪邮包在大部分目的国家的实时状态，平邮小包只能通过面单条码以电话查询形式查询到邮包在国内的状态。

1. 中邮小包的资费标准

请参照网址 http://seller.aliexpress.com/so/freight.php。

2. 中邮小包的参考时效

由于中国邮政并未对中邮小包寄递时限进行承诺，因此卖家可通过查询社会公司的网站统计对寄递时效进行了解，比如 17track 网站上的统计，可查看网址 http://www.17track.net/cn/report-post.shtml。

3. 中邮小包的跟踪查询

平邮小包不受理查询；挂号小包大部分国家可全程跟踪，部分国家只能查询到签收信息，部分国家不提供信息跟踪服务。

挂号小包查询网址，即中国邮政官方网站：http://intmail.183.com.cn。

中国邮政的协议客户可向收寄邮政局申请大客户号，通过邮政内网进行查询，网址为 http://211.156.194.150/pydkh。

卖家也可登录一些社会网站进行查询，如：

一起跟踪网：http://17track.net。

赛兔网：www.91track.com。

对于以上网站未能展示出的信息，比如境外邮政的接收、投递信息等，各位卖家也可以尝试登录不同国家邮政的网站进行查询。

4. 中邮小包的体积和重量限制

参照 ePacket 的标准。但是卖家要注意，寄往阿富汗的国际小包限重 1kg，而非 2kg。

5. 中邮小包的优缺点总结

中邮小包具有如下几个明显的优点：

（1）运费比较便宜，这是最大的优点。部分国家运达时间并不长，因此这属于性价比较高的物流方式。

（2）邮政的包裹在海关操作方面比快递简单很多，享用"绿色通道"，因此小包的清关能力很强，而且中国邮政是"万国邮联"的成员，因此其派送网络世界各地都有，覆盖面非常广。

（3）中邮小包本质上属于"民用包裹"，并不属于商业快递，因此该方式能邮寄的物品比较多。

但是中邮小包也存在着一些固有的缺点，包括：

（1）限制重量 2kg，阿富汗甚至限重 1kg，这就导致部分卖家如果包裹超出 2kg，就要分成多个包裹寄递，甚至只能选择其他物流方式。

（2）运送的时间总体比较长，像俄罗斯、巴西这些国家超过 40 天才显示买家签收都是正常现象。

（3）还有许多国家是不支持全程跟踪的，而且邮政官方的 183 网站也只能跟踪国内部分，国外部分不能实现全程跟踪，因此卖家需要借助社会公司的网站或登录到寄达国的查询网站上进行跟踪，查询上显得不方便。

总体来说，中邮小包属于性价比较高的物流方式，适合寄递物品重量较轻、量大、价格要求实惠而且对于时限和查询便捷度要求不高的产品。

6. 中邮小包通关的注意事项

（1）由于中邮小包只是一种民用包裹，并不属于商业快递，海关对个人邮递物品的验放原则是"自用合理数量"，自用合理数量原则即是以亲友之间相互馈赠自用的正常需要量为限，因此，并不适于寄递数量太大的产品。

（2）限值规定：海关规定，对寄自或寄往港澳地区和国外的个人物品，每次允许进出境的限值分别为人民币 800 元和 1000 元；对超出限值部分，属于单一不可分割且确属个人正常需要的，可从宽验放。

4.1.4 其他国家或地区的邮政小包介绍

邮政小包是使用较多的一种国际物流方式，依托万国邮政联盟网点覆盖全球，其对于重量、体积、禁限寄物品要求等方面的特点均存在很多的共同点，然而不同国家和地区的邮政所提供的邮政小包服务却或多或少存在着一些区别，主要体现在不同区域会有不同的价格和时效标准，对于承运物品的限制也不同。

因此，我们需要与多个物流渠道的货运代理公司建立联系，以确保能尽快了解到各类渠道的最新信息，从而根据最新的信息多个渠道组合使用。假如香港小包这个月爆仓了，我们马上就换新加坡小包，新加坡小包爆仓了，我们再换菲律宾小包；又如这个月新加坡小包可能停收带电池物品了，我们可以马上改为马来西亚小包通道，马来西亚小包也停收了，我们可以马上换瑞典小包、荷兰小包通道，甚至可以换东北亚的小包通道。

为了让各卖家能灵活地综合使用各种小包渠道，我下面对常用的航空小包的特点做一个简要的介绍：

（1）香港小包：时效中等，价格适中，处理速度快，上网速度快。

（2）新加坡小包：价格适中，服务质量高于邮政小包一般水平，并且是目前常见的手机、平板等含锂电池产品的运输渠道。

（3）瑞士邮政小包：欧洲线路的时效较快，但价格较高。欧洲通关能力强，欧洲申根国家免报关。

（4）瑞典小包：欧洲线路的时效较快，俄罗斯通关及投递速度较快，且价格较低。它是俄罗斯首选的物流方式，而且在某些时段安检对带电池的产品管制还没那么严格，可用于寄递带电产品。

还有很多不同地区的邮政小包，但目前被速卖通卖家广泛使用的并不多，这里就不一一介绍了。

4.2 商业快递介绍

速卖通平台常用的商业快递方式包括 TNT、UPS、FedEx、DHL、Toll、SF Express 等。不同的国际快递公司具有不同的渠道，在价格上、服务上、时效上都有所区别，下面我们重点介绍几种常用的国际快递方式。

4.2.1 TNT 介绍

TNT 集团总部设于荷兰，是全球领先的快递服务供应商，为企业和个人客户提供全方位的快递服务。TNT 快递在欧洲、中国、南美、亚太和中东地区拥有航空和公路运输网络。

1. TNT 的资费标准

TNT 快递的运费包括基本运费和燃油附加费两部分，其中燃油附加费每个月变动，以 TNT 网站 http://www.tnt.com 公布的数据为准。

2. TNT 的参考时效

一般货物在发货次日即可实现网上追踪，全程时效在 3~5 天，TNT 经济型时效在 5~7 天。

3. TNT 的跟踪查询

TNT 的跟踪查询网址：http://www.tnt.com/express/zh_hk/site/home.html。

4. TNT 的体积重量限制

TNT 快递对包裹的重量和体积限制为：单件包裹不能超过 70kg，三条边分别不能超过 2.40×1.50×1.20（单位：m），体积重量超过实际重量需按照体积重量计费，体积重量（kg）算法为：长（cm）×宽（cm）×高（cm）÷5000。

5. TNT 操作的注意事项

（1）TNT 快递运费不包含货物到达目的地海关可能产生的关税、海关罚款、仓储费等费用，因货物原因无法完成目的地海关清关手续或收件人不配合清关，导致货物被退回发件地（此时无法销毁），所产生的一切费用，如收件人拒付，则需由卖家承担。

（2）若因货物原因导致包裹被滞留，不能继续转运，其退回费用或相关责任由发件人自负。

（3）卖家若授权货代公司代为申报，如因申报原因发生扣关或延误，货代公司大多不承担责任。

（4）如 TNT 包裹需要申请索赔，需在包裹上网后 21 天内提出申请，逾期 TNT 不受理。

（5）一票多件计算方式：计算包裹的实重之和与体积重之和，取其中较大者。

（6）TNT 不接受仿牌货物，若仿牌货物被扣关 TNT 不负责。

6. TNT 的优缺点总结

TNT 主要有以下几个优点：

（1）速度快，通关能力强，提供报关代理服务。

（2）可免费、及时、准确地追踪查询货物。

（3）在欧洲和西亚、中东及政治、军事不稳定的国家有绝对优势。

（4）在 2~4 个工作日内通至全球，特别是到西欧大概用 3 个工作日，可送达国家比较多。

（5）网络比较全，查询网站信息更新快，遇到问题响应及时。

（6）纺织品类大货到西欧、澳大利亚、新西兰有优势。

（7）可以通达沙特，但需提供正版发票。

TNT 主要存在以下几个缺点：

（1）要算体积重，对所运货物限制也比较多。

（2）价格相对较高。

4.2.2 UPS 介绍

UPS 全称是 United Parcel Service，即联合包裹服务公司，于 1907 年作为一家信使公司成立于美国华盛顿州西雅图，全球总部位于美国佐治亚州亚特兰大，是一家全球性的公司，作为世界上最大的快递承运商与包裹递送公司，它也是运输、物流、资本与电子商务服务的提供者。

大部分 UPS 的货代公司均可提供 UPS 旗下主打的四种快递服务，包括：

1. UPS Worldwide Express Plus——全球特快加急，资费最高。

2. UPS Worldwide Express——全球特快。

3. UPS Worldwide Saver——全球速快，也就是所谓的红单。

4. UPS Worldwide Expedited——全球快捷，也就是所谓的蓝单，是最慢的，资费最低。

在 UPS 的运单上，前三种方式都是用红色标记的，最后一种是用蓝色标记的，但是通常所说的红单是指 UPS Worldwide Saver。速卖通平台支持的 UPS 发货方式包含 UPS Express Saver（俗称红单），和 UPS Express Expedited（俗称蓝单），下面做简要介绍。

1. UPS 的资费标准

UPS 的资费标准以 UPS 网站 http://www.ups.com/content/cn/zh/index.jsx 公布的信息或者以 UPS 的服务热线信息为准。

一票多件货物的总计费重量依据运单内每个包裹的实际重量和体积重量中较大者计算，并且不足 0.5kg 按照 0.5kg 计算，超出 0.5kg 不足 1kg 的计 1kg。每票包裹的计费重量为每件包裹的计费重量之和。

2. UPS 的参考时效

（1）UPS 国际快递参考派送时间：2~4 个工作日。

（2）派送时间为从已上网到收件人收到此快件为止。

（3）如遇到海关查车等不可抗拒的因素，派送时效就要以海关放行时间为准。

3. UPS 的跟踪查询

UPS 国际快递跟踪查询，可在网站 http://www.ups.com 进行查询。

4. UPS 的体积重量限制

UPS 国际快递小型包裹服务一般不递送超过重量和尺寸标准的包裹。若 UPS 国际快递接收该类货件，将对每个包裹收取超重超长附加费 378 元人民币。重量和尺寸标准如下。

（1）每个包裹最大重量为 70 kg。

（2）每个包裹最大长度为 270cm。

（3）每个包裹最大尺寸：长度+周长=330cm，周长=2×（高度+宽度）。

注：每个包裹最多收取一次超重超长费。

5. UPS 的优缺点总结

UPS 主要有如下几个优点：

（1）速度快，服务好。

（2）强项在美洲等线路，特别是美国、加拿大、南美、英国、日本，适于发快件。

（3）一般 2~4 个工作日可送达。去美国的话，差不多 48 个小时能送达。

（4）货物可送达全球 200 多个国家和地区，可以在线发货，在全国 109 个城市有上门取货服务。

（5）查询网站信息更新快，遇到问题解决及时。

UPS 主要有如下几个缺点：

（1）运费较贵，要计算产品包装后的体积重，适合发 6~21kg，或者 100kg 以上的货物。

（2）对托运物品的限制比较严格。

（3）香港 UPS 代理停发澳大利亚件，但内地 UPS 可以发。

（4）香港 UPS 大货不宜使用香港地址发货物（发票也不宜使用香港地址和公司），如果目的地清关必须使用香港地址，就找正规的货代公司发货。

4.2.3　FedEx 介绍

FedEx 全称是 Federal Express，即联邦快递，分为中国联邦快递优先型服务（International Priority/IP））和中国联邦快递经济型服务（International Economy/IE）。FedEx 成立于 1973 年 4 月，公司的亚太区总部设在香港，同时在上海、东京、新加坡均设有区域性总部。

FedEx IP（中国联邦快递优先型服务）和 FedEx IE（中国联邦快递经济型服务）主要区别在于：

FedEx IP

（1）时效快，递送的时效为 2~5 个工作日。

（2）清关能力强。

（3）为全球超过 200 多个国家及地区提供快捷、可靠的快递服务。

FedEx IE

（1）价格更加优惠，相对于 FedEx IP 的价格更有优势。

（2）时效比较快，递送的时效一般为 4~6 个工作日，时效比 FedEx IP 通常慢 1~3 个工作日。

（3）清关能力强，FedEx IE 同 FedEx IP 为同样的团队进行清关处理。

（4）为全球超过 90 多个国家和地区提供快捷、可靠的快递服务，FedEx IE 同 FedEx IP 享受同样的派送网络，只有很少部分国家的运输路线不同。

1. FedEx 的资费标准

联邦快递的资费标准最终以其官方网站公布的为准，网址为 http://www.fedex.com/cn/rates/index.html。

联邦快递的体积重量（kg）计算公式为：长（cm）×宽（cm）×高（cm）÷5000，如果货物体积重量大于实际重量，则按体积重量计费。

2. FedEx 的参考时效

（1）FedEx IP 派送正常时效为 2~5 个工作日（此时效为快件上网至收件人收到此快件），需根据目的地海关通关速度决定。

（2）FedEx IE 派送正常时效为 4~6 个工作日（此时效为快件上网至收件人收到此快件），需根据目的地海关通关速度决定。

3. FedEx 的跟踪查询

FedEx 的跟踪查询可参考网站 http://www.fedex.com/cn/。

4. FedEx 的体积重量限制

联邦快递单件最长边不能超过 274cm，最长边+其他两边的长度的两倍不能超过 330cm；一票多件（其中每件都不超过 68kg），单票的总重量不能超过 300kg，超过 300kg 请提前预约；单件或者一票多件中单件包裹有超过 68kg 的，需要提前预约。

5. FedEx 的优缺点总结

FedEx 主要有如下几个优点：

（1）适宜走 21kg 以上的大件，到南美洲的价格较有竞争力。

（2）一般 2~4 个工作日可送达。

（3）网站信息更新快，网络覆盖全，查询响应快。

FedEx 主要有如下几个缺点：

（1）价格较贵，需要考虑产品体积重。

（2）对托运物品限制也比较严格。

4.2.4 DHL 介绍

DHL 国际快递是全球快递行业的市场领导者，可寄达 220 个国家及地区，有涵盖超过 120000 个目的地（主要邮递区码地区）的网络，向企业及私人买家提供专递及速递服务。

1. DHL 的资费标准

DHL 的标准资费详见网站：http://www.cn.dhl.com。DHL 体积重量（kg）计算公式为：长（cm）×宽（cm）×高（cm）÷5000，货物的实际重量和体积重量相比，二者中取较大者计费。

2. DHL 的参考时效

（1）上网时效：参考时效从客户交货之后第二天开始计算，1~2 个工作日后会有上网信息。

（2）妥投时效：参考妥投时效为 3~7 个工作日（不包括清关时间，特殊情况除外）。

3. DHL 的跟踪查询

DHL 可全程跟踪信息，并可以查到签收时间和签收人。

DHL 跟踪网站：http://www.cn.dhl.com/。

4. DHL 的体积和重量限制

DHL 对寄往大部分国家的包裹要求为：单件包裹的重量不超 70kg，单件包裹的最长边不超过 1.2m。但是部分国家的要求不同，具体以 DHL 官方网站公布的为准。

5. DHL 的操作注意事项

（1）物品描述：申报品名时需要填写实际品名和数量。不接受礼物或样品申报。

（2）申报价值：DHL 对申报价值是没有要求的，客户可以自己决定填写的金额，建议按货物的实际申报价值申报，以免产生高额关税及罚金。

（3）收件人地址：DHL 有部分国家不接受 PO BOX 邮箱地址，必须要提供收件人电话，填写的以上资料应用英文填写，其他的语种不行。

6. DHL 的优缺点总结

DHL 主要有如下几个优点：

（1）去西欧、北美有优势，适宜走小件，可送达国家网点比较多。

（2）一般 2~4 个工作日可送达，去欧洲一般 3 个工作日，到东南亚一般 2 个工作日。

（3）查询网站货物状态更新也比较及时，遇到问题解决速度快。

DHL 主要有如下几个缺点：

（1）走小货价格较贵不划算，DHL 适合发 5.5kg 以上，或者介于 21kg 到 100kg 之间的货物。

（2）对托运物品的限制比较严格，拒收许多特殊产品，部分国家不提供 DHL 包裹寄递服务。

4.2.5 Toll 介绍

Toll 环球快递（又名拓领快递）是 Toll GlobaL Express 公司旗下的一个快递业务，Toll 到澳大利亚，以及泰国、越南等亚洲地区的价格较有优势。

1. Toll 的资费标准

Toll Global Express 的运费包括基本运费和燃油附加费两部分，其中燃油附加费每个月变动，以 Toll Global Express 网站 http://tollglobalexpress.com 公布的数据为准。

2. Toll 的参考时效

Toll 的参考时效如表 4-1 所示。

表 4-1

国家或地区	参考时效
东南亚	3～5 个工作日
美国/加拿大	6～10 个工作日
澳大利亚	3～5 个工作日
欧洲	6～10 个工作日
南美	8～15 个工作日
中东	8～15 个工作日

3. 跟踪查询

Toll 的跟踪查询网址：http://tollglobalexpress.com。

4. Toll 的体积重量限制

Toll Global Express 首重续重均为 0.5kg，对包裹的重量限制为 15kg，体积重量超过实际重量需按照体积重量计费，体积重量（kg）的算法为：长（cm）×宽（cm）×高（cm）÷5000。

单件货物任何一边长度超过 120cm 时，需另外加收每票 200 元人民币的操作费。

5. Toll 操作注意事项

（1）Toll Global Express 运费不包含货物到达目的地海关可能产生的关税、海关罚款、仓储费、清关费等费用，因货物原因无法完成目的地海关清关手续，收件人不配合清关，导致货物被退回发件地（此时无法销毁）的，所产生的一切费用如收件人拒付，则需由发件人承担。

（2）若因货物原因导致包裹被滞留在香港，不能继续转运的，其退回费用或相关责任由发件人自负。

（3）如货物因地址不详等原因在当地派送不成功，需更改地址派送，Toll 会收取每票 50 元的操作费。

（4）如因货物信息申报不实、谎报等原因导致无法清关，或者海关罚款等，一切费用由发件人承担，Toll 会另外收取每票 75 元的清关操作费。

（5）Toll 在当地会有两次派送服务，如两次派送均不成功，要求第三次派送会收取 75 元派送费。

（6）货物不能用金属或者木箱包装，不能用严重不规范的包装，否则 Toll 会收取 200 元的操作费。

（7）Toll 快递到澳大利亚、缅甸、马来西亚、尼泊尔可能有偏远地区附加费，具体地区及收费标准不同国家不同，最终以官方网站公布的数据为准。

澳大利亚：首重 90 元/0.5kg +燃油费，每单位续重 32 元+燃油费

缅甸：8 元/kg+燃油费

马来西亚：12 元/0.5kg+燃油费

尼泊尔：6 元/kg+燃油费

4.2.6 SF Express 介绍

顺丰速运，即 SF Express，于 1993 年诞生于广东顺德。顺丰专注于服务质量的提升，在中国大陆及中国香港、澳门、台湾等地区建立了庞大的信息采集、市场开发、物流配送、快件收派等业务机构及服务网络。近年来，顺丰积极拓展国际件服务，除中国大陆和香港、澳门、台湾等地区外，顺丰目前已开通美国、日本、韩国、新加坡、马来西亚、泰国、越南、澳大利亚等国家的快递服务。

1. SF Express 的资费标准

截至 2015 年 6 月，顺丰是免收燃油附加费和正式报关费的，但其官方也表示，日后可能会征收，偏远地区附加费及其他特殊处理费也需额外征收。最终要以其官方网站公布的信息为准。

顺丰对于 20kg 以下的快件，以 0.5kg 为计算单位，不足 0.5kg 者，小数位部分会进位到下一个 0.5kg。20kg 以上的快件，以 1kg 为计算单位，不足 1kg 者，小数位部分会进位到下一个 1kg。

2. SF Express 的跟踪查询

顺丰国际快递的跟踪查询网址：http://www.sf-express.com。

3. SF Express 的体积重量限制

截至 2015 年 6 月，顺丰并未对重量进行限制，300kg 以上的货物也可被接受，但对体积进行了限制，具体为 200cm×80cm×70cm。

对于体积大、重量轻的货物，顺丰是参考国际航空运输协会（IATA）的规定，根据体积重量和实际重量中较大的一种收费。体积重量（kg）算法为：体积重量=长（cm）×宽（cm）×高（cm）÷6000。

4. SF Express 的优缺点总结

顺丰国际快递的优点主要体现为国内服务网点分布广，收派队伍人员服务意识强，服务队伍庞大，价格有一定的竞争力。而缺点主要表现在开通的国家线路少，卖家可选的国家少，而且顺丰的业务种类繁多，导致顺丰的揽收人员对于国际快递的专业知识略显逊色。

4.3　专线物流介绍

速卖通平台与各国邮政，以及当地商业快递合作搭建了面向不同国家的专线，这些专线与传统物流渠道不同，是通过速卖通平台线上发货来使用的。下面对几种常用的专线做一下简要的介绍。

4.3.1　Special Line-YW 介绍

Special Line-YW 即航空专线-燕文，俗称燕文专线，是北京燕文物流公司旗下的一项国际物流业务。线上燕文专线目前已开通南美专线和俄罗斯专线。

燕文南美专线小包：通过调整航班资源一程直飞欧洲，再根据欧洲到南美航班货量少的特点，快速中转，避免旺季爆仓，大大缩短妥投时间。

燕文俄罗斯专线小包：与俄罗斯合作伙伴实现系统内部互联，一单到底，全程无缝可视化跟踪。国内快速预分拣，快速通关，快速分拨派送，正常情况下俄罗斯全境派送时间不超过 25 天，人口 50 万以上城市派送时间低于 17 天。

1. 燕文专线的资费标准

资费标准请参考网址 http://www.yw56.com.cn。

计算方法：1g 起重，每个单件包裹限重在 2kg 以内。

2. 燕文专线的参考时效

正常情况：16~35 天到达目的地。

特殊情况：35~60 天到达目的地，特殊情况包括：节假日、特殊天气、政策调整、偏远地区等。

3. 燕文专线的跟踪查询

查询网址为 http://www.yw56.com.cn。

4. 燕文专线的体积重量限制

体积重量限制请参考表 4-2。

表 4-2

包裹形状	重量限制	最大体积限制	最小体积限制
方形包裹	小于 2kg（不包含）	长、宽、厚长度之和<90cm，最长一边长度<60cm	至少有一面的长度>14cm，宽度>9cm
圆柱形包裹		2 倍直径及长度之和<104cm，长度<90cm	2 倍直径及长度之和>17cm，长度>10cm

5. 燕文专线的操作注意事项

包装材料及尺寸选择应按照所寄物品的性质、大小、轻重选择适当的包装袋或纸箱。邮寄物品外面需套符合尺寸的包装袋或纸箱，包装袋或纸箱上不能有文字、图片、广告等信息。

由于寄递路程较远，冬天寒冷，请选用适当的结实抗寒的包装材料妥为包装，以防止以下情况发生：

（1）封皮破裂，内件露出，封口胶开裂，内件丢失。

（2）伤害处理人员。

（3）污染或损坏其他包裹或分拣设备。

（4）因寄递途中碰撞、摩擦、震荡或压力、气候影响而发生损坏。

4.3.2 Russian Air 介绍

Russian Air 即中俄航空专线。是通过国内快速集货、航空干线直飞、在俄罗斯通过俄罗斯邮政或当地落地配进行快速配送的物流专线的合称。截至 2015 年 6 月，中俄航空专线下面有 Ruston 专线，后续会上线更多中俄航空专线。

Ruston，俗称俄速通，是由黑龙江俄速通国际物流有限公司提供的中俄航空小包专线服务，是针对跨境电商客户物流需求的小包航空专线，渠道时效快速稳定，提供全程物流跟踪服务。

1. Ruston 的资费标准、体积重量限制

Ruston 的资费标准为 85 元/kg+8 元挂号费，体积重量限制参照中邮小包的资费标准。

2. Ruston 的参考时效

（1）正常情况下 15～25 天到达俄罗斯目的地。

（2）特殊情况下 30 天内到达俄罗斯目的地。

3. Ruston 的跟踪查询

用户可通过速卖通在线发货后台查询物流轨迹，或者通过以下网址进行查询：

http://www.ruston.cc/customer/xiaojianchaxun.php

http://www.russianpost.ru/RP/SERVISE/EN/Home/postuslug/TrackingPO

4. Ruston 的优点

（1）经济实惠。Ruston 以 g 为单位精确计费，无起重费，为卖家将运费降到最低。

（2）可邮寄范围广泛。Ruston 是联合俄罗斯邮局推出的服务产品，境外递送环节全权由俄罗斯邮政承接，因此递送范围覆盖俄罗斯全境。

（3）运送时效快。Ruston 开通了哈尔滨－叶卡捷琳堡中俄航空专线货运包机，大大提高了配送效率，使中俄跨境电子物流平均用时从过去的近两个月缩短到 13 天，80%以上包裹 25 天内到达。

（4）全程可追踪。48 小时内上网，货物全程可视化追踪。

4.3.3 Aramex 介绍

Aramex 快递，即中外运安迈世，在国内也称为"中东专线"，是发往中东地区的国际快递的重要渠道。Aramex 创建于 1982 年，其强大的联盟网络覆盖全球，总部位于中东，是中东地区的国际快递巨头。它具有在中东地区清关速度快、时效高、覆盖面广、经济实惠的特点。但是 Aramex 快递主要优势地区在中东，在别的国家和地区则不存在这些优势了，所以它的区域性很强，对货物的限制也较严格。

1. Aramex 的资费标准

Aramex 的标准运费包括基本运费和燃油附加费两部分，其中燃油附加费每个月变动，以 Aramex 网站公布数据为准。

Aramex 的价格计算方式为：（首重价格+续重价格×续重数量）×燃油附加费×折扣。超过 15kg 按续重单价 1kg 计费，然后外加燃油附加费，再乘以折扣。

Aramex 的体积重量（kg）的算法为长（cm）×宽（cm）×高（cm）÷5000。Aramex 国际件在实际重量和体积重量之间取较大值收取费用。

2. Aramex 的参考时效

Aramex 快件信息一般会在收件后两天内上网，派送时效在中东地区为 3～8 个工作日。

3. Aramex 的跟踪查询

查询网址：www.aramex.com。

4. Aramex 的操作注意事项

（1）运单上必须用英文填写详细的收件人名字、地址、电话、邮编、国家，以及货品信息、申报价值、件数和重量等资料。

（2）必须在运单包填写详细的货物详情、名称、件数、重量及申报价值。单票货物申报不得超过 50000 美元，寄件人信息统一打印。

（3）Aramex 收件地址不能是 PO BOX 邮箱地址。

5. Aramex 的优势

（1）运费价格优势：寄往中东、北非、南亚等国家和地区具有显著的价格优势，是 DHL 的 60%左右。

（2）时效优势：时效有保障，包裹寄出后大部分 3～5 天就可以投递，大大缩短了世界各国间的商业距离。

（3）无偏远费用：寄达全球各国都无须附加偏远费用。

（4）包裹可在 Aramex 官方网站跟踪查询，状态信息实时更新，寄件人每时每刻都跟踪得到包裹最新动态。

4.3.4 芬兰邮政介绍

速优宝—芬兰邮政是由速卖通和芬兰邮政（Posti Finland）针对 2kg 以下小件物品推出的香港口岸出口特快物流服务，分为挂号小包和经济型小包，运送范围为俄罗斯及白俄罗斯全境邮局可到达区域。速优宝具有在俄罗斯和白俄罗斯清关速度快、时效高、经济实惠的特点。

1. 芬兰邮政的资费标准

芬兰邮政挂号小包的资费计算项目与中邮挂号小包一致，包括配送服务费和挂号服务费两部分。芬兰邮政经济型小包则只有配送服务费，没有挂号服务费。

芬兰邮政挂号小包的价格计算方式为：运费=配送服务费×邮包实际重量+挂号服务费；芬兰邮政经济小包的价格计算方式为：运费=配送服务费×邮包实际重量。芬兰邮政起重为 1g，运费会根据每月初的最新汇率进行调整。

2. 芬兰邮政的参考时效

对于芬兰邮政挂号小包，物流商承诺包裹入库后 35 天内必达（遇不可抗力除外），因物流商原因在承诺时间内未妥投而引起的速卖通平台限时达纠纷赔款，由物流商承担。对于芬兰邮政经济小包，物流商承诺包裹入库后 35 天内离开芬兰（遇不可抗力除外），因物流商原因在承诺时间内没有离开芬兰的物流轨迹节点而引起的速卖通平台限时达纠纷赔款，由物流商承担。

3. 芬兰邮政的跟踪查询

挂号包裹到俄罗斯邮政后，可在俄罗斯邮政官方网站（http://www.russianpost.ru/）查询相关物流信息。

4. 芬兰邮政的寄送限制

（1）重量体积限制：芬兰邮政对包裹的重量体积有严格的限制，如表 4-3 所示。

表 4-3

包裹形状	重量限制	最大体积限制	最小体积限制
方形包裹	小于 2 公斤（不包含）	长+宽+高≤90cm，单边长度≤60cm	至少有一面的长≥14cm，宽度≥9cm
圆柱形包裹		2 倍直径及长度之和≤104cm，单边长度≤90cm	2 倍直径及长度之≥17cm，单边长度≥10cm

（2）电池寄送限制：不能寄送手机、平板电脑等带电池的物品，或纯电池（含纽扣电池）。

5. 芬兰邮政的优势

（1）运费价格优势：寄往俄罗斯和白俄罗斯价格较其他专线具有显著的优势；

（2）时效优势：时效有保障，包裹寄出后大部分在 35 天内可以投递，挂号包裹因物流商原因在承诺时间内未妥投而引起的速卖通平台限时达纠纷赔款，由物流商承担，以降低卖家风险。经济型小包跟传统的平邮小包相比，直到包裹离开芬兰前均有物流轨迹，离开芬兰前包裹丢失、破损及时效延误而延期的速卖通平台限时达纠纷赔款，由物流商承担，以降低卖家风险。

4.3.5 中俄快递－SPSR 介绍

线上发货的"中俄快递－SPSR"服务商 SPSR Express 是俄罗斯最优秀的商业物流公司，也是俄罗斯跨境电子商务行业的领军企业。中俄快递－SPSR 面向速卖通卖家提供经北京、香港、上海等地出境的多条快递线路，运送范围为俄罗斯全境。

1. 中俄快递-SPSR 的资费标准

中俄快递-SPSR 的资费计算项目与中邮挂号小包一致，包括配送服务费和挂号服务费两部分。运费根据包裹重量按每 100g 计费，不满 100g 按 100g 计，每个单件包裹限重在 15kg 以内，包裹尺寸限制在 60×60×60cm 以内。

2. 中俄快递-SPSR 的参考时效

中俄快递-SPSR 物流商承诺，包裹入库后最短 14 天，最长 32 天内必达（遇不可抗力除外），因物流商原因在承诺时间内未妥投而引起的速卖通平台限时达纠纷赔款，由物流商承担。

3. 中俄快递-SPSR 的跟踪查询

挂号包裹到俄罗斯邮政后，可在 SPSR 官网（http://www.spsr.ru/en/service/monitoring）查询相关物流信息。

4. 中俄快递-SPSR 的寄送限制

（1）单件包裹重量不超过 15kg，体积在 60×60×60cm 以内（单边长度不大于 60cm）。

（2）电池寄送限制：不能寄送手机、平板电脑等带电池的物品，或纯电池（含纽扣电池）。任何可重复使用的充电电池，如锂电池、内置电池、笔记本长电池、蓄电池、高容量电池等，都无法通过机场货运安检。但是插电产品，如摄像头、烘甲机、卷发器等可以发，合金金属等也在可以发的范畴（不含管制刀具等违禁品）。

4.4 其他物流方式介绍

使用其他物流方式的多为两种情况。第一种情况是卖家使用物流方式不能在运费模板内进行选择并设置，因此卖家需要手动增加该物流方式；第二种情况是部分物流公司是使用转单号的，该单号在卖家发货后即在物流公司网站自动生成，或由物流公司相关人员提供，卖家可以在物流公司的网站跟踪到包裹信息。

这里要注意的是，从保护买家的购物体验方面考虑，平台建议卖家选择正规的、风险可控的物流渠道，对于卖家自行选择的专线物流，需要确保该物流有资质及能力提供相应物流服务并在提供服务过程中保障买家的体验，否则将承担相应的风险。对于无法核实真伪的物流跟踪信息，速卖通有权不予认可，并保留追究卖家相应责任的权利。

4.5 物流模板设置

4.5.1 认识新手运费模板

卖家在发布产品之前需要设置好产品运费模板，如果未自定义模板，则只有选择"新手运费模板"才能进行发布。

下面我们依次来了解一下新手运费模板并学习如何自定义模板。运费模板的设置位置在登录店铺后台以后"产品管理"下面的"运费模板",如图 4-1 所示。

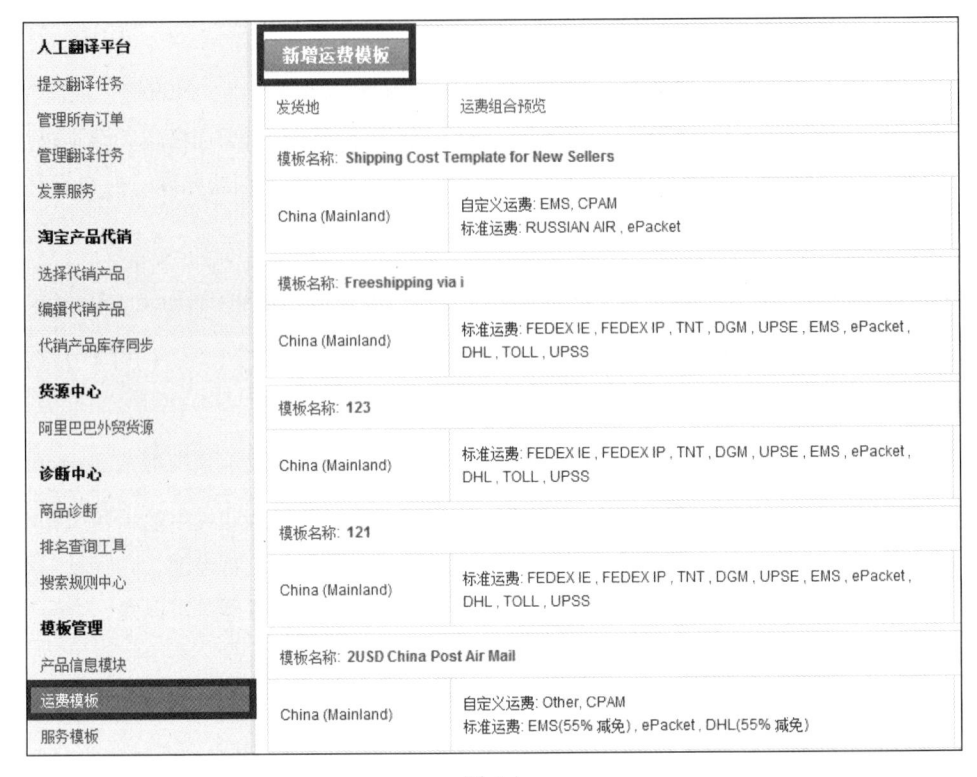

图 4-1

首先我们来了解一下新手运费模板,在后台显示的"Shipping Cost Template for New Sellers"点击模板名称即可,如图 4-2 所示。

在"运费组合"下平台默认的新手模板只包含了"China Post Registered Air Mail""Russian Air""EMS"和"ePacket",系统提供的标准运费为各大快递运输公司在中国大陆地区的公布价格,对应的减免折扣率则是根据目前平台与中国邮政洽谈的优惠折扣提供的参考。而平台显示的"其余国家"不发货包含了两重意思,一是部分国家不通邮或邮路不够理想,二是部分国家有更好的物流方式可选,如收件人在中邮小包不发货的国家,卖家可通过 EMS 发货。

从"运达时间组合"上看,"承诺运达时间"为平台判断包裹寄达收件人所需的时间。

图 4-2

4.5.2 新建运费模板

对于大部分卖家而言，新手模板并不能满足需求，这种情况下就需要进行运费模板的自定义设置，设置入口有两个，一是直接点击"新增运费模板"按钮，二是点击"编辑"按钮，如图 4-3 所示。

图 4-3

另一种方式点击进去显示的界面不同，但都包含几个方面：一是选择发货地区，二是选择物流方式，三是设置优惠折扣，四是个性化地选择寄达国家，五是个性化地设置承诺的运达时间，如图 4-4、图 4-所示。

图 4-4

图 4-5

下面，以 China Post Registered Air Mail，即中国邮政挂号小包的设置为例进行操作说明。首先勾选该物流方式，如图 4-6 所示

图 4-6

设置标准运费意味着对所有的国家均执行此优惠标准，如图 4-7 所示。

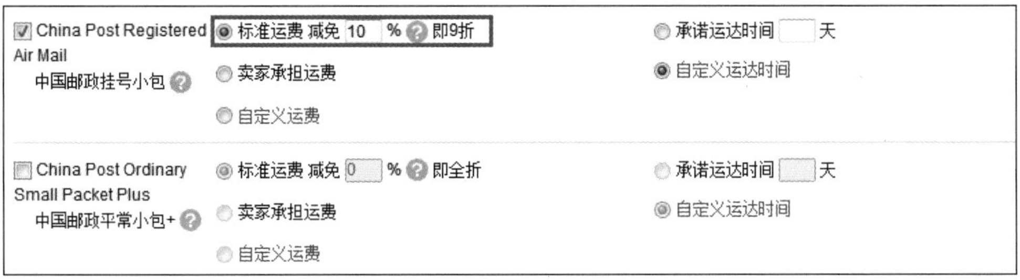

图 4-7

如果需要对所有的国家均采取卖家承担邮费，即包邮处理，则勾选"卖家承担运费"选项，如图 4-8 所示。

图 4-8

如果卖家希望对所有的买家均承诺同样的运达时间，则需要勾选运达时间设置，并填写承诺天数，如图 4-9 所示。

图 4-9

但是大部分时候，买家希望进行更细致的设置，则可以通过自定义运费和自定义运达时间来实现。

卖家只需选择"自定义运费"选项即可对运费进行个性化设置，设置的第一步是选择国家或地区，此处有两种选择方法，一是按照地区选择国家，二是按照区域选择国家，如图 4-10 所示。

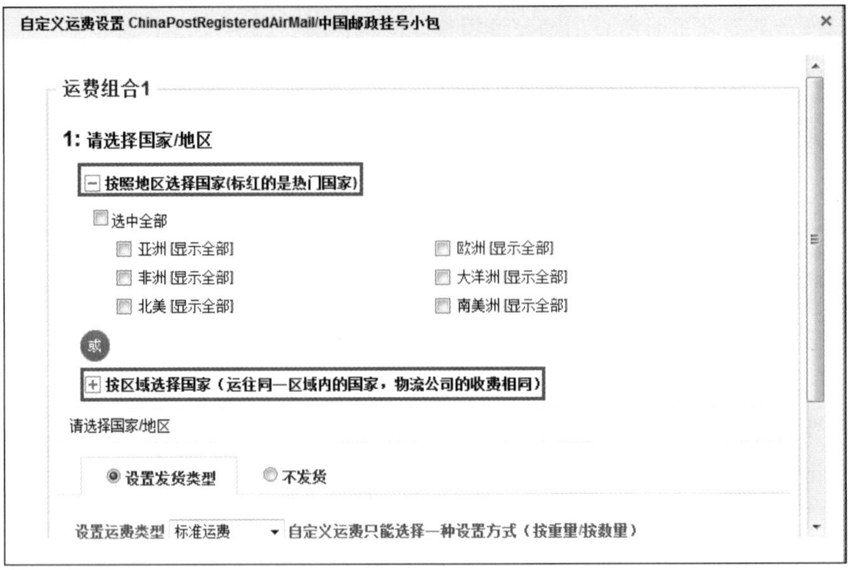

图 4-10

为便于说明，下面以对黑山和阿根廷两个国家采取"不发货"为例进行说明。此案例仅供学习操作参考使用，各卖家请根据自身实际情况进行操作。进入"自定义运费设置"界面后，操作步骤如下：

① 步骤一：选择国家。该步骤有两种方法。方法一是按照地区选择国家，我们先展开欧洲的国家名，如图 4-11 所示。

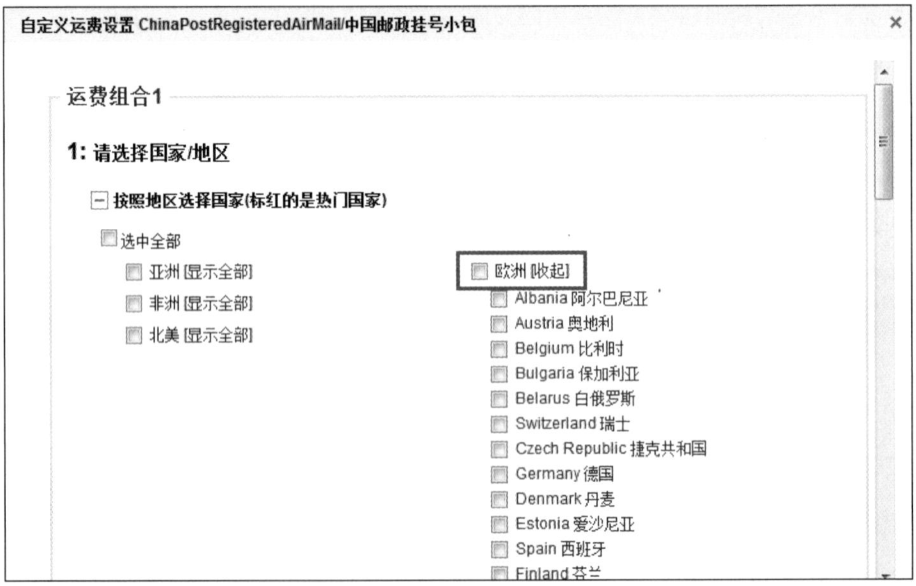

图 4-11

找到"Montenegro 黑山"选项，并勾选，如图 4-12 所示。

第 4 章 跨境物流

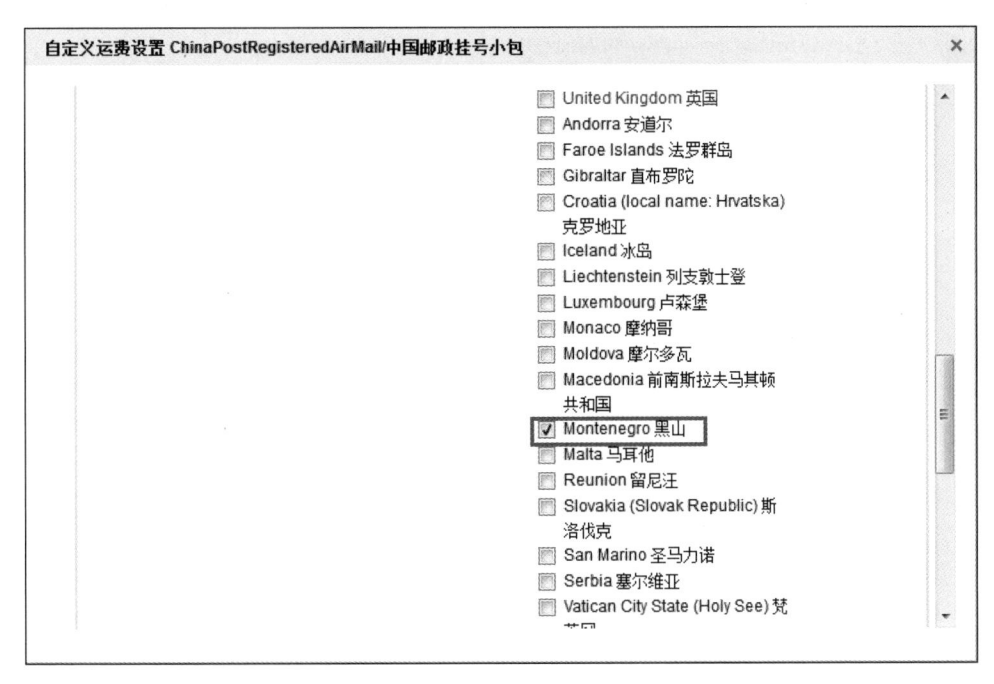

图 4-12

展开南美洲的选项，勾选"Argentina 阿根廷"选项，如图 4-13 所示。

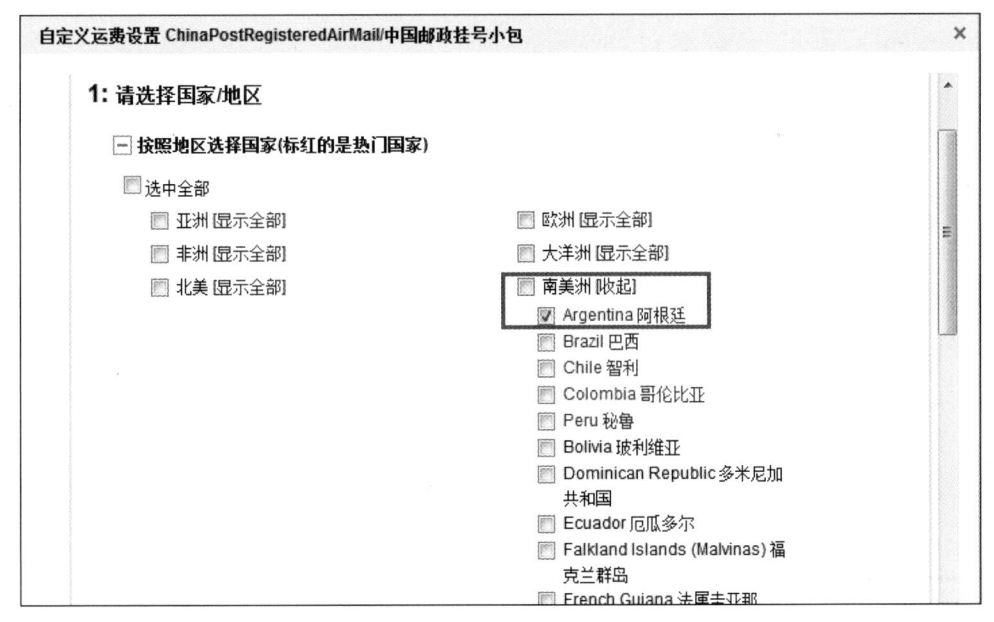

图 4-13

方法二是按照区域选择国家，仍然以黑山和阿根廷为例，则可在第 3 区找到黑山，第 4 区找到阿根廷，如图 4-14、图 4-15 所示。

165

图 4-14

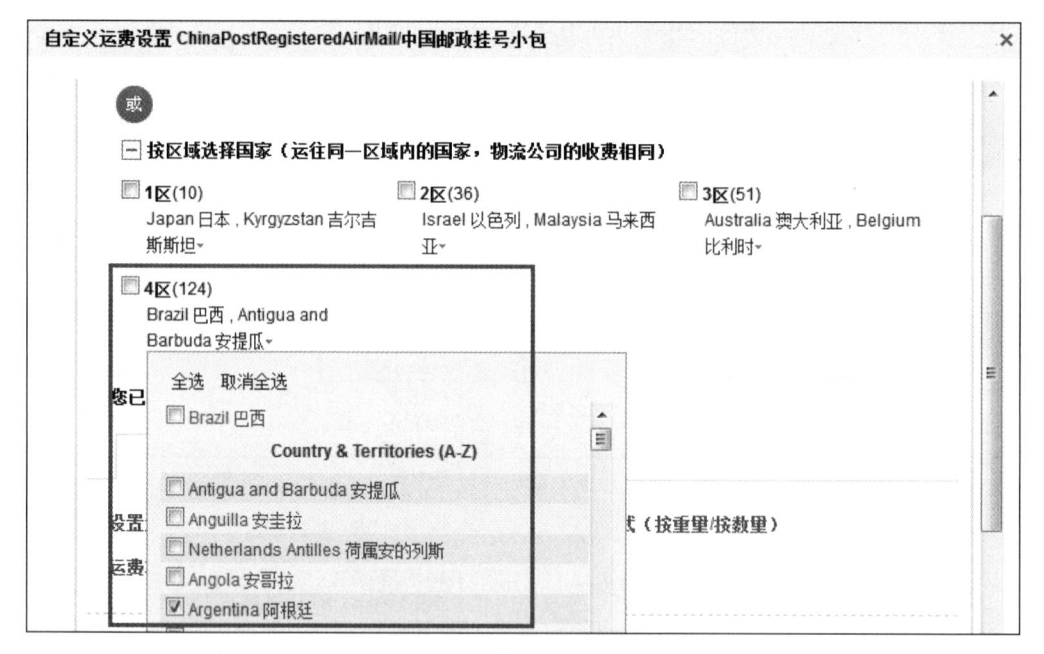

图 4-15

② 步骤二：对已选择的国家进行"不发货"操作。

③ 步骤三：点击"确认添加"按钮，如图 4-16 所示。

图 4-16

④ 步骤四：如需对更多的国家进行个性化设置，则点击"添加一个运费组合"，如图 4-17 所示。

图 4-17

然后选取相关的国家，再进行发货类型的设置。发货类型除了对选择的国家采取"不发货"操作外，还可对标准运费进行一定程度的折扣减免，如图 4-18 所示。

图 4-18

也可采取包邮设置，如图 4-19 所示。

图 4-19

同时，还可对重量或数量进行自定义运费设置，如图 4-20 所示。

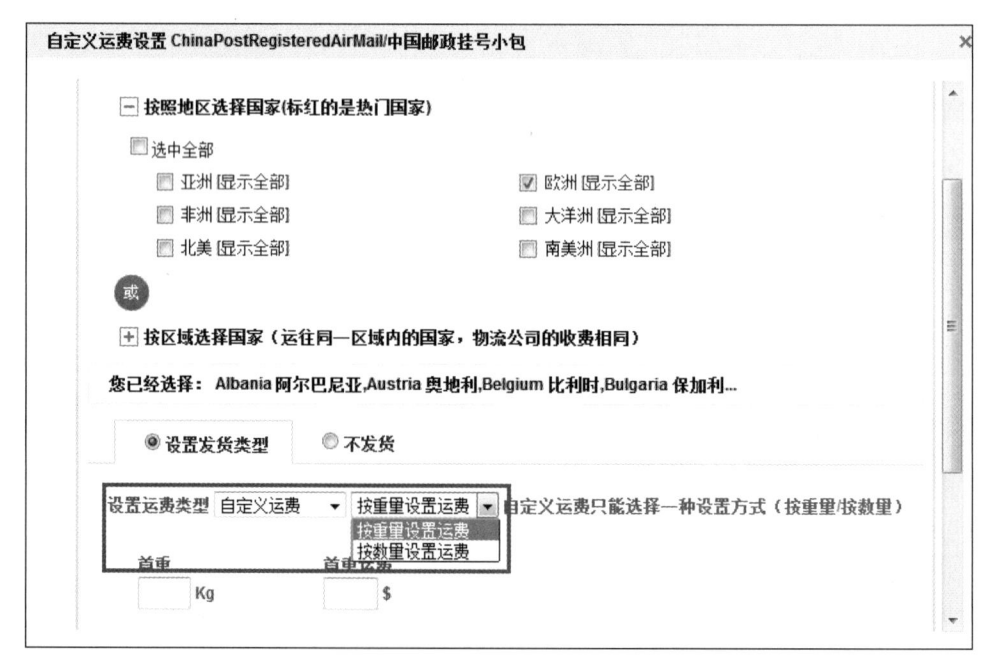

图 4-20

⑤ 步骤五：点击"确认添加"按钮，如图 4-21 所示

图 4-21

⑥ 步骤六：点击"保存"按钮，如图 4-22 所示。

图 4-22

以上是自定义运费的设置说明，下面是自定义运达时间的设置说明。仍然以中邮小包的设置为例，为便于理解，我们以设置中邮小包"巴西 120 天，俄罗斯 90 天，其他国家 60 天"为例进行说明，此说明仅供学习操作步骤使用，请卖家根据自身实际情况进行设置。

① 步骤一：勾选所需的物流方式后，选择"自定义运达时间"选项，如图 4-23 所示。

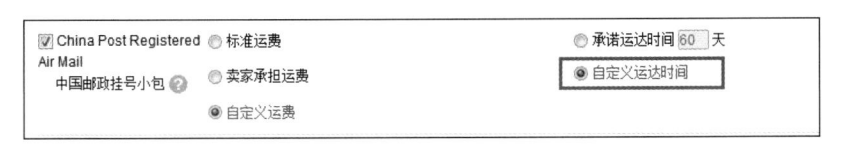

图 4-23

② 步骤二：对不同国家设置不同的承诺运达时间。点击自定义运达时间后，卖家可以看到平台预设的承诺时间，如图 4-24 所示。

图 4-24

但是，我们知道承诺运达时间并非实际上包裹从发出到买家签收的时间，为了更好地保障卖家和买家的权益，卖家应该在以下三个因素上寻求一个平衡点：第一是买家的购买感受，第二是邮路的实际情况，第三是卖家防止买家在承诺最后运达时间到期前提起纠纷。因此卖家需要适当地修改承诺运达时间。此案例最终设置的自定义时间如图 4-25 所示。

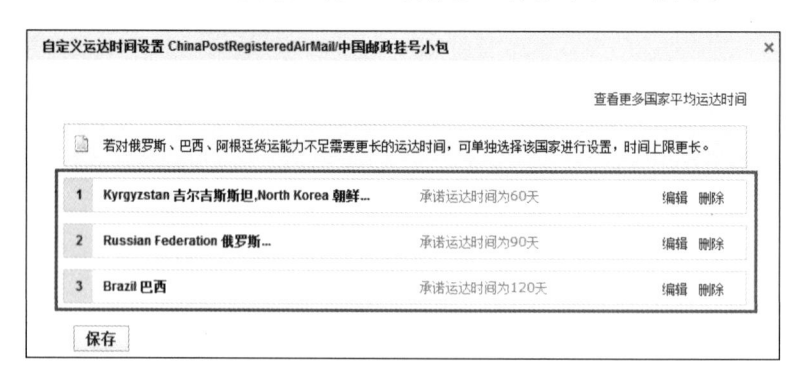

图 4-25

③ 步骤三：点击"保存"按钮进行保存。

值得一提的是卖家必须根据自身的实际情况进行自定义运费的设置，切忌盲目模仿。因为国际物流受国家政策、物流资费调整、极端天气、政治原因、邮路状况等多种因素影响，不同的时期，卖家应该设置不同的运费模板。

4.6 速卖通线上发货

4.6.1 什么是速卖通线上发货

"线上发货"是由阿里巴巴全球速卖通、菜鸟网络联合多家优质第三方物流商打造的物流服务体系。卖家出单后，可直接在速卖通后台的交易订单中点击"线上发货"，选择合适的在线物流方案，通过线上进行发货。卖家使用线上发货功能需要在速卖通后台在线提交物流订单，物流商上门揽收后（或卖家自寄至物流商仓库），卖家可在线支付运费并在线发起物流维权。具体流程如图 4-26 所示。

图 4-26

4.6.2 线上发货的优势

线上发货接入的物流渠道都是经过平台认可的优质物流渠道，卖家使用线上发货，速卖通平台可全程跟踪物流追踪信息，从而也可以对卖家进行一系列保护。因此，线上发货的优势主要体现在以下几个方面：

（1）时效优。线上发货的专线普遍比线下的物流渠道时效更优，有些专线甚至可以承诺全境限时达、不到即赔的服务。

（2）服务有保障。使用线上发货的专线，一旦发生丢包、破损、费用争议等情况，可以通过在线投诉的方式投诉物流商，在无法与物流商达成一致的情况下菜鸟物流的客诉小二会介入，依据投诉赔付条款进行判罚和赔款退还处理。

（3）价格有市场竞争力。接入线上发货的物流专线，价格普遍具有市场竞争力，有些专线价格低于市面上中邮小包的折后价。

（4）资金周转更灵活。运费可通过卖家的国际支付宝收款账户结算，卖家可以用收款账户中未结算的美元支付运费，资金周转更灵活。

（5）使账号表现更佳。每个月进行卖家服务等级评定时，使用线上发货的订单，因物流原因导致的低分可抹除（物流问题导致的 DSR 物流扣分、仲裁提起、卖家责任裁决率等都不计入考评）。

4.6.3 线上发货的操作流程

1. 第一步：在线选择物流商

（1）设置运费模板

（2）线上发货

速卖通将发货环节集合在交易页面，在订单产生后，卖家可以通过点击"等待您发货"按钮获取所有需要发货的订单数据。订单的发货环节允许选择"填写发货通知"或"线上发货"选项，对于执行线上发货的订单，选择"线上发货"方式，如图4-27所示。

图4-27

进入线上发货的页面，平台将自动读取所选订单的信息，包括目的国家、包裹预填重量、交易订单号。通过匹配订单信息，平台将罗列所有可选的物流方案，并默认按照运费金额降序排列，如图4-28所示。卖家可综合考虑物流的运输时效、交货地点、物流限制及运费总额选择合适的物流商。

图4-28

2. 第二步：在线创建物流订单

（1）填写物流订单信息

在选择物流商后，页面跳转至"创建物流订单"页面，页面上部将展示所选物流商的联系方式及仓库地址信息,中部是卖家所需的准确及详细填写的国内物流信息及包裹信息,如图4-29

所示。国内物流信息指卖家将包裹寄送至收货地址所使用的物流信息，符合揽收范围及免费揽收标准的包裹允许申请上门揽收，仅需补充揽收信息，包括中文姓名、电话、邮编、地址，如图 4-30 所示。包裹信息指发货产品的报关信息，包括产品中文名、英文名、产品件数、申报金额、申报重量及是否含锂电池。

图 4-29

图 4-30

页面下部需要确认发货人信息及买家收货信息，其中卖家需要再次确认买家收货信息，如图 4-31 所示。对于部分需要更改收货地址的订单，线上发货允许买家对收货地址进行修改。确认发货订单信息无误后，可点击确认提交订单。

图 4-31

（2）打印标签并填写发货通知

成功创建的线上发货订单将由物流商分配唯一的物流跟踪单号，卖家可根据所创建物流订单的物流商类型，在"管理线上发货物流订单"处查询已创建的物流订单。已创建的物流订单允许进行"打印发货标签"及"填写发货通知"操作。通过点击"打印发货标签"，卖家将获得订单的发货标签，如图 4-32 所示。

图 4-32

通过点击"打印发货标签"按钮获取的发货标签属于标准的物流标签，不包含订单信息。为提升发货准确率，卖家可以使用第三方软件打印含订单信息的物流标签，如图4-33、图4-34所示。

图 4-33

图 4-34

线下的标签打印与打包环节结束后，卖家仍需要填写线上发货通知。通过线上发货的订单，平台将自动识别物流服务名称及货运跟踪号，卖家仅需点击"全部发货"按钮并提交即可完成发货通知的填写，如图4-35所示。

图 4-35

3. 第三步：卖家发货到集货仓或物流商上门揽收

线上的物流订单创建完成后，卖家需要根据实际情况将包裹寄递到指定仓库，同时需确认所选择的国内物流服务商及订单号与线上填写的一致。对于上门揽收的包裹，物流商将会在承诺时间内上门揽收，卖家需确认收货地址并保持手机信号畅通。

4. 第四步：在线支付运费

物流商收到包裹后将直接进行寄递，寄递环节结束后返回线上发货的管理页面，这时会发现物流订单状态已更改为"已发送"。针对已发货的订单，平台允许使用支付宝付款和支付宝国际账户付款两种方式进行单个订单支付或批量支付。

支付宝付款指选择国内支付宝账户用人民币支付线上发货运费；支付宝国际账户付款指选择国际支付宝账户（即收款账户）中的美元支付线上发货运费，使用支付宝国际账户付款需查看在线协议后授权支付宝公司从国际支付宝账户中代扣运费。对于签署协议授权代扣的卖家，支付将在如下条件下自动代扣：

（1）如第二天23点前，运费未做主动支付，系统将从支付宝国际账户中自动划扣美元（按照每天汇率折算）。

（2）若未主动支付运费且支付宝国际账户中的余额不足，系统将顺延至第二天划扣，直至运费划扣完成。运费未支付将导致无法创建新的线上发货订单。

4.7 海外仓集货物流

海外仓集货物流指为卖家在销售目的地进行仓储、分拣、包装及派送的一站式控制及管理服务。确切地说，海外仓集货物流包括了预定船期、头程国内运输、头程海运或头程空运、当地清关及报税、当地联系二程拖车、当地使用二程拖车运输送到目的仓库并扫描上架和本地配送这几个部分。

通过海外仓的管理方式能够大大地改善买家的购物体验，所以，速卖通平台鼓励第三方物流公司以海外仓的形式给众多卖家提供服务。由于平台的管理理念，平台不直接参与海外仓的建设，但对于使用海外仓的卖家会给予特别的标注。对于当地的买家来说，他们更多会选择使用了海外仓服务的卖家，来缩短送货时间以改善购买体验。

新版的速卖通平台，对使用了海外仓的物品都进行了特别标注，并在流量或搜索上予以加权。项目上线时间为北京时间2015年2月5日。以下为海外仓在速卖通后台的操作流程。

4.7.1 海外仓产品运费模板设置

1. 第一步：新增或编辑运费模板

进入卖家后台，在"产品管理"—"模板管理"—"运费模板"页面，点击"新增运费模

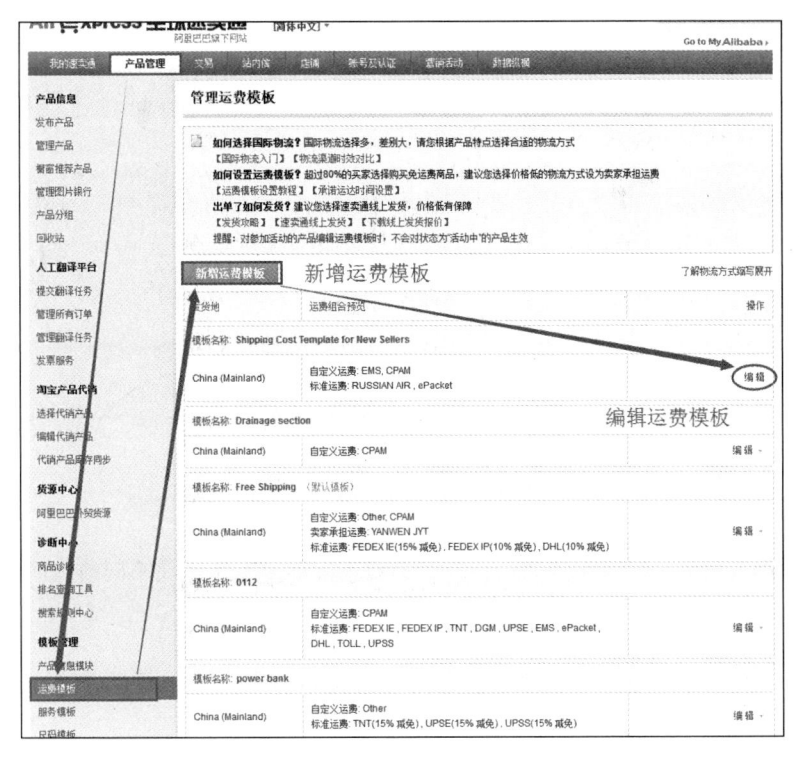

板"按钮或选择现有运费模板进行编辑，如图 4-36 所示。

图 4-36

2. 第二步：选择发货地

点击"新增发货地"，勾选需要设置的发货国家，点击"确认"按钮，同一运费模板可以同时设置多个发货国家。

目前运费模板中可选择的发货地仅有包含中国在内的 10 个国家，如果你的产品发货地不在其中，请选择发货地为中国。平台以后会根据卖家发货地分布新增支持的发货国家。相关页面如图 4-37、图 4-38 所示。

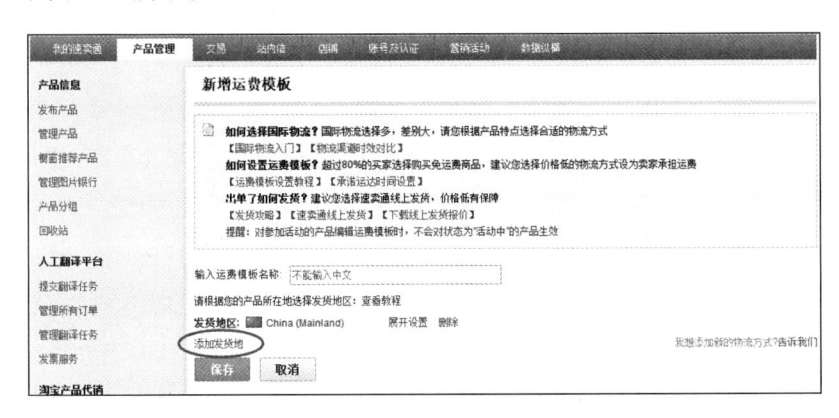

图 4-37

图 4-38

3. 第三步：设置运费及时效

点击发货地区后的"展开设置"按钮，可针对不同的发货地区及不同的物流方式分别设置运费及承诺运达时间，如图 4-39 所示。

图 4-39

卖家可以选择"自定义运费"选项，选择该物流方式所支持的国家及运费；也可以选择"自定义运达时间"选项，对不同国家设置不同的承诺运达时间。

例如，发货地在美国，可以设置支持发往美国、加拿大、墨西哥、智利、巴西 5 国，并分别设置运费及承诺运达时间。发货国与目的国一致（俄罗斯除外），承诺运达时间最长不能超过 15 天。俄罗斯可按照分区设置承诺运达时间，并且最长可设置为 60 天。若发货国与目的国不一致，承诺运达时间与目前非海外仓设置时间一致，最长可设置为 120 天，如图 4-40 所示。

图 4-40

需要提醒的是,产品发货地必须和运费模板设置完全一致,你可以根据你的海外仓所在地新增或编辑运费模板。

例如,卖家莎莎有 3 个产品,产品发货地如表 4-4 所示,她需要分别设置 3 个不同的运费模板。因为"产品发货地"必须和"运费模板设置的发货地"完全一致,所以 A 产品只能关联运费模板 1,不能够关联运费模板 2 和 3。

表 4-4

产品	发货地	产品可关联的运费模板
A	中国	运费模板 1:发货地只有中国
B	美国	运费模板 2:发货地只有美国
C	中国&美国	运费模板 3:有两个发货地,中国和美国

4.7.2 海外仓产品运费模板选用

点击"发布"或"编辑产品"按钮,可进入产品发布页面,正常填写产品信息。卖家需要特别注意"发货地"和"运费模板"信息的填写。

1. 填写发货地

(1)在"发货地"一栏勾选产品发货地,可同时勾选多个发货地。

(2)目前运费模板中可选择的发货地设置仅有包含中国在内的 10 个国家,如果你的产品发货地不在其中,请选择发货地为中国。平台以后会根据卖家发货地分布新增支持的发货国家。

相关页面如图 4-41 所示。

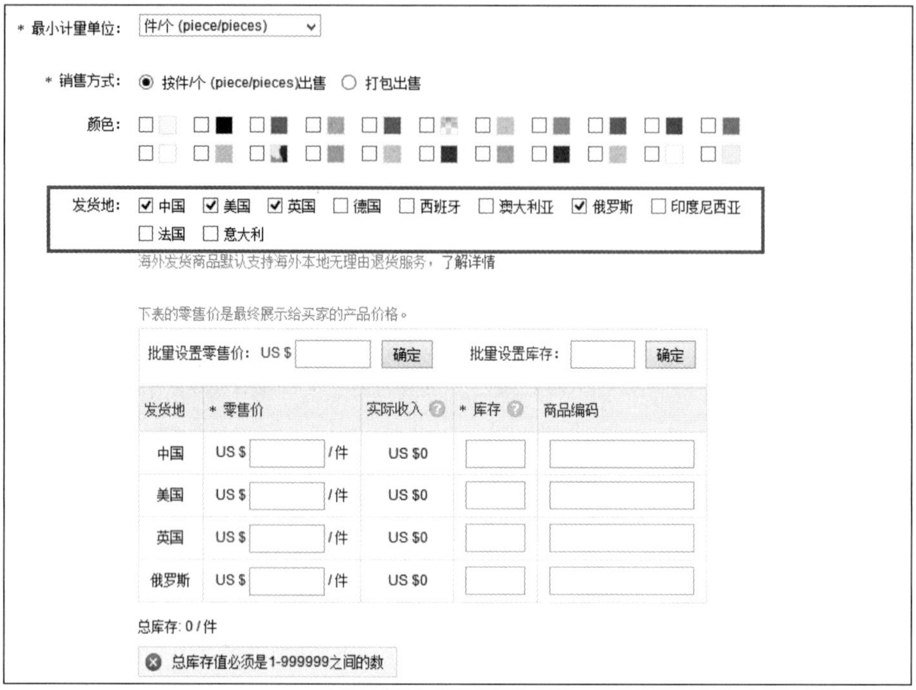

图 4-41

（3）每个卖家的海外仓产品都可以根据每个产品进行库存、价格等方面的设置。

当海外的产品不足的时候，无法从各个仓进行调配，若仓库无货，在 detail 页面的前台展示的国家按钮显示的是灰色，如图 4-42 所示。

图 4-42

（4）其他操作与目前产品发布一致

海外本地发货产品默认提供本地无理由退货服务（详情可参看海外仓无理由退货流程），但要注意以下条件。

① 只有发件国和目的国一致的订单才默认提供本地无理由退货服务。

例如，卖家阿虎在美国仓备货的产品支持发往美国和加拿大，但只有收货地为美国的订单才默认提供无理由退货服务。

② 无理由退货服务承诺：若买家不喜欢所购买的产品，可选择在交易结束前提出无理由退货，退回产品（必须未使用过，不影响二次销售）。卖家提供的退货地址必须在本地，退货运费由买家承担。买家退回产品后需要卖家确认，若卖家对退回产品或退款金额存在异议，可向平台发起申诉。

2. 产品选择运费模板

（1）产品发布页面只会展示能够选择的运费模板（运费模板发货地与产品选择的发货地完全一致），发货地不匹配的运费模板将不展示，如图4-43所示。

物流	设置	价格	运达时间
TOLL	不支持向该国家发货	-	-
DHL Global Mail	不支持向该国家发货	-	-
ePacket(e邮宝)	标准运费（减免0.0%）	$3.85	27天
EMS(中国邮政特快专递)	标准运费（减免0.0%）	$40.17	27天
Fedex IE	标准运费（减免0.0%）	$49.55	23天
UPS Express Saver	标准运费（减免0.0%）	$60.03	23天
DHL	标准运费（减免0.0%）	$62.23	23天
Fedex IP	标准运费（减免0.0%）	$62.34	23天
UPS Expedited	标准运费（减免0.0%）	$66.16	23天
TNT	标准运费（减免0.0%）	$69.19	23天

图4-43

（2）产品运费模板选择完成后，其他操作按正常的产品发布流程进行，如图4-44所示。

图 4-44

（3）产品发布成功后，卖家可以在管理页面通过运费模板筛选出海外发货的产品，如图 4-45 所示。

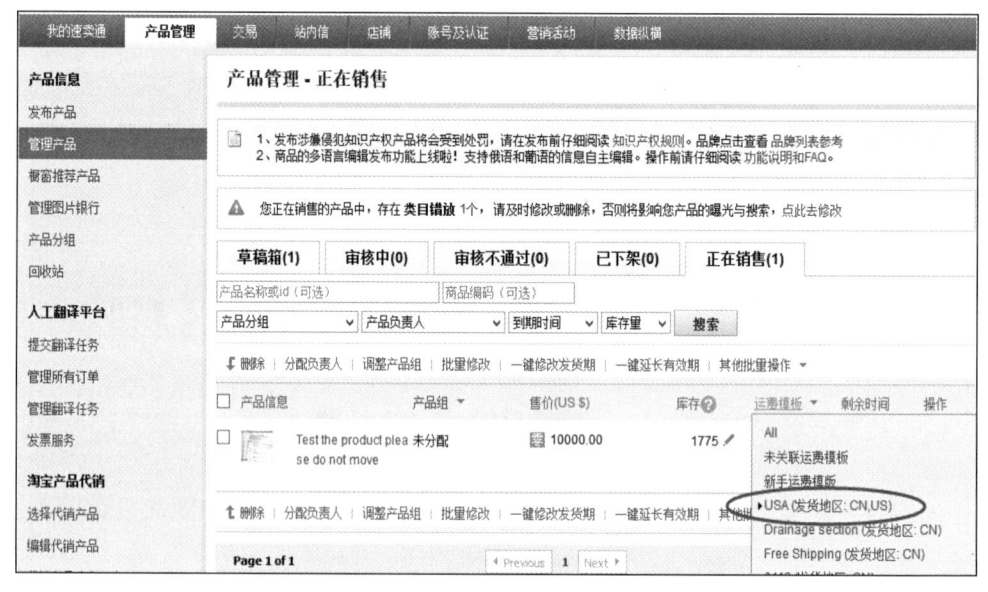

图 4-45

4.7.3 海外仓产品前台展示

卖家的海外仓产品发布成功后，买家可以在产品详情页看到产品的发货地信息，并进行选择。

（1）买家可以在搜索页选择 Ships From 国家，筛选海外发货的产品。

（2）买家也可以通过搜索筛选项 Domestic Delivery 一键筛选出本国发货的产品，如图 4-46 所示。

图 4-46

（3）海外本地发货（发货国与买家收件国一致）的产品将展示专属标志，如图 4-47 所示。

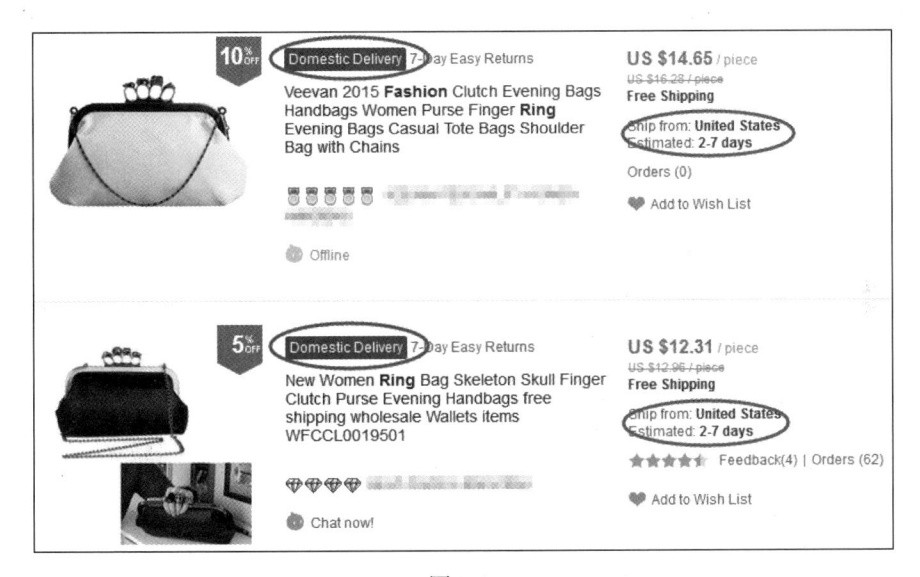

图 4-47

（4）产品详情页面如图 4-48 所示。对于刚进入 detail 页面的买家，需要选择发货地（Ships From），根据买家选择的发货地及收货地，判断该订单是否享受海外仓本地化服务。

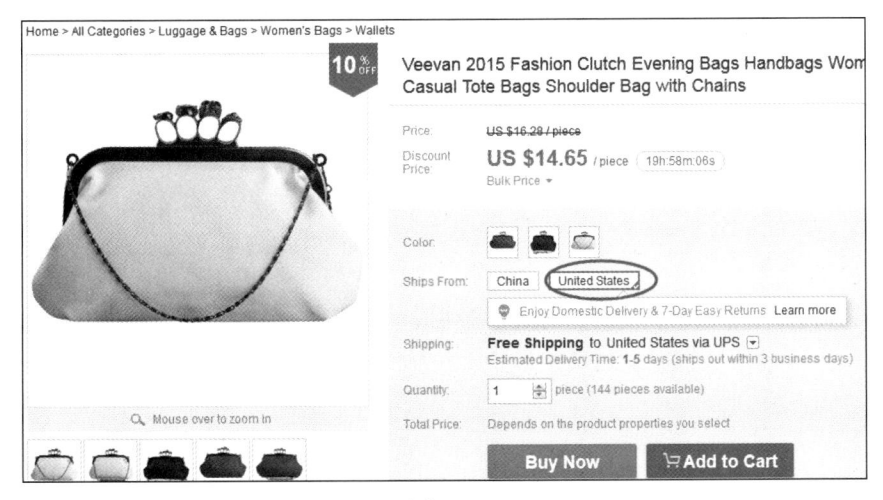

图 4-48

FAQ：

1．为什么我不能设置海外发货地？

答：本功能仅向海外仓卖家开放，您需要先备货到海外，再报名申请成为海外仓卖家，通过审核后才能设置海外发货地。

报名链接：http://seller.aliexpress.com/so/domestic_delivery_intro.php。

2．一个产品可以设置多个发货地吗？

答：可以。

3．同一个产品不同发货地的售价可以不同吗？

答：可以设置为不同售价。

4．所有国家都可以设置为发货地吗？

答：不行。目前速卖通只支持10个发货国家：中国、美国、英国、德国、西班牙、法国、意大利、俄罗斯、澳大利亚、印度尼西亚。

5．我的海外仓在美国，可以设置发货到其他国家吗？

答：可以，以下为发货国辐射范围，海外仓产品除了可以设置发货到本国，也可设置发货到辐射国家。

美国：加拿大、墨西哥、智利、巴西。

英国：西班牙、法国、捷克、土耳其、意大利、比利时、荷兰、波兰、拉脱维亚、瑞典、德国、爱尔兰、挪威、希腊、芬兰、丹麦、葡萄牙。

德国：西班牙、法国、英国、捷克、土耳其、意大利、比利时、荷兰、波兰、拉脱维亚、瑞典、爱尔兰、挪威、希腊、芬兰、丹麦、葡萄牙。

西班牙：法国、英国、捷克、土耳其、意大利、比利时、荷兰、波兰、拉脱维亚、瑞典、德国、爱尔兰、挪威、希腊、芬兰、丹麦、葡萄牙。

法国：西班牙、英国、捷克、土耳其、意大利、比利时、荷兰、波兰、拉脱维亚、瑞典、德国、爱尔兰、挪威、希腊、芬兰、丹麦、葡萄牙。

意大利：西班牙、法国、英国、捷克、土耳其、比利时、荷兰、波兰、拉脱维亚、瑞典、德国、爱尔兰、挪威、希腊、芬兰、丹麦、葡萄牙。

俄罗斯：无。

澳大利亚：无。

印度尼西亚：无。

6. 海外仓产品的限时达时间可以设置为多长？

答：本国发往本国（俄罗斯除外），承诺运达时间最长不超过 15 天，俄罗斯可按照分区设置承诺运达时间。

7. 如果我的产品既支持从美国发货到美国，也支持从中国发货到美国，美国买家可以选择中国发货吗？

答：可以。

8. 速卖通有官方海外仓吗？

答：目前没有。

9. 我用的是第三方的海外仓可以吗？

答：可以，只要您已经备货到海外，无论是自营海外仓还是第三方海外仓都可以。

10. 在哪些地方有海外仓打标的标注？

答：目前在订单搜索的 list 和 detail 页面有标注。

11. 海外仓订单加入购物车后，有海外仓的标注吗？

答：目前没有。

4.7.4 海外仓产品涉及的增值税

4.7.4.1 VAT 简述

VAT 全称为 Value Added Tax，是欧盟的一种税制——售后增值税，指货物售价的利润税。它适用于在欧盟国家境内产生的进口、商业交易及服务行为。VAT 销售增值税和进口税是两个独立缴纳的税项，在产品进口到欧盟国家的海外仓时会产生产品的进口税，而产品在其境内销售时会产生销售增值税 VAT。

如果卖家使用欧盟国家本地仓储进行发货，就属于 VAT 增值税应缴范畴，即便卖家所选的海外仓储服务是由第三方物流公司提供，也从未在当地开设办公室或者聘用当地员工，也需要交纳 VAT。

为了能依法缴纳增值税，卖家们需要向海外仓本地的税务局申请 VAT 税号。VAT 税号具有唯一性，只适用于注册当事人。

4.7.4.2 如何申请 VAT 税号

下面以德国和英国为例，讲解申请 VAT 税号的相关事宜。

1. 申请德国 VAT 税号

按照德国联邦税务局的规定，海外商家和个人纳税者在德国本地的经营和服务活动没有免税金额，无论业务大小都需要向德国联邦税务局进行注册申报，以获取德国的 VAT 税务号并履行相应税务申报和缴纳的义务。

申请德国 VAT 税号主要有两种方式，首先是以公司的名义，其次是以个人的名义。

1）以公司的名义申请

以公司名义申请德国税号，首先要注册德国公司，其次卖家方要能以德国公司名义申请税号，具体细节如下：

（1）注册德国公司（第三方代理）

① 卖家须提供如下档案和资料

- 拟注册德国公司的英文/德文名称 3 个（如有）。
- 注册设立德国公司的目的/原因及经营范围。
- 注册成立德国公司要求股东核查/验资，注册资本不低于 25000 欧元。在公司成立之前，配额持有者必须在德国银行存入已缴全额股本（到位资金），随同公司文件提交说明在德国银行有资本账号的证明文件（卖家需要提供证明书）。
- 提供至少 1 名股东的护照影印本（必须是中英文的公证档、并载明出生日期和住所）。
- 向代理提交登记文件及申请德国公司的资料。
- 申请参考时间：90 天。

② 卖家注册德国公司成立所需的全套资料

- 德国公司注册档案。
- 注册成立德国公司的注册地址和德国公司营业地址，并委任 1 名德国当地居民担任董事（非德国公司股东）。
- 德国政府签发的德国公司注册证书（C.T.）/营业执照，在德国官方宪报上发布注册成立德国公司通告。
- 德国公司组织大纲及组织细则（M&A），德国公司股票簿，德国公司法定之股东、董事、秘书及公司会议纪要。
- 德国公司金属钢印（Common Seal），银行支票签名原子印章。

③ 卖家注册德国公司，所交费用的用处及其他事项

- 卖家付给代理的费用，将用于：德国公司注册处费用、德国政府税号、德国律师及翻译、德国营业位址、委托当地代理人、档案印刷、德国官方宪报刊登等费用。
- 卖家确定申请注册德国公司后，与代理签署委托书并按情况缴费。

④ 注册德国公司说明

- 申请人须提供德国居民担任董事或公司担保人。
- 申请人须出具 25000 欧元注册资本银行证明。

（2）申请德国 VAT 税号

① 所需的资料信息

所需的资料信息包括：公司的名称、地址、联系方式、中国公司在其他国家（包括中国）是否有固定资产（若有子公司要提供公司名字、地址）、是否有法人代理人及其相关信息、新公司预计启用时间、香港或者德国银行账户信息、中国公司的性质（有限公司或无限公司）、中国公司在中国注册的申请和被批准时间、注册资金金额、股东个人信息、预估算总营业额、营业执照、中国内地公司的国税登记证书或者中国香港公司的注册证明（复印件）等。

② 申请步骤

填写表格→交由德国会计审核，在网上重新填写并确认→由德国会计转发至德国税务局→将原件寄往德国税务局（地址：Finanzamt Neukölln,Thiemannstr.1,12059 Berlin）。

2）以个人的名义申请

如果卖家有德国的工作签证，即可以个人名义申请。

① 所需的资料信息

卖家要提供的信息有如下项目：姓名、出生日期、家庭住址、所在城市与邮编、联系方式、境外银行账户（如香港离岸账户，用于退税）、申请人的护照或者身份证复印件、经营类别（如贸易）等。

② 申请步骤

填写表格→交由德国会计审核，在网上重新填写并确认→由德国会计转发至德国税务局→将原件寄往德国税务局（地址：Finanzamt Neukölln,Thiemannstr.1,12059 Berlin）。

2. 申请英国 VAT 税号

自 2012 年 12 月 1 日开始，按英国税务和海关总署（HMRC）新规，只要海外公司或个人在英国销售产品，无论销售金额多大，都应申请注册 VAT 增值税号，并上缴售后增值税，除非这些产品或服务属于免缴增值税的范畴。

1）用什么身份申请

- 个体户，独资经营人（Sole proprietor)
- 合伙人经营（Partnership)
- 公司经营（Corporate body）

- 俱乐部或协会（Club or ssociation）

2）自行申请

卖家可以在网上或者通过邮寄的方式自行向英国政府申请 VAT 税号。

（1）如果卖家在英国没有办公室或者业务机构，也没有英国居住证，则属于 NETP（Non-Established Taxable Person）。NETP 只能通过邮寄方式申请 VAT 税号。首先，通过链接 http://dwz.cn/Gf7n7 下载 VAT1（VAT 申请表）和 VAT1 Notes（填写 VAT 申请表注意事项），如图 4-49 所示。

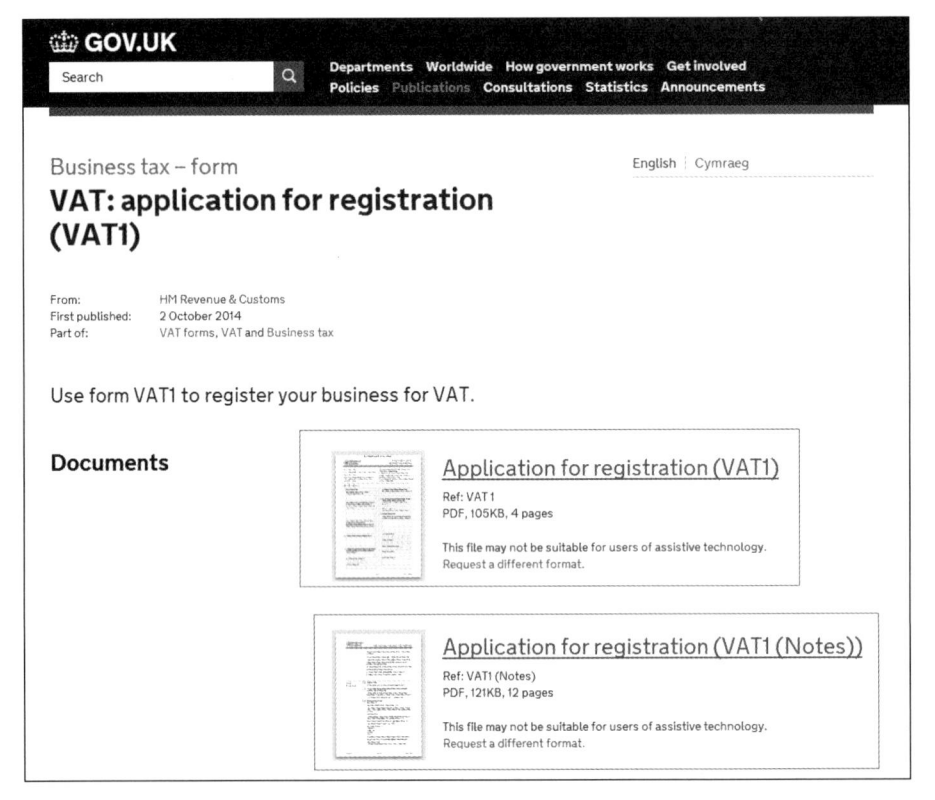

图 4-49

然后参考 VAT1 Notes，并将 Application for registration(VAT1)填写完整后打印签字，邮寄至以下地址：

Non Established Taxable Persons Unit(NETPU)

HM Revenue & Customs

Ruby House, 8 Ruby Place, Aberdeen

AB10 1ZP

United Kingdom

(2)如果卖家有英国办公室或英国居住证,则可以直接在网上申请 VAT 税号(申请前需先注册一个 HMRC 的账户)。打开网上申请 VAT 链接:http://dwz.cn/Gf6HF,如图 4-50 所示。

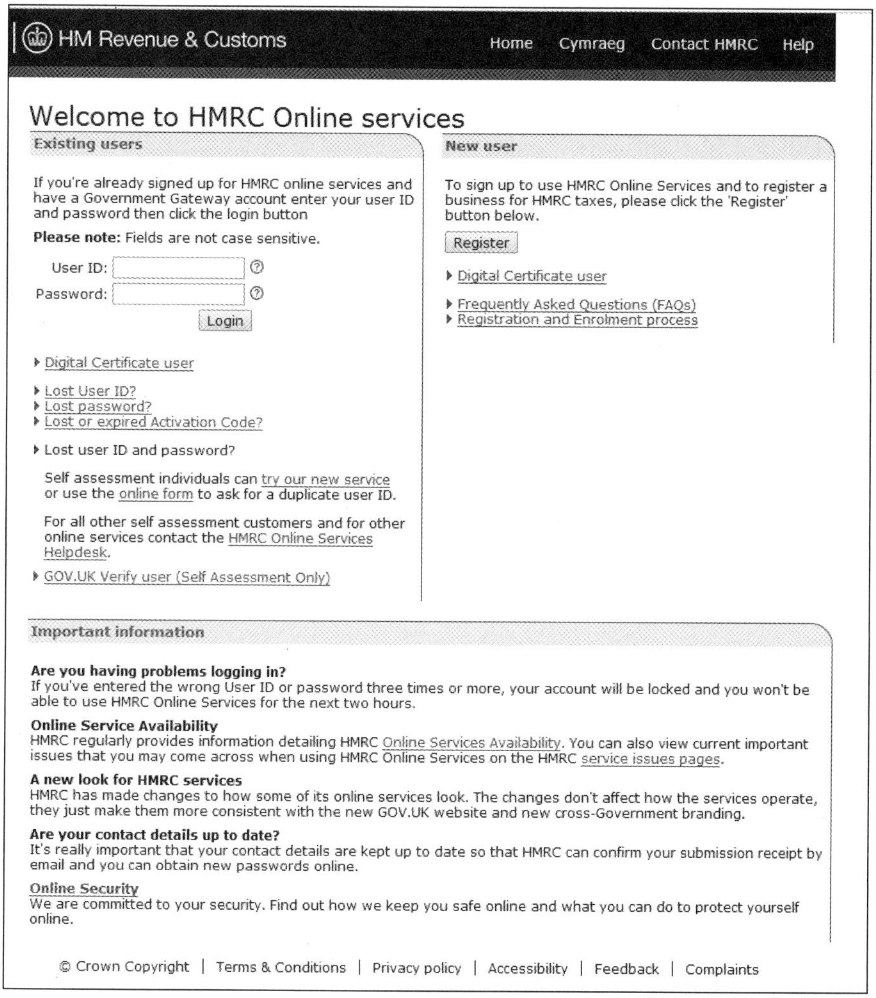

图 4-50

另外,也可以通过邮寄方式申请,同 NETP,先在网上下载 VAT 申请表格,填写完整后打印签字,但邮寄至另外一个地址:

Wolverhampton Registration Unit

Deansgate, 62-70 Tettenhall Road

Wolverhampton

WV1 4TZ

United Kingdom

更多详情可以前往英国税务部门 HMRC 网站了解：https://www.gov.uk/vat-registration/how-to-register

3）第三方代理

卖家也可以授权给代理公司或者中介协助注册 VAT 税号。

（1）VAT 申请流程（如图4-51所示）

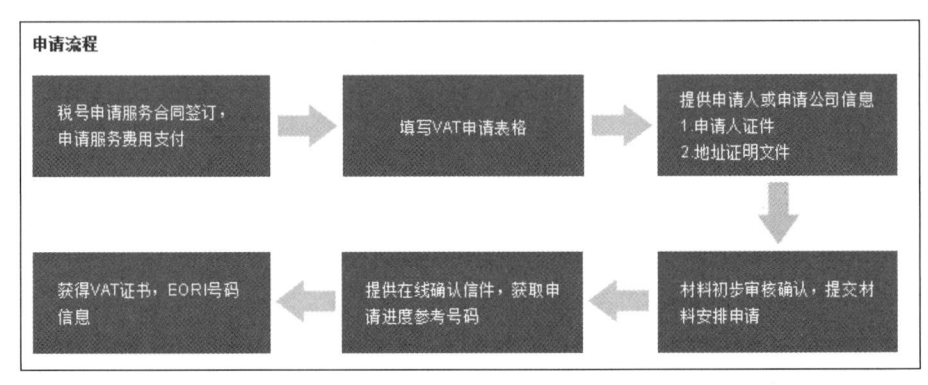

图 4-51

① 签订税务服务合同。

② 提交申请表格及证件材料。申请表格包括 VAT 申请表格和客户信息表格。证件材料分为以个人名义和以公司名义两种情况。

若以个人名义申请，需要提供以下材料：

- 个人身份证和护照的复印件或扫描件
- 地址证明复印件或扫描件（包含近三个月内的任意一个月的银行账单/水电费单/电话账单/信用卡账单)

若以公司名义申请，需要提供以下材料：

- 公司营业执照扫描件（如香港公司需提供 BR 及 CR 扫描件）
- 公司法人身份证和护照的复印件或扫描件
- 公司地址证明复印件或扫描件（包含近三个月内的任意一个月的银行账单/水电费单/电话账单/信用卡账单)

③ 申请参考时间，一般为资料审核提交后 4~8 周。

④ 获得 VAT 税号证书文件及 EORI 号码信息。

（2）收费及维护

一般代理会收取英国 VAT 增值税号及 EORI 海关号的申请费用,另外还有英国 VAT 季度税务申报（Quarter Return）费用及英国税务代理年费。其中，税务申报以英国税务局通知时间为准，三个月即一个季度申报一次，一年申报四次；税务代理费用包括 VAT 税号注册地址费用（一般都使用代理在英国的税务所地址）、税务师与税务局不定期沟通和处理信件等的代理费用。根据不同代理公司的情况，收费也会有所不同。

（3）VAT 申请表格填写示例，如图 4-52 所示（不同代理公司提供的表格不完全一致）

英国VAT增值税号申请表（个人）

Personal information 【以个人身份注册仅需填写以下6行信息】	中文填写区域	英文填写区域
Name：（姓/名）	黄小剑	Xiaojian/HUANG
Date of birth：（出生日期）	1990/2/7	1990/2/7
Tax identification number：（可不填）		
Country of origin：（国籍）	中国	Chinese
UK Self Assessment Unique Taxpayer Reference (if applicable)：（可不填）（英国的纳税编号）		
Home address：（个人住址,需要跟地址证明的一致，如信用卡账单、水电费单）	广州市天河区体育东路华颖花园C栋703	Room 703,C building, Huaying Garden, East Tiyu Road, Tianhe,Guangzhou
Business activities		
Description of business activities：（公司业务,以何种形式销售什么产品，列举2-4个品类产品）	网上销售如服装、电子产品等	E-commerce e.g.clothing,electronic products,etc
Total value of taxable turnover of the business in the next 12 months：（未来12月营业额预计）	1000,000英镑	1000,000GBP
Does the business buy from or sell goods/services to other EU member states？（是否会与欧洲其他国家有生意往来）	会	Yes

图 4-52

以上海外仓产品的增值税申请流程仅供参考，实际申请流程请以德国和英国的官方公布信息为准。

4.8 国际物流网规认识

卖家除了要对各种常用的国际物流知识有一定的认识，会设置适合自己的运费模板外，也需要对国际物流的网规有一定的认识，避免因触犯规定而受到处罚。国际物流网规主要包括以下几个方面：

（1）全球速卖通只支持卖家使用航空物流方式，支持的物流方式包括 EMS、TNT、UPS、FedEx、DHL、顺丰，以及中国邮政、中国香港地区邮政航空包裹服务和其他全球速卖通日后指定的物流方式。

（2）卖家发货所选用的物流方式必须是买家所选择的物流方式。因此，未经买家同意，卖家不得无故更改物流方式，即使卖家出于好意更改了更快的物流方式，仍需获得买家同意以避免后续产生纠纷。

（3）卖家填写发货通知时，所填写的运单号必须真实并可查询。

（4）过去30天内小包"未收到货"纠纷≥2笔且小包"未收到货"纠纷率>15%的卖家会员，速卖通有权限制卖家使用航空大小包。

（5）卖家需要谨慎选择物流发货渠道，平台鼓励卖家选择速卖通提供的线上发货物流渠道。速卖通只认可以下物流跟踪信息：线上发货物流跟踪信息，各国邮政、EMS、TNT、UPS、FedEx、DHL、Toll、顺丰等的官方网站提供的物流跟踪信息。对于无法核实真伪的物流跟踪信息，速卖通有权不予认可。

注：网规内容以速卖通公布的最新内容为准。

以上是对速卖通平台常用的物流方式的简要介绍，由于各种物流方式的一些规定和标准经常发生更改，本书所提及的一些的数据或与现实不符，请各位卖家以各物流方式官方发布的信息为准。另外，由于速卖通后台操作界面和功能模块也在持续更新，请各卖家以当前显示的后台的模块为准。对于运费模板的设置也以自身的实际情况为准，切忌生搬硬套。

本章参考资料：

EMS（邮政速递物流）：http://www.ems.com.cn

TNT 快递：http://www.tnt.com/country/zh_cn.html

UPS（联合包裹）：http://www.ups.com/content/cn/zh/index.jsx

FedEx（联邦快递）：http://www.fedex.com/cn

DHL 快递：http://www.cn.dhl.com/publish/cn/zh.high.html

Ruston：http://www.ruston.cc

Aramex 快递：http://www.aramex.com

燕文物流：http://www.yw56.com.cn

顺丰快运：http://www.sf-express.com

泰嘉物流：http://www.takesend.com

一起跟踪网：http://17track.net

中环运物流：http://www.zhy-sz.com

第 5 章

市场营销

本章要点：

- 速卖通营销
- 速卖通直通车
- 速卖通大促
- SNS 营销

5.1 速卖通营销

5.1.1 店铺自主营销

1. 权限要求

（1）限时限量折扣、全店铺打折和全店铺满立减活动，只要有在线商品就可以参加。

（2）店铺优惠券活动，需要开通了速卖通店铺才可以参加。

2. 设置和展示规则

（1）限时限量折扣活动必须提前 12 小时创建，全店铺打折、满立减和优惠券活动都必须提前 24 小时创建，假如你要创建 2 月 1 日开始的活动，限时限量折扣需要在 1 月 31 日前创建，全店铺打折、满立减和优惠券活动需要在 1 月 30 日前创建。

（2）限时限量折扣、全店铺打折、店铺优惠券活动可以跨月创建，全店铺满立减开始和结束日期必须在同一个月内。例如，限时限量折扣的开始时间若在 1 月 1 日，结束时间在 2 月 28 日之前均有效，满立减店铺活动的开始时间若在 1 月 1 日，结束时间需要在 1 月 31 日之前。

（3）限时限量折扣一旦创建，活动商品即被锁定，无法编辑。如果想编辑该商品，需在活动开始前 6 小时退出活动。全店铺打折的商品在创建活动时不会立刻锁定，在活动正式开始前 12 小时才会锁定，无法编辑。

（4）限时限量折扣在开始前 6 小时、全店铺满立减活动在开始前 24 小时，即处于"等待展示"阶段，在此阶段之前都可以修改活动内容。若活动一旦处于"等待展示"和"展示中"状态，则无法再修改，请卖家们创建活动后务必认真检查。

（5）店铺优惠券活动在活动开始前均可编辑和关闭，活动一旦处于"展示中"状态则无法修改或关闭。

3. 优惠生效规则

（1）限时限量折扣活动与平台常规活动的优先级相同，正在进行其中任一个活动的商品不能参加另一个活动。

（2）限时限量折扣和平台活动的优先级高于全店铺打折活动，如果有商品同时参加了限时限量折扣（或平台活动）和全店铺打折活动，则该商品的在买家页面展示时以限时限量折扣活动（或平台活动）的设置为准，两者的折扣不会叠加。

（3）全店铺满立减和店铺优惠券活动可同时进行，且跟任一折扣活动都可以同时进行，折扣商品以折后价（包括运费）计入满立减、店铺优惠券的订单中，产生叠加优惠，更易刺激买家下单。

5.1.1.1 限时限量折扣

1. 限时限量折扣的位置

既然要做限时限量折扣,那首先要知道限时限量折扣营销工具的位置,打开速卖通后台,点击"营销中心"—"店铺活动"—"限时限量折扣"—"创建活动",如图 5-1 所示。

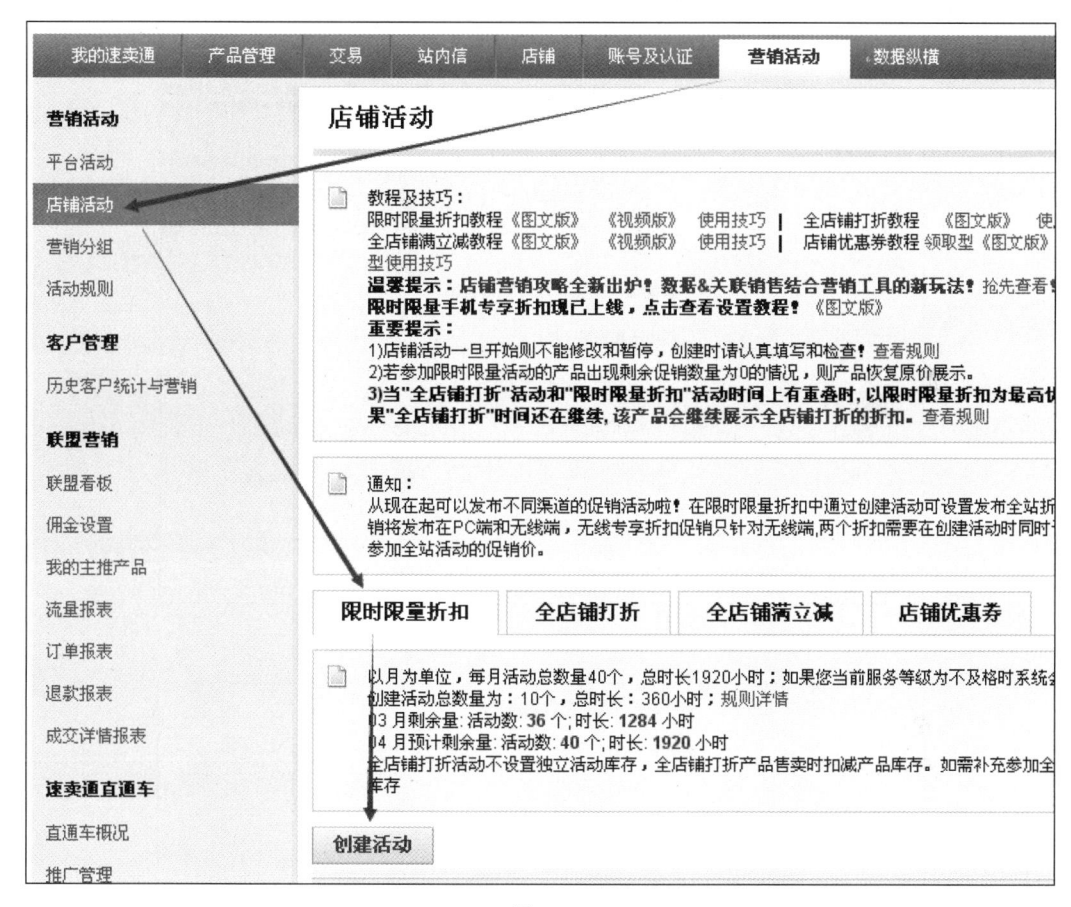

图 5-1

2. 限时限量折扣的构成

限时限量折扣由三个板块构成:活动名称、开始时间和结束时间,这三个板块需要我们填写。活动名称需简单明了,如这个营销工具是推新款的,活动名称可以直接写推新款;如是打造活动款的,活动名称可以直接写打造活动款,以此类推。需要注意的是,开始时间为美国太平洋时间,开始和结束的时间可以根据活动目的来设置,正常情况下,设置一个星期左右为宜,能给客人紧迫感。另外,可以方便下个星期的编辑和营销。如是清库存的产品,时长可以稍微设置长一些。具体的设置如图 5-2、图 5-3 所示。

图 5-2

图 5-3

3. 前期产品准备

在做限时限量折扣前,一定要做好准备。如某个产品想打 5 折,可以在上传产品时把价格定位好,先把价格做适度提升;如某个产品想打 6 折,一样需要在上传产品时候先把价格升高一定幅度。要注意的是,打完折后要的的确确给予客人优惠,不能是虚假折扣。然后可以把所有做好准备的产品放进一个组里面,以便后续的营销活动产品的寻找,如图 5-4 所示。

图 5-4

4. 设置折扣和数量

我们需要根据前期产品的准备设置折扣,根据活动目的来设置数量。如所选择的产品前期已经提高了 50%的价格,那我们的折扣最高可以打 5 折,当然,在前期,新款和活动款可以让更多利润给买家。实践证明,折扣时间持续一个星期左右的时候,促销数量为十个左右刚合适。如过少,产品一下子就被抢光了,达不到活动目的,如过多,给不了客人紧迫感,如图 5-5 所示。

图 5-5

设置限时限量折扣的时候,有四点大家要注意:

(1)如果你的商品存在多个 SKU,则此商品下所有 SKU 的普通库存量为非零,且在"正在销售"状态下的产品均会参加到活动中。注意：SKU 即报价属性组合，是指不同颜色和尺码的排列组合，如红色 L 码、红色 M 码分别是两个 SKU。

（2）目前全站活动和手机专享活动不支持独立库存，请卖家设置恰当的活动折扣率以避免预期外的损失。

（3）同一产品必须先设置全站折扣才能设置手机专享折扣。此手机折扣率可不设置，若设置，则设置的手机专享折扣需要低于全站折扣，若不设置，则手机端价格根据"全站折扣率"来售卖。

（4）促销价必须要低于 90 天的均价。这里要注意的是，90 天均售价是指根据当天往前推的 90 天内，按照现售价规则（现售价是指目前展示在网站上买家可直接下单购买的价格）计算的商品价格平均值。所以在这里要提醒大家的是，平时的促销价格不要过低，要不然该产品的 90 天均价会越来越低，不利于以后的促销活动和利润控制。

5. 联合营销

很多卖家朋友，做完限时限量折扣之后，就觉得已经结束了。其实，这是一种错误的想法，速卖通后台每一个营销工具都不是单独的，都是紧密关联的，只有把所有的营销工具联合起来，才能把限时限量折扣的效果发挥得最好。

首先，我们可以和全店铺打折进行联合营销，接触过速卖通后台的人都知道，全店铺打折的功效是非常明显的，特别是对于新店铺，效果立竿见影，所以我们做限时限量折扣的时候，记得要和全店铺打折联合在一起，当然，也不是每一次限时限量折扣都必须要有全店铺打折，当你的限时限量折扣不是很有竞争优势时，可以暂时忽略，把全店铺打折留给下一次有竞争优势的限时限量折扣产品，如图 5-6 所示。

图 5-6

接着，我们可以结合直通车进行推广。直通车给我们带来的曝光率是非常可观的，所以，一定要利用好直通车这个工具。用直通车单独为限时限量折扣产品建一个计划，也许有人会问，为什么是一个直通车计划只有一个产品，而不是一个直通车计划里面有多个产品？大家想一下，如果一个计划里面含有多个产品，那我们的目标产品的曝光量就会被分割，从而减少，对我们的目标产品的推广是非常不利的。所以我给予大家的建议是，一个直通车计划里面有一个目标产品。如图5-7、图5-8所示，通过限时限量折扣和直通车推广，让该产品的曝光量达到最大值。

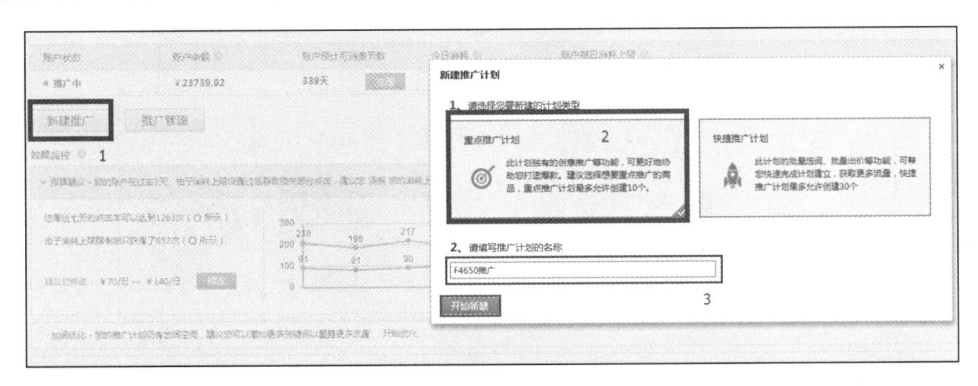

图 5-7

图 5-8

在图5-8中大家可以看到，第一个计划是我们单独建的直通车推广限时限量折扣的产品，在接下来的一个星期内，我们要24小时不间断地去推广，这样的效果才会最明显。

除了直通车，我们还应该充分利用好店铺装修的工具，卖家很少注意到，其实我们的店招和滚动横幅也是我们的一个很好广告位，当我们做某个产品限时限量折扣的推广的时候，我们可以充分利用好店招和横幅的宣传作用，实践证明，这两个广告位能让我们的限时限量折扣事半功倍，如图5-9所示。

图 5-9

通过店招和横幅,可以把我们的优势、目标产品的介绍、店铺通知等推送给客人。例如,可以通过店招的抢眼位置,描述某产品的价格和折扣优势,通过店招直接链接到该产品上。事实证明,该产品在一段时间内会快速提高曝光率和转换率。例如,春节到来了,我们可以利用滚动横幅出一个公告,告知客户店铺春节期间的值班情况。店招和滚动横幅就相当于我们店铺的门面,每天都有大量的流量进入我们的店铺,所以我们要充分利用好店招和滚动横幅的关联。

除了店招和横幅,店铺的首页推荐位也应该充分利用好,这也是一个很好的曝光资源位。如图 5-10 所示,显眼的折扣,是非常吸引人眼球的,能对限时限量折扣提供非常大的帮助。

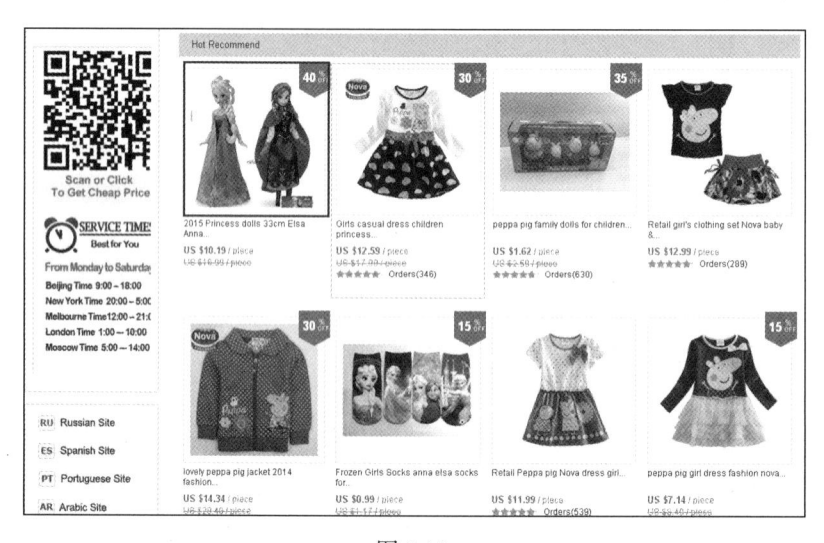

图 5-10

特别是左上角的位置，我们称之为"黄金位置"，是店铺流量最大的位置。大家想一下，我们把产品放在图 5-10 的左上角的第一个位置，和放在店铺的最后一页的位置，哪个流量会更大？答案肯定是店铺左上角的"黄金位置"！所以我们要充分利用好店铺的"黄金位置"，把我们想推的产品放到这个位置上去。当然，这个位置的产品并不是固定不变的，这个"黄金位置"的产品会随着我们的营销计划随时改变。

结合限时限量折扣的另外一个营销利器就是联盟营销的主推产品，很多人可能会忽略这个营销工具。如图 5-11 所示，是一个联盟营销的主推产品的设置，只要我们用好了这个工具，我们的店铺自主营销效果将会发生质的飞跃（要注意的一点是，凡是参加了联盟的店铺，必须是店铺所有产品都参加，不能只有一个或者几个联盟产品参加）。如果我们想让某个产品成为联盟营销的主推产品，我们最好提前一个月进行预热设置。主推产品的佣金比平常的产品佣金要高一点，这样的效果将会更明显。正常情况下，主推产品的佣金设为 5%以上，效果会比较明显，当然，也要根据自己店铺产品的利润率来设置。

图 5-11

联盟的主推产品一共可以设置 60 个，但是这 60 个联盟产品并不是固定不变的。正常情况下，我们可以分为三个阶段去策划联盟的主推产品。海选期——筛选出 60 个曝光量比较大、收藏数比较多、转化率比较高或者有特定营销目的的产品，作为第一轮海选期的 60 个联盟主推产品。淘汰期——两个月后，观察这些产品的联盟成交报表，没有转换的产品，直接淘汰，直接更换新的产品进来。依此类推，每两个月做一次联盟主推产品的观察和替换。一年之内，这 60 个主推产品都差不多是能为我们带来订单的产品。稳定期——第二年对已经有成交转化的 60 个联盟主推产品再进行一次筛选，带来订单少的产品直接淘汰，更换新的产品进来。带来订单比较多的产品，通过提高佣金比例，让该产品转化率更高。两个月作为一个循环周期，第二年，这 60 个联盟主推产品基本上都是能为我们带来比较多订单的产品。

另外，还要结合客户管理。如图 5-12 所示，客户是我们店铺所有营销的根本，我们做的所有活动和所有营销的根本目的就是能开发新客户，既然新客户我们已经有了，那我们就应该充分利用好这个客户营销的工具。很多卖家朋友都提到这个问题：客户营销，我懂，不就是发个邮件通知一下客户吗？其实这样的想法是大错特错的！曾经有一个卖家朋友，他不管店铺做什么营销活动，都会第一时间通知他的客户。他的客户被他烦得不行了，最后差不多每个客户都把他拉入了黑名单，更有甚者投诉到速卖通平台上，他也因此受到了警告。这位卖家朋友当时也是非常郁闷，不清楚到底错在哪里。后来我们对他的所有营销邮件进行分析，他才恍然大悟，他的初衷是非常好的，但是他忘记了做一个非常重要的事情——客户分析！只有有针对性地根据客户的情况发营销邮件，效果才会恰到好处，要不然会适得其反的。

图 5-12

好，现在让我们一起学习，怎么样结合客户营销来做限量折扣。首先，我们要把客户所有的资料做一个整理，可以用第三方工具，也可以人工一个个写出来。然后把这些客户进行归类，看那些是"高富帅"客户，哪些是"屌丝"客户。所谓"高富帅"客户，相当于我们平时所说的"土豪"，这些客户下单一般金额比较大，而且比较干脆。而"屌丝"客户就是那种喜欢贪图便宜，对每一个订单都斤斤计较的，而且当你店铺有优惠的时候，他总会第一个出现在你的店铺。当我们的产品折扣真的是非常吸引人的时候，首先要推送给的客户就是我们的"屌丝"客户。他们从内心里，会非常感激你的好处，也会成为你忠实的买家。但是要注意的是，并不是每个"屌丝"客户我们都通知，因为每个客户都有一个购买周期。通过客户分析，我们很容易知道每个客户的购买周期的大概值，所以我们的营销邮件首先推送给刚好到购买周期的"屌丝"客户。大家想一下，当一个人刚想买一件便宜的东西的时候，就有人给他送过来，这不是心想事成吗？所以，用好客户营销的利器，限时限量折扣才会发挥出它真正的效果！

客户管理营销是需要持之以恒的事情，我们只有充分了解我们的客户购买习惯、购买需求、购买频率等，我们的店铺营销才能如鱼得水，正所谓，知己知彼，百战不殆！

最后要注意的是，大家要记得分享店铺活动。如图 5-13 所示，它展示在俄罗斯 VK 社交网站上，由于速卖通上很多客户都是来自俄罗斯的，所以这个站外营销是必不可少的，动一动手指，就可以做站外营销。但是我们必须要先在 VK 上注册，才可以对我们的店铺活动进行分享。

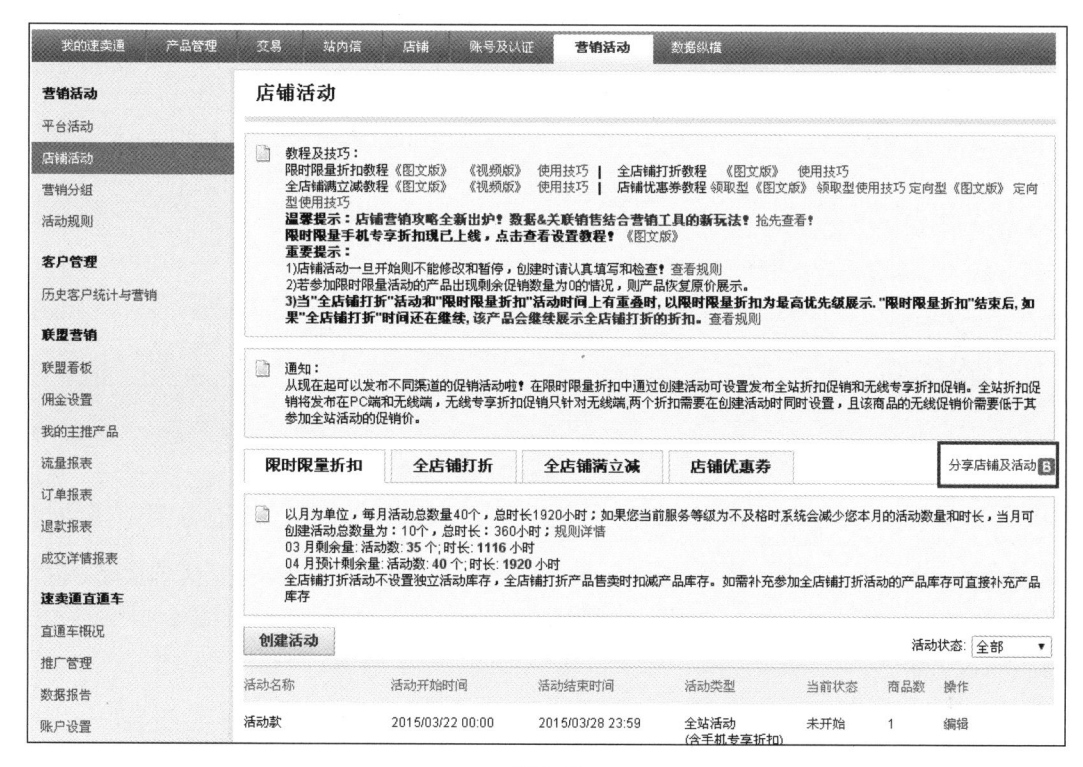

图 5-13

5.1.1.2 满立减

1. 设置目的

我们做满立减，首先要知道为什么要做。打个比方，我们在淘宝上买一件衣服，它的售价是 100 元，但是它的卖家告诉你，如果买两件，也就是满 200 元，就可以给你优惠 50 元，你会不会再多买一件？我想很多人的答案都是肯定的，那卖家也达到了他的目的——提高客单价。我们做满立减的目的也是要提高客单价，这样我们才能充分利用好这个营销工具。在做满立减之前，首先我们要知道我们店铺的客单价是多少，如图 5-14 所示，打开"数据纵横"—"商铺概况"，找到最近 30 天的交易概况，我们就可以很容易知道我们店铺的大概客单价。

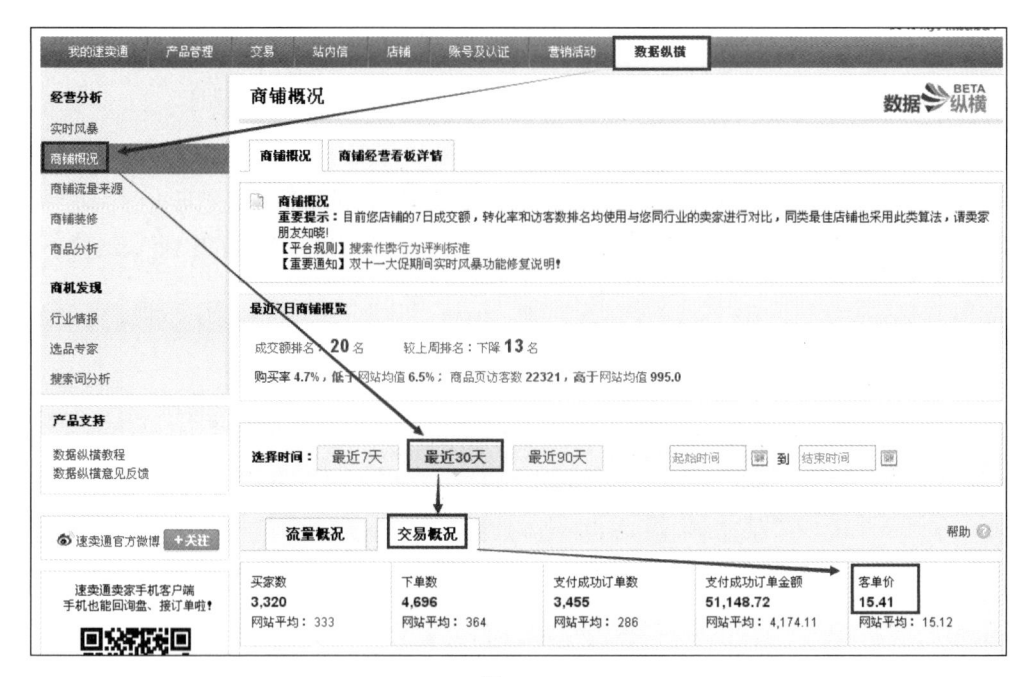

图 5-14

还有很多人会问，这个客单价准确吗？店铺后台给予我们的客单价可以作为参考值，如果大家害怕系统有误差，最直接的办法就是，找出一个月时间内，我们经常出单的产品中销售额最大的产品价格，进行参考。当然这个方法只适用于店铺的整体客单价相差不大的情况。但是我们要注意的是，满立减都有一个数量和时间的限制，如图 5-15 所示，满立减每个月有三个，持续时长为 720 个小时。

图 5-15

由于个数和时长都有限制，所以我们在月初的时候就要规划好整个月的满立减，这样才不会造成"浪费"或者时长、个数不够用。

2. 如何设置满立减

如图 5-16 所示，打开"营销活动"—"店铺活动"—"全店铺满立减"页面，点击"创建活动"按钮就可以进行全店铺满立减的设置了。

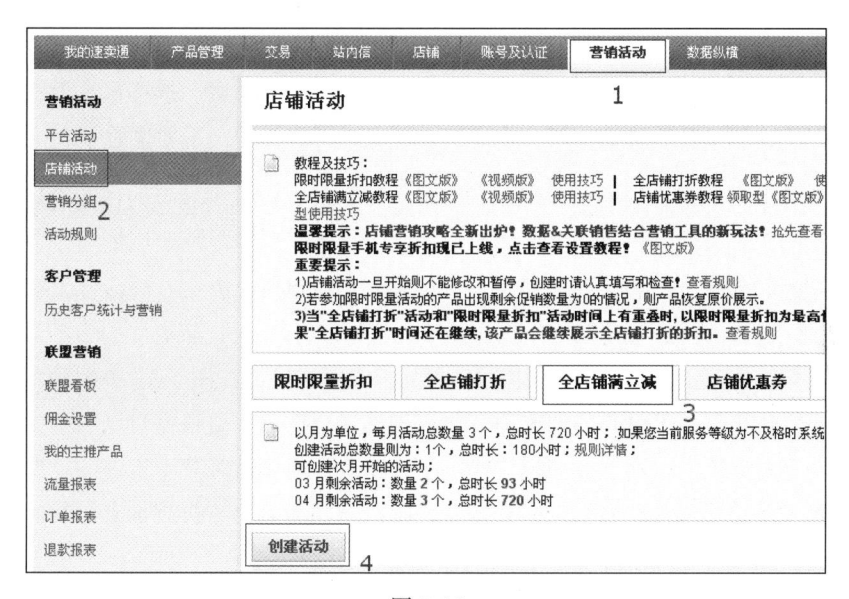

图 5-16

满立减有两部分需要我们填写，"活动基本信息"和"活动商品及促销规则"，如图 5-17 所示。

图 5-17

首先，活动名称和限时限量折扣一样，要起一个让人一目了然的名字，因为这个名称是不展示给客人看的，所以大家可以随便起，只要自己能看懂就行了。对于活动开始时间和结束时间的设置，有三点我们要注意：第一，不像限时限量折扣可以跨月，满立减的开始时间和结束时间只能在同一个月内；第二，由于系统同步原因，得至少提前24小时创建活动；第三，满立减最好整个月都要存在，由于它只可以设置三个，总时长720小时，所以，我们月初就得规划好整个月的满立减。好，现在我们一起规划一下，把三个满立减运用到整个月当中去。假如7~8日是全店铺打折，或者是特别促销的日子，那我们就可以以7~8日为一个分界点，1~6日设置一个满立减，7~8日设置一个满立减，9日以后设置一个满立减。这样基本上就把整个月的满立减筹划好了，但是要注意的是，一定要结合优惠券进行营销，不要重叠了。

其次是优惠条件和优惠内容的设置。我们已经提到过，设置满立减的目的是提高客单价，所以我们设置的优惠条件也是要以提高客单价为目的。还是以刚才那个店铺为例，店铺的客单价为15.41美元，如果我们想让客人多买一件，那我们应该怎么办呢？就应该给客人优惠，比如告诉客人，买满30美元，优惠3美元，这样对于客人来说，是比较有吸引力的。所以我们的订单金额可以写30美元，优惠内容可以写3美元。大家看到，在图5-17中活动商品及促销规则的下面有一个优惠是否可以叠加的选项，是否勾选这个选项，要根据自己店铺的利润度，如果大家的利润度可以承受，建议大家把它勾一下，毕竟这能刺激客户下更多的订单。但是有一点大家要注意，满立减包含产品的价格和运费，限时折扣商品是按折后价参与的。设置完满立减之后的界面，如图5-18所示。

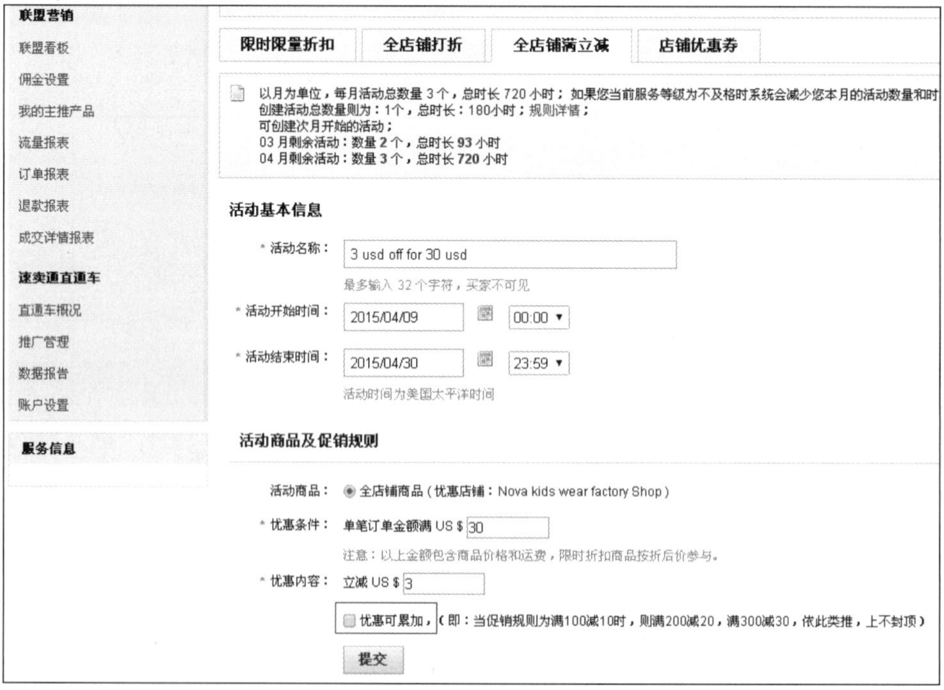

图 5-18

最后，我们要借助满立减这个工具，服务好我们的客户。打个比方说，客户下了一个 29 美元的订单，而你的满立减是满 30 美元减去 3 美元，这时若对客户来个温馨提醒，客户一定会从内心里面感激你的。千万不要有这种心理：客户不多买更好，那我就可以省下 3 美元了。只有我们多站在客户的角度，我们才会真正赢得客户，真正用好满立减。

5.1.1.3 优惠券

1. 设置目的

我们设置优惠券也一样，在设置之前，必须要知道，我们为什么要设置优惠券？只有自己知道了目的，才能更好地设置优惠券。我们设置优惠券和满立减一样，也是为了提高店铺的客单价，但是它又和满立减不一样，满立减 50 美元以上的，最少要优惠 5 美元，而优惠券不一样，它可以设置小金额的，比如 2 美元、3 美元、4 美元等，对于卖家朋友来说，是比较灵活的。第二个目的是，增加二次营销的机会。其实优惠券在国外是比较流行的，国外的客人是比较受用的。打个最简单的比方，我们平时也经常去肯德基吃东西吧，它也会经常发送一些优惠券。其中有一些是现金券，可以直接抵消现金的，相当于速卖通不限条件的优惠券了；另外有一些优惠券需要满一定金额才可以使用的，这就相当于速卖通有条件的优惠券。我们把优惠券发放给客户了，他们就会想办法把这个优惠使用掉，这就达到了我们二次营销的目的了。具体的总结和注意事项如图 5-19 所示。

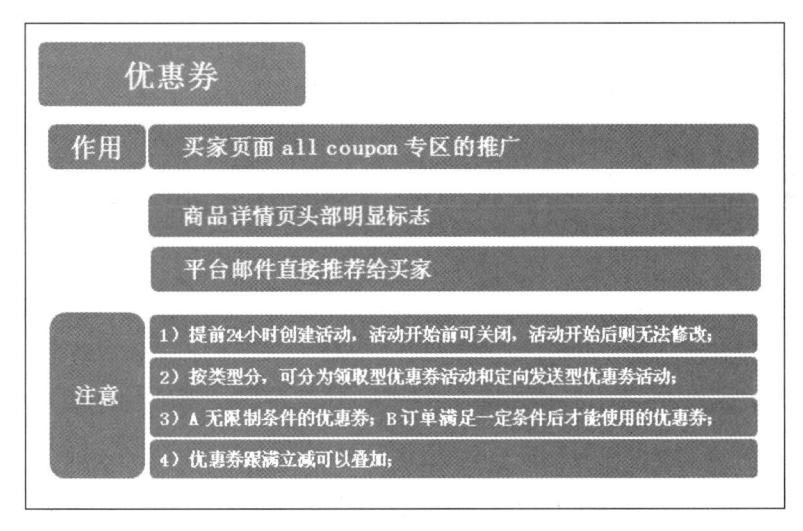

图 5-19

2. 优惠券的具体设置

店铺优惠券可以分为两种，领取型优惠券和定向发放型优惠券。优惠券和满立减一样，也有数量限制，领取型优惠券每月只有 5 个活动，定向发放型优惠券每月只可创建 20 个活动，那就需要我们在月初的时候仔细规划了，要不然浪费了平台的资源太可惜了。首先让我们一起来设置领取型优惠券，具体的设置如图 5-20 所示。

图 5-20

打开"营销活动"—"店铺活动"—"店铺优惠券"—"领取型优惠券活动"页面，点击"添加优惠券"按钮，进入创建领取型优惠券的活动页面，如图 5-21 所示。

图 5-21

领取型优惠券的页面由三个板块构成：活动基本信息、优惠券领取规则设置、优惠券使用规则设置。现在我们对每个板块进行具体的设置讲解。首先，活动名字要一目了然。刚才我们已经拿一个店铺做分析，假如这个店铺的客单价为 15.41 美元，那我们为了提高客单价，可以设置为满 20 美元就能使用 2 美元的优惠券。当然，如果你的店铺利润度可以承受的话，也可以设置一个 2 美元不限条件的优惠券，不限条件的优惠券对买家的吸引力非常大，如果大家店铺利润度能够承受的话，建议大家多做一些不限条件的优惠券，促进二次营销。对于活动开始时间和结束时间的设置，如果时间充足的话，建议大家设置优惠券的周期为 7~10 天，根据自己店铺的情况，每个周期设置不一样的优惠券，来测试哪个优惠券比较适合自己店铺。当然，大家也可以在月初的时候，一下设置好五个优惠券，持续一个月，但是优惠券的幅度必须要规划好，不要和满立减重叠。打个比方，在客单价为 15.41 美元的情况下，我们可以设置满 20 美元就可以使用的 2 美元的优惠券、满 40 美元就可以使用的 3 美元的优惠券、满 60 美元可以使用的 4 美元的优惠券，再设置一个满 80 美元立刻减去 5 美元的满立减。这样优惠券和满立减可以联合使用，又不会重叠，每一个幅度的买家都能够享受到优惠。

第二部分是优惠券领取规则设置。大家想设置多少面额的优惠券，"面额"那里就可以设置多少，对于限领张数和发放总数量，在大家店铺利润能承受的情况下，越多越好，买家领的优惠券越多，我们二次营销的机会就越大。优惠券使用规则设置，如果是不限条件的优惠券，就直接选择不限，如果是需要满足一定条件的优惠券，直接填写使用该优惠券需要满足的面额。有效期最好设置在 7~10 天。为什么要在这个时间段内？如果设置的时间太短，客人还没有使用，优惠券就过期了，达不到设置优惠券的目的；如果时间过长，很多买家都会把这个优惠券忘记了。实践证明，优惠券的有效期在 7~10 天是最有效的。

定向发放型店铺优惠券是速卖通在领取型店铺优惠券基础上增添的新功能。凡是与你店铺有过交易、添加过你的商品到购物车或者 Wish List 的买家都可作为定向发放的对象。你只需要通过创建优惠券活动、选择发放对象、点击发放三步操作便可利用优惠券实现新老买家的主动激活维护。具体设置如图 5-22 所示。

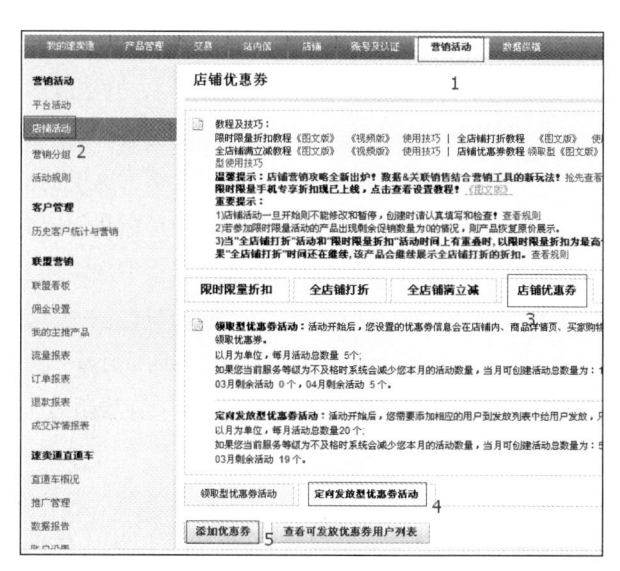

图 5-22

打开"营销活动"—"店铺活动"—"店铺优惠券"—"定向发放型优惠券活动"，点击

"添加优惠券"按钮,进入创建定向发放型优惠券的活动页面,如图5-23所示。

图 5-23

定向发放型优惠券和领取型优惠券一样,也由三个板块组成,即活动基本信息、优惠券发放规则设置和优惠券使用规则设置。同样,为了方便以后的优惠券分析,也要起一个一目了然的名字,由于这个活动名称是买家看不到的,大家可以随意写,但是最多不可超过32个英文字符。活动的开始时间和结束时间可以根据大家的具体情况来设置,这里的开始时间和结束时间是指卖家向买家发放优惠券的时间范围。但是要注意的一点是,这里的活动开始时间是即时生效的。优惠券发放规则设置中有两部分需要我们填写,面额是指我们定向发放给我们客户的优惠券面值,只可以是2~200美元之间的面值。发放总数量是指本次定向发放优惠券计划发放数量,可以发放优惠券的数量为1~500张,但是每次添加用户时,单次只能发放50张。优惠券使用规则设置的有效期是指优惠券的有效期,与活动的结束时间不一样。打个比方,若今天为11月13日,设置结束时间为11月30日的活动,同时设置了有效期为11月30日~12月5日的优惠券,则你可以在11月30日前发放有效期为11月30日~12月5日的优惠券。这里的有效期和领取型的优惠券一样,建议有效期在7~10天左右。当然,大家也可以根据自己的店铺具体情况来合理设置定向发放型优惠券。点击确认创建,就可以进入优惠券定向发放客户页面,如图5-24所示。

图 5-24

我们可以对三类客户进行定向发放，进行二次营销：有过交易的客户、添加过你的商品到购物车的客户和加入 Wish List 的客户。对于有过交易的客户，建议根据图 5-12 中的客户统计数据，发放需要满足一定条件的优惠券，把累计成交金额从高到低进行排序，VIP 客户发放大面值的有条件的优惠券，普通客户发放小面值的有条件的优惠券。对于添加过你的商品到购物车的和加入 Wish List 的客户，建议发放无条件的优惠券，促进购物车或者 Wish List 的订单进行转换，以达到我们二次营销的目的。

3. 优惠券的分析

优惠券的分析是重中之重，如图 5-25 所示。

图 5-25

这个店铺后台设置了许许多多的优惠券，有 2 美元的优惠券、3 美元的优惠券、4 美元的优惠券、5 美元的优惠券……我们一个月设置了那么多优惠券，就应该拿这些优惠券进行分析，来找到最适合我们店铺的优惠券。大家可以看到，在相同的一段时间内，满 36 美元可以使用的 2 美元的优惠券是客人领得最多的，领了 46 张，说明这个优惠券是比较受客人欢迎的，后续我们应该多设置这一类的优惠券。而满 120 美元就可以使用的 5 美元的优惠券是领取得最少的，所以这一类的优惠券以后尽量少设置。其他的优惠券也用同样道理进行分析，通过分析得出最适合自己店铺的优惠券。当然，除了分析优惠券，还要学会分析优惠券的使用状况：点击"查看数据状况"按钮，把优惠券的领取张数和使用张数进行对比。曾经有一个卖家朋友说过这样一件事：他设置了一个优惠券，客人领取了 300 多张，但是真正使用的只有 82 张，他一直搞不明白问题到底出在哪里。后来我们打开他的后台看了一下，就发现了问题所在，他的优惠券的使用有效期为三天，所以很多客人领取，但过了有效期都无法使用。后来我们给他的建议是：第一，把优惠券的有效时间设置为十天；第二，在店铺的首页贴出一个优惠券的使用流程公告，因为很多客人还不懂怎么使用优惠券；第三，对于有意向的客户，及时告知。后来他采取了我们的建议，优惠券的使用情况有了明显的好转。所以，我们只有多分析，发现原因，才能找到最适合我们的优惠券，才能真正把优惠券用好。

5.1.1.4 全店铺打折

全店铺打折是店铺自主营销的"四大利器"之首，尤其对于新店铺来说，作用更为明显，能快速提高店铺的销量和信用，提高店铺的综合曝光率。但是在做全店铺打折前，有三点是需要我们注意的：第一，全店铺打折的开始时间为美国太平洋时间，创建的活动在 24 小时后开始；第二，在做全店铺打折前，我们必须要对我们所有的产品有一个整体的利润把控，也就是说，每个产品能打多少折，利润有多少，我们必须要清清楚楚，这样才能用好全店铺打折；第三，我们要注意设置时间，当活动处于等待展示阶段时，是不能再修改的，所以我们要做好计划再去操作全店铺打折。

1. 营销分组的设置

上面说到要对我们的产品的整体利润进行把控，那我们到底应该怎么样才能把控好店铺利润呢？最直接的方法就是设置营销分组，根据每个产品最高能打多少折扣统一划分组，以后设置每个产品的折扣就比较容易操作了。现在我们开始营销分组的设置，首先打开"营销活动"—"店铺活动"—"全店铺打折"页面，点击"营销分组设置"按钮，如图 5-26 所示。

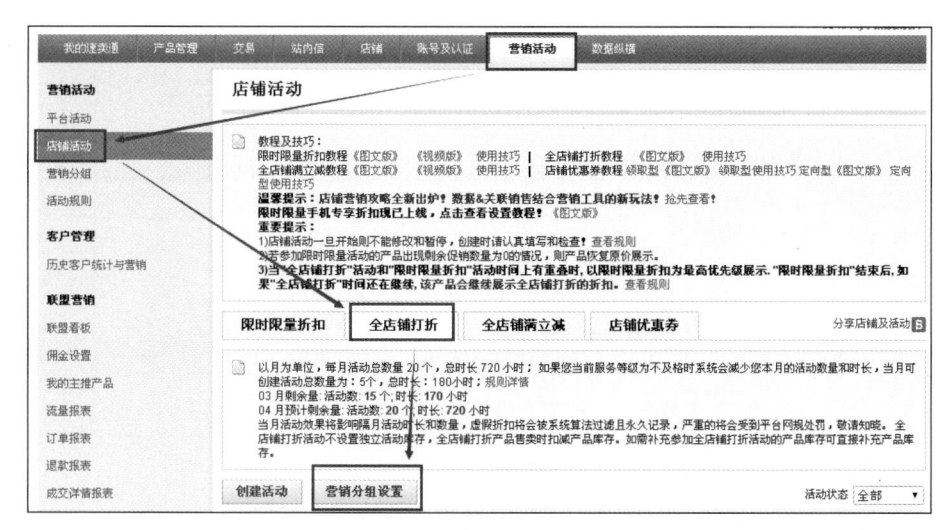

图 5-26

进入"营销分组设置"之后，首先我们要进行产品分组，把每一个产品的利润度进行一个整体核算，弄清楚每个产品最高能打多少折扣，利润是多少等，方便我们后续进行全店铺打折。

如图 5-27 所示，这是一个已经做好了营销分组的店铺，大家可以看到，最高折扣相同的产品统一放在一个组里面了。打个比方，"10%discount"组里面的产品，只有 10%的利润度，我们做全店铺打折的时候，这个组的产品最高只能打 9 折。如果打 9.5 折，那我们就有 0.5 折的利润。这样全店铺的利润就可以完全把控了，也不至于亏本打折做生意。

图 5-27

对于"营销分组"内产品管理，"移出分组""添加产品"和"调整分组"功能大家要熟悉一下，如图 5-28 所示。

图 5-28

- 移出分组：把某个组的产品移出原来的组，移出去之后，系统会默认为放到"others"组，所以大家把产品移出分组之后，做全店铺打折时候，要特别注意"others"组的折扣。
- 添加产品：如果想添加更多相同折扣的产品到同一个组，就可以使用这个按钮。
- 调整分组：某个组的产品想调整到其他组去，可以用到"调整分组"按钮。

2. 全店铺打折的设置

我们做好了营销分组之后，操作全店铺打折就轻而易举了，首先打开"营销活动"—"店铺活动"—"全店铺打折"页面，点击"创建活动"按钮，如图 5-29 所示。

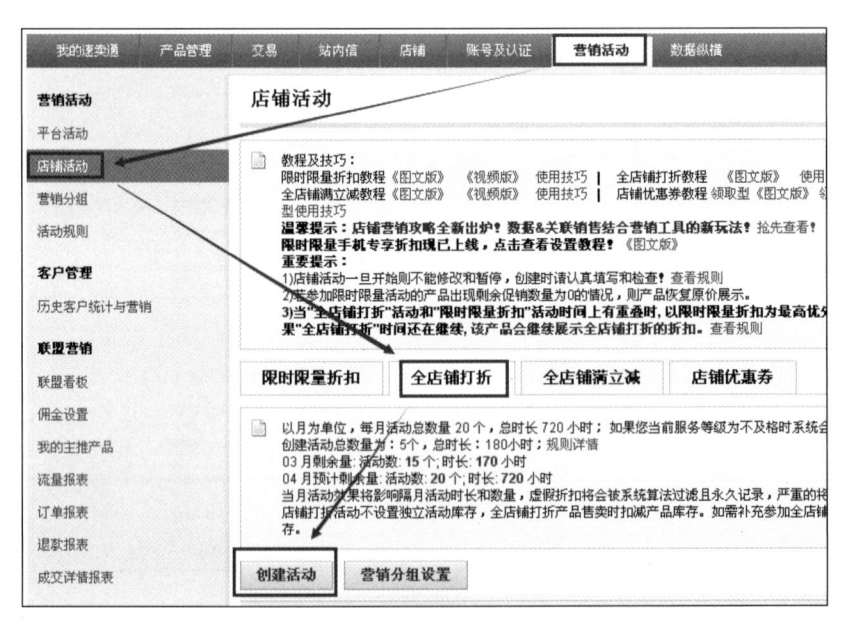

图 5-29

创建活动之后，我们进入"全店铺打折"的页面，如图 5-30 所示。

图 5-30

它主要由两个板块组成："活动基本信息"和"活动商品及促销规则"，这两个板块需要我们填写。四大店铺自主营销的活动基本信息都一样，都由活动名称、活动开始时间、活动结束时间组成，要注意的是活动产品及促销规则的填写。

首先我们针对活动基本信息进行讲解。要起一个自己一目了然的活动名称，假如是月底大促销，可以直接在活动名称里写"月底大促销"，这样方便我们的后续观察。开始时间和结束时间，由于全店铺打折的力度比较大，全店铺打折时间不宜设置过长，最好持续时间为 3 天以内。否则店铺每天都在打折，给客人的印象就是你的店铺就是打折店铺，客人每天都在等你打折，没打折就不下单，不利于店铺的长期发展。

对于活动产品及促销规则的填写，我们初期做的营销分组作用就在此了，每个组能打多少折扣，在这里可以很轻松地去操作全店铺打折了。在这里要提醒大家的是"Other"这个组，不在以上任何一个分组的产品都会放进这个组里面，所以我们在设"Other"这个组里设置打折的时候，一定要谨慎，仔细观察这个组里面的产品再打折。曾有一个卖家朋友在这个组里设置打折的时候，全部设了 5 折，因为很多产品忘记分组了，全部被默认放到"Other"这个组里面，导致亏损好几万元。这是血淋淋的教训。大家做全店铺打折的时候一定不要怕麻烦，要把所有产品都进行营销分组，这样才能把全店铺打折的真正效果发挥出来。

3. 结合其他营销工具

前面说到限时限量折扣的时候，要结合客户管理进行营销。其实全店铺打折最好也能结合客户管理进行营销。首先进行客户管理分析,具体的分析方法大家参考图 5-12 的客户营销分析。有针对性地通知我们的目标客户,给客户发营销邮件,如果营销邮件不够用,可以借用第三方工具,向目标客户发出通知,我们的客户会非常感激我们的细心的。除了客户营销,全店铺打折期间,大家最好能 24 小时不间断地进行直通车的推广,通过直通车引进新客户,本来客户只想买你用直通车推广的产品,但是进入你的店铺之后,发现你店铺所有的产品都在打折,很多客户都会顺带买一些其他产品,这样就提高了店铺的客单价了。

4. 总结

店铺后台的每个营销手段都不是孤立的,我们只有把它们都紧密地联系起来,才能把店铺自主营销做得最好。在做店铺自主营销的过程中,也只有不断地去总结,才能做出最适合我们店铺的自主营销!

5.1.2 联盟营销

5.1.2.1 联盟营销的定义

既然我们要做联盟营销,那我们就首先要知道什么是联盟营销。联盟营销是一种按效果付费的网络营销方式,卖家通过联盟营销渠道收到了订单,按照事先设定的交易比例支付佣金。佣金由卖家决定,每个顶级类目都有平台限额,从 3%到 50%不等。若有退款和订单折扣则按比例削减佣金,运费无须付佣金。联盟营销和直通车的点击收费不一样,联盟营销是成交收费、不成交不收费的一种营销方式。

那让我们一起来看如何加入联盟营销,如图 5-31 所示,进入"我的速卖通"—"营销活动"—"联盟看板"页面,勾选"我已阅读并同意此协议",点击"下一步"按钮,进入联盟佣金比例设置页面。设好佣金比例后,点击"加入联盟计划"按钮,就可以正式加入联盟营销了,如图 5-32 所示。

图 5-31

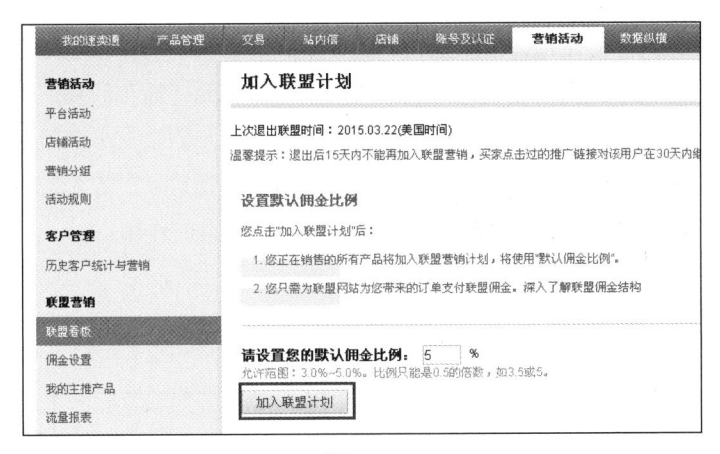

图 5-32

在这里要说的是，佣金的比例要根据店铺的利润度来合理设置。我们的产品在定价的时候要把联盟佣金的成本考虑进去，这样才能更容易地进行联盟营销。如果大家想退出联盟营销，可以输入这个网址申请退出联盟营销：http://cn.ae.aliexpress.com/affiliate/exit.htm。为了了解退出注意事项，可把店铺主 ID、联系方式及选择退出原因发邮件至 seller-affiliates@aliexpress.com，速卖通工作人员将会在 3 个工作日内回复并帮助你退出。但是有两点大家要注意：一是买家点击过的推广链接对该用户在 30 天内继续有效，仍旧计算佣金，从卖家处扣除；二是退出联盟营销后，15 天内不能再加入联盟营销。由于联盟营销的站长来自全球 100 多个国家，客户群体非常庞大，对我们店铺的营销和订单量的增长有非常大的帮助，所以，建议大家要利用好联盟营销。

5.1.2.2　联盟营销的组成

联盟营销由七个部分组成：联盟看板、佣金设置、我的主推产品、流量报表、订单报表、退款报表、成交详情报表。下面我们针对主要板块一一进行讲解。

1. 联盟看板

首先打开"我的速卖通"—"营销活动"—"联盟看板"页面，如图 5-33 所示。

图 5-33

通过联盟看板我们能清楚地知道联盟营销近 5 个月的营销情况。以上图为例，大家可以看到在 5 个月之内，联盟为我们带来的订单金额为 29972.5 美元，而我们真正支付给平台的只是 1261.77 美元，投入产出比为 1:14.5306。所谓的投入产出比是佣金支出金额与联盟渠道订单金额之比。大家通过这个数据可以看到，加入了联盟营销，不管是点击数还是店铺销售额都有非常大的提高，所以我们要充分利用好联盟，让联盟发挥它应有的作用。

2. 佣金设置

每个类目要求的最低佣金比例都是不一样的，如图 5-34 所示。

类目	最低佣金比例	最高佣金比例
Apparel	5%	50%
Automobiles & Motorcycles	5%	
Beauty & Health	5%	
Computer Hardware & Software	3%	
Construction & Real Estate	5%	
Consumer Electronics	5%	
Customized Products	5%	
Electrical Equipment & Supplies	5%	
Electronic Components & Supplies	5%	
Furniture	5%	
Gifts & Crafts	5%	
Hardware	5%	
Health & Medical	5%	
Home & Garden	3%	
Home Appliances	5%	
Jewelry & Watches	5%	
Lights & Lighting	3%	
Luggage & Bags	5%	
Machinery parts & accessories	5%	
Measurement & Analysis Instruments	5%	
Mechanical Parts & Fabrication Services	5%	
Office & School Supplies	5%	
Packaging & Printing	5%	
Phones & Telecommunications	3%	
Security & Protection	5%	
Shoes	8%	
Sports & Entertainment	5%	
Tools	5%	
Toys & Hobbies	5%	

图 5-34

在这里要注意的是，加入联盟营销，是所有的产品都加入的，所以设置的佣金比例也要考虑到所有产品的利润度是否可以承受。

3. 我的主推产品

联盟主推产品的上限为 60 个，如图 5-35 所示。

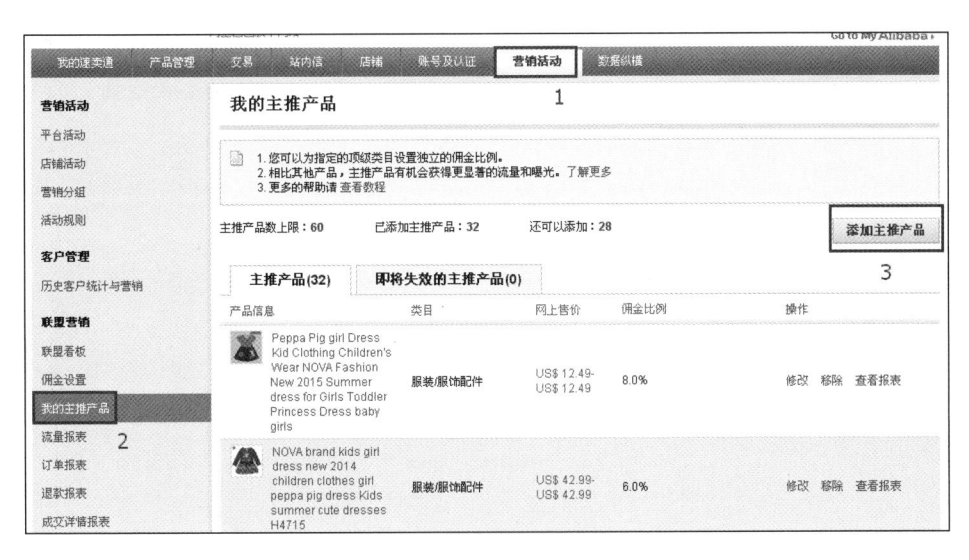

图 5-35

联盟营销有 60 个产品可以作为我们的主推产品进行推广，我们要充分利用好，不能浪费了主推产品的良好资源。有很多卖家朋友曾经问，店铺不是设置了产品的佣金比例了吗，还设置主推产品干吗呢？其实主推产品和我们全店铺的其他的产品是不一样的，只有主推产品才能参加联盟专属推广活动，没有设置为主推产品的产品是没有这个权限的。所以我们要用好主推产品功能，最好能选出我们店铺比较热销的产品，这样推广起来更有效果。设置佣金的时候比其他的产品稍微高一些。假如我们全店铺的联盟的佣金为 5%，就可以选出一些爆款进行主推，佣金比例可以为 6%、7%、8%等。

设置好主推产品之后，我们要学会分析。正常的情况下，我们可以以两个月为周期，进行主推产品的检测。能为我们带来订单的主推产品就保留，不能为我们带来订单的主推产品就删除。这样经过几个月的循环，最终留下来的都是能为我们带来订单的主推产品。最终我们再把能为我们带来订单的主推产品进行一个从高到低的排序，把能带来小订单的主推产品删除，继续更换新的主推产品。最终的目的是我们的主推产品都能为我们带来大量的订单。但是有一点要注意，当我们重新设置主推产品的时候，在每月的 1 日、10 日、20 日才会生效。在生效日之前，所有的设置都维持原样（时间均为太平洋时间 UTC-08:00）。

4. 流量报表

通过流量报表，我们可以知道联盟营销近 6 个月内每天的流量状况，包含联盟 PV、联盟访客数、总访客数、联盟访客数占比、联盟买家数和总买家数。如图 5-36 所示，大家可以看到，在 3 月 20 日当天，联盟为店铺带来的访客为 1973 个，占了店铺总访客数的 1/3，从这一点就更加证明了联盟对大家店铺的巨大作用。大家要养成每天看联盟流量报表的习惯，只有这样，才能更好地做好联盟营销。

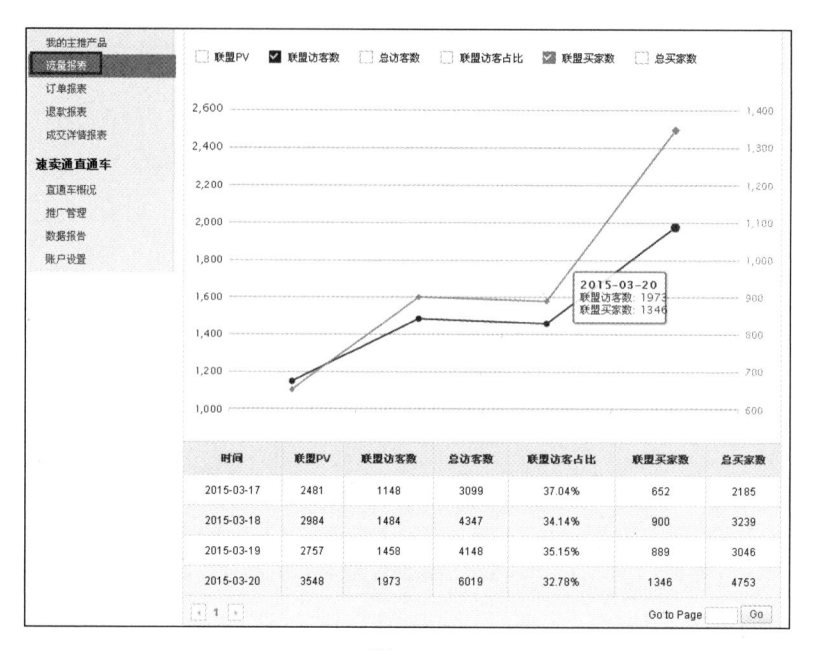

图 5-36

5. 订单报表

如图 5-37 所示,通过订单报表可以知道近 6 个月内联盟营销每天为我们带来的订单情况。订单报表主要包含联盟营销每天为我们带来的订单数、支付金额、预付佣金、结算订单数、结算金额、实际佣金。在这里要注意的是,联盟为我们带来的订单数不等于结算订单数,同样,联盟为我们带来的订单销售额的佣金也不等于实际佣金,因为发生退款的订单数和订单金额会被排除在外。

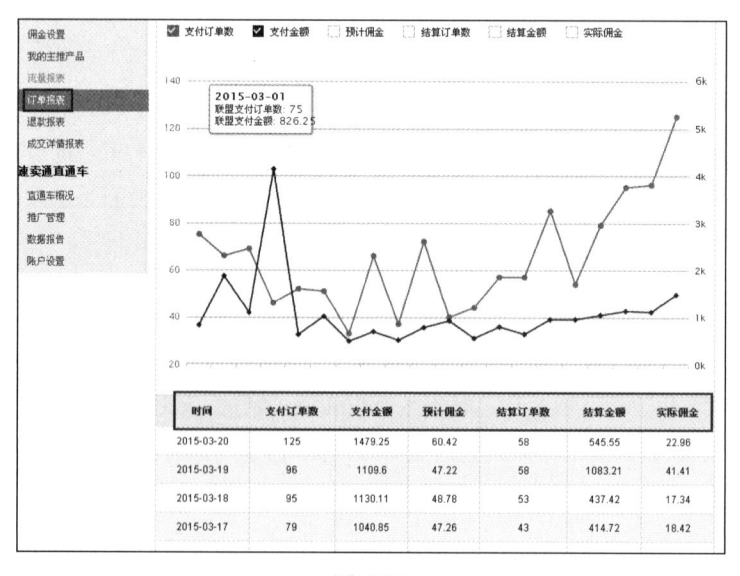

图 5-37

6. 成交详情报表

通过成交详情报表，我们能清清楚楚地知道联盟营销的效果，如图 5-38 所示。

通过成交详情报表，我们可以清楚地知道，某个时间段内，联盟营销为我们带来的每一笔订单和收取的佣金等。联盟营销做的效果如何，都可以通过观察成交详情报表得到。在成交详情报表里，大家可能会看到这几个符号，在这里一一和大家解释一下。

✅ 表示未发生金额变化或退款的订单；

❌ 表示在买家付款前，金额被提高或降低的订单；

💰 表示发生了部分退款的订单。

所以大家看到这些符号一定要明白什么意思，这样才能更好地做联盟营销。

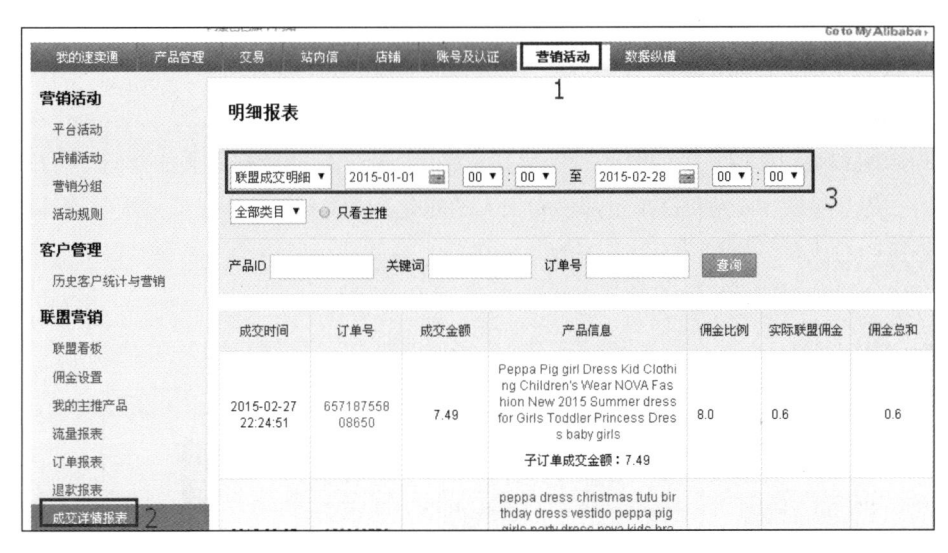

图 5-38

7. 总结

做联盟营销需要一个过程，切不可急于求成。在做联盟营销主推产品的时候，我们需要不断去总结，不断去淘汰不良的产品，不断更换新的产品，最终才能留下能为我们带来订单的产品。

5.1.3　店铺首页营销

很多卖家朋友都说，店铺首页就是一个门面，把门面装修漂亮一点，把客人吸引进来就行了。殊不知，店铺首页不仅仅是一个门面，更是我们的一个营销手段。如图 5-39 所示的店铺，就充分利用了店招和滚动横幅来做爆款打造，通过店招和滚动横幅为产品带来曝光和订单。

图 5-39

在做店招和滚动横幅营销的时候，大家要注意，一定要观察数据。假如我们把店招和滚动横幅放上去两个星期，曝光和订单量都没有太大的变化，说明我们的产品或者视觉设计有问题，要及时更换产品或者改变视觉设计。只有不断更换产品和设计风格，才能观察得出最适合做店铺首页营销的产品和设计风格。除了店招和滚动横幅，店铺首页推荐位也是一个很好的营销板块，如图 5-40 所示，

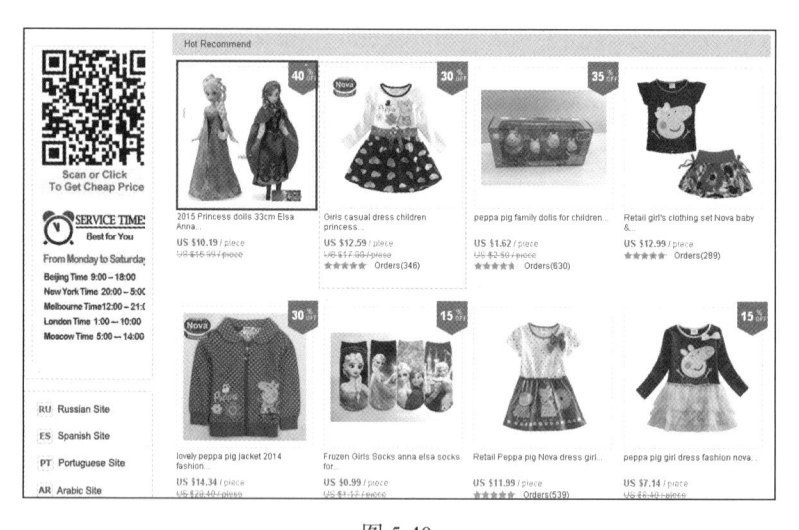

图 5-40

把我们想主推的产品放到店铺首页推荐，让客人第一时间能看到我们想推广的产品，增加产品曝光量和订单量。如卖家朋友有美工基础，还可以设计自定义产品推荐，做单个产品的营销。店铺首页营销是一个考验技术的过程营销，需要结合美工，才能把店铺首页营销做得更好。如果经济允许，大家也可以到速卖通的官方模板装修市场购买自己类目的装修模板。

5.1.4 橱窗营销

5.1.4.1 橱窗位的定义

要做橱窗营销，首先要明白，什么是速卖通的橱窗位。速卖通橱窗位通过增加产品的排序分值，来提高产品的曝光度，在同等条件下橱窗产品比非橱窗产品排名靠前（设置为橱窗推荐的产品曝光量比普通产品要高 8~10 倍）。也就是说，我们通过橱窗营销来增加产品的曝光量，从而达到营销的目的。但是我们速卖通的橱窗，又和阿里巴巴国际站的橱窗不一样，它没有特定的展示位置，只是平台根据我们店铺的等级奖励给我们的一个增加产品曝光量的资源。卖家服务等级表现越好，店铺获得的橱窗位就越多，从而得到的曝光也越多。如图 5-41 所示，是店铺等级和橱窗位的关系。

卖家服务等级详解	不及格	及格	良好	优秀
定义描述	符合以下任一条件： 1、ODR>=8% 2、卖家责任裁决率>=0.8%	符合以下所有条件： 1、4%<=ODR<8% 2、卖家责任裁决率<0.8%	符合以下所有条件： 1、ODR<4% 2、卖家责任裁决率<0.8%	符合以下所有条件： 1、考核期内结束的已支付订单数>=90笔 2、ODR<2.5% 3、卖家责任裁决率<0.8% 4、90天好评率>=97%
橱窗推荐数	无	2个	5个	10个
搜索排序曝光权利	曝光靠后	正常	曝光优先	曝光优先+特殊标识
提前放款特权	无法享受最高放款比例	无法享受最高放款比例	无法享受最高放款比例	有机会享受最高放款比例
平台活动权利	不允许参加	正常参加	正常参加	优先参加
店铺活动资源	活动时长和数量大幅减少	正常	正常	正常
营销邮件数量	0	100	200	500

成长期卖家和无服务等级的卖家将与及格卖家享受同等的平台资源。

图 5-41

从图 5-41 可以看出，我们要增加我们的橱窗位，首先就要提高卖家服务等级，而想要提高我们的卖家服务等级，就要减少店铺的不良体验订单和增加店铺的好评率。所以如果我们想做好橱窗营销，就要提高我们的店铺等级，增加我们的橱窗数量，从而更好地推动橱窗营销。

所以我们可以把其中的逻辑简单地总结为：提高卖家服务等级—增加店铺橱窗位—增加店铺曝光量—做好店铺营销。

5.1.4.2 橱窗营销的方法

既然我们知道了怎么获得橱窗位，那我们就应该开始橱窗营销了。首先打开我们的店铺，看一下店铺等级，店铺等级有对应的橱窗位。观察一下我们是否有橱窗位还没有使用，如图 5-42 所示。

图 5-42

如果还有橱窗位可以使用，打开"产品管理"—"管理产品"页面，点击"更多操作"—"橱窗推荐"，如图 5-43 所示。

图 5-43

但是我们在选择产品做橱窗营销的时候，一定要选好产品，有目的地去做橱窗营销。通常情况下，我们可以通过橱窗位推新款、打造爆款和活动款，这样才能充分利用好橱窗的功能。大家想一下，橱窗产品比正常的产品多 8～10 倍的曝光量，如果我们不把好钢用到刀刃上，那不是浪费了平台的橱窗吗？当然，我们所选的新款、爆款、活动款并不是固定的，我们要通过数据观察，不定期地更换橱窗产品，这样才能做好橱窗营销。

如图 5-44 所示，店铺已经选择了 5 个橱窗产品去做店铺的橱窗营销，这 5 个产品就包含新款、爆款、活动款。通过一个月的橱窗营销，我们要观察后台数据和店铺订单，在一个月内，不能为我们带来曝光量、点击量和订单量的产品都应该及时更换，让店铺其他的产品有机会成为橱窗产品。通过一系列的更换、循环，最终留下来的橱窗产品都应该是能为我们带来高曝光量、高点击量、高订单量的新款、活动款和爆款产品。橱窗营销和联盟营销一样，也需要时间去观察，只有我们不断地去更换产品，不断地观察后台数据，才能把橱窗营销做得越来越好！

图 5-44

5.1.5 淘代销

淘代销是速卖通与淘宝平台合作，为了帮助速卖通中小卖家更便捷地引入淘宝商品信息，扩充自身商品丰富度而推出的一键导入工具。你可以通过此工具导入淘宝商品，从淘宝进货，在速卖通平台进行销售。或者你自己有淘宝店铺，也可以将自己的产品通过淘代销发布到速卖通平台。淘代销可以快速提高店铺的曝光度，增加产品的种类，比较适合没有货源优势的速卖通新卖家。淘宝繁多的产品种类，对速卖通的营销能起到关键的作用。如图 5-45 所示，是一个淘代销的页面。

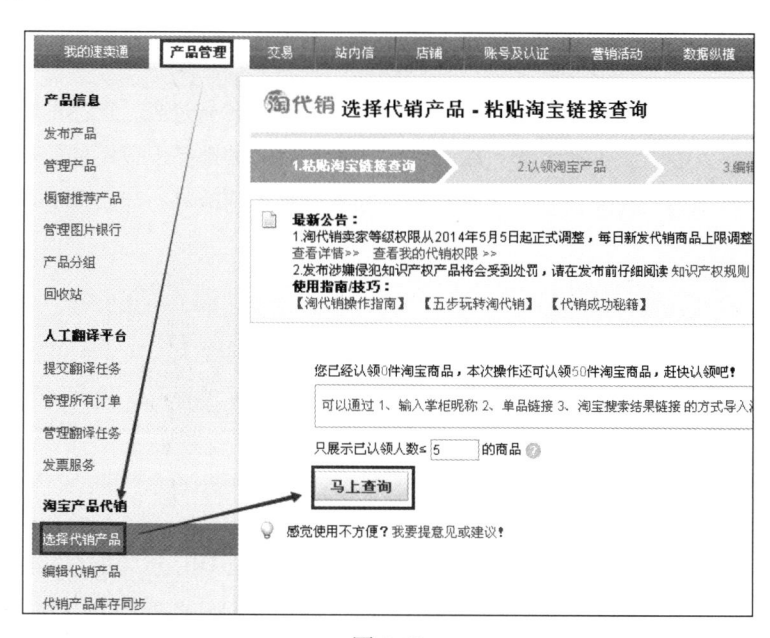

图 5-45

要做淘代销，就要明白淘代销的三个过程。

1. 选择代销产品

如图 5-46 所示，可以在搜索栏输入掌柜的 ID，代销掌柜整个店铺的产品；也可以输入单个网页的链接，导入单个产品。

图 5-46

2. 认领代销产品

如图 5-46 所示，选择代销产品，我们需要对每个产品进行认领，这样才可以算是我们的产品。

3. 编辑、发布产品

这一步是至关重要的，由淘代销转过来的产品都是机器转移过来，产品的标题、主图、价格、详情等都需要我们人工进行修改。要不然淘代销转过来的产品不仅不能给我们带来更多曝光量，反而会影响我们的搜索权重，更有甚者，如果价格不修改好，更会影响我们的利润度。所以第三步至关重要。

由于我们是直接从淘宝进货，所以库存的管理是至关重要的。很多时候，客人给我们下单了，如果我们没管理好库存，就很有可能造成店铺的成交不卖现象。如图 5-47 所示，是一个速卖通代销产品库存同步工具。我们应该每天关心我们代销产品的库存，这样才能更好地把控我们的代销产品。

4. 总结

淘代销是一个双刃剑，用好了，我们的速卖通能更上一层楼，快速地发展。如精力不够，操作不善，很有可能影响店铺整体营销状况。所以，假如我们真的选择了用淘代销，标题、主推、价格、详情等都需要我们用心去经营，这样用淘代销才能得心应手，事半功倍！

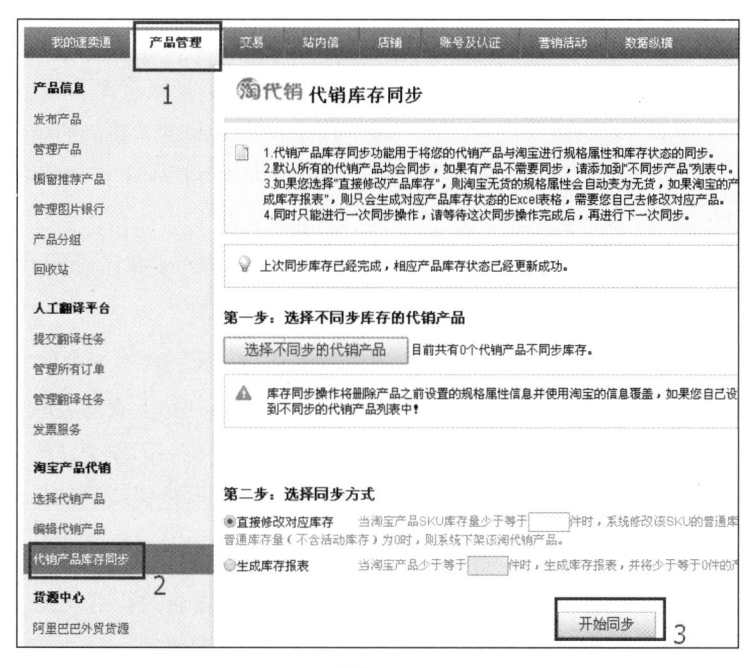

图 5-47

5.1.6 关联营销

所谓的关联营销就是我们在一个产品页同时放了其他同类、同品牌、可搭配等有关联的产品。我们做关联营销的主要的目的就是让买家能看到我们更多的产品，从而提高店铺的客单价。如图 5-48 所示，是一个产品详情页里面做了多个关联营销的例子。

图 5-48

227

大家可以看到第一部分，它把店铺所有产品做了分类，做了四个类目关联，给客人一目了然的感觉，增加了店铺的整体曝光量。第二部分是文字关联，它把所有产品通过文字进行关联，假如客人对某个产品的文字关联比较感兴趣，他会点击这个关联进入我们的店铺首页，为其他的产品增加曝光量。第三部分，类似产品的关联。大家可以看到，中间的那个产品是我们的主推产品，旁边的四个产品是我们类似产品的推荐，假如客人对我们的目标产品不感兴趣，也有可能对我们旁边的四个产品有兴趣，这就间接为旁边这四个产品增加了曝光量和点击量，是一个非常不错的关联。通过这个案例，我们可以知道，关联营销一定要给客人视觉上的冲击，这样才能把关联营销的效果发挥得最好，要不然只会适得其反。我们再看一个例子，如图 5-49 所示，产品详情页一开头就有"铺天盖地"的关联，首先第一部分是上衣的关联，接着是婴儿内裤的关联，最后是产品的关联模板关联。大家看到这个页面，凭第一印象会认为它是卖什么的？其实它是卖外套的，但是大家可以看到它虽然也做了关联了，但是关联的都是和自己无关的产品，给人的感觉只是杂乱无章，给不了客人视觉冲击感，只会带来相反的效果。

所以，我们从这两个例子可以知道，关联营销对于整个速卖通的营销来说，是非常重要的，关联营销做得好，能增加其他产品的曝光量，提高店铺的订单转化率。反之，只会影响产品的详情效果，让客人产生厌恶感。所以我们在做关联营销模板的时候，一定要站在客人的角度去做，不要硬邦邦地插入广告。就像我们在看电影一样，如果电影当中突然插入了一些关联广告，作为观众，我们是不是很反感呢？但是，如果我们在电影当中，在恰当的时间、恰当的位置融入我们的产品，是否更有效果呢？

总之，关联营销需要我们细细地品味，多看别人做得好的店铺关联，从而总结出适合我们店铺的关联营销经验。

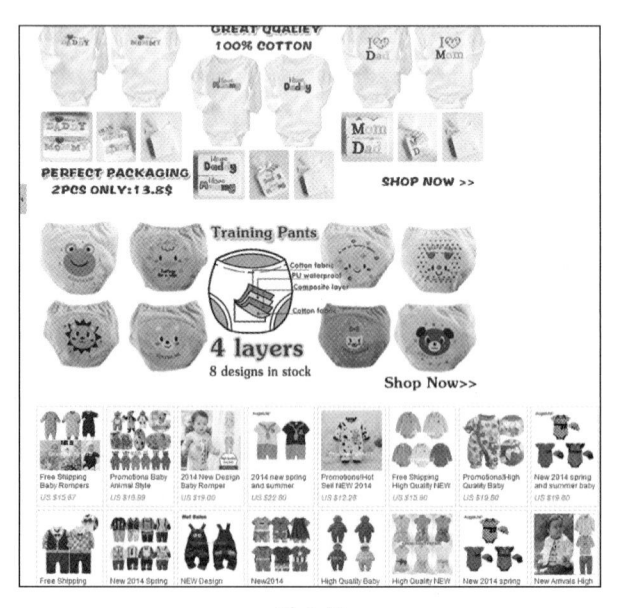

图 5-49

5.1.7 平台活动

平台活动是阿里巴巴速卖通面向卖家推出的免费推广服务，是速卖通效果最明显的营销利器之一。它能快速实现店铺的高曝光率、高点击率、高转换率等一系列目标。所以平台活动这一营销利器对于店铺的各个发展阶段，效果都是立竿见影的。

为了方便大家更好地了解平台活动，我们将这部分内容分成五点来展开。如图 5-50 所示，按顺时针顺序，我们会先来认识一下有哪些常见的平台活动（常见类型），然后解读报名平台活动要满足哪些条件（报名条件）。熟悉这些之后我们就可以根据相应条件选取好合适的产品（选品技巧），通过学习平台活动的报名流程完成报名（报名流程）。最后我们还会一起来探讨一下平台活动的入选机制来加大报名平台活动的入选概率（入选机制）。

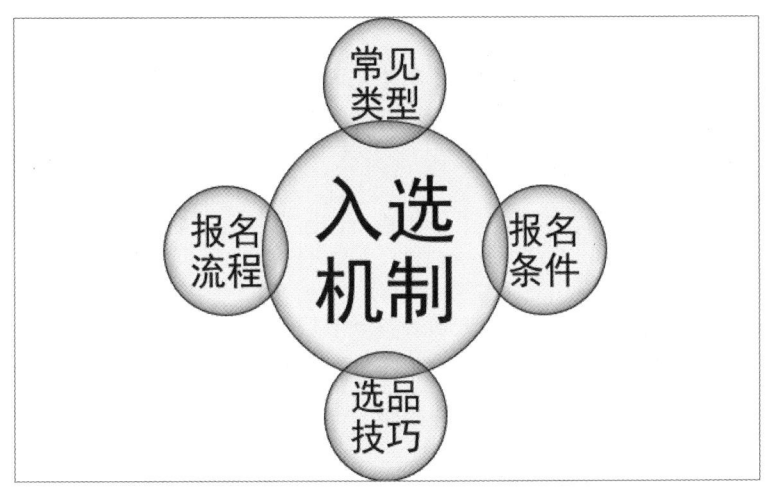

图 5-50

5.1.7.1 平台活动常见类型

目前平台常见活动类型有 SuperDeals、国家站团购、行业 Hot&New、行业 Sales 主题频道等，每个活动都有不一样的要求和效果。当然，广义上的平台活动还包含了平台大促，由于大促是速卖通相当重要的一个环节，我们会在 5.3 节中详细展开。下面一起来看看各个频道的平台活动。

SuperDeals：平台的"秒杀"活动，链接是：http://activities.aliexpress.com/superdeals.php，根据工作日和周末又细分为 Today's Deals、Weekend Deals 等各类"秒杀"。通俗地讲，各类平台活动有点类似于淘宝的"聚划算"。SuperDeals 在买家首页的入口非常明显，如图 5-51 所示，用椭圆圈起的即是 SuperDeals 的超链接。速卖通首页经历过多次改版，但是 SuperDeals 的入口一直都是在非常显眼的位置，相信将来的首页改版也不例外。

229

图 5-51

国家站团购：速卖通平台针对 GMV 表现出色的国家，会陆续开放单独的国家团购页面，如现在已经开放的俄罗斯团购、巴西团购，还有即将开放的美国团购等。针对单一国家的团购活动，是这些国家市场非常好的敲门砖。

行业 Hot&New：对不同行业的热销品和新品，速卖通会定期在首页相关类目的推广模块投放资源。

行业 Sales 主题：对于周年庆、情人节等各类节日和活动庆典，速卖通也会及时推出针对相关主题的促销活动，买家首页的推广位置非常显眼，在中间有一个大板块，如图 5-52 所示，对于大多数电商网站来说首页会不断更新和改版，但是作为网站大广告横幅的位置，往往不会有大的变动。

图 5-52

以上是目前主要的几类平台活动，相信认识了他们所在的推广位置之后，对于平台活动所能带来的惊人效果也就不足为奇了。相信速卖通会推出更多的平台活动以带动各类卖家的发展。

5.1.7.2 平台活动报名条件

我们先来随机抽取一期俄罗斯团购的活动报名条件，如图 5-53 所示。

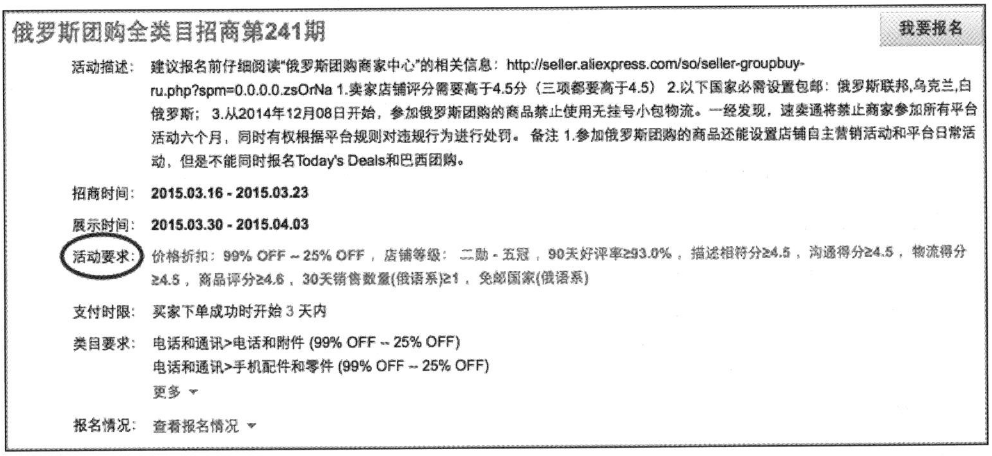

```
俄罗斯团购全类目招商第241期                              我要报名

活动描述：  建议报名前仔细阅读"俄罗斯团购商家中心"的相关信息：http://seller.aliexpress.com/so/seller-groupbuy-
          ru.php?spm=0.0.0.0.zsOrNa 1.卖家店铺评分需要高于4.5分（三项都要高于4.5） 2.以下国家必需设置包邮：俄罗斯联邦,乌克兰,白
          俄罗斯； 3.从2014年12月08日开始，参加俄罗斯团购的商品禁止使用无挂号小包物流。一经发现，速卖通将禁止商家参加所有平台
          活动六个月，同时有权根据平台规则对违规行为进行处罚。备注 1.参加俄罗斯团购的商品还能设置店铺自主营销活动和平台日常活
          动，但是不能同时报名Today's Deals和巴西团购。
招商时间：  2015.03.16 - 2015.03.23
展示时间：  2015.03.30 - 2015.04.03
活动要求：  价格折扣： 99% OFF ~ 25% OFF，店铺等级： 二勋 - 五冠，90天好评率≥93.0%，描述相符分≥4.5，沟通得分≥4.5，物流得分
          ≥4.5，商品评分≥4.6，30天销售数量(俄语系)≥1，免邮国家(俄语系)
支付时限：  买家下单成功时开始 3 天内
类目要求：  电话和通讯>电话和附件 (99% OFF ~ 25% OFF)
          电话和通讯>手机配件和零件 (99% OFF ~ 25% OFF)
          更多 ▼
报名情况：  查看报名情况 ▼
```

图 5-53

通过观察各类平台活动的报名条件，我们可以提炼出一些基本的条件来。

严禁提价打折：提价打折，即在产品上线之后将价格调高再打折的行为。这种操作表面上能够很容易实现加大物品折扣力度的目的，但是买家最终享受不到真正的折扣，购物体验非常不好。

满足最低折扣力度：比如说大多数俄罗斯团购，折扣范围都需要在 40%～99% 之间。

达到要求的店铺等级：大多平台活动对店铺等级会有一定的要求，比如说最低要二勋店铺，如果店铺没达到这个等级，就无法报名。当然也有一些活动是没有等级要求的，具体参见每个活动的"活动要求"。

达到好评率要求：图 5-53 中的例子，要求报名产品 90 天的好评率≥93%。

对基本活动对象国包邮（俄罗斯团、巴西团）：速卖通主打的是 Free shipping 的产品，即对买家包邮，这样就免除了大多数买家对于运费的担忧。所以平台活动都指明了该活动对于哪些国家需要包邮。比如说俄罗斯团购，要求的包邮国家不仅是俄罗斯，而且要求对俄语系的 15 个国家都包邮。它们分别是欧洲的：俄罗斯联邦、白俄罗斯、爱沙尼亚、立陶宛、拉脱维亚、乌克兰、摩尔多瓦，还有亚洲的：亚美尼亚、阿塞拜疆、格鲁吉亚、哈萨克斯坦、乌兹别克斯坦、吉尔吉斯斯坦、土库曼斯坦、塔吉克斯坦。所以设置俄罗斯团购运费模板包邮国家时要记得都选上。

符合活动主题：任何平台活动都会有一个主题，比如说情人节促销，就必须要求报名的产品有情人节的元素，比如说标题直接带有情人节关键词，或者说在描述里有很贴切的情人节文

案等。

销量要求：回到上图中俄罗斯团购的例子，该团购活动要求报名产品30天销售数量（全球）≥1，当然并非所有平台活动都会有销量要求。

以上是平台活动比较基本的报名要求，也就是说我们要想报名成功，必须满足相关条件。

5.1.7.3 平台活动选品技巧

了解了平台活动的报名条件，我们就比较容易有针对性地选择和完善能满足相应指标的产品，并不断为将来的平台活动做准备，重点可以从下面三个方面着手。

分析流行趋势：特别是针对Fashion类的产品，春夏交替或者新流行元素的风行（如电影元素，但是要注意避免侵权）都是非常好的风向标。所以符合流行趋势的产品，都是平台活动的重要参考对象。

优化五重匹配：这里说的五重匹配，是指标题、图片、关键词、属性、文案。当我们选定一个产品想报名平台活动时，只有这个产品的五个重要信息都高度贴合并且质量都很高，产品的相关性分值才能达到最大化。

提升服务质量：相信随着速卖通新卖家服务等级的上线，大家已经深切体会到新的服务体系的重要性了。如图5-54所示，当卖家服务等级是优秀的时候，平台活动有优先参加的权限。

卖家服务等级详解	不及格	及格	良好	优秀
定义描述	符合以下任一条件： 1. ODR>=8% 2. 卖家责任裁决率>=0.8%	符合以下所有条件： 1. 4%<=ODR<8% 2. 卖家责任裁决率<0.8%	符合以下所有条件： 1. ODR<4% 2. 卖家责任裁决率<0.8%	符合以下所有条件： 1. 考核期内结束的已支付订单数>=90笔 2. ODR<2.5% 3. 卖家责任裁决率<0.8% 4. 90天好评率>=97%
橱窗推荐数	无	2个	5个	10个
搜索排序曝光权利	曝光靠后	正常	曝光优先	曝光优先+特殊标识
提高放款特权	无法享受最高放款比例	无法享受最高放款比例	无法享受最高放款比例	有机会享受最高放款比例
平台活动权利	不允许参加	正常参加	正常参加	优先参加
店铺活动资源	活动时长和数量大幅减少	正常	正常	正常
营销邮件数量	0	100	200	500

成长期卖家和无服务等级的卖家将与及格卖家享受同等的平台资源。

图5-54

通过对这一点的学习，相信我们对于如何选取产品报名平台活动会更有把握。

5.1.7.4 平台活动报名流程

每一期的平台活动招商，我们都能够在速卖通卖家后台"营销活动"板块下的"平台活动"栏目中找到报名入口。我们用前面选好的产品报名即可，一旦入选，该产品将出现在活动的指定推广板块，得到海量曝光。下面是具体的报名流程：

首先根据图 5-55 选好平台活动的种类。第一步是打开速卖通卖家后台的"营销活动"页面，第二步是找到"平台活动"，第三步会默认选中"可参加的活动"，图中圈出来的内容是告诉大家还可以点击下拉菜单选择"所有活动"，看看自己有哪些活动是目前不能参加但是可以通过提高自身的条件参加的。假设我们打算报名参加"巴西团队 174 期单品招募"，最后一步只要在该活动的右边找到"我要报名"的按钮，点击即可。

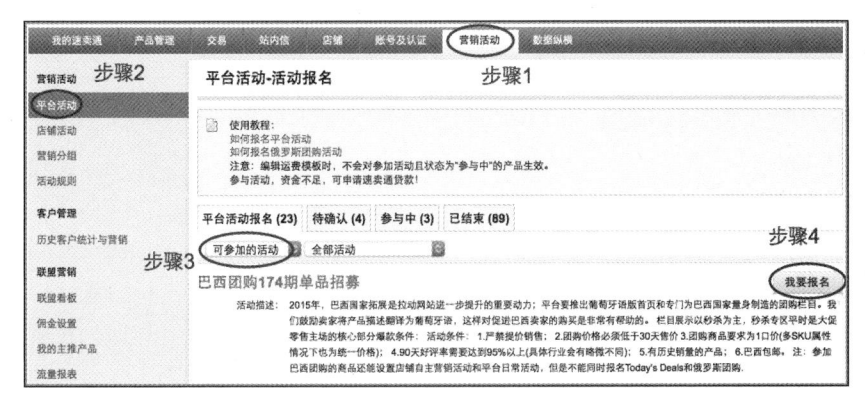

图 5-55

选好平台活动种类之后，接下来是产品的选择。根据提示点击"选择产品"，出现如图 5-56 所示的对话框，通过类目的选择来浏览可以参选的产品，结合自身的供应链优势选择最优产品报名。当前平台活动一共允许报名 3 个产品，在列表中的产品都是符合基本条件的产品，只需要在左侧的方框内打钩即可选中。对话框里有"时间冲突的活动"一栏，意思是当前产品已经报了其他的平台活动，并且该活动的时间和当前活动冲突。这类产品左侧的打钩一栏是无法操作的，即不允许报名。

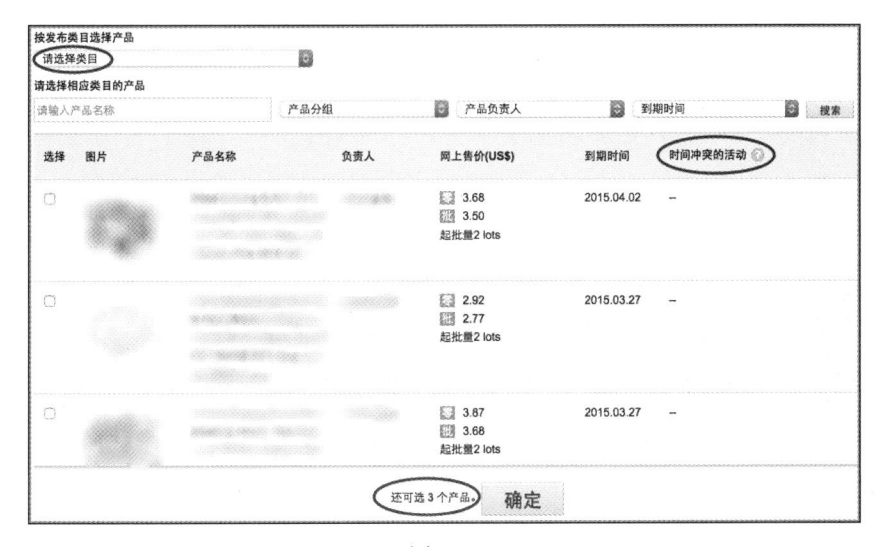

图 5-56

勾选好所有产品之后，点击确定，进入下一个环节，即产品的折扣力度、库存及限购数量的选择。如图 5-57 所示，折扣率范围必须满足 99%～25%OFF，活动库存数必须≥200，否则会报错提示修正。关于限购，意思是当前客户 ID 以该折扣能买到的最大组数。我们按照自身能承受的让利范围填报折扣率和库存。

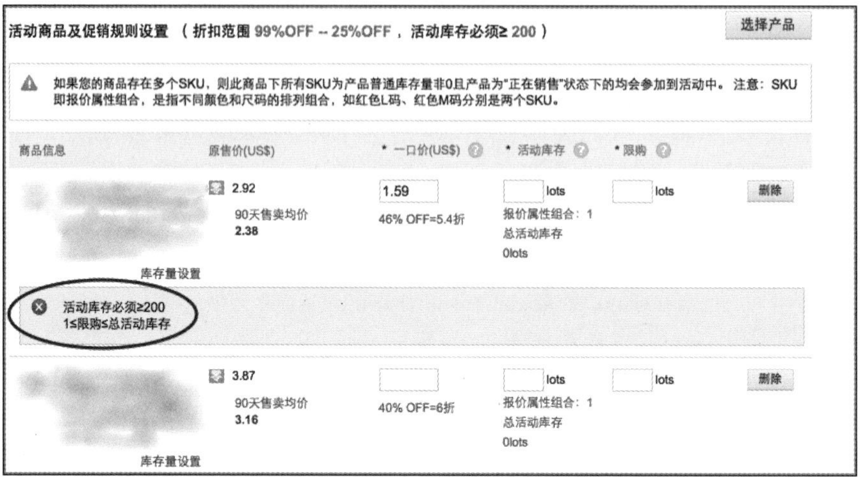

图 5-57

选择完毕之后，下方会有一个"确定"按钮，点击后弹出确认信息对话框，如图 5-58 所示，点击确认，完成报名。

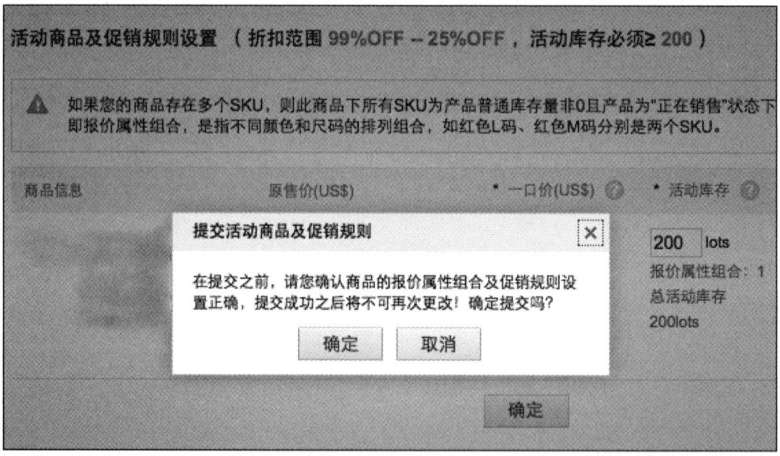

图 5-58

完成报名之后，我们还可以通过图 5-59 中的步骤查看所有已经报名的平台活动。有些平台活动报名之后，在产品被锁定之前是允许修改库存和折扣率等数据的，有些则不行，具体要看活动类型和要求。

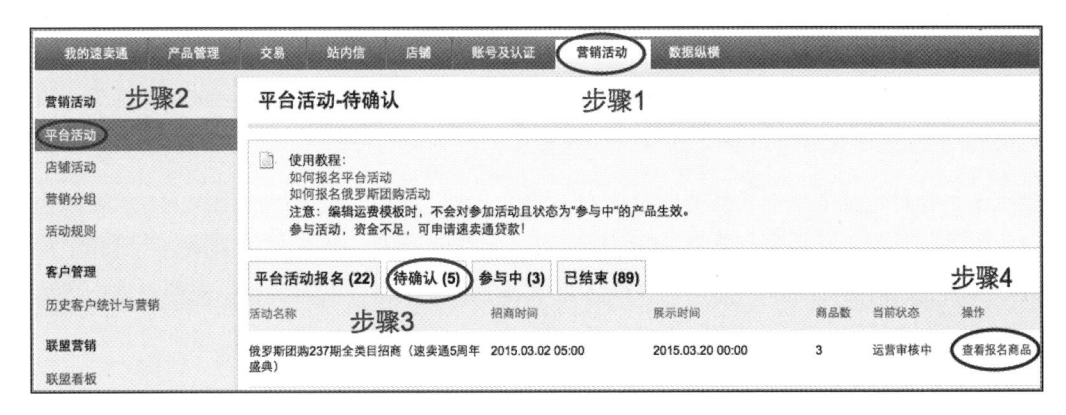

图 5-59

到这里为止，平台活动的报名流程就结束了，当该平台活动的招商期结束之后，"当前状态"会由"招商进行中"变为"运营审核中"，等待速卖通审核。也就进入到我们下一环节需要学习的内容，即平台活动的入选机制。

5.1.7.5 平台活动入选机制

相信大家在关注已经成功上线的平台活动产品时，一定非常想知道这些产品是如何经过层层挑选，最终被成功选上的。现在我们来一起揭晓这道工序的奥秘，通过熟悉这些规则来反推我们每道关卡需要如何去完善产品以提高竞争力。如图 5-60 所示，卖家报名同个平台活动的产品成百上千，要是都靠人工来选择，是绝对不现实的。所以为了提升效率，速卖通设置了第一道关卡，而把关的是一道完善的程序。程序放行的产品，才能进入第二道关卡由人工挑选，最终入围的产品顺利被锁定等待上线。需要注意的是，当产品"当前状态"变成"已锁定"时，并不意味着就一定能在活动上线时被推广，有部分锁定产品会作为备选方案，当首选的某些产品因为库存不足或者表现不佳等各种情况被当前活动下线时，这些备选的产品就有机会出现在推广页面。无论如何，能被锁定是进入平台活动的先决条件。

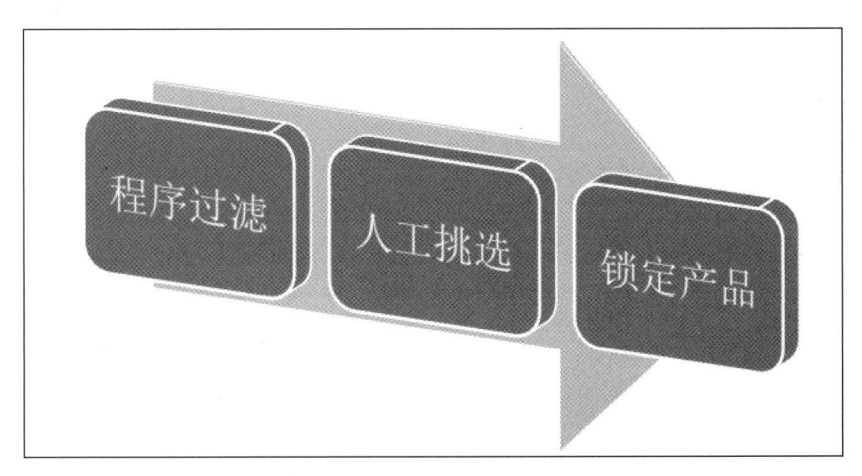

图 5-60

我们先来解读一下第一道关卡。前面我们学习了报名平台活动的基本条件，其实这些条件都被设置到了第一道过滤程序里，所有产品只要有一个基本条件不满足都会被排除在外，哪怕产品竞争力再强，也无缘“面圣”。所以我们在报名平台活动的时候，一定要反复确认这些细节。

产品只要符合基本条件，就能顺利进入第二道关卡。而第二道关卡的把关人，就是我们的平台活动小二。在人工挑选阶段中，他们都会有一个类似于图 5-61 那样的表格。当这份“产品简历”摆在他们面前的时候，如何能在众多竞争者中脱颖而出，就需要我们对照表格中各项数值优化我们的产品信息质量。可以肯定的是，我们平台活动对图片的要求是尽量白底。

等级:	产品转化率：	报名折扣：	产品ID	商品分值	不操作
购买率：	30天纠纷率：	实际折扣：	产品标题	卖家分值	通过
好评率：	成功订单数：	折后价：	产品量级	推荐指数	不通过
出单率：	历史订单数：	报名价：	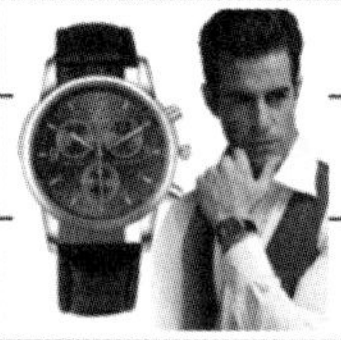		待定
订单数：	加入购物车数：	竞争力度:			
售出率：		近30天均价：$			

图 5-61

完成了所有报名工序之后，记得随时查看邮箱。不管成功与否，我们都会及时收到速卖通发过来的邮件通知。如果相关产品报名成功，收到的邮件就会如图 5-62 所示，并且可以提前查看展示页面样式。

【2014年双11大促】大促会场5折精品招募- 男人服装配饰鞋包首饰&Cosplay服装活动报名结果通知

尊敬的：

感谢您参加全球速卖通的【2014年双11大促】大促会场5折精品招募- 男人服装配饰鞋包首饰&Cosplay服装活动！

您的以上产品已通过本次活动的审核，将于美国太平洋时间2014-11-11 00:00 – 2014-11-12 00:00（活动开始时间-活动结束时间）期间在主站活动页面进行展示，请您及时关注，谢谢！

活动页面地址： http://activities.aliexpress.com/1111_sports.php

图 5-62

如果产品没有通过审核，那么速卖通发过来的邮件就会是图 5-63 中的格式，这里就需要大家多去分析审核未通过的原因。

> 您的以上报名产品未通过本次活动的审核，给您带来的不便敬请谅解，期待您的下次参与，谢谢！
>
> 审核未通过参照原因：
>
> 1. 报名商品在同类产品中价格优势不明显；
>
> 2. 报名商品的信息质量不高，商品综合质量分低，如图片，销量和描述；
>
> 3. 报名商品没有对指定国家包邮；
>
> 4. 报名商家曾多次参与同一类型活动；
>
> 5. 报名商家数量过多，您的店铺等级在同类商家中优势不明显；
>
> 6. 报名商品有提价打折嫌疑；
>
> 7. 报名商品提供库存数量不足；

图 5-63

相信报名平台活动将来会成为一种常态。不管报名之后能否入选，入选之后活动能否符合我们的预期，都希望大家能不断去尝试和总结，吸取经验和教训，这样我们的平台活动才会越做越好！

5.2 速卖通直通车

5.2.1 什么是速卖通直通车

5.2.1.1 走近 P4P 广告模式

P4P（Pay for Performance）广告，是按照效果付费的广告模式。当买家搜索一个关键词，设置了该关键词推广的商品就会在相应的展示位上出现，当买家点击了你推广的商品时，才会进行扣费，这是典型的点击付费广告。

由于它可以让广告主在推广与成交之间畅通无阻，迅速获得切实的推广效果，所以被人们形象地称作"直通车"。比如，阿里巴巴的淘宝直通车、外贸直通车，当然还有我们的速卖通直通车。可以说这种广告模式已经成为互联网上广泛应用的推广营销工具。

其实这种广告随处可见，我们一起来看看吧，如图 5-64 ~ 图 5-66 所示。

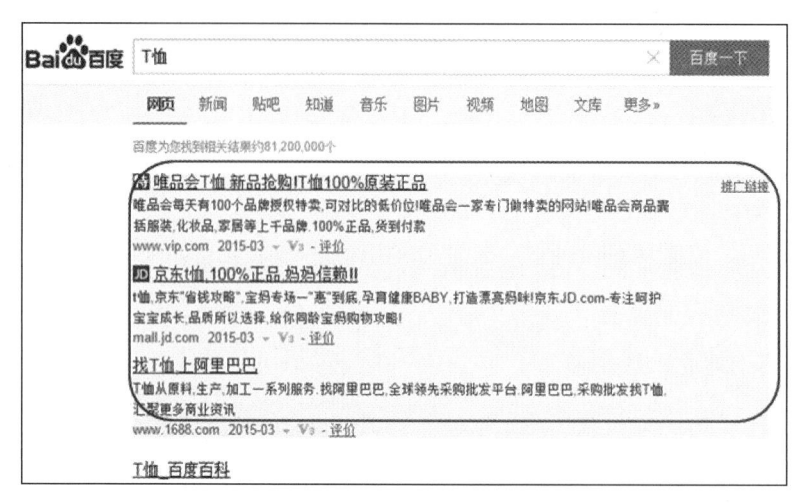

图 5-64

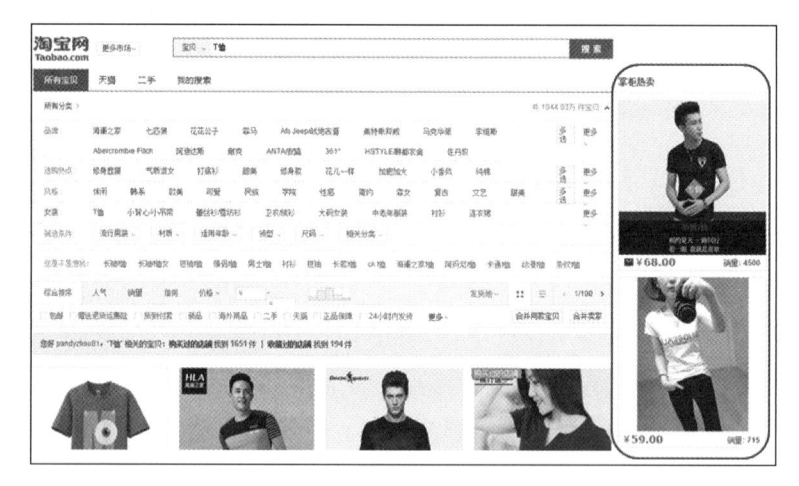

图 5-65

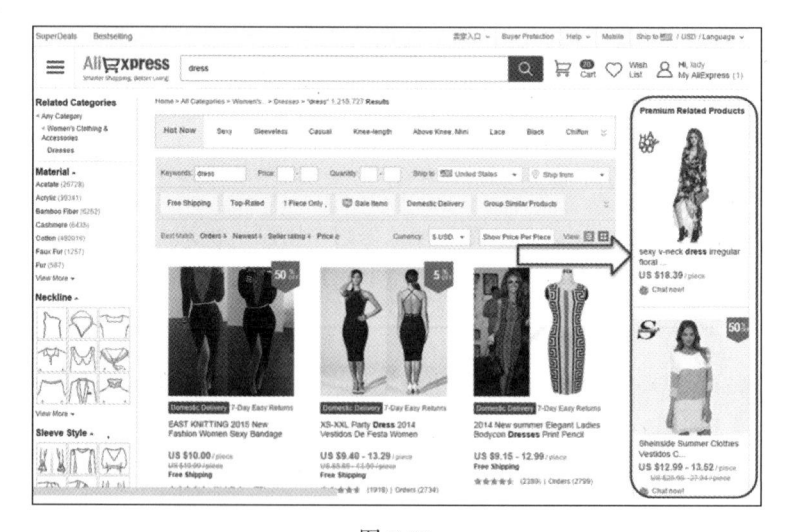

图 5-66

5.2.1.2 直通车的价值

那么作为 P4P 广告模式的典型代表，速卖通直通车又是什么？对我们的卖家来说它的价值又在哪里呢？

速卖通直通车就是为全球速卖通卖家量身定制的，能够实现快速提升店铺流量，按点击付费的效果营销工具。它最大的价值就在于为卖家引流，很多卖家会用来测试新品或者打造爆款。

我们来看看使用了速卖通直通车的店铺，流量会有怎样的增加，推广效果会有怎样的提升，如图 5-67、图 5-68 所示。

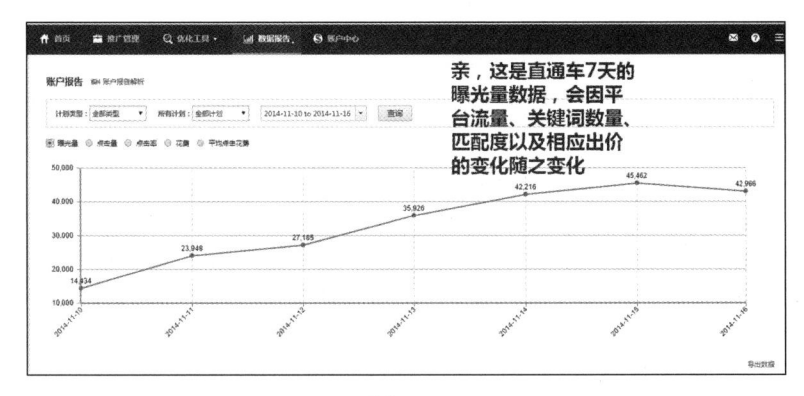

图 5-67

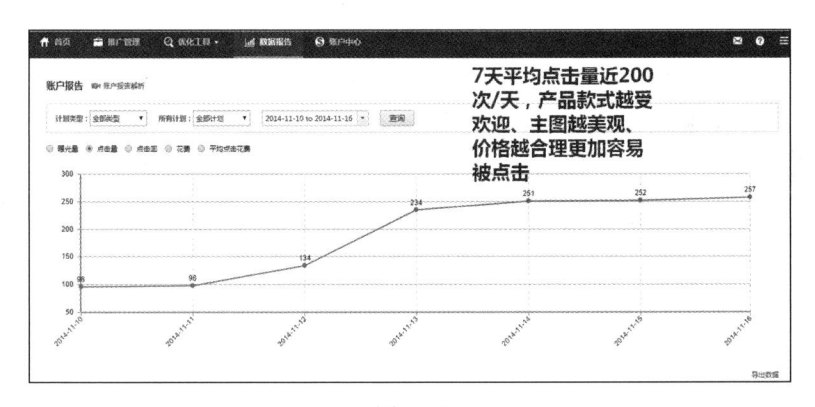

图 5-68

看到这里大家对速卖通直通车可能已经有了一个初步的认识，但是为了更为全面和深入地了解速卖通直通车，下面继续为大家剖析速卖通直通车的四大优势。

5.2.1.3 直通车的优势

1. 第一大优势：黄金"地段"，海量展现

速卖通直通车目前有两种投放方式：关键词投放及商品推荐投放。

关键词投放会将你的产品带到搜索结果页面的右侧，以及搜索结果页面下方的位置；同时，商品推荐投放功能，也会将你的商品带到任意商品详情页面下方的推荐位置。这些位置都是平

台上最能吸引买家眼球的位置，而且这些位置在每一页都有。关键词投放的展现位置如图 5-69、图 5-70 所示。

图 5-69

图 5-70

商品推荐投放的展现位置如图 5-71 所示。

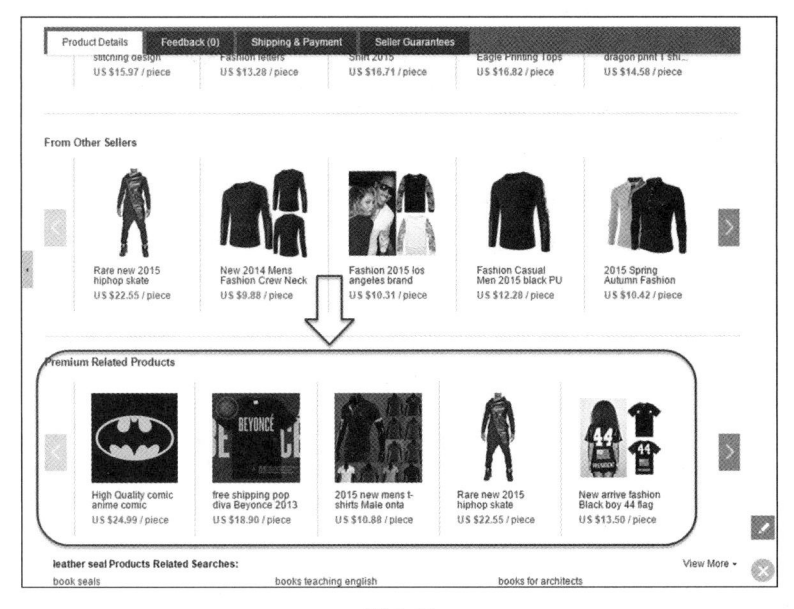

图 5-71

也就是说直通车将会以海量的多元化展示投放方式，让你的商品尽可能多地占据速卖通平台最吸引眼球的黄金位置。

打个比方，比如你想要快推新品，只要你让你的新商品排在这些地方靠前的位置，就可以快速吸引买家；再比如你想打造爆款，你就可以让你的畅销商品占领所有相关关键词靠前的位置。这就是最为直接的引流方式，与此同时在商品排名靠前及海量曝光的过程中，也间接地帮你实现了全店铺曝光和品牌知名度的快速提升。这是其他的广告营销手段无法超越的，也正是直通车最最核心的价值体现。

2. 第二大优势：精准点击，扣费合理

首先，刚才跟大家讲到的那些海量的引流，曝光是绝对免费的，有了点击才会产生扣费！

其次，系统会屏蔽所有无效点击，比如，中国大陆地区点击、重复性的人工点击等等。所以说你收到的必然是具有买家购买意愿的精准点击！

第三，针对性扣费，你的关键词出价会在一定程度上影响你的点击花费，但是这个价格只是你为一次点击支付的最高金额，实际扣费小于或等于你的出价金额，如图 5-72 所示。

图 5-72

事实上，很多卖家朋友都知道我们速卖通直通车目前在各行业中的平均点击花费的性价比非常高。所以说，直通车，就是让你获得精准点击的同时，最大程度上帮你控制成本。

3. 第三大优势：自主选择，收放自如

推广计划可以分为重点推广计划和快捷推广计划，无论是商品，还是关键词，你都可以按照自己的需求选择推广投放，如图5-73所示。

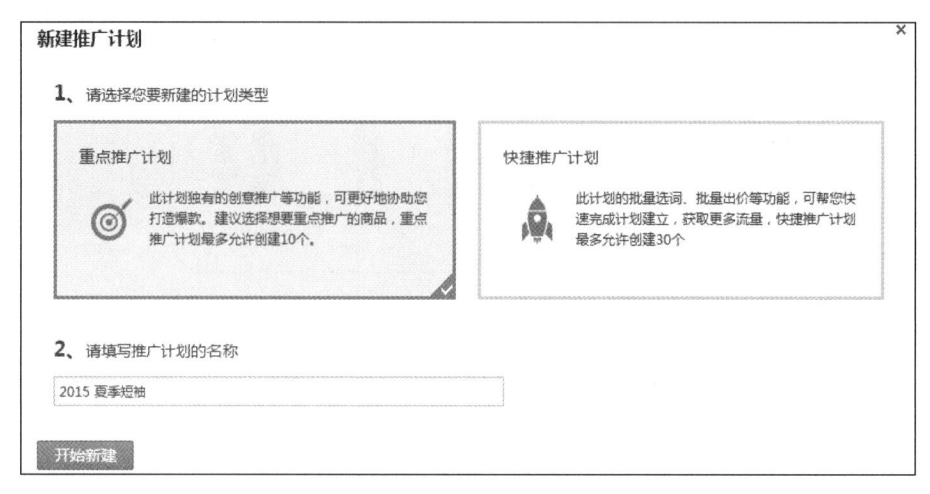

图5-73

我们还可以根据不同的推广目的选择单品、多品进行区别性推广，如图5-74所示。另外我们也可以对店铺中的单品进行整合，利用大量的关键词去测试和筛选我们的热销商品，去探索我们的蓝海市场。

图5-74

5.2.2 直通车基础概况

5.2.2.1 直通车的规则

1. 展示规则

通过推广，我们的商品主要会展示在两个地方，就是每一个搜索结果页右侧的 5 个推广位，和底部的 4 个推广位，如图 5-75 所示。

图 5-75

2. 排序规则

直通车的排名，主要受两大因素的影响，分别是推广评分和出价，其中推广评分在整体排名中起着很关键的作用，它主要通过4个因素来考量，分别是：商品信息质量、商品与关键词匹配性、商品评分及店铺评分，如图5-76所示。

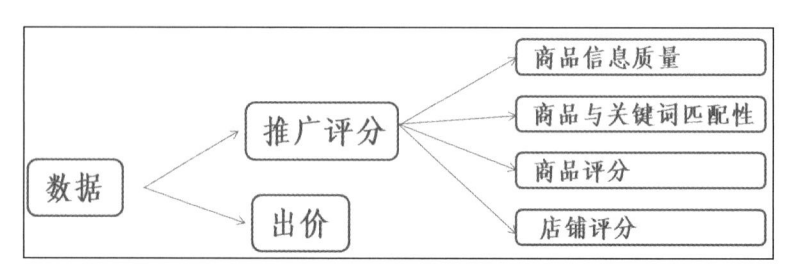

图 5-76

（备注：商品评分指的是买家对产品认可度及对产品的评分和评价；店铺评分指的是买家对店铺的DSR评分及卖家产品描述、卖家服务和物流服务。）

这样讲可能会有些抽象，那么我们来看一下具体的案例，如图5-77所示。

图 5-77

这里展示的推广评分一共分为两种情况：优和良，如果你要排在首页的右侧，那么推广评分必须为优，只有推广评分为优，再加上具有竞争力的出价，才有可能排在首页的右侧。如果推广评分为良，那么出价再高，也没有办法排在首页的右侧。因为一个产品的属性和关键词数量有限，无法让很多关键词都成为优词，所以速卖通直通车于2014年下半年推出了"创意"功能，这样卖家可以轻而易举地让更多关键词成为优词，具体操作我们接下去会详细介绍。

> **提示**：这里的排名位置会根据推广评分和出价进行实时调整，所以一定要多关注后台的数据。

3. 扣费规则

直通车产品的展示、曝光不扣费，国外有效点击才扣费（比如：大陆地区点击不扣费、无效重复点击不扣费）。扣费与你的推广评分及出价相关（但实际的扣费肯定不会超过你的出价）。

当然这些数据在你的后台，都是可以查看的。

4. 商品推荐投放

除了关键词的投放，速卖通直通车还为你提供"商品推荐投放"功能。该功能通过对你计划内的商品出价，以及商品与买家需求的匹配度的考察，决定是否将你的商品推荐到买家关注的位置。商品详情页面下方的推荐位如图 5-78 所示。

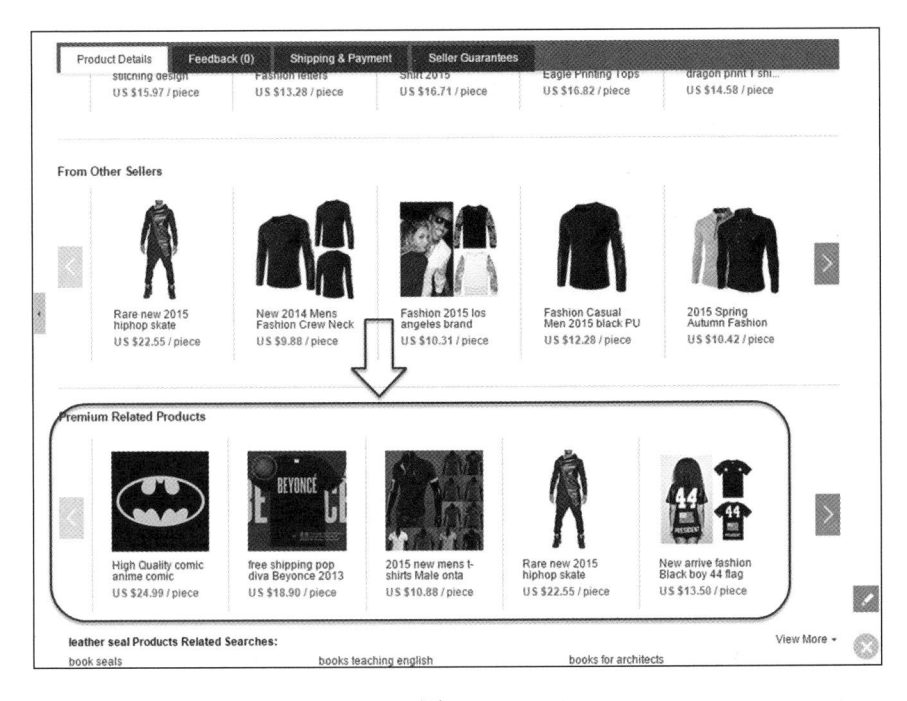

图 5-78

卖家只需在推广计划中的"参与'商品推荐投放'并设置单次点击最高价格"前打钩，并设置相应的价格即可，如图 5-79 所示。

图 5-79

5.2.2.2 直通车的推广方法

1. 直通车推广方法

目前直通车的推广方法有两种,一种是专为打造爆款的重点推广计划,另一种是方便测品的快捷推广计划,两种方法各有优点并都带有自动选品的功能,系统会根据近期数据向我们展示近期表现不错的商品,更加方便我们选品,如图5-80、图5-81所示。

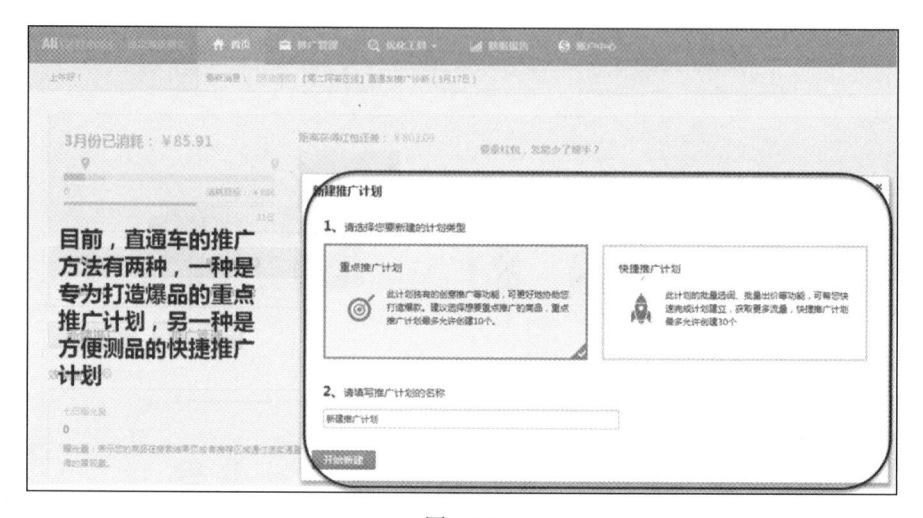

图 5-80

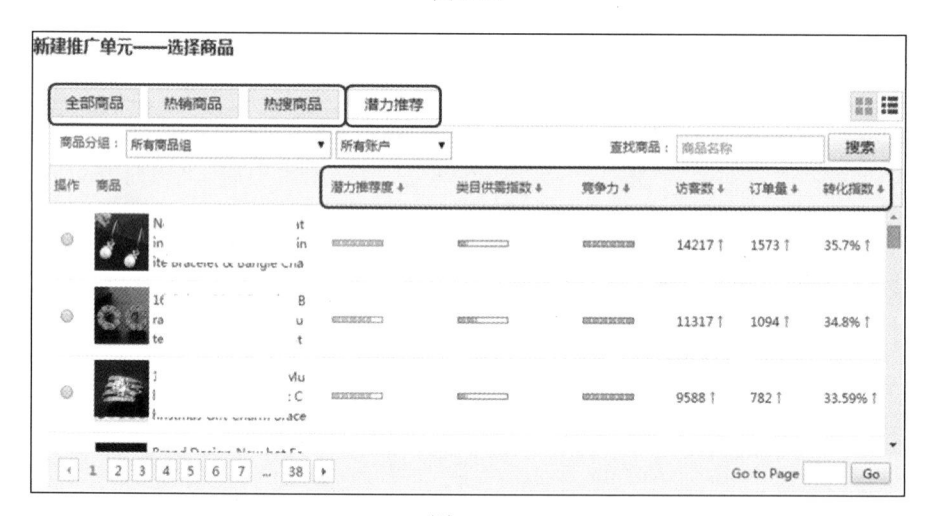

图 5-81

2. 直通车重点推广计划

(1)直通车的重点推广计划

重点推广计划独有的创意推广等功能,可以更好地协助我们打造爆款。重点推广计划最多允许创建10个,每个计划建议推广同类目的商品以便于后期管理,并且选择想要重点推广的商品,集中精力做推广。

（2）重点推广计划的创意功能

想必大家在推广产品的过程中肯定遇到过这两种情况：一种是想花很多精力推广一个商品，但是发现能与商品匹配的优词很少，大部分热词是良词，无法达到理想推广目的。另一种是，产品颜色主图有多张，却不知道放哪一张为推广主图。2014年直通车改版之后，在重点推广计划中推出了这个功能，同时解决了这两个问题，如图5-82、图5-83所示。

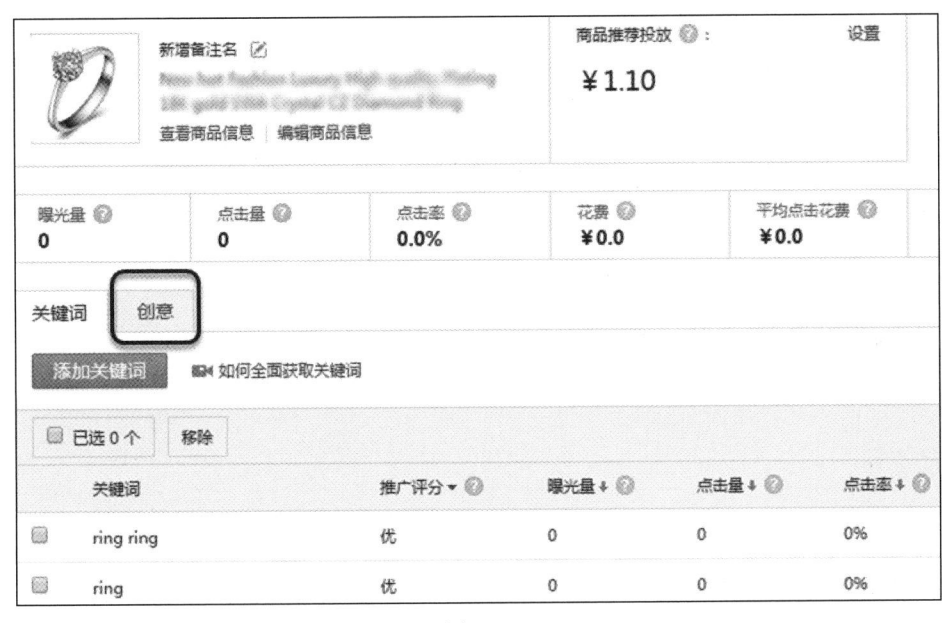

图 5-82

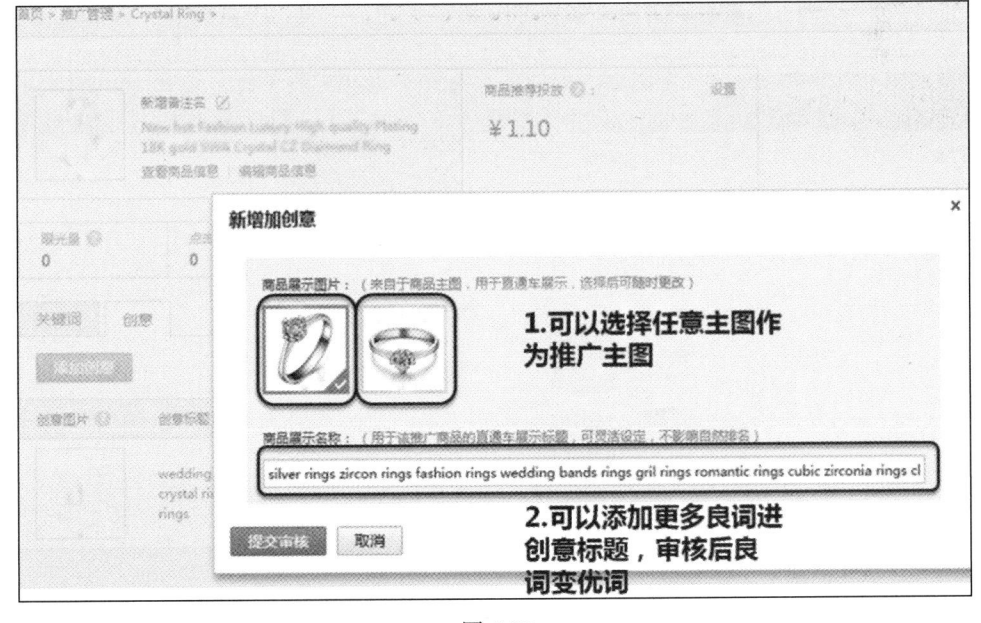

图 5-83

3. 直通车快捷推广计划

每个账户最多能同时创建 30 个快捷推广计划，每个计划最多能同时推广 100 个商品，同时具备批量选词、批量出价的功能，可以让我们用更少的时间和精力，更快地选出值得我们集中精力推广的商品，如图 5-84 所示。

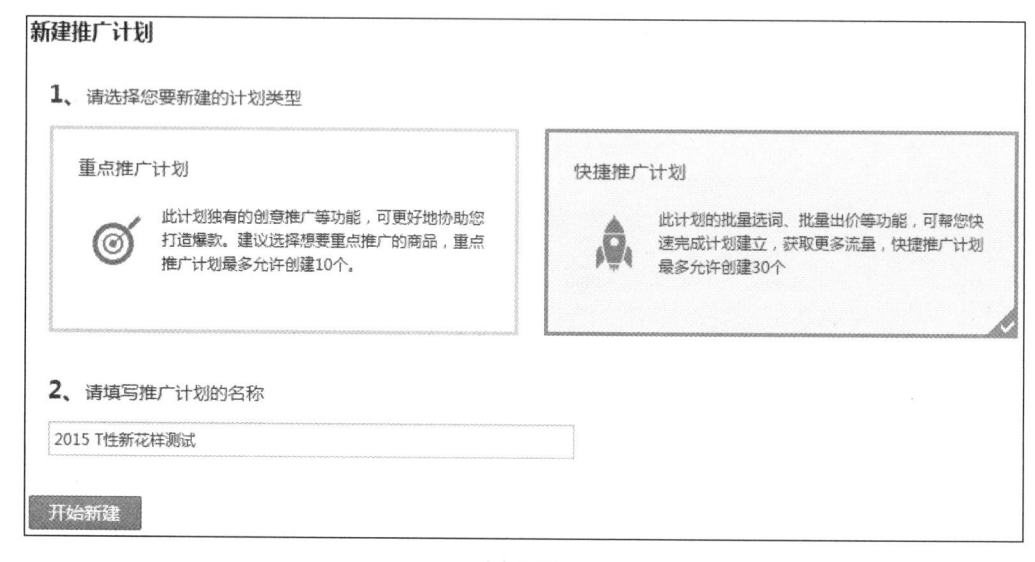

图 5-84

5.2.2.3 直通车的优化工具

1. 速卖通直通车于 2015 年新推出了选品工具和关键词工具等两种新的优化工具，在选品及选词的问题上提供了突破性的解决方案，如图 5-85 所示。

图 5-85

2. 选品工具的两个主要功能

（1）第一个是系统会有三个推荐理由来帮我们推荐值得推广的产品，分别是：热搜、热销和潜力。随着数据越来越全面，这个功能被使用的次数也越来越多，此外我们也可以同时针对商品分组、发布的相应账户及数据维度对分析结果进行相应的筛选，如图 5-86 所示。

图 5-86

（2）第二个功能是可以非常直观地对全店所有商品从多种数据维度进行筛选和排序，让我们对店铺商品数据一目了然。主要有同行对比数据下的类目供需指数和竞争力数据，以及商品数据中最为关键的浏览量、访客数、加入收藏夹次数、加入购物车次数、订单量、转化指数。每个筛选主页可以呈现 30 个商品，比数据纵横中的商品分析多出 20 个，同时也可以下载商品列表，用 Excel 分析数据结果，如图 5-87 所示。

图 5-87

3. 关键词优化工具

速卖通直通车的关键词工具做了一次重大更新，更新后的功能主要体现在五大方面：（1）用任意关键词搜索出更多相关关键词。（2）可以针对现有的推广计划或者任意行业搜索推荐关键词。（3）系统会自动推荐一些近期行业买家搜索词。（4）我们可以根据四种标签筛选被推荐的关键词：高流量词、高转化词、高订单词、小二推荐词。（5）当我们选好关键词后，也可以对所选的词批量出价。关键词的优化如图 5-88 所示。

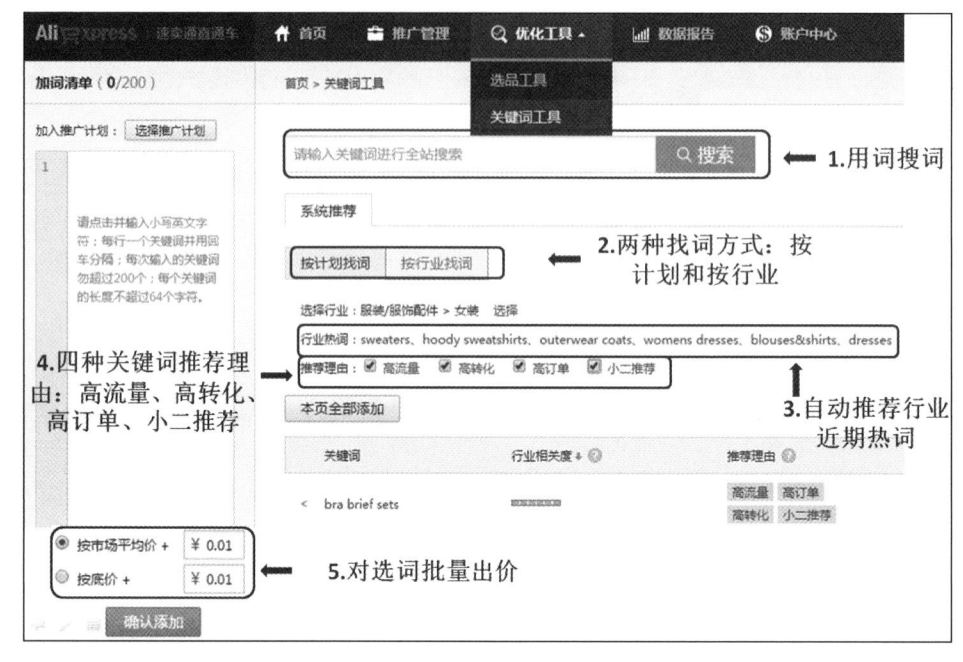

图 5-88

5.2.2.4 直通车的数据分析

1. 直通车首页

（1）投放状态

推广中：当你的账户为正常状态、账户余额大于 0，且有至少 1 条处于激活状态的推广信息时，显示推广状态为"推广中"。该状态下买家在前台直通车展示位可能看到你的推广商品，海外有效 IP 用户点击后，会产生相应扣费，如图 5-89 所示。

图 5-89

未推广：该状态下，推广计划不生效，直通车展示位无法展示你的推广商品。

以下情况会出现"未推广"状态：

① 账户冻结：当你的账户为冻结状态时，显示推广状态为"未推广"您的账户目前处于冻结状态，已停止所有推广。如有问题请与服务人员联系。

② 无推广信息：当你的账户为正常状态、账户余额大于0，且没有创建任何推广信息时，显示推广状态为"未推广 您还没有创建推广信息，现在就去创建推广信息。"点击"创建推广信息"按钮可链接到创建推广信息页面。

③ 推广信息全部暂停：当你的账户为正常状态，账户余额大于0，且你有创建完成的推广信息，但是全都设置为"暂停"状态时，将显示推广状态为"未推广 目前您的推广信息全部处于暂停投放状态，现在就去激活推广信息。"点击"激活推广信息"按钮可链接到推广计划管理页面。

④ 账户欠费：当你的账户为正常状态，且账户余额小于等于0时，显示推广状态为"未推广 您的账户欠费，已停止所有推广。请您及时充值。"点击"充值"按钮可链接到充值页面进行支付宝在线充值。

⑤ 达到每日预算限额：当你的账户为正常状态，账户余额大于0，且你今天的消耗总额已经达到设定的日广告预算时，所有推广信息都会下线，显示推广状态文案为"未推广 您今天推广总消耗额已达预算限额。"你可以提高每日预算以延长投放时间。

（2）我的账户

显示你的速卖通直通车账户的相关信息，如图5-90所示。

图 5-90

可用余额：指现金账户与红包账户的实时总余额。如遇账户余额不足，点击推广服务的使用将自动终止。

预计可消费天数：根据最近 7 天你的账户日均推广花费金额和当前你的账户余额，推算你未来可正常持续推广的天数。

今日消耗：实时显示你的账户今日已经产生的现金+红包扣费金额，系统会按照你红包和现金账户的余额等比例扣除，例如：你的现金账户有 8000 元，红包账户有 2000 元，你每消耗 100 元，系统会从现金账户扣除 80 元，红包账户扣除 20 元。

每日消耗上限：显示你的账户当前设定的日最高推广消费上限额。

2. 推广信息概况

推广信息如图 5-91 所示。

所有计划：显示当前包括重点推广计划和快捷推广计划的推广计划名。后面带橙点的是重点推广计划，无标志的为快捷推广计划。

状态：绿点代表正在推广的计划，暂停标志则为暂停推广的计划。

类型：分为重点推广计划和快捷推广计划。

计划概况：分别显示重点推广计划中包含的推广单元数、快捷推广计划中包含的商品数和关键词总数。

警示三角形：对所有推广计划检索后的提醒。

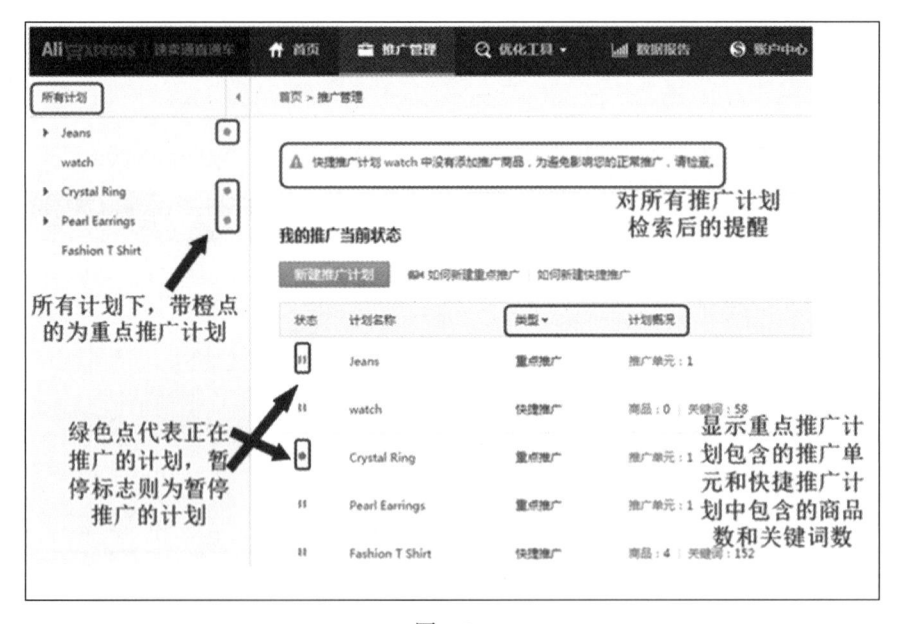

图 5-91

推广效果监控、自定义监控如图 5-92 所示。

七日曝光量：指最近 7 天，你所有推广中的商品在海外买家的搜索过程中获得的展现流量。

七日点击量：指最近7天，你所有推广中的商品在海外买家的搜索过程中，获得的买家进一步点击查看的次数。

七日点击率：点击率=点击量÷曝光量。如果点击率较高，说明买家对你推广中的商品更感兴趣，愿意通过点击进一步查看了解你的商品详情。点击率是反映你的商品是否满足买家的采购需求、是否令买家感兴趣的重要指标。

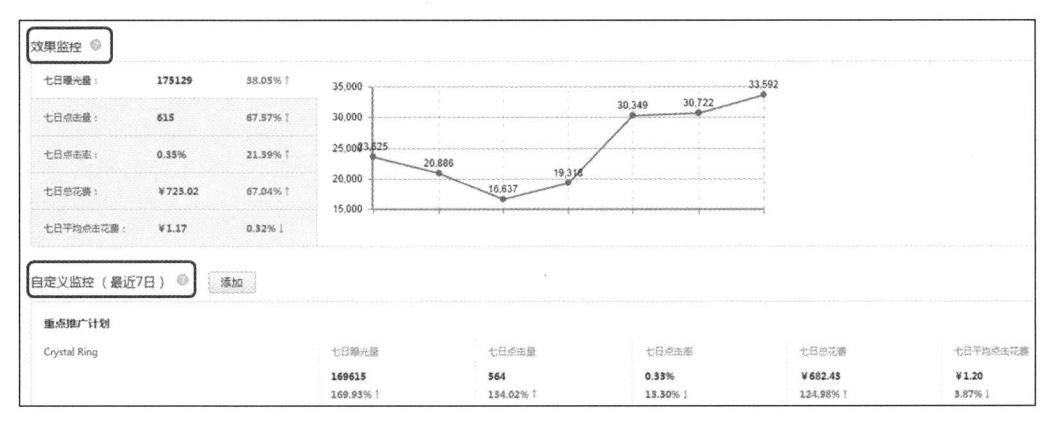

图 5-92

七日总花费：指最近7天整个账户的财务消耗，精确到小数点后两位，单位是元。

七日平均点击花费：指在最近7天，所有推广中商品点击花费的平均数，也代表了你引入一个潜在买家的平均成本。计算公式为：平均点击花费=总花费金额÷总点击量。

因为效果监控中的数据来自所有在推广的商品，在这种条件下，我们无法看到真正想关注的商品趋势，所以速卖通直通车又推出了自定义监控，使我们可以轻松查看各个推广计划中各个商品的效果。

3. 如何查看账户数据报告

通过点击直通车后台"数据报告"按钮，进入数据页面。

（1）账户报告

账户报告是针对你的速卖通直通车账户的整体营销状况提供的效果统计分析报告。账户报告是按天统计的，每一天的账户效果还可以展开，即按照推广计划的维度查看每天的数据。账户报告分为图形和报表两部分内容，反映曝光量、点击量、花费等多项数据指标，可由你自定义类型、时间段、指标进行查看，同时支持报告下载，如图 5-93 所示。

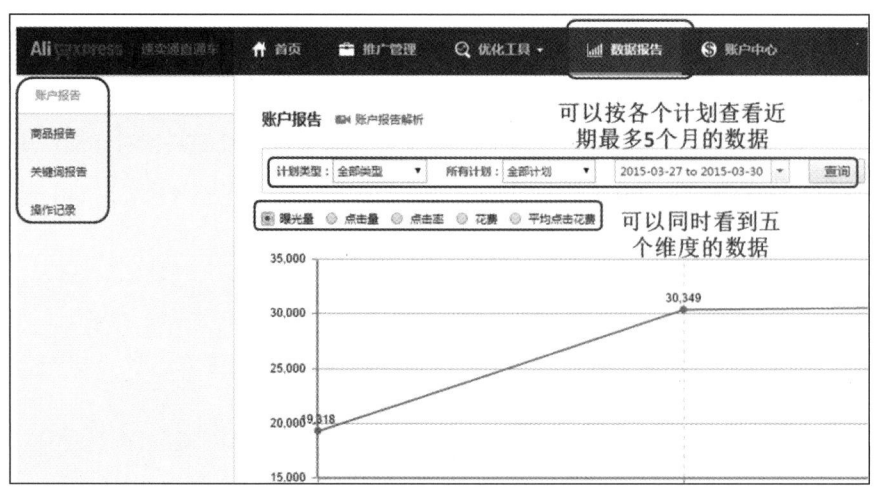

图 5-93

（2）关键词报告

① 关键词报告查看的重要性

在我们推广商品时，能得到充足的曝光量的基础在于关键词，所以我们要了解关键词的数据效果，包括关键词的数量、曝光量、点击量、花费等核心指标，再来确认下一步的优化方向。

② 如何查看关键词报告

关键词报告入口在"数据报告"—"关键词报告"页面，如图 5-94 所示。

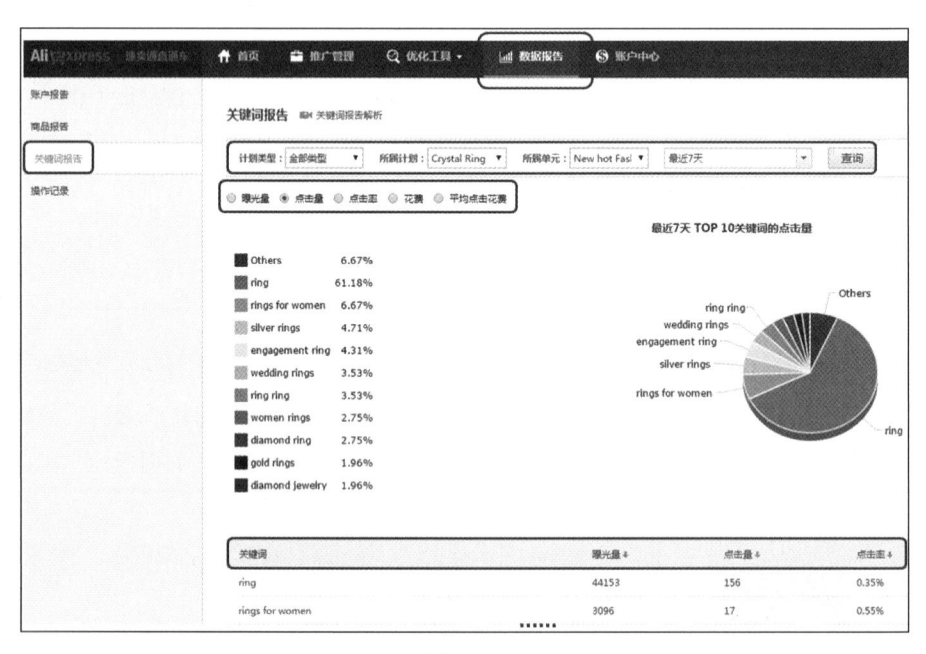

图 5-94

计划类型：我们可以通过筛选推广计划和推广单元来查看近期 5 个月内的关键词数据。

其余指标详情如图 5-95 所示。

曝光量：指在选定计划及时间范围内所有关键词的曝光量。

点击量：指在选定计划及时间范围内所有关键词的点击量。

点击率：指在选定计划及时间范围内所有关键词的点击率。

花费：指在选定计划及时间范围内所有关键词的花费。

平均点击花费：指在选定计划及时间范围内所有关键词的平均点击花费。

关键词	曝光量	点击量	点击率	花费	平均点击花费
ring	44153	156	0.35%	¥223.44	¥1.43
rings for women	3096	17	0.55%	¥25.72	¥1.51
silver rings	1471	12	0.82%	¥15.23	¥1.27
engagement ring	1381	11	0.8%	¥9.6	¥0.87
ring ring	4833	9	0.19%	¥15.47	¥1.72
wedding rings	3217	9	0.28%	¥15.2	¥1.69
women rings	1941	7	0.36%	¥9.22	¥1.32
diamond ring	879	7	0.8%	¥10.24	¥1.46
diamond jewelry	2160	5	0.23%	¥2.9	¥0.58
gold rings	1627	5	0.31%	¥5.88	¥1.18

图 5-95

在报告下方可以看到选定计划及选定时间范围内的每个关键词的曝光量、点击量、点击率、花费及平均点击花费等数据。同时可以对相关维度的数据进行排序，比如，我们选择最近 7 天的数据，按点击量排序之后，找到排在第一位的关键词，与自己要重点推广的商品进行对比，确认是否最贴切的关键词，如果不是，那就是推广计划需要继续完善。

如何结合关键词报告优化计划？查看完关键词报告之后，我们需要针对问题关键词进行细节排查和优化。比如说，关键词与商品匹配，但曝光量少，这时可以适当修改词出价。曝光量多但点击少的商品可以利用"创意"功能更换推广主图，点击多成交少的商品可以适当修改商品折扣和详情页来优化。

（3）商品报告

① 查看商品报告的重要性

在我们推广了商品之后，需要了解商品的数据效果，包括曝光量、点击量、花费等核心指标，用来确认下一步的优化方向。

② 如何查看商品报告

商品报告入口在"数据报告"—"商品报告"页面，如图 5-96 所示。

图 5-96

推广方式：我们可以按照各个计划查看该计划内所有商品近 5 个月内的数据，主要包括：曝光量、点击量、点击率、花费和平均点击花费。

在报告下方可以看到对应商品、对应时间内的曝光量、点击量、点击率、花费及平均点击花费等数据，该数据支持导出，如图 5-97、图 5-98 所示。

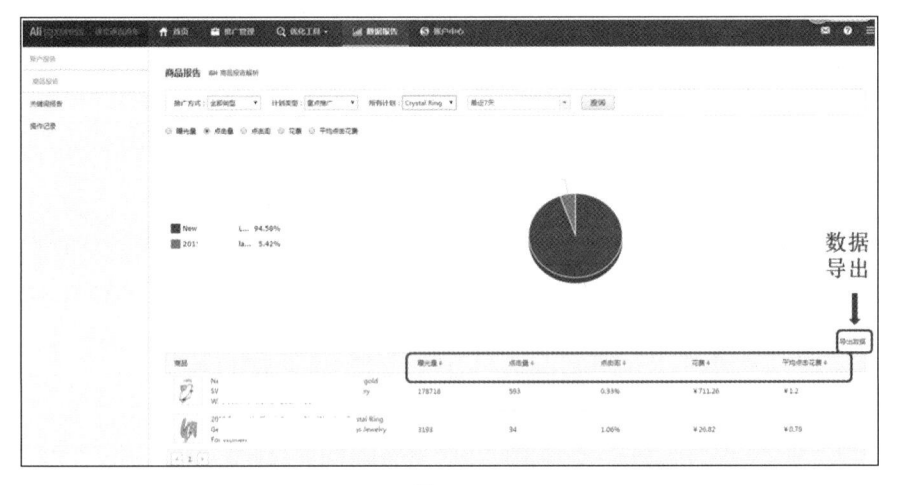

图 5-97

商品名称	曝光量	点击量	点击率	花费	平均点击花费
New hot 2015 Crystal Lu...	178718	593	0.33	711.26	1.2
2015 Romantic Wedding	3193	34	1.06	26.82	0.79

图 5-98

导出数据之后，我们可以对相关维度的数据进行排序。比如，我们选择最近 7 天的数据，按点击量排序之后，找到排在第一位的这款商品，与自己重点要推广的商品进行对比，确认是否主推商品，如果不是，那推广计划就需要继续完善。

③ 如何结合商品报告做优化

查看完商品报告之后，我们需要针对问题商品进行细节排查和优化。

在这里我们同样可以根据七日曝光量、七日点击量、七日花费等数据维度对推广计划进行整体排序。选择我们需要重点关注的推广计划，例如可以根据不同计划的推广数据，对一些计划增加或者更改推广商品，同时也可以根据计划的推广效果继续添加更多长尾关键词，增加点击量，降低平均点击费用。

（4）操作记录

在数据报告中还有一个非常好的功能就是查看操作记录，我们一次性可以查看5个月内所有的操作记录，这样，每当我们的直通车推广数据发生变化时，我们可以研究一下自己的操作记录，来发现和总结推广技巧和失误，提高我们的"开车"能力，争取花更少的资金，获取更多的点击，如图5-99所示。

图 5-99

（5）账户查询（如图5-100所示）

图 5-100

在账户中心中的账户查询，我们可以查看或者操作以下几点：

① 可以查看我们的可用余额和余额构成。

② 可以对我们已经充值成功的金额向阿里巴巴申请开增值税发票。

③ 设置余额提醒，防止推广计划在无意间因欠费而停止。

④ 对账户进行充值。

5.2.3 利用直通车获取流量

5.2.3.1 直通车是引流利器

1. 为什么说直通车是获取流量的利器

速卖通直通车给予我们的是一个快捷展示产品的途径。通过平台审核的产品马上就可以通过直通车展现在买家面前，然后就有机会获取买家的浏览、点击、甚至订单。所以，直通车是获取流量最快最直接的工具。

直通车引流的途径有两种，分别是关键词推广和商品推荐投放。

2. 直通车关键词推广引流

（1）直通车关键词推广获取流量的原理

首先要明白，最终确定推广的关键词都要卖家精心选择并且确定。然后，卖家在根据自己的投入预算来对关键词进行出价获取排名。最后，获取选择的推广关键词的流量。简单来说，就是通过出价选定关键词获取排名，进一步获取流量，如图 5-101 所示。

选择关键词 → 出价关键词 →（获取排名）→ 获取曝光、点击

图 5-101

（2）直通车关键词推广技巧

直通车是一个工具，用得好的人会赞许它，用得不好的人埋怨它。比如，就有的卖家反馈钱花出去了，曝光量和访客都有了，但就是不出单。还有的卖家说直通车的投入产出不成比例。其实归根结底还是自己没使用好工具。

那么，直通车关键词推广有什么技巧呢？

每个卖家在做直通车推广时都会有自己的推广思路。在这里给大家介绍一种通用推广技巧，即采用二八法则巧妙运用直通车重点和快捷计划进行关键词推广的方法。

二八法则可以理解为将店铺推广产品分为重点推广产品占 20%，非重点推广产品占 80%；

重点推广产品的直通车投放费用和花费精力占 80%，非重点推广产品占 20%，如图 5-102 所示。

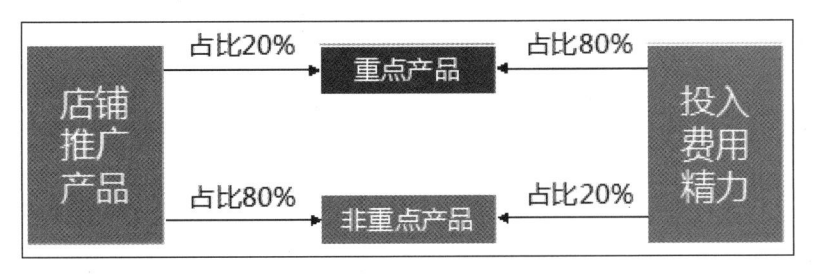

图 5-102

直通车重点计划，顾名思义推广的是重点产品。那么，如何选择重点推广产品、推广关键词？如何分配投入的费用和精力？下面分三步来介绍。

第一步，选择重点计划推广产品。

众所周知，直通车推广的基础是选品。选品的好坏将直接影响到推广产品的曝光量、点击量甚至订单量。那么，我们该怎么来挑选重点计划推广的产品呢？下面给大家介绍选品的判断维度。

我们可以通过以下几个维度来确定要推广的重点产品，如图 5-103 所示。

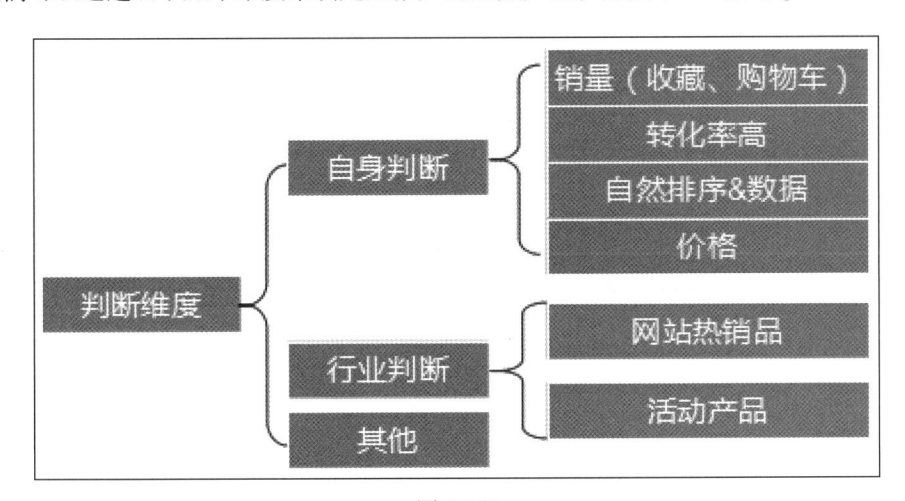

图 5-103

首先可以从商品自身判断。

① 销量和收藏量大，或添加购物车次数多的商品：这类商品有一定历史积累，容易让买家产生信任感。

进入"商品分析"页面，选择销量较大的商品作为重点产品，如图 5-104 所示。

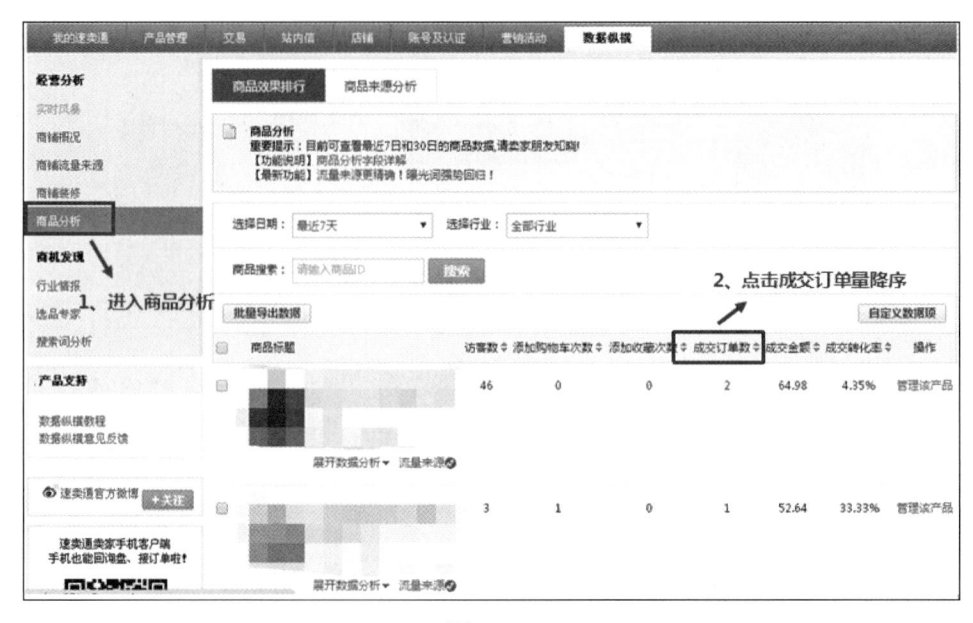

图 5-104

点击单个商品的"展开数据分析"按钮，查看购物车及收藏次数，优先选择添加次数多的商品，如图 5-105 所示。

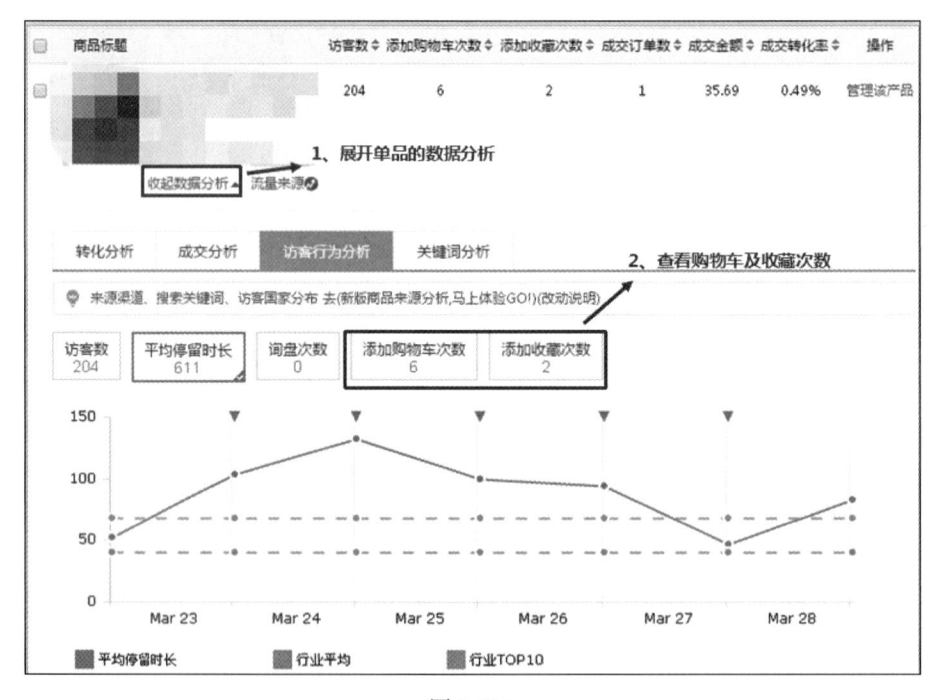

图 5-105

② 转化率高的商品：店铺转化率高的商品往往比较受买家青睐，后台查看时需对比出单较多的商品的转化率，如图 5-106 所示。

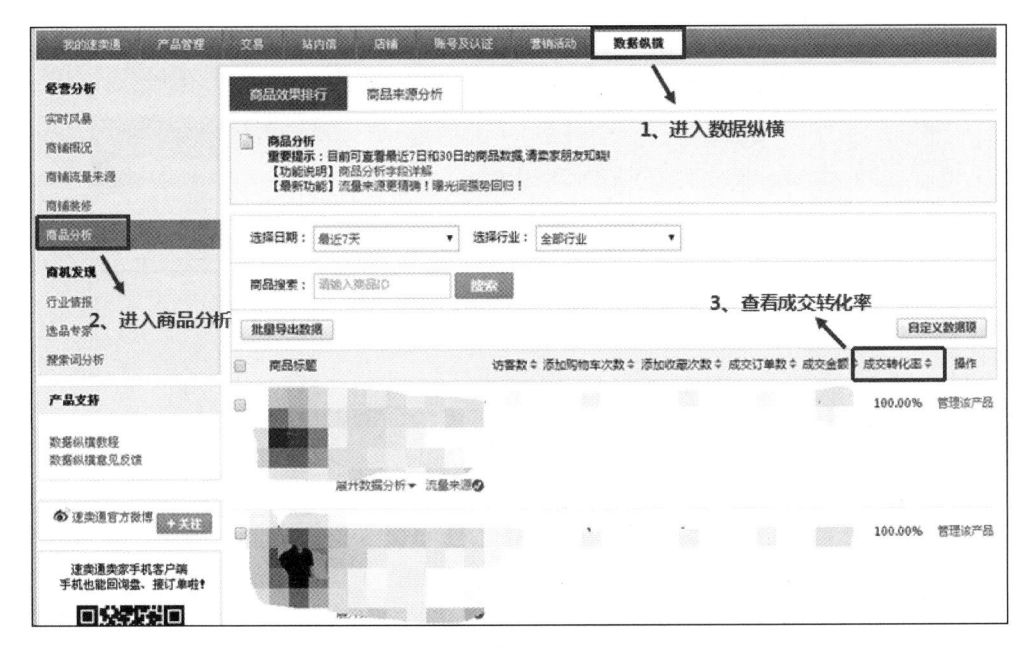

图 5-106

③ 自然排序和数据积累：自然排序在 2~3 页，order>5，如图 5-107 所示。

图 5-107

Feedback（Positive）>95%，纠纷率<5%，如图 5-108 所示。

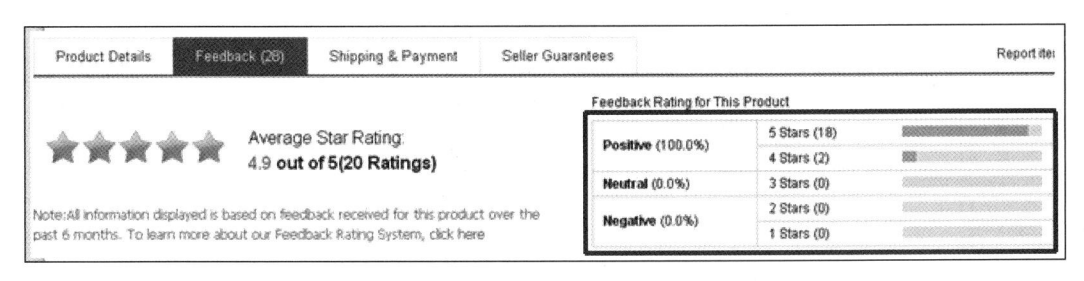

图 5-108

④ 价格：选择利润、价格相对有优势的商品作为重点推广产品，价格可能是确实低于行业均价，也可能是让利做推广，需要分析同页面类似商品的价格情况。

其次可以根据行业情况判断。

① 网站热销品：行业的 Bestselling 都可以作为选品参考。如果你有这款商品或者类似产品，但排序不占优势，那么，可以把它放到直通车重点计划作为直通车主推产品，如图 5-109 所示。

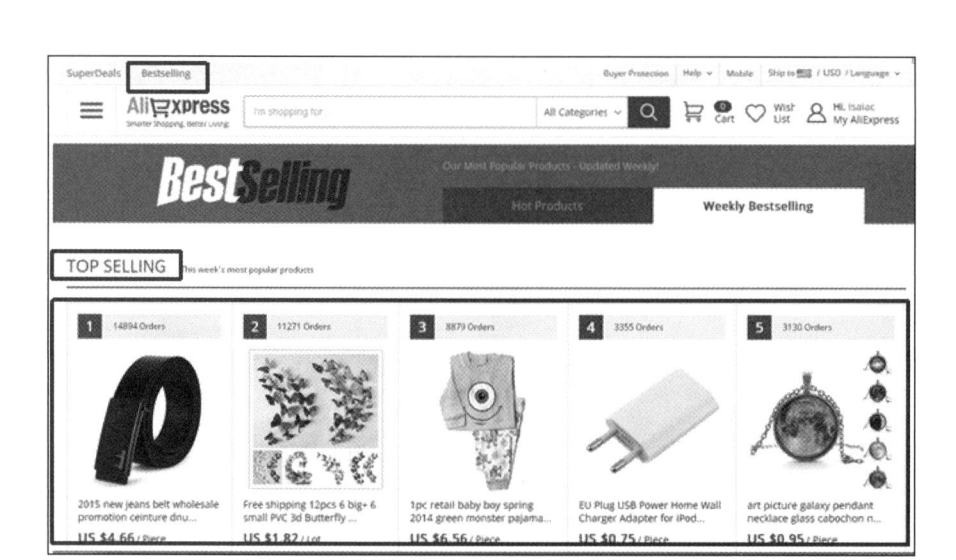

图 5-109

② 活动商品：平台最新最热门的活动推荐的都是最热卖的产品。例如 Daily Deals、Weekend Deals 等，如图 5-110 所示。

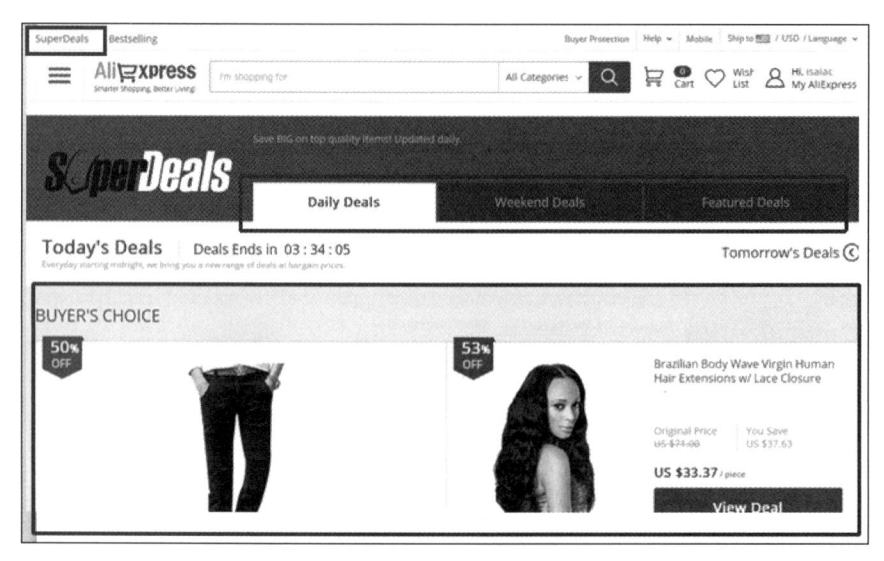

图 5-110

除了以上判断维度外，还可以通过流行趋势、季节性、营销事件衍生品等来判断。例如，卖服装的卖家主推巴西夏天市场。我们就要了解北半球冬天正好是南半球夏天，所以我们的推广时间应该是我们的冬天。

第二步，选择重点计划推广关键词。

重点计划推广的商品基本都是应季商品，买家搜索的词每天在变化，搜索的词会不断增加，因此关键词一定要每天进行优化，删除无展现的词，保证有点击的词不断增加，如图 5-111 所示。

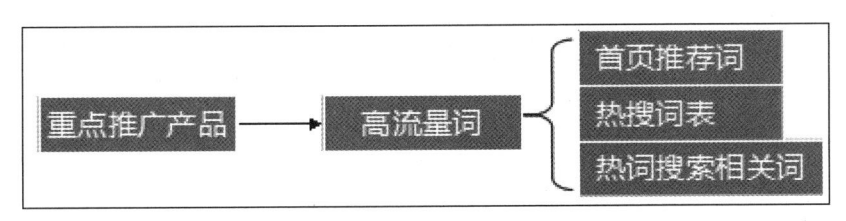

图 5-111

可以利用以下选词渠道：

① 通过搜索 www.aliexpress.com 首页下方各大类目给出的关键词，例如 Women's Clothing，如图 5-112 所示。

图 5-112

② 通过速卖通搜索框下的类目词，如图 5-113 所示。

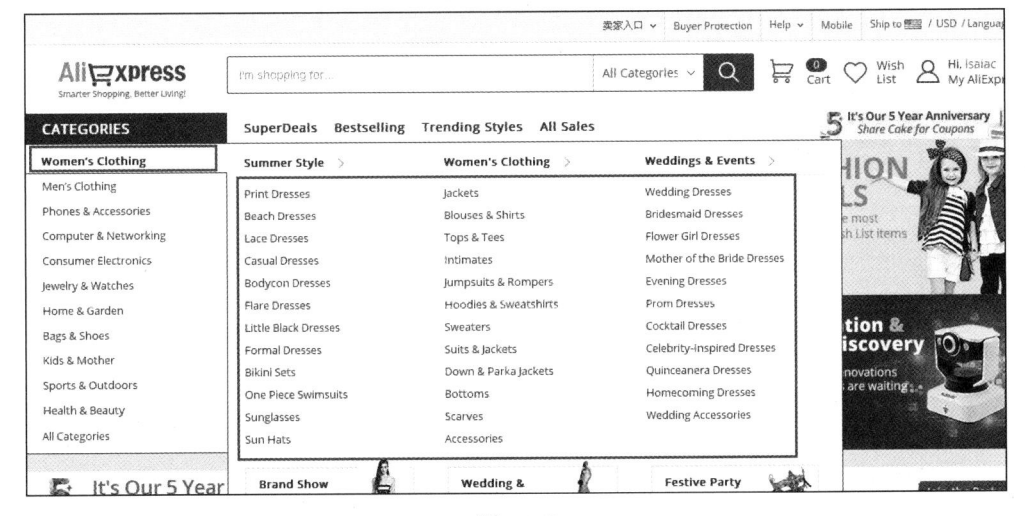

图 5-113

③ 通过速卖通后台"数据纵横"—"搜索词分析"的热搜词，如图5-114、图5-115所示。

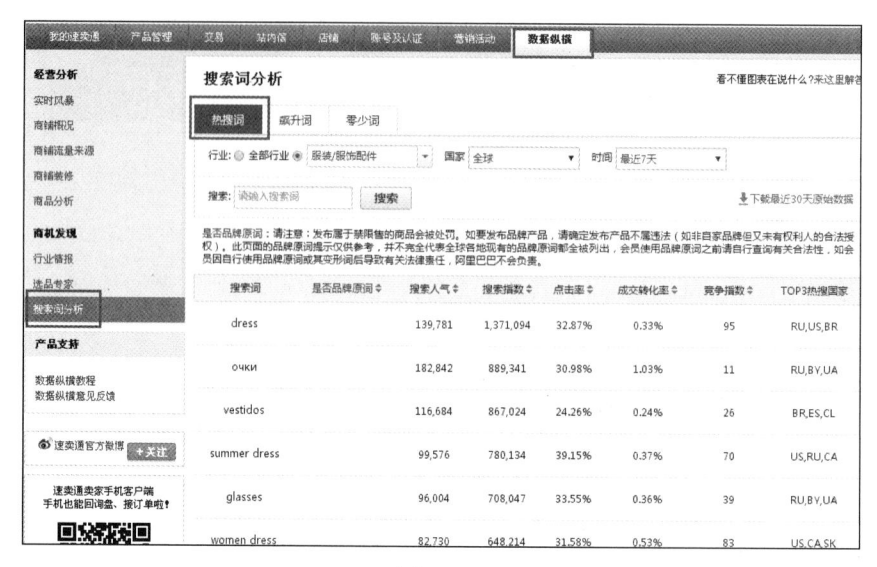

图 5-114

图 5-115

④ 通过热词搜索的下拉框相关词和搜索结果页关键词，如图5-116、图5-117所示。

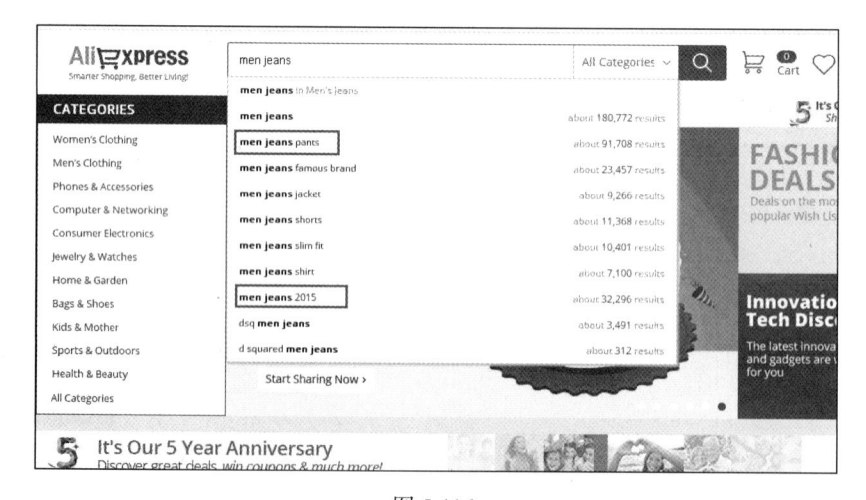

图 5-116

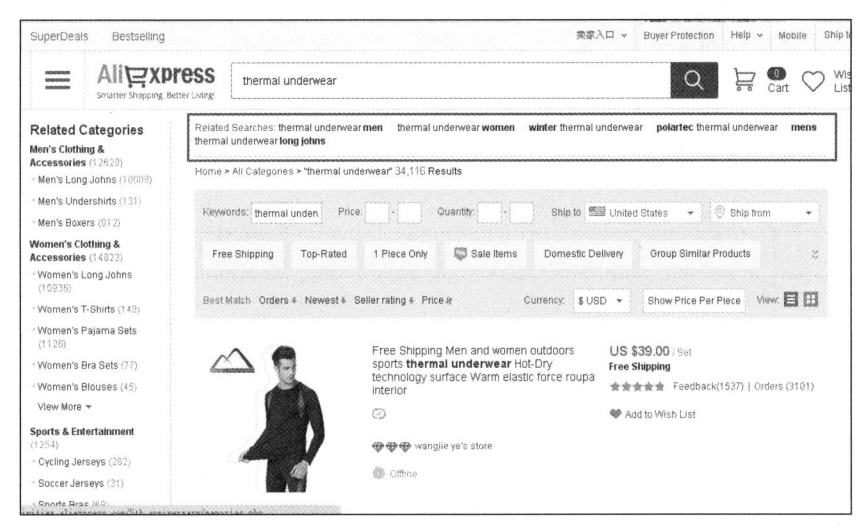

图 5-117

第三步，重点计划投入费用和精力的分配。

按照二八法则，应该把 80%的费用和精力都放在重点计划上。针对重点计划每日至少应该进行两次操作。第一次是在直通车每日更新后，第二次是产品主推市场买家网购时间段（比如，巴西买家购物时间段是北京时间晚上 9 点到次日早上 9 点）。

> **提示**　夏季直通车每日更新时间是北京时间下午 3 点，冬季是北京时间下午 4 点。

直通车快捷计划是用来选品、测试新产品的工具。当然，快捷计划也是店铺快速引流的另一个渠道。那么，该如何运用快捷计划？下面分三步为大家介绍。

第一步，选择快捷计划推广产品。

在选择快捷计划推广产品时要注意两点：一般选择的产品是店铺新品或者是非重点推广产品，在同一个快捷计划里应该推广同类目相关产品。如果在一个快捷计划中放入不同产品进行推广，那么推广出来的数据的参考意义就不大。

第二步，选择快捷计划推广关键词。

快捷计划推广的目的在于给店铺引流。因此快捷计划在选择方面应该遵循广泛加词原则，就是说只要与产品相关的词都要加入计划进行推广，如图 5-118 所示。

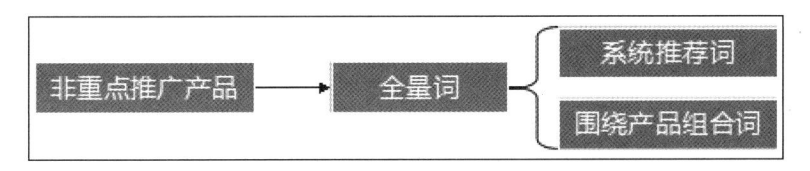

图 5-118

① 在创建快捷计划的过程中添加系统推荐词，如图 5-119 所示。

图 5-119

② 通过关键词组合工具排列组合与产品相关的关键词，如图 5-120 所示。

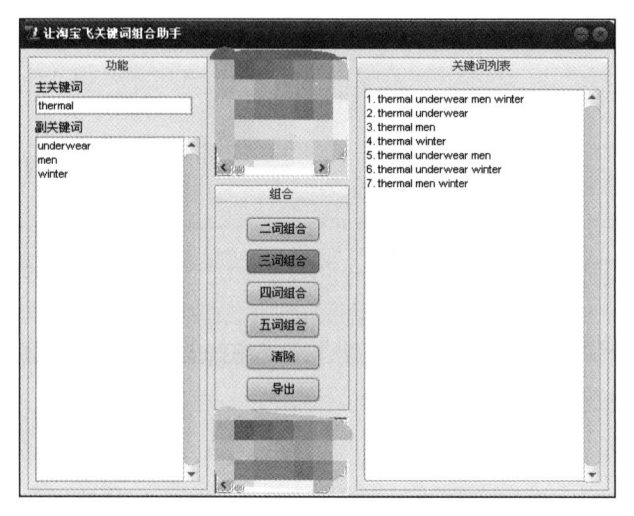

图 5-120

针对快捷计划应该定期删除没有展现量的关键词，因为一个产品目前最多绑定 200 个关键词。经过多次添加和删除优化，留下的将是有展现量的关键词，从而让快捷计划推广的产品获取最大的流量。

第三步，快捷计划投入费用和精力的分配。

快捷计划是测试产品的好工具。按照二八法则需要投入的费用和精力占比 20%。除了要投入 20%的费用推广外，在日常操作中，建议每日直通车更新后进行关键词调价工作，并且快捷计划投入的时间可以跟重点计划一样按照主推市场购买人群的网购时间段来设置。

3. 直通车商品推荐投放引流

除了上面讲的直通车关键词引流，直通车还有另一种引流方式叫商品推荐投放。商品推荐投放的原理是，系统根据卖家的出价情况，给予商品在宝贝详情页和行业首页的商品推荐位相应的展现机会。商品推荐投放出价越高，获得展现的机会就越多。

设置商品推荐投放是有技巧的。下面分享重点计划和快捷计划设置商品推荐投放的技巧。

（1）重点计划商品推荐投放设置技巧

① 重点计划设置出价一般高于当前市场平均出价，以便获得更多的曝光，如图 5-121 所示。

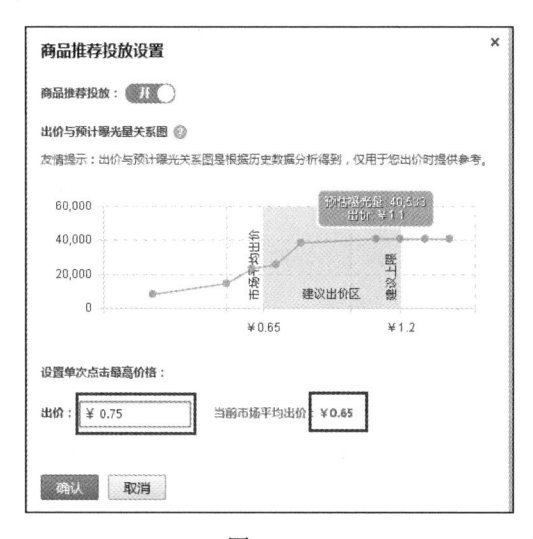

图 5-121

② 重点计划设置出价一般采用由高到低的方式，一般刚开始设置较高出价以获得最大的曝光量，然后，根据自己产品的推广预算逐步降低投放出价，最终确定商品推荐投放价格，如图 5-122~图 5-124 所示。

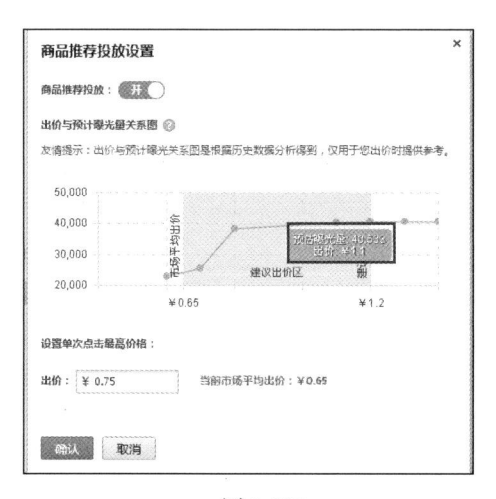

图 5-122 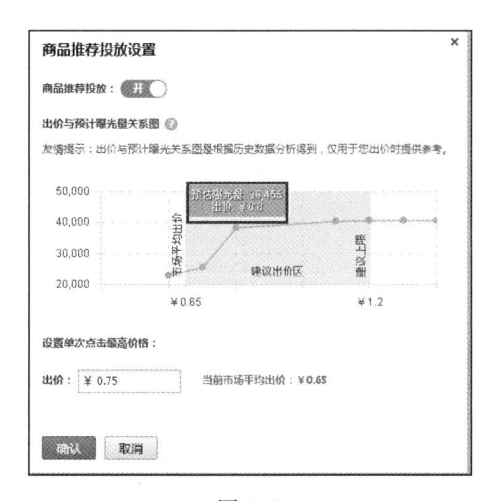   图 5-123

267

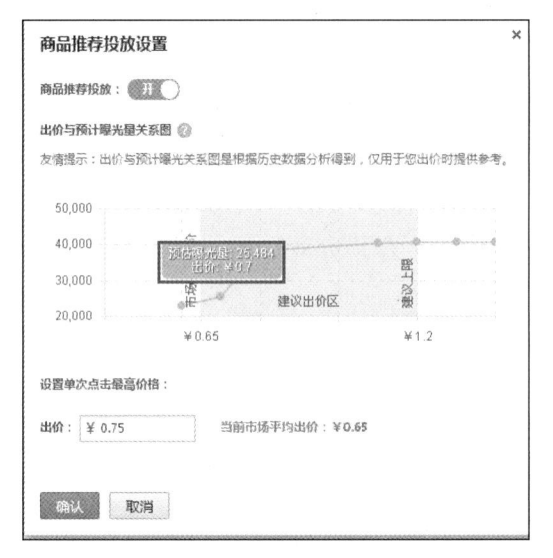

图 5-124

可以看出，当商品推荐投放出价为 1.1 元时，预计可以获得 40533 次曝光；出价 0.8 元时，预计可以获得 38455 次曝光；出价 0.7 元时，预计可以获得 25484 次曝光。经过一段时间投放后，在结合产品投入费用，最终这个产品的商品推荐投放为 0.75 元，预计获得曝光量在 30000 次左右。

③ 重点计划商品推荐投放时间设置在产品主推市场买家网购时间段。

（2）快捷计划商品推荐投放设置技巧

① 快捷计划商品设置出价要在当前市场平均出价上下。通过适当出价获取一定曝光量，以便获取买家反馈数据，为进一步的数据分析提供依据，如图 5-125 所示。

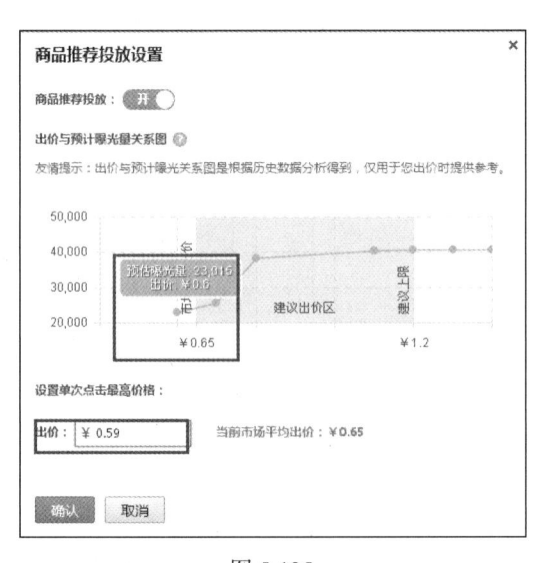

图 5-125

② 快捷计划商品推荐投放时间设置在产品主推市场买家网购时间段。

简单来说，直通车就像放大镜，能把曝光量、流量、订单数"放大"，如图5-126所示。

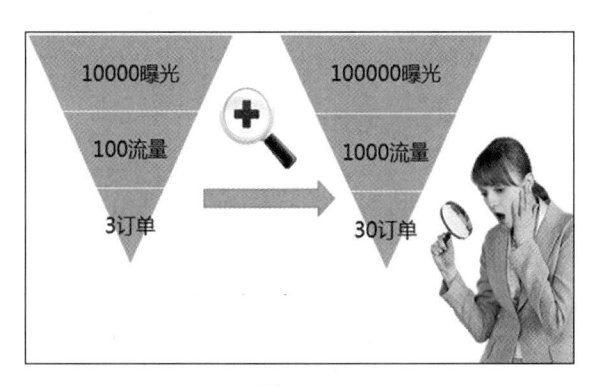

图 5-126

5.2.3.2 如何全方位获取关键词

如何全方位获取关键词是很多卖家操作直通车时最容易碰到的问题，那目前关键词的来源有哪些呢？主要有内部和外部两个渠道，如图5-127、图5-128所示。

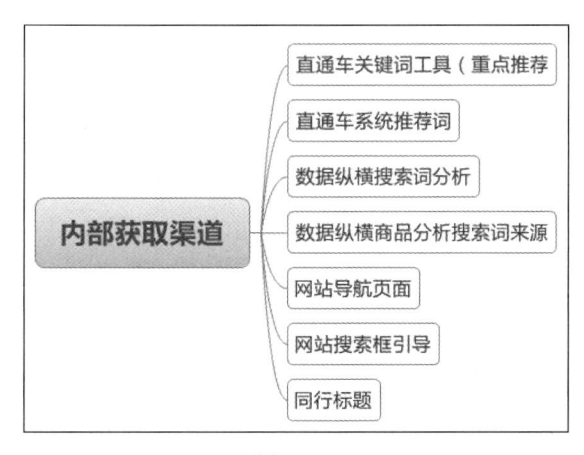

图 5-127

图 5-128

具体该如何利用每个渠道并筛选出合适的关键词呢？我们一起来看。

1. 内部获取渠道

（1）直通车关键词工具。关键词工具分为按计划找词和按行业找词两类，如图 5-129 所示。

图 5-129

若按计划找词，系统会为选定计划进行优质推广词匹配并推荐，词类型分为五种：高流量、高转化率、高订单量、小二推荐，以及没有推荐理由的词，如图 5-130 所示。

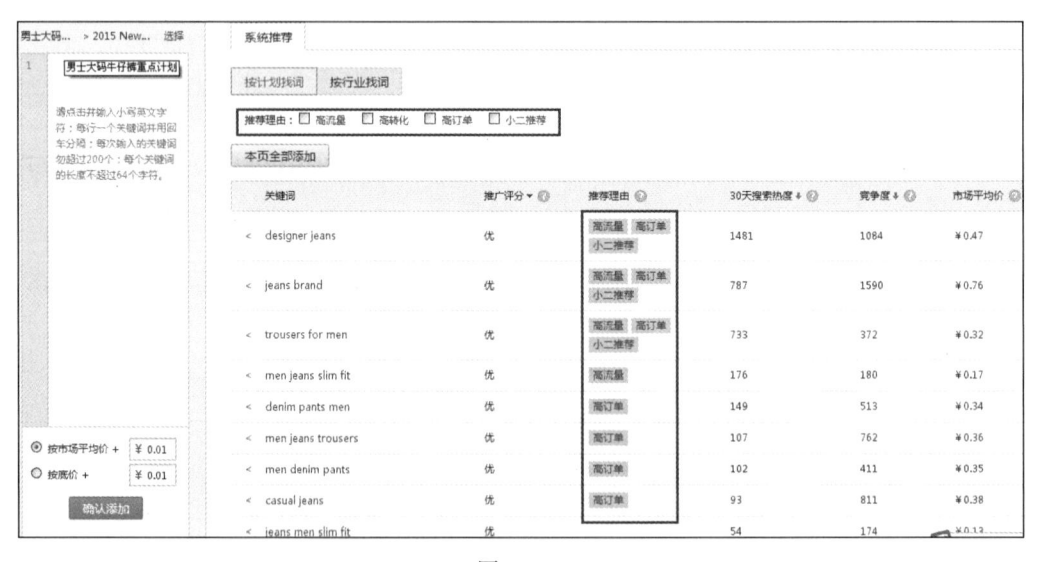

图 5-130

若按行业找词，系统会为选定行业进行优质推广词匹配并推荐，如图 5-131 所示。

图 5-131

（2）直通车系统推荐词是 50 个关键词。推广初期，建议全部添加，如图 5-132 所示。

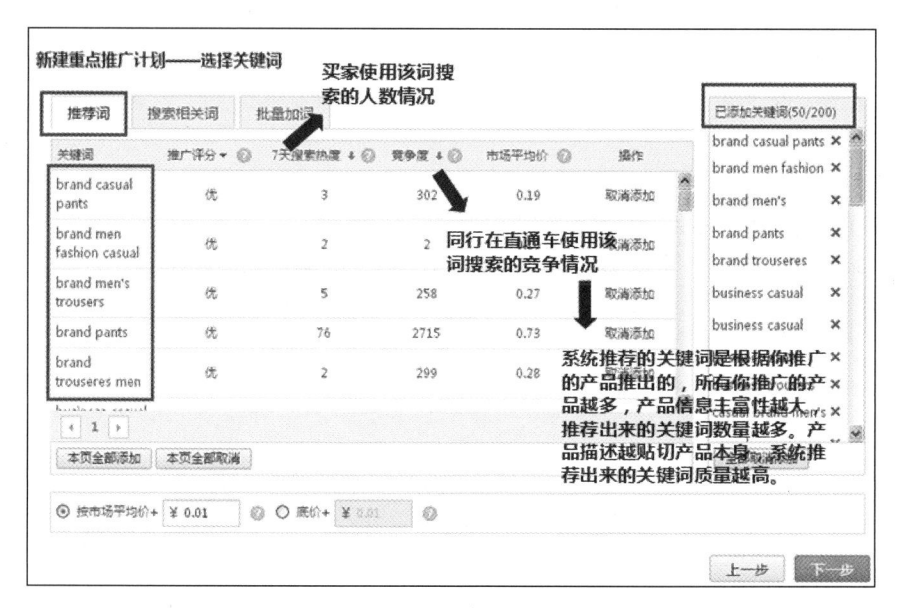

图 5-132

（3）搜索词分析。主要从热搜词、飙升词、零少词三个维度筛选适合自己的词。具体后台位置如图 5-133 所示。

271

图 5-133

功能介绍：

- 表格直接展示

① 热搜、飙升、零少关键词直接表单展示，直观明了。

② 表格中的效果字段可以排序，例如可以查看某个行业下点击转化率排名前列的关键词排序。

- 国家筛选框

① 网页增加了全球下拉项，能查看行业下关键词在所有国家的效果。

② 下拉项中的国家每天更新，为最近 30 天成交额排名前列的国家，由此可以方便地了解行业主要市场的需求。

- 行业筛选框

行业筛选框由之前的十几个重点一级行业升级为全网各个行业，用户可以查看任意一个行业的关键词。

- 品牌关键词标志

品牌商品必须拿到授权才能销售，所以要避免对某些品牌不了解导致的被处罚。

零少词就是具备一定相关搜索热度，但是供应商发布产品较少，在同行业中竞争度较低的关键词，如果我们能快速发掘到它们，加以转化利用，相信会收获颇丰，如图 5-134 所示。

第 5 章 市场营销

图 5-134

（4）在"商品分析"—"流量来源"—"站内搜索"页面，鼠标放在下方的"+"上，可以看到买家搜索你这个单品时使用的关键词，如图 5-135、图 5-136 所示。

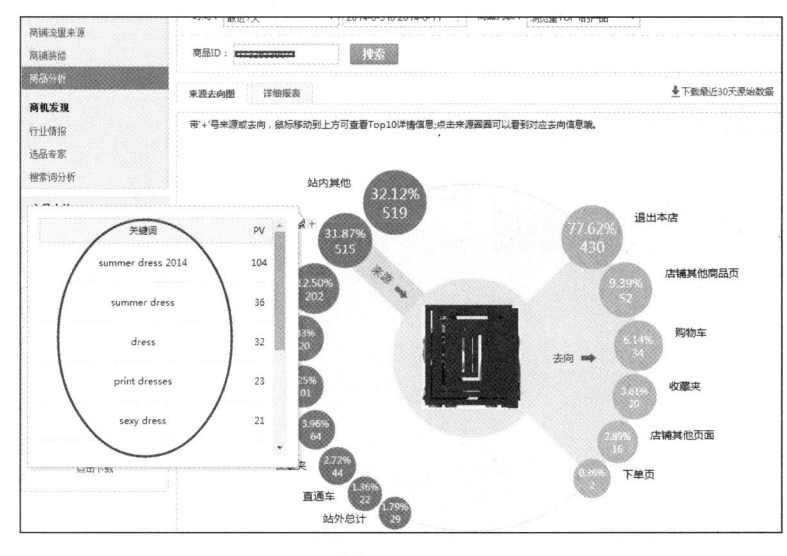

图 5-135　　　　　　　　　　　　图 5-136

（5）买家询盘和站内信。细心的卖家会关注每一次来自买家的询盘和站内信，由此可以知道买家在用什么关键词搜索，把这些关键词取出来，为自己所用，积累一份自己的词表，可以用在日后发布产品、修改产品标题上等。

273

（6）网站导航页面，如图 5-137 所示。

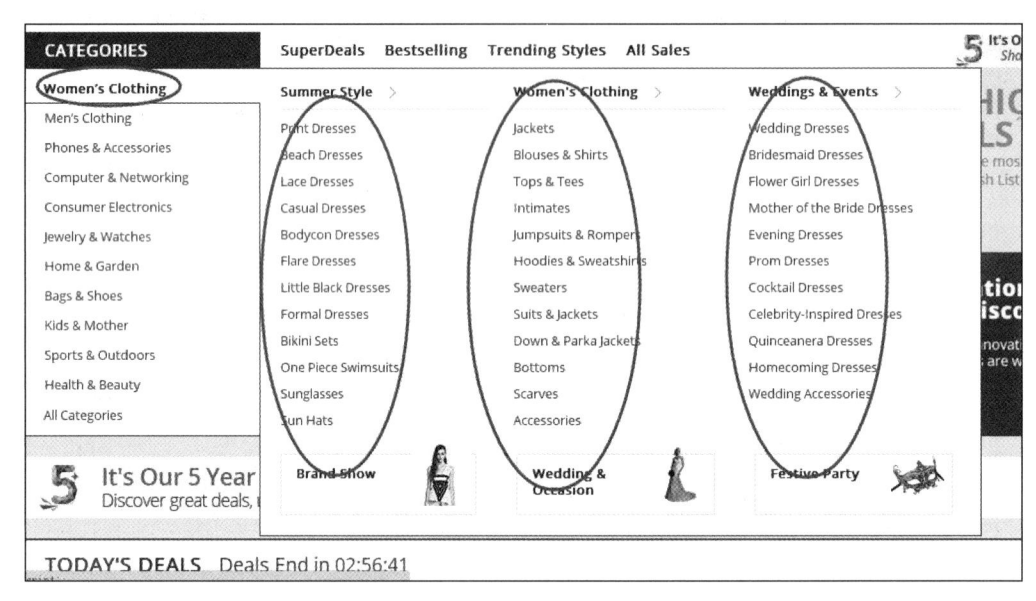

图 5-137

（7）网站搜索框引导。可以输入买家要搜索的词，当你输入几个字母后就会有引导词，这些词买家会经常用，因为买家看到它们会直接点击，如图 5-138、图 5-139 所示。

图 5-138

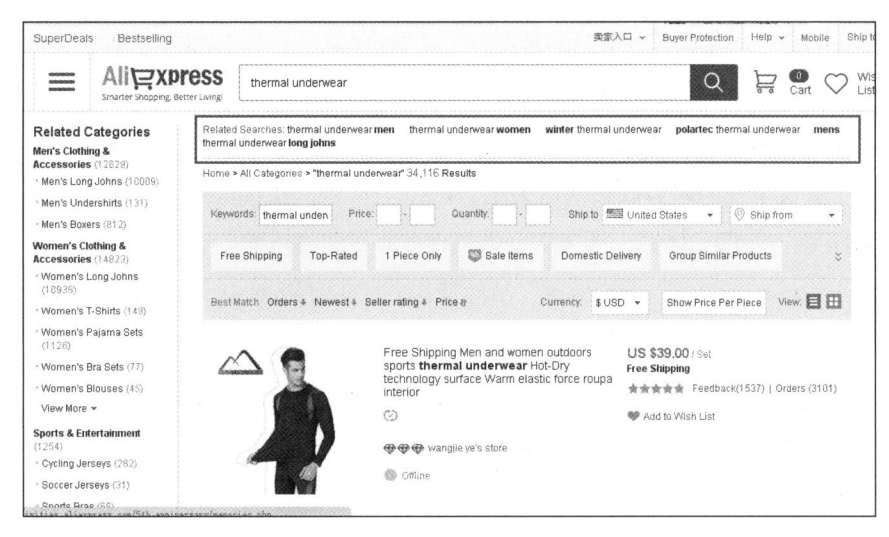

图 5-139

（8）同行标题。相信每个卖家都看过自己行业排名靠前的店铺，了解过他们的商品标题是如何填写的，用了哪些核心关键词，如图 5-140 所示。这些都可以转化成我们自己的，当然不能抄袭，防止被投诉和侵权行为的发生。

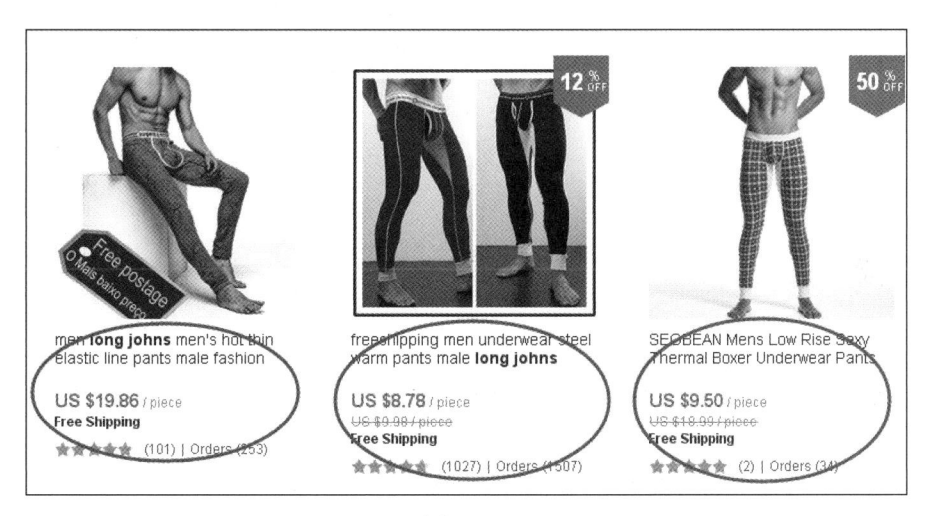

图 5-140

在使用上，希望大家先用好速卖通平台的词，在有余力的情况下再去其他地方找词，或者组合关键词。毕竟，平台上提供的词都是买家习惯搜索的词。

内部的关键词获取渠道是非常常用的，如果能把思维再扩散开，其实还有很多外部途径也可以为我们所用。接下来介绍几种从外部获取关键词常用的渠道。

2. 外部获取渠道

（1）国外网站。俗话说，熟读唐诗三百首，不会吟诗也会吟，如果你不知道怎么设置关键词，看看国外的同行产品标题设置、类目设置，甚至是 eBay、Amazon 上与你行业接近的热卖款，想必对你来说肯定是有收获的。

（2）Google AdWords 关键词工具。Google AdWords 是一种通过使用 Google 关键词广告，以及 Google 遍布全球的内容联盟网络来推广网站的付费网络推广方式。大家有兴趣可以去 Google 网站注册一个 ID，体验一下 AdWords，或许能帮助你拓展产品的关键词。

（3）词组合软件。词组合工具很多，用词组合工具的目的就是通过关键词组合，确立一些长尾词，网罗潜在买家。下面介绍一个关键词组合工具供大家参考，如图 5-141 所示。

我们可以到网上下载一款叫"让淘宝飞"关键词组合助手的关键词工具，打开后在左边输入主关键词，如 "dress"，副关键词可以是从适用对象、材质、款式、尺寸、颜色、风格等属性出发的关键词，尽可能多地罗列出来，然后把想要的词进行组合，就可以导出不少关键词。

图 5-141

百度百科、维基百科等。有些产品比较冷门，产品的名称也比较专业，那你不妨去百度百科和维基百科试试，可以从产品介绍里提取出关键词。

5.2.4 提高直通车转化率

使用直通车通常会碰到几个问题：用了直通车但还是没有曝光量；商品推出去了，有了曝光量，但没有人点击商品去看；曝光量、点击量都有了但转化率还是不够。

所以我们要了解影响直通车转化率的因素有哪些，然后做重点优化。下面我们就来讲下影响直通车转化率的几大因素：

① 选品：有优势的商品才会受到买家的青睐。

② 产品图片：清晰、好看的图片能让买家一眼就看清楚你卖的商品，勾起买家购买的兴趣。

③ 产品标题：标题要体现出你要卖什么产品及产品特色，用最简洁的语言打动买家。

④ 产品定价：用直通车来推广的产品要怎么定价，都要根据自己的推广策略来。

5.2.4.1 选品技巧

选品内容我们会分三块给大家讲解：为什么要选品、如何选品、新店铺的选品建议。

首先是为什么要选品。如图 5-142 所示，我们要获得订单，就要为商品引流，然后一层层转化后，最终获得订单。直通车的作用在于放大效果，在基础的流量上获得较大的提升。如果转化率不高，那最终获得的效果也不会好。所以在直通车放大效果、获得更多流量之前，我们就要选择一些转化率高、有潜力、有优势的商品。

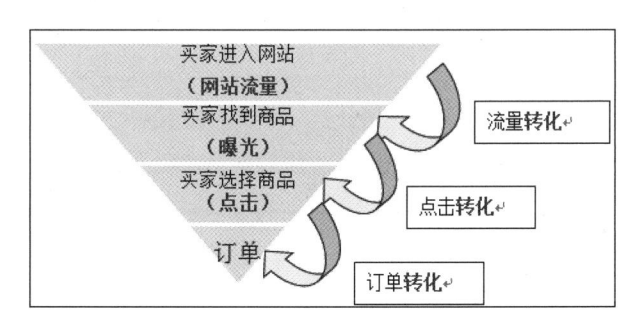

图 5-142

在选品上我们可以通过品类确定、店铺商品确定、及商品的基础条件来选择要推广的商品。

按照国际知名的 AC 尼尔森调查公司的定义，品类即确定小组和类别中有什么产品，与消费者的感知有关，应基于对消费者需求驱动和购买行为的理解，即从买家需求的角度选择商品。

首先是大品类的确定，如图 5-143 所示。

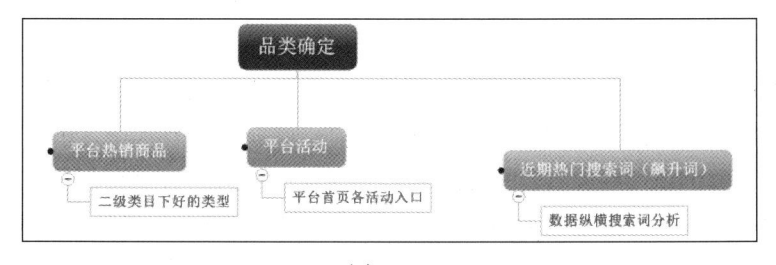

图 5-143

一是根据平台热销商品，比如类目的设置其实就代表了热销的商品类目。二是根据各种平台活动中的商品，平台的活动通常会选择近期受买家喜爱及热销的商品。另外，通过"数据纵横"中的搜索词分析，近期的热门词或者飙升词都代表了最近的流行趋势。所以我们可以通过这几方面确定大的品类。

接下来就是在自己的店铺中选择商品了，我们主要可以选择以下几个数据较好的商品，如图 5-144 所示。

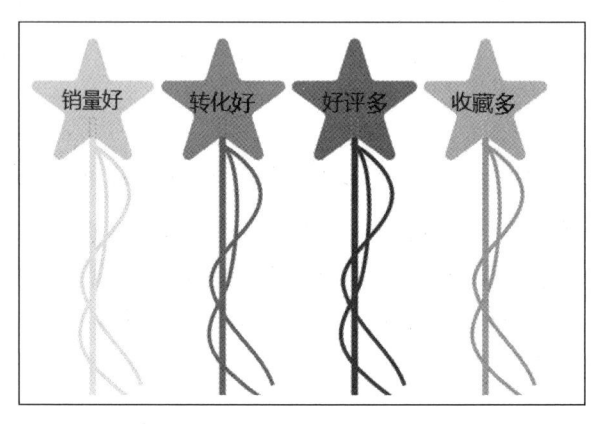

图 5-144

这些数据在我们"数据纵横"的"商品分析"下都可以获得，如图 5-145 所示。

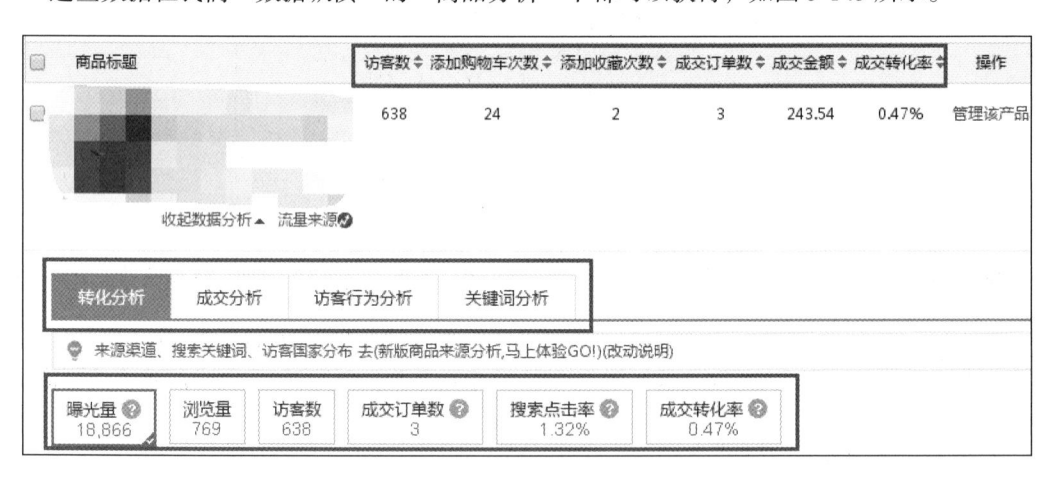

图 5-145

怎么判断你的商品各种转化率等是好是坏呢？你可以参考店铺的转化率数据，远高于店铺平均水平，说明在你店铺中这个商品的转化率是好的。例如，我们可以看到图 5-145 中产品的转化率为 0.47%，而图 5-146 所示店铺的转化率是 1.1%。从这里可以分析出这个产品的转化率低于店铺整理转化率，而我们在选择推广产品时应该选择产品转化率高于店铺转化率的产品。

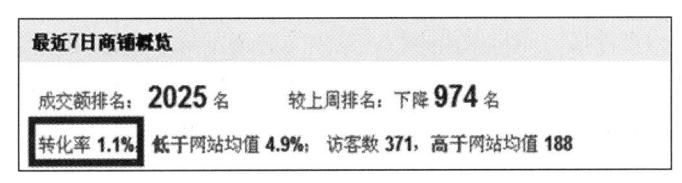

图 5-146

最后是商品的基础信息,最重要的就是两个词:完整,正确。

- 完整——属性填写完整

完整度不得小于 78%,重点属性必须填写。比如鞋子类:目前买家非常关注的鞋子的季节性、帮高、跟高、尺码、跟的形状等几个最重要的属性,必须填写。

- 正确——避免信息冲突

比如有些商品的标题中写上"Free shipping",但是运费模板上只对部分地区、部分运输方式包邮。标题与属性的冲突等,会影响推广商品与推广关键词的匹配,同时也会影响商品的自然排名。

除了上述的选品方法,我们还可以通过直通车的选品工具进行选品。选品工具为卖家选择推广产品提供了很大的便利。下面我们一起来了解一下它,如图 5-147 所示。

图 5-147

通过选品工具左侧"推荐理由"栏选择"热搜""热销"和"潜力"中的任一个。例如,选择"潜力",如图 5-148 所示。

图 5-148

在通过判断潜力推荐度、类目供需指数、竞争力、浏览量、访客数、加入收藏夹次数、加入购物车次数、订单量,以及最重要的综合指数转化指数来进行选品。选定产品后可以直接通过图 5-148 中"推广计划"下的"加入"按钮直接新建推广计划。

直通车选品工具把选品难题通过数据分析简单化,为卖家选择推广产品提供一个便捷有效的通道。建议速卖通卖家优先使用直通车选品工具进行选品。

对于一些新店铺,在后台没有什么数据支撑,这时候我们可以根据平台的热销品来参考,比如 SuperDeals、Weekly Bestselling 等商品。这些销量好的商品即代表一种流行趋势,代表买家比较关注的商品类型,可参考这些卖得好的商品,来看看自己是否有这类商品,如图 5-149 所示。

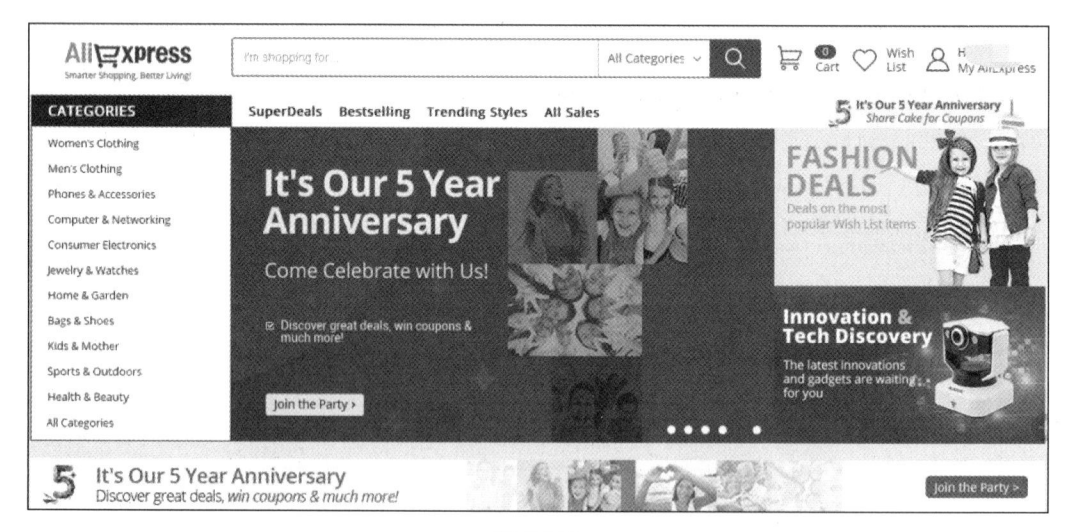

图 5-149

另外也可以通过关键词中的热搜词、飙升词等来做选品的参考。选择行业后,还可以下载原始数据,分析哪些商品是最近热搜的,哪些商品最近搜索量有明显提升,同时我们也可以关注这些词的点击率、成交转化率好不好。我们可以选择一些有一定搜索热度,并且竞争相对少的商品来推广,如图 5-150、图 5-151 所示。

对于最近飙升词来说,我们可以通过这些词发现一些流行趋势。比如苹果公司出新手机,适合新手机的手机壳的相关词搜索量可能就飙升了,这个新款的手机壳如果我们有,就可以拿来做主推。

总之,选品要多看数据,多看网站,多与同行对比。用数据来选品,而不是用感觉。

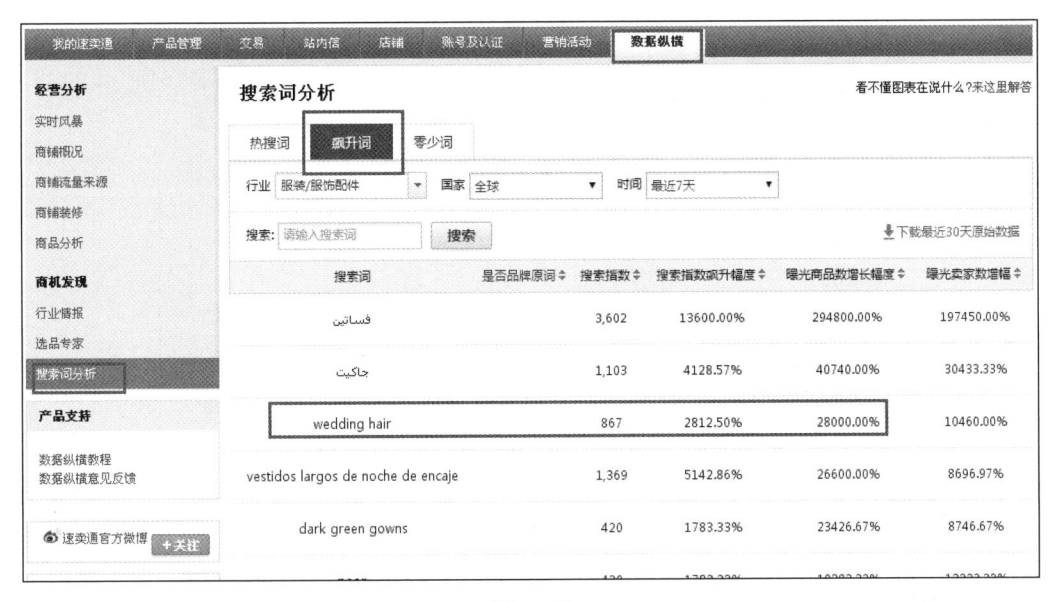

图 5-150

序号	搜索词	是否品牌词	搜索指数	搜索指数飙升幅度	曝光商品数增长幅度	曝光卖家数增长幅度
2	فساتين	N	3,602	13600.00%	294800.00%	197450.00%
18	چاکیت	N	1,103	4128.57%	40740.00%	30433.33%
61	wedding hair	N	867	2812.50%	28000.00%	10460.00%
11	vestidos largos de noche de encaje	N	1,369	5142.86%	26600.00%	8696.97%
249	dark green gowns	N	420	1783.33%	23426.67%	8746.67%
245	paon	N	420	1783.33%	19383.33%	13233.33%
91	turtleneck sweater dress	N	562	2416.67%	14400.00%	9440.00%
1	cal	N	20,057	16861.29%	13082.67%	9856.52%
85	lace short wedding dresses	N	681	2514.29%	11865.71%	3482.86%
48	лоскутное	N	711	3083.33%	11833.33%	9179.31%
64	sexy women sexy clothes	N	644	2783.33%	11225.71%	7160.87%
98	женская спортивный костюм	N	558	2400.00%	11213.89%	4516.67%
80	jersey women	N	588	2533.33%	10776.92%	4196.15%
14	lange röcke	N	1,553	4522.22%	10681.40%	6236.84%
10	new rb	N	2,566	5169.23%	10503.03%	7925.00%
259	español	N	346	1450.00%	9480.00%	6880.00%
119	майка женская для фитнеса	N	614	2257.14%	9181.82%	3730.77%
6	lace top long sleeve	N	1,790	7883.33%	8913.84%	3860.17%
21	erkek kot gömlek	N	1,170	3825.00%	8708.45%	4187.10%
82	платье женское длинное летнее	N	584	2516.67%	7739.13%	4394.44%
128	winter cotton jacket	N	517	2216.67%	7416.07%	4035.19%
118	woman's clothing	N	1,230	2257.14%	7323.73%	4127.37%
105	kadın pijama	N	547	2350.00%	7230.56%	3272.22%
8	prom dresses	N	1,392	6116.67%	7136.55%	1510.69%

图 5-151

5.2.4.2 图片会说话

有人说网络销售就是卖图片，其实这句话不无道理。在电子商务网站上，要想在茫茫的同行产品堆里脱颖而出，第一时间抓住买家的眼球，有机会向买家展示你的产品详细信息、产品图片，就起着至关重要的作用。

下面会围绕着产品主图的设计优化，来详细讲解图片的优化，如图 5-152 所示。

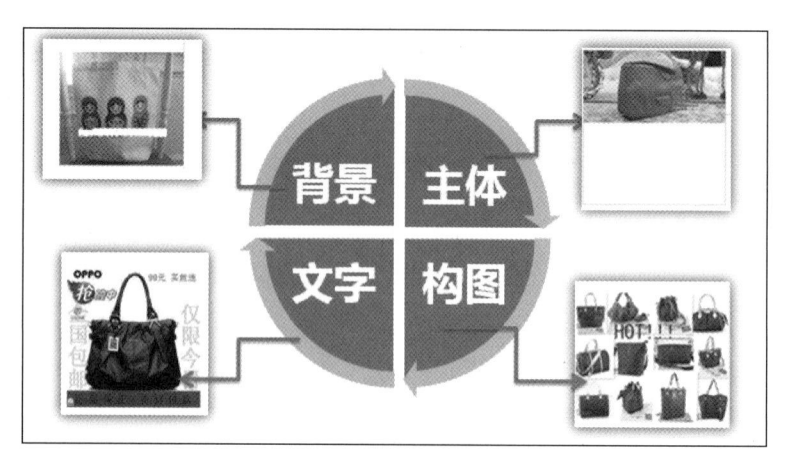

图 5-152

1. 常见的图片问题

（1）构图。构图不专业，无重点，会影响买家对产品的判断。如图 5-153 所示，右侧图片比左侧更专业，突出产品主体，产品细节得以展示，其他颜色款则以小图展示。

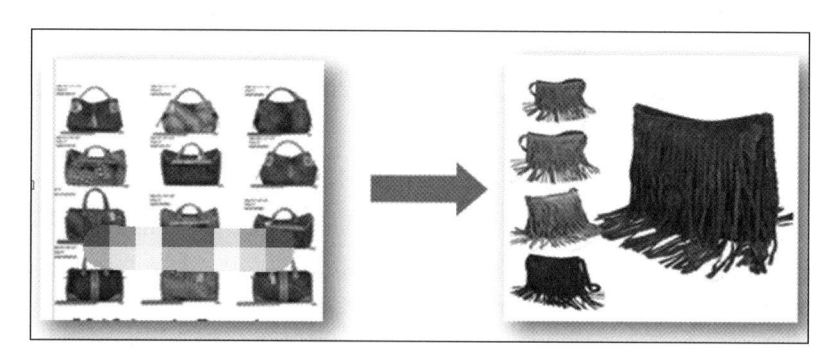

图 5-153

（2）背景。背景色跟主图接近，背景杂乱，整图没突出重点，如图 5-154 所示。

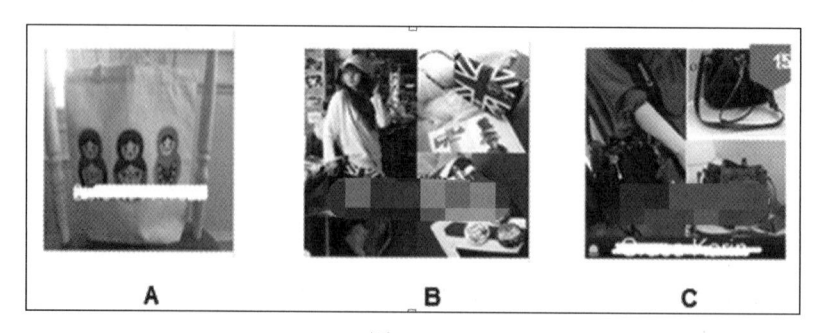

图 5-154

A：图片使用了同色系背景，整个图片质量较差。

B：图片本身产品花样杂乱，又加上使用复杂背景，显得主体不清。

C：图片背景色和产品色区分不明显，且水印使原本并不清晰的主图显得更为模糊。

（3）文字：广告语多，使用中文，排版乱，如图5-155所示。

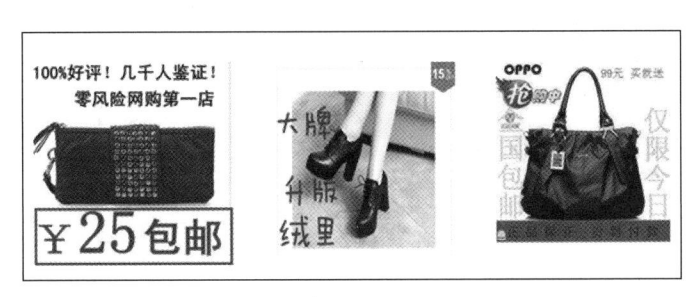

图 5-155

很多速卖通卖家因使用淘代销产品而直接使用淘宝展示图，未做修改，中间夹杂中文及促销信息，这对速卖通网站买家来说是一种干扰，严重影响用户点击欲望。

2．案例赏析，优化模板

（1）背景。时尚产品背景多为生活场景或街拍图。背景颜色和主题不能过于接近，否则会影响视觉效果。标类产品图片要背景干净，尽量选单一色，生活化背景要尽量虚化，如图5-156所示。

（2）主体。商品占总主图面积30%及以上，80%以下。避免过于空荡或者过于填满的情况。最好是纯宝贝图，这样主体突出，卖点明确，如图5-157所示。

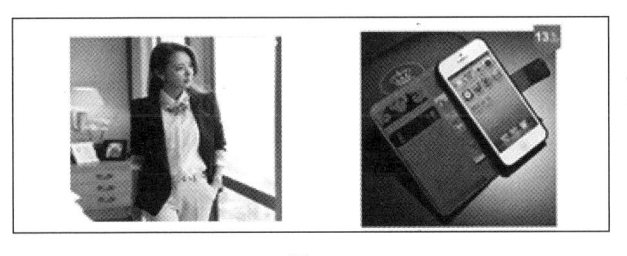

图 5-156 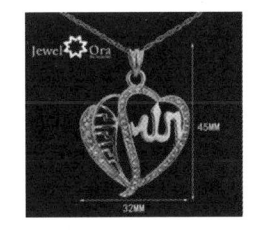　　　　　　　　　　　图 5-157

（3）构图。在产品的构图方式上可多创新，适当的拼接容易受到买家的关注，在大量的单图中，差异化构图也会有脱颖而出的效果。常见的构图方式如图5-158所示。

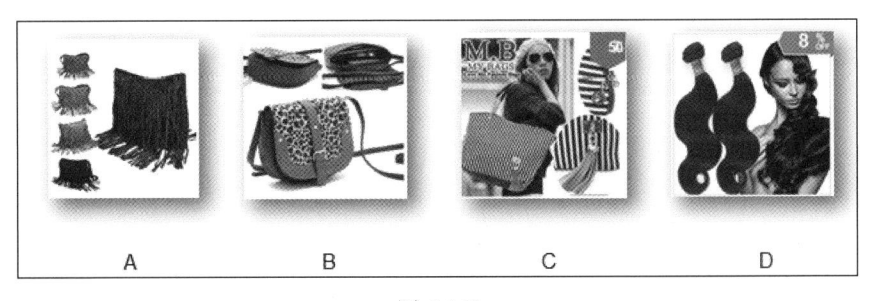

图 5-158

A：在产品或颜色较多的情况下，重点突出一个单品，其他做小图展示，不可多小图平等展示。

B：单品+多图不同角度展示，展示更多商品细节。

C：单品+特写图，可展示商品卖点。

D：单品+效果图，用模特效果图，更好地展示商品用途和使用效果。

做拼接构图时，要考虑到图片的大小，拼接图片最好不要超过 4 张，不然容易引起图片显示杂乱。

（4）文字。要求无中文，无淘宝色彩，少于三句，多为促销信息或产品卖点，如图 5-159 所示。

图 5-159

如果有美工功底，可以对文案做设计，若没有，一切从简，不然只会拉低图片档次。绝对不能出现中文，淘代销产品在推广前一定要对主图做优化，去除中文。

3. 重点计划创意主图作用

直通车重点计划的创意主图为卖家提供了测试主图点击率的途径。卖家可以运用创意主图测试不同推广主图的点击率，如图 5-160 所示。

创意图片	创意标题	曝光量	点击量	点击率	花费	平均点击花费
		1118	11	0.98%	¥4.6	¥0.42
		1764	12	0.68%	¥5.57	¥0.46

图 5-160

上图中，第一张推广主图的点击率比第二张推广主图的点击率高。通过推广主图点击率测试，可以选取点击率高，亦即对买家更有吸引力的图作为产品主图。

产品主图就像人的一张脸，干净漂亮的脸蛋才能在第一时间吸引人的注意。请善待产品的"脸蛋"，源源不断的订单，从优秀的主图开始。

5.2.4.3 标题优化

1. 标题的重要性

标题影响匹配关系，特别是直通车里的"良"和"优"。准确、优质的标题，能提高关键词的推广评分，推广评分为"优"的产品才有机会出现在第一页右侧，如图5-161所示。

| jewelry bracele... | 良 | 1 | 182 | 0 | 0.00 | ¥1.02 | 其他位置 |
| shourouk brac... | 优 | 1 | 160 | 2 | 0.29 | ¥0.36 | 第一页右侧 |

图 5-161

符合买家搜索点击需求的标题能提升点击率。比如，下面这款产品的标题，Multilayer（多层次）、Gold Color（金色）和 Tassel（流苏）把产品的外形特征准确地描述出来，能最大程度吸引有相关需求的买家，如图5-162所示。

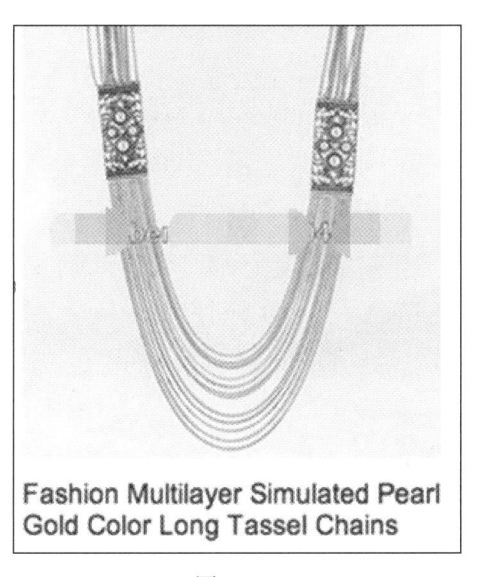

图 5-162

针对许多卖家反应的想推广的词匹配到良词，而无法在搜索结果页右侧推广的问题，在这里教大家一个良词推优的小技巧。

通过重点计划的两个创意标题可以让想推广的词马上转变为优词，如图5-163所示。

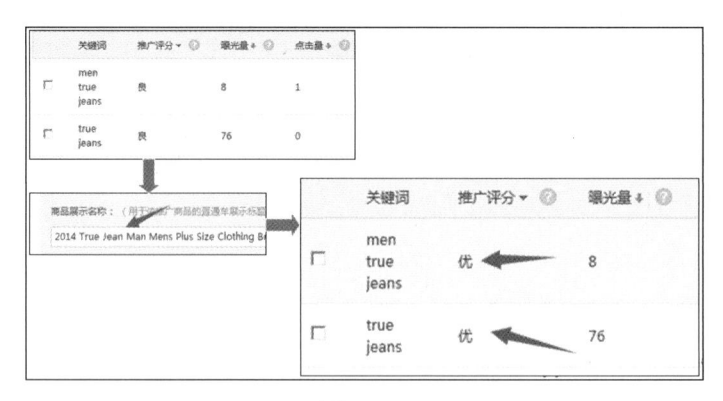

图 5-163

2. 标题填写指南

（1）语法尽量简单，符合英文语法，减少系统理解的难度（淘代销产品尤其要注意）。

案例：

Wallet Case For iphone 5 with 8 card Holders Stand Design Leather Case with Anti-Scratch Screen Protecter.

这个标题中同时出现两个 with 短语，这是不符合英语语法的。

优化后：

Wallet Stand Design PU Leather Litchi Business Man Case For iphone 5 with 8 Card Holders and Anti-Scratch Screen Protecter.

（2）描述性的词语放在核心词的前面，功能性特征放在 with 的后面。

（3）长短适宜，重要的属性、买家关注点和卖点前置。前置的原因，是考虑到直通车展示位无法把标题展示完整，比如右侧展示位，最多可以展示 35 个字符（一个字母、空格、标点均为一个字符），页面下方展示位，可以展示 45 个字符，如图 5-164、图 5-165 所示。

图 5-164 　　　　　　图 5-165

建议让产品的材质、特点、销售方式（min order/wholesale）、产品名称靠前展现，物流、运费、服务放在后面。

> **提示**　标题展示字符的提取：将标题复制在 Excel 表格中，用公式"=left(a1,35)"，就可以看出标题哪些部分可以展示在买家面前。要注意，公式中所有字符的输入，都是在英文状态下。

（4）标题慎用"Free shipping"。当店铺设置全球免邮费时，标题中可以出现"Free shipping"字样，如图 5-166 所示。如果店铺只是设置对部分国家免邮费，则不建议填写免邮费，否则会被判定"运费作弊"，结果就是在直通车推广中，这个产品匹配不到任何一个关键词！

图 5-166

5.2.4.4　定价有诀窍

众所周知，直通车是引流工具，引流效果好不好一定程度上与商品的定价是有关系的。

当直通车将你的商品展现在买家面前的时候，买家是否有兴趣去点击，最终能否下单，跟你商品售卖价格的设定是有很大关系的。

下面从三个方面讲一下应该如何去设置商品的售卖价格：商品成本核算、同类商品价格、如何修改定价。

1. 商品成本核算

商品本身的货物成本、物流成本等就不在这里赘述了，大家应该都会核算的。我这里主要讲一下直通车的推广成本应该如何加入整体的成本核算，如图 5-167 所示。

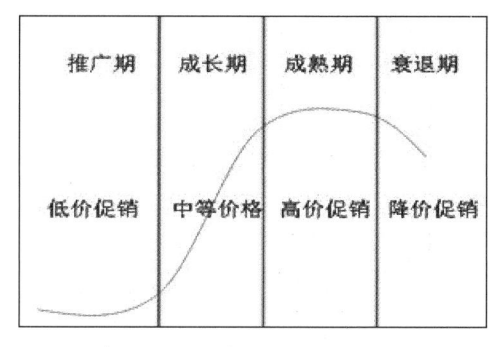

图 5-167

直通车的成本是一次性充值，按点击付费，收益却是长期的。因此，对直通车的成本核算应该按照时间、商品进行分摊，不能一次性计入某个商品。

2. 同类商品价格

买家看商品时往往会货比三家，当然价格也会有比较的。作为卖家需要充分了解买家的比较，设定合理的定价，迎合买家的心理。

（1）了解同行定价。举个例子：当买家搜索"假发"这个关键词的时候出来的页面如图5-168所示，我们统计整个页面的价格情况会得出表5-1中的结果。

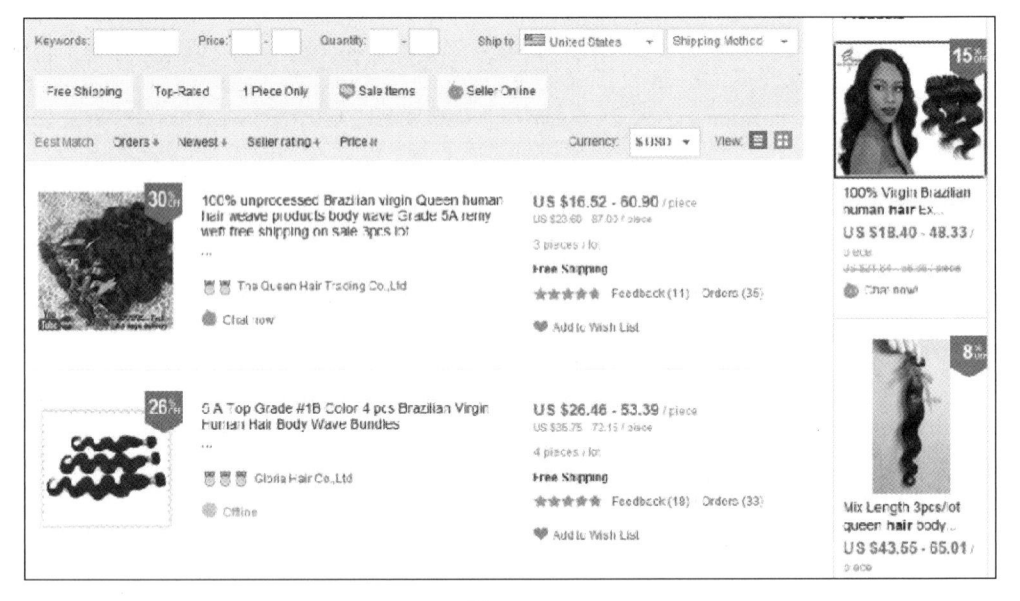

图 5-168

也就是说在"假发"这个词下同行的定价在 20～40 元的较多，如果你也设置了"假发"这个关键词，那么你的定价最好在 20～40 元。当然，如果你的成本并不在这个范围内，建议选择其他的关键词进行推广。

表 5-1

价格区间（美元）	客户数
[40,-)	67
[30,40)	72
[20,30)	63
[15,20)	32
[0,15)	19
总计	253

（2）真实搜索举例。如图 5-169 所示，在"手提包"的搜索中，如果你作为买家发现右侧

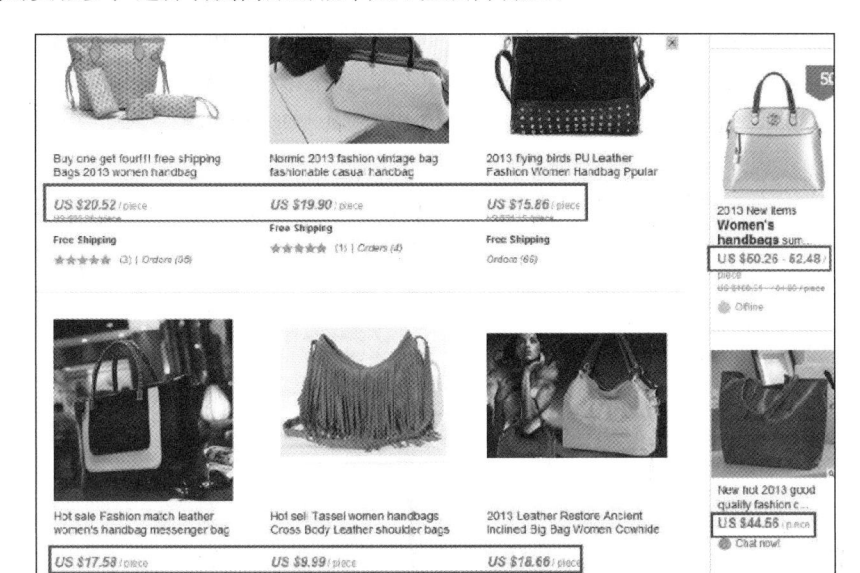

的比左侧的贵很多，选择右侧商品的概率是不是会降低呢？

图 5-169

男士钱包搜索下来也是类似的展示情况，如图 5-170 所示。

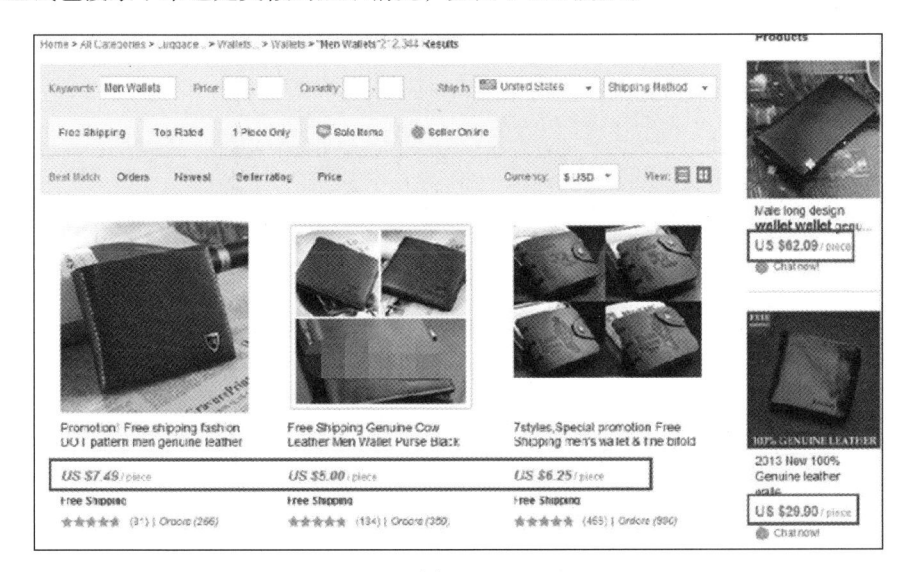

图 5-170

这样的例子还有很多，就不一一举例了，希望大家设置了之后可以去实际搜索一下，看看真实的展示情况，否则推广了可能也没有很理想的效果。

3. 如何修改定价

我们用自己商品的成本，与同行的做比较，可以大致确定自己商品的价格范围，但是具体定多少钱呢？

首先，从买家的心理角度出发，可能多一元少一元对自己最终的利润没有太大的影响，但是对买家的购买行为却有很大的影响。比如我们都知道的"0.9元效应"——人们会觉得0.9元比1元钱要便宜很多，购买的欲望会增强很多。其次，商品发布时指定的价格要有一些利润空间，可以长期按照此价格或低于此价格出售。可以通过打折促销去改变最后展示给买家的实际价格，买家对于有店铺折扣的商品还是非常青睐的。

最后，去优化你的商品销售价格吧！

5.2.5 直通车推广策略

5.2.5.1 新品打造策略

1. 新品的定义

新款的产品是指第一次参加直通车推广的产品。新品必备的要素包括：质量优、款式新、SKU齐全、功能特点突出、价格有竞争优势。

2. 方案的建立

（1）选品。对于要推广的新品来说，首先我们要确定选择什么样的新品来参加推广，这将会直接影响到后期推广的点击量及订单的转化率。

以箱包>钱包&卡包>卡包为例：

① 第一步：确定类目

方法1：选择"数据纵横"—"行业情报"页面，确认2～3级类目状况，并确认主推类目，如图5-171所示。

图 5-171

通过行业情报的数据筛选，看现在行业整体趋势的变化，选择流量趋势好+成交转化率高的行业类目上传新品。

方法2：选择"数据纵横"—"选品专家"—"热销"—"箱包"—"最近30天"—"下

载原始数据",然后是"成交指数"降序排列—"购买率排名"从低到高择优选择,如图 5-172、图 5-173 所示。

操作 1:

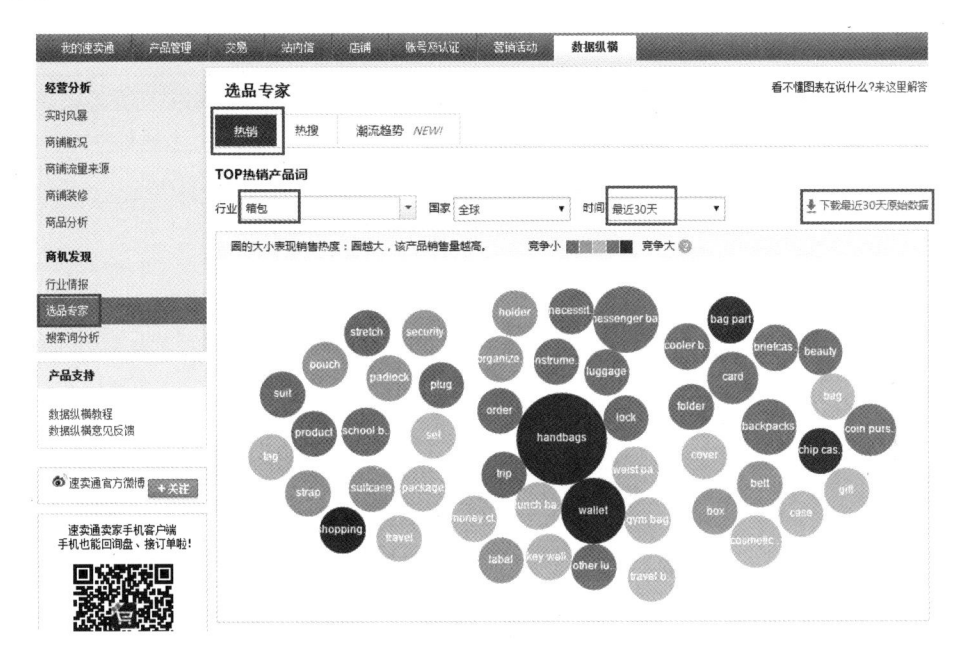

图 5-172

操作 2:

行业	国家	商品关键词	成交指数	购买率排名	竞争指数
箱包	全球	handbags	41273	3	3.44
箱包	全球	messenger bag	19113	7	1.27
箱包	全球	wallet	18190	2	2.44
箱包	全球	backpacks	9099	8	1.96
箱包	全球	card	5283	1	1.15
箱包	全球	coin purse	5248	4	1.06
箱包	全球	cosmetic bag	4998	6	0.91
箱包	全球	school bag	2717	9	1.46
箱包	全球	travel bag	1587	11	0.96
箱包	全球	lunch bag	1088	5	0.72
箱包	全球	bag part	1077	13	2.11

图 5-173

通过热搜的产品词,也可以让我们大致了解到哪个品类下的产品是目前市场的热卖品。

② 第二步:确定产品元素(属性、材质等)

方法：选择"数据纵横"—"选品专家"—"热销"页面，选择指定的类目，点击类目圆圈，选择"TOP 热销属性"—"下载原始数据"然后按"成交指数"降序排列，最后确定产品元素，如图 5-174~图 5-176 所示。

操作 1：

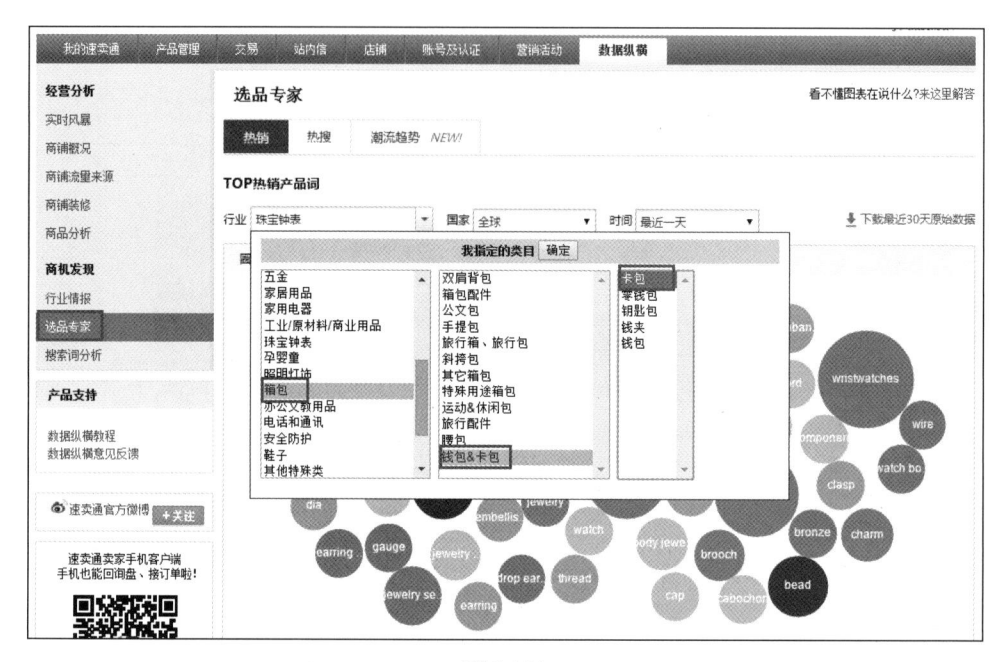

图 5-174

操作 2：

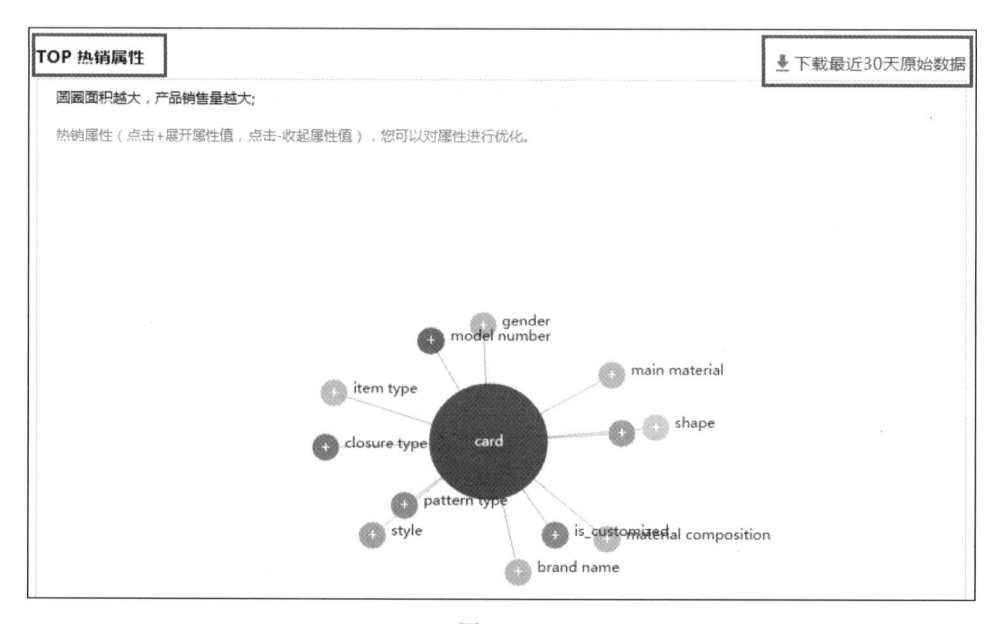

图 5-175

操作3：

行业	国家	商品关键词	属性名	属性值	成交指数
箱包>钱包	全球	card	item type	card & id holders	1402
箱包>钱包	全球	card	gender	unisex	1075
箱包>钱包	全球	card	pattern type	solid	1046
箱包>钱包	全球	card	brand name	other	874
箱包>钱包	全球	card	use	credit card	852
箱包>钱包	全球	card	style	fashion	826
箱包>钱包	全球	card	closure type	hasp	672
箱包>钱包	全球	card	is_customized	yes	593
箱包>钱包	全球	card	shape	trunk	555
箱包>钱包	全球	card	closure type	no zipper	550
箱包>钱包	全球	card	main material	pvc	475
箱包>钱包	全球	card	use	business card	461
箱包>钱包	全球	card	main material	pu	371

图 5-176

③ 第三步：选品工具（查看店铺商品中与网站热销商品属性相符的近似商品）

方法：进入直通车后台，选择"优化工具"—"选品工具"页面，推荐理由选择"热销"，数据维度选择"最近7天"，列表项按"转化指数"降序排列，结合"浏览量"高低，选择适合推广的新品，点击加入直通车推广。选择方法如图5-177、图5-178所示。

操作1：

图 5-177

操作 2：

图 5-178

通过选品工具筛选的商品，再参考第一、二步的"主推类目"和"热销产品元素"，选出适合推广的新品。

（2）选词。选词途径如图 5-179～图 5-184 所示。

① 搜索词分析

图 5-179

图 5-180

② "关键词工具"

图 5-181

③ 新建计划"系统推荐"

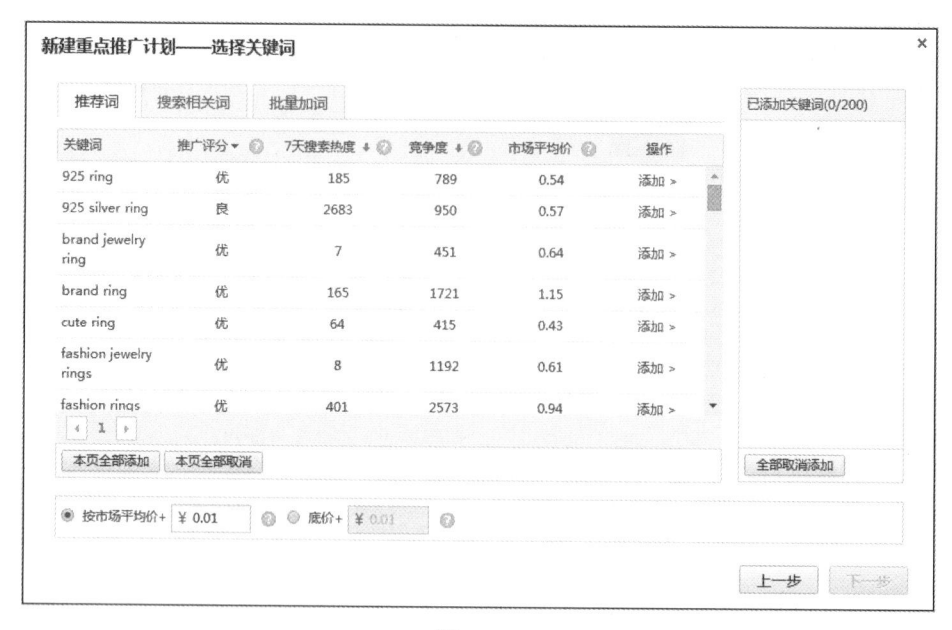

图 5-182

④ "导航词"

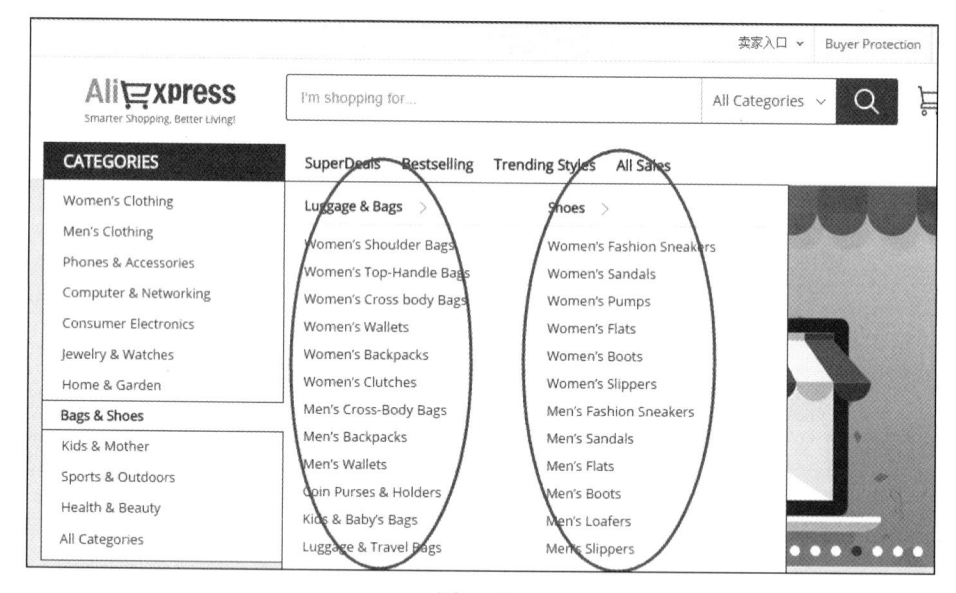

图 5-183

⑤ "数据纵横"—"商品分析"—"展开数据分析"—"关键词分析"

图 5-184

（3）建立方案。这一步分为两个阶段。

① 第一阶段，快捷推广：多对多撒网式推广，海选阶段。

店铺存在两种情况：一是产品单一，同属性的多个新品同时推广；二是产品类目多，建立多个推广，分别添加相同属性新品，如图 5-185 所示。

图 5-185

如图 5-186 所示为单一属性产品同时推广，推广一段时间后，结合曝光量、点击率选出表现最佳的产品，转移到第二阶段的推广。

图 5-186

② 第二阶段，重点推广：单品对应 200 个词。

当我们将快捷推广的产品转移到重点推广方案时，系统会自动将匹配度高的关键词一起复制过来。如果不够 200 个关键词，可以通过找词途径继续选取高曝光率、高点击率，以及高匹配度的关键词，如图 5-187 所示。

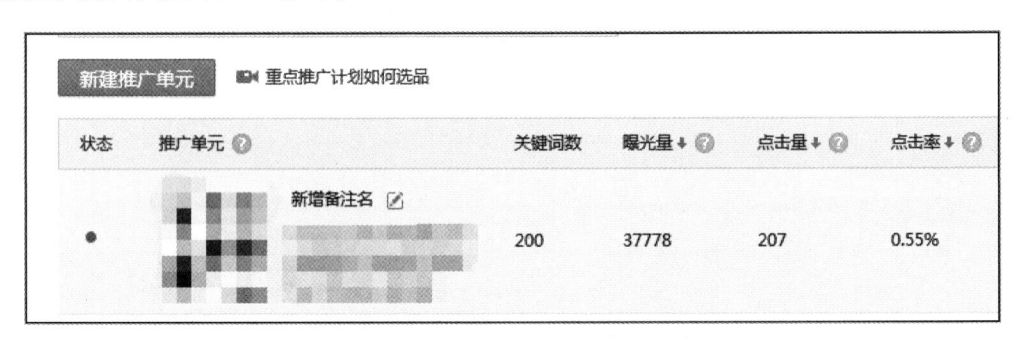

图 5-187

（4）出价。加入推广的商品可分为两种类型出价。

① 关键词出价。对关键词进行分析，不要盲目出高价。

这里有两种情况需要注意：

A. 曝光量大，但相关度不高的关键词，会浪费流量推广费用，拉低转化率。

B. 曝光量大，相关度也高的优词，持续加价，良词和重点词加价、良推优（可通过优化类目、属性、文本信息、创意标题提高推广评分）。

② 商品推荐投放出价。为了获得更多的流量，新品建议加入商品推荐，如图 5-188 所示。

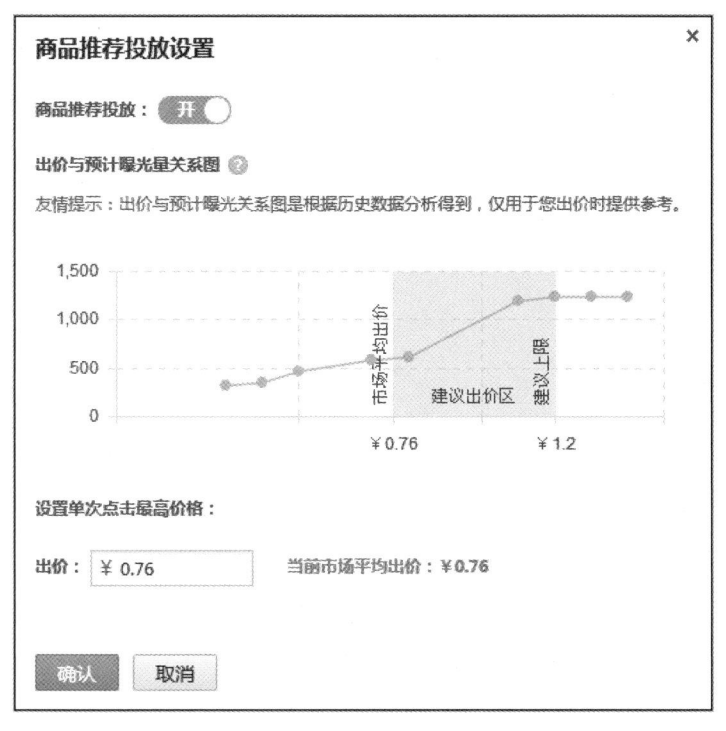

图 5-188

商品推荐展示位如图 5-189 所示。

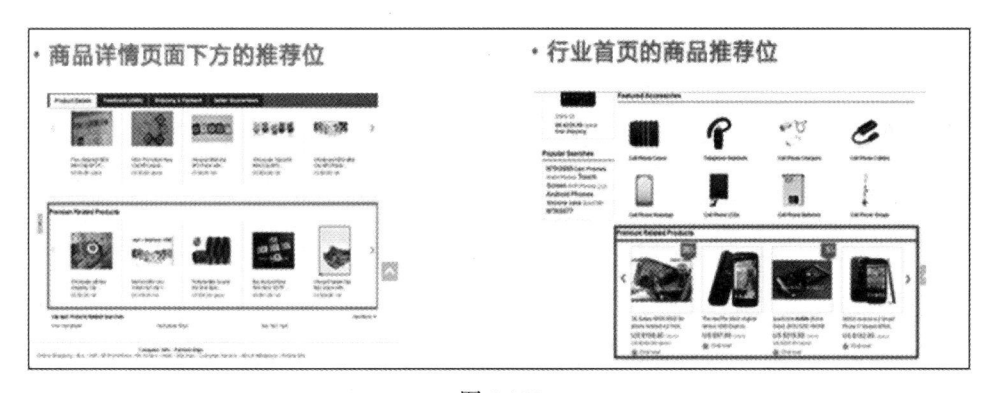

图 5-189

3. 推广数据收集

在推广过程中，直通车后台会对商品营销效果进行数据统计和分析。你可以通过直通车后台"数据报告"—"商品报告"页面，了解到所有商品或某个推广计划中效果最好、最受买家关注的是哪些商品，还能够对单个商品在一段时期内的表现做数据趋势分析，如图 5-190 所示。

除了直通车后台可以查看商品营销效果之外，在"数据纵横"—"商品分析"—"商品来源分析"，我们还可以观察一款商品的流量来源和去向。其中包括直通车流量的去向，包括到达下单页面的数量。这里我们可以了解直通车推广的效果，如图 5-191 所示。

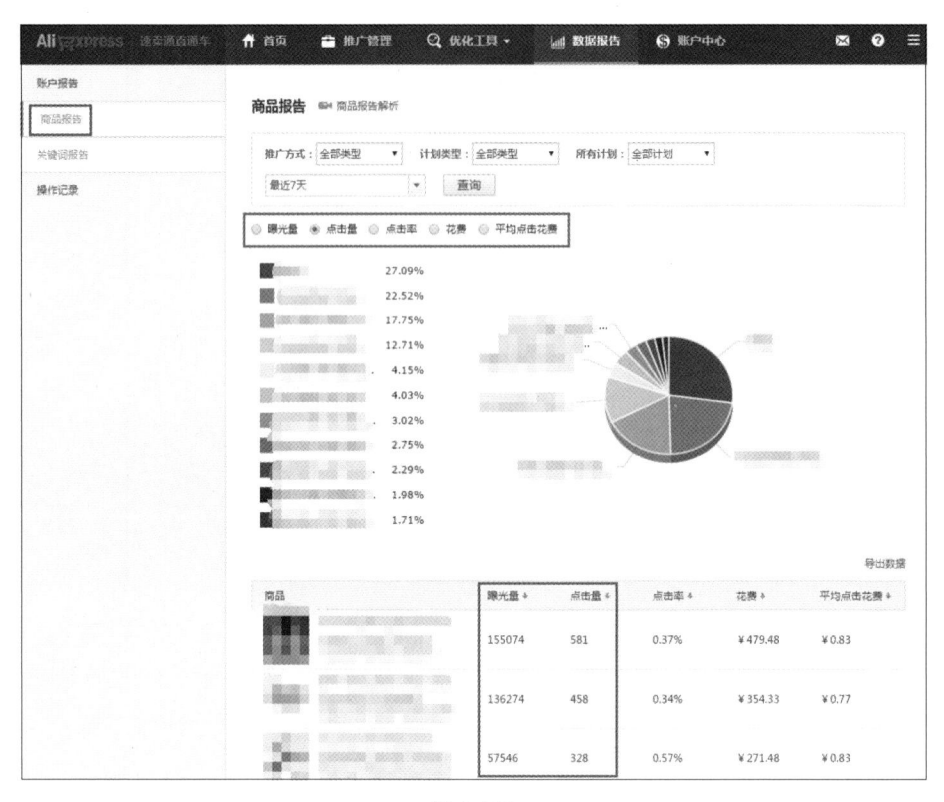

图 5-190

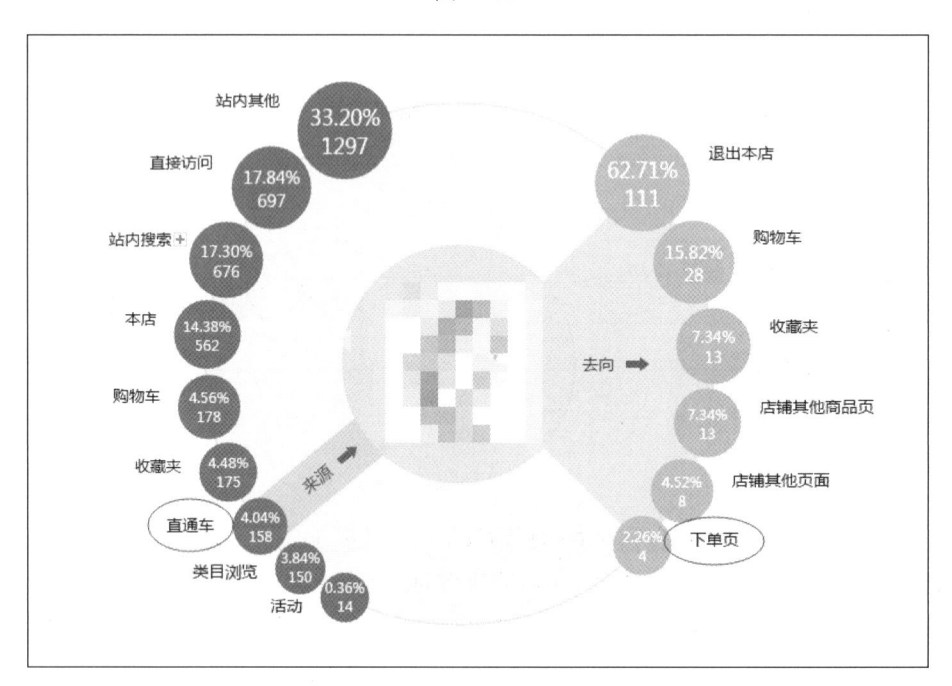

图 5-191

对于新品推广,我们可以着重关注商品的曝光量、点击量及订单量。

4. 方案分析

在新品推广过程中，随着数据的积攒和沉淀，我们还需要分析方案的健康状况，看看方案的整体流量来源，以及关键词的转化效果。下面给大家直接以案例的形式展现一下。

（1）案例一：曝光多，点击少

① 词设置的问题——曝光集中在几个大类词上。我们可以看图 5-192 中的这个例子，这是推广水泵的方案，整个推广单元的曝光量主要来自"pumps"这一个单元。我们知道，"pumps"这个单词，在网站上涉及两类商品，单鞋和泵，搜索量非常大。但是买家可能会根据自己的需求再去筛选，或者在搜索词前后加词重新搜索，而不是直接去点击。

图 5-192

建议：不仅要设置一些流量大的热门词，还要注意很多长尾词的使用，虽然单个词流量不大，但是加起来流量很大，而且转化率相对会高一些。

② 词设置的问题——词与商品的匹配不足。如图 5-193 所示，卖耳机的设置了"computers"这个高流量词。

建议：买电脑的人可能同时有购买耳机的需求，可以做这样的关联营销。但是，自己要对转化率有一定的预期，不能期望这样的设置转化率会很高。同时，结合精准词做精准营销。

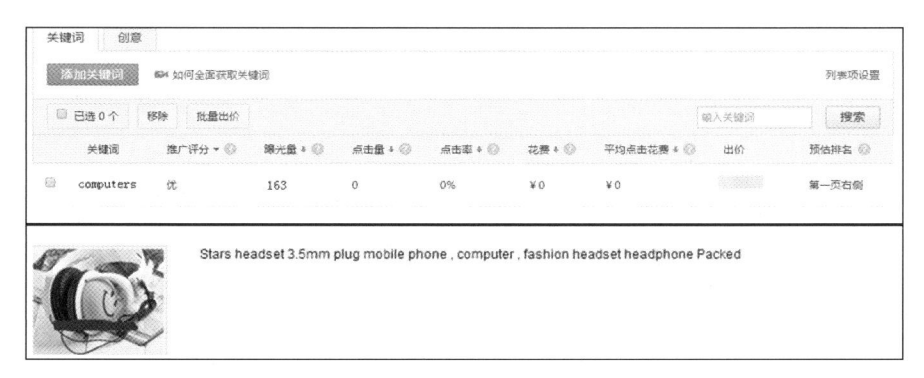

图 5-193

在一个健康的方案中,高流量词和精准词都需要设置,并且整体流量来源应该是 20%的高流量词及 80%的精准词。这样的流量组成,在效果转化上会更加合理,如图 5-194 所示。

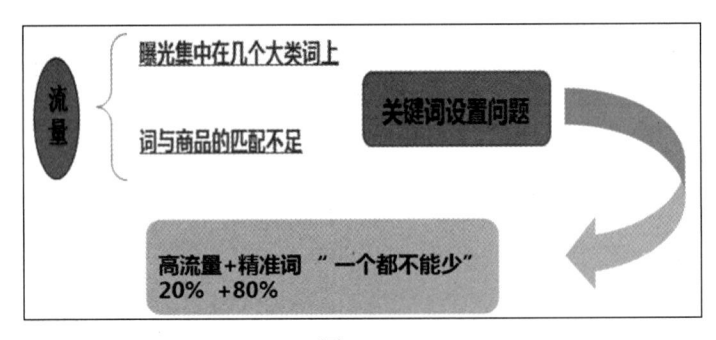

图 5-194

(2)案例二:曝光少,点击少

① 词少。买家搜索的是什么?是词,是不一样的词!而我们如果只设置了几个词,那么只有使用这几个词的买家搜索的时候,我们的商品才有展示的可能,其他的买家呢?不要了吗?所以,大家懂的,"盘子"不能太小。

② 词流量低。很多卖家自己造的关键词,可能并不是买家经常搜索的,这类关键词流量低,整体曝光量低。如图 5-195 所示的方案是卖相机包的,大部分用"型号+相机包"去设置,但买家并不这样搜索。卖家要研究买家的搜索习惯,比如卖家经常按照材料、品牌,而不是型号来搜索。

图 5-195

③ 排名太靠后。如图 5-196、图 5-197 所示,这个不用解释大家就能懂。

图 5-196

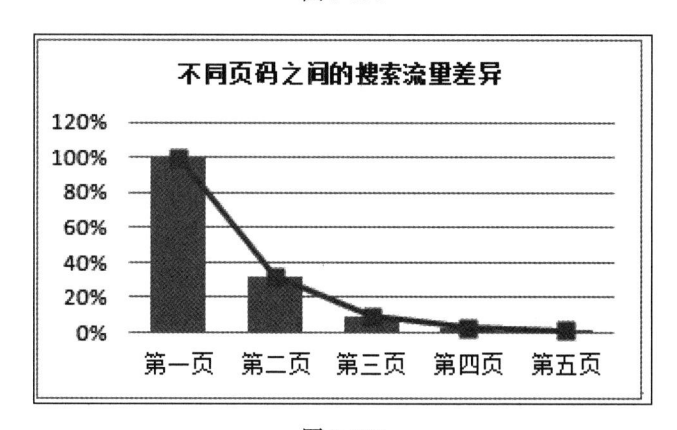

图 5-197

有些卖家通过一些途径找到了搜索量比较大的词，放了上去，可还是没有曝光量。去看看排名在第几页呢？关键词出价可能相差几毛钱，结果却非常不一样。如果你自己都翻了好久才找到，那么买家找到的可能性就更低了。

另外一个影响曝光的因素是关键词推广评分。如果推广评分为"优"，表示有资格进入搜索结果首页右侧位置；如果推广评分为"良"，即使出价再高也没有资格进入搜索结果首页右侧位置。而且在相同出价情况下，优词比良词位置更靠前。因此，优化关键词推广评分，是提高曝光的因素。

总之，曝光少，点击少的问题，解决方法还是很简单的，就是需要提升方案整体的曝光量，主要的途径就是加词、竞价和优化推广评分。

（3）案例三：点击多，订单少

① 点击词分析。检查产生点击量的关键词是否为精准词。如果点击词集中为高流量词，可通过调整出价的方式，让更多点击集中在精准词上，如图 5-198 所示。

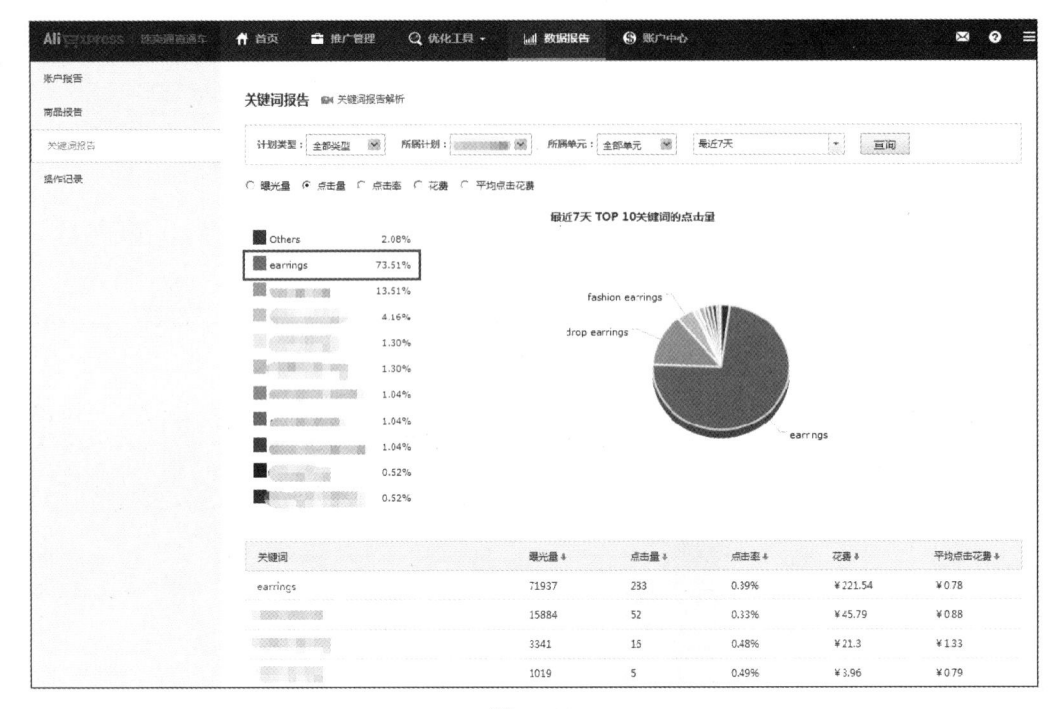

图 5-198

方案中精准词显示为良词的,做推优操作,如图 5-199 所示。

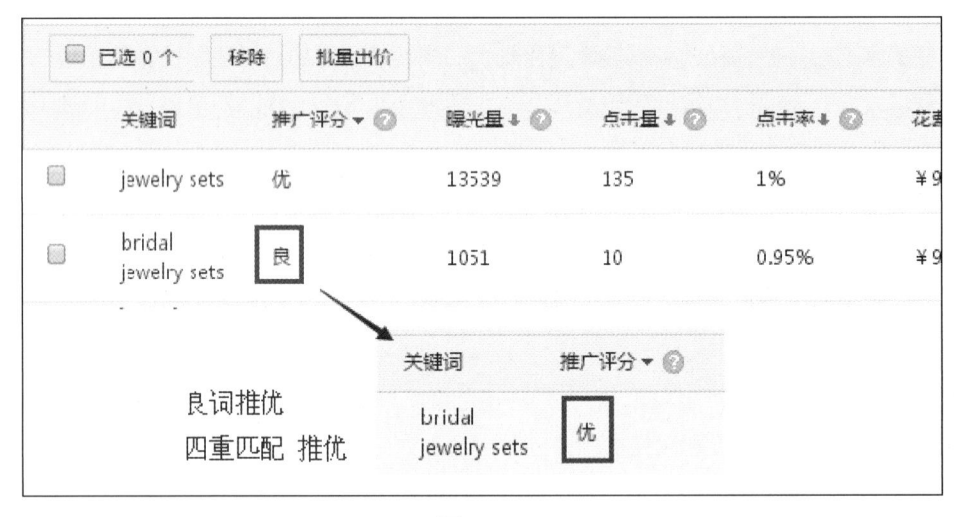

图 5-199

② 产品分析。从图 5-200 中的购买路径可见,买家的购买行为跟产品描述信息有着密切关系。买家点击产品进入详情页,首屏是否有自己需要的信息和选项,详情页是否有吸引自己的卖点,将影响直接购买行为;关联营销产品及店铺首页推荐产品,将影响间接购买行为。

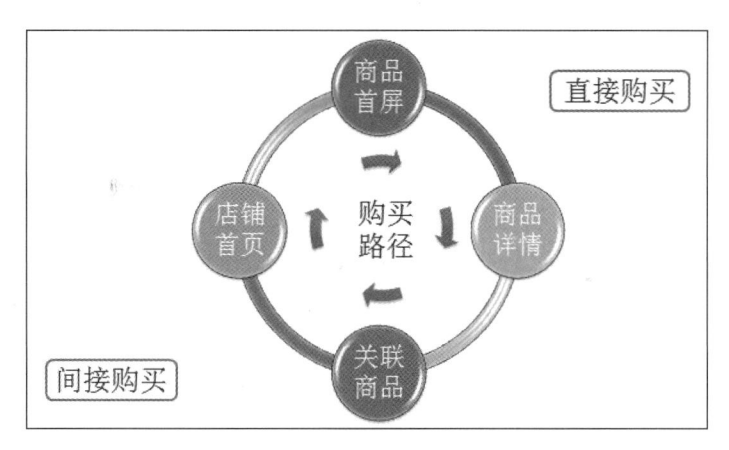

图 5-200

③ 价格因素。价格是决定订单转化的最后一道因素。当买家认同商品价值，确认是自己需求的商品后，最后可能会对比一下同款商品价钱。因此，当出现"点击多订单少"的情况时，可以适当对商品进行促销活动，促进买家下单。

5. 关联推广

在前面的环节中，我们做好了新品方案的创建，以及推广方案的优化，那么我们的新品打造是否就会成功呢？不，光这样还是不够的，我们需要其他宣传方案同步配合。

新品推广的第三个环节是关联推广。目前最常见的关联推广有店铺推荐优化、产品关联、店铺活动、联盟营销等，接下来重点讲讲常见的这四种关联推广。

（1）店铺推荐优化

① 放在店铺 banner 广告位推广。如图 5-201 所示，店铺 banner 是店铺最显眼的位置，相当于在店铺中拉横幅做宣传，建议把你的新品设计到店铺 banner 中。

② 在店铺首页显眼的位置做推广，如店铺首页第一行。如图 5-202 所示，把你的新品放在店铺最显眼的位置，让人一进你的店铺，马上可以看到它。

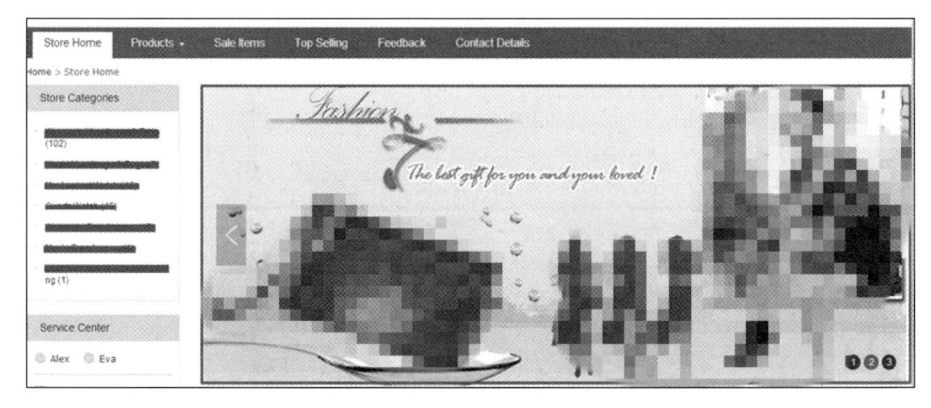

图 5-201

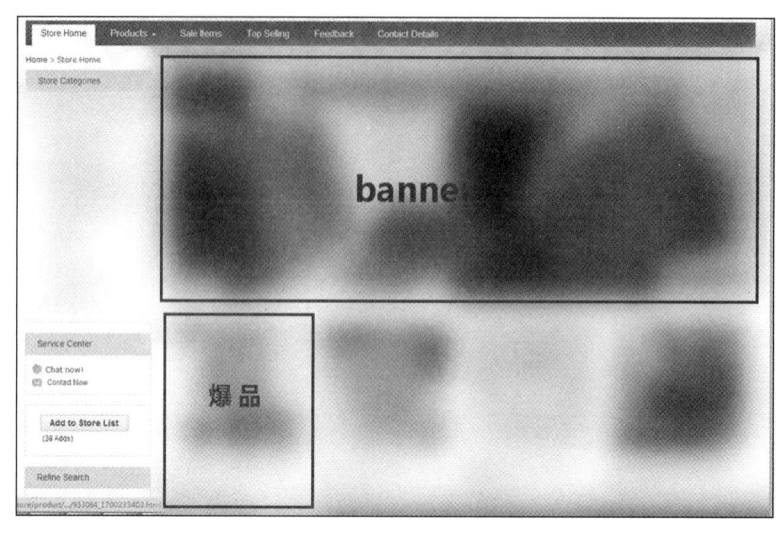

图 5-202

（2）产品关联

在店铺销量前 20 名的商品中，也关联上这款新品吧，从各个途径为你的新品做宣传！建议新品关联在商品详细描述的最上面，并放在关联商品的第一位，这样可以更直观地呈现给买家，达到间接引流的效果，如图 5-203 所示。

（3）店铺活动

店铺活动常结合"关联活动"，如限时折扣、满立减、全店铺打折、店铺优惠券、平台活动等。建议选定的新品，能结合店铺折扣活动推广。

（4）联盟营销

速卖通联盟营销是一种"按成交付费"的推广模式，设置方法如图 5-204 所示。

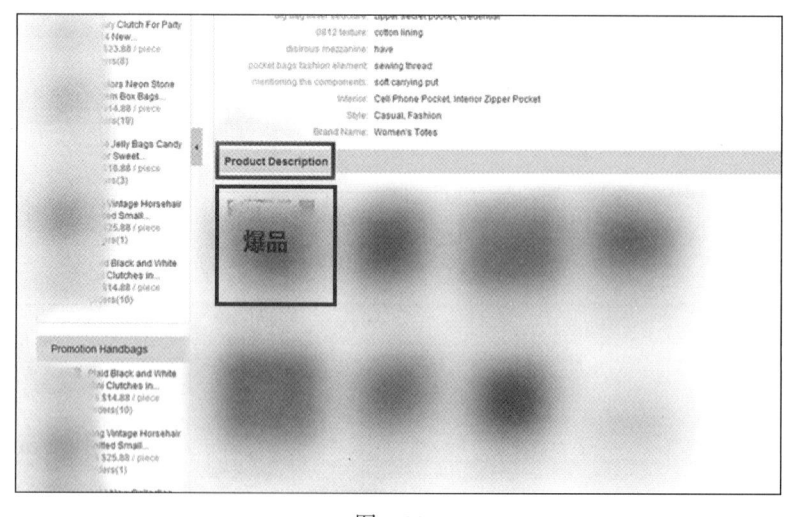

图 5-203

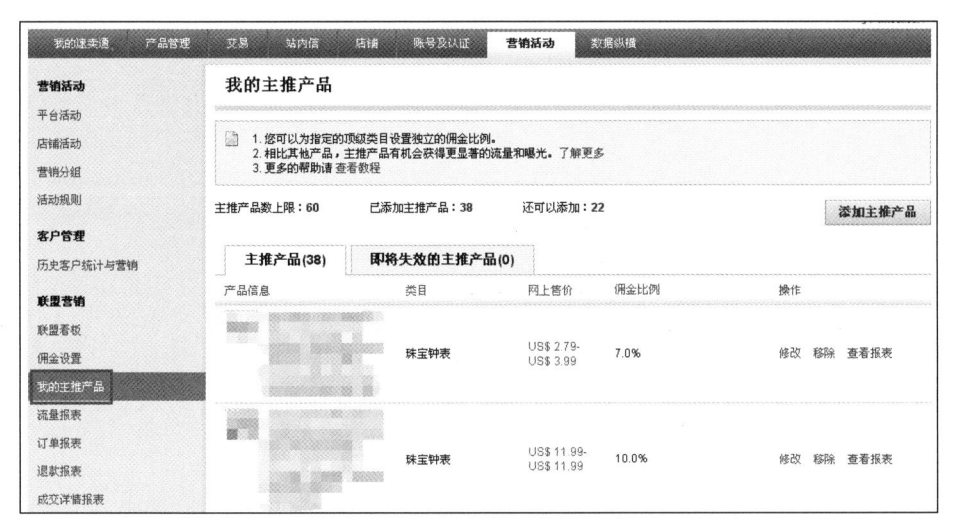

图 5-204

5.2.5.2 爆款打造策略

目前很多店铺碰到的问题有：

① 淘代销客户多，产品款式相近，平台上价格战严重。

② 店铺品类多，无特色。

针对这些问题，借鉴淘宝经验，我们可以选择打造爆款作为突破口，提升店铺知名度，用单品或者多品慢慢积累店铺的影响力。

那么我们来看下爆款打造的两个步骤：

1. 选潜力品

这一步分为三个环节，选品、建立重点方案和测品。

（1）选品（周期1天）。常用的选品方法有两种：

① 选择店铺中已有一定销量的商品。店铺有一定销量的商品，好评率高，应季，有库存，平台成交转化率在上升中，价格有优势，与该类产品的行业均价差不多，卖家可查看速卖通网站同行的销量情况，看是否有打造爆款的空间。

> 提示：选择店铺中已有一定销量的商品，通过直通车打造爆款，可缩短平缓期，较快提升订单转化率！

② 选择店铺中零销量或原销量在 10 个以下的新品。找一款同行没有的或热门搜索词前 10 页没有的产品，如果想重新上传新品，可参考后台的工具。

以第①种方法为例：

A. 在"数据纵横"—"行业情报"页面，确认 2~3 级类目状况，并确认主推类目，如图 5-205 所示。

图 5-205

> **提示**　通过大类目、小类目的筛选看现在整体行业趋势的变化，找到最有利的大行业筛选商品来推广。

B. 在"数据纵横"—"选品专家"页面，通过热销或者热搜的维度，确认主推商品的品类和材质属性，如图 5-206 所示。

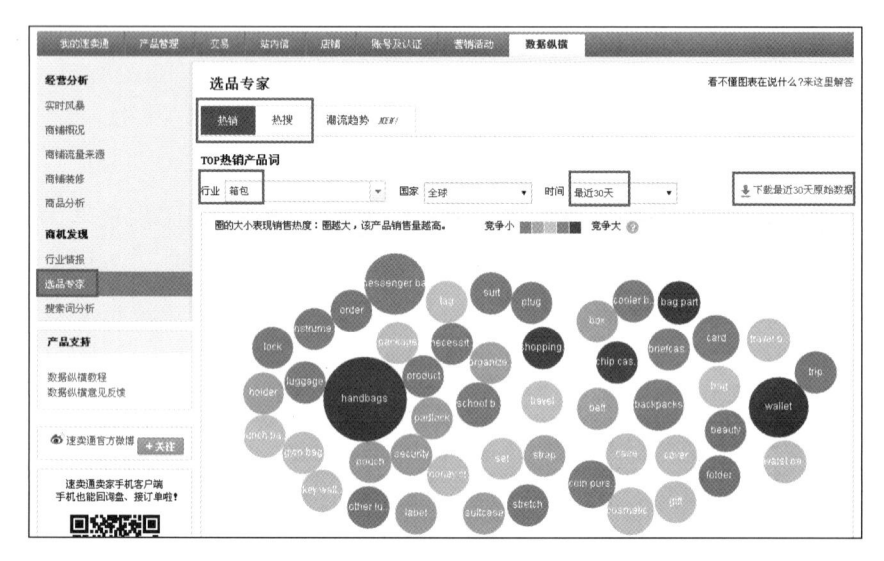

图 5-206

C. 在直通车后台"优化工具"—"选品工具"页面，选择店铺商品中与买家热搜、热销或者潜力商品属性相符的类似商品。参考供求指数、竞争力、转化指数等数据，筛选出适合打造爆款的商品，如图 5-207 所示。

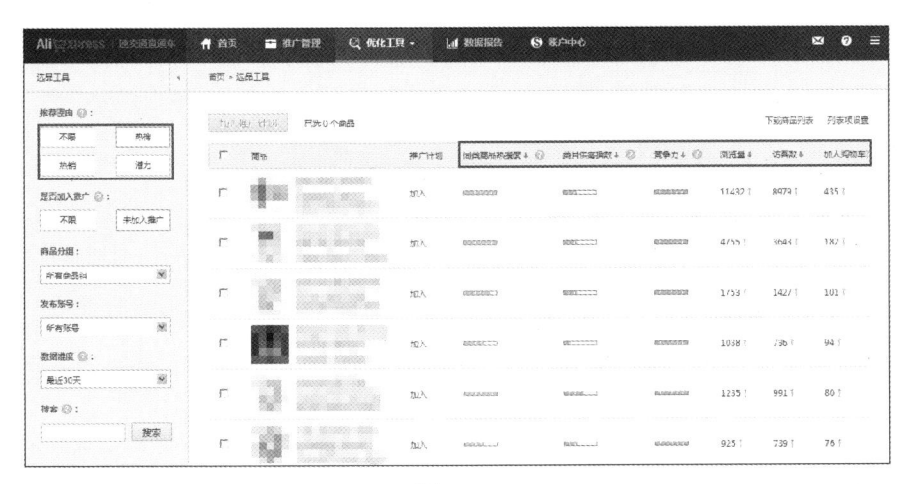

图 5-207

在上面环节中，我们将选中的商品，跟通过数据纵横确定的主推商品的品类和材质属性进行对比，选出 3 款有打造爆款潜力的潜力品，建立重点方案。

（2）建立重点方案（周期 1 天）。单一推广单元重点推广一款产品，用最优质的关键词、每日推广费用重点花费在重点方案上，如图 5-208 所示。

图 5-208

方案建好后，接下来需要测品。测品的意义在于，打造爆款，并不是由我们主观决定的，不是想打造哪款，哪款就可以打造成功的。当我们选好有潜力的商品后，最后哪款产品更加适合打造爆款呢？那就需要由市场来告诉我们。

（3）测品（测试期：每个方案测试 5～7 天）。按以上方法精选出的 3 款商品，建立独立的测试方案，错时推广。让数据来决定哪款才是最终的单品爆款。具体方法如下：

① 给 3 个潜力品分别创建独立的测试方案，系统推荐词全部添加。

② 分开错时测试：选择订单成交最高的那款商品作为最终的潜力爆款。

假设潜力商品为 a、b、c，测试方案为 A、B、C，测试方案如下：

方案 A：方案 B 和 C 暂停，a 商品测试 7 天，记录 a 商品的订单成交数量。

方案 B：方案 A 和 C 暂停，b 商品测试 7 天，记录 b 商品的订单成交数量。

方案 C：方案 A 和 B 暂停，c 商品测试 7 天，记录 c 商品的订单成交数量。

测试结束后，比较 a、b、c 的订单成交情况，选择订单成交最高的那款商品，作为爆款打造品。经过以上的"选品+测品"，我们的爆款潜力品确定下来了。

> **提示**：在测评这一环节，如果 3 个潜力品不属于同一品类，我们可以不用错时推广，3 个潜力品可以同时进行测试。这样做的目的是节省三分之二的测试时间，快速确定爆款潜力品。当然，这时我们的推广预算就要按比例增加。

接下来，我们进入爆款打造第二环节。

2. 打造爆款

选定潜力爆款后，接下来就需要集中推广力度，重点打造该爆款。单品爆款方案包含三个环节：选词，竞价，测词。

（1）选词。最常用的词来源有以下三种：

① 系统推荐词。具体查看途径如图 5-209 所示。

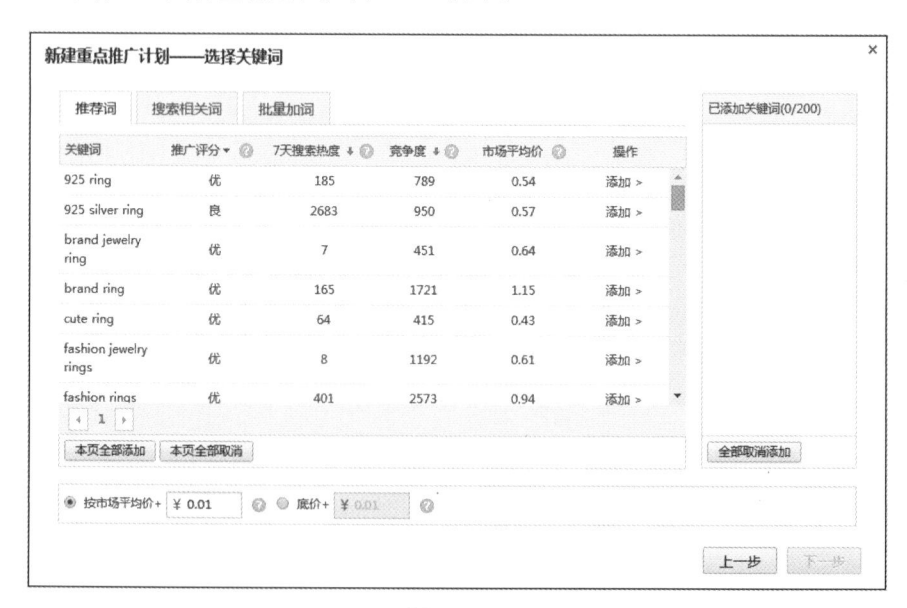

图 5-209

系统推荐的关键词，是针对你推广的产品推荐的，建议全部添加。

② 在"数据纵横"—"搜索词分析"页面下载 Excel 列表，在这里可以选择国家和时间，如图 5-210 所示。

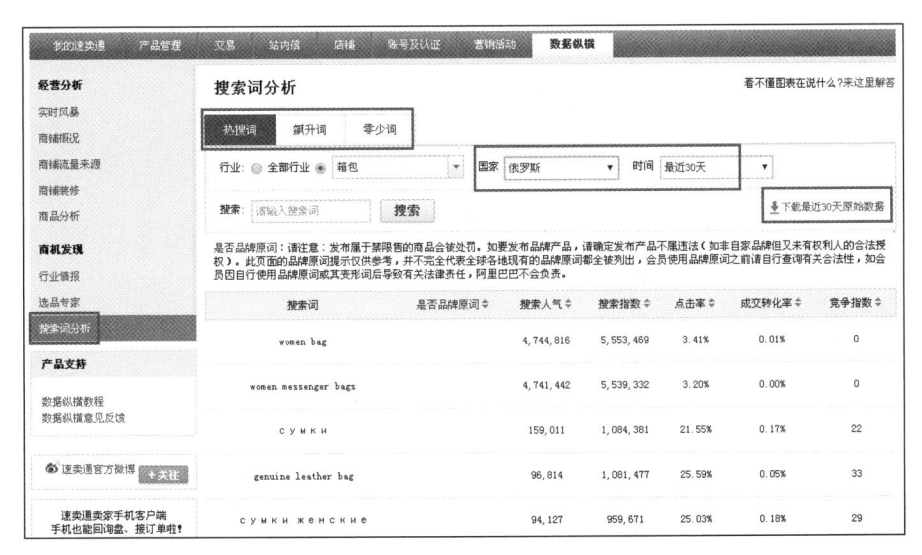

图 5-210

除了系统推荐词外，这里的关键词是首选的。可以按照自己商品主推的市场，有针对性地找出相应国家的热搜词、飙升词、零少词添加。

③ 在"优化工具"—"关键词工具"页面，可根据："按计划找词""按行业找词"，以及"搜索找词"三种方法选词。具体找词途径如图 5-211 所示。

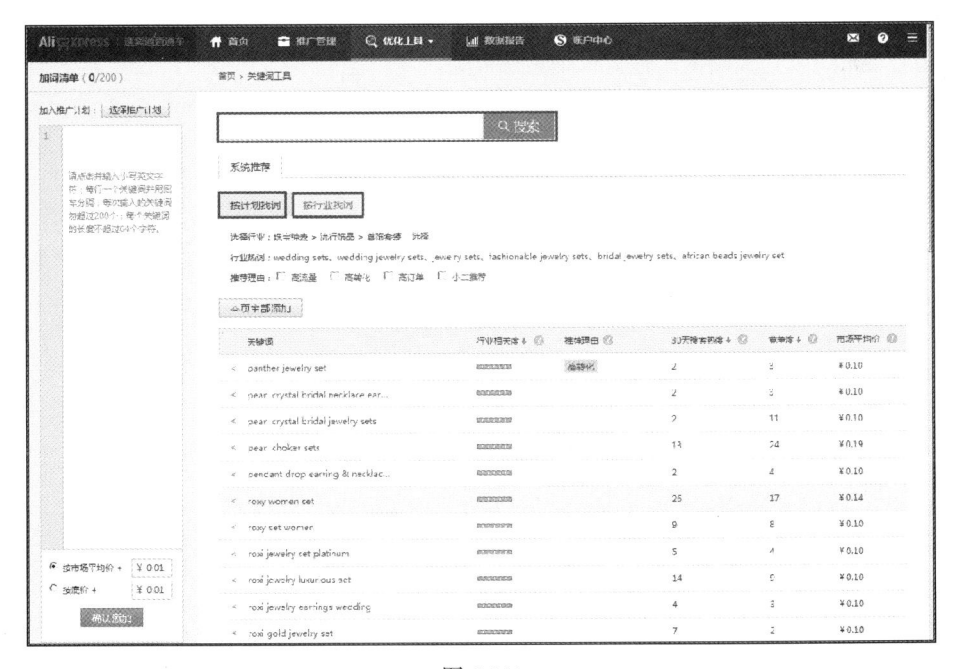

图 5-211

当然，除了以上三种常用的途径外，还有以下几个常见的找词途径：

- 在速卖通网站查看搜索相关词
- 利用 Google AdWords
- 利用 eBay Pulse
- 查看九九词表

……

选词工具非常多，由于一款产品最多匹配 200 个词，目前大家只要能使用好前三种方法（系统推荐词、"数据纵横"——"搜索词分析"、"关键词工具"）关键词就基本够用了。

（2）竞价。有两个需要竞价的地方：关键词竞价和商品推荐出价。

① 关键词竞价

A. 优词。推广评分为"优"的为优词。优词竞价总原则是，在不超出个人承受范围内合理出价。优词可分为精准词、蓝海词、热门大类词。

精准词：需要全力竞价到首页。什么是精准词？例如，对鳄鱼纹钱包来说，"wallet"就是精准词。

蓝海词：全部竞价到首页。什么是蓝海词？例如，对鳄鱼纹钱包来说，"crocodile wallet for women 2015"就是蓝海词。这类词虽然流量不大，但往往竞价也不是很高，用这类精准词搜索的买家，购买意向很强，建议竞价到首页。

热门大类词：视情况出价，建议竞价到第 3~5 页。什么是热门大类词？例如，对鳄鱼纹钱包来说，"bag"就是大类词。这类词搜索热度大，竞价激烈，适合打广告做宣传，但订单转化率没有精准词和蓝海词高。这类词需要设置，但是不建议出很高的价格，让它们出现在第 3~5 页就够了。

B. 良词，推广评分为"良"。需要选择性竞价，选择跟自己产品相关性强的关键词竞价。

C. 需优化的词，推广评分为"--"。该类关键词跟推广产品不能很好地匹配上，需要通过优化产品信息才能匹配。对这类关键词目前可以做"删除"操作。

> **提示**
>
> 关键词定期优化，定期增加有用关键词，且调整好出价及展示位置，删除无用词。由于爆款方案中推广产品少，能匹配的关键词数量亦是如此，所以需要定期清理没有曝光数据的关键词，空出关键词资源位置，添加别的关键词继续推广。
>
> 对于预估排名在"其他位置"的关键词，如果是没有获得曝光，可以尝试提高排名再观察一段时间，如果曝光数据依然低的话，就清理出去。

② 商品推荐出价。利用好商品推荐功能，爆款方案建议出价可参考"建议出价区"或"建议上限"。对推广计划内的商品设置价格，你的商品就有机会展现在更多推荐区域，从而获得更大曝光量和点击量。操作方法如图 5-212 所示。

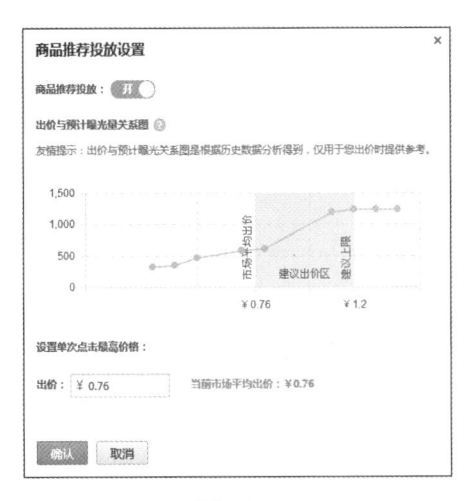

图 5-212

（3）测词。影响爆款打造的最重要的因素之一是关键词的推广效果。关键词能带来多少曝光量、带来多少点击量，花费多少推广费用能带来有效点击，都关系着直通车推爆款效果的好坏。我们可以在直通车后台"数据报告"—"关键词报告"页面，选择爆款所在的计划，如图 5-213 所示。

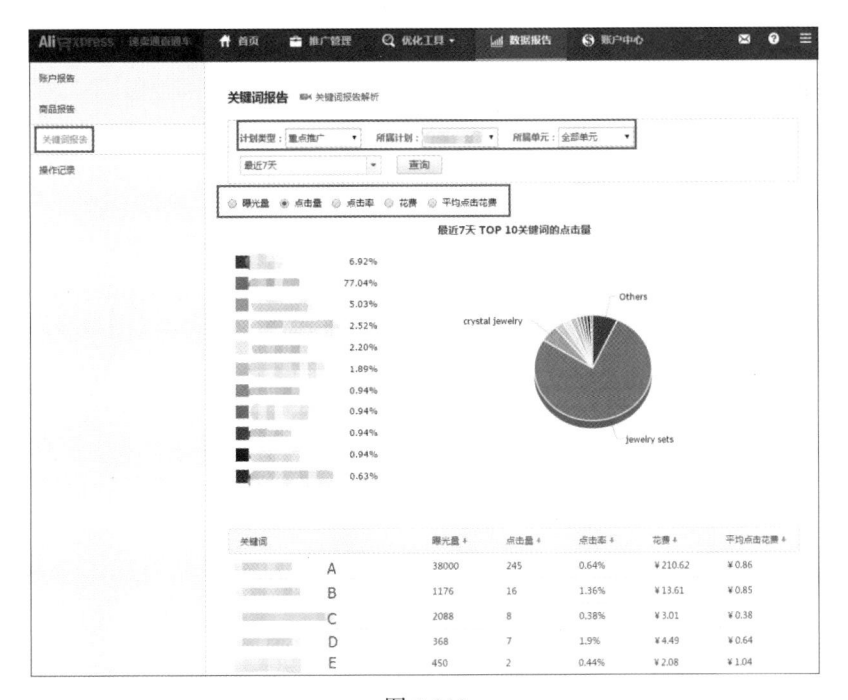

图 5-213

我们分析一下图 5-213 中的案例：

关键词 A 点击率低，单次点击花费适中，由于这个词曝光量大，很明显是热词或者类目大词，在重点推广计划中，这种词可以按一定比例保留，可以优化推广评分，降低点击花费。

关键词 B、D 点击率高，单次点击花费适中，这种关键词可以保留继续优化。

关键词 C 点击率低，但单次点击花费也不高，可以适当提高出价，增加曝光机会再测试。

关键词 E 点击率低，单次点击花费高，这种关键词建议删除，填补其他关键词测试。

通过对重点推广方案里面关键词的不断优化，收集更多优质关键词。利用直通车打造爆款的目的就是引入更多点击质量高的流量，因此提高关键词点击率、获取高点击率的关键词，是影响直通车推爆款的重要因素。

以上内容是直通车优化爆款方案中最实用的方法，大家可以马上使用起来。对于优化爆款方案，需要关注以下三点：

① 选词：前三种选词方法，关键词尽可能添加。

② 竞价：重点关注优词、良词、商品推荐竞价。

③ 测试：获取点击率高的有效关键词。

5.3 速卖通大促

5.3.1 大促的意义

促销是营销者把刺激消费的各种信息传递给一个或多个消费者，以影响其态度和行为，说服或吸引其购买，从而提高销量的一种手段。

速卖通大促是速卖通全网大促销的简称，是速卖通全网站一年中最重要的大事件。从 2014 年起，速卖通每年组织 3 次大促，分别在 3 月、8 月和 11 月发布上线。速卖通大促集聚网站全部力量，引入海量新流量，发放百万优惠券，组织上千万优惠商品，吸引消费者集中消费，为卖家和网站带来交易额的跨越式提升。平台数据表明，每次大促，网站的交易额至少拉高 4 倍，同时，参与大促的卖家的交易额也能平均提升 5 倍以上，善于营销的卖家甚至可以达到 100 倍的提升。

5.3.2 大促中的卖家

速卖通大促已经组织了 4 年，这 4 年中，网站的卖家数一次又一次突破峰值，参与大促的卖家数也层层攀高。仅以 2014 年 "3.25" 大促而言，参加大促的卖家达到了 5 万个，大促当天打折商品超过 4000 万件，规模之大，难以想象。这些参与大促的卖家在大促当天的交易额和店铺流量都达到了 5 倍以上的提升，大促后的提升效果也非常明显。平台数据表明，每经过一次大促，网站各层级卖家的数量都会有很大的提升，这意味着绝大部分卖家在大促中完成了店铺的升级，从一个个新卖家，通过大促逐渐成长为网站的核心卖家。

5.3.3 大促王牌活动

从 2011 年的速卖通一周年庆大促到现在，速卖通已经成功组织了十多次大促，商品永远是大促的本质，是真正将流量转化为订单的核心。大促商品通过不同活动入选进来，活动的组成千变万化，但是最有效的大促王牌活动仍然是 GaGa 秒杀、主会场 5 折精品和全店铺打折。

1. GaGa 秒杀

GaGa 秒杀是速卖通独创的"秒杀"活动，在买家心目中已有非常高的认知度。参与 GaGa 秒杀的商品一直以来都投放在大促主页曝光率最高的资源位。速卖通与其他国内电商网站不同的是，这个访问量几百万的大促主页面上曝光率最高的资源位是免费的。只要商品报名并入选 GaGa 秒杀活动，该商品就会被免费展示在这个价值不菲的资源位上。大促中的 GaGa 秒杀，主要特点是每小时更换商品、每期限量、超低一口价以及展示的都是爆款。一般来说，速卖通大促在买家端的宣传和包装都只有 1 天时间，也即 24 小时。在这 24 小时中，一般每小时会有 4 个 GaGa 秒杀商品，全天仅 96 个商品，折扣低至 99% OFF，以此吸引买家不断回访页面，抢购商品。平台数据表明，在此曝光位展示 1 小时，可引入店铺流量数十万，这也就是为什么此曝光位对商品的折扣要求那么高，却仍然有大量卖家报名并希望能够入选此活动的原因。

2. 主会场 5 折精品

主会场 5 折精品，顾名思义就是大促主会场除了 GaGa 秒杀商品之外的所有优惠商品。网站历次大促验证后得出结论，海外买家对 50% OFF 非常敏感，全场 5 折是广受全球买家喜爱的卖点。截至 2014 年 9 月，速卖通的大促都围绕全场 5 折、海量红包的策略。一般来说，速卖通的大促主会场可以承载上万件优惠商品，这些商品将按照类目进行分类展示，系统会按照商品在大促当天的受欢迎程度，随时调整商品在类目下的排序。在这个访问量几百万的活动页面，买家购买热情空前高涨，主页面上万个商品的交易火爆程度可想而知，所以说速卖通大促主会场是打造店铺爆款的免费捷径。

如图 5-214 所示为速卖通 2013 年"10.15"大促 GaGa 秒杀和主会场 5 折精品活动在大促主页的展示位置。

图 5-214

3. 全店铺打折

全店铺打折,是除了 GaGa 秒杀和主会场 5 折精品活动之外最主要的大促活动。全店铺打折其实是一个店铺营销工具,卖家只要通过全店铺打折工具选定打折时间,确定打折折扣,店铺内的商品就能在选定的时间按卖家填写好的折扣开始打折,实现全店铺商品同时打折。速卖通大促的次次成功,主要原因之一就是每次大促都有上千万商品的集中优惠。上面介绍的 GaGa 秒杀和主会场 5 折精品,覆盖的商品量毕竟有限,且主要展示在大促活动页面上。但速卖通发展至今,流量岂止百万,据统计,全网有将近 90%的流量是直接访问网站搜索结果页面的。要想在搜索结果页面有大促集中优惠的氛围,就需要网站在大促当天在各个品类都有丰富的打折商品,全店铺打折是能够解决此需求的最有效的活动。通过全店铺打折工具,对店铺商品设置大促当天的折扣后,所有的入选商品将会自动被认为是大促的商品,会被打上大促认证标志且优先展示在搜索结果页面。大促的全店铺打折,一般是要求大促当天,卖家店铺所有在线商品全部打折,折扣要求多为 8.5 折起,没有其他参与门槛,只要商品未提价打折,就能 100%入选为大促认证商品。所以说,全店铺打折是参与大促最容易的方法,尤其对于新卖家来说,效果更加明显。

如图 5-215 所示为速卖通 2013 年"3.25"大促的全店铺打折商品在搜索结果页面的打标展示。

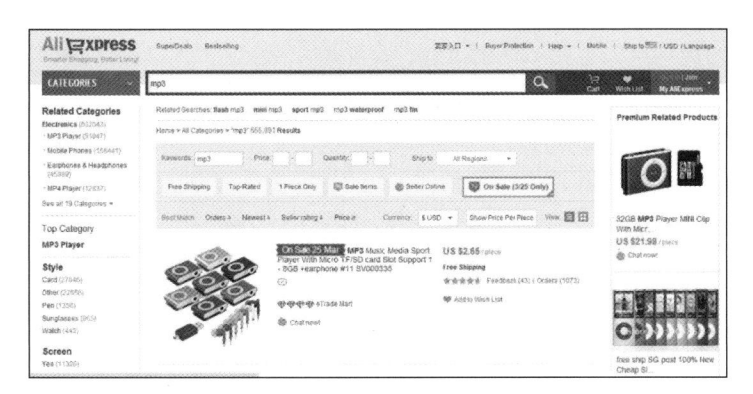

图 5-215

如图 5-216 所示为速卖通 2013 年 "3.25" 大促的全店铺打折商品在商品详情页面的明显标志。

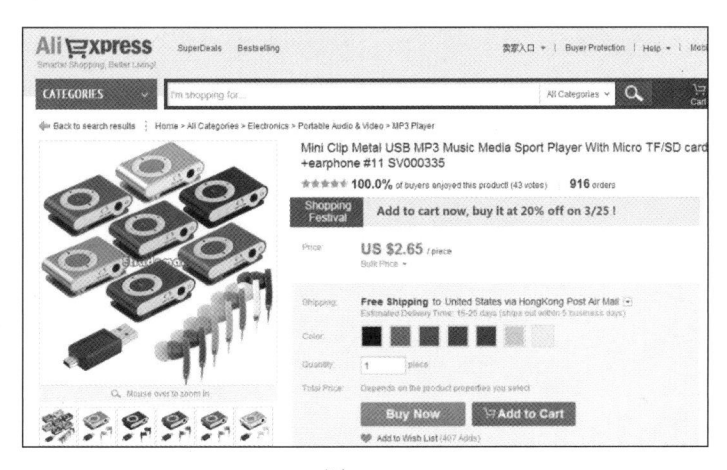

图 5-216

5.3.4　卖家的大促计划

一年三次的大促日对于速卖通卖家来说，是一年三次的淘金日。如何抓住大促这个机会，完成店铺的跨越式增长，是每个卖家都想知道的，下面分享网站大卖家的大促经验。

第一，卖家对自己店铺的商品要有比较清晰的分层。在大促中，店铺引流款商品和主推款商品的选择至关重要。引流款多为店铺内有竞争力的爆款，以此爆款的超低价去吸引买家进店，通常可将这个爆款报名参加大促的 GaGa 秒杀，或者主会场 5 折精品活动。主推款是店铺主推的应季商品，折扣在 30% OFF 左右，需要有竞争力、有差异性且价格吸引人，能够将引流款引入的大量流量更好地在店内转化。除了引流款负责引流，主推款负责更多转化外，还有一个同样重要的部分就是全店铺商品的促销感。引流款和主推款商品的数量是有限的，仍会存在一部分无法转化的买家在店铺内逛。这些买家的转化需要通过店铺内其他商品的促销感来刺激，也就是说卖家可以对店铺内其他商品都做一个小折扣，例如 15% OFF，可以通过全店铺打折来实现。

第二，商品的优化至关重要。促销信息、商品的主要卖点等信息都要加入到商品标题中，且商品的关键属性也要填写完整。大促中有很多活动是通过系统抓取的方式来提取全站商品，展示到相关页面的，所以标题中的信息和属性信息的完善是非常重要的。商品的优化还需要关注单个商品页面的产能，店铺内的商品必须做好关联销售和交叉推荐，将访问商品详情页面的流量尽可能地转化成订单。

第三，挖掘老客户的购买力是提升交易额的法宝。老客户是店铺最宝贵的资源，一年三次的大促，是将老客户唤回的最好时机。将店铺的优惠信息，结合网站的优惠政策提前传达给老客户，将老客户的购买行为尽可能地锁定在自己店铺。

最后，店铺的装修需要跟大促氛围相契合，为买家营造浓烈的购物氛围。大促的设计元素结合店铺的优惠政策和商品信息是比较常见的店铺装修方法，简单有效。

5.3.5 大促的未来

未来的速卖通大促，会打造成让卖家提供海量优质、高性价比的商品，让全球消费者在这一天尽情购买的购物狂欢节，借此不断提升速卖通在海外的影响力，吸引更大规模的消费群体源源不断来到平台，最终给真正有服务能力，专注于平台的广大卖家带来巨大利益。速卖通大促未来的成功，是卖家和平台一起成长，互相促进的必然结果。

5.4 SNS 营销

现在的跨境电商行业正朝着越来越本地化、越来越社交化、越来越移动化三个方向发展。

相信大家对社交网站引流这个渠道并不陌生。这个章节我们将通过数据，方法工具，案例策略三个角度来全面了解社交网站与我们速卖通卖家运营的关系。

5.4.1 海外社交网站的分类

社交网站有哪些分类？实际上，社交网站的本质是帮助我们更方便地建立人与人的联系。如 Facebook、YouTube、VK、Twitter、Pinterest、LinkedIn、Instagram 等，它们都是为了帮助我们建立更方便的联系。

据比邻互动观察研究，我们可以将社交网站分为两个维度：

第一种是建立人与人之间基于熟人之间强关系的的社交网站，Facebook、VK、LinkedIn 等社交平台就属于这个分类。这类网站能够帮助我们把线下真实的社交关系通过社交网站来进行线上的链接。

第二种是建立人们基于共同内容兴趣爱好的关系的社交网站。这类社交网站的关键词是内容、人与人链接。YouTube、Twitter、Pinerest，还有一些细分论坛，都属于建立内容与人的关系的社交网站。

比如知名视频网站 YouTube，我们不会在 YouTube 上找朋友聊天，但我们会在 YouTube 观看各类视频内容。对同一个视频内容感兴趣的人群，会聚集在视频下面留言，参与互动讨论，表达自己的观点，这样 YouTube 就变成了一个基于视频内容的社交平台。YouTube 之所以能成为一类社交网站，是因为作为谈资源头的视频内容将人群聚集在一起的。所以我们把以内容而不是以线下熟悉的朋友为起点来聚拢人气的网站划分为内容社交网站。

为什么将社交网站分成两个维度的?因为这两个维度的社交网站我们运用起来的策略和方法是不一样的。Facebook 的个人账户是用于建立人与人之间的链接的，Facebook 是定位于熟人的社交网站这个分类的，一注册 Facebook 账户我们就加陌生人为好友来为速卖通店铺引流这种方法就是错误的。Facebook 规定一个个人账户只允许添加 5000 个好友，即使我们的账户添加了 5000 个好友，如果这 5000 个好友都不认识我们，我们发的任何消息他们都是不关心的。理解了这个逻辑之后，我们做 Facebook 个人账户应该从老客户开始，把之前和我们建立过购买联系的有重复购买行为的老客户导入到 Facebook、VK 等社交网站进行老客户的维护。

我们在添加老客户为 Facebook、VK 等社交网站好友的时候，如果提到我们是 AliExpress 上他们购买的某个产品的客服人员，会提高添加成功的概率。因为我们之前与他们建立过交易上的联系，添加有过交易联系的老客户比添加完全没有联系的陌生人有更高的成功概率。如果我们的产品恰好是社交性很强的产品，例如饰品、手表等，效果会更好。大家设想一下这个消费场景：有位俄罗斯客户从我们公司买了一条围巾，她戴着这条围巾出门，她周围的朋友看见了并且很喜欢，就会问她围巾是从哪儿买的，她当然会告知自己的朋友她是从 AliExpress 买的。如果她恰好还添加了我们的 VK 账户为好友，她很可能会将我们推荐给她现实中的朋友，我们就可以零成本获得新客户。

5.4.2　海外社交网站及其使用方法

5.4.2.1　Facebook 网站介绍

1. 网站介绍

Facebook 上线于 2004 年 2 月 4 日，从用户量和 Facebook.com 网站流量来看，Facebook 是目前全球最大的实名制社交网站。

Facebook 由哈佛大学的在校生马克·扎克伯格在大学宿舍上线。当时网站的定位是美国一些名校的在校生的校园社交网站，因为较好的社交用户体验带来了用户的病毒式增长。目前 Facebook 在全球拥有超过 10 亿名注册用户。在很多国家，Facebook.com 已经成为访问流量最高的网站。

Facebook 网站发展过程中的重要节点：

- 2012　网站有超过 10 亿名活跃用户，登陆纳斯达克
- 2010　Like 按钮推出
- 2006　Facebook 开放所有用户注册
- 2005　Facebook 开放高中生用户注册
- 2004　Facebook 上线，开放大学生用户注册

如果把一个网站的用户比作一个国家的人口，Facebook 在互联网这个虚拟的"世界"里面，已经是全球仅次于中国和印度的人口第三大"国"。而他们最早的一批用户，已经在这个平台活跃十多年了。

我们来看一下 2014 年 3 月～2015 年 2 月间 Facebook 网站的相关数据。

（1）网站流量总览，如表 5-2 所示。

表 5-2

网站域名	月均访问流量	人均访问时间	人均访问页数	网站跳出率
Facebook.com	221.55 亿	00:21:18	18.54	19.80%

（2）国家或地区流量占比，如表 5-3 所示。

表 5-3

排名	国家/地区	月访问流量/占比	人均访问时间	人均访问页数	网站跳出率
1	美国	56.32 亿（25.42%）	00:16:54	14.14	23.10%
2	巴西	15.09 亿（6.81%）	00:19:45	12.70	22.31%
3	英国	9.68 亿（4.37%）	00:18:10	15.49	22.99%
4	印度	7.60 亿（3.43%）	00:18:20	16.69	16.60%
5	法国	7.38 亿（3.33%）	00:16:21	10.61	25.69%
6	加拿大	7.05 亿（3.18%）	00:16:56	15.16	22.64%
7	德国	5.98 亿（2.70%）	00:16:21	11.24	24.29%
8	土耳其	5.63 亿（2.54%）	00:22:38	20.72	17.43%
9	意大利	5.52 亿（2.49%）	00:20:00	17.82	20.20%
10	墨西哥	5.18 亿（2.32%）	00:25:18	25.98	16.78%
11	阿根廷	4.61 亿（2.08%）	00:25:23	27.22	14.68%
12	波兰	4.17 亿（1.88%）	00:19:27	18.51	18.16%
13	中国台湾	3.57 亿（1.61%）	00:20:50	17.19	19.38%
14	澳大利亚	3.54 亿（1.60%）	00:17:53	16.23	21.73%
15	西班牙	3.52 亿（1.59%）	00:16:33	15.26	22.35%

（3）网站流量来源占比，如表 5-4 所示。

表 5-4

直接访问流量	邮件	引荐流量	搜索流量	社交流量	广告流量
60.27%	2.36%	27.41%	8.74%	1.01%	0.22%

（数据来源：比邻互动）

通过以上数据可以看到，Facebook 在 2014 年 2 月到 2015 年 1 月之间，平均每天的流量超过 7 亿人次。平均一个访客在 Facebook 的停留时间是 21 分 40 秒。我们可以从这些数据中读出，Facebook 这个真人社交网站有着庞大的用户流量及很高的用户黏性。如果我们通过速卖通店铺沉淀的重复购买客户也是 Facebook 这个平台的用户，我们就可以利用这个社交平台来更好地帮助我们的速卖通店铺"粘住"重复购买客户。

2. Facebook 平台运营策略和实操方法

（1）Facebook 个人页面

Facebook 注册页面：www.Facebook.com，如图 5-217 所示。

图 5-217

进入注册页面，Facebook 会提示我们填写姓名、生日、邮箱等信息。凡是要求我们填写真实个人信息的都属于真人社交网站。Facebook 页面分为两类：个人页面及公司页面。

在一开始操作的时候就要注意两点。

第一：虽然业务员注册账户时使用的是真实身份信息，但必须是工作时间和工作地点在真人社交网站与客户建立联系，因为我们手里的每一个老客户的联系方式都是公司花费了成本去获得的，都是属于公司所有的。当业务员离职或者离开原有岗位的时候，这些账户也属于工作交接的内容。

第二：每个账户务必要跟常用的手机号码绑定，这样在账户出现异常时能确保账户安全。Facebook 会监控我们的账户，在我们登录 Facebook 的时候，若发现我们的 IP 变化就会认为我们的账户异常而把账户锁定，会要求我们输入验证码来把账户要回来。因为公司页面是在个人页面管理之下的，所以如果个人页面出现了异常无法登录，公司页面也就无法使用了。通过 Facebook 注册要绑定手机号码这一点，我们可以联想到，在移动互联网时代，手机比邮箱还重要。

账户不在多，而在于精。Facebook 这类真人社交网站其实是我们线下的真实身份社交到线上的转移，这些网站建立的是人与人之间的连接，它们是在做社交的减法；而 YouTube 这类内容社交网站其实是扩大我们的社交范围，是在做社交关系的加法。

Facebook 上有哪些功能可以使用？第一个是个人账户，第二个就是公共主页。个人账户指的是建立代表客服或者市场小组的个人账户，公共主页指的是建立代表我们品牌名字的公司页面。

Facebook 还有一个非常重要的功能：群组（groups）。我们都知道"人以群分"，所以群组功能十分有用。其实无论是个人账户、企业账户还是群组功能，在技术层面都是没有门槛的，它们只有内容层面的门槛。

（2）Facebook 公司页面

公司页面注册入口：https://www.Facebook.com/pages/create/，如图 5-218 所示。

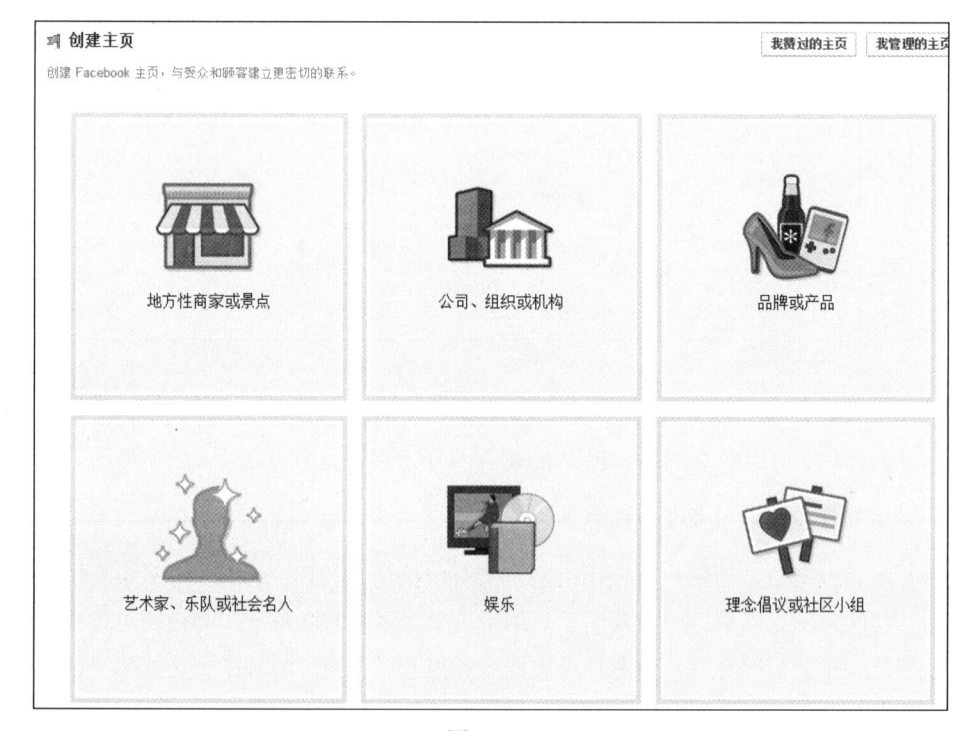

图 5-218

在注册公司页面的时候，务必将公司信息填写完整、准确，因为 Facebook 的企业页面是可以用 Google 搜索出来的。

我们在 Google 搜索某品牌时，检索结果中 Facebook 企业页面是能够被检索到的。这一 Facebook 企业页面之所以能够成为 Google 搜索的着陆页面，是因为企业页面的企业描述选用的关键词都是含有该品牌的名称的。

企业描述完成后，按照 Facebook 提示进行下一步操作。

建立企业页面有以下几个要点：

第一，要有详细的介绍、账户名称。

第二，Facebook 企业页面取名最好与自己的品牌名称一致，因为这样客户在 Google 搜索时就可以搜索到企业的 Facebook 页面了。如果我们在 Facebook 企业页面发布一些客户好评，当客户搜索到 Facebook 页面时就能看到这些内容，无疑使得客户对我们的品牌产生好感。

我们有免费的老客户资源，我们可以给老客户发邮件欢迎他们关注我们的企业页面，不管是否能成功，告知他们很有必要，在给客户发货时也可以附上 Facebook 页面的网址。

企业页面还需要注意一点，图片要精美，如果受限于产品的属性，起码也要做到简洁大方。因为社交时代其实就是读图时代，美工是非常重要的。图片是全球通用的语言，产品图片有卖点就能打动客户，社交营销尤其如此。

那么如何知道老客户是否在 Facebook 上？

方法一：将通讯录导入 Facebook 广告后台，后台会将列表中可以跟踪到的客户告知我们。

方法二：直接询问我们的客户他们经常使用哪些社交网站，再算出使用社交网站的客户比例。

在 Facebook 广告中，有个 Power Editor 高级功能，它可以实现定制化受众的功能。我们将老客户联系表单导入，就可以知道我们的老客户中有多少人在使用 Facebook。Power Editor 比起 Facebook 普通广告页面来功能更加全面。"广告受众"选项中，有"自定义受众""创建类似受众"选项。我们可以根据后台列表格式，将老客户列表上传。建议将邮箱和电话号码分别上传，以增加覆盖率。

（3）Facebook 广告

如何顺利开通 Facebook 广告账户？

Facebook 广告账户容易在开通时候受限。比邻互动从 Facebook 官方得到的解释是，由于国内部分企业盗刷信用卡发布广告，而 Facebook 官方无法收到广告款项，因而他们会封锁信用卡所在地与账户 IP 不一致的账户。如何顺利开通 Facebook 广告账户，我们可以尝试以下几个方法。

方法一：联系 Facebook 将我们的账户列入白名单。

方法二：找到正规的渠道服务商开通一个广告账户。

方法三：使用国外的信用卡。

高客单价、重复消费率高的产品，以及有社区内容互动和讨论的产品可以在 Facebook 等社交平台深挖做内容，因为这样的产品需要对粉丝进行内容教育，可以实现老客户的重复购买行为。

Facebook 广告的类型有哪些？

Facebook 广告具体类型有：流量广告、根据行为转化的广告、消息广告、页面粉丝增加广告、游戏 App 安装量广告（兰亭/Wish）、增加活动参与人数的广告、派送优惠券广告、视频广告等。如果产品需要专业解说，建议大家使用 YouTube 视频在 Facebook 投放广告。

广告投放定位，要根据消费者区域、年龄、性别、情感状态等确定。我们同样可以设置按行为进行广告投放，Facebook 有个选项为 Life Event，Facebook 可以抓取到用户的 Life Event 数据。例如：新晋父母可以投放母婴类广告，准新娘可以投放婚纱礼服广告。Facebook 广告投放前三位是游戏、旅游及美食。投放广告本质上并不是获取流量，而是获取客户数据。

（4）总结

Facebook 的主要内容板块包括个人页面、企业页面、群组及广告。个人账户要求填写完整信息，用个人真实身份跟老客户互动，账户所有权归公司所有。公司页面要作为企业的着陆页面去优化。对于群组功能，我们可以将相关的老客户导入到群组里边。Facebook 广告本质上是通过广告获取客户数据、分析客户需求的。如何投放广告，建议大家关注同行的"粉丝"页面是如何做的。

操作要点总结：个人账户要通过手机验证，公司账户要优化 URL，Facebook Page 可以突出品牌，URL 可以突出品类，描述中加入关键词，加入店铺信息。

5.4.2.2 Twitter 网站介绍

Twitter 是微博的鼻祖，准确地说它是一个社交媒体。Twitter 于 2006 年上线成立，用户主要来自欧美地区，在日本，Twitter 也有大量的用户群体。

我们了解一个平台是否适合我们去做营销宣传，一是看平台的定位，二是看平台的用户方面的数据。Twitter 的平台的宣传语是：Twitter brings you closer to what you care about。

我们不难看出，这是一个以兴趣类话题和内容为主的社交媒体和传播平台。

（1）网站流量总览，如表 5-5 所示。

表 5-5

网站域名	月均访问流量	人均访问时间	人均访问页数	网站跳出率
twitter.com	19.48 亿	00:10:09	5.65	34.38%

（2）国家流量占比，如表 5-6 所示。

表 5-6

排名	国家名称	月访问流量/占比	人均访问时间	人均访问页数	网站跳出率
1	美国	5.62 亿（28.83%）	00:08:55	5.74	33.65%
2	英国	1.29 亿（6.63%）	00:10:19	6.08	32.88%
3	日本	1.03 亿（5.28%）	00:11:05	7.36	31.26%
4	巴西	8162 万（4.19%）	00:10:34	5.23	38.29%
5	土耳其	7948 万（4.08%）	00:12:03	7.59	31.39%
6	加拿大	6760 万（3.47%）	00:08:38	5.57	34.43%
7	法国	6409 万（3.29%）	00:09:10	4.99	38.20%
8	西班牙	6214 万（3.19%）	00:10:30	6.16	33.13%
9	俄罗斯	5747 万（2.95%）	00:07:11	4.31	42.81%
10	阿根廷	5415 万（2.78%）	00:15:02	8.55	25.24%
11	印度尼西亚	4578 万（2.35%）	00:13:10	7.05	26.79%
12	德国	3799 万（1.95%）	00:07:05	4.49	42.23%
13	荷兰	3760 万（1.93%）	00:07:17	4.83	38.62%
14	墨西哥	3701 万（1.90%）	00:10:39	6.43	30.82%
15	印度	3058 万（1.57%）	00:09:12	6.23	33.39%

（3）网站流量来源占比，如表 5-7 所示。

表 5-7

直接访问流量	邮件	引荐流量	搜索流量	社交流量	广告流量
55.78%	2.41%	20.70%	12.13%	8.95%	0.04%

（数据来源：比邻互动）

通过以上数据我们可以读出，美国、英国、日本是 Twitter 用户和流量排名前三位的国家。该平台对其目标用户也有较高的黏性。基于社交媒体这个属性，如果我们的产品有很多新闻素材和新闻意见领袖资源可利用，就可以借助这些新闻内容和新闻意见领袖来做联合引流。

5.4.2.3　Google+网站介绍

Google+是 Google 推出的社交产品，Google 推出这个产品，为的是争夺 Facebook 在社交领域的份额。

（1）网站流量总览，如表 5-8 所示。

表 5-8

网站域名	月均访问流量	人均访问时间	人均访问页数	网站跳出率
plus.google.com	11.13 亿	00:04:57	6.36	48.15%

（2）国家流量占比，如表 5-9 所示。

表 5-9

排名	国家名称	月访问流量/占比	人均访问时间	人均访问页数	网站跳出率
1	美国	3.63 亿（32.63%）	00:05:33	6.30	48.95%
2	印度	5454 万（4.90%）	00:04:28	5.50	46.39%
3	英国	5098 万（4.58%）	00:05:54	6.18	47.47%
4	巴西	4853 万（4.36%）	00:04:00	4.02	54.99%
5	法国	3907 万（3.51%）	00:05:00	6.46	51.74%
6	德国	3784 万（3.40%）	00:05:36	5.70	49.81%
7	加拿大	3773 万（3.39%）	00:05:07	6.27	48.70%
8	俄罗斯	3072 万（2.76%）	00:04:57	7.37	46.29%
9	意大利	2894 万（2.60%）	00:05:19	6.00	46.93%
10	西班牙	2649 万（2.38%）	00:06:01	7.08	44.82%
11	日本	2081 万（1.87%）	00:05:20	6.56	50.43%
12	澳大利亚	1925 万（1.73%）	00:05:55	5.77	48.07%
13	荷兰	1859 万（1.67%）	00:05:15	8.73	44.66%
14	土耳其	1658 万（1.49%）	00:04:02	4.89	53.41%
15	墨西哥	1625 万（1.46%）	00:04:47	5.37	46.06%

（3）网站流量来源占比，如表 5-10 所示。

表 5-10

直接访问流量	邮件	引荐流量	搜索流量	社交流量	广告流量
28.53%	1.18%	45.65%	17.76%	6.82%	0.05%

（数据来源：比邻互动）

从用户性别来看，目前活跃在 Google+这个平台的主要是男性，尤其是对 IT 技术比较感兴趣的 IT 男。

同时，Google 有巨大的搜索流量，Google+页面有不少的流量是通过 Google 引过来的，如果你的品牌词的搜索量比较大，那么 Google+页面是一个很不错的搜索着陆页面。

5.4.2.4 VK 网站介绍

VK 目前是俄语系国家最受欢迎的社交网站，俄罗斯的年轻人经常活跃在这个社交平台。速卖通平台也在这个平台投入了大量的精力去做推广。

（1）网站流量总览，如表 5-11 所示。

表 5-11

网站域名	月均访问流量	人均访问时间	人均访问页数	网站跳出率
vk.com	14.30 亿	00:26:32	53.46	13.79%

（2）国家流量占比，如表 5-12 所示。

表 5-12

排名	国家名称	月均访问流量/占比	人均访问时间	人均访问页数	网站跳出率
1	俄罗斯	8.93 亿（62.42%）	00:27:31	63.18	12.48%
2	乌克兰	2.93 亿（20.48%）	00:27:08	66.51	13.00%
3	白俄罗斯	5731 万（4.01%）	00:27:01	61.31	12.55%
4	哈萨克斯坦	3324 万（2.32%）	00:25:00	65.95	14.76%
5	美国	3094 万（2.16%）	00:13:00	25.76	30.61%
6	德国	1121 万（0.78%）	00:14:53	26.33	28.38%
7	英国	851 万（0.60%）	00:16:56	34.28	26.19%
8	土耳其	822 万（0.57%）	00:13:16	27.35	34.45%
9	摩尔多瓦	552 万（0.39%）	00:20:18	40.10	20.56%
10	西班牙	488 万（0.34%）	00:09:20	14.99	46.98%
11	法国	428 万（0.30%）	00:10:11	17.37	40.51%
12	巴西	406 万（0.28%）	00:10:55	11.25	47.21%
13	意大利	399 万（0.28%）	00:13:56	27.20	32.05%
14	拉脱维亚	381 万（0.27%）	00:16:20	29.56	23.36%
15	加拿大	359 万（0.25%）	00:12:38	26.11	30.26%

（3）网站流量来源占比，如表 5-13 所示。

表 5-13

直接访问流量	邮件	引荐流量	搜索流量	社交流量	广告流量
57.74%	0.46%	28.02%	12.72%	1.01%	0.05%

（数据来源：比邻互动）

以上数据为 VK 网站从 2014 年 3 月到 2015 年 2 月的网站流量数据。通过以上数据我们可以看到，VK 网站对他们客户的黏性非常强。从用户在网站的浏览时间来看，VK 超过了 Facebook。

我们看到来自中国地区的流量排在流量来源的第 20 位，每个月有 321 万的流量从中国进入 VK 网站，有大量的中国卖家通过 VK 与客户进行互动。

5.4.2.5 Pinterest 网站介绍

Pinterest 是一个能为你的项目和兴趣发现创意点的图片社交网站。Pinterest 的前身是婚庆类产品的导购网站，网站的创始人在婚礼筹备的时候发现购物车、收藏夹用起来不方便，他就将很多产品图片放在一个图片文件里边，最初这一功能叫作拼图（Pin），在网站上积累了一部分适龄女性。我们来通过数据看一下这个平台的表现。

（1）网站流量总览，如表5-14所示。

表5-14

网站域名	月均访问网站流量	人均访问时间	人均访问页数	网站跳出率
pinterest.com	3.72亿	00:08:51	7.34	34.51%

（2）国家流量占比，如表5-15所示。

表5-15

排名	国家名称	月访问流量/占比	人均访问时间	人均访问页数	网站跳出率
1	美国	1.80亿（48.26%）	00:09:19	7.96	32.05%
2	英国	1894万（5.09%）	00:07:49	7.63	35.69%
3	加拿大	1841万（4.95%）	00:08:35	7.82	33.43%
4	巴西	994万（2.67%）	00:08:52	8.23	37.20%
5	法国	941万（2.53%）	00:08:06	8.15	36.83%
6	澳大利亚	863万（2.32%）	00:08:08	7.62	34.26%
7	印度	744万（2.00%）	00:07:53	7.16	38.66%
8	荷兰	732万（1.97%）	00:07:48	8.24	33.38%
9	西班牙	660万（1.77%）	00:08:30	8.88	34.99%
10	德国	642万（1.73%）	00:07:13	7.56	38.40%
11	意大利	622万（1.67%）	00:08:02	8.40	36.41%
12	墨西哥	471万（1.27%）	00:10:17	9.60	32.25%
13	土耳其	453万（1.22%）	00:08:36	9.76	37.37%
14	俄罗斯	449万（1.21%）	00:08:19	10.88	33.85%
15	阿根廷	345万（0.93%）	00:10:20	10.03	32.13%

（3）网站流量来源占比，如表5-16所示。

表5-16

直接访问流量	邮件	引荐网站流量	搜索网站流量	社交网站流量	广告网站流量
51.11%	0.69%	16.09%	28.14%	3.88%	0.10%

（数据来源：比邻互动）

图片是通用的语言。用Pinterest在欧美地区做引流是非常常见的。卖家可以在Pinterest发布图片。一份关于Pinterest的数据统计显示，Pinterest上68%是女性，其中很多是年轻女性。做社交营销，除了要找到适合我们品类的社交网站，还要找到适合我们的消费人群，Pinterest的流量很多来自欧美。Google有一个插件可以一键将你的商店的图片分享到Pinterest，通过这样的方法分享的图片，用户直接点击图片就可以链接到你的店铺。Pinterest有各种分类，如个人的分类、主题的分类。平台中的大卖家可以在Pinterest找一些相关的主题，如包包、服装、家具等，找到适合自己品类的主题后，观察在这个主题中什么类型的图片可以获得较高的互动率，这样的图片就可以成为这个区域选品的参考。细心的卖家会观察哪些图片"粉丝"比较多，然后利用这些图片做主题页面来吸引流量。卖家也可以在制作了专题页面后，把在 Pinterest 受欢迎的产品进行打折促销，这样就可以吸引很多的流量。

任何一个开放的平台都会有越来越多的竞争对手出现。你的品类的竞争对手越多，说明这个品类在海外的需求量越大。Pinterest 的好处就是图片自带链接，点击你分享的图片就可以直接链接到你的店铺，这个功能非常利于引流。

做好 Pinterest 的策略总结为几点：第一，找到感兴趣的主题页面。第二，找到"红人"推荐的图片。第三，关注对应的评论，评论是很重要的。第四，利用一些"红人"的账号进行传播。

需要强调一点，Pinterest 可以带来巨大的兴趣类流量，但是兴趣类流量本身是建立在一种弱关系上的。

一些朋友在 Pinterest 上引流，但是没有沉淀。没有沉淀的流量，就很容易像流水一样，流进来后又流出去。所以我们要结合强关系的平台去做营销。我们要记住，图片的质量比数量更重要。我们不仅是要自己分享这个图片，还要找别人分享，找跟你匹配的人去分享。吸引了新客户的流量，我们要进行相应的转化，如在店铺做相关的专题页面。总而言之，就是通过强关系的社交网站把从弱关系的社交网站引来的流量沉淀下来。

精细化的发展在应对竞争是非常重要的。精细化是接下来每一个跨境电商卖家要比拼的一个能力。供应链的强化、流量渠道建立门槛、客户层面建立门槛，都是非常重要的。越到后面，门槛越重要。作为卖家如果我们会做的别的卖家也会做，那就很容易陷入价格战。

5.4.2.6　YouTube 网站介绍

YouTube 流量构成

（1）网站流量总览，如图 5-219、表 5-17 所示。

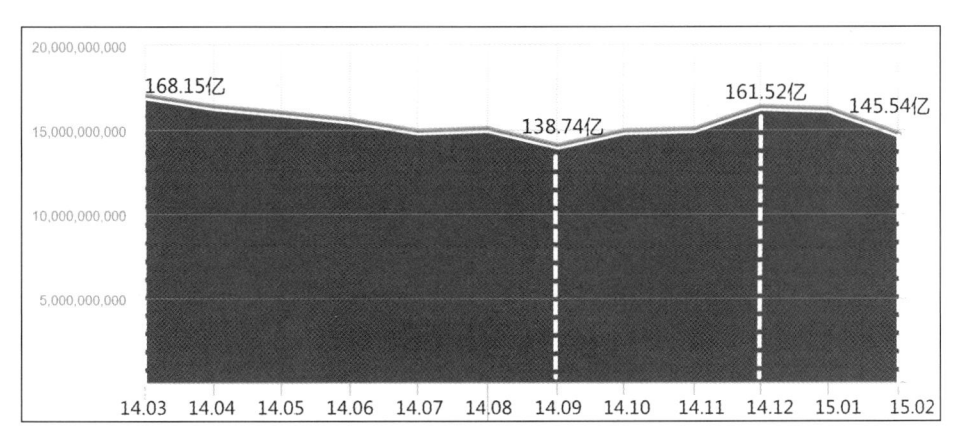

图 5-219

表 5-17

网站域名	月均访问网站流量	人均访问时间	人均访问页数	网站跳出率
youtube.com	153.30 亿	00:19:38	9.03	25.31%

数据来源：比邻互动

（2）国家流量占比，如表 5-18 所示。

表 5-18

国家名称	美国	巴西	英国	印度	加拿大	其他国家
流量占比	24.53%	5.48%	4.57%	3.91%	3.21%	58.29%

数据来源：比邻互动

（3）网站流量来源占比，如图 5-220 所示。

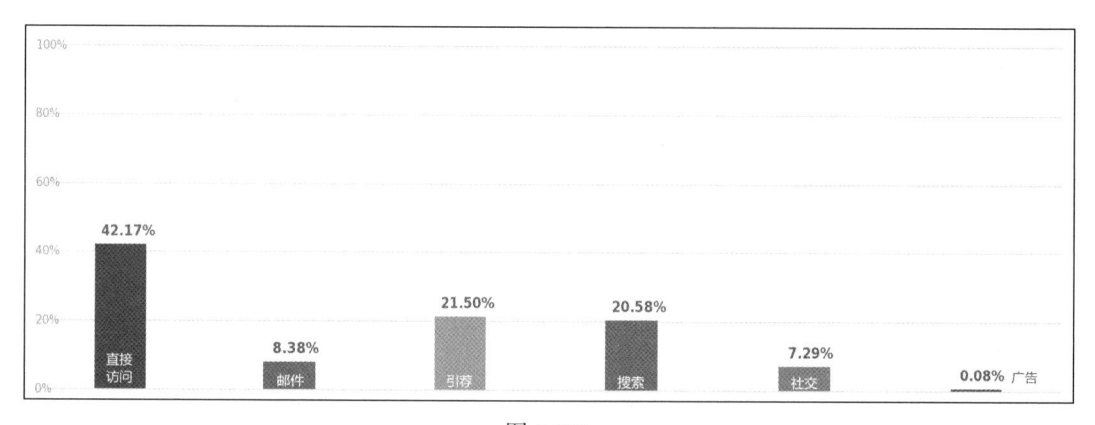

直接访问 42.17%；邮件 8.38%；引荐 21.50%；搜索 20.58%；社交 7.29%；广告 0.08%

图 5-220

数据来源：比邻互动

由以上数据我们观察到，YouTube 的各项流量指标中，表现最好的是跳出率。YouTube 的低跳出率意味着网站内容对用户的黏性很强。

因为 Google 收购了 YouTube，在 Google Trends 中的流量来源可以细分到网页、新闻、购物搜索、YouTube 搜索等，所以 Google Trends 不仅仅是 Google Trends，它还是 YouTube Trends。

5.4.2.7　LinkedIn 网站介绍

LinkedIn 流量构成

（1）网站流量总览，如图 5-221、表 5-19 所示。

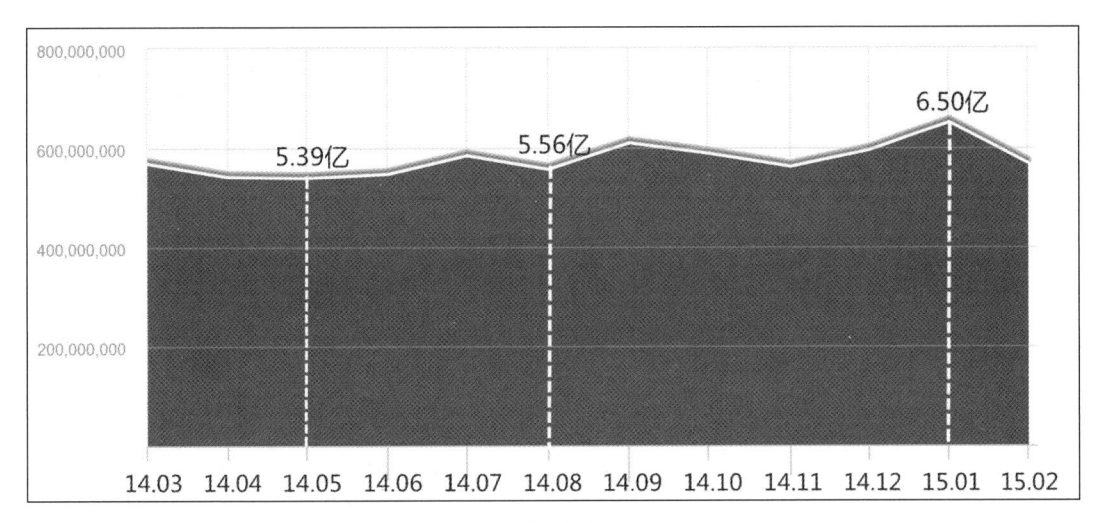

图 5-221

表 5-19

平均月访问量	5.76 亿
平均停留时间	00:06:33
平均浏览页数	5.61
网站跳出率	32.34%

数据来源：比邻互动

（2）国家流量占比，如表 5-20 所示

表 5-20

国家名称	美国	英国	印度	加拿大	荷兰	其他国家
流量占比	36.56%	6.72%	5.21%	4.56%	3.78%	43.17%

数据来源：比邻互动

（3）网站流量来源占比，如图 5-222 所示。

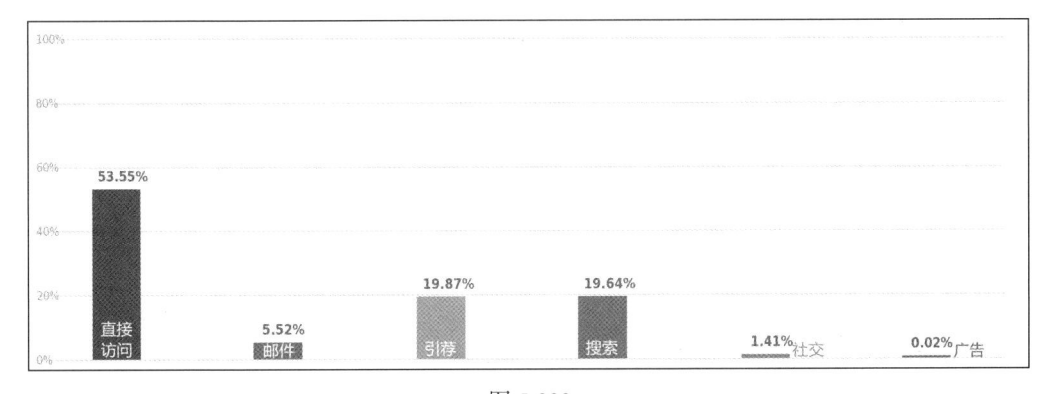

图 5-222

数据来源：比邻互动

LinkedIn 已经进入中国，在国内的名字叫"领英"，它可以与微信绑定。

做批发类或者要进行海外招聘的朋友可以研究一下 LinkedIn 网站。和 Facebook 一样，LinkedIn 也有个人账户和公司账户的分类。在 LinkedIn 的搜索栏中，我们可以搜索会员、职位、公司等。LinkedIn 本质上是一个关于专业、行业、职场社交、招聘的社交网站。LinkedIn 的重点并不在于用户的数量，而是用户的"含金量"。如果 Facebook 是娱乐兴趣类网站，LinkedIn 就相当于商务类网站。LinkedIn 也与不同的杂志对接，成为了许多商业杂志、新闻网站的导流网站。它这么做的目的就是增加客户的黏性。社区之所以能够粘住客户，关键还是在于内容。

5.4.3 如何办一场社交活动

5.4.3.1 做好社交活动的要点

首先，我们要有客户清晰的肖像图，如果我们离客户很远，就不能奢望自己离利润很近。

第二，客户的问题可以作为内容的话题点。举个例子，婚纱礼服行业的卖家，往往在 2014 年就开始推 2015 年新款的关键词。

第三，分析老客户，建立社区服务的账户。

5.4.3.2 案例分析

下面我们分享一个客户案例，他们的产品是可爱风的裙子。

1. 采用的活动方法

（1）Give away（转发抽奖免费送产品）。

（2）让红人写评论文章，做评论视频。

（3）举办比赛。

（4）鼓励客户分享文章和视频。

（5）让红人办 Give away。

与时间成本较高的中老年客户相比，时间成本较低的年轻客户更乐于分享。案例中的客户恰好是乐于分享的年轻客户，因此可以鼓励客户参与分享活动。

2. 活动前的准备

在开展活动前，我们需要选择参与活动的产品。一般情况下，我们会将想要推广的产品选为社交网站活动产品，而他们选择的是店铺中被收藏最多的那款产品。被收藏最多，意味着需求最旺盛，选用收藏最多的产品更利于社交活动"发酵"。

参与活动的产品要保证库存。活动专题页面要准备好产品图片、文案等。

还有一个特别的细节需要注意，每一次活动，为了调动老客户的积极性，可以为老客户设置一个 Special winner 的奖项。

3. 活动中的注意事项

（1）社交在于互动，不要一味地发产品资料。

（2）要把客户的真实 review 展现出来。

（3）如果社交平台有留言，一定要跟踪回复，不然客户会觉得自己不受重视。能够提出问题的都是潜在客户，所以转换思维想一想，其实问题是好事，抱怨也是好事，因为问题和抱怨给了我们发现需求的机会。

给大家分享一个反向思维的案例：有一些公司会把同行的店铺差评整理出来，研究客户购买产品后的一些集中抱怨点，然后他们会把这些抱怨点解决掉，再回到平台将对手公司消灭掉。

（4）鼓励员工注册社交账户，尤其是市场部的员工。

5.4.4 实用社交工具介绍

1. Hootsuite 工具

这是个能将多个社交网站账户统一管理的工具，能够实现定时发布功能。这个工具能帮助我们提高工作效率，让我们能把精力放到真正重要的要围绕客户发布的内容上面。

2. Google Shorter 工具

https://goo.gl 可以将长链接缩短，还可跟踪链接被点击的次数。我们可以通过这个工具了解站外推广的效果。举个例子，我们若想要推广自己的网站并了解推广效果，就可以复制这个链接到 Google Shorter 生成短链接，再将这个链接加上文字发布到社交网站中。另外，如果发送邮件的时候不想让客户看到短链接，可以借图片插入外链。在短链接后添加一个"+"号，就可以看到这个链接被点击的次数、通过浏览器还是手机端、IP 地址、操作系统等信息。这样，我们的推广就可以数据化。

3. Bit.ly 工具

https://bitly.com 能实时跟踪我们分享的短链接的点击情况，包括点击的用户来自哪里的、用户在哪里点击了链接、用户点击了多少次等信息。

工具只能提高效率，使用或不使用只是计算机与计算器的区别，做社交的核心仍然是打动客户的产品、内容，将客户的参与感调动起来。

第 6 章

数据分析

本章要点：

- 数据分析导论
- 行业数据分析
- 店铺经营分析

6.1 数据分析导论

学习数据分析，首先需要了解各数据项名称的含义。本章每节内容基本都以数据指标说明开始，请读者务必理解。数据分析表面上是枯燥的数字和线条组成的图表，但是贯穿了平台应用的方方面面。

6.1.1 目标和定位

速卖通平台适合不同类型、不同等级的卖家在上面开店，每家店铺具有不同的规模，制定适合的目标、做好定位很重要。基础卖家或是初次接触速卖通的卖家，要会选商品、编辑商品页面、采购货物、正常发货等；核心卖家，或称之为进阶卖家，要把客户服务做好，开好直通车，做好店铺活动营销，店铺销售平稳增长是重点；平台的明星卖家、超级卖家们，要整合供应链，提高库存周转率，提升议价能力，建立品牌意识，做行业TOP10店铺。速卖通平台卖家生态系统如图6-1所示。

数据分析给不同的卖家带来不同的内容，例如行业对比，选品开发，店铺监控，商品分析，打造爆款。

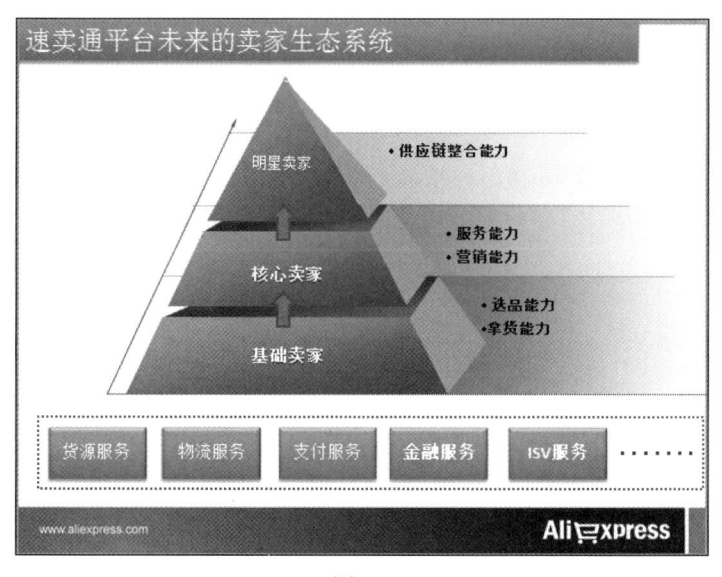

图 6-1

6.1.2 为什么要做数据分析

数据分析是拨开迷雾看清本质，进而找到操作方法的过程。如果只凭一腔热情和几句口号，则分析出的结果往往南辕北辙。例如，是否能在速卖通卖邮票？答案是否定的。数据分析表明，商品没有流量，没有成交，甚至没有合适的分类，都无法正常销售。婚纱、礼服、假发好卖吗？

答案是好卖，但是数据分析表明这些产品的竞争度超高，没有厂商支持，没有营销手段支撑，失败是注定的。

为什么我的店铺销售业绩平平？为什么我选的款式都卖不好？为什么找不到蓝海？要回答这些问题都需要认真做好数据分析工作，为我们提供理论依据和实操手段。

6.1.3 数据分析要做什么

速卖通平台提供了"数据纵横"工具，其中有庞大的行业数据和卖家自己店铺的所有数据，可运用图表直观分析，也可用 Excel 的公式及数据透视表功能进行统计运算，最后快速得到答案，为公司的成长提供动力。

速卖通数据分析分为两大块：行业数据分析和店铺经营分析。第一部分是选好行业、选好产品，让店铺发展起来。第二部分是根据繁多的数据指标，针对店铺和产品开展优化工作、营销活动，为店铺成长提供动力。

6.2 行业数据分析

6.2.1 行业情报

行业情报指标说明如下。

- 访客数占比：指统计时间段内行业访客数占上级行业访客数比例。
- 浏览量占比：指统计时间段内行业浏览量占上级行业浏览量比例。
- 成交额占比：指统计时间段内行业支付成功金额（排风控）占上级行业支付成功金额（排风控）比例。
- 成交订单数占比：指统计时间段内行业支付成功订单数（排风控）占上级行业支付成功订单数（排风控）比例。
- 供需指数：统计时间段内行业下商品指数/流量指数。供需指数越小，竞争度越小。

6.2.1.1 行业对比

行业对比指跟相关行业进行数据趋势对比，可以分别从访客数占比、成交额占比、在售商品数占比、浏览量占比、成交订单数占比和供需指数等方面进行对比分析。从中可以看出，随着季节的变化，平台发展品类方向也会变化，从而可以加强对某个行业的投入或避开一些竞争过于激烈的红海市场。

如图 6-2 所示是服饰配饰、珠宝钟表>流行饰品、箱包>手提包三个行业在 2014 年 12 月中旬到 2015 年 3 月中旬的访客数占比对比。

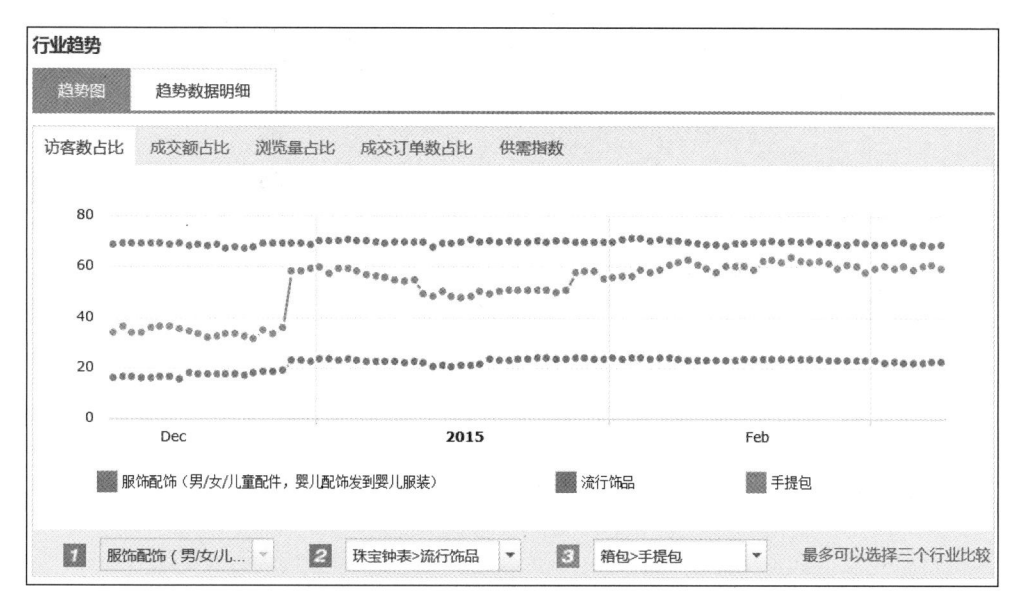

图 6-2

如图 6-3 所示是服饰配饰、珠宝钟表>流行饰品、箱包>手提包三个行业在 2014 年 12 月中旬到 2015 年 3 月中旬的成交额占比数据对比。

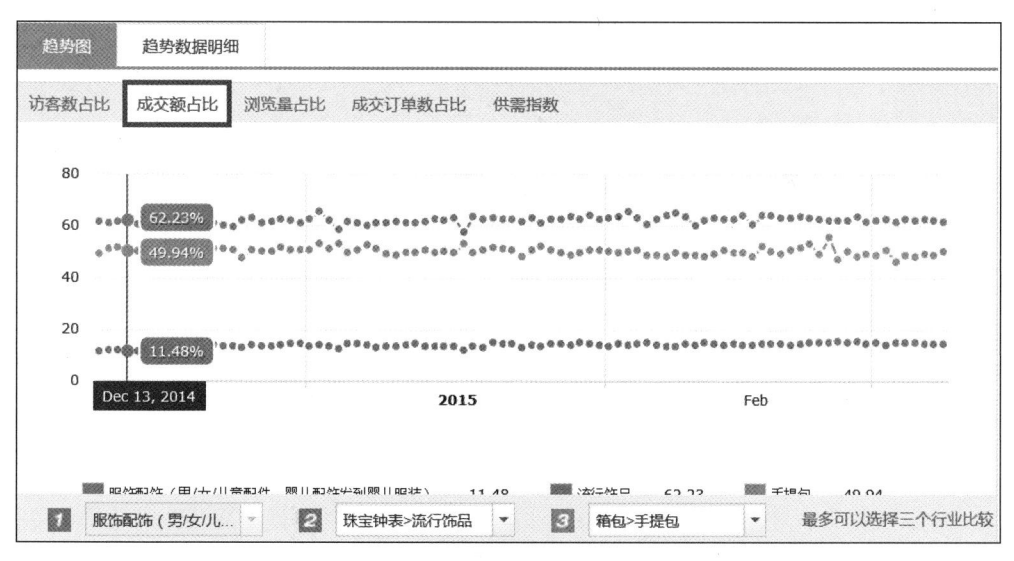

图 6-3

如图 6-4 所示是服装>服饰配件、珠宝手表>流行饰品、箱包>手提包，三个行业在 2014 年 12 月中旬到 2015 年 3 月中旬的供需指数对比。服装行业竞争度不断下降是速卖通平台不断调整淘代销产品规模导致的结果。在整体行业流量不断上升的前提下，减少了"僵尸产品"的数量，行业整体的供需指数下降了，当然这并没有改变服装行业的红海属性。

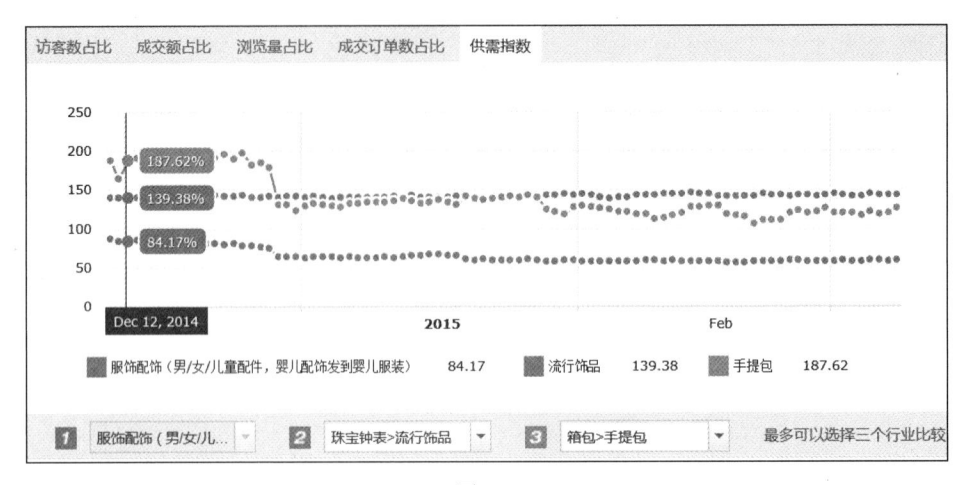

图 6-4

但是行业供需指数并不能作为竞争是否激烈的唯一标准,下面举例说明。如图 6-5 所示为电子元器件>电子器件/有源元件行业概况,图中显示其供需指数高达 181.39%,由于电子元器件是长尾产品线,海量的 SKU 是此行业的基本情况,各卖家之间比拼的并不是谁的价格更低,而是谁的 SKU 更丰富,谁的货源更稳定,质量更可靠。

图 6-5

6.2.1.2 寻找蓝海

蓝海指的是未知的有待开拓的市场空间。蓝海行业指那些竞争尚不激烈,但又充满买家需求的行业,蓝海行业充满新的商机和机会。在对不同行业进行对比后,寻找蓝海行业是每一个卖家心中的期盼。蓝海行业给卖家充分的空间和时间去发展团队,并且做精做强立于不败之地。

如图 6-6 所示,平台推荐了 10 个一级蓝海行业。蓝海行业和红海行业只是相对而言的,随着时间的推移,新进入的竞争者多了,流量爆发期过后也会出现价格搏杀的局面。

如何在速卖通平台上生存,如何在一片红海中寻找到蓝色的希望呢?本书给出的答案是不断观察数据的趋势,迎接挑战,拥抱变化。

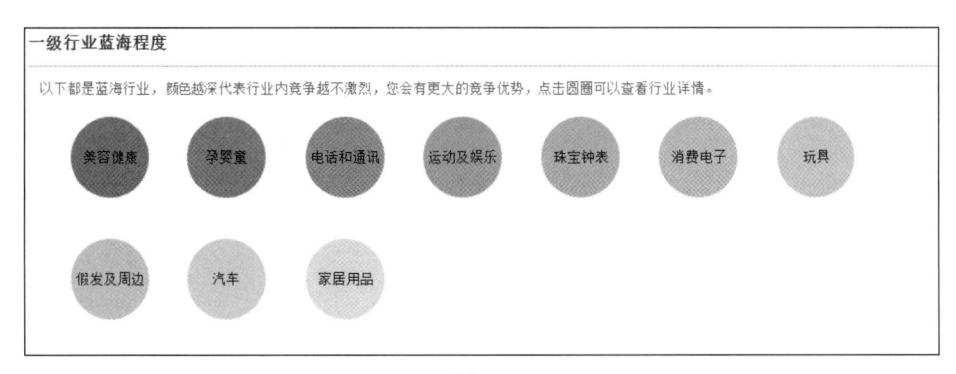

图 6-6

如图 6-7 所示，虽然珠宝钟表行业的在线产品非常多，但是部分子分类仍然没有足够的在售产品。

叶子行业名称	供需指数	操作
流行饰品 > 耳饰 > 耳夹	29.66%	查看行业详情
流行饰品 > 耳饰 > 耳圈	38.4%	查看行业详情
流行饰品 > 耳饰 > 耳饰花托	29.94%	查看行业详情
流行饰品 > 耳饰 > 耳钉	110.97%	查看行业详情

图 6-7

6.2.1.3 行业趋势分析

要进行行业趋势分析首先要选择行业，查看该行业最近 7 天、30 天或 90 天的流量、成交转化和市场规模数据，了解市场行情变化情况。如图 6-8 所示为服装/服饰配件>女装>连衣裙行业在最近 90 天环比上周数据变化情况。

如图 6-9 所示为服装/服饰配件>女装>连衣裙行业在最近 9 天的趋势数据明细，此分类中 UV 服装/服饰配件>女装>连衣裙行业占比不断降低，GMV 占比也随之下降，供需指数一直在上升。简单地说就是连衣裙买家的增速没有卖家的增速快，导致竞争越来越激烈。

行业数据	流量分析		成交转化分析		市场规模分析
	访客数占比	浏览量占比	成交额占比	成交订单数占比	供需指数
最近90天均值	50.62%	34.31%	27.52%	26.33%	113.2%
环比周涨幅	↓ -2.16%	↓ -0.17%	↑ 1.7%	↑ 0.92%	↑ 3.34%

图 6-8

339

	流量分析		成交转化分析		市场规模分析
	访客数占比	浏览量占比	成交额占比	成交订单占比	供需指数
2015-02-28	43.78%	33.49%	30.31%	26.78%	140.3%
2015-03-01	44.07%	33.43%	28.34%	26.47%	137.69%
2015-03-02	44.77%	33.94%	31.09%	27.15%	131.19%
2015-03-03	44.91%	34.07%	29.85%	27.2%	130.54%
2015-03-04	44.3%	34.23%	29.45%	26.8%	130.61%
2015-03-05	44.24%	34.04%	30.25%	27.81%	131.79%
2015-03-06	45.08%	34.28%	29.84%	26.76%	131.03%
2015-03-07	44.11%	33.66%	31.11%	26.6%	136.77%
2015-03-08	41.89%	33.56%	30.81%	27.57%	143.08%

图 6-9

6.2.2 选品专家

选品专家指标说明如下。

- 成交指数：指在所选行业所选时间范围内，累计成交订单数经过数据处理后得到的对应指数。成交指数不等于成交量，指数越大成交量越大。
- 购买率排名：指在所选行业所选时间范围内购买率的排名。
- 竞争指数：指在所选行业所选时间范围内，产品词对应的竞争指数。指数越大，竞争越激烈。

6.2.2.1 爆款选品要素

要素一：挑选的产品要有热度。大多数行业的卖家都需要爆款，因为它能吸引大量买家浏览，给店铺带来足够的热度。若产品全部是过季或长尾产品，就很难保证店铺销量的稳定持续增长。冬天卖泳衣明显热度不够，虽然有南半球的客户会购买，但想成为店铺的爆款则有难度。

要素二：产品具有差异化。简单地抄袭爆款不会成功，同样的产品，别的卖家的销量已经很高了，你无法保证用一个新的产品能超越竞争对手。通过数据分析，精炼出热卖产品的关键点，做出差异化的产品才是成功的必由之路。

要素三：产品购买转化率高。高点击率、低转化率的产品不能给店铺带来实际成交量。想要产品转化率高，就不能做"大路货"，到处都能看到的产品，为何买家会去你的店铺购买呢？

要素四：产品关联性强。一家主营连衣裙的女装店铺，打造雪纺衫为爆款作为引流产品是明智的选择。

6.2.2.2 爆款开发案例

如图 6-10 所示,从 "TOP 热销产品词" 页面中可以查看行业下全球最近一天热销的品类,其中圆圈越大,表示产品的销量越高。

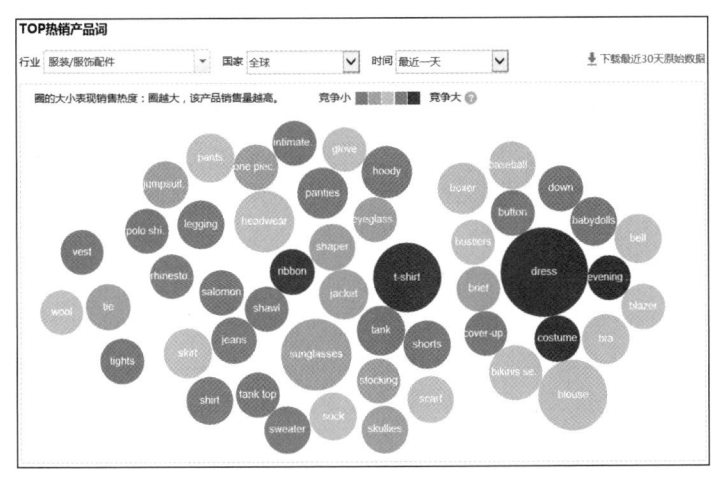

图 6-10

光看图 6-10 不容易发现心仪的产品,点击右上角"下载原始数据"按钮,可以获得"Hot_Sale"热销词表,如图 6-11 所示。

- dress:成交热度最高,购买率排名也很高,但是竞争度偏高。
- t-shirt:购买率偏低,竞争度也偏高。
- bikinis set:基本符合三大要素。
- skirt 以下产品:成交热度不高。

如图 6-12 所示为买家同时浏览、点击、购买的商品。连线越粗,产品与产品之间的关联越强。即买家同时浏览、点击、购买的人数越多。圆圈越大,表示产品的销量越高。

商品关键词	成交指数	购买率排名	竞争指数
dress	124364	3	4.47
blouse	74287	1	2.02
t-shirt	38350	5	3.32
bikinis set	30954	2	1.85
panties	19425	8	1.9
bra	17416	4	1.56
skirt	16997	6	1.55
tank	16690	9	0.97
hoody	15245	11	1.96
legging	13475	10	3.03
jacket	12172	19	1.05
pants	9668	17	1.69
jumpsuits	9400	7	1.48
sweater	9011	16	3.81
shaper	7754	12	1.24
shorts	6047	15	0.7
one piece	5613	21	1.42
tights	5131	20	0.9
sock	4641	23	1.55
intimate accessor	4519	18	0.41

图 6-11

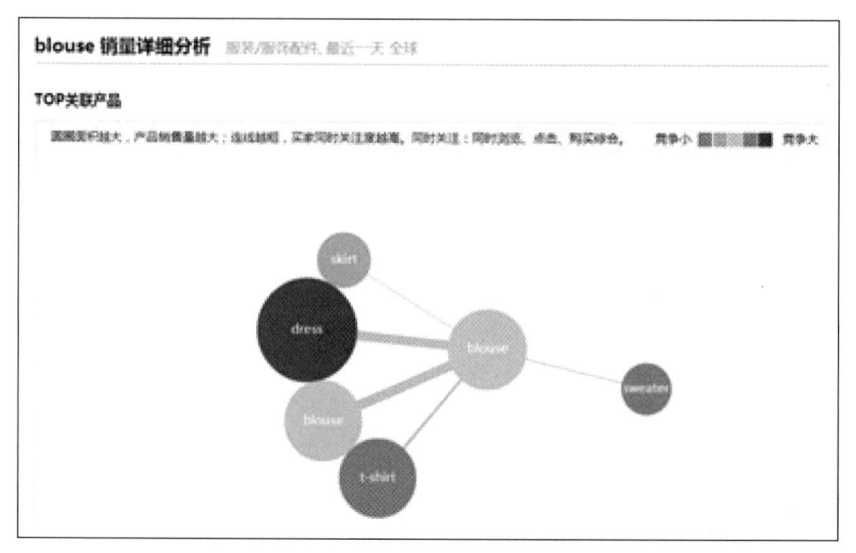

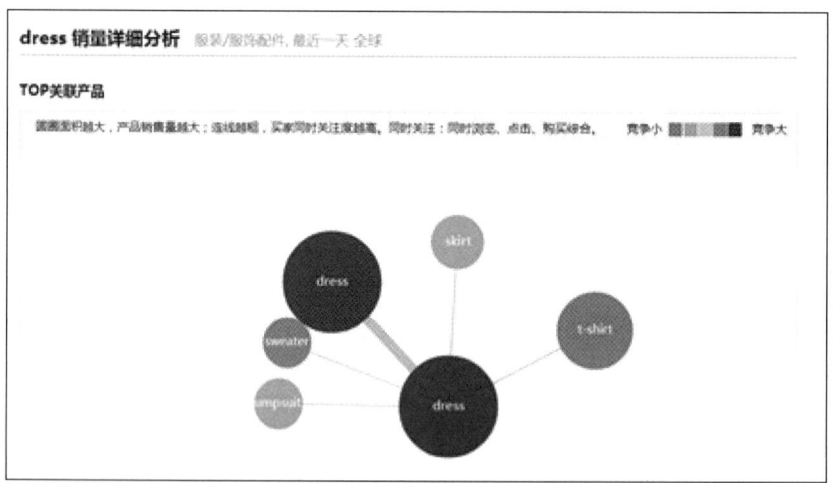

图 6-12

最后一个要素是关联性，通过 TOP 关联产品分析，可以看出 blouse 与 dress 和 t-shirt 的关联销售比 sweater 强。

做好选品分析后，我们基本选定了 blouse 品类。精确寻找 blouse 的热点属性就需要用到 TOP 热销属性功能，如图 6-13 所示。

另外也可以下载原始数据，获得热销属性一览表。

下面总结热销 blouse 具备的基本属性。

- 面料：chiffon 雪纺。
- 领型：o-neck 圆领。
- 修饰：button 纽扣；lace 蕾丝；appliques 亮片；ruffles 荷叶边褶皱。
- 图案：solid 纯色。

把这些有效素材排列组合在一起,根据"属性组合"功能,就能最终获得产品,如图 6-14 所示。

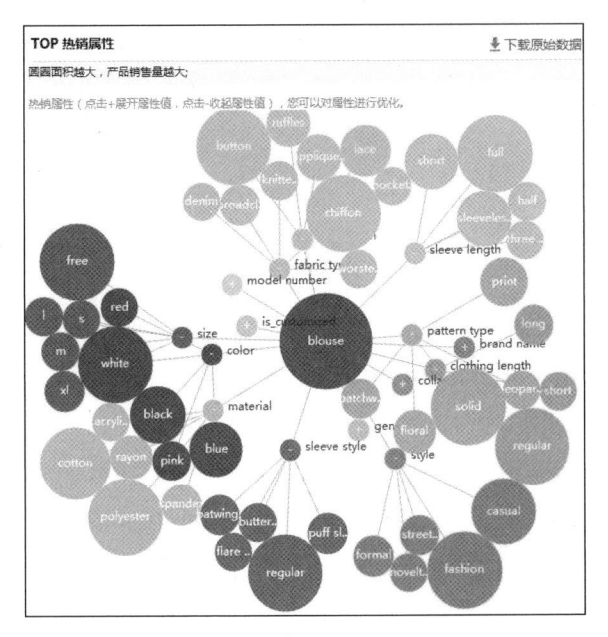

图 6-13

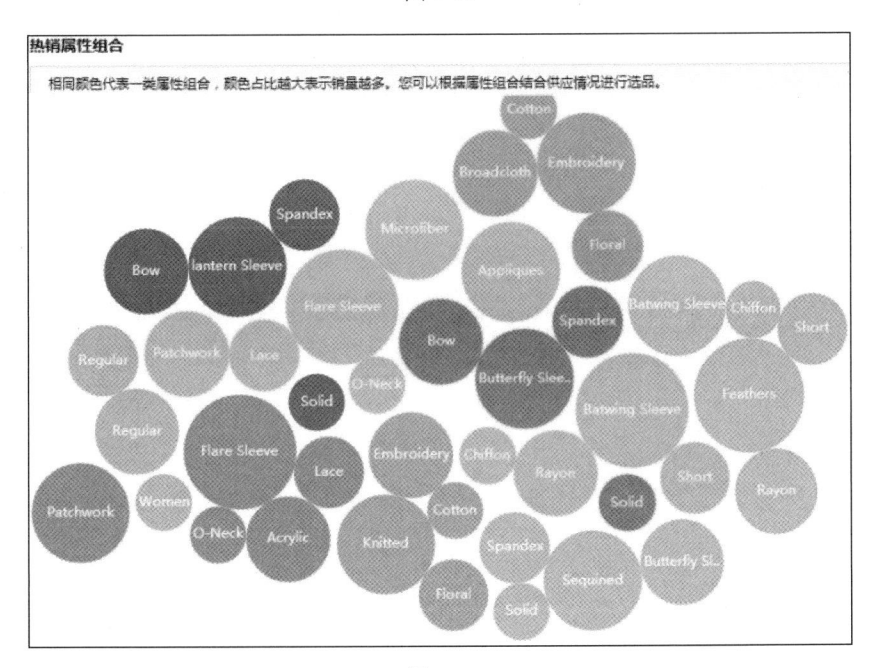

图 6-14

还可以点击圆圈,查看属性组合详情。例如:点击 Batwing Sleeve 圆圈,弹出如图 6-15 所示的热销属性组合详情框。选取重要的商品特征:亮片和雪纺,可以直接搜索出有相应属性的在售产品。

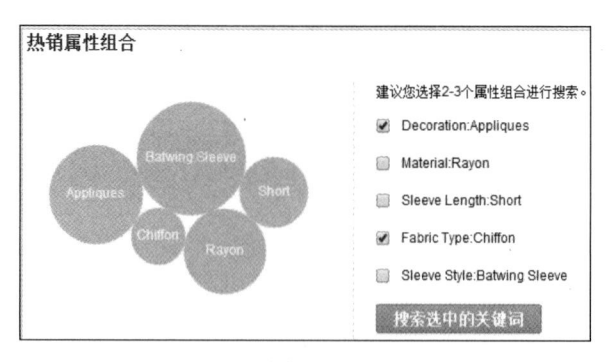

图 6-15

6.2.2.3 长尾开发

长尾产品是相对于爆款而言的具有品类深度的产品，一家成熟的店铺不能只靠两三个爆款，关联产品的销售能带来更高的利润。传统的二八法则认为，20%的品种带来了80%的销量，但是还要关注蓝色的"长尾巴"，这部分可以积少成多，80%的产品能创造超过一半的利润。

长尾产品的开发可放宽产品开发的条条框框，更需要供应商配合。SKU 数量庞大的产品备货多了会产生巨大的库存并占用现金流，而且往往单个 SKU 的库存量还很低，补货及发货及时性得不到保障，供应商配合成为服务好最终用户的必备条件。

所以要开发长尾产品可以选择优质供应商的商品，按供应商现货情况备库。不能按照打造爆款思路为其添加飙升词和热搜词，想把长尾产品打造成爆款是不现实的。如图 6-16 所示为 dress 产品的热搜词界面。

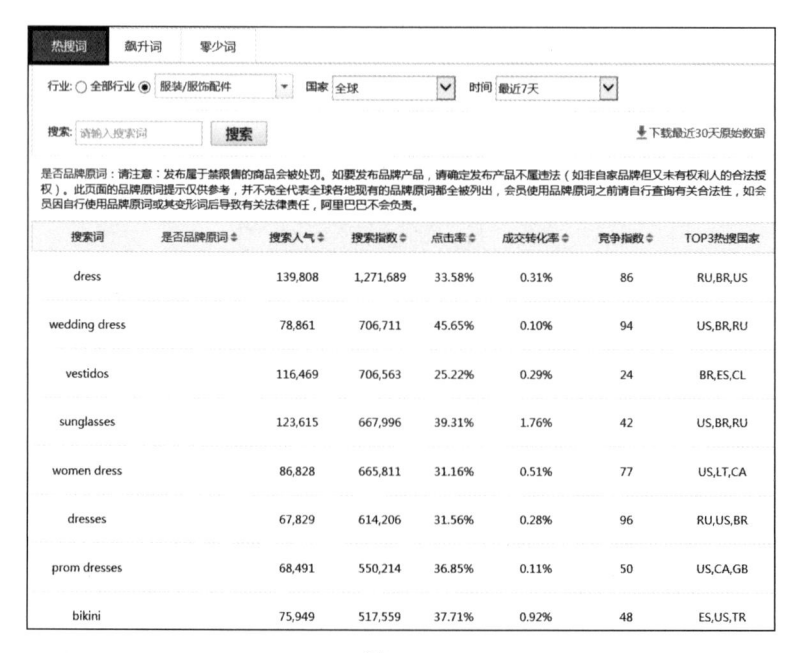

搜索词	是否品牌词	搜索人气	搜索指数	点击率	成交转化率	竞争指数	TOP3热搜国家
dress		139,808	1,271,689	33.58%	0.31%	86	RU,BR,US
wedding dress		78,861	706,711	45.65%	0.10%	94	US,BR,RU
vestidos		116,469	706,563	25.22%	0.29%	24	BR,ES,CL
sunglasses		123,615	667,996	39.31%	1.76%	42	US,BR,RU
women dress		86,828	665,811	31.16%	0.51%	77	US,LT,CA
dresses		67,829	614,206	31.56%	0.28%	96	RU,US,BR
prom dresses		68,491	550,214	36.85%	0.11%	50	US,CA,GB
bikini		75,949	517,559	37.71%	0.92%	48	ES,US,TR

图 6-16

6.2.2.4 潮流趋势

潮流趋势是平台利用站内外大数据挖掘并整合、分析出的，服装、服饰、鞋包、珠宝手表等类目的流行趋势。潮流趋势推动有一定供应能力和市场敏锐度的卖家，开发系列新款商品快速成长，带动潜力增长。因此，具有相关流行元素、特征、描述、关键词、图片的商品，将有机会在 AliExpress 各个分站的潮流趋势频道中予以曝光，包括英文站 Fashion Trending、俄文站 Fashion Trending、葡文站 Fashion Trending。

目前开放的类目有：服装、服饰、鞋包、童装及珠宝手表类目，如图 6-17 所示。

图中几个指标说明如下：

- "站内有产品"说明提取的潮流特征速卖通上有类似产品。
- "站内无产品"说明速卖通上没有类似产品。
- "Hottest"代表站外目前热门的潮流特征。
- "Newest"代表站外最新的潮流。
- "上新度"和"热度"只是上面最新和最热两个维度的排名，意思一样。
- "更新时间"为每周一。

图 6-17

这些类目的产品，具有符合该类目流行趋势的特征、描述、关键词，类似图片的款式，将有机会在各站点的潮流趋势频道曝光。平台筛选进入这些频道的产品的原则如下：

- 图片处理：需要高质量的产品图片，产品图片为外国模特或者原始产品单图，无边框、无牛皮癣、产品主体突出、背景干净。产品图片与潮流趋势图片类似。严禁盗用潮流趋势中的图片发布产品，一经发现将按侵权网规处理。
- 产品标题要求：标题中含有潮流趋势中提炼出来的关键词。严禁关键词滥用。
- 服务等级要求：服务等级为及格或者及格以上。

6.2.3 搜索词分析

整卖通平台的完整搜索词分析数据库是制作产品标题的利器。标题是系统在排序时对于关键词进行匹配的重要内容，专业的标题能提升卖家的可信度。

一个优质的标题应该具有这样的格式：风格词+产品分类词+特征属性词+颜色+尺码。特征属性词和产品分类词是基本确定的，无法做出更多的选择，需要卖家对产品熟悉并收集汇总自己的词库。而风格词往往不具有唯一性，一件衣服是复古风格还是韩版风格很难确定，每个人的理解也有很大偏差，卖家应该充分利用 128 字符的长度，尽量填写搜索指数高的风格词。对于热搜词表，强烈建议下载原始数据在 Excel 中进行分析。

> **提示**：速卖通系统搜索词库中不是所有的词都可以用，这是买家在速卖通平台上搜索结果的汇总，不是卖家推荐词。例如"zara2015"，当某卖家欢天喜地地用上这个词后，因侵权被平台扣分也就不可避免了。

搜索词分析指标说明如下：

1. 热搜词指标说明

- 是否品牌词：如果是禁限售商品，销售此类商品将会被处罚，对于品牌商品只有拿到授权才可以进行销售。
- 搜索指数：搜索该关键词的次数经过数据处理后得到的对应指数。
- 搜索人气：搜索该关键词的人数经过数据处理后得到的对应指数。
- 点击率：搜索该关键词后点击进入商品页面的次数。
- 成交转化率：关键词带来的成交转化率。
- 竞争指数：供需比经过指数化处理的结果。
- TOP3 热搜国家：所选时间段内搜索量前三名的国家。

2. 飙升词指标说明

- 是否品牌词：如果是禁限售商品，销售此类商品将会被处罚，对于品牌商品只有拿到授权才可以进行销售。
- 搜索指数飙升幅度：所选时间段内累计搜索指数比上一个时间段内累计搜索指数增长的幅度。

- 曝光商品数增长幅度：所选时间段内每天平均曝光商品数比上一个时间段内每天平均曝光商品数增长的幅度。
- 曝光卖家数增长幅度：所选时间段内每天平均曝光卖家数比上一个时间段内每天平均曝光卖家数增长的幅度。

3. 零少词指标说明

- 是否品牌词：如果是禁限售商品，销售此类商品将会被处罚，对于品牌商品只有拿到授权才可以进行销售。
- 曝光商品数增长幅度：所选时间段内每天平均曝光商品数比上一个时间段内每天平均曝光商品数增长的幅度。
- 搜索人气：所选时间段内累计搜索人气。
- 搜索指数：所选时间段内累计搜索指数。

在销售过程中，系统热搜词在卖家的产品中也有"水土不服"的现象，这是关键词严重同质化造成的，所有卖家都想用最热的关键词，例如"NEW 2015"，但是关键词竞争度高了，被搜索到的概率反而小了。这时候我们应该更多运用飙升词库提供的数据来优化标题。

如图 6-18 所示，在飙升词库中应该关注搜索指数飙升幅度、曝光商品数增长幅度、曝光卖家数增长幅度。

搜索词	是否品牌原词	搜索指数	搜索指数飙升幅度	曝光商品数增长幅度	曝光卖家数增幅
erkek mont		2,834	10700.00%	65425.00%	76400.00%
etek		16,421	9076.60%	70155.56%	35003.70%
erkek		4,496	7866.67%	96258.33%	130080.00%
hermes: belt	Y	2,374	7825.00%	7117.59%	4920.69%
mens wide belts		1,684	7416.67%	3300.61%	3316.67%
beats.by dre	Y	4,178	6843.75%	1628.57%	1425.00%
bayan mont		1,463	6433.33%	54585.71%	275100.00%
mother of bride dress long		1,515	5700.00%	14354.90%	6700.00%
f1 caps		1,189	5216.67%	10520.00%	1322.86%

图 6-18

6.3 店铺经营分析

6.3.1 全球市场实时风暴

电子商务的鼻祖们都出生在美国西海岸,所以速卖通平台遵循传统,也使用太平洋时间(GMT-8),这给广大的中国卖家造成了不便。为了更好地服务于全球买家,分析一下流量分布时间还是有必要的。

速卖通时间(GMT-8) AM11:00 = BeiJing(GMT+8) AM3:00

速卖通时间(GMT-8) AM11:00 = Moscow(GMT+4) PM11:00

速卖通时间(GMT-8) AM11:00 = Rio de Janeiro(GMT-3) AM6:00

如图 6-19 所示为 2015 年 3 月 25 日实时风暴数据,俄罗斯买家在黄金时间段的流量最集中,事实上此店铺来自俄罗斯买家的流量占比超过 30%。在每次大促中,北京时间凌晨 3 点到上午 8 点是值班人员的休息时间,此时俄罗斯买家已睡,巴西买家还没起床。下面推荐一个看时区的网站:http://24timezones.com/。

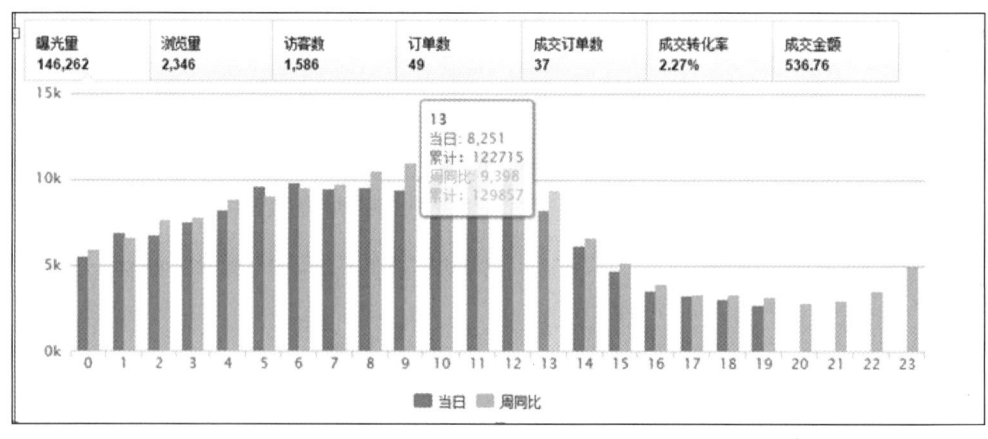

图 6-19

6.3.2 店铺概况分析

6.3.2.1 流量及转化概况

对自己店铺概况的查询是每一位卖家的必修课,特别是查询流量和转化数据,及时应对市场的变化,才能做到立于不败之地。

如图 6-20 所示为某店铺每日实时数据。此店铺在实时交易额上打败了 79% 的同行业卖家,成交转化率为 2.27%。

图 6-20

如图 6-21 所示为此店铺曝光量和浏览量在最近 90 天的曲线图，随着平台竞争越来越激烈，产品排名的争夺更趋紧张，店铺的曝光量一直下跌，关闭了联盟营销以后店铺整体流量都在下滑。

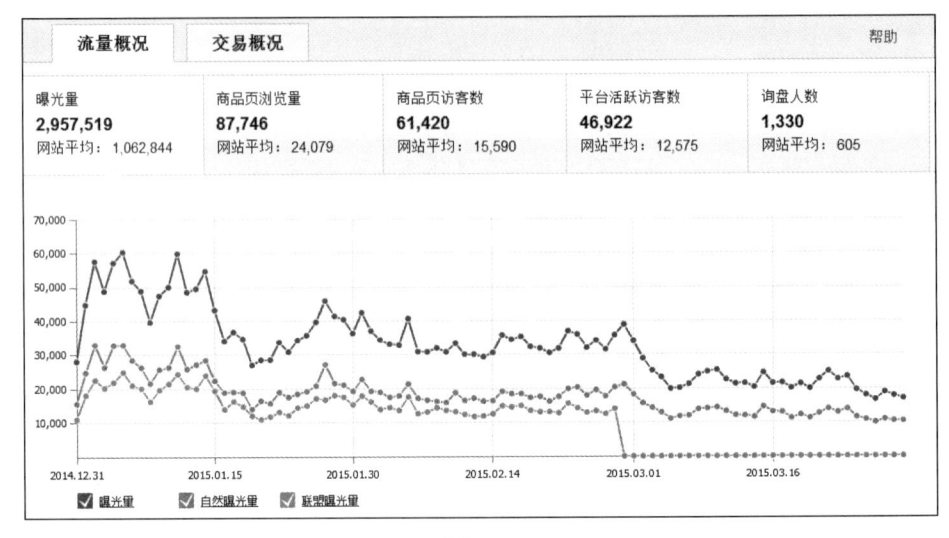

图 6-21

如图 6-22 所示，此店铺访客来源与速卖通平台一致，俄罗斯、巴西客户占据 40%以上的份额。

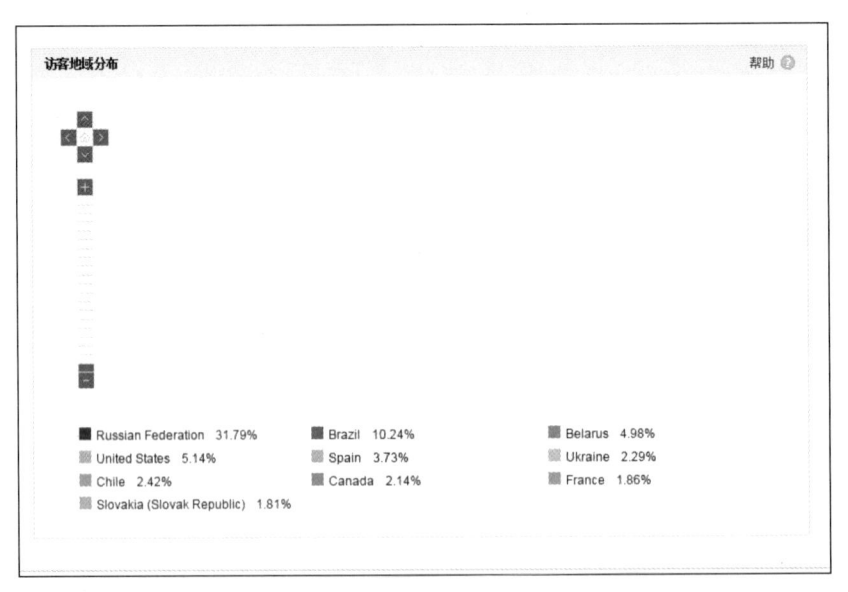

图 6-22

6.3.2.2 店铺交易概况

在店铺交易概况中最应该关注的数据是支付成功订单数，如图 6-23 所示，此店铺近期支付成功的订单比例在下降，此时需要客服人员加强催单工作。

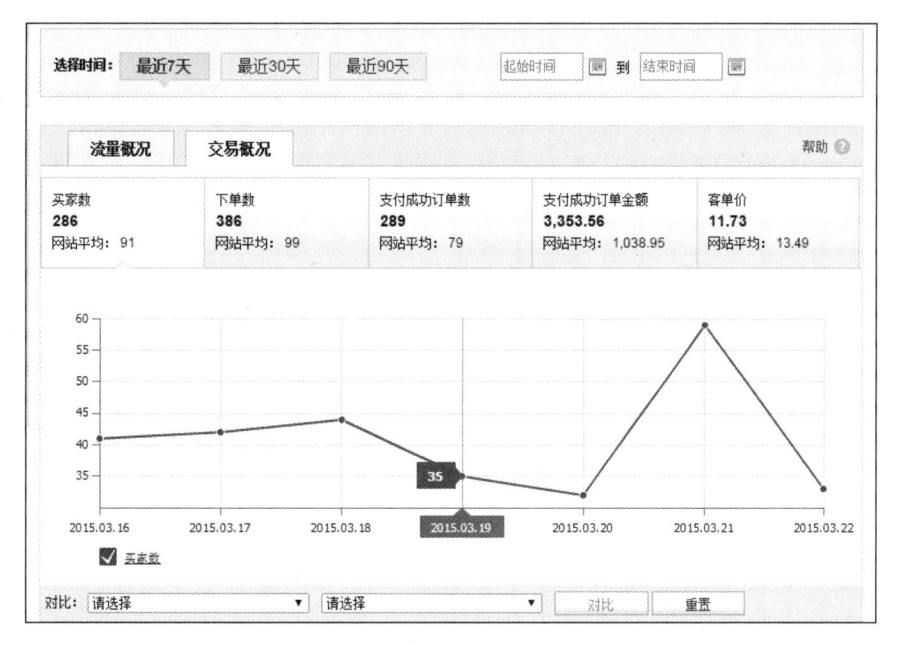

图 6-23

6.3.2.3 商铺经营看板详情

如图 6-24 所示为"卖家责任裁决率"服务数据，可点击指标查看搜索处罚范围及本店铺具体数据。在电脑上看，可以查到店铺中"卖家责任裁决率"全部指标，以及每一个被判定为卖家责任的订单。新的服务指标已整合至服务模型 ODR 细项中，请各位卖家朋友进行关注。

图 6-24

6.3.3 店铺流量来源分析

要进行店铺流量来源分析，可以查看店铺内流量构成，分析不同渠道流量占比和走势，从而帮助卖家了解及优化店铺流量来源，提升店铺流量，如表6-1所示。

表 6-1

来源小类	渠道	详细说明	特别说明
站内	站内搜索	通过搜索框搜索后点击本店铺产品	仅限英语主站来源
	类目浏览	浏览类目页面后点击本店铺产品	仅限英语主站来源
	活动	报名参加的平台活动，非报名的活动，fashion 频道	详细内容见下文
	直通车	P4P 流量	付费流量
	购物车	——	——
	收藏夹	收藏的商品链接	——
	直接访问	直接输入链接	不含直接访问店铺首页
	站内其他	包含店铺首页、分组页、买家后台订单历史页（snapshot）	非英语主站的大多数流量来源
站外	站外合计	非速卖通网站的链接来的流量	——

6.3.3.1 "站内其他"和"活动"流量来源详解

在此主要分析"站内其他"和"活动"两大难点流量来源。

"站内其他"流量不能简单理解为关联促销带来的流量，"站内其他"流量包含了俄语站点和葡萄牙语（简称葡语）站点（二级域名）的站内搜索、类目浏览、店铺首页访问等。如图 6-25 所示，前 7 个"其他"流量来源分别是：1 为俄语站搜索，2 为葡语站类目，3 为本店铺首页，4 为本店铺分组页，5 为葡语站关键词搜索，6 为俄语站类目，7 为俄语站推荐关键词搜索（非自然搜索）。

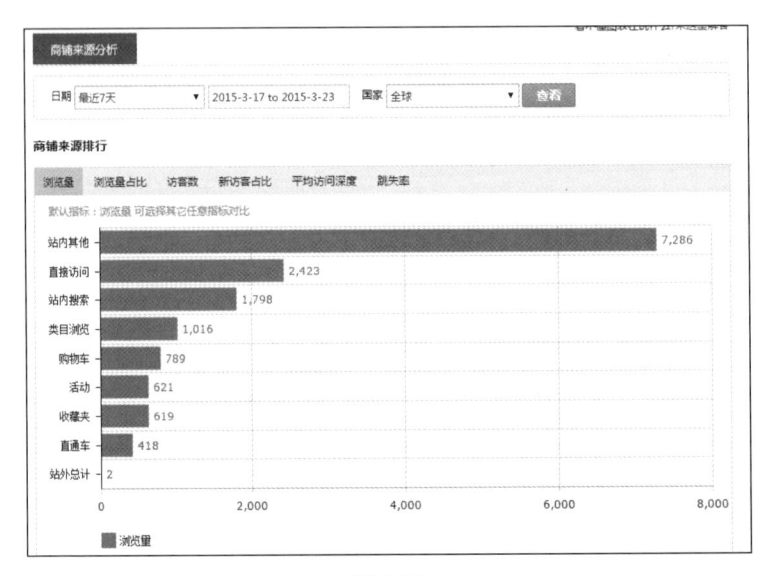

图 6-25

关联促销流量来源在"站内其他 URL"TOP10 来源排名中都没有出现，因为流量来源过于分散。

活动是店铺流量来源的一部分，分为需要报名的活动和系统自动推荐的活动，还有一些各类目频道推荐的活动。如何做好活动就不在此介绍了。如图 6-26 所示为活动流量来源详解。

```
目前此部分的流量包含：1.报名参加的平台活动 +2. 非报名的活动+3.fashion频道。
superdeals：      http://activities.aliexpress.com/superdeals.php
bestselling：     http://activities.aliexpress.com/bestselling.php
brandshowcase：   http://brand.aliexpress.com/
Novelty Items：   http://activities.aliexpress.com/novelty-items.php
weekend deals：   http://www.aliexpress.com/activities/weekenddeals/index.html
All Promotion：   http://www.aliexpress.com/activities/promotions/index.html
行首(类目首页)
fashion频道：例如：http://activities.aliexpress.com/fashion_women_clothing.php
五折专区：http://activities.aliexpress.com/50off_deals.php
gaga：http://gaga.aliexpress.com/
团购：http://group.aliexpress.com/
```

图 6-26

6.3.3.2 各流量来源渠道对店铺的贡献

通常来讲，搜索及类目流量占店铺所有流量的 60%以上才是健康的，由于现在没有区分各小语种分站的搜索和类目流量，所以大部分卖家会看到，来自"站内其他"流量的比例都很高，这是正常的，而假发行业例外。

如图 6-27 所示，此店铺来自类目浏览和直通车的流量偏低，需要在引流上下功夫。

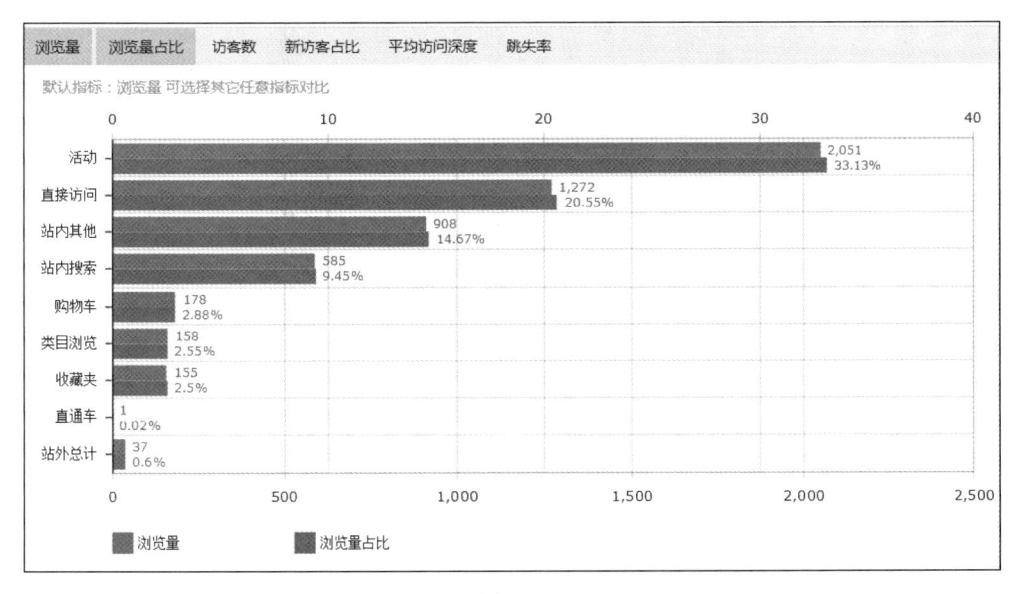

来源	浏览量	浏览量占比
活动	2,051	33.13%
直接访问	1,272	20.55%
站内其他	908	14.67%
站内搜索	585	9.45%
购物车	178	2.88%
类目浏览	158	2.55%
收藏夹	155	2.5%
直通车	1	0.02%
站外总计	37	0.6%

图 6-27

通常活动和直通车带来的新访客比例最高，是店铺引流的利器，如图 6-28 所示。

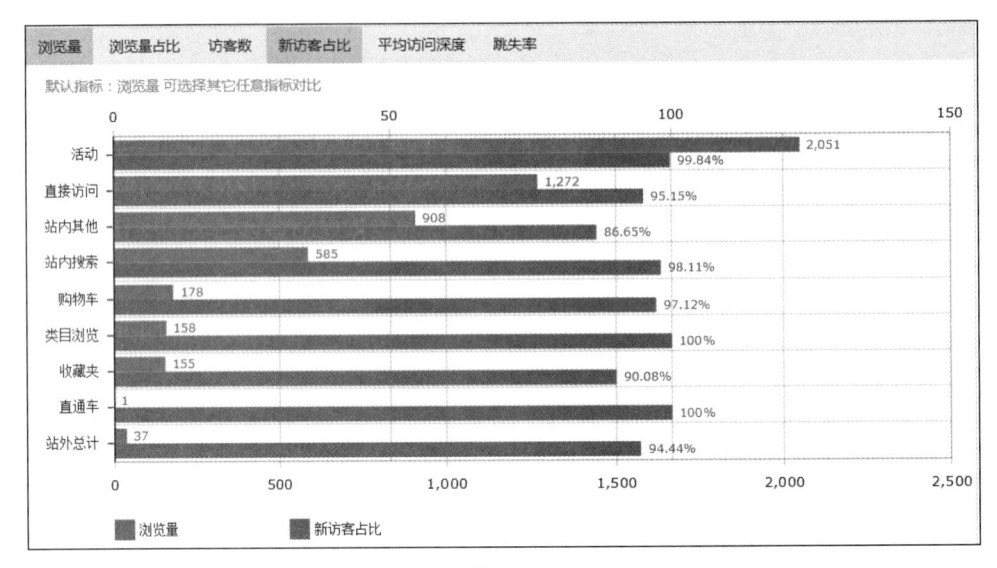

图 6-28

当然来自自然搜索和类目浏览的访客更为优质，前提是能够获得这些流量。从访问深度和跳失率来看就可以得出上述结论了。如图 6-29、图 6-30 所示，图片上部分为访问深度，下部分为跳失率。来自类目浏览的流量由于访客购买目的性不强而造成了访问深度略显不够，跳失率也偏高，总体来说还是优于来自活动和直通车的流量。

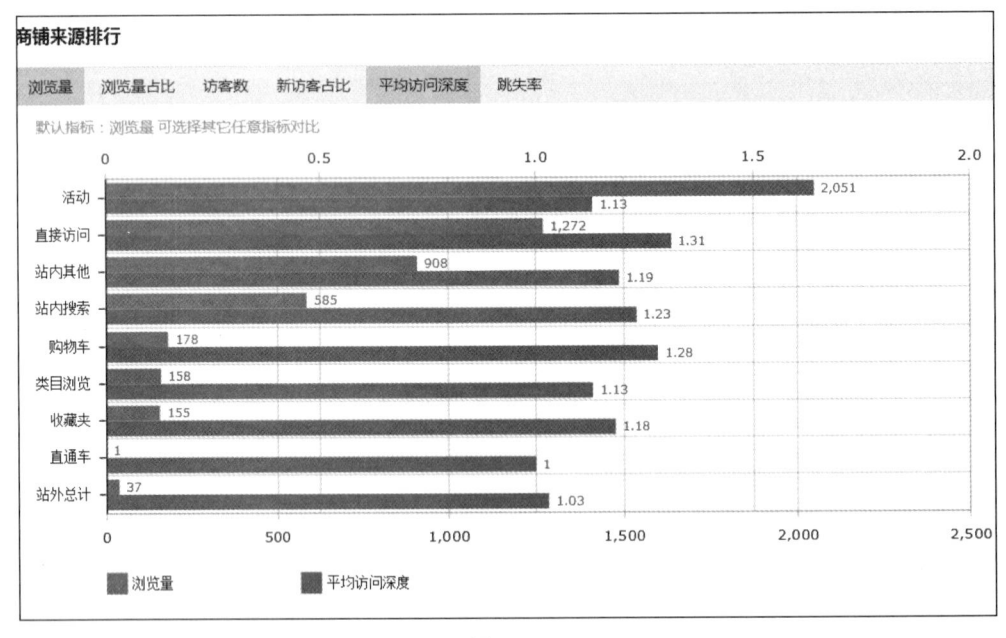

图 6-29

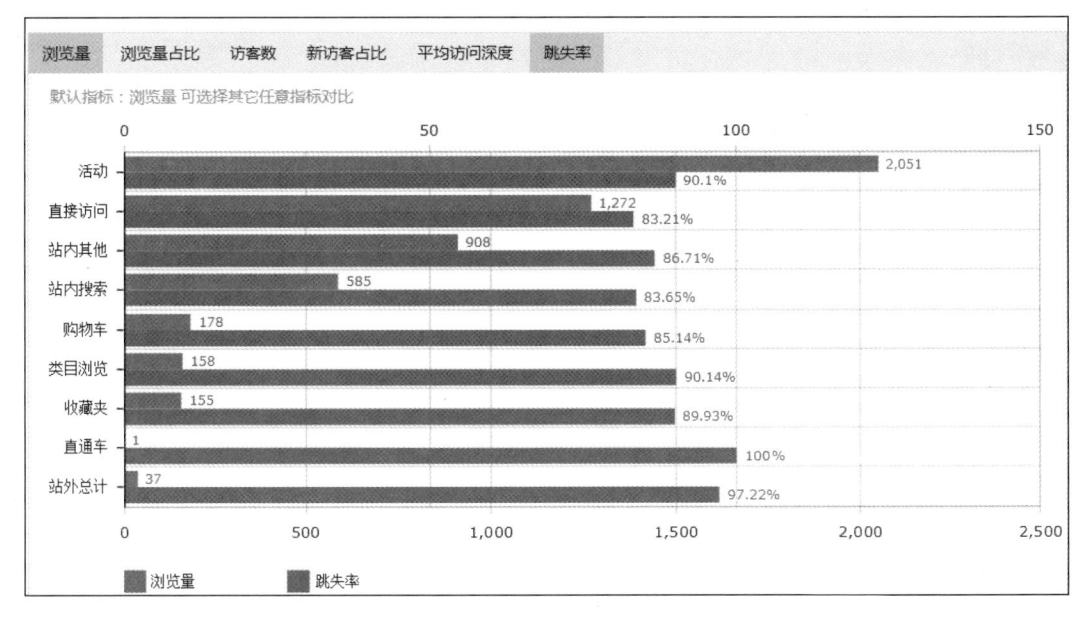

图 6-30

6.3.4 装修效果分析

要想进行装修效果分析,可以查看在最近 30 天内哪些天做过店铺装修,装修后店铺的流量、访问深度、访问时长及跳失率的变化,以此来衡量店铺装修效果。

装修效果分析指标说明如下:

- 平均访问深度:该来源带来的访客每次进店后在店铺内的平均访问页面数,即人均访问页面数。一段时间内访问深度=每天访问深度日均值,即每天访问深度平均值。
- 平均访问时间:访问时间为用户在一次访问内访问店铺页面的时长,平均访问时间即所有用户每次访问时访问时长的平均值。
- 跳失率:只访问了该店铺一个页面就离开的次数占总进店次数的比例。一段时间内跳失率=每天跳失率日均值,即每天跳失率平均值。
- 购买率:访问该页面的访客中当天下单的访客÷访问该页面的总访客数。
- 有装修事件:提示当天有装修事件发生。

如图 6-31 所示为装修效果趋势图。

图 6-31

6.3.5 自有商品分析

自有商品分析指标说明介绍如下。

- 曝光量：指搜索曝光量。即商品在搜索或者类目浏览下的曝光次数。
- 浏览量：指该商品被买家浏览的次数。
- 搜索点击率：商品在搜索或者类目曝光后被点击的比例，即等于浏览量÷曝光量。
- 访客数：访问该商品的买家总数。
- 成交订单数：指该商品在选定时间范围内支付成功的订单数，与选定时间范围内风控关闭的订单数的差值。
- 成交买家数：指选定时间范围内成功购买该商品的买家数。
- 成交金额：指该商品在选定时间范围内产生的交易额。
- 询盘次数：指买家通过该商品点击旺旺与站内信的次数。
- 成交转化率：指成功购买该商品的买家数占访问买家总数的比值，即等于成交买家数÷访客数。
- 平均停留时长：指买家访问该产品所有详情页面的平均停留时长。
- 添加购物车次数：指该商品被买家添加到购物车的次数。

- 添加收藏次数：指该商品被买家收藏的次数。
- No-Pay 比率：指该商品在选定时间范围内未成功支付的订单与创建成功的订单的比值。

6.3.5.1 商品分析要点

商品分析是根据各项指标，找出店铺商品的缺陷，给出解决方案。表 6-2 是商品分析的整个过程。

表 6-2

关键指标	因素	解决方案
曝光量	Listing 排名（搜索，类目）	优化标题，优化结构化描述（属性）
点击率	主图	优化主图
转化率	价格	优化供应链
停留时间	宝贝详情页	丰富详情页，主要是图片

自有店铺商品分析主要分为两个方向，爆款分析和长尾分析。爆款分析方向是以打造爆款为目的的全方位细致分析商品的方法，长尾商品分析是运用 Excel 功能分析除爆款以外的所有商品的方法。

6.3.5.2 潜力爆款分析案例

打造爆款是每一位卖家的必修课，作为平台销售商，要能做到不断优化影响销售的各项基本因素来吸引消费者购买。如果价格无法降低，图片舍不得重拍，标题描述懒得优化，那么爆款也只是"浮云"而已。

1. 爆款效果数据分析

如图 6-32 所示，这款军装多袋裤的曝光量远远高于行业平均值，但与行业 TOP10 还有差距。点击率为 3.36%在此类目中超过行业平均值和行业 TOP10 还算不错，但是成交转化率只有 1.27%，低于行业前 10 名和行业平均值。这样来说，优化供应链，把产品价格降低，或牺牲利润率可以拉高转化率。

在图 6-32 显示的时间段内活动包含了平台活动和店铺活动，也有商品被处罚的情况，例如因类目错放，关键属性丢失，超低价等被系统处罚，甚至隐性处罚也能显示在商品分析功能里。这里的行业指的是类目，也就是子行业。

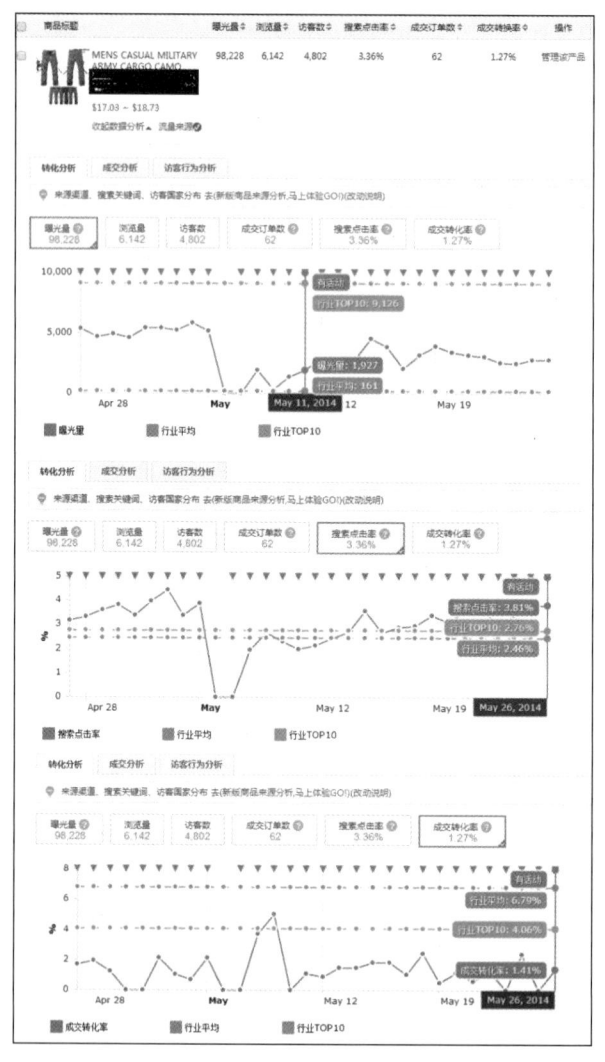

图 6-32

如图 6-33 所示，从商品成交分析页面中可以看到此商品的 No-Pay 比率达到 31.76%，也偏高了，从侧面反映出客户对此商品有购买欲望，但对价格的接受度不高。

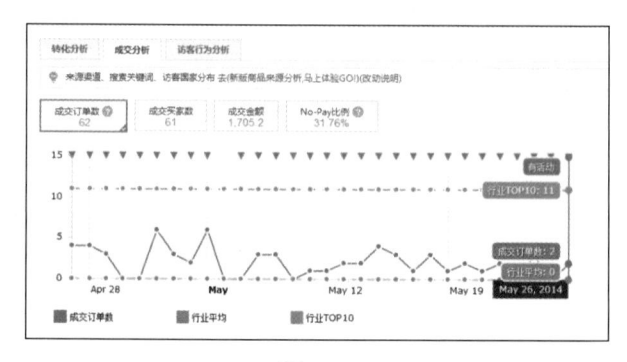

图 6-33

如图 6-34 所示，此商品平均停留时长与行业 TOP10 基本一致，说明详情页的描述还不错，图片基本符合要求。而添加购物车次数和添加收藏次数与行业 TOP10 有差距是由于访客数的落差造成的，当此商品 UV 不断提高后，这两项指标肯定能达标。

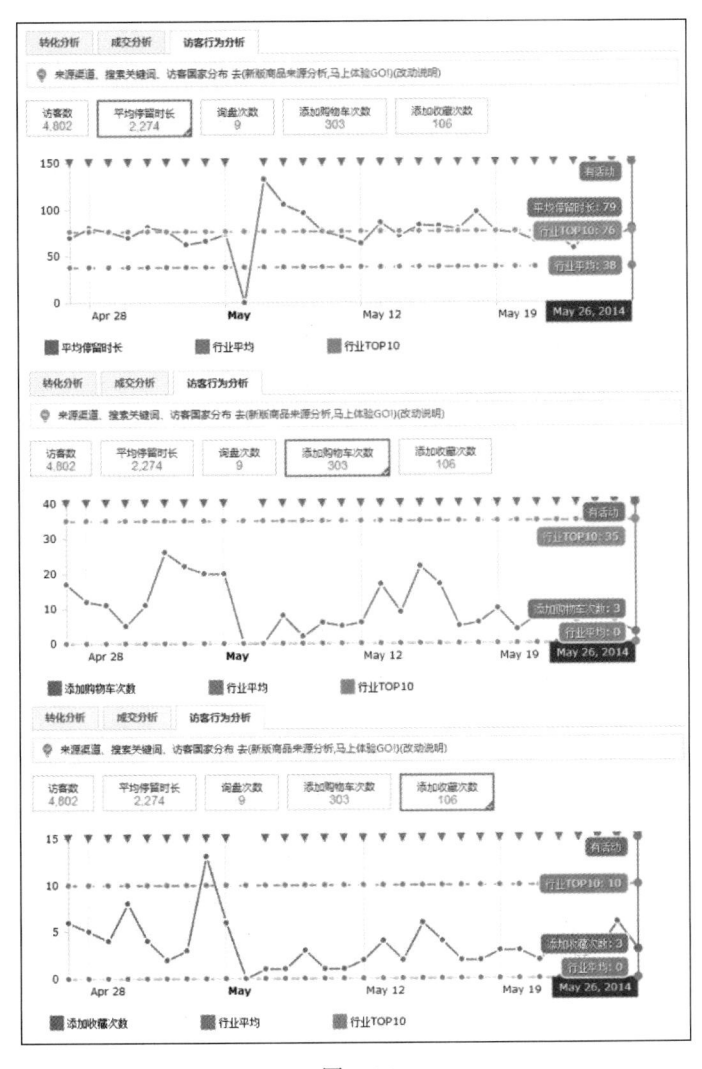

图 6-34

2. 爆款流量来源分析

对潜在爆款来说，更多的曝光，更多的 PV 是最大的需求，此时需要分析单品流量来源，增加各渠道流量。

如图 6-35 所示为此款军装裤在最近 30 天的流量来源，依次为类目浏览（35.16%）、站内其他（30.69%）、站内搜索（13.64%）、直接访问（9.85%）、收藏夹（4.18%）、购物车（3.08%）、活动（2.19%）、站外（1.20%）。唯独缺少了付费流量 P4P 直通车，这是一个很大的失误。当爆款打造流量不足时，直通车流量占比应该达到 30% 左右，以吸引新客户。站内搜索提供了很好的关键词来源 TOP10，可以把这些关键词加入直通车列表，这样也可以弥补此商品搜索流量来源不足的缺陷。

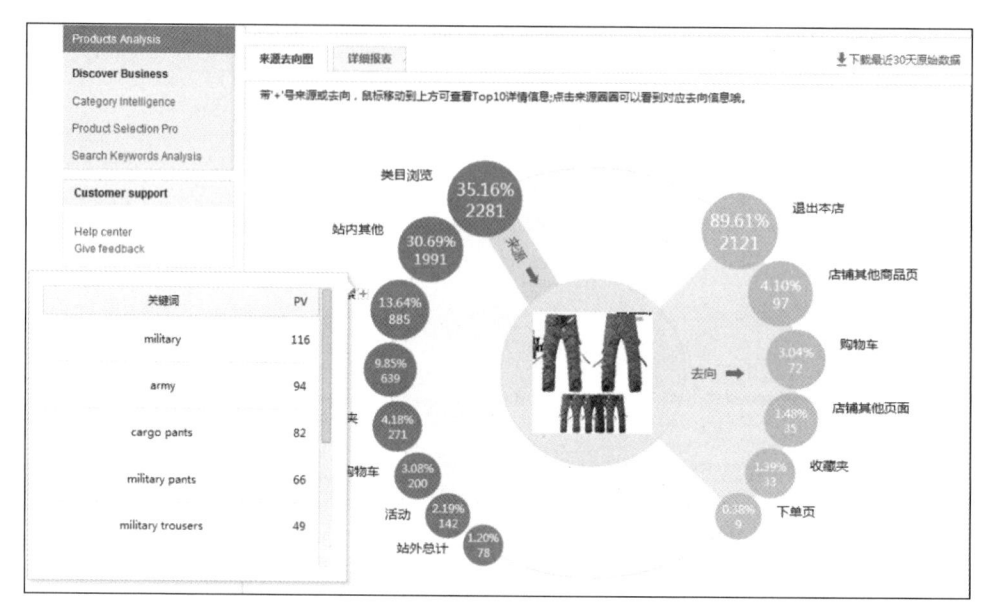

图 6-35

参加活动也是打造爆款的有力手段，但要因产品而异，因时间而异。商品在初期参加一次俄罗斯团购或巴西团购，是很好的选择，能一次性增加上百个订单，让客户产生足够的信任感，也能博得一个相对不错的搜索排名。但在商品成长阶段切记不要为参加团购而参加团购，商品会有很长的锁定期和很低的上线几率，会减少商品优化的时间，甚至引起各项指标降低。在商品成长阶段，提供商品上升趋势的数据，找行业小二做频道推荐是比较好的方式。

是否要分析流量的去向呢？专家的见解是没有必要，各种来源的流量去向基本成固定比例，即自然流量跳出率相对较低，去往购物车、其他页面、收藏夹、下单页的比例较高，而来自 P4P 直通车、站外等流量反之。这对分析爆款意义不大。

通过前面店铺流量来源分析可知，"站内其他"流量来源是很值得去关注的，俄罗斯、巴西两大分站的流量都隐藏在这里。

如果"站内其他"板块中未出现"+"按钮，可选择时间为最近 1 天。如图 6-36 所示，来自俄罗斯的搜索带来 21 次点击，来自俄罗斯的类目搜索带来 16 次点击，所以商品的俄语标题值得优化一下。

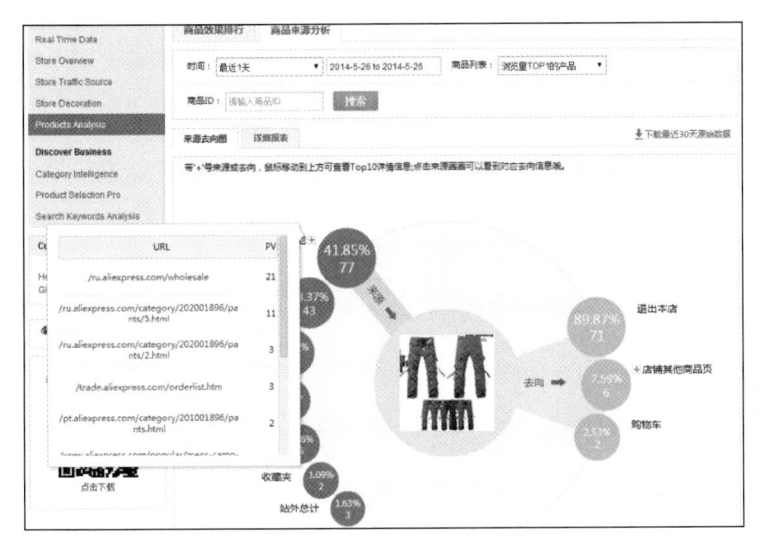

图 6-36

一个爆款如果不是为特定国家人群开发的，那么单品的访客国家来源与店铺的访客国家来源理应一致，如图 6-37 所示，此单品的巴西客户比例过低，只有 6.46%，与店铺中的数据相差很多，这不正常，也许是此单品有重要葡语关键词未填写，葡语标题描述需要仔细修改。

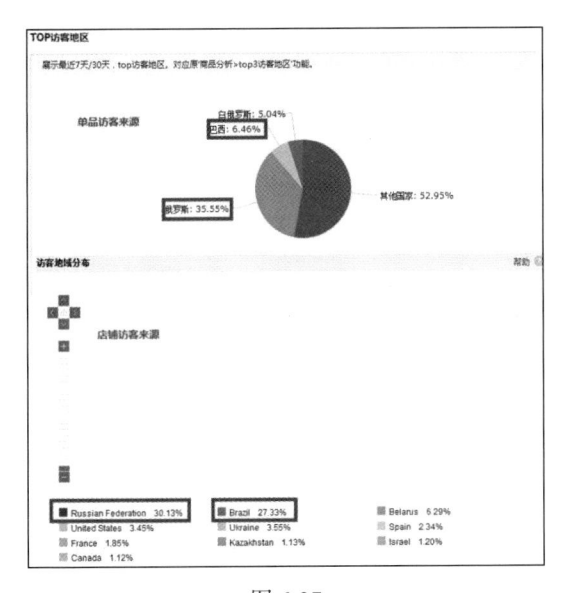

图 6-37

3. 商品长尾分析

所谓长尾是相对于爆款而言的，一家店铺中除引流产品、爆款商品以外都可以称为长尾商品。可以通过批量导出所有商品数据进行分析，各个关键指标项不能参照行业 TOP10，因为没有可比性，需要选取长尾商品的 TOP10 平均值作为参照指标。如图 6-38 所示，这里对 10 个商品做了问题点评和操作建议。

361

序号	售价	搜索曝光量	浏览量	访客数	订单数	成交金额	点击率	转化率	存在问题	操作建议
1	$11.47-$11.79	53,478	3,235	2,458	133	$1,850.26	4.60%	5.41%	流量偏低	优化标题属性
2	$9.03-$9.93	69,228	2,786	2,221	130	$1,231.21	3.21%	5.85%	点击偏少	优化图片
3	$8.71-$8.71	56,952	3,656	2,910	108	$1,005.43	5.11%	3.71%	流量偏低,转化低	优化标题属性,打折促销
4	$7.44-$7.44	29,214	1,955	1,494	99	$915.80	5.11%	6.63%	曝光不够	潜力产品,平台活动
5	$7.76-$8.43	104,980	3,229	2,583	81	$660.40	2.46%	3.14%	点击偏少,转化低	优化图片
6	$10.41-$11.39	90,445	3,838	3,246	70	$657.50	3.59%	2.16%	点击偏少,转化低	优化图片
7	$7.59-$8.27	29,197	1,712	1,442	69	$630.41	4.94%	4.79%	曝光不够	优化标题属性
8	$12.93-$12.93	131,533	3,040	2,399	68	$850.51	1.82%	2.83%	点击偏少,转化低	更换图片
9	$9.89-$10.8	57,539	2,006	1,670	68	$933.97	2.90%	4.07%	点击很低	优化图片
10	$14.76-$17.51	97,945	4,672	3,607	67	$1,147.36	3.68%	1.86%	转化差	打折促销
	平均值	72,051	3,013	2,403	N/A	N/A	3.74%	4.04%	N/A	N/A

图 6-38

【补充阅读】Excel 中 VLOOKUP 功能的使用

Excel 是非常重要的数据分析工具,合理地利用 Excel 函数不仅能帮我们进行科学的数据分析,同时也可以替我们节省很多的时间,下面介绍 VLOOKUP 函数在速卖通数据分析中的运用。

(1) VLOOKUP 函数的定义及特点

公式:VLOOKUP(lookup_value,table_array,col_index_num,range_lookup)

VLOOKUP 是 Excel 中的一个纵向查找函数,它是按列查找,最终返回该列所需查询列序所对应的值。

(2) VLOOKUP 在选品中的运用

我们知道,目前速卖通平台的主要买家还是以俄罗斯、巴西为主,那么下面就以俄罗斯、巴西国家的买家为例来实际操作一下 VLOOKUP 函数。首先在"数据纵横"工具中,找到"选品专家"选项,选择"热销词",以全球、俄罗斯、巴西为国家维度,以最近 30 天为时间维度,下载原始数据,如图 6-39 所示。

图 6-39

现在分别打开全球、俄罗斯、巴西的热销产品表格,表格中给我们展示出了成交指数、购买率排名、竞争指数等数据。怎么样才能更加精细化地选品呢?要分析出某一个产品分别在全球,以及目标市场的销量情况。首先打开全球维度的热销数据,如图 6-40 所示,在第一行输入需要提取的数据的表头。

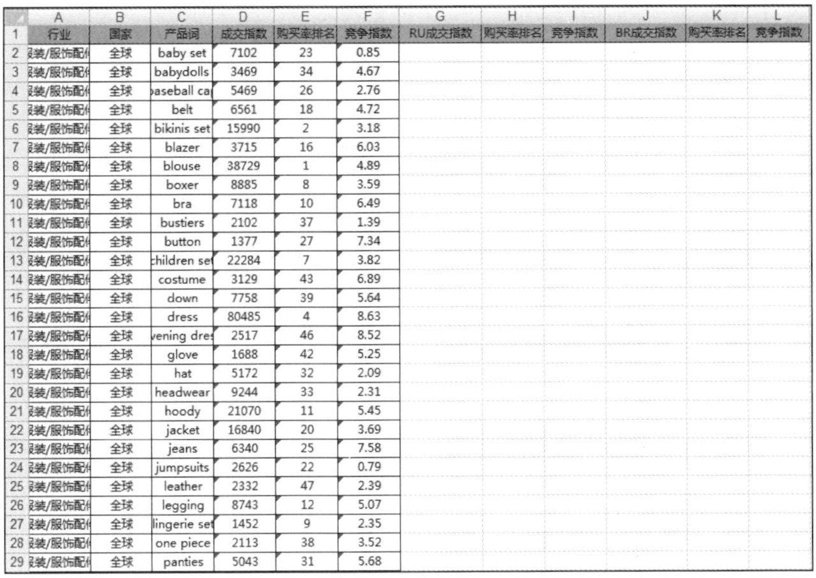

	A	B	C	D	E	F	G	H	I	J	K	L
1	行业	国家	产品词	成交指数	购买率排名	竞争指数	RU成交指数	购买率排名	竞争指数	BR成交指数	购买率排名	竞争指数
2	装/服饰配	全球	baby set	7102	23	0.85						
3	装/服饰配	全球	babydolls	3469	34	4.67						
4	装/服饰配	全球	aseball ca	5469	26	2.76						
5	装/服饰配	全球	belt	6561	18	4.72						
6	装/服饰配	全球	bikinis set	15990	2	3.18						
7	装/服饰配	全球	blazer	3715	16	6.03						
8	装/服饰配	全球	blouse	38729	1	4.89						
9	装/服饰配	全球	boxer	8885	8	3.59						
10	装/服饰配	全球	bra	7118	10	6.49						
11	装/服饰配	全球	bustiers	2102	37	1.39						
12	装/服饰配	全球	button	1377	27	7.34						
13	装/服饰配	全球	hildren se	22284	7	3.82						
14	装/服饰配	全球	costume	3129	43	6.89						
15	装/服饰配	全球	down	7758	39	5.64						
16	装/服饰配	全球	dress	80485	4	8.63						
17	装/服饰配	全球	vening dre	2517	46	8.52						
18	装/服饰配	全球	glove	1688	42	5.25						
19	装/服饰配	全球	hat	5172	32	2.09						
20	装/服饰配	全球	headwear	9244	33	2.31						
21	装/服饰配	全球	hoody	21070	11	5.45						
22	装/服饰配	全球	jacket	16840	20	3.69						
23	装/服饰配	全球	jeans	6340	25	7.58						
24	装/服饰配	全球	jumpsuits	2626	22	0.79						
25	装/服饰配	全球	leather	2332	47	2.39						
26	装/服饰配	全球	legging	8743	12	5.07						
27	装/服饰配	全球	lingerie se	1452	9	2.35						
28	装/服饰配	全球	one piece	2113	38	3.52						
29	装/服饰配	全球	panties	5043	31	5.68						

图 6-40

找到第一个需要提取数据的表格输入"=VLOOKUP"，这时候会弹出一个函数公式，如图 6-41 所示。

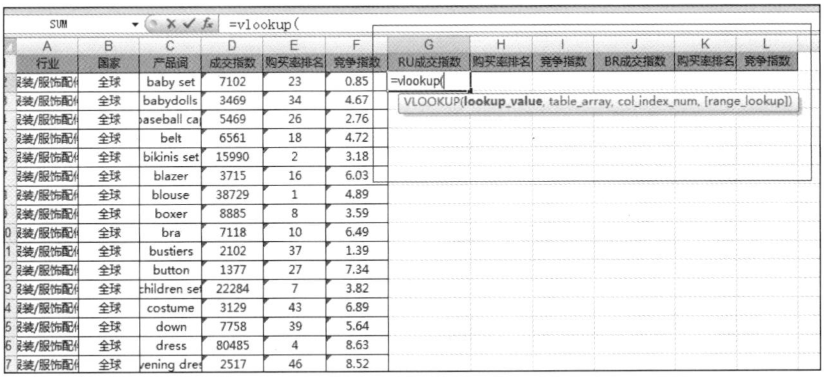

A	B	C	D	E	F	G	H	I	J	K	L
行业	国家	产品词	成交指数	购买率排名	竞争指数	RU成交指数	购买率排名	竞争指数	BR成交指数	购买率排名	竞争指数
装/服饰配	全球	baby set	7102	23	0.85	=vlookup(					
装/服饰配	全球	babydolls	3469	34	4.67						
装/服饰配	全球	aseball ca	5469	26	2.76						
装/服饰配	全球	belt	6561	18	4.72						
装/服饰配	全球	bikinis set	15990	2	3.18						
装/服饰配	全球	blazer	3715	16	6.03						
装/服饰配	全球	blouse	38729	1	4.89						
装/服饰配	全球	boxer	8885	8	3.59						
装/服饰配	全球	bra	7118	10	6.49						
装/服饰配	全球	bustiers	2102	37	1.39						
装/服饰配	全球	button	1377	27	7.34						
装/服饰配	全球	hildren se	22284	7	3.82						
装/服饰配	全球	costume	3129	43	6.89						
装/服饰配	全球	down	7758	39	5.64						
装/服饰配	全球	dress	80485	4	8.63						
装/服饰配	全球	vening dre	2517	46	8.52						

图 6-41

函数第一个参数是数值在原始表格中的位置，也就是图 6-40 中 C2 单元格的位置。接着提取俄罗斯表格中的数据，也就是函数公式的第二个参数"目标表格的选择区域"，请注意，在选择的区域中，我们提取的产品词一定要在第一列，即在图 6-42 中标框 3 中的第 1 列。

选择好目标区域以后，回到全球维度表格，这个时候输入函数的第三个参数"被提取数据在选取区域的第几个位置"，我们需要提取的第一个数值是俄罗斯表格中的成交指数，在图 6-42 中的选择区域的第 2 列，所以输入数字"2"，如图 6-43 所示。

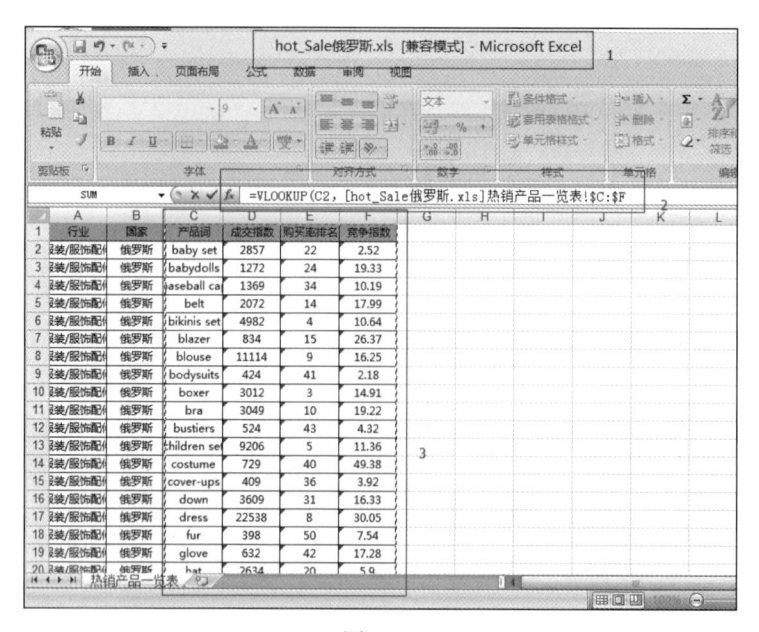

图 6-42

图 6-43

最后一个参数是精确匹配条件,输入"FALSE"。然后按 Enter 键,读者就会发现我们成功地把俄罗斯成交指数数据提取到了全球维度表格里,如图 6-44 所示。

图 6-44

这个时候有人会问,将数据直接从俄罗斯表格里复制过来不是更容易吗?请注意,我们提取的俄罗斯和巴西表格中关键词排列的顺序,与全球范围表格里的数据都是不一样的。接下来用相同的办法,提取俄罗斯的购买率排名、竞争指数,以及巴西的相关数据,最后整理过的表格如图 6-45 所示。

行业	国家	产品词	成交指数	购买率排名	竞争指数	RU成交指数	购买率排名	竞争指数	BR成交指数	购买率排名	竞争指数
服装/服饰配件	全球	baby set	7102	23	0.85	2857	22	2.52	998	18	4.53
服装/服饰配件	全球	babydolls	3469	34	4.67	1272	24	19.33	121	39	38.11
服装/服饰配件	全球	baseball cap	5469	26	2.76	1369	34	10.19	655	17	15.92
服装/服饰配件	全球	belt	6561	18	4.72	2072	14	17.99	528	22	29.7
服装/服饰配件	全球	bikinis set	15990	2	3.18	4982	4	10.64	213	33	34.04
服装/服饰配件	全球	blazer	3715	16	6.03	834	15	26.37	718	9	31.56
服装/服饰配件	全球	blouse	38729	1	4.89	11114	9	16.25	10655	1	20.75
服装/服饰配件	全球	boxer	8885	8	3.59	3012	3	14.91	1260	7	19.69
服装/服饰配件	全球	bra	7118	10	6.49	3049	10	19.22	610	16	47.08
服装/服饰配件	全球	bustiers	2102	37	1.39	524	43	4.32	335	24	8.95
服装/服饰配件	全球	button	1377	27	7.34	#N/A	#N/A	#N/A	#N/A	#N/A	#N/A
服装/服饰配件	全球	children set	22284	7	3.82	9206	5	11.36	1598	11	25.22
服装/服饰配件	全球	costume	3129	43	4.79	720	40	49.38	217	45	55.6
服装/服饰配件	全球	down	7758	39	5.64	3609	31	16.33	354	41	35.91
服装/服饰配件	全球	dress	80485	4	8.63	22538	8	30.05	8140	2	52.84
服装/服饰配件	全球	evening dress	2517	46	8.52	#N/A	#N/A	#N/A	217	46	46.06
服装/服饰配件	全球	glove	1688	42	5.25	632	42	17.28	172	38	36.24
服装/服饰配件	全球	hat	5172	32	2.09	2634	20	5.9	495	34	12.5
服装/服饰配件	全球	headwear	9244	33	2.31	2426	35	7.74	748	27	13.55
服装/服饰配件	全球	hoody	21070	11	5.45	7449	12	17.28	1478	13	34.82
服装/服饰配件	全球	jacket	16840	20	3.69	5359	28	11.47	2573	5	21.93
服装/服饰配件	全球	jeans	6340	25	7.58	2340	21	25.8	365	26	58.96
服装/服饰配件	全球	jumpsuits	2626	22	0.79	#N/A	#N/A	#N/A	169	23	5.86
服装/服饰配件	全球	leather	2332	47	2.39	908	46	6.99	150	47	13.92
服装/服饰配件	全球	legging	8743	12	5.07	2936	11	16.86	603	15	33.71
服装/服饰配件	全球	lingerie set	1452	9	2.35	897	1	8.96	#N/A	#N/A	#N/A
服装/服饰配件	全球	one piece	2113	38	3.52	625	37	12.43	#N/A	#N/A	#N/A
服装/服饰配件	全球	panties	5043	31	5.68	2132	26	17.76	287	31	39.14
服装/服饰配件	全球	pants	14565	15	9.52	4386	13	35.6	1140	20	62.17
服装/服饰配件	全球	rhinestone	1733	30	4.59	#N/A	#N/A	#N/A	#N/A	#N/A	#N/A
服装/服饰配件	全球	ribbon	5499	21	8.26	#N/A	#N/A	#N/A	#N/A	#N/A	#N/A
服装/服饰配件	全球	romper	5587	19	2.58	1594	25	8.93	1317	8	12.6

图 6-45

数据汇总以后，我们可以很方便地看到，全球购买率排名第 1 的 blouse 在俄罗斯中销量排名第 9，在巴西中排名第 1，所以巴西市场的需求量更大。jacket 这个产品在全球范围购买率排名第 20，在俄罗斯的购买率排名第 28，这个时候我们发现其在巴西的购买率排名第 5，所以巴西市场的 jacket 产品需求量更大。

（3）VLOOKUP 函数在分析产品中的运用

仍然以女装行业为例，下面查看一下在女装行业里哪一种产品目前是在俄罗斯市场最值得推广的。首先打开"数据纵横"的"选品专家"工具，选择热销板块，以女装为行业维度，以俄罗斯为国家维度，以最近 7 天为时间维度，下载原始数据，如图 6-46 和图 6-47 所示。

如果单一地以成交指数、购买率排名、竞争指数去判断某一个产品是不是适合我们主推的产品，并不科学，我们要结合转化率、点击率等具体的购买数值来判断。那么怎样得到某个产品目前在平台上的转化率和点击率呢？这个时候需要结合"数据纵横"给我们提供的"搜索词分析"工具。打开搜索词分析页面，如图 6-48 所示。

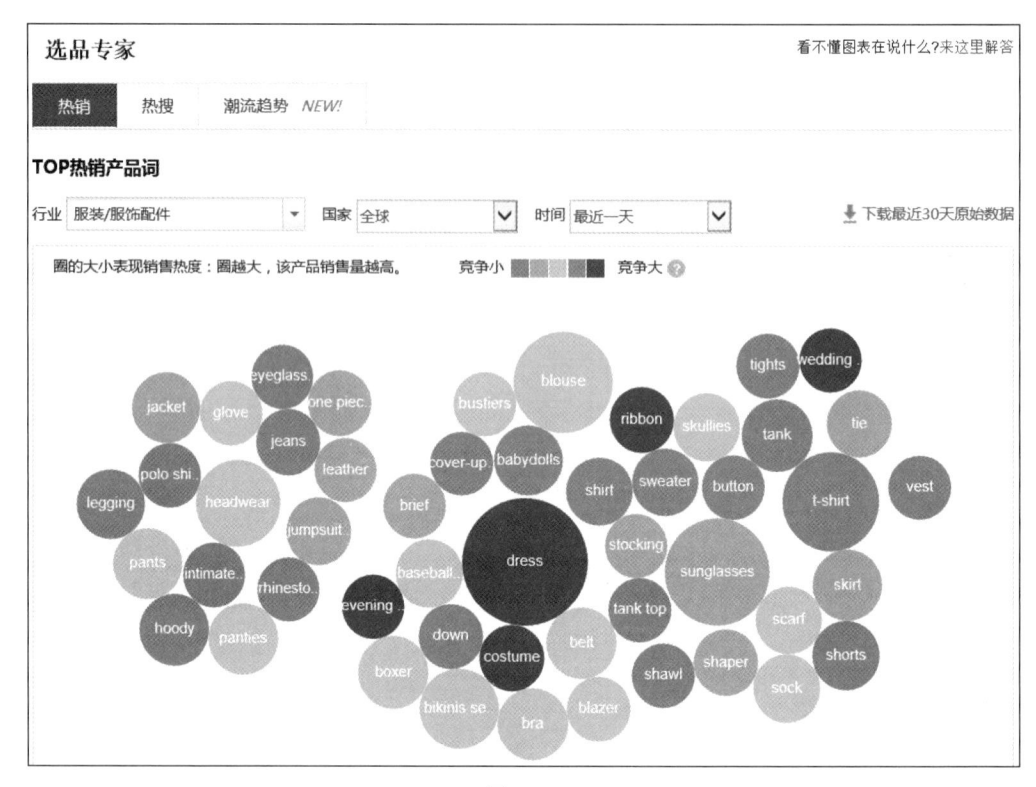

图 6-46

图 6-47

图 6-48

我们以女装为类目维度，俄罗斯为国家维度，最近 7 天为时间维度，下载搜索词分析原始数据，下载后的表格如图 6-49 所示。

图 6-49

接下来使用 VLOOKUP 函数，把从搜索词分析页面中下载的表格里的点击率、转化率提取到我们之前下载的选品专家热销产品的原始表格里。首先打开热销产品表格，添加列名点击率和转化率，如图 6-50 所示。

行业	国家	产品词	成交指数	购买率排名	竞争指数	点击率	转化率
女装	俄罗斯	bikinis set	6078	6	14.02		
女装	俄罗斯	blazer	465	25	15.24		
女装	俄罗斯	blouse	16401	2	15.73		
女装	俄罗斯	oard short	54	47	0.92		
女装	俄罗斯	bra	7236	1	9.41		
女装	俄罗斯	bustiers	513	22	10.49		
女装	俄罗斯	camisole	176	39	3.56		
女装	俄罗斯	cover-ups	897	27	2.61		
女装	俄罗斯	down	699	35	8.7		
女装	俄罗斯	dress	29635	4	27.98		

图 6-50

在 G2 单元格里输入“=VLOOKUPL”函数，接着需要提取产品词，即 C2 中的数值，然后在搜索词分析表格里选取需要提取数值的区域，请大家注意，在选取的区域中产品词一定要在第 1 列，我们需要提取的数据是搜索词分析表格里的 F 列和 G 列（即所选区域的第 5 列和第 6 列），如图 6-51 和图 6-52 所示。

SUM =vlookup(c2,[热搜词20140614185937.xls]女装!$B:$H,

行业	国家	产品词	成交指数	购买率排名	竞争指数	点击率	转化率
女装	俄罗斯	bikinis set	6078	6	14.02	=vlookup(c2,[热搜词20140614185937.xls]女装!$B:$H,	
女装	俄罗斯	blazer	465	25	15.24		
女装	俄罗斯	blouse	16401	2	15.73		
女装	俄罗斯	oard short	54	47	0.92		
女装	俄罗斯	bra	7236	1	9.41		
女装	俄罗斯	bustiers	513	22	10.49		
女装	俄罗斯	camisole	176	39	3.56		
女装	俄罗斯	cover-ups	897	27	2.61		
女装	俄罗斯	down	699	35	8.7		
女装	俄罗斯	dress	29635	4	27.98		
女装	俄罗斯	fur	276	40	8.1		
女装	俄罗斯	garter	165	30	1.94		
女装	俄罗斯	hoody	3269	17	10.8		
女装	俄罗斯	intimate	32	42	6.56		

图 6-51

=vlookup(c2,[热搜词20140614185937.xls]女装!$B:$H,

	搜索词	是否品牌词	搜索人气	搜索指数	点击率	成交转化率	竞争指数
1	jeans	N	33,519	260,182	34.61%	0.27%	27.00
2	summer dr	N	24,899	214,982	35.40%	0.71%	36.00
3	платье	N	23,703	200,525	35.58%	0.51%	37.00
4	купальник	N	21,444	191,153	42.64%	0.76%	25.00
5	платья	N	22,974	188,503	33.90%	0.42%	28.00
6	женские п	N	26,061	188,267	37.21%	0.43%	24.00
7	winter dres	N	26,895	165,577	23.63%	0.18%	18.00
8	dress	N	14,949	154,165	31.47%	0.36%	80.00
9	skirts	N	21,054	141,563	34.28%	0.56%	33.00
10	bikinis set	N	20,184	125,866	39.52%	0.37%	21.00
11	summer dr	N	21,155	125,176	29.66%	1.70%	38.00
12	купальник	N	11,846	105,431	44.67%	0.79%	28.00
13	джинсы	N	17,832	98,237	36.70%	0.31%	19.00
14	skirt	N	11,773	92,562	39.53%	0.56%	44.00

图 6-52

先提取点击率数据，所以在公式中接着输入 5，然后选择“FALSE”精准匹配，结果如图 6-53 所示。

G2　　=VLOOKUP(C2,[热搜词20140614185937.xls]女装!$B:$H,5,FALSE)

A	B	C	D	E	F	G	H	I	J	K
行业	国家	产品词	成交指数	购买率排名	竞争指数	点击率	转化率			
女装	俄罗斯	bikinis set	6078	6	14.02	39.52%				
女装	俄罗斯	blazer	465	25	15.24					
女装	俄罗斯	blouse	16401	2	15.73					
女装	俄罗斯	oard short	54	47	0.92					

图 6-53

选中 G2 单元格，在按住 Ctrl 键的同时向下拖动鼠标，提取搜索词分析中所有点击率的数值，然后用同样的办法提取转化率的数值，整理后的表格如图 6-54 所示。

通过数据汇总我们发现，成交指数为 29635 的 dress 产品，点击率和转化率都是比较低的，成交指数为 7236 的 bra 产品，购买率排名第 1，点击率和转化率都比较高，竞争相对来说也不激烈。所以通过数据汇总我们发现，在女装行业 bra 这个产品更适合我们推广。

A	B	C	D	E	F	G	H
行业	国家	产品词	成交指数	购买率排名	竞争指数	点击率	转化率
女装	俄罗斯	tights	841	13	7.47	41.33%	0.98%
女装	俄罗斯	bra	7236	1	9.41	43.08%	0.96%
女装	俄罗斯	nightgown	524	24	13.81	41.41%	0.88%
女装	俄罗斯	panties	3303	8	14.32	49.88%	0.78%
女装	俄罗斯	t-shirt	12701	5	30.37	22.02%	0.68%
女装	俄罗斯	legging	2016	10	21.47	37.80%	0.64%
女装	俄罗斯	blouse	16401	2	15.73	37.44%	0.61%
女装	俄罗斯	shorts	4125	3	3.54	33.79%	0.60%
女装	俄罗斯	skirt	6062	7	8.39	39.53%	0.56%
女装	俄罗斯	vest	658	32	2.33	31.01%	0.53%
女装	俄罗斯	robe	372	16	9.82	38.62%	0.48%
女装	俄罗斯	pants	2876	11	16.2	33.72%	0.41%
女装	俄罗斯	camisole	176	39	3.56	42.79%	0.40%
女装	俄罗斯	leather	276	38	7.56	34.20%	0.39%
女装	俄罗斯	bikinis set	6078	6	14.02	39.52%	0.37%
女装	俄罗斯	dress	29635	4	27.98	31.47%	0.36%
女装	俄罗斯	maternity	113	33	3.04	38.12%	0.29%
女装	俄罗斯	jeans	1279	20	16.2	34.61%	0.27%
女装	俄罗斯	sweater	1606	19	29.56	35.46%	0.22%
女装	俄罗斯	jacket	2226	23	6.8	29.40%	0.21%
女装	俄罗斯	fur	276	40	8.1	29.37%	0.16%
女装	俄罗斯	trench	269	37	7.14	39.66%	0.08%
女装	俄罗斯	sock	770	18	12.05	0.00%	0.00%

图 6-54

第 7 章

视觉美工

本章要点：

- 视觉营销的定义和重要性
- 视觉规范化的实施和应用
- 文案策划
- 点爆广告图
- 速卖通旺铺装修基础操作
- 速卖通旺铺装修进阶篇
- 页面上线五步法

7.1 视觉营销的定义和重要性

视觉营销是市场营销一个部分，它可以使我们在更好条件下，向消费者展示我们用于销售的产品和服务。

随着跨境电商行业日益强大，视觉营销的重要性越发明显。在视觉、听觉、嗅觉、味觉、触觉这五种感觉中，速卖通平台目前唯一能利用的就是视觉，如图7-1所示。

实际上，电商也是有它的局限性的。我们可以想一下，当我们在商场买一件衣服的时候，是如何做的。通常我们会经历这样一个判断过程：

（1）首先注意到衣服的颜色、款式。

（2）然后拿起衣服试一下手感，同时我们也可以闻到衣服的气味。

（3）这时我们会听到销售人员热情的推荐和解答。

那我们在这个过程中就用到了视觉、触觉、嗅觉、听觉等感觉。倘若是买食品，我们可能还会用到味觉。但所有的这一切，如果是放在电商平台上，能用到的却只有视觉。那我们还有什么理由不去做好视觉呢？

图7-1

7.1.1 从平台的角度去看视觉的重要性

首先我们来看一下速卖通平台旺铺装修方面发展的历程。

在2013年9月之前，速卖通平台是这样的，如图7-2所示。

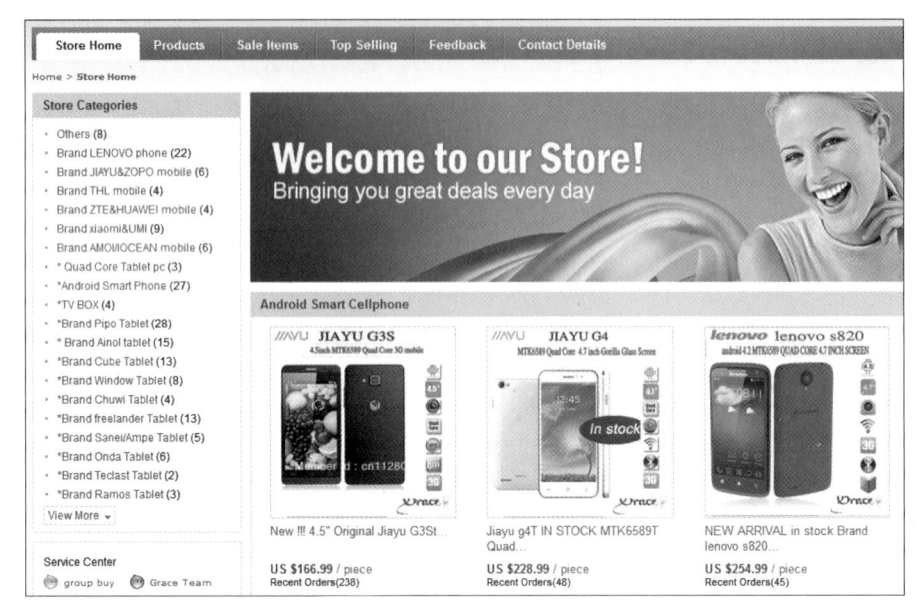

图 7-2

从图上我们可以看出，那时平台的装修还处于未开发的状态，整个 Home 页，仅有一个 710×200px 的小海报，能灵活运用视觉营销的地方非常之少。

从 2013 年 9 月到 2014 年 9 月，在这一年的时间中速卖通平台进行了明显的升级，增加了不少功能性板块，用来增加视觉方面的展示，如图 7-3 所示。

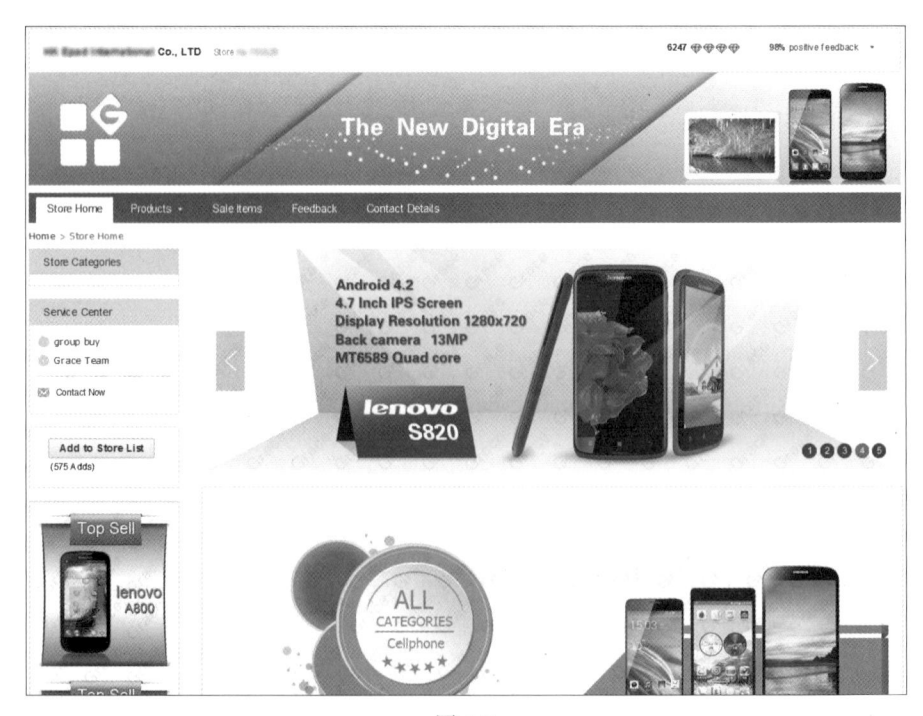

图 7-3

速卖通平台的这一次升级可以说是跨越性的,之前没有的店招、图片轮播、自定义板块、商品推荐等都已经开放。

2014年9月以来,速卖通旺铺以一种更为开放的姿态面向广大卖家。自主式设计直追阿里其他平台。同时,也有大量优秀的模板提供给卖家使用,如图7-4所示。

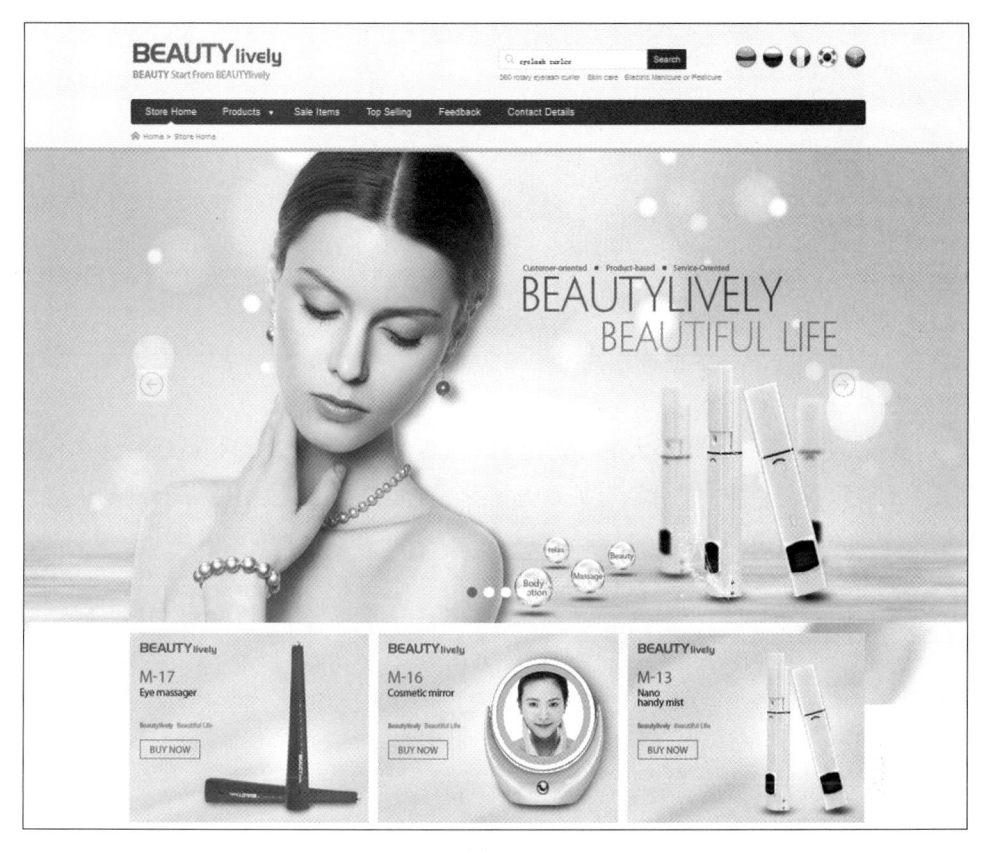

图7-4

通过速卖通平台一系列的升级改版,我们也大致可以感觉得出来,平台对于视觉营销方面都是不遗余力地在提升和完善,也从另一个角度折射出视觉在平台中的重要性。

那我们作为卖家是否也应该重视起来呢?答案当然是肯定的!

7.1.2 从数据方面去看视觉的重要性

当然,仅从平台设计上,还不能强有力地说明视觉的重要性。那我们就从更实际的角度——数据上来看一下视觉营销对速卖通店铺的影响。

首先我们来看一下,商铺流量来源中的"站内其他"一项,如图7-5所示。

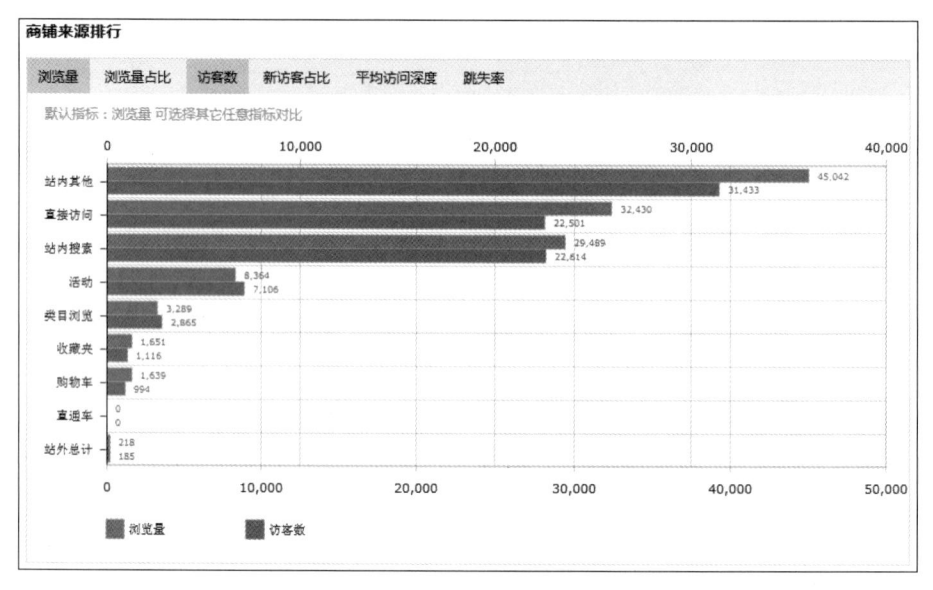

图 7-5

"站内其他"往往是浏览量最大的、访问深度最深的,而跳失率却是最低的。这么重要的一个部分,到底跟我们店铺中的什么有关系呢?图 7-6 也许会给我们一个最合理的说明,关键在于店铺装修、关联营销。

来源	浏览量	浏览量占比	访客数	新访客数	新访客占比	平均访问深度	跳失率	提升秘籍
总计	159,493	100.00%	83,205	80,896	97.22%	1.92	78.48%	
站内总计	159,275	99.86%	83,177	80,877	97.23%	1.91	78.47%	
站内其他	45,042	28.24%	31,433	29,855	94.98%	1.43	79.70%	店铺装修,关联营销
直接访问	32,430	20.33%	22,501	21,638	96.16%	1.44	82.01%	
站内搜索	29,489	18.49%	22,614	22,335	98.77%	1.3	82.37%	用搜索词分析提升排序
活动	8,364	5.24%	7,106	7,106	100.00%	1.18	88.47%	马上报名参加活动
类目浏览	3,289	2.06%	2,865	2,860	99.83%	1.15	89.73%	选好类目,填好属性
收藏夹	1,651	1.04%	1,116	988	88.53%	1.48	79.39%	引导买家收藏商铺商品
购物车	1,639	1.03%	994	928	93.36%	1.65	73.45%	引导买家添加购物车
直通车	0	0.00%	0	0	0.00%	0	0.00%	直通车优化秘籍
站外总计	218	0.14%	185	151	81.62%	1.18	86.02%	

图 7-6

再看下面一家新店铺的实际情况，在店铺刚刚开始运营的阶段，许多卖家往往都有无从下手的感觉。试着开直通车，流量是提高了，但是却没有转化成订单；停掉直通车，连流量都没有了。在店铺开通的前几个月，该卖家做了大量工作，上传产品，优化信息，虽然店铺流量有小幅提升，但实际效果却并不尽如人意，如图7-7所示。这时候应该怎么办呢？

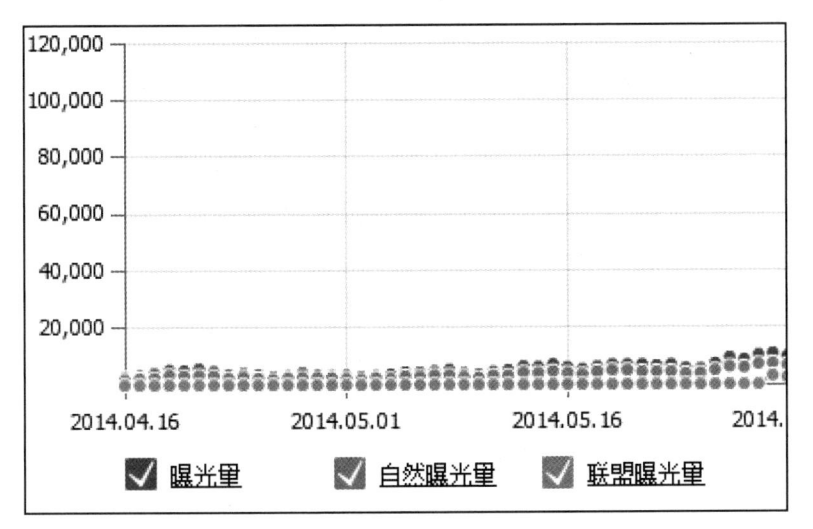

图 7-7

在经过多方面的分析后，卖家注意到了之前从未关心过的视觉优化。从店铺首页，到内页详情，全部进行了细致、谨慎的讨论和优化。当卖家按照分析的结果进行了装修和产品详情优化之后，再次配合平台营销策略，店铺整体数据有了出人意料的变化，如图7-8所示。

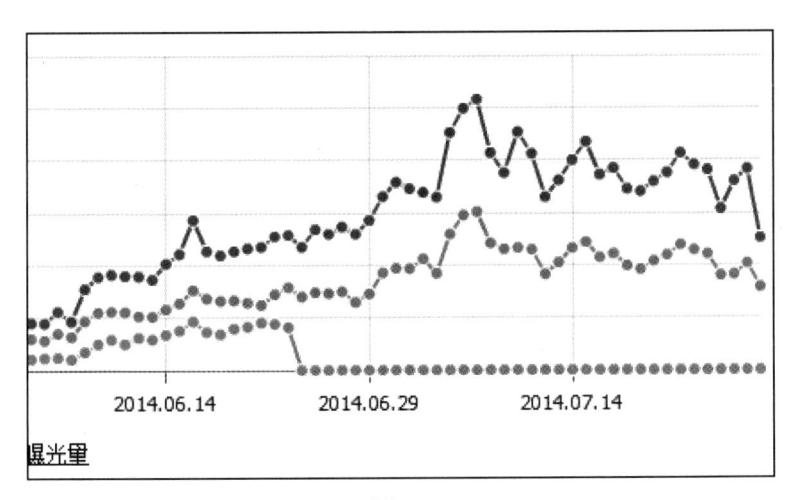

图 7-8

由上述案例，我们也可以得出一个信息，视觉营销与我们的平台，以及我们每个人的店铺，都是息息相关的。因此我们也同样应该重视起来，去做好视觉设计，让店铺呈现出一个后劲十足的状态。

7.2 视觉规范化的实施和应用

视觉规范化的提高,有助于平台整体水平的上升,也必将造福于所有卖家。这是一个长期而艰巨的任务,需要我们全体卖家共同努力来完成。

举一个通俗点的例子:如果我们自己开一个实体店,我们可以按照自己的喜好,或者商品的种类去装修店铺。是红色热情的风格,还是蓝色清冷的风格,不管选择哪一种,客户在进入我们店铺后,都会有整齐划一,比较专业的感觉。而平台上有千千万万个卖家,如果都按照自己的风格去走。对平台整体来说,"脏、乱、差"几乎是一个必然的结果。如果大家能按照统一的规则或风格,建立一个良好的图片环境、购买环境,那将会给平台整体观感带来巨大的提升,受益的也必然是卖家。

7.2.1 视觉规范化的重要性

2014年6月,我们在速卖通平台可以看到这样一条公告:"主图牛皮癣"工具上线通知,如图7-9所示。

"主图牛皮癣"指商品主图中含有的文字块,它们覆盖、干扰商品主体正常展示,影响买家体验。

对主图牛皮癣产品,平台虽然不会进行搜索处罚,但它们也会影响到产品的搜索表现,影响到排名。

从这样一则公告信息,我们可以看出,平台对于视觉规范化已经开始了一定的动作,因此我们同样也应该跟随平台的步调,及时做出相应的调整。

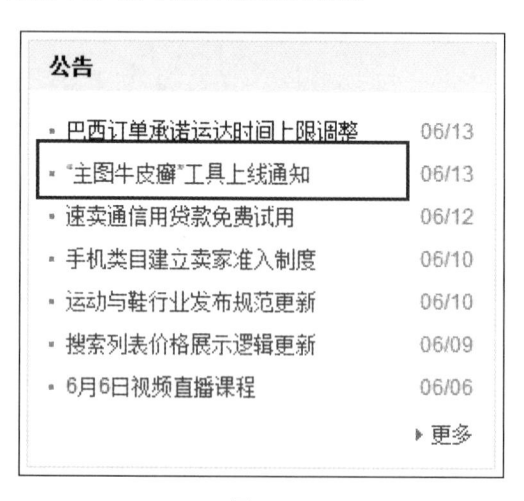

图 7-9

当然,除视觉规范化之外还有很多地方需要大家来注意。

7.2.2 视觉规范化——图片尺寸

对于一些基本的信息，我们还是要注意一下的，如主图通常情况下采用正方形，店招采用长方形等。当然系统的基础板块，与我们目前更新的第三方板块又有所区别，下面我们就一起来看一下有哪些不同。

系统基础板块，如表 7-1 所示。

表 7-1

	建议尺寸（宽×高）　单位：px
店招	1200×150
轮播海报	960×400（100～600）
自定义板块	920×n（在保证字符数够用的情况下，不限）
侧边栏	180×n（在保证字符数够用的情况下，不限）
主图	750×750、800×800、960×960
详情	750×n（<1500）

店招设计如图 7-10 所示。

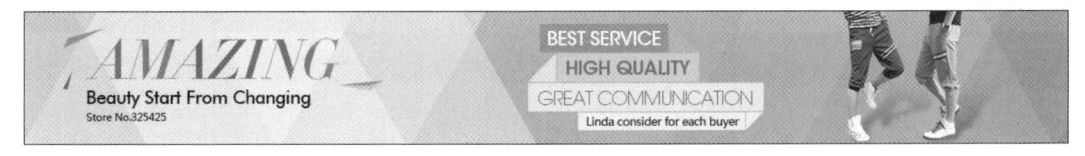

图 7-10

轮播海报如图 7-11 所示。

图 7-11

第三方板块如表 7-2 所示。

表 7-2

板块名称	建议尺寸（宽×高）　单位：px
全屏店招	1920×150
全屏轮播海报	1920×n（建议不超过 600）
轮播海报	1200×400
自定义板块	1200×n（在保证字符数够用的情况下，不限）
侧边栏	180×n（在保证字符数够用的情况下，不限）
主图	750×750、800×800、960×960
详情	750×n（<1500）

全屏轮播海报如图 7-12 所示。

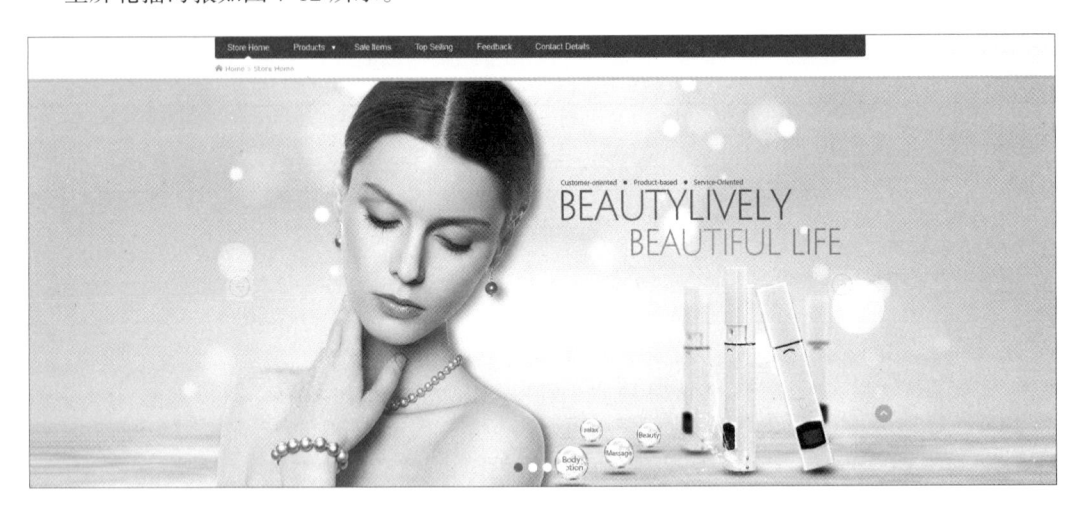

图 7-12

7.2.3　视觉规范化——图片品质

前面我们已经了解了图片的大小，接下来我们就看一下图片的品质。在这一点上，速卖通与国内一些平台就有了稍微的差别，因为我们需要考虑我们面对的客户，他们来自世界各地，因此打开速卖通店铺页面的速度也是千差万别。但无论怎样，打开速度是一个不容忽视的因素。

那如何在打开速度与保证图片清晰度之间取舍呢？我们的建议是，保留产品图80%的品质。这样一方面会降低产品图的大小，另一方面也完全可以应对客户的购物体验。

在用 Photoshop 保存图片时，图片品质的设置如图 7-13 所示。

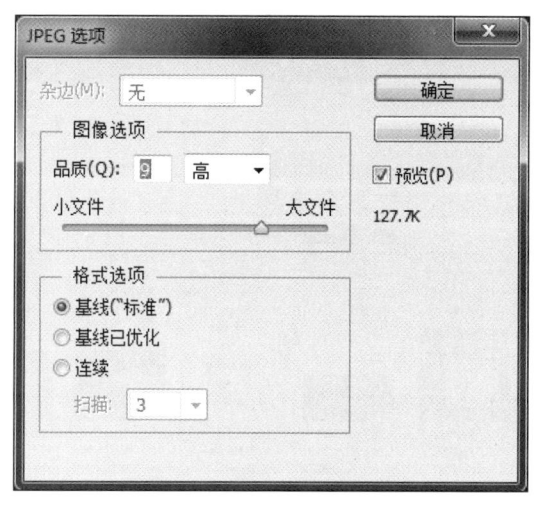

图 7-13

如果我们是保存成 Web 所用格式，我们可以这样来选择，如图 7-14 所示。

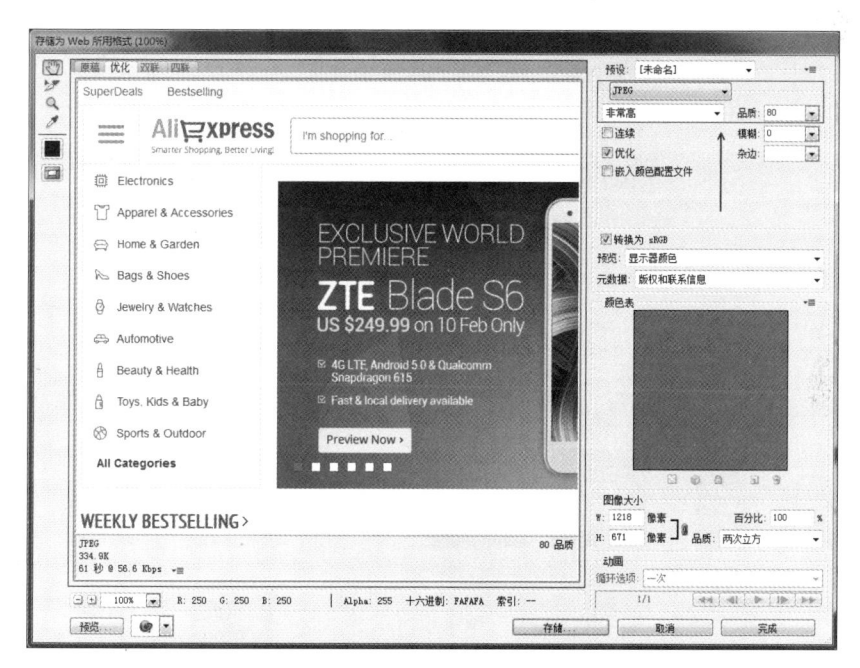

图 7-14

7.2.4 视觉规范化——图片命名

规范化的命名，便于我们对产品图片的使用和再次寻找。而因为图片量大的原因，一般鲜有卖家去实际操作。这里就给大家介绍一个简单的方法，告诉大家如何快速修改大量图片的名称。

首先，我们按 Ctrl+A 组合键选中所有图片，如图 7-15 所示。

图 7-15

按 F2 键对图片重命名，直接按回车键即可实现对所有产品图片的统一命名，如图 7-16 所示。

图 7-16

7.2.5 视觉规范化——其他

在其他方面，我们需要注意一些视觉规范化的要求。例如，Logo 的使用、团队名称的使用等，如图 7-17～图 7-19 所示。

图 7-17

图 7-18

图 7-19

7.3 文案策划

文案在视觉营销中，与图片起到一个相辅相成的作用。我们经常所说的图文并茂也正是强调的这一点。

无论是从产品详情的角度，还是从店铺设计的角度来说，一个成功的案例，文案都是必不可少的一部分，如图 7-20 所示。

图 7-20

接下来我们就一起来看一下，速卖通平台上有哪些地方需要我们着重做一下文案。

7.3.1 店招文案

店招最常见的文案方式，一般是采用团队名称，或者店铺名称，当然也可以用一段口号或服务理念等。

改版之后的店招，又添加了关键词搜索的部分，那在这里我们也可以去添加一些热门的关键词，作为营销型的文案，如图 7-21 所示。

图 7-21

除此之外，店招还可以使用我们店铺促销信息的文案、参加平台活动的文案，以及店铺内一些特殊优势介绍的文案等。

7.3.2 海报文案

一个标准海报，一般包含一个主标题，一个副标题，如图 7-22 所示。

图 7-22

当然，我们有时还会加入一些含重要参数的文案，或者营销性文案等，如图 7-23 所示。

图 7-23

7.3.3 详情文案

详情文案有许多选择，我们可以按部就班地做一个从产品实际属性角度出发的文案，也可以做一个更加灵活，富有创意，有故事情节的文案，或者采用其他更好的选择。而归根结底，详情文案能关系到我们店铺的成交转化率，因此，我们也需要在此处多费一些工夫，去做好我们的详情文案。

一来，一个好的详情文案，能更好地体现产品卖点，打动顾客的心；二来，好的详情文案也能增加买家的访问深度，甚至还能起到引导购买，提高转化率的作用。

如图 7-24 所示为一个优秀文案示例。

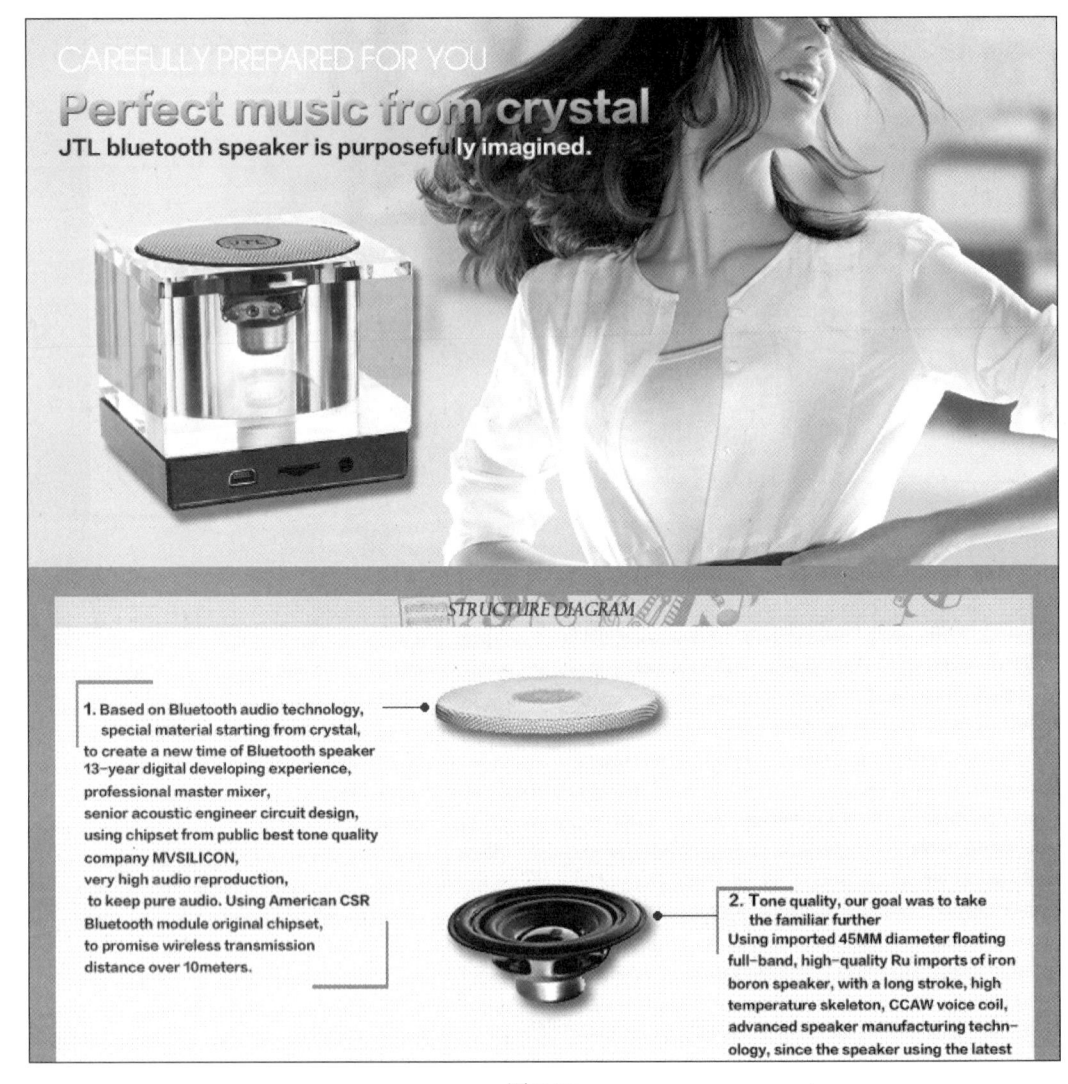

图 7-24

需要特别提醒一下，有一些文案，可以做成图片的形式，但更多时候，在上传详情文案时直接使用文字就好，这样才能真正算是图文并茂，有利于提高产品的搜索匹配度。

7.4 点爆广告图

无论是轮播海报，还是产品主图，抑或直通车图，都是具有一定重要性的广告图，如图 7-25 所示。它们设计得好与坏，甚至会和转化率产生直接的关系。

图 7-25

7.4.1 主图设计

当顾客在平台上进行搜索的时候，出现在他们眼前的就是产品的主图。主图的作用是直接影响点击转化率。

在目前的速卖通平台上，主图可以大致分为三类。

1. 白底主图（如图 7-26 所示）

图 7-26

白底图的优势在于，干净大气，简单明了，主体突出。还有一点，就是便于报平台活动，以及参加大促等。

2．边框主图（如图 7-27 所示）

图 7-27

速卖通整个平台的底色都是白色，边框主图刚好能利用这一点，在众多产品中起到聚焦的作用，便于客户发现，吸引客户点击。

3．背景主图（如图 7-28 所示）

图 7-28

背景主图作为一个"色块",吸引力还是非常大的,如图 7-29 所示。但很多卖家在使用的时候,往往不容易把握一个"度",使其变成"牛皮癣",这反而会影响产品的排名。

图 7-29

综上所述,我们就能明白自己的店铺大致应该用何种主图,如果是报活动款,那尽量使用干净大气的白底图,平时可以用一些简单的背景图和边框图,以增加点击转化。

同时,我们也应当注意避免首图容易出现的一些误区:

- 主体很多,没有重点。
- 画面杂乱,主体不突出。
- 图片很暗,主体不突出。
- 图片比例不一致,非正方形。
- 文字过多,遮盖主体。

7.4.2 海报图设计

海报的设计需要先根据大小来定义内容,如最新版海报,可以实现全屏轮播效果。我们在设计的时候,通常使用 1920px 宽度的。但这个时候就会产生一个问题,一些小的屏幕无法容得下这么大的画面,产品主体就因此被切割了,甚至跑到屏幕之外了。所以首先我们需要规定主体的位置。

全屏轮播海报,主体一般控制在 1200px 以内,如图 7-30 所示。

图 7-30

除此之外，其他的海报我们都可以按标准海报的要求来设计。

对于一张标准海报，首先我们需要有一个主标题，如图 7-31 所示。

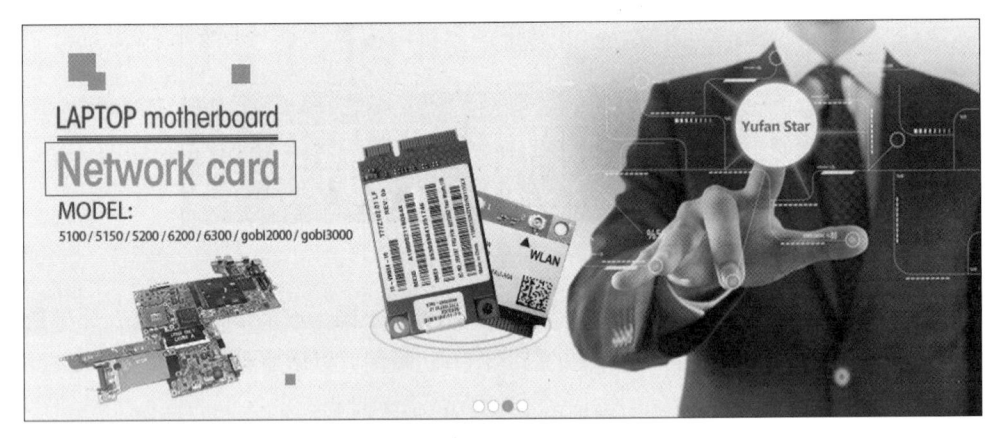

图 7-31

还需要一个副标题和其他参数，如图 7-32 所示。

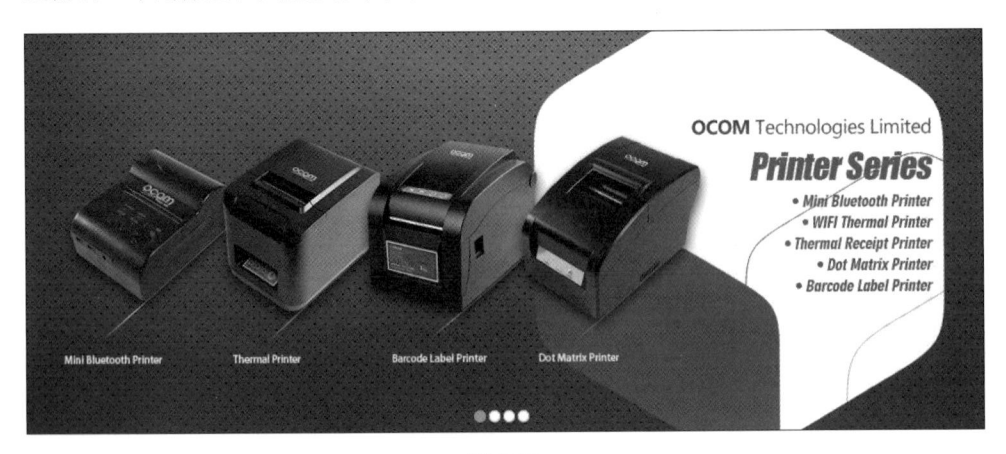

图 7-32

还有一点，容易被我们所忽略。就是顾客在看到一个海报的时候，可能已经产生了购买的欲望，或者想要了解更多的这种心理，但往往没有一个点去触发他们想要深入了解的需求，也就是缺少一个类似于"Buy Now"这样可以点击的按钮，如图 7-33 所示。

图 7-33

因此，我们在设计一款标准海报的时候，还需要在海报上面加入一个能够吸引别人点击的按钮。

对于产品图摆放的位置，一般来说都会放在接近黄金分割线的地方，也就是约为一幅海报的 1/3 处，如图 7-34 所示。

图 7-34

7.5 速卖通旺铺装修基础操作

根据前面内容读者朋友们应该已经认识到视觉营销对于各个部分的重要性。下面我们来学习一下关于速卖通旺铺装修的基础操作，去了解一下如何将这些重要的部分组合起来，运用到速卖通店铺的装修中。

7.5.1 基础模块下的首页设计

首页设计对于任何一个平台来说都是比较重要的，速卖通也不例外。目前速卖通平台对卖家视觉营销方面，增加了更开放式的功能板块。

基础模块包含店招板块、图片轮播板块、联系信息、收藏店铺、商品推荐板块、自定义内容区等部分。第三方模块相对于系统模块更加丰富一些，包含新品上市、限时导购、自定义模块、全屏轮播、优惠券、分类导航、广告墙、页角等。

首先，我们进入店铺中心，点击"店铺装修及管理"按钮，然后点击"进入装修"按钮，登录后台装修界面，如图 7-35 所示。

图 7-35

首先，我们了解一下基础模块。进入装修界面，将鼠标移动到左上角的"装修"按钮，选择"样式编辑"。在这里我们看到有四种配色样式可供我们选择。在装修旺铺之前，我们首先要从整体上去设定一个主色调，基础模块之中，只有四个色调样式可供选择，分别是：湖蓝、蓝色、红色和棕色，我们可以选择任意一种，选好后点击保存，如图 7-36 所示。

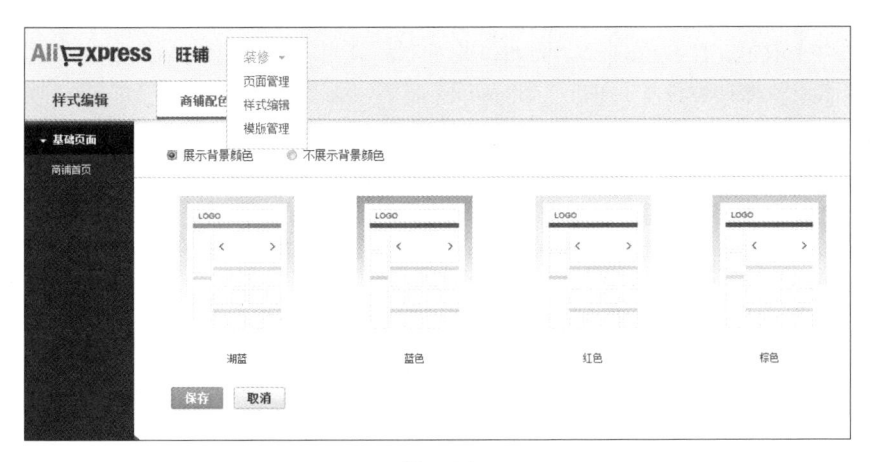

图 7-36

在选取主色调的同时，我们就应当考虑到，色彩是否符合我们的产品，或者我们的主要销售市场。在这里教给大家几种选色方式：第一，基于我们的产品来选色；第二，基于产品定位的人群来选色；第三，基于概念性来选色。下面举几个例子给大家讲解一下。

当我们的产品有一定的统一度，颜色也大致相近时，我们可以选中产品中的色彩，来做首页构建的主色调。如图 7-37 所示，产品主要以座椅为主，座椅基本都应用了木质纹理，那我们就从木质纹理出发选取土黄色或者棕色，这也符合后台样式编辑中棕色的主题。

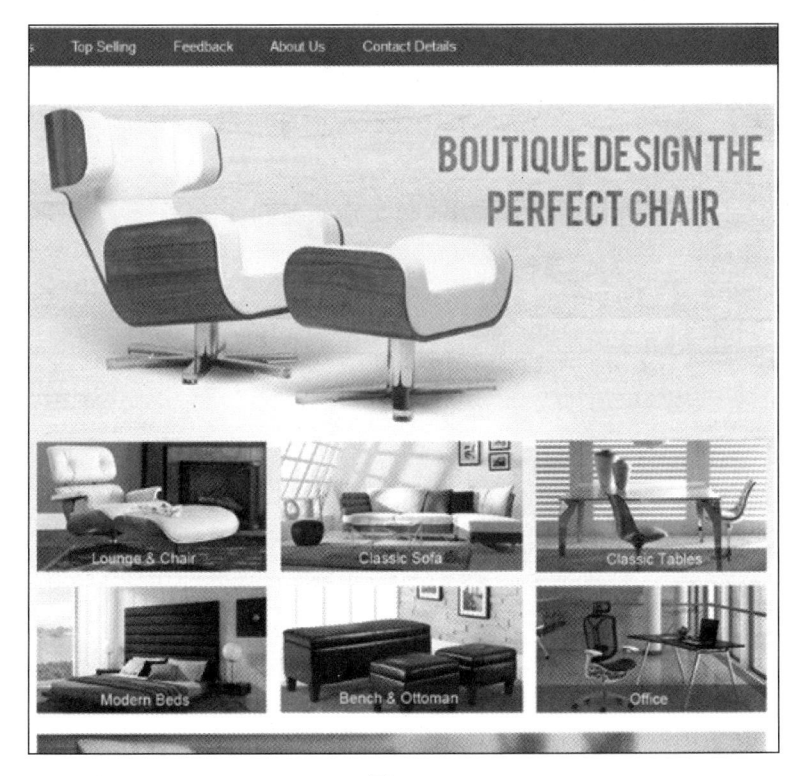

图 7-37

根据人群来取色，比较好理解。例如，儿童产品应当色彩鲜艳，活泼灵动；男装产品一般色调偏深，厚重感强烈等。

还有一种，当产品颜色很多，比较杂乱的时候，我们应该如何来取色呢？比如节庆的喷彩，各种气球等，颜色非常绚丽。这时，我们要想到这款产品是用在节日中的，而节日一般是比较温馨、浪漫的，于是就可以用温馨的粉色或者橙色。进一步考虑，速卖通后台样式中红色比较能表达这一信息，与之接近的粉色就可以被这样选出来了，同时也呼应主题，如图 7-38 所示。

图 7-38

7.5.2 店招板块

在首页装修页面，我们可以看到最上面的就是店招。店招是一个店铺的招牌，也是展示店铺形象的一个板块，因此它的重要性不言而喻。

将鼠标放在店招板块，右上角就会出现编辑的按钮，单击后我们可以看到关于店招板块的规格参数。模块高度 100~150px，宽度为 1200px，图片大小不能超过 2Mb。店招允许加入一个链接，可以是首页、产品组或者其他任何单一产品。我们可以根据自己店铺的需要，首页链接、活动链接、产品链接交替使用，以此达到高效的利用。基础模块只有一个店招，如图 7-39 所示。

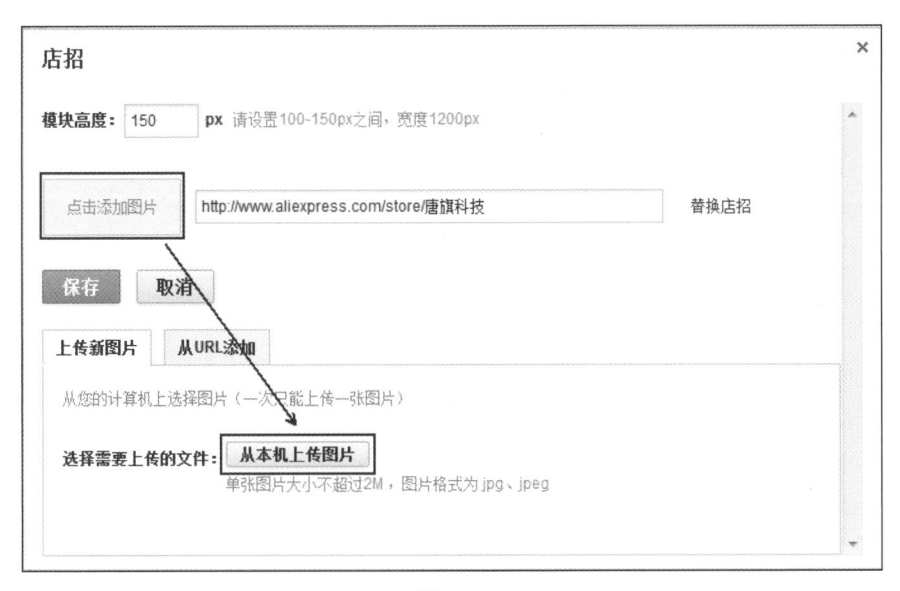

图 7-39

从整体角度来考虑，我们更推荐 150px 的高度。相对于 100px 的高度，从感觉上来说，前者会显得店铺略为大气，而 100px 的高度会显得有些局促。

内容方面我们可以在上面标注我们的店铺名称、公司名称和产品信息等内容，如图 7-40、图 7-41 所示。

图 7-40

图 7-41

7.5.3 图片轮播板块

图片轮播板块位于主区内，是一个非常重要的产品展示板块，它将多张广告图片以滚动轮播的方式进行动态展示，更直观、更生动地表达我们的商品。在主区内可以重复添加最多 6 个图片轮播板块，位置可以上下调动，便于与其他板块之间的互相搭配。

单击板块右上角的编辑按钮，可以看到轮播图片的规格参数。模块高度为 100～600px，宽度为 960px，图片大小不能超过 2Mb。一个图片轮播板块最多可以添加 5 张图片，每张图片可以添加一个相应的产品链接，如图 7-42 所示。

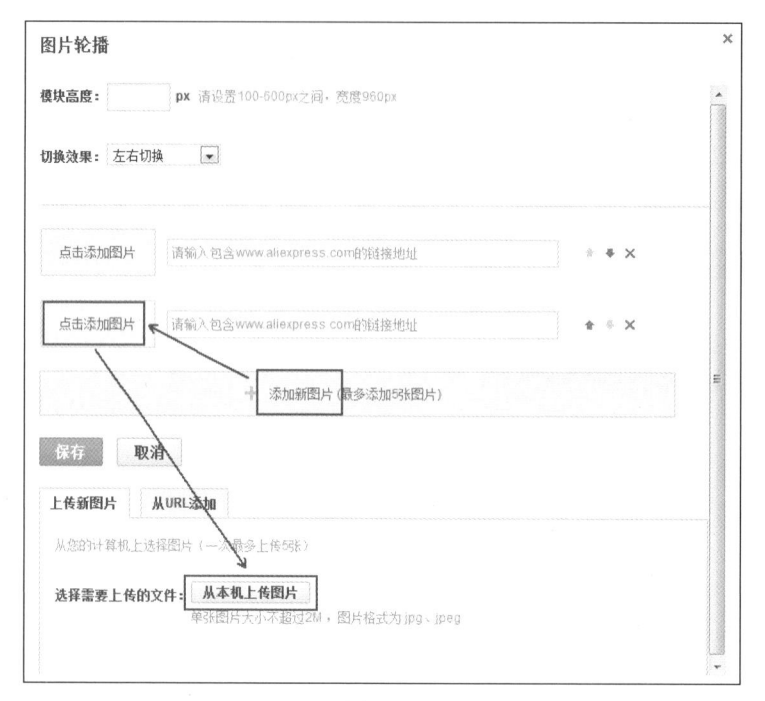

图 7-42

如图 7-43 所示是一个宽 960px，高 400px 的图片。

图 7-43

7.5.4 商品推荐板块

商品推荐板块使用起来效率比较高，缺点是结构相对单一。但是，如果能配合图片轮播和自定义内容区的应用，也可以很好地展示店铺中的产品。一个店铺最多可以添加 5 个商品推荐。

点击板块右上角的编辑按钮，我们可以看到许多参数，如图 7-44 所示。

第 7 章 视觉美工

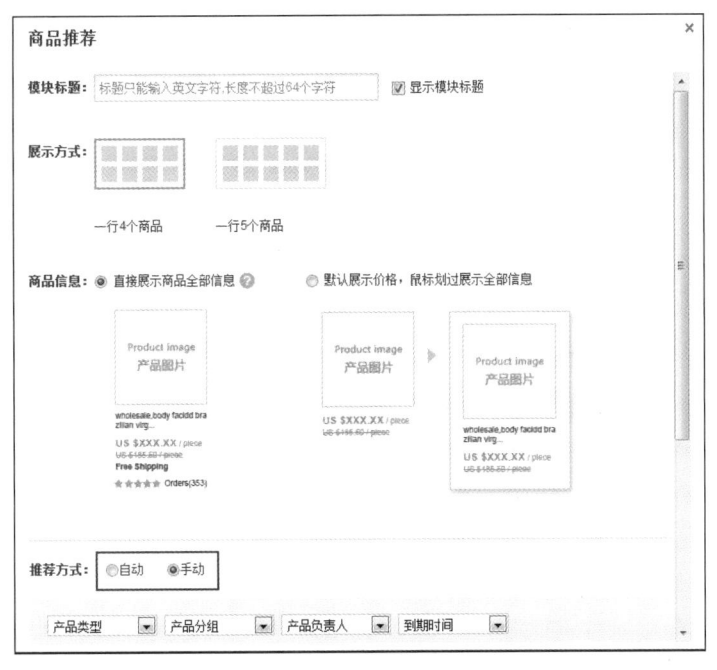

图 7-44

商品推荐里面的图片，会直接使用商品首图，因此被选商品的首图一定要整洁，尽量和店铺装修整体统一，不要破坏店铺的整体性。商品可以选择一行 4 个或者 5 个，如图 7-45、图 7-46 所示。

图 7-45

395

图 7-46

有很多卖家在系统装修的时候，系统默认侧边栏的 Top Selling 板块不见了，在商品推荐板块就可以重新调出来。

我们在侧边栏添加一个商品推荐板块，如图 7-47 所示，推荐方式选"自动"，排序方式选"按销量降序排列"，则会重新调出 Top Selling 板块。按同样的道理，我们还可以按照产品分组，添加分类产品的 Top 排行榜。

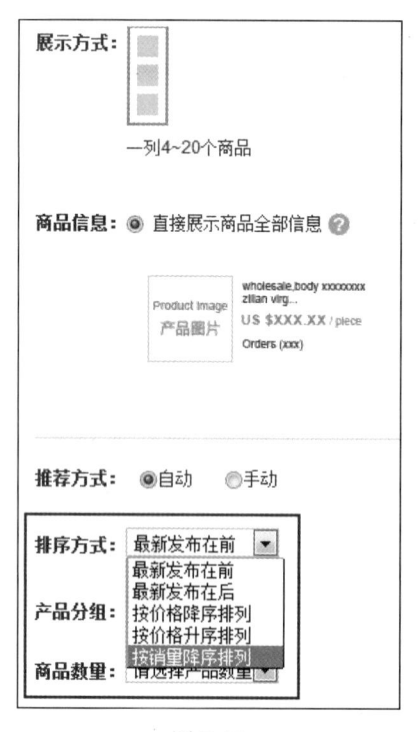

图 7-47

7.5.5 自定义内容区

自定义内容区排版灵活，可以更好地加入我们的营销想法，更生动地展示我们的产品和店铺，甚至能使我们的店铺上升到艺术的层次，增大买家的购物欲望，但同时操作难度系数比较大。

自定义板块并不局限于产品，它还可以在店铺内更直观地添加产品分组，引导消费，就像一个良好的导购员，如图 7-48 所示。

图 7-48

基础板块中最多可以添加 5 个自定义内容区，同一个自定义板块内，字符数不能超过 5000 个。

自定义板块的应用非常广泛，语言栏板块也属于自定义内容，首先将语言图标设计出来，切片，然后加入语言链接，如图 7-49 所示。

图 7-49

语言链接代码：

意大利语：http://it.aliexpress.com/store/123456（用自己的店铺编号替换，下同）

韩语：http://ko.aliexpress.com/store/123456

阿拉伯语：http://ar.aliexpress.com/store/123456

德语：http://de.aliexpress.com/store/123456

西班牙语：http//es.aliexpress.com/store/123456

荷兰语：http://nl.aliexpress.com/store/123456

日语：http://ja.aliexpress.com/store/123456

法语：http://fr.aliexpress.com/store/123456

葡萄牙语：http://pt.aliexpress.com/store/123456

土耳其语：http://tr.aliexpress.com/store/123456

俄语：http://ru.aliexpress.com/store/123456

泰语：http://th.aliexpress.com/store/123456

越南语：http://vi.aliexpress.com/store/123456

1．主区自定义规格

基础板块的自定义内容区的图片宽度最大为 920px，高度不限，但建议不要超过 3000px，如图 7-50 所示。原因有两个，一是图片高度太大会影响网页打开速度，二是字符数太多容易超出规定限制。

图 7-50

2．侧边栏自定义规格

在侧边栏添加一个自定义内容区。它的图片最大宽度为 180px，高度不限，但建议不要超过 1500px，如图 7-51、图 7-52 所示。

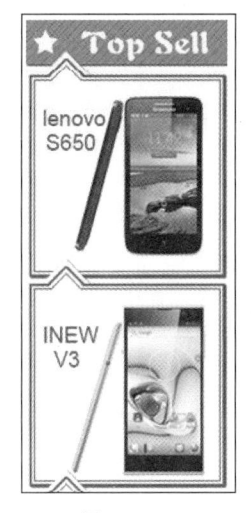

图 7-51　　　　　　　　　　　图 7-52

自定义板块是高级旺铺装修中比较常用的部分，它应用起来非常灵活，可以是图片，也可以是文字，但比较难上手，需要配合 Adobe Photoshop 的切片和 Adobe Dreamweaver 编写代码共同来实现。图 7-53、图 7-54 是自定义板块的优秀案例。

图 7-53

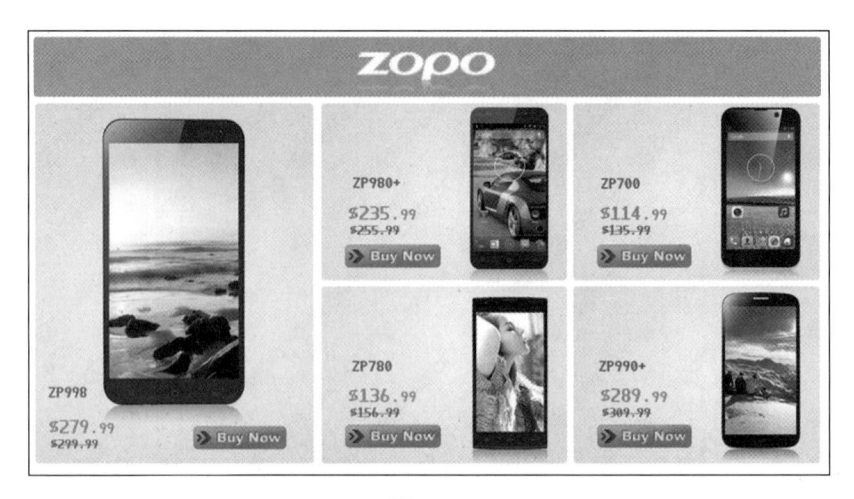

图 7-54

7.6 速卖通旺铺装修进阶篇

第三方模块的出现，为整个速卖通平台在视觉营销方面带来了巨大的提升。它的灵活性、开放性是我们一直所期待的。在本节中我们就来学习一下第三方模块的使用方法。

首先进入装修界面，点击"模板管理"按钮，然后进入"装修市场"页面，如图 7-55、图 7-56 所示。

图 7-55

图 7-56

选择一款自己满意的模板，首先点击试用，在确认板块符合自己的要求时，再选择购买，可以选择 1 个月、3 个月或 6 个月。

接下来我们就看一下第三方模块中各部分的细节。

7.6.1 功能店招

通常来说，我们只要选取了试用模板，店招、全屏轮播等板块都会出现，如果未能出现，我们也可以手动添加，如图 7-57 所示。

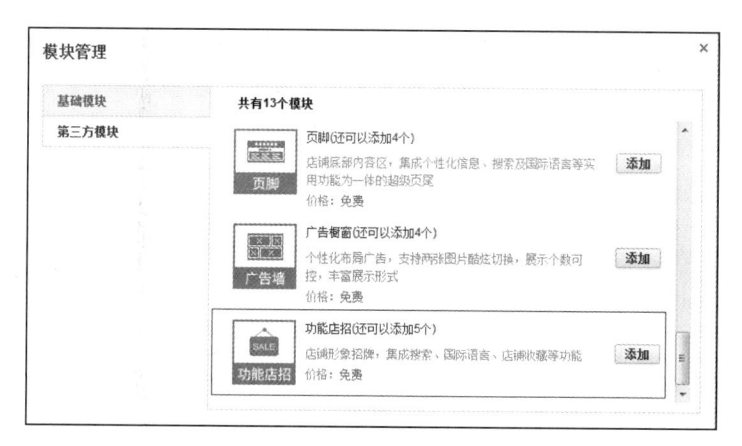

图 7-57

功能店招同样还能调整导航栏的样式，如图 7-58 所示。

图 7-58

背景导航的高度为 33px，我们可以充分发挥自己的创意去打造独特的导航区，如图 7-59 所示。

图 7-59

需要注意的是，对于较大的图片，速卖通的图片空间是不支持的，那么现在所使用的全屏轮播海报，以及全屏店招是如何实现的呢？那就需要借助阿里巴巴的另一个图片空间，www.1688.com 网站的诚信通空间，将图片上传到诚信通空间，然后再来使用。

新店招还提供给我们更多的功能，比如国际语言、店铺收藏、二维码等。首先选中所需要的选项，如图 7-60 所示。

图 7-60

然后在对应的板块调整参数及图标，如图 7-61 所示。

图 7-61

最后的效果如图 7-62 所示。

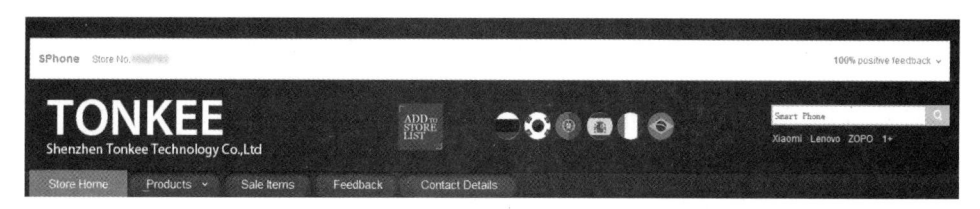

图 7-62

7.6.2 全屏海报

全屏海报使得店铺整体视觉效果提升了一个层次，能以更大气的方式展现所售的产品。打开全屏海报的编辑页面，如图 7-63 所示。

图 7-63

将图片 URL 地址复制，粘贴在"图片地址"框，复制产品链接地址，粘贴在"链接地址"框，操作简单明了。在"页面背景"一栏，我们还可以制作一个 1920px 宽度的全屏背景，如图 7-64 所示。

图 7-64

7.6.3 广告墙

广告墙是一个已经规定好大小的板块，我们只需要按照板块的要求，制作出相应大小的图片即可。通常来说，我们会选择两张不同角度的图片，当鼠标划过时，第二个角度的图片会替换第一张，如图 7-65 所示。我们需要上传的图片的大小就是提示的尺寸 600×170px。

图 7-65

依次加入其他图片，得到最终效果，如图 7-66 所示。

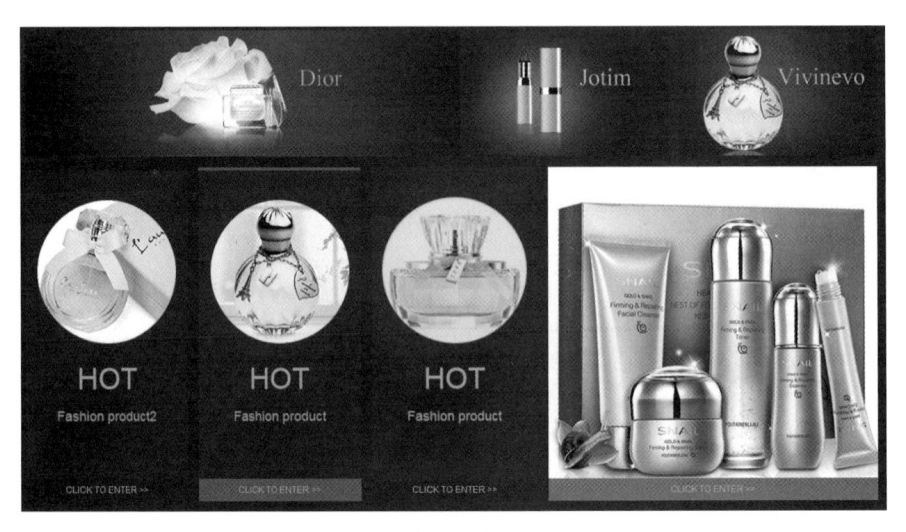

图 7-66

7.6.4 分类导航

分类导航便于我们及时对关键词做出调整，提高工作效率，同时，又能方便顾客的查找。因此，如何用好分类导航也是我们需要关注的一个重点。

分类导航的后台，初看有一些复杂，但明白其中的道理后就会感觉清楚多了，如图 7-67 所示。

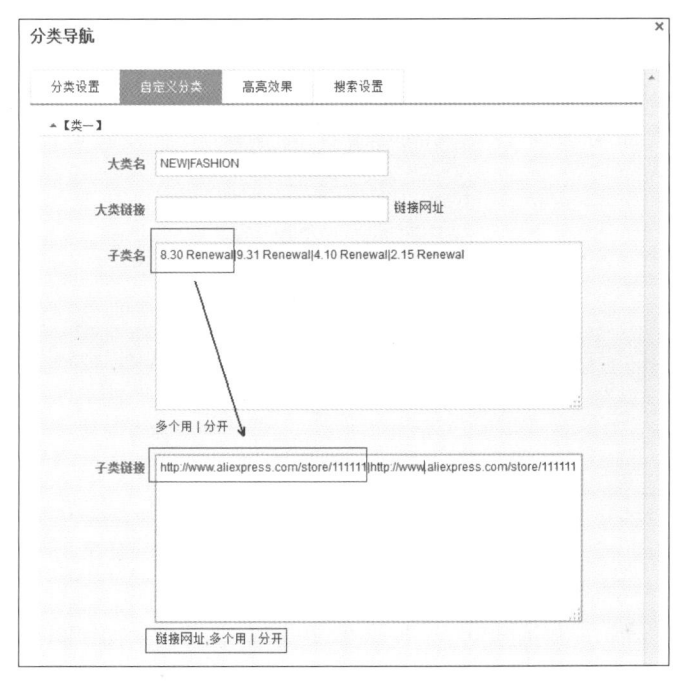

图 7-67

首先大类名容易理解，我们重点来看一下子类名，我们把关键词列为 1、2、3……的顺序，用符号"|"隔开，如此就可以完成子类名的填写。再来加入子类链接，找到 1 号关键词相对应的产品，把链接粘贴上，以"|"隔开，加入 2 号产品的链接……依次类推，可以达到我们需要的最终效果，如图 7-68 所示。

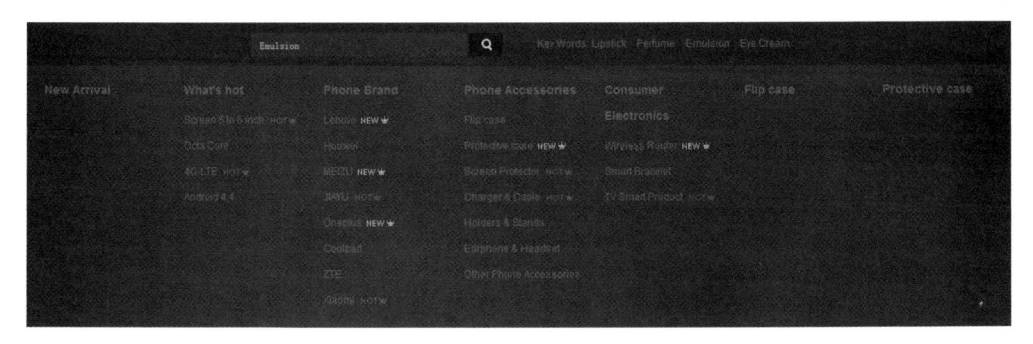

图 7-68

有些卖家遇见这样的问题：在应用了第三方模板之后，找不到侧边栏的导航了。这时可以运用分类导航将侧边栏导航再调出来，如图 7-69 所示。

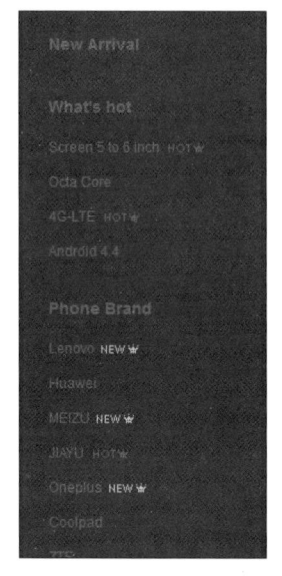

图 7-69

7.6.5 自定义模块

自定义模块可以放入自主设计的切片内容，前面的基础板块自定义部分，宽度是 960px，而现在的第三方板块提供的自定义模块，可以让我们的设计宽度变为 1200px。后台编辑板块如图 7-70 所示。

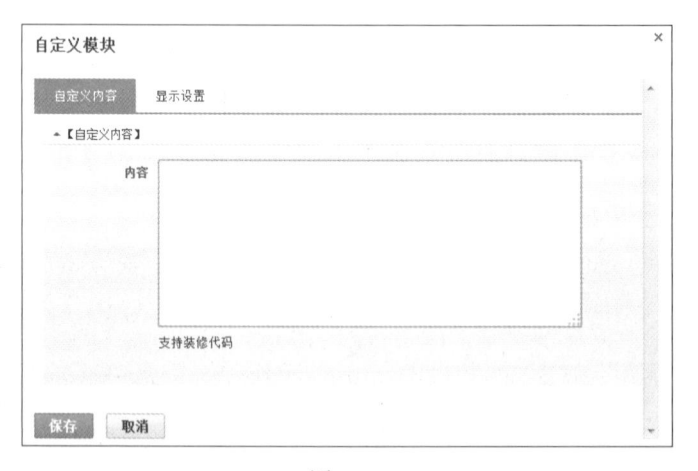

图 7-70

从后台编辑图我们可以看出，之前如基础板块中的工具都没有了，所以我们只能借助另一款软件来完成我们的编辑任务，这就是 Adobe Dreamweaver，如图 7-71 所示。

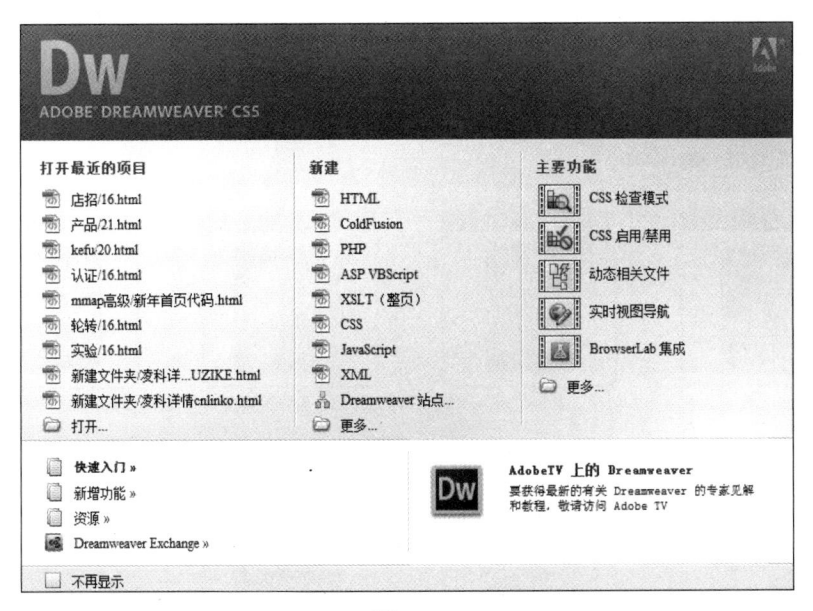

图 7-71

将编辑好的代码全部复制，粘贴进来，保存即可。

首页出现的功能板块很多，希望各位买家能够利用起来，为自己的店铺增加更多独特的感觉。

7.6.6 产品信息模块

产品信息模块属于内页详情中的模块，用它来制作关联营销或者发布通知、活动预告都是最好的选择。

产品信息模板可以快速加入到多个产品或一类产品之中，它可以方便我们添加关联产品，放入平台的公告通知，或者放入促销活动信息，还可以放入售后信息等。

点击"产品管理"—"产品信息模块"—"新建模块"按钮，会出现模块类型选择界面，有"关联产品模块"和"自定义模块"两种选择，如图 7-72 所示。

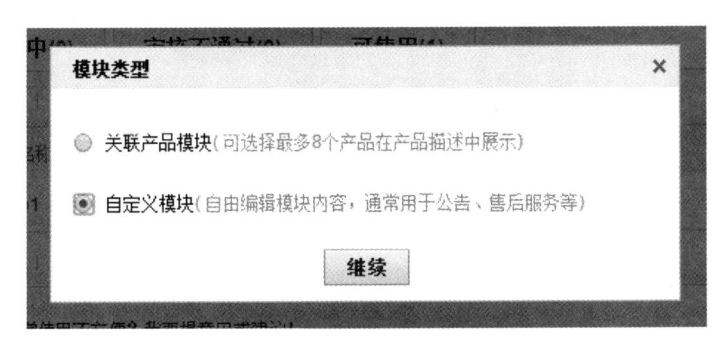

图 7-72

（1）关联产品模块。最多可以选择 8 个产品，它的优点是操作简单，工作效率高，如果能统一主图风格，提高美观度，可行性还是非常强的，如图 7-73 所示。

图 7-73

（2）自定义模块。利用切片等功能，加入相关信息，可以是产品推荐、活动公告、售后服务等内容，如图 7-74 所示。

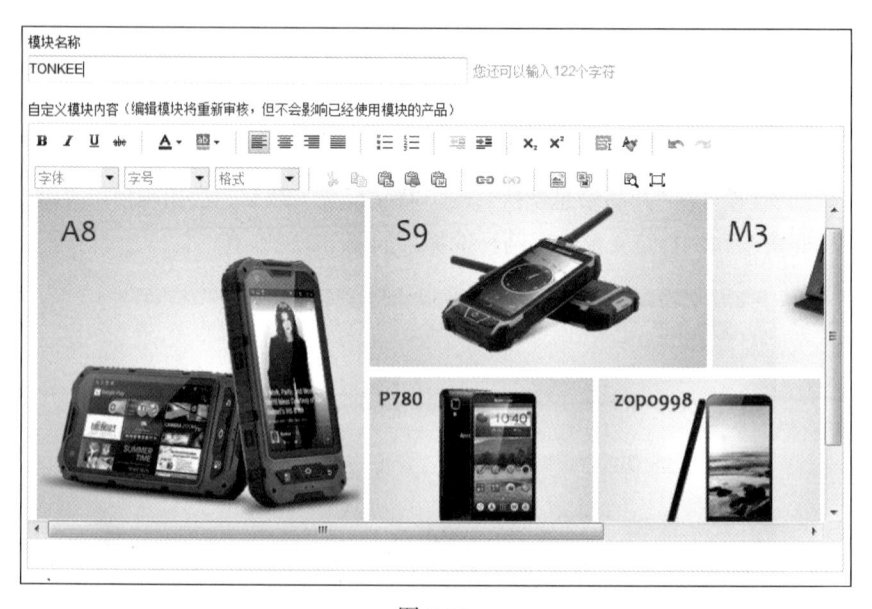

图 7-74

细心的人可能会发现，在这个自定义模块中并没有展开代码的按钮，那我们如何将自定义板块添加进去呢？这里有一个很灵活的方法：首先我们可以将做好的切片代码先上传到发布产品页面，产品详情的内部，等转换成图片后，再将整体图片复制过来，如此就可以实现前面的要求了。

7.7 页面上线五步法

Photoshop 中的切片和代码，是店铺装修时比较常用的功能，在这一节中我们就针对切片给大家演示一下操作技巧。

7.7.1 操作切片工具

首先我们打开 Photoshop，找到切片工具。常用切片方式有：划分切片、常规切片、辅助线切片。

1．划分切片

我们先来看一下划分切片，划分切片的效率很高，适用于产品排列方式为等分的结构，如图 7-75 所示。

图 7-75

2．常规切片

选择切片工具，用切片工具逐个手动选出不同切片，在拉框选切片的过程中要注意，不要有交叉或空隙出现，那样会导致切片失败。这种切片方式效率低，且容易出现误差，所以并不推荐，如图 7-76 所示。

图 7-76

3. 辅助线切片

辅助线切片是按照参考线快捷切片的一种方式。首先按 Ctrl+R 组合键调出标尺，在标尺上按住鼠标左键向下拖出一条辅助线，将线放在切片的位置，然后选择切片工具，点击"基于参考线的切片"按钮，如图 7-77 所示。

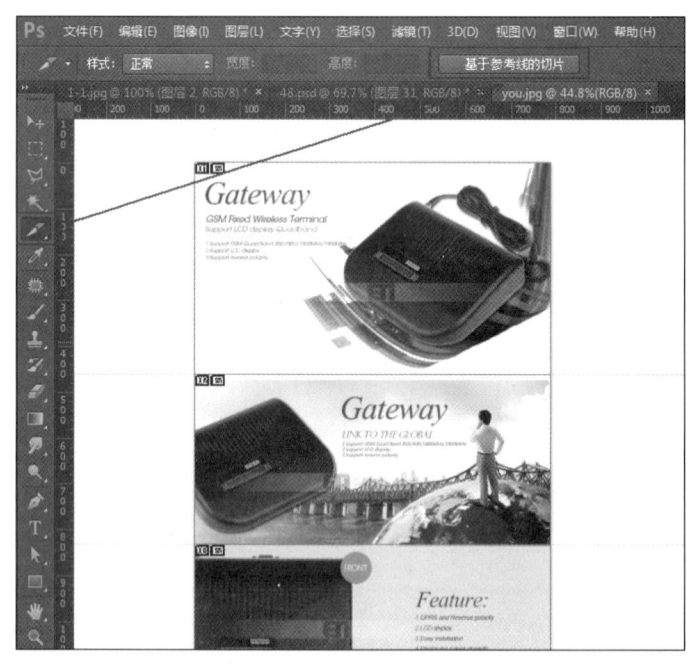

图 7-77

切片做好后，我们选择"文件"—"存储为 Web 所用格式"，选择所有切片，改为 jpeg 格式，调节图片品质，推荐品质为 80～90，如图 7-78 所示。

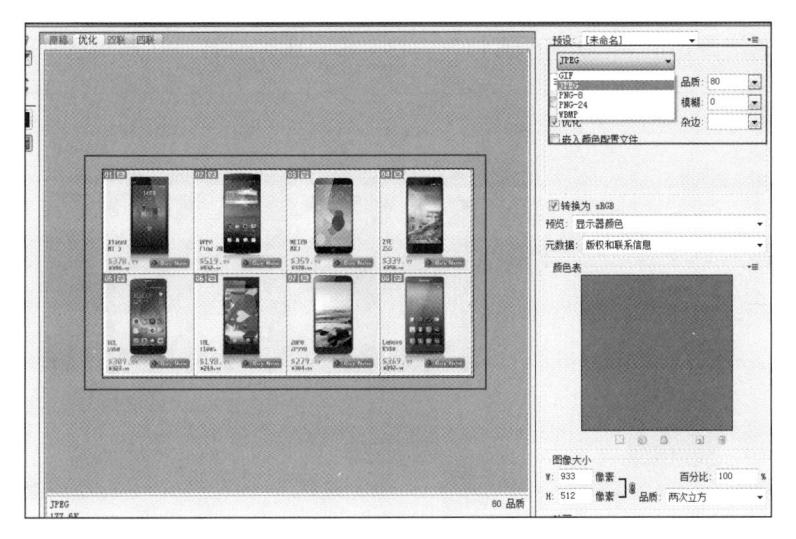

图 7-78

点击存储,选择格式为"HTML 和图像",文件命名使用英文或数字,尽量不要用中文,如图 7-79 所示。

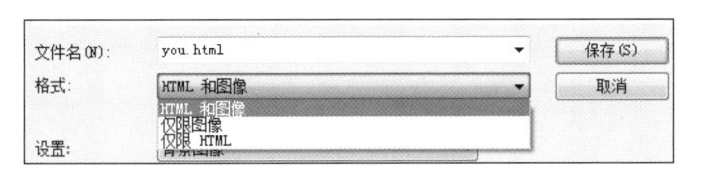

图 7-79

7.7.2　上传图片

点击"产品管理"按钮,进入图片银行,新建分组,点击"上传图片"按钮,如图 7-80 所示。

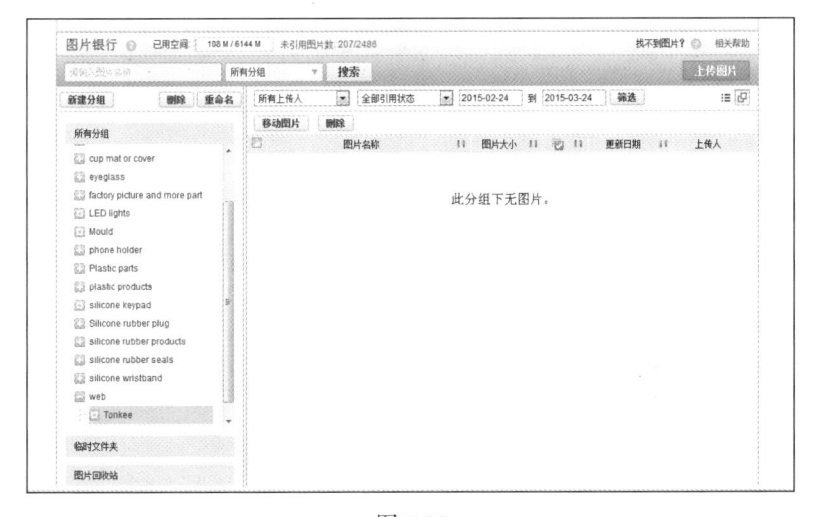

图 7-80

每次上传数量为 6 张，依次将所有切片内容上传完成，如图 7-81 所示。

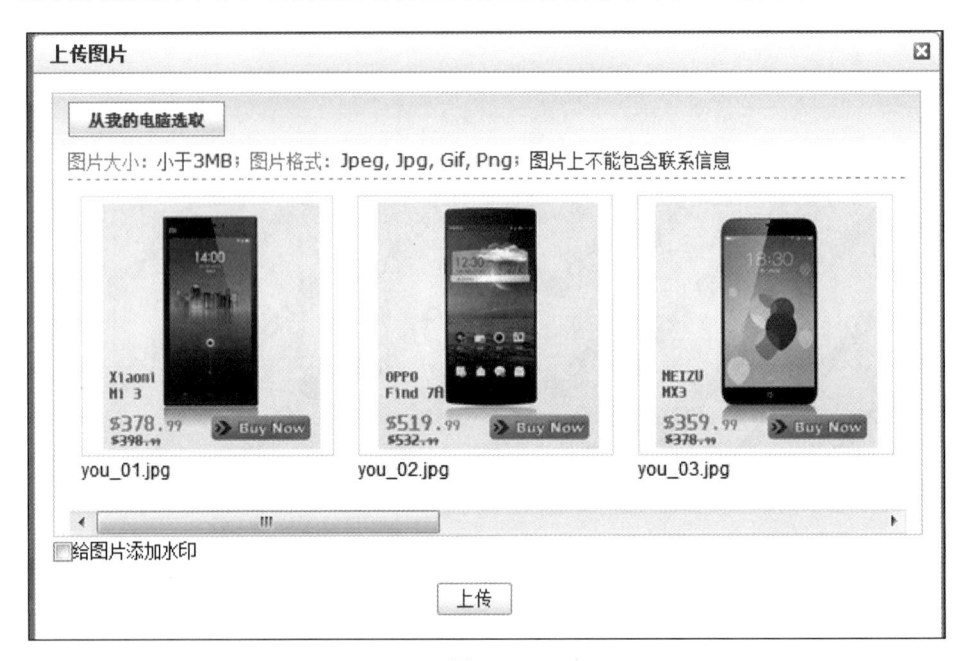

图 7-81

7.7.3 调整代码

我们用 Dreamweaver 打开刚才保存的 HTML 文件，选择"拆分"模式，如图 7-82 所示。

图 7-82

虽然我们现在也能在界面中看到产品的图片，但是这个图片路径是存在我们电脑上的，所以我们需要给它一个网上的地址，也就是我们上传到图片空间的图片路径。

回到图片银行，选择 01 号图，单击右键，选择"复制图像地址"，如图 7-83 所示。

图 7-83

如图 7-84 所示，将图示区域原地址删除，粘贴上我们刚才复制的地址。

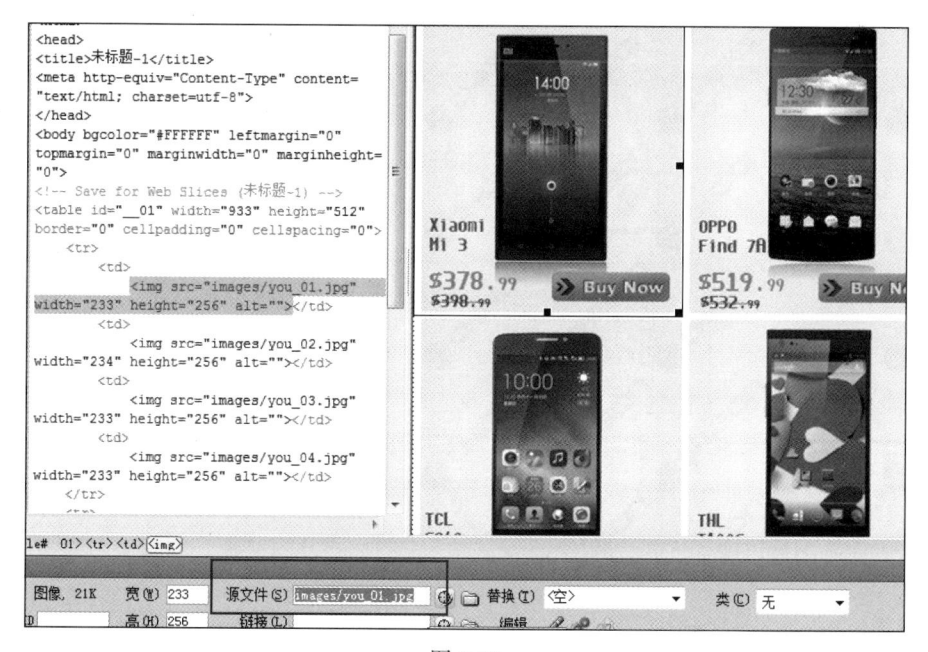

图 7-84

按照上面的步骤，依次将对应的图片地址完成替换。

7.7.4 发布网页代码

在网页后台，把鼠标放在任意一个板块，右下角都会自动出现一个"添加模块"按钮，如图 7-85 所示。

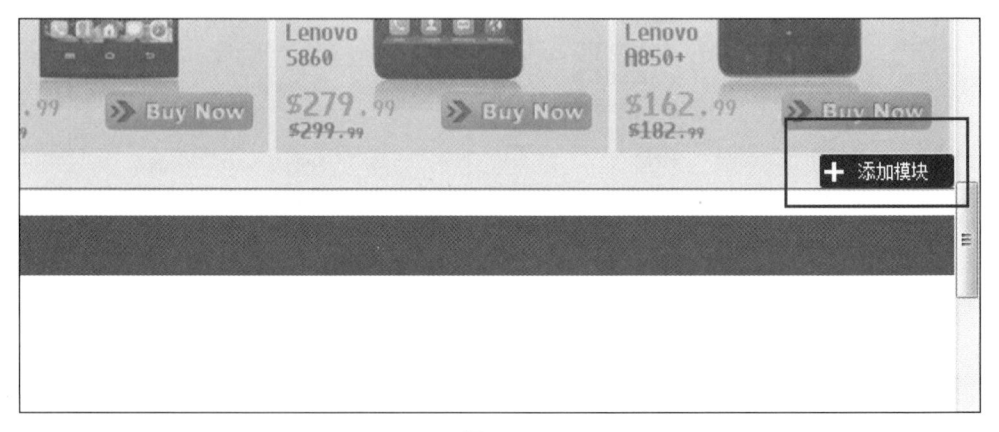

图 7-85

点击"添加模块"按钮，新建一个自定义内容区，如图 7-86 所示。

图 7-86

点击源代码图标，展开代码，将 Dreamweaver 中的代码复制进来，如图 7-87 所示。

图 7-87

再次点击源代码按钮，将代码转换成图片格式，如图 7-88 所示。

图 7-88

415

依次选择产品，加入对应的产品链接，如图 7-89～图 7-91 所示。

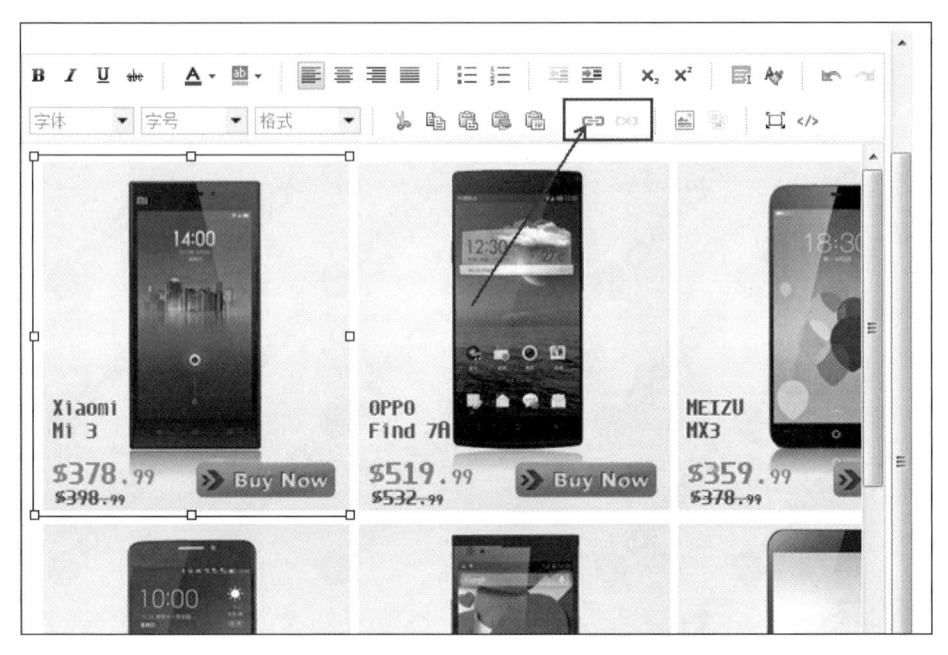

图 7-89

图 7-90

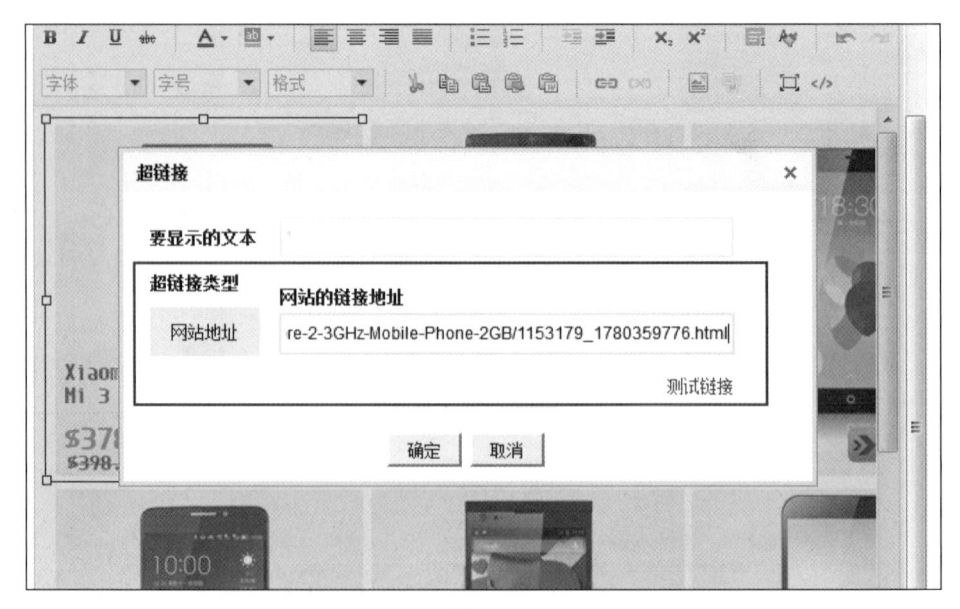

图 7-91

确认无误后点击"保存"按钮，如图 7-92 所示。

图 7-92

7.7.5 测试优化

我们无论是在上传产品时还是在添加自定义链接的时候，都需要预览一下，看看是否存在误差，避免发布后出现麻烦。

同样，我们上传切片后，要点击装修页面右上角的"预览"按钮，测试产品链接是否有误，然后再进行相应的调整，如图 7-93 所示。

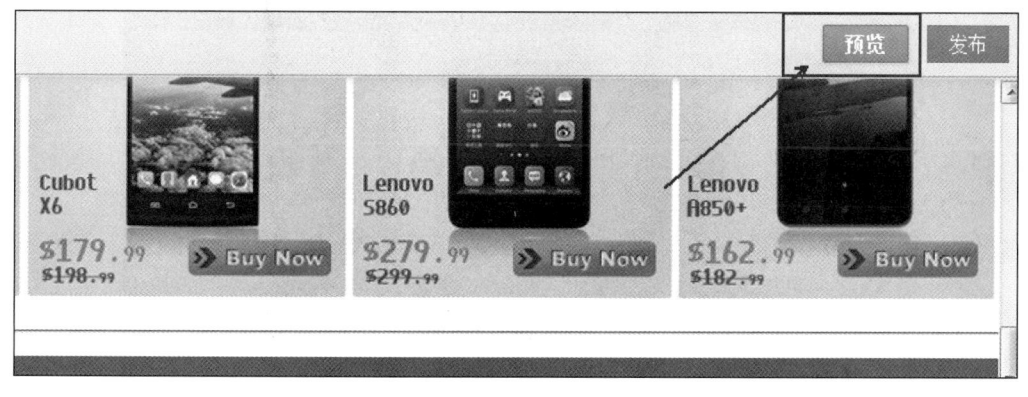

图 7-93

确认无误后，点击"发布"按钮，这样我们的上传就算完成了。

图 7-94、图 7-95 为优秀页面展示。

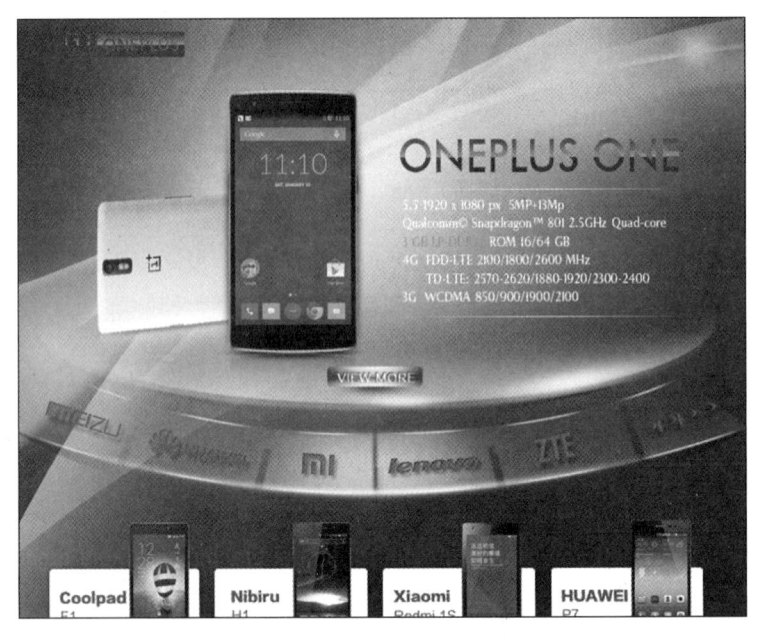

图 7-94

图 7-95

第 8 章

客户服务

本章要点：

- 电子商务中的沟通技巧
- 电子商务沟通的重要性及速卖通询盘技巧
- 海外客户的速卖通初体验
- 信用评价
- 用智慧拥抱纠纷

本章主要讲电子商务客户服务方面的问题，针对速卖通平台规则，以及实际案例来讲述沟通的重要性及客户服务的技巧。

8.1 电子商务中的沟通技巧

"与客户沟通不畅是在线访客流量不能转化为订单的关键因素。"这是大多数做电商的人最直接的体会。作为电商企业营销的"临门一脚"，沟通环节在交易达成之前发挥着重要的作用——前面的工作做得再好，流量和线索再多，在与客户沟通不畅的情况下也很难转化为订单。如图 8-1 所示，速卖通平台的优势决定了我们在交易中要采用与以往不同的沟通方式。

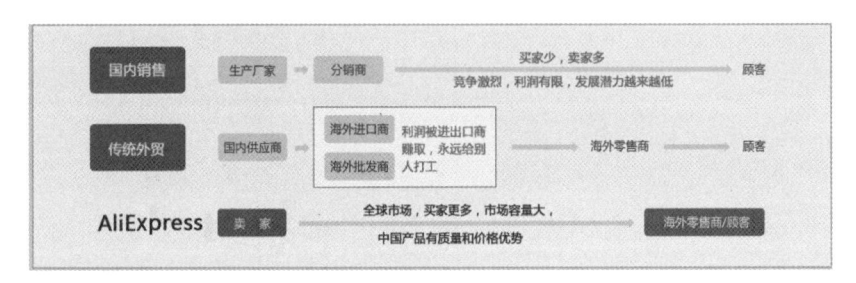

图 8-1

1. 时效性和完整性

这里说的时效性是指，无论是传统贸易中的商业谈判还是速卖通的旺旺询盘、站内信，只要把握客户的节奏和时间并做出反应，就可以抓住先机。完整性则是指在沟通时尊重客户。简单来讲，如果客户只是问了产品的价格，那么你就要做好一切准备，提供包括产品的质量、用户回馈、关联产品、售后服务等在内的信息。只有做到以上附带信息的完整性，我们才算是做到真正的完整沟通。

我们来看一个例子，如图 8-2 所示。

图 8-2

这是在站内信中的一个询盘，大家可以看一下时间，客户是在 19:20 发出的消息，本例中是在一个小时内回复的。虽然站内信询盘的标准是 24 小时内回复，但那样就难以满足客户的要求，未及时回复，最后只能延期发货。有的卖家想，这应该没有关系，而其实在这个过程中你的服务已经打了折扣。

我们来看一段话，如图8-3所示。

作者：LisaW
原帖地址：http://bbs.seller.aliexpress.com/bbs/read.php?tid=29937
精华摘要
对于客户的问题一定要**及时回复**，而且要真诚实地对待客户提出的**每一个**问题，不要在不确定的情况下草率地回复或答应客户任何事情。
在客户下单之后，及时跟客户沟通，确认订单信息，**关注整个货运流程**，让客户感觉到即使他已经付了款，你也还一直在他身边，随时等待为他解决问题。
如果运输或是产品真的出现了问题，**第一时间**主动为客户想办法解决，不要有任何侥幸的心理，问题出现了那一定是要解决的。
保持**紧密地沟通**，会大大减少我们的纠纷订单数量。对于已经提起了纠纷的订单，只要不是恶意的客户，尽量在短时间内沟通并快速解决，不要拖拉，避免出现退了款又得到差评的情况。问题解决得好也可能给我们带来多一个忠实的客户。

图 8-3

这一个卖家朋友的帖子，笔者很赞同这部分内容，其中，"及时回复""第一时间""紧密沟通"都说明了时效性和完整性在客户询盘中的重要性。

接下来，我们再看一个实际的例子，如图8-4所示。

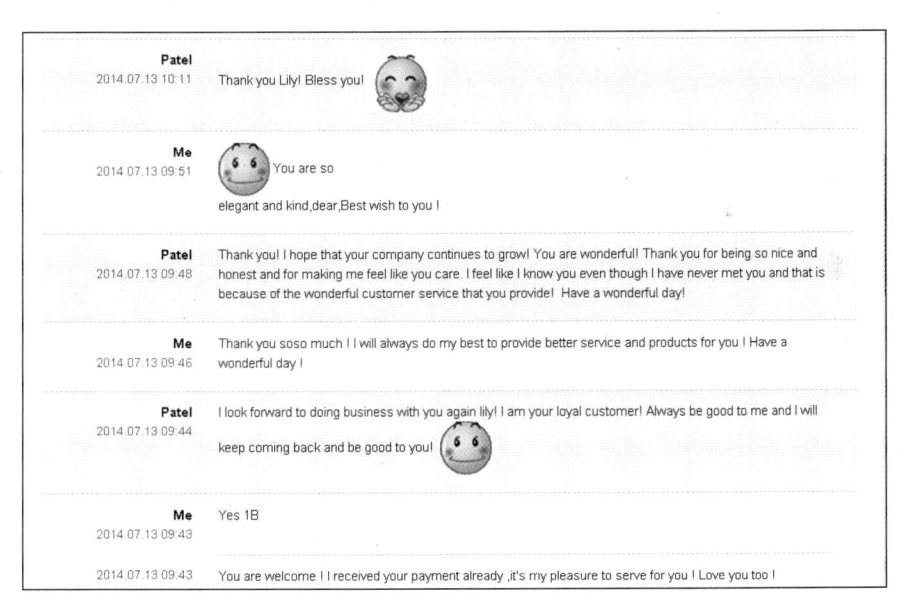

图 8-4

从询盘中我们可以看到，这个卖家和买家的交流节奏非常紧凑，这样顺畅的回复沟通带来的直接效果就是最终这个客户在店铺下单并购买了产品。

2. 海外仓的兴起与客户服务的必然联系

谈到海外仓，我们会说到很多好处：海外本地发货的商品可获得更大的曝光量及流量，增强买家购买信心，带来更高的转化率和更大的销量，在缩短运输时长，降低物流纠纷方面也是有力的武器。

对于某些曾经让卖家望而却步的品类，海外仓能最大限度地帮助卖家突破航空禁运，以及重量、体积等物流限制，有助于卖家拓展优势品类。要想得到这种种好处，最重要的当是售后服务的升级。可以相信，海外仓的兴起对于我们的客户服务体验的升级和品牌的打造有至关重要的作用。

笔者给大家几个建议：

（1）在服务模板凸显退换货的优势。

（2）在产品的发货方式中加入海外仓的渠道。

（3）引导买家给予海外仓体验的评价。

（4）把海外仓优势和店铺装修展示相结合。

3．电子商务区别于传统模式的地方

（1）无法预知竞争

在传统贸易中我们可以和自己的对手做更多的交流，与对方进行比较，能够比较清楚地看到自己的不足和对手的实力。但是在速卖通这样的 B2C 平台上，成千上万的卖家每天在自己的店铺里进行各种操作，往往无法及时对出现的新商情做出反应。其实你在效仿或跟风的同时，已经是慢人一步了。

（2）终端消费者居多

这是由电子商务零售平台的特点决定的。我们的客户是有网上购物经验，或者愿意尝试网购的广大消费者，他们购物的目的很简单，即自己购买使用，因此对产品的质量及价格的要求和传统贸易会有不同，在询盘沟通中应该抓住客户的群体特征。

（3）更加注重人性化服务

以人为本是电子商务交易沟通的"生命线"。随着竞争的日益激烈，我们往往不是在拼价格，拼质量，而是在拼服务。所以要提供最人性化的服务，从最初的询盘，到最后的下单，每一步都时刻关注着客户的心情、要求及顾虑。

8.2　电子商务沟通的重要性及速卖通询盘技巧

8.2.1　沟通的重要性

在整个电子商务事业的发展过程中，在每天的具体业务操作过程中，自始至终都离不开沟通，所以沟通技巧是电子商务的重要课题。掌握熟练的沟通技巧，就能使你的问题迎刃而解，使你顺利地通往成功之路，否则，你将寸步难行。

8.2.2 沟通的概念

何谓沟通？所谓沟通，就是交流双方的思想、观念、观点，达成共识。沟通的灵魂不是你想说什么，而是别人想听什么。顺畅的沟通，真诚的语言，会让你赢得更多的订单和买家！

8.2.3 速卖通询盘回复中的沟通模板（留言和站内信通用）

1. 催促下单，库存不多

Dear X,

Thank you for your inquiry.

Yes, we have this item in stock. How many do you want? Right now, we only have X lots of the X color left. Since it is very popular, the product has a high risk of selling out soon. Please place your order as soon as possible. Thank you!

Best regards,

(Your name)

2. 回应买家砍价

Dear X,

Thank you for your interest in my item.

I am sorry but we can't offer you that low price you asked for. We feel that the price listed is reasonable and has been carefully calculated and leaves me limited profit already.

However, we'd like to offer you some discounts on bulk purchases. If your order is more than X pieces, we will give you a discount of xx% off.

Please let me know for any further questions. Thanks.

Sincerely,

(Your name)

3. 断货（out of stock）

Dear X,

We are sorry to inform you that this item is out of stock at the moment. We will contact the factory to see when they will be available again. Also, we would like to recommend to you some other items which are of the same style. We hope you like them as well. You can click the following link to check them out.

http://www.aliexpress…

Please let me know for any further questions. Thanks.

Best regards,

(Your name)

若因周末导致回复不够及时，则应先表示歉意，因为错过了最佳 24 小时回复时间，可通过主动打折的方式赢取客户。

Dear X,

I am sorry for the delayed response due to the weekend. Yes, we have this item in stock. And to show apology for our delayed response, we will offer you 10% off. Please place your order before Friday to enjoy this discount. Thank you!

Please let me know if you have any further questions. Thanks.

Best regards,

(Your name)

4. 关于支付（选择 Escrow，提醒折扣快结束了）

Hello X,

Thank you for the message. Please note that there are only 3 days left to get 10% off by making payments with Escrow (credit card, Visa, MasterCard, Money Bookers or Western Union). Please make the payment as soon as possible. I will also send you an additional gift to show our appreciation.

Please let me know for any further questions. Thanks.

Best regards,

(Your name)

5. 合并支付及修改价格

Dear X,

If you would like to place one order for many items, please first click "add to cart", then "buy now", and check your address and order details carefully before clicking "submit". After that, please inform me, and I will cut down the price to US$XX. You can refresh the page to continue your payment. Thank you.

If you have any further questions, please feel free to contact me.

Best regards,

(Your name)

6. 提醒买家尽快付款

Dear X,

We appreciated your purchase from us. However, we noticed you that haven't made the payment yet. This is a friendly reminder to you to complete the payment transaction as soon as possible. Instant payments are very important; the earlier you pay, the sooner you will get the item.

If you have any problems making the payment, or if you don't want to go through with the order, please let us know. We can help you to resolve the payment problems or cancel the order.

Thanks again! Looking forward to hearing from you soon.

Best regards,

(Your name)

Dear X,

We appreciate your order from us. You have chosen one of the bestsellers in our store. It's very popular for its good quality and competitive price. Right now, we only have X lots of the X colors left. We would like to inform you that this product has a high risk of selling out soon.

We noticed that you hadn't finished the payment process for the order. We'd like to offer you a 10% discount on your order, if you purchase now. We will ship your order within 24 hours once your payment is confirmed. If you need any help or have any questions, please let us know.

Best regards,

(Your name)

PS: We are one of the biggest suppliers on AliExpress. With more than 3 years' experience in world trade, we are able to provide the best price, the highest quality and the superior service. We inspect our products before shipping them out and provide a one-year warranty for all products. We promise to give you a full refund if the products are not as described.

If you have any questions, please contact us; we are happy to help you.

7. 订单超重导致无法使用小包免邮的回复

Dear X,

Unfortunately, free shipping for this item is unavailable; I am sorry for the confusion. Free shipping is only for packages weighing less than 2kg, which can be shipped via China Post Air Mail. However, the item you would like to purchase weighs more than 2kg. You can either choose another express carrier, such as UPS or DHL (which will include shipping fees, but are much faster). You can place the orders separately, making sure each order weighs less than 2kg, to take advantage of free shipping.

If you have any further questions, please feel free to contact me.

Best regards,

(Your name)

8. 海关税（customs tax）

Dear X,

Thank you for your inquiry and I am happy to contact you.

I understand that you are worried about any possible extra cost for this item. Based on past experience, import taxes falls into two situations.

First, in most countries, it did not involve any extra expense on the buyer side for similar small or low-cost items.

Second, in some individual cases, buyers might need to pay some import taxes or customs charges even when their purchase is small. As to specific rates, please consult your local customs office.

I appreciate for your understanding!

Sincerely,

(Your name)

9. 因为物流风险，无法向买家国家发货时给出的回复

Dear X,

Thank you for your inquiry.

I am sorry to inform you that our store is not able to provide shipping service to your country.

However, if you plan to ship your orders to other countries, please let me know; hopefully we can accommodate future orders.

I appreciate for your understanding!

Sincerely,

(Your name)

10. 已发货并告知买家

Dear X,

Thank you for shopping with us.

We have shipped out your order (order ID: xxx) on Feb. 10th by EMS. The tracking number is xxx. It will take 5-10 workdays to reach your destination, but please check the tracking number for updated information. Thank you for your patience!

If you have any further questions, please feel free to contact me.

Best regards,

(Your name)

11. 物流遇到问题

Dear X,

Thank you for your inquiry; I am happy to contact you.

We would like to confirm that we sent the package on 16 Jan, 2012. However, we were informed package did not arrive due to shipping problems with the delivery company. We have resent your order by EMS; the new tracking number is: XXX. It usually takes 7 days to arrive to your destination. We are very sorry for the inconvenience. Thank you for your patience.

If you have any further questions, please feel free to contact me.

Best regards,

(Your name)

如果买家希望提供样品，而贵公司不能提供时，可以这样回复：

Dear X,

Thank you for your inquiry; I am happy to contact you.

Regarding your request, I am very sorry to inform you that we are not able to offer free samples. To check out our products we recommend ordering just one unit of the product (the price may be a little bit higher than ordering a lot). Otherwise, you can order the full quantity. We can assure the quality because every piece of our product is carefully examined by our working staff. We believe trustworthiness is the key to a successful business.

If you have any further questions, please feel free to contact me.

Best regards,

(Your name)

8.3 海外客户的速卖通初体验

我们来看一下，如何帮助客户完成在速卖通平台上的第一次购物。

8.3.1 速卖通的销售对象

速卖通这样的 B2C 零售平台主要针对的是一些终端消费者，其次是一些小型的零售商。和我们国家一样，众多终端消费者中以年轻人为主，也不乏一些愿意尝试跨境网购的人。那么我们就面临一个问题：怎么才能了解买家在使用速卖通购物平台中遇到的困难呢？帮助他们去了解、熟悉这个平台，也是体现良好的客户服务，并且和客户建立起信任的重要阶段。

8.3.2 客户操作的平台和我们有何不同

有的人说，国外的 B2C 网站比国内的成熟太多，客户大部分都有网购经历，我们还要跟客户讨论和研究操作平台吗？为了解答这个疑问，来看一个对话，如图 8-5 所示。

```
2014-05-29 21:47:01
friend, could you use your computer, could you see the canclation button ?

2014-05-29 21:34:41
Hello u there

2014-05-29 21:23:45
I just miss you call, how can I cancel it
```

图 8-5

我们从下往上看，客户提了一个问题："How can I cancel it ?"

这个客户下了重复的订单，必须取消一个，但是她又不知道该如何取消。卖家在邮件里详细地解释了如何取消订单，又打电话确定是否操作成功。经过努力之后，客户给了卖家五星的好评，并且回复了图 8-6 中所示的话。

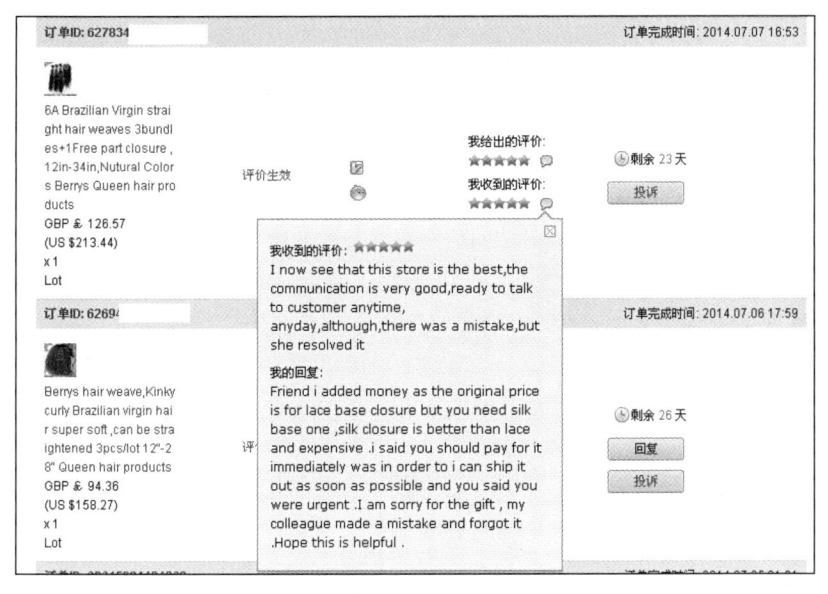

图 8-6

看到这里，可能大家和笔者一样都有这样的感触：原来顺畅的沟通、贴心的服务能够避免很多的纠纷和差评。最重要的是，很多客户原来是不了解平台的操作的，用英文向他们解释如何解决这些问题就显得非常重要了。

首先，我们来看看买家的账户页面都有什么内容，如图 8-7 所示。

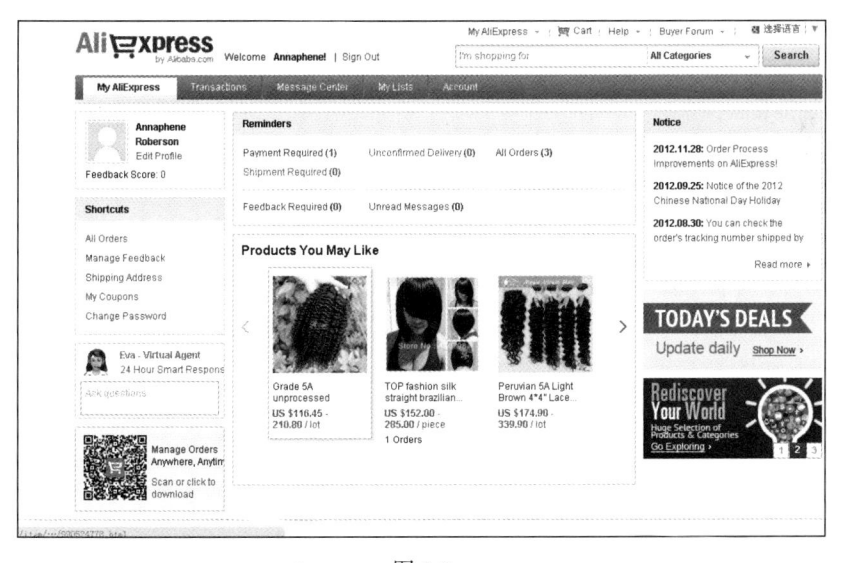

图 8-7

买家进入自己的账户之后会看到五个部分的内容。

第一个："My AliExpress"，如图 8-8 所示。

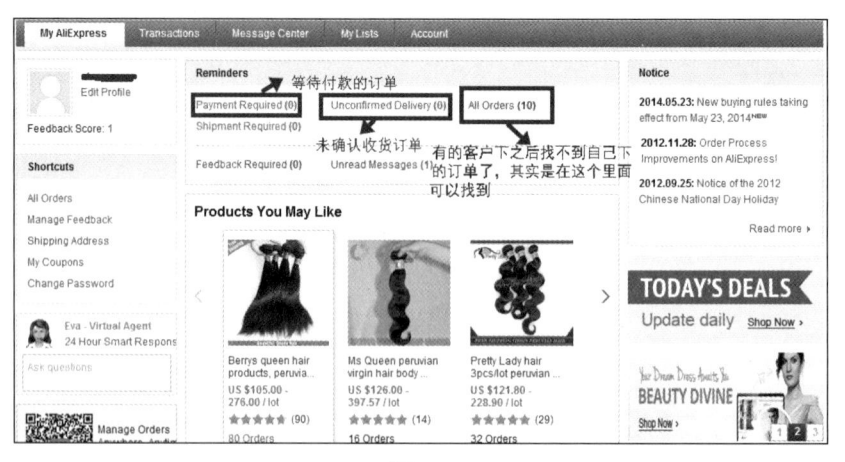

图 8-8

在这个部分，客户可能会遇到以下问题。

问题1：I have placed my order, but I was out of the payment page, what should I do now? I cannot find my order, do I need to replace a new one?

问题2：How to confirm the delivery?

问题3：Where is my order? I had paid already.

下面给出第一个问题的回答，大家对与类似问题就知道该如何回答了。

回复1：Don't need, my friend. You had placed your order , please go back to your account, and find the button "my Ali express" , then click it, you will see the button "payment required", your unpaid order is in it.

了解了客户的账户平台，我们才能用流畅的沟通解决客户的问题。

第二个："Transcations"，如图8-9所示。这个部分显示的是客户订单的状态。

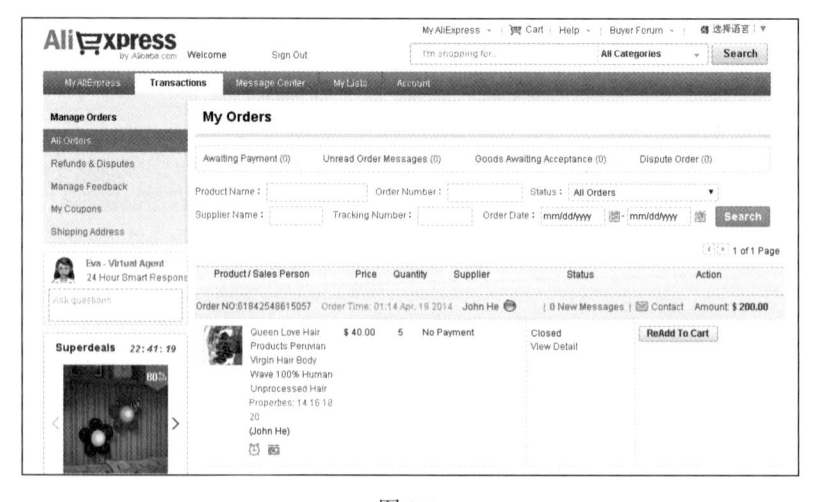

图 8-9

第三个:"Message Center",如图 8-10 所示。

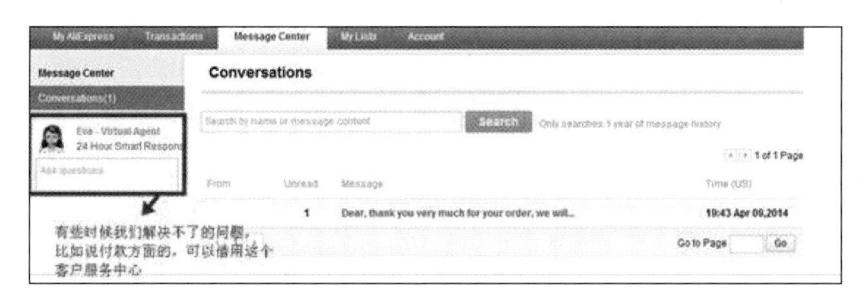

图 8-10

这个部分其实就是客户的站内信板块。在这里需要注意的就是,像图中提示的那样,如果遇上了我们都无法解决的问题,就推荐客户去使用海外客服中心 Eva。

第四个:"My lists",如图 8-11、图 8-12 所示。

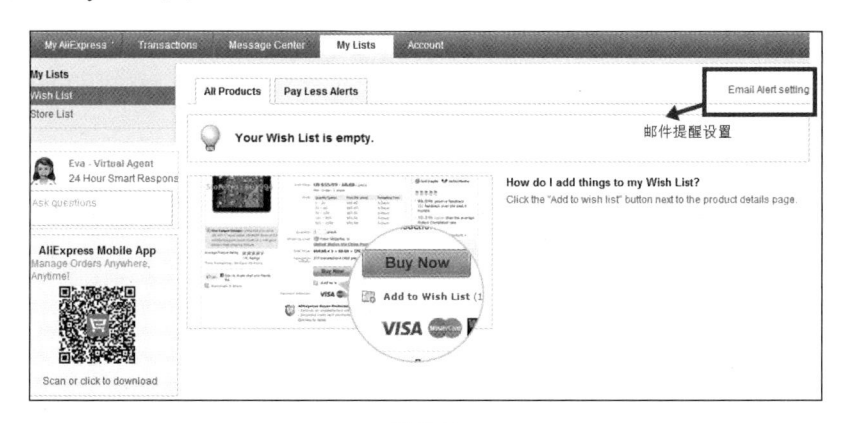

图 8-11

图 8-12

在这部分可以提醒买家,心愿清单里面的一些商品可能会过了支付期。假如买家把商品放入购物车是因为当时有折扣,那么可以添加邮件提醒,帮助买家回头购买。

第五个:"Account",这个部分就很简单,如图 8-13 所示。

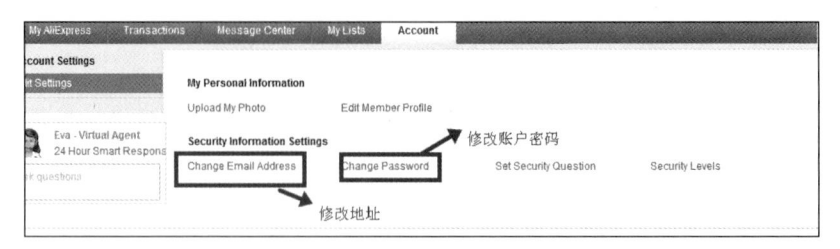

图 8-13

以上的内容都是客户的操作页面，通过了解客户的账户操作，我们应该有两点认识：第一就是我们应该在客服培训的时候让所有售前售后的人员全面了解海外客户速卖通操作后台。第二，我们要更加注重语言使用的准确性和指引性，在第一时间留好印象给客户。

8.3.3 解决买家可能遇到的问题

1. 无法完成下单

比如客户来到图 8-14 所示的页面，但是无法完成点击"Buy Now"按钮，也无法使用"Add to Cart"按钮。

图 8-14

部分客户用手机客户端登录选购产品，所以有些提示是看不到的，这个时候就应该想到是否是因为这个原因导致无法完成下单，如图 8-15 所示。

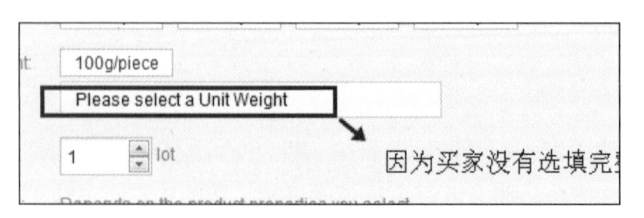

图 8-15

2. 没有需要的尺寸或颜色，怎么下单

如图 8-16 所示，这就是客户选择完产品之后的页面，有的客户会问这样的问题："I want light color, but there is no option there , what should I do?"

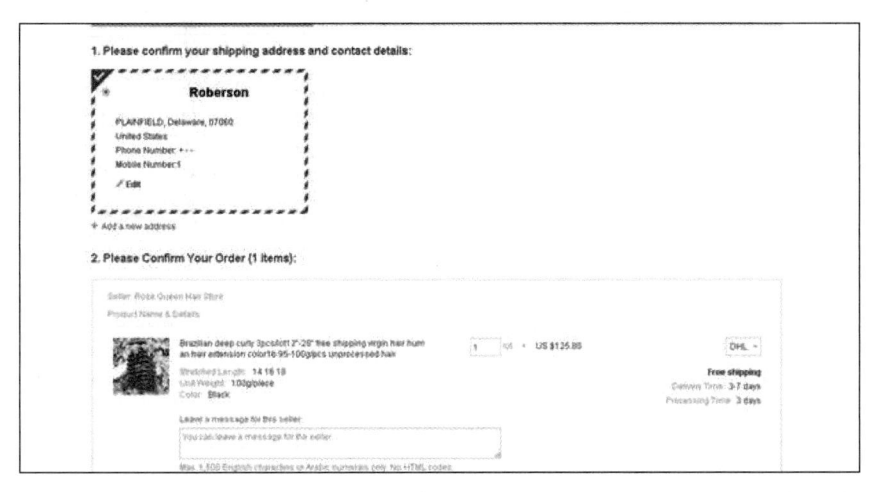

图 8-16

对于客户提出的一些特殊的小要求，比如要更改尺寸、颜色，可以告诉他们利用"Message box to seller"功能，他们的要求最终体现在卖家页面时会像图 8-17 这样。

图 8-17

对买家的这种需求，我们通常会说："Friend, you can go ahead to place your order and leave the message in the box like: I want one more of …, then I will adjust the price for you , after I change the price , you can make payment then."

大部分人认为买家会明白该如何操作，实际上还是会有买家在说："Sorry，I am confused ，what should I do?"

这个时候要进一步解释说明："Place the order but stay at the payment page, after I tell you pay it and you see the price has changed to the price I told, then put your bank information on the payment page."

这样说明后，买家就会知道如何操作了，也不会对修改价格有任何疑问。这里需要提醒的是，在修改价格之前，一定要和买家沟通好，否则会有提价销售的嫌疑，买家不理解你的行为，后期可能会去投诉。

3. 付款问题

（1）速卖通的付款方式

目前平台支持买家通过信用卡（分人民币通道和美元通道）、WebMoney（简称 WM）、T/T 汇款、西联汇款、QIWI wallet、巴西 Boleto 这几种方式。这个部分具体内容在其他章节有详细讲述，这里不再赘述。

（2）买家付款不成功，该如何解决

先要询问一下付款不成功的原因，常见情况如下。

一是买家用 Business card（商务卡）支付。商务卡目前在速卖通是无法支付成功的，所以可以建议买家换卡。二是买家信用卡未开通 3D 密码。建议买家联系发卡行开通 3D 密码。偶尔碰到发卡行不支持这种 3D 密码服务或者没听说过 3D 密码的，建议更换支付方式（Visa 的 3D 密码叫 Verified by Visa，即 VBV，MasterCard 的叫 MasterCard Secure Code）。如图 8-18、图 8-19 所示为买家信用卡支付页面。

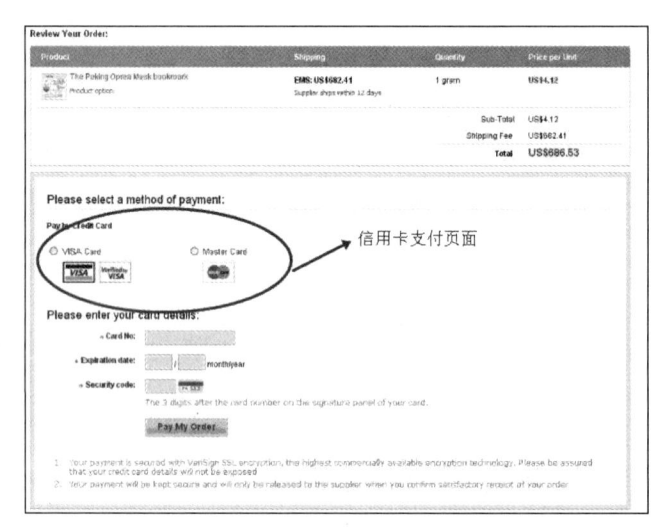

图 8-18

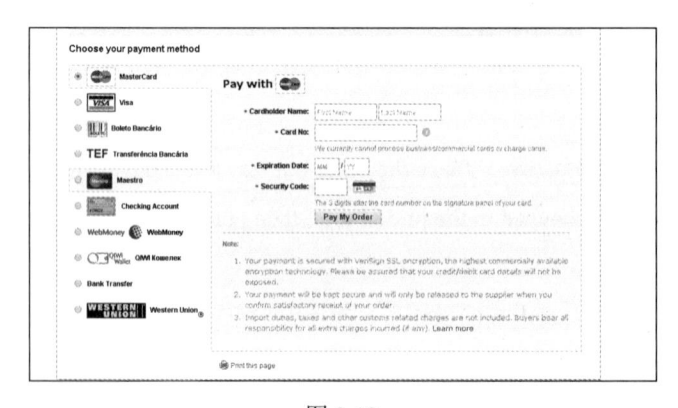

图 8-19

如图 8-20 所示为买家使用西联支付的页面。

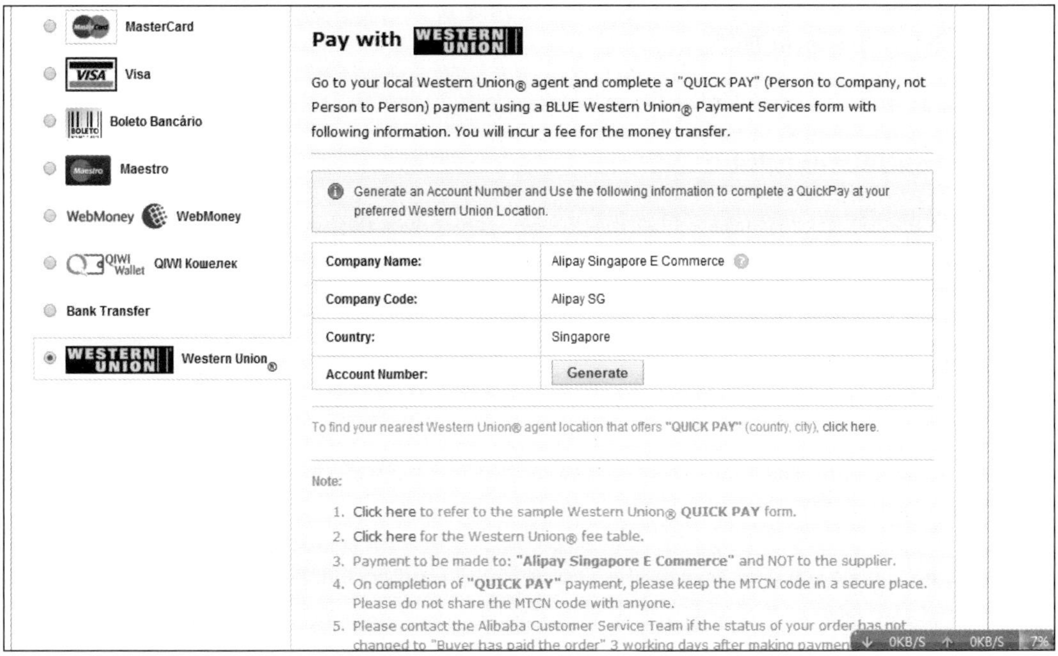

图 8-20

更加具体的付款方式说明可以参照这个链接：

http://help.aliexpress.com/payment_method.html

（3）关于线下交易

在上述问题解决之后如果还是无法成功付款，有些买家可能会想使用 PayPal 进行线下交易，平台规定，不能进行这样的操作，请勿使用。

8.3.4 为什么订单会关闭

为了保证交易的安全性，保障卖家的利益，降低后期因为盗卡等原因引起的买家拒付风险，平台会在 24 小时内对每一笔买家支付的订单（信用卡支付的）进行风险审核。如果监测到买家的资金来源有风险（如存在盗卡支付等）的情况下，支付信息将无法通过审核，订单会被关闭。

若订单资金审核未通过，不会影响卖家的账户。订单关闭后，无法重新开启。平台会通知买家申诉，如果买家提供的证明审核通过，可以让买家重新下单付款。

8.3.5　无法完成付款的原因（英文版）

Why did my payment fail?

If your payment for an order has failed, please check it is not due to the following situations:

Card security code failed

Please note that an incorrect card security code could cause payment failure. Card security code is the short numeric code on the back of your credit card. Please verify that you have entered the correct card security code and try again.

Insufficient fund

If you meet the insufficient fund error log when you make payment by credit card, please make sure that you have sufficient funds in your account and that payment for your order does not exceed your credit limit.

Please also make sure you have used a Visa or MasterCard personal credit card to finish payment, because at present debit card or business card is unable to be supported.

The credit card type that we accept

When you choose Visa and MasterCard as payment methods, please make sure your Visa or MasterCard is a personal credit card. The following types of credit cards are currently unable to be accepted: charge cards, business/commercial cards, Visa and MasterCard debit card.

Exceed limit

Please make sure the order amount does not exceed your credit card limit. Or the payment is unable to go through smoothly.

The 3-D security code failed

Please make sure that:

(1) Your credit card should be authorized by your credit card issuer to make an online payment by activating 3-D Security Code.

(2) Your credit card has activated 3-D security code. If you have not activated 3-D Security Code, please contact your card issuer with this issue.

The 3-D Security Code for Visa is called Verified by Visa (VBV) and for Master Card is called MasterCard Secure Code.

站内信模板：

1. 已妥投，希望卖家留好评

Dear friend, thanks for your order, we checked your package that has been delivered, hope you like it and had a good shopping in our store; suggest you can add our store to your favorite list, it's easy to find us next time.

http://help.aliexpress.com/feedback_suppliers.html.

If you are satisfied with our products and service, would you please give us 5 star positive feedback better with your comments,next time when you order leave us "last order number is XXXXXX please send extra gift",then we will send you extra gift.

Also it's a good way to share and click "B+1 in VK website" and "Pin it by Pinterest"under the products link main picture.

If you are not satisfied please contact us, we are good seller would like to solve the problem with you.

Your supporting is our motivation to do better, thanks very much! Welcome shopping next time^_^.

2. 买家主动告知已收到货物

Dear friend, thanks for your order, it's really happy to know you and doing business with you, if you are happy with us of this time, would you please give us 5 star positive feedback better with your comments, next time when you order leave us "last order number is XXXXXX please send extra gift", then we will send you extra gift, this is the link for feedback.

http://help.aliexpress.com/feedback_suppliers.html, also it's a good way to share and click "B+1 in VK website" and "Pin it by Pinterest "under the products link main picture.

If you are not satisfied please contact us, we would like to solve the problem with you, we are good seller always want to let you have a nice shopping experience.

Your supporting is our motivation to do better, thanks very much! Welcome shopping next time^_^.

8.4 信用评价

对于电子商务平台，建立信任是很重要的。大多数电子商务平台的信用评价体系都很严格、很完善，只有更多的客户回头给予好的评价，卖家店铺的转化率才能更高。

8.4.1 速卖通信用评价的规则

全球速卖通平台的评价分为信用评价及卖家分项评分两类,如图8-21所示。

Seller Summary					
Seller:					
Positive Feedback (Past 6 months): 97.5%					
Feedback Score: 20,042					
AliExpress Seller Since: 04 Mar 2011					

Detailed seller ratings			
Item as Described: ★★★★☆	4.5 (3174 ratings)	10.02% Higher	than other sellers
Communication: ★★★★☆	4.5 (3112 ratings)	10.29% Higher	than other sellers
Shipping Speed: ★★★★★	4.8 (3172 ratings)	19.70% Higher	than other sellers

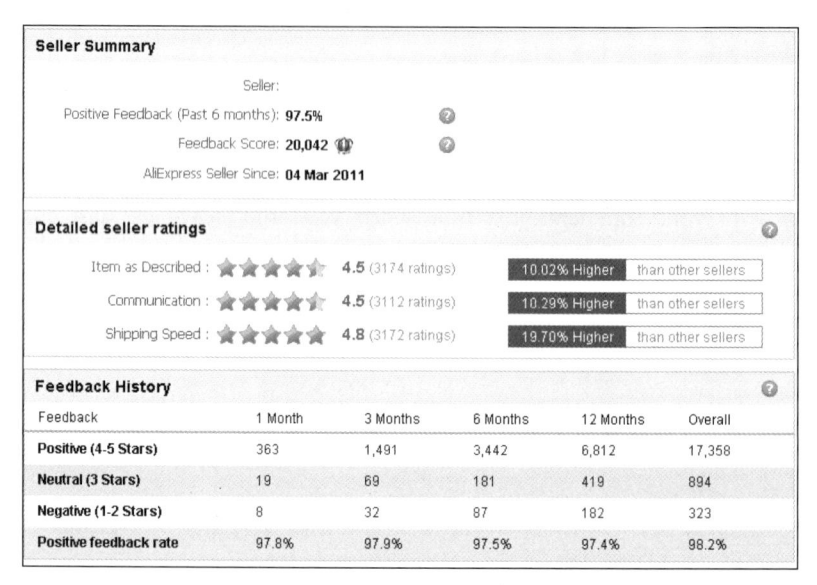

Feedback History					
Feedback	1 Month	3 Months	6 Months	12 Months	Overall
Positive (4-5 Stars)	363	1,491	3,442	6,812	17,358
Neutral (3 Stars)	19	69	181	419	894
Negative (1-2 Stars)	8	32	87	182	323
Positive feedback rate	97.8%	97.9%	97.5%	97.4%	98.2%

图 8-21

信用评价是指交易的双方在订单交易结束后对对方信用状况的评价。信用评价包括五分制评分和评论两部分。

卖家分项评分是指买家在订单交易结束后以匿名的方式对卖家在交易中提供的商品描述的准确性（Item as described）、沟通质量及回应速度（Communication）、物品运送时间合理性（Shipping speed）三方面服务做出的评价,是买家对卖家的单向评分。对于信用评价,买卖双方可以进行互评,但卖家分项评分只能由买家对卖家做出。

商品/卖家好评率（Positive Feedback Ratings）和卖家信用积分（Feedback Score）的计算方式如下。

1. 相同买家在同一个自然旬内对同一个卖家只做出一个评价的,该买家订单的评价星级则为当笔评价的星级（自然旬统计的是美国时间）。

2. 相同买家在同一个自然旬内对同一个卖家做出多个评价,按照评价类型（好评、中评、差评）分别汇总计算,即好中差评数都只各计一次（包括一个订单里有多个产品的情况）。

3. 在卖家分项评分中,同一买家在一个自然旬内对同一卖家的商品描述的准确性、沟通质量及回应速度、物品运送时间合理性三项中某一项的多次评分只算一个,该买家在该自然旬对某一项的评分计算方法如下：平均评分=买家对该分项评分总和÷评价次数（四舍五入）。

4. 以下三种情况不论买家留差评还是好评，都仅展示留评内容，不计算好评率及评价积分。

（1）成交金额低于 5 美元的订单（成交金额明确为买家支付金额减去售中的退款金额，不包括售后退款情况）。

（2）买家提起未收到货纠纷，或纠纷中包含退货情况，且买家在纠纷上升到仲裁前未主动取消。

（3）运费补差价、赠品、定金、结账专用链、预售品等特殊商品（简称"黑五类"）的评价。

除以上情况之外的评价，都会正常计算商品/卖家好评率和卖家信用积分。不论订单金额，都统一为：好评+1，中评 0，差评-1。

5. 卖家所得到的信用评价积分决定了卖家店铺的信用等级标志。

评价档案包括近期评价摘要（会员公司名、近 6 个月好评率、近 6 个月评价数量、信用度和会员起始日期），评价历史（过去 1 个月、3 个月、6 个月、12 个月及历史累计的时间跨度内的好评率、中评率、差评率、评价数量和平均星级等指标）和评价记录（会员得到的所有评价记录、给出的所有评价记录及在指定时间段内的指定评价记录）。

好评率 = 6 个月内好评数量 ÷（6 个月内好评数量 + 6 个月内差评数量）

差评率 = 6 个月内差评数量 ÷（6 个月内好评数量 + 6 个月内差评数量）

平均星级 = 所有评价的星级总分 ÷ 评价数量

卖家分项评分中各单项平均评分 = 买家对该分项评分总和 ÷ 评价次数（四舍五入）

6. 对于信用评价，卖家对买家给予的中差评有异议的，可在评价生效后 30 日内联系买家，由买家对其评价自行修改；买家可在评价生效后 30 日内对自己做出的该次评价进行修改，但修改仅限于中差评改为好评，且修改次数仅限 1 次。

7. 对于信用评价，买家对卖家给予的中差评有异议的，可在评价生效后 30 日内联系卖家，由卖家对其评价自行修改；卖家可在评价生效后 30 日内对自己做出的该次评价进行修改，但修改仅限于中差评改为好评，修改次数仅限 1 次。

买卖双方也可以针对自己收到的差评进行解释。

8. 对于卖家分项评分，一旦买家提交，评分即时生效且不得修改。若买家信用评价被删除，则对应的卖家分项评分也随之被删除。速卖通有权删除评价内容中包括人身攻击或者其他不当言论的评价。速卖通保留变更信用评价体系（包括评价方法、评价率计算方法、各种评价率等）的权利。

以上所有关于速卖通的评价积分规则都是和店铺经营指标密切相关的，我们结合一些实例来看看，如图 8-22 所示。

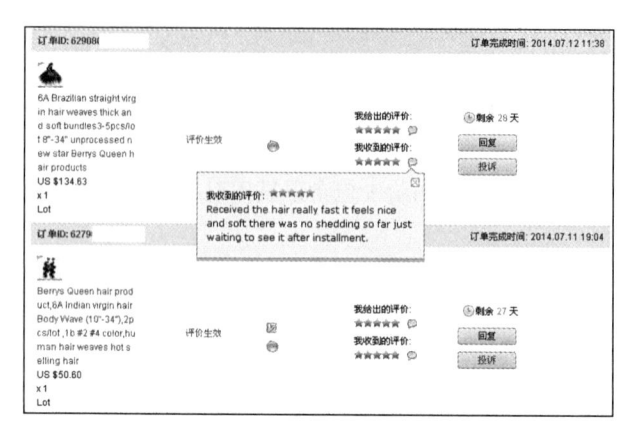

图 8-22

一般来讲，进入后台之后会看到"等待我给出的评价""等待买家给出的评价"和"生效的评价"。点击"生效的评价"之后。会看到最近所有订单的评价。也可以根据需要去寻找中评和差评的订单。速卖通的规则是，在收到客户评价的邮件之后，先对客户评价，然后才能看到客户给予我们的反馈。

如果收到差评，应该及时联系客户，看看是否有回旋的余地，平台支持卖家去自行解决一些差评问题，如图 8-23 所示。

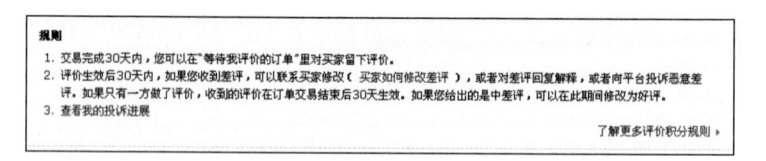

图 8-23

如果收到的是中评或好评，就采取 feedback 营销策略，回复客户的评价，如图 8-24 所示。

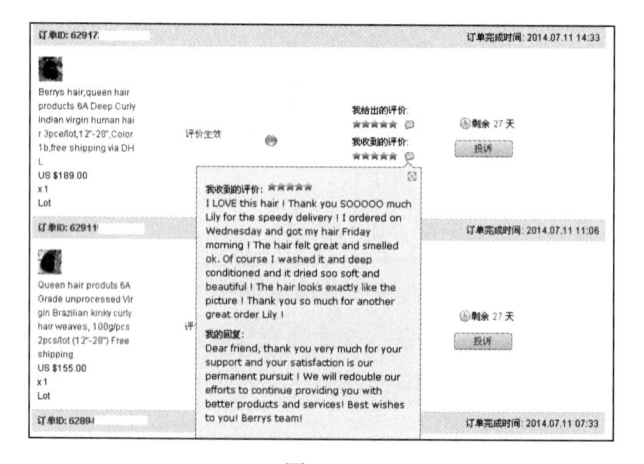

图 8-24

这样做的好处显而易见。首先能够让给好评的客户有回头购买的欲望，因为我们有贴心完整的服务。其次，能够让那些第一次购买的客户放心进来购买。那么对于实在清除不了的差评我们该怎么办，是不是放任不管呢？当然不是，我们应该有理有据地说明原因，还要在回复中表明自己接受客户的批评，并会在将来做得更好。

在这个环节卖家往往会忽略掉一些东西，如图 8-25 所示。

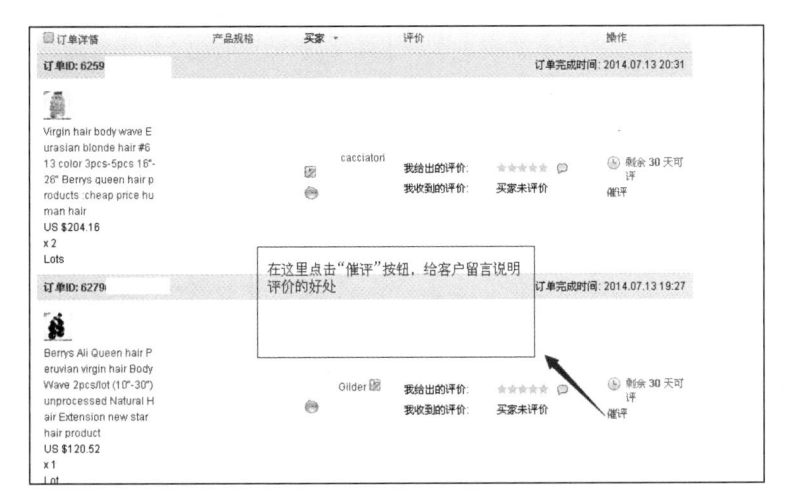

图 8-25

速卖通在 2014 年的 4 月份左右上线了一个新的小功能，就是等待卖家评价时的"催评价"功能。这个功能要怎么使用呢？

点击了"催评"按钮之后，我们会直接进入该订单的留言板，如图 8-26 所示。

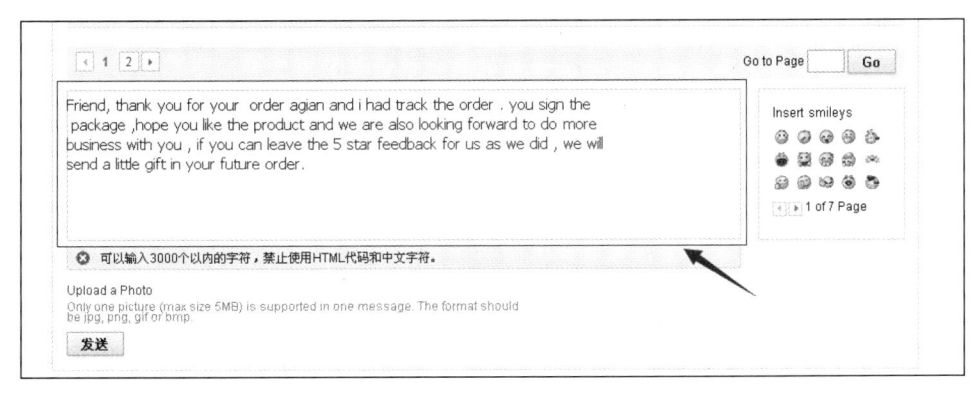

图 8-26

也可以留下这样一段话：

Dear friend, thank you very much for your order! We are looking forward to do more business with you. If you have any question, please feel free to contact us directly, our telephone number is…, we will give you the best service. We would be appreciated if you can leave positive feedback as we will do the same for you. Have a great day!

大家要问了，为什么还要去催买家给予评价呢？因为所有的评价订单都会有评价积分。

卖家所得到的信用评价积分决定了卖家店铺的权重，并影响曝光率，具体标志及对应的积分如图8-27所示。

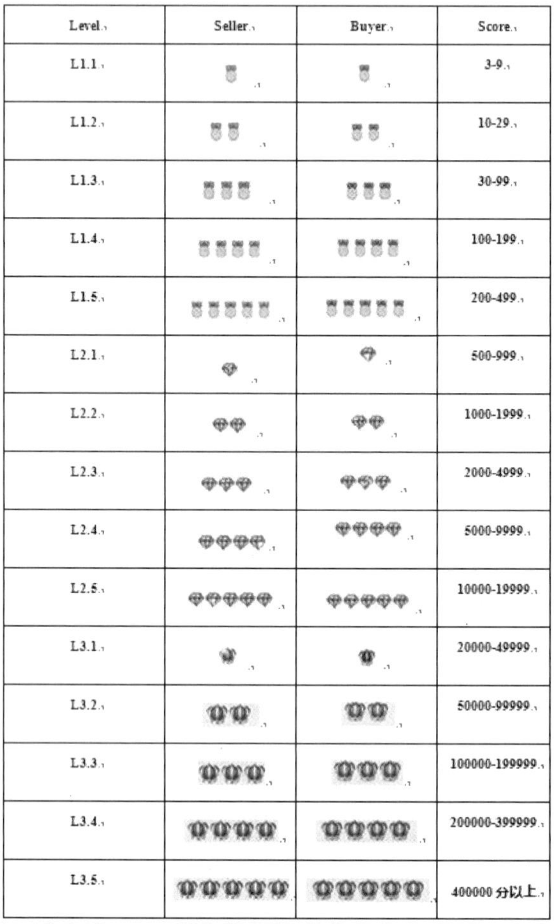

Level	Seller	Buyer	Score
L1.1			3-9
L1.2			10-29
L1.3			30-99
L1.4			100-199
L1.5			200-499
L2.1			500-999
L2.2			1000-1999
L2.3			2000-4999
L2.4			5000-9999
L2.5			10000-19999
L3.1			20000-49999
L3.2			50000-99999
L3.3			100000-199999
L3.4			200000-399999
L3.5			400000分以上

图 8-27

因此，评价的订单越多，可以累计的信用积分就越高，如果一个月有100单，只要能有60%的客户能够回头给予评价，就能收获更多的信用积分，提升店铺的信誉等级，赢得更多的曝光和更高的转化率。

8.4.2 出现中差评的原因

1. 商品图片与实物的差异

有时候为了使自己的产品看起来比较吸引眼球，卖家会在图片处理上或多或少添加一些产品本身没有的效果。这样就会给客户一个美好的心里预期，让他们满怀期待地等待。然而，一旦收到实物后感觉与图片的差别过大，买家就会非常失望，他们通常会在第一时间询问，为什么在颜色或者形状上有差别。

此时必须警惕，因为收到货物的 30 天内，买家可以进行评价，并且在未确认收货之前，买家还可以对自己不满意的订单提起纠纷退款。对于这类的投诉，卖家要更加主动地去解释。提供原有的图片，如果只有因小部分的修图处理造成的色差，合理的解释还可以赢得客户的信任，而且在这个过程中要多表现自己对买家的重视，适当给予下次订单的优惠和折扣。真诚的道歉可以将小事化了，向买家争取好评。

卖家在上传产品图的时候可以上传一些多角度的细节图，或者可以放上一张没有修图处理过的照片上去，尽量让买家有全面的视觉印象，避免不必要的投诉和差评。

2. 标题写了 Free Shipping，为什么收到货物之后还要收费

众所周知，大部分卖家为了吸引买家下单，都会写上"Free Shipping"，实际上大部分卖家也做到了免邮。但是有时会忽略一些国家的进口政策。比如，美国高于 500 美元申报价值的货物，就要按照重量收取进口关税了；加拿大和澳大利亚则是高于 20 美元的货物要收取关税；英国、德国等欧洲国家货物的申报价值必须是在 20～25 美元，一旦超出将会有更多的关税产生。

这样一来，提出的问题就有答案了，一旦有关税产生，买家必须支付关税后才能拿到货物。

因此你会遇到这样的问题：

Why I should pay 25 pounds for the package, you told me that was free to ship, how could you lie to me? I am very disappointed.

还有一些比较极端的客户会因为需要支付额外的费用拒绝签收。这些都是潜在的差评和纠纷，因此我们在发商业快递的时候，要注意填写的申报价值，对于货值很高的快件，提前和客户沟通好。

3. 信用卡账户有额外的扣款显示：AliExpress Charge

速卖通平台针对买家的支付不收取费用，但建议买家联系他的银行，问清是否需要支付手续费。如果买家通过 T/T 转账，银行端一般需要收取一定的手续费。

8.4.3 完善服务，给客户留下美好初印象

上述的问题或投诉虽不常见但是时有发生，因此，为了让买家获得更好的购物体验，必须对各方面的细节做好准备。下面是总结的一些模板。

1. 当买家光顾店铺，询问产品信息时

重点：跟买家初次打招呼要亲切、自然，并表达出你的热情。尽量在初步沟通时把产品情

况介绍清楚。

Hello, my dear friend. Thank you for your visiting to my store, you can find the products you need from my store. If there is not what you need, you can tell us, and we can help you to find the source, please feel free to buy anything! Thanks again.

2. 鼓励买家提高订单金额和订单数量，提醒买家尽快确认订单时

Thank you for your patronage, if you confirm the order as soon as possible, I will send some gifts. A good news: recently there are a lot of activities in our store. If the value of goods you buy count to a certain amount, we will give you a satisfied discount.

3. 发货之后提醒买家已经发货时

模板1：Dear friend, your package has been send out, the tracking NO. is 0000000000 via DHL, please keep an eye on it, hope you love our product and wish to do more business with you in the future. Good luck!

模板2：Dear customer, we have sent the goods out today, and we can receive the tracking number after 12 hours later, we'll send you message when we receive it.

模板3：The goods you need had been sent to you. It's on the way now. Please pay attention to the delivery and sign as soon as possible. If you have any questions, please feel free to contact me.

4. 当完成交易，卖家表示感谢，并希望买家能够再次光顾时

Thank you for your purchase, I have prepared you some gifts, which will be sent to you along with the goods. Sincerely hope you like it. I'll give you a discount, if you like to purchase other products.

5. 推广新产品，采购季节期间根据自己的经验，给买家推荐自己店铺中热销的产品时

Hi friend,

Christmas is coming, and Christmas gifts have a large potential market. Many buyers bought them for resale in their own store, it's high profit margin product, here is our Christmas gift link, Please click to check them , if you want to buy more than 10 pieces, we also can help you get a wholesale price. Thanks.

以下为此邮件的中文含义：

您好！

在圣诞节来临之际，圣诞礼品将是一个热销产品。很多买家从我们这进货到他们自己的商店里出售。这个产品的利润不错。以下是我们圣诞产品的介绍链接，请点击了解。10个起批，我们将给您批发的价格。

6. 已经下单却还未支付的情况时

模板1：Dear, thank you for your support! We will send out the package as soon as possible after your payment.

模板2：Friend, best wishes to you! Besides, we have two shipping method here: DHL and UPS. Both can be delivered within 3-5 days, if you only accept DHL, just note it under the order. If you prefer UPS, note at your order as well. Thank you.

7. 订单被 AliExpress 关闭时

Dear, you order has been closed because your credit card has not been approved by the Ali, if you want the hair now, we have prepared for you and you can put a new order. Besides, you can pay through Western Union, T/T payment or money bookers payment too. Also, please contact Ali initiatively! Good luck!

8. 大量订购询问价格，大量订单询盘时

若是赶上采购季，我们一定要抓住机会，对买家的回复要一定要详尽，内容一般包括样品的价格、样式、采购量和相应的价格，这个报价建议包括运费，而且价格要相对有优势，让买家感觉给了他优惠。

Hi friend,

Thank you for your inquiry. We hope to complete the order with you. Here is the products link you need. If you buy 100 pieces, we can give you a wholesale price, $25/piece. If you have any idea, please let us know, and we will try our best to help you. Looking forward your reply.

以下为此邮件的中文含义：

亲爱的朋友：

谢谢您的询盘。我们非常希望能够与您完成此笔订单交易。下面是您所需要的产品的介绍，如果一次购买100件，我们可以给您一个批发价格，每件25美元。如果有任何问题，请告诉我，我会竭尽所能来帮助您。期待您的答复。

9. 海关问题

如果由于某些国家海关的严格检查造成货物寄送延误，建议及时通知买家。及时的沟通让买家感觉你一直在跟踪货物的状态，是一位负责的卖家，更可避免误会。

Dear friend,

We received notice of logistics company, now your customs for large parcel periodically inspected strictly, in order to make the goods sent to you safely, we suggest that the delay in shipment, wish you a consent to agree. Please let us know as soon as possible. Thanks.

以下为此邮件的中文含义：

亲爱的朋友：

我们接到物流公司的通知，现在贵国的海关对大量邮包定期进行严格检查，为了使货物安全送达到贵处，我们建议延迟几天发货，希望征得你的同意。希望尽快得到你的回复。

10. 退换货问题

Dear friend,

I'm sorry for the inconvenience. If you are not satisfied with the products, you can return them to us.

When we receive the goods, we will give you a replacement or give you a full refund. We hope to do business with you for a long time.

We will give you a big discount for your next order.

以下为此邮件的中文含义：

亲爱的朋友：

很抱歉给您带来了不便。如果您对产品不满意，可以把货物退还给我们。

收到货物后，我们将为您换货或者全额退款。希望能和您建立长期的贸易关系。

您下次光顾敝店时，我们将给你最大的优惠。

8.4.4　如何解决差评问题

8.4.4.1　由于质量问题产生的差评

对于单纯由于质量问题产生的差评是比较好解决的。首先，收到差评之后及时和买家联系，询问一下对产品不满意的具体原因。在此基础上，让买家提供相应的照片。此外，卖家要回到自己的出货记录中查找相同时间内其他产品的反馈，分析一下库存中的货物质量。如果确实存在买家反映的问题，就要及时积极解决。通过退款或换货的方式，让买家满意并且修改评价。

那么对于因买家个人使用不当导致的差评问题，又该如何解决呢？如果在沟通调查中发现是由于买家个人使用不当而给的差评，有两种方案：如果以消除差评为主要目的，就应该和买家仔细解释为什么会出现这样的质量问题，到底在使用操作过程中存在哪些不正确的地方，最后和买家商量以何种方式可以使其满意并修改差评。如果是由于买家个人原因导致的质量问题，我们选择差评回复，并附上产品的使用说明及事项，也是一种中差评营销。这种方法可能是大多数卖家在无法消除差评时不得不采取的方法。

由于笔者是假发行业卖家，所以在此附上一些与假发行业相关的 Warm Tips 作为示例。

1. Co-washing：Upon receipt of your new hair we highly recommend that you co-wash! To

properly co-wash, use a Moroccan or Organ oil based CONDITIONER. Wash the hair in a downward motion using cool water.

2. DO NOT scrub the hair or shampoo it!

3. When washing the hair, keep it in the rubber band and only squeeze water from hair in a downward motion.

4. Use a wide tooth comb and gently comb from the tips of the hair up to the wefts while still wet.

5. NEVER comb or brush dry curly or wavy hair!

6. You should only wash your hair every 2 weeks using the same downward motion as you did with the co-washing.

7. We experience shedding with our natural hair so of course you should expect the same thing with your virgin extension!

8. To minimize shedding , please have seal your wefts before your order is shipped, or feel free to order a bottle of Weft sealant with your purchase!

9. We recommend that you allow your hair to air dry! This process extends the longevity of your extensions.

10. To control frizz, please use a pea sized amount of a frizz control product.

11. When curling or flat ironing your virgin hair, ensure that your stylist only uses Ceramic heating tools! This is a must!

12. Excessive heat on virgin hair will cause dryness, heat damage and or breakage.

13. For beautiful curls or waves without applying excessive heat, use flexi rods, or hair rollers.

14. Curly and wavy hair can be straightened with the proper tools and techniques! It is recommended that you have a licensed stylist help you to achieve these styles.

15. To maintain your hair while sleeping , it is recommended that you wrap it for straight styles at night and place a satin bonnet to cover it. For curls and waves, twist or braid the hair and also apply a satim bonnet to cover it.

16. DO NOT use products that contain sulfate or alcohol.

17. DO NOT use oily product on the hair, they tend to weigh the hair down.

18. DO NOT sleep on wet hair!!!

建议卖家根据各自的行业准则、从业经验总结出各自产品的配套小贴士，可以打印出来在公司广告页上随包裹一起送出，凸显人性化服务。我们应该搞清楚差评出现的原因，迎合买家的心理去处理。

8.4.4.2 由于买家在下单前的细节要求没有得到满足产生的差评

有很多买家在下单之初，就在订单下面留言说这是为了我的婚礼准备的，请你不要让我失望等等。遇到这样的订单，首先应该交代出货的人员，要特别注意该订单的质量和包装。其次，如果这个客户买了一个非常便宜的产品，但是从询盘的态度上又可以看出他很期待，这种情况下为了避免差评，应该要考虑亏一点成本去满足这个客户的心理预期。

如果满足了客户的各种细节要求，在发货之前稍微揣摩一下客户的心理，一些不必要的差评是完全可以避免的。

8.5 用智慧拥抱纠纷

8.5.1 速卖通纠纷规则

如图 8-28 所示为速卖通的规则指引图。

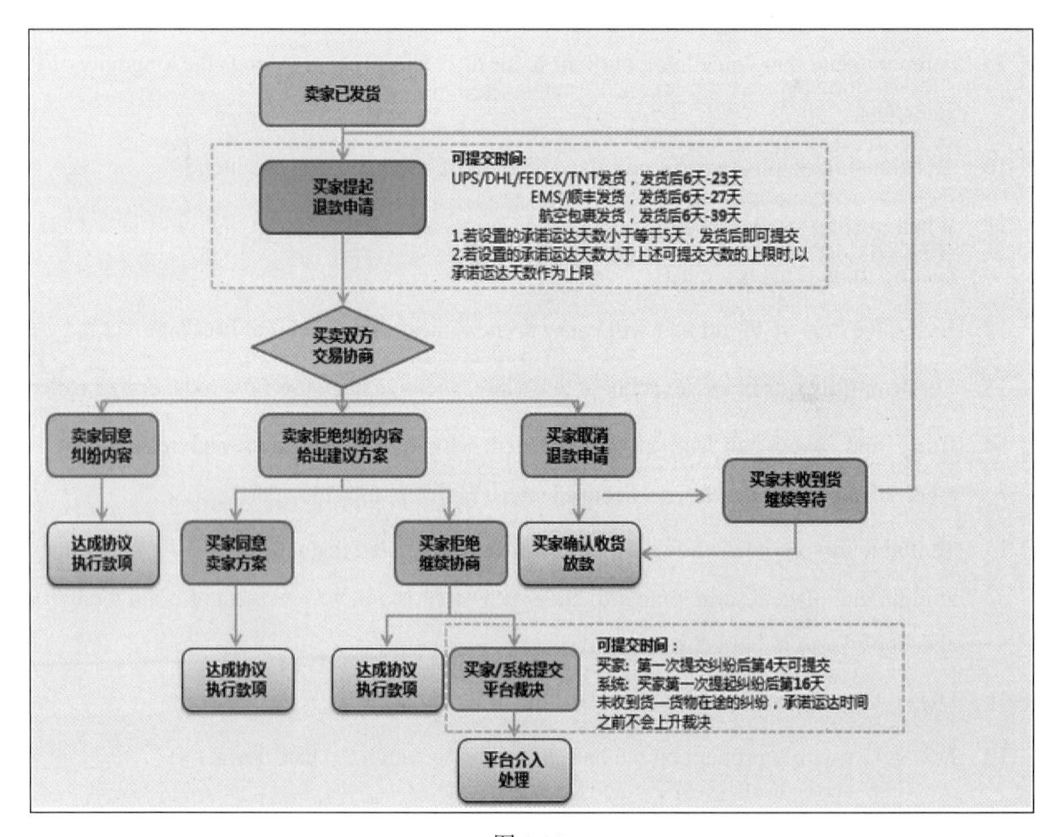

图 8-28

（1）卖家发货并填写发货通知后，买家如果没有收到货物或者对收到的货物不满意，可以在卖家全部发货 5 天后申请退款（若卖家设置的"限时达"时间小于 5 天，则买家可以在卖家全部发货后立即申请退款），买家提交退款申请时纠纷即生成，如图 8-29 所示。

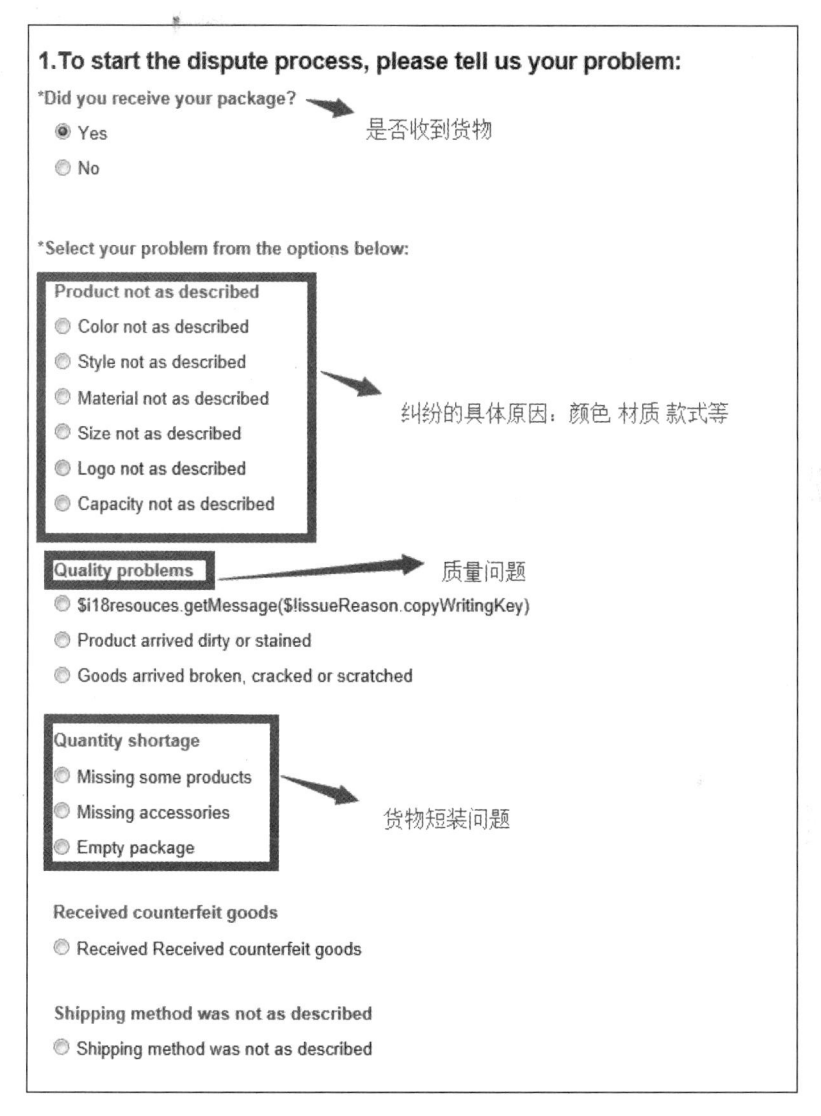

图 8-29

（2）如果买家提起或修改纠纷，则卖家必须在 5 天内"接受"或"拒绝"买家的退款申请，否则订单将根据买家提出的退款金额执行。

（3）如果买卖双方协商达成一致，则按照双方达成的退款协议进行操作；如果无法达成一致，则提交至速卖通进行裁决。

① 买家可以在卖家拒绝退款申请后提交至速卖通进行裁决。

② 若买家第一次提起退款申请后 15 天内未能与卖家协商一致达成退款协议，买家也未取

449

消纠纷，第 16 天系统会自动提交至速卖通进行纠纷裁决。

③ 若买家提起的退款申请原因是"货物在途"，则系统会根据"限时达"时间自动提交至速卖通进行裁决。

（4）对于纠纷，为改善买家体验和增强其对速卖通平台及平台卖家的信心，速卖通鼓励卖家积极与买家协商，尽早达成协议，尽量减少速卖通的介入。如果纠纷提交至速卖通，速卖通会根据双方提供的证据进行一次性裁决，卖家必须同意接受速卖通的裁决。并且，如果速卖通发现卖家有违规行为，会同时对卖家给予处罚。

（5）纠纷提交给速卖通进行纠纷裁决后的 2 个工作日内，速卖通会介入处理。

（6）如买卖双方达成退款协议且买家同意退货的，买家应在达成退款协议后 10 天内完成退货发货并填写发货通知，速卖通将按以下情形做相应处理。

① 买家未在 10 天内填写发货通知，则结束退款流程并完成交易。

② 买家在 10 天内填写发货通知且卖家在 30 天内确认收货，速卖通根据退款协议执行。

③ 买家在 10 天内填写发货通知，30 天内卖家未确认收货且卖家未提出纠纷的，速卖通根据退款协议执行。

④ 在买家退货并填写退货信息后的 30 天内，若卖家未收到退货或收到的货物"货不对版"，卖家也可以提交到速卖通进行纠纷裁决。

8.5.2 纠纷对卖家有什么影响

1. 2014 年 5 月 29 日速卖通出台的新规定

目前，速卖通与纠纷相关的卖家考核指标共有三个，分别是纠纷率、裁决提起率、卖家责任裁决率。设立这三个考核指标的初衷，就是为了区分卖家的服务能力，也让买家能够找到服务能力相对较好的卖家。

我们经过很长一段时间的分析与研究发现：很多服务能力相对较强的卖家是可以自行协商解决纠纷，解决客户问题的，却依然受到了纠纷率的影响。虽然跨境交易中产生纠纷是无法彻底避免的情况，速卖通一直希望看到的是卖家能在买家遇到问题后，有能力且积极主动地联系买家协商解决纠纷，从而提升用户体验。

基于上述原因，速卖通于 2014 年 5 月 29 日起，就纠纷相关指标做出以下调整。

（1）取消卖家纠纷率指标的统计及考核，相关页面纠纷率指标的展示全部下线。

（2）加强对裁决提起率、卖家责任裁决率的考核。

（3）平台活动入选条件之一的纠纷率指标将由裁决提起率代替。

这个新的规定说明卖家应该加强个人解决纠纷的能力，同时对于有能力自己解决纠纷的卖家而言，无疑是一个福音，他们将不再受纠纷率的困扰。

2. 指标定义及计算方法

（1）裁决提起率

① 定义：买卖双方对于买家提起的退款处理无法达成一致，最终提交至速卖通平台进行裁决（claim）时，该订单即进入纠纷裁决阶段。裁决提起率是指一定周期内提交至平台进行裁决的订单数与发货订单数之比。

② 计算方法：裁决提起率 = 过去 30 天内提交至平台进行裁决的纠纷订单数÷过去 30 天内（买家确认收货 + 确认收货超时 + 买家提起退款并解决 + 提交到速卖通进行裁决）的订单数

（2）卖家责任裁决率

① 定义：纠纷订单提交至速卖通进行裁决时，速卖通会根据买卖双方责任进行一次性裁决。卖家责任裁决率是指一定周期内提交至平台进行裁决且最终被判为卖家责任的订单数与发货订单数之比。

② 计算方法：卖家责任裁决率 = 过去 30 天内提交至平台进行裁决且最终被裁定为卖家责任的纠纷订单数÷过去 30 天内（买家确认收货 + 确认收货超时 + 买家提起退款并解决 + 提交到速卖通进行裁决并裁决结束）的订单数

下面举例说明。截至统计日，某卖家一共发货 100 笔订单，其中 40 笔在 30 天前已经交易结束，10 笔在统计之日仍处于"等待买家确认收货"状态，余下的订单是需要进行统计的，在过去的 30 天中这些订单分别经历了以下状态：

30 笔买家确认收货，11 笔确认收货超时，9 笔买家要求退款。买家提起的 9 笔退款订单中，1 笔买家取消了退款申请并确认收货，5 笔与买家协商解决了，3 笔提交至速卖通进行裁决，最后有 2 笔裁定是卖家责任，另外有 1 笔还未裁决，则该卖家的纠纷率、裁决提起率和卖家责任裁决率分别为：

- 纠纷率 = (9-1) ÷ (30+11+9) = 16%
- 裁决提起率 = 3 ÷ (30+11+(1+5)+3) = 6%
- 卖家责任裁决率 = 2 ÷ (30+11+(1+5)+2) = 4.1%

3. 处罚细则

如图 8-30 所示为处罚细则。

指标	考核点	处罚措施
纠纷率	卖家被提起纠纷的情况	影响卖家的产品曝光
裁决提起率	卖家未解决的纠纷提交到全球速卖通的情况	严重影响卖家的产品曝光，比率过高会导致卖家的产品一段时期内无法被买家搜索到
卖家责任裁决率	速卖通裁决的卖家责任纠纷订单的情况	

图 8-30

（备注：系统会每天计算指标的数值，根据数值及时进行处罚更新。）

8.5.3 如何解决纠纷

若买家因为各种原因提起纠纷，除了要解决纠纷，还会带来更大的不良影响，买家可能对供应商、产品、速卖通平台产生疑惑，甚至是质疑，而最终的结果是订单的回款周期变长，潜在的买家客源会流失，或者失去二次交易的机会。

在交易的过程中要尽量避免产生纠纷，如果真的产生了纠纷，要顺利地解决，让买家感到满意，这些都会为我们留住客户，并且能产生口碑效应，赢得更多的客户。

现在我们总结一下纠纷的原因和应对的方法，如图 8-31 所示。

图 8-31

8.5.3.1 买家未收到货物

1. 物流状态显示货物还在途中，只是还未到达

要跟买家沟通，先关闭纠纷。可以帮他延长收货时间，因为很大一部分客户是怕自己的利益不能得到保障而提起的纠纷，只要客户的货物还未确认收货，都有机会确认收货。

2. 货物短装

（1）提起纠纷的原因

某笔订单中产品数量为 10 件，卖家通过两个包裹发货。其中一个包裹已经妥投，另一个包裹仍然在途中，因此买家以未收到货提起纠纷并要求部分退款：

1 of the packages arrived weeks ago, the other did not.

（2）提起纠纷后买卖双方做法

买家：提起纠纷。

I wrote to you twice and you had more than 10 days to answer. It is obvious you do not want to solve this issue. 1 of the packages arrived weeks ago, the other did not.

卖家：拒绝纠纷，强调另一个包裹在途中，并把运单号再次出示给买家，建议买家延长收货时间等待包裹。

Sorry for the late response. Recently we were lack of people to deal with many orders. I am hiring more people. I tracked this tracking number it was in shipping and not returned. I just extended more 15 days delivery time.

买家：同意继续等待并询问包裹状态。

Sure, but before I cancel the dispute, could you tell me what is the last known location of my package? And how old is this information?

卖家：说明包裹状态并建议等待天数、退款金额。

The tracking information just shows it's in shipping. I can't get more information. I just extend more delivery time and you have 29 days to confirm this delivery. At least, friend, if you don't cancel the dispute, please change the refund money, you already received a part goods of this order. Thanks.

（3）平台介入后如何处理

平台介入后，通过邮件告知双方情况。

告知买家：部分包裹在途中，建议等待，如果包裹妥投请确认收货。

The tracking number shows the goods are in transit, we'll ask seller to contact shipping company to confirm the status of package within 3 calendar days. If you have received the goods in good condition, please cancel this claim and confirm order received.

告知卖家：货物运输时间已经超过承诺运达时间，建议积极与买家沟通。

关于此纠纷订单，自包裹发货之日起至今，货物在途的时间已经超过了您设置的承诺运达时间。买家方面也因迟迟未收到货而提起纠纷，且在此期间并未对发起的纠纷进行撤诉。因此，请您积极与买家良好地沟通，及时处理因为客观原因导致的超时问题，获取买家的理解和支持。

响应期限到期后，包裹未妥投，卖家同意部分退款：

I have agreed to refund you. Firstly I refused your dispute is that because this parcel RB59****564CN is in shipping. and I hope it can be shipped and we extended deliery time for you. I do not ingored you I am very sorry for my late.

平台操作部分退款并关闭纠纷。

（4）如何避免该类纠纷

① 积极关注纠纷案件。在买家提起纠纷尚未上升至仲裁平台介入前，积极予以响应。

② 核对发货数量、退款金额。在确认部分包裹未妥投的情况下，积极与买家核对部分退款金额信息。

③ 在双方协商一致的情况下，将协商信息反馈于纠纷平台。

3. 海关扣关

即交易订单的货物由于海关要求所涉及的原因而被进口国海关扣留，导致买家未收到货物。海关要求所涉及的原因包括但不限于以下几点：

- 进口国限制订单货物的进口。
- 关税过高，买家不愿清关。
- 订单货物属假货、仿货、违禁品，直接被进口国海关销毁。
- 货物申报价值与实际价值不符导致买家须在进口国支付处罚金。
- 卖家无法出具进口国需要的卖家应提供的相关文件。
- 买家无法出具进口国需要的买家应提供的相关文件。

货物被进口国海关扣留时，常见物流状态为：

- Handed over to customs（EMS）。
- Clearance delay（DHL）。
- Dougne（法国会显示妥投，但是签收人是 Dougne）。

卖家应该怎么做？

速卖通在接到纠纷裁决之日起 2 个工作日内，会提醒买家和/或卖家 7 天内提供海关扣关原因信息和证据，据此确定责任并进行裁决。卖家在货物发出之后应及时关注物流情况，出现异常时与买家和物流公司保持联系，及时了解扣关原因，并尽可能提供相关信息及证据。

4. 包裹原件退回

交易订单的货物因为买家收货地址有误或不完整而无法妥投，或因买家原因无法清关，导致包裹被直接退回给卖家。

卖家应该怎么做？

从速卖通通知卖家举证开始，3 天内卖家须提供因买家原因导致包裹不能正常妥投的证明，证明的形式可以是物流公司的查单、物流公司内部发出的邮件证明、与买家的聊天记录等。

5. 包裹被寄往或妥投到非买家地址

由于卖家填写错了买家的收货地址,或邮局误将包裹寄往了非买家地址,导致买家无法正常签收包裹。

卖家应该怎么做?

从速卖通通知卖家举证开始,3 天内提供发货底单及买家要求修改收货地址的沟通记录。若底单上的地址与买家收货地址不一致,且卖家无法提供证据证明买家要求修改收货地址,即可判定卖家发错地址。

若最终判定为卖家发错地址,建议卖家先尝试与物流公司联系,更改买家收货地址,若更改后买家收到货物,则全额放款。若无法更改或更改后买家还是未收到货物,建议卖家联系物流公司取回包裹。

6. 物流显示货物已经妥投

物流信息显示货物已经妥投,但是买家以未收到货为由提起了退款申请,并且未与卖家达成一致意见,提交到速卖通进行裁决。

卖家应该怎么做?

从速卖通通知卖家举证开始,3 天内卖家须提供货物妥投的证明(物流公司的物流信息截图、妥投证明等)。

7. 买家拒签

买家拒签包括有理由拒签和无理由拒签。有理由拒签,即当货物递送至买家(包括买家代表)时,买家发现货物存在肉眼可见的损坏或与订单不符的情况,如破损、短装、严重货不对版等情况(严重货不对版情况的描述见第 3 章),买家当场拒绝签收;无理由拒签,即货物递送到买家(包括买家代表)时,买家无任何理由拒绝签收。

8. 货物途中丢失

向买家解释解决纠纷对于你的重要性,此外如果证实货物确已丢失,重新发货,并及时给客户新的运单,基本上是可以解决问题的。

8.5.3.2 买家收到的货物与约定不符

1. 存在质量问题

及时查找真正的原因,如果是质量问题,可以让客户选择是退货退款还是保留货物退部分款,由于没有纠纷率的顾虑,只要买家接受方案,就可以解决纠纷。

2．与描述不符

买家收到的货物与卖家在网站产品详情页面的描述,存在颜色、尺寸、包装、品牌、款式、型号等方面的差异。

- 颜色不符是指所收到货物的颜色与产品描述（图片或文字描述）不符。
- 尺寸不符是指所收到货物的尺寸与产品描述不符。
- 产品包装不符是指所收到货物的内包装与描述不符（无包装、包装不符、包装破损或有污渍）。产品包装是指产品本身所有的包装（邮局、卖家使用的外包装除外）。
- 品牌不符是指所收到货物的品牌与描述不符。
- 款式或型号不符是指所收到货物的款式或型号与产品描述（图片或文字描述）有不符。款式或型号是指产品的性能、规格和大小。

卖家应该怎么做？

产品描述以卖家在速卖通平台上展示的为准。卖家需要保证产品的描述信息（包括产品名称、产品详细描述页面等）前后一致，如出现信息矛盾或误导倾向，则平台保留最终的纠纷裁决权。如果在买家下订单之前卖家已经明确提示买家，产品可能存在颜色的偏差，或产品尺寸可能存在一定误差，并明确说明了误差大小，自速卖通发出通知起 3 天内卖家需提供有关提示的沟通记录作为证明。

下面举例说明一下。

（1）提起纠纷的原因

买家买了 2 个 Lot，8 个灯泡，收到货后表示灯泡的瓦数不一致，以此提起纠纷。

（2）提起纠纷后买卖双方的做法

买家：提起纠纷，要求部分退款（退 25 美元，总金额 49.4 美元），不退货。

Unfortunately, you sent me wrong products. I've ordered SMD5630 -60LEDs -15W, received 42LEDs-5.2W. Third times difference in power. I'm very upset, because, I always receive corn bulbs with lower power. This time I'm triple upset, because you sent the wrong bulbs. If you need I can send you the link to the video.

卖家：拒绝纠纷，要求买家退货，表示发了两种类型的灯泡，都是按照买家要求发货的，希望买家重新检测。

Hello, you purchased two orders from us, one is 42LEDs, another is 60LEDs, we all do as your request. On the other hand, the power is more than 5W and you should text is in correct voltage and current. Best regards!

买家：修改退款理由，退款金额从 25 美元降至 21 美元，并且表示愿意举证，如果退货的话，要求卖家承担运费。

Unfortunately, you sent me wrong products. I've ordered SMD5630 -60LEDs -15W, received

42LEDs-5.2W. Third times difference in power. I'm very upset, because, I always receive corn bulbs with lower power. This time I'm triple upset, because you sent the wrong bulbs. If you need I can send you the link to the video.

21USD my last offer. I also can offer you return of product, but you should pay shipment cost which is 11USD in advance.

卖家：拒绝买家的请求，要求买家退回所有货物，然后全额退款。

Please return my goods to you.

买家：继续拒绝卖家的请求，并且提供了视频举证，然后提起仲裁纠纷，要求平台介入。

Unfortunately, you sent me wrong products. I've ordered SMD5630 -60LEDs -15W, received 42LEDs-5.2W. Third times difference in power. I'm very upset, because, I always receive corn bulbs with lower power. This time I'm triple upset, because you sent the wrong bulbs. If you need I can send you the link to the video.

21USD my last offer. I also can offer you return of product, but you should pay shipment cost which is 11USD in advance. Video shows that I sent to you.

平台建议：买家提起纠纷后，建议卖家积极与买家协商，尤其是买家提供了举证的情况下，如果发现产品的确存在问题，可以和买家协商部分退款，如果在前期纠纷阶段就达成一致，可以更好地降低仲裁提起率。

（3）平台介入后如何处理

平台介入后，通过邮件告知双方情况。

告知买家：举证的两件产品被认可，但是剩下的六件产品需要重新举证。

Meanwhile, please kindly understand that our mediation is on the basis that you provided enough evidence for your claim. Based on the current evidence provided, for goods is not as description, the evidence is accepted for 2 pieces, please provide video when you test other 6 pieces to support your claim within 3 calendar days.

告知卖家：我们会继续取证，也建议卖家积极与买家协商。

Meanwhile, we will continue to accept any kinds of evidence needed in this case. And suggest good communication between buyer and seller.

针对买家投诉问题，我方限买家3天内提供更多举证予以说明。请您关注买家的反馈并积极联系买家沟通协商。若在此期间买家补充了重要的证据，我方将根据实际情况发出裁决意见并通知买卖双方；若在此期间双方通过协商达成一致，请您点击"回应"并在响应内容中写明一致意见，我方将按照双方的一致意见处理该纠纷订单。

响应期限到期后,买家重新举证产品问题,卖家发现的确存在问题后,发起结案申请(仲裁再协商),愿意退款21美元,也即买家要求的金额,然后买家同意卖家的请求,最后双方达成一致,退款21美元。

申请退款并结案是纠纷上升到仲裁后,专员结案前,卖家可以在专员介入处理的同时,自主与买家就退款金额做协商。

申请退款并结案功能的优点有三个。

① 将案件的主动权交还给客户,部分退款需要买家确认,全额退款无须等待买家确认。

② 当买卖双方达成一致后,无须等待专员的操作,时效性更强。

③ 但凡能通过申请退款并结案功能自主解决问题的订单,平台认为这是一种卖家积极主动解决问题的表现,不会对这类订单做卖家是否有责的判定。

如图8-32所示是卖家在纠纷阶段会出现的申请退款并结案的状态。

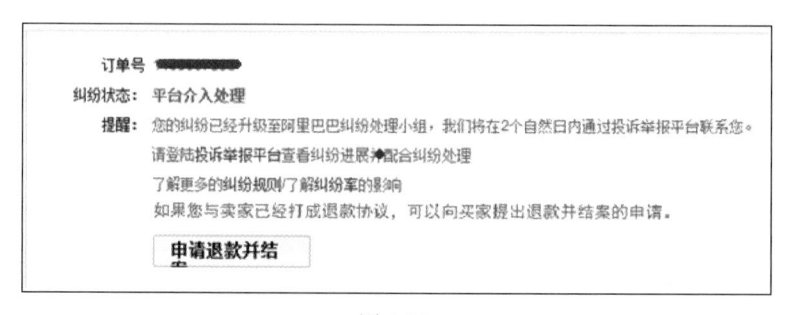

图 8-32

卖家点击按钮后弹出二次对话框,如图8-33所示。

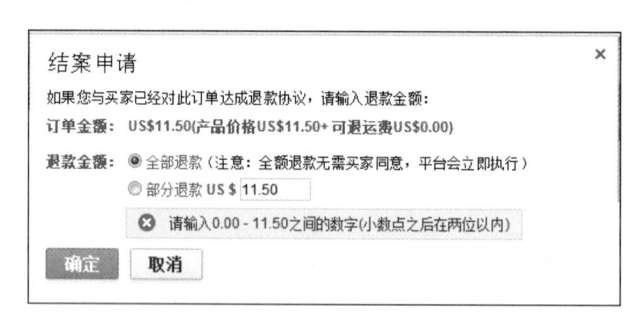

图 8-33

(4)如何避免该类纠纷

对于与描述不符类纠纷,卖家应该注意什么?

纠纷前:

① 确认产品页面描述是否与实物一致(特别要注意:产品页面是否有尺寸描述,产品尺

寸是否存在多重尺码标准，产品介绍是否图文一致，颜色选项框图片是否与实际显示文字一致，产品页面表述是否会造成买家误解等）。

② 如果买家没有选择具体产品型号或颜色等，务必与买家确认后再发货。

③ 如果产品是随机发货或者存在误差，请确认产品页面有相关提醒。

④ 如果买家下订单的产品缺货或存在颜色、款式不一致等情况，发货前一定要与买家沟通，征得买家同意后再发货。

纠纷中：

① 积极与买家协商解决问题，达成一致的解决意见。

② 提交发货前与买家确认产品颜色、尺寸或其他信息的交谈记录。

③ 若发货前已提醒过买家产品存在颜色、尺寸等微小误差，请提交约定误差范围的交谈记录。

④ 如果产品是随机发货，请提交已提醒买家随机发货的相关说明或交谈记录。

（5）恶意的纠纷

纠纷有很多种，最让卖家头痛的就是各种各样恶意的纠纷，不知道该如何处理，是忍让妥协还是力争到底？笔者认为恶意的差评起因无非是买家想要部分退款，在可以接受的范围内，应该小事化无。但是，如果是非常明显且过分的恶意纠纷，可以放心地交给平台去处理。

8.5.3.3　在处理纠纷过程中该如何提交证据

MediaFire 是美国的文件存储类网站，注册会员可以使用该网站上传或下载文档、视频及可读性文件。上传及下载文档都必须先在网站上注册，用 E-mail 地址即可注册。目前，在纠纷阶段遇到尺寸较大的图片及视频证据时，买卖双方可以将证据上传至 MediaFire，以方便下载查看。网址：http://www.mediafire.com/，如图 8-34 所示。

图 8-34

点击图 8-34 所示的"Sign Up"按钮进行注册。可以注册的会员类型有三种,两种为付费性质,一种为免费性质,免费会员可以使用的最大存储空间为 10GB,如图 8-35 所示。

图 8-35

选择自己想要的会员类型,点击"Get Started"按钮。在信息填写页面,填写完注册用户的名字、E-mail 地址及密码等信息后点击"Create Account"按钮,即可完成注册(实例使用免费会员注册)。再次登录时使用注册的 E-mail 地址作为登录名登录,如图 8-36 所示。

图 8-36

点击"Create Account & Continue"按钮,页面如图 8-37 所示。

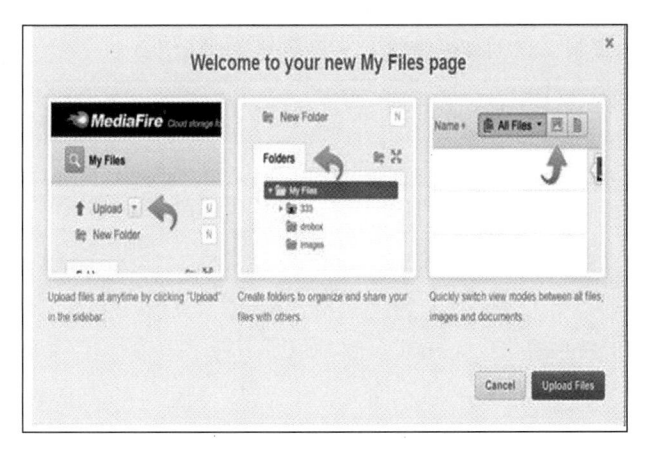

图 8-37

上传所有需要保存的文件，点击图 8-38 界面中间的加号，或者左下角的加号都可以选择上传文件目录，可以选择多个文件进行批量上传。选定文件后，点击弹出对话框中的"确认"按钮，即可上传文档。但是，请注意每种会员类型都有可用空间的限制，所以上传时请留意文件大小。选择文件后，点击"Begin Upload"按钮，在网站上进行上传操作，如图 8-39 所示。

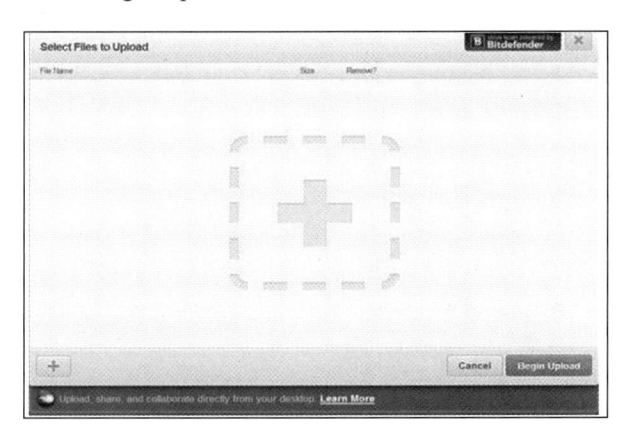

图 8-38

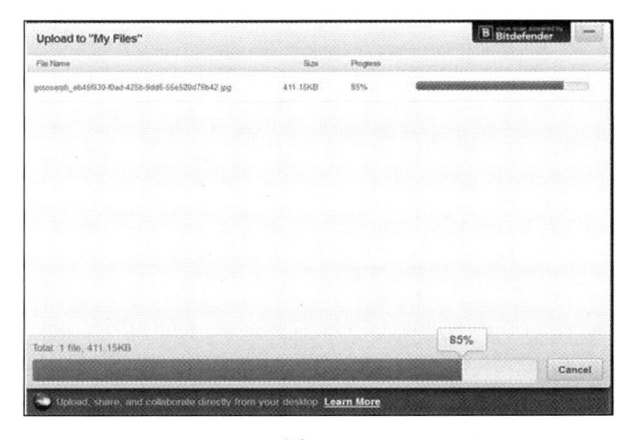

图 8-39

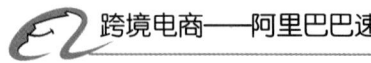

如图 8-40 所示，复制自己的证据链接，放到阿里的平台上。

图 8-40

总而言之，纠纷并不可怕，应该调整好自己的心态，记住以下三点。

1. 将心比心

站在买家的角度考虑，出现问题想办法一起解决，而不是只考虑自己的利益。"己所不欲，勿施于人"，谁都不愿意无故承受损失，作为卖家，在一定的承受范围内尽量让买家减少损失，也为自己赢得了更多的机会。

2. 有效沟通

及时回应：买家不满意时，马上做出回应，与买家进行友好协商。若是买家迟迟未收到货物，在承受范围内可以给买家重新发送货物或采用其他替代方案；若是买家对货物质量或其他方面不满，可与买家进行协商，提前考虑好解决方案。

沟通技巧：和买家沟通时注意买家心理的变化。当买家不满意时，尽量引导买家朝着能保留订单的方向走，同时也满足买家一些其他的需求；当出现退款事件时，尽量引导买家达成部分退款协议，避免全额退款。努力做到"即使货物不能让买家满意，态度也要让买家无可挑剔"。

8.5.3.4 纠纷处理应急模板

1. 纠纷平台介入处理，提交证明：运单查询记录，包裹图，沟通记录

Dear friend,

Sorry that buyer haven't receive the package,

1st, we sent the package on time, maybe china post air mail office have the tracking problem, just have the foremost record, but it's load on the internet, just no update;

(Attachment 1: tracking record)

2nd, we sent the package by well pack with the right address;

(Attachment 2: package picture)

3rd, after buyer apply the dispute, we communicate immediately, it's on the way, please wait patient.

(Attachment 3: communicate record)

Thanks for your work and judge.

2. 纠纷平台介入处理，提交证明：运单查询记录，包裹图

Dear friend,

Sorry that buyer haven't receive the package,

1st, we sent the package on time, maybe china post air mail office have the tracking problem, just have the foremost record, but it's load on the internet, just no update;

(Attachment 1: tracking record)

2nd, we sent the package by well pack with the right address;

(Attachment 2: package picture)

Thanks for your work and judge.

3. 跟短装纠纷买家沟通，补发并送额外礼物

Dear friend,

Thanks for your order, we feel very sorry that we made mistake for your parcel, your tracking number is RB498800732CN, it already arrive Kuwaiti think you will receive soon, the parcel only have one bag, we missed one bag for you, today we will send you another parcel and a gift for our mistake, and sorry for let you wait again, hope can get your understanding and support, thank you .

4. 收到货物后纠纷投诉图片与实物不符

Dear friend,

It's great you have received the order, at same time fell sorry that zipper make you not satisfied, we confirmed that you are correct, the picture is gold and you got is black, we even not found after received your feedback, so thanks very much, this time factory made all black bag with black zipper, so we will retake the picture and renew for the bag; for your order, i would like to see your opinion, what can we do for you, we will try to meet your request.

Best regards

5. 货物破损，直接沟通

Dear friend,

Thanks for your order and feedback, we feel regret that our goods have poor quality and let you disappoint, We have two suggestions first one is resend you, second is refund if resend, we will resend this week. But need some days to deliver, sorry for waiting again, if you satisfy with our service would you please give us five star feedbacks?

6. 确认买家未收到货物，已准备重发

Dear friend,

This is XX from AliExpress, you have an order in our store, order number is:602968, this is the link:XXXXX.

Sorry that the tracking number cannot tracked, we would like to resend you or refund you, which you prefer?

If for resend, we will resend you this week, and let you know the new tracking number, if for refund, if possible you have PayPal account?

As for buyer we understand you paid but now get the parcel, as for seller we lost the goods and not get the money.

We both troubled by the bad shipping, if possible would you please leave us 5 star positive feedback? Your supporting is our motivation to do better, thanks very much!

We are good seller, want all buyers have nice shopping experience, when you shopping next time please leave us message, we will give you extra gift, welcome shopping next time^_^.

Best Regards ^_^.

7. 买家投诉未收到货，纠纷为货物在运输途中，希望买家可以耐心等待

Dear friend,

This is XXX from AliExpress, you bought a gold watch in our store, your order number is:6028473968, this is the link: sorry that you still have not receive them, we checked your parcel keeping update, it's on the way now, we extended 30 days for your order, still have time to wait, we understand you as buyer paid not receive the item, as for seller we sent but we do not get money yet.

We both troubled by the bad shipping, please understand us, just give us some time.

Would you please agree to cancel the dispute, after time finish still not receive, if really you can't receive the parcel, we will send you again or refund, We a good seller, please don't worry.

Thanks for your understanding and support. This is the tracking link: XXXXX.

Best Regards ^_^.

另外要注意保留证据，交易过程中的有效信息都要保留下来，当出现纠纷时能够作为证据来帮助解决问题。交易过程中及时充分地举证，将相关信息提供给买家进行协商，或者提供给速卖通帮助裁决。

纠纷并不可怕，只要卖家做好充分的准备，一切以买家满意为目标，一定会有好的结果。

8.5.4 卖家服务等级与 ODR

8.5.4.1 什么是 ODR

1. ODR 的概念

卖家服务等级每月末评定一次，考核过去 90 天中卖家的经营能力，综合考虑买家不良体验订单率、卖家责任裁决率、好评率等因素，重点考核体现卖家交易及服务能力的一项新指标——买家不良体验订单率（Order Defect Rate，简称 ODR），即买家不良体验订单占所有考核订单的比例。根据考核结果将卖家划分为优秀、良好、及格和不及格卖家，不同等级的卖家将获得不同的平台资源。

所以，买家不良体验订单率 ODR = 买家不良体验订单数 ÷ 所有考核订单。那么在这里我们需要弄清楚两个概念：买家不良体验订单及所有考核订单。

买家不良体验订单是指考核期内满足以下任一条件的订单，如图 8-41 所示。

买家不良体验	指标详解
成交不卖	买家对订单付款后，卖家逾期未发货或由于卖家原因导致付款订单未发货的行为
仲裁提起	买卖双方对于买家提起的纠纷处理无法达成一致，最终提交至速卖通做出裁决的行为
5天不回应纠纷	买家提起或修改纠纷后，卖家在5天之内未对纠纷订单作出回应导致纠纷结束的行为
中差评	在订单交易结束后,买家对卖家该笔订单总评给予的 3 星及以下的评价
DSR商品描述中低分	在订单交易结束后,买家匿名给予分项评价——商品描述的准确性（Item as described）3 星及以下的评价
DSR卖家沟通中低分	在订单交易结束后,买家匿名给予分项评价——沟通质量及回应速度（Communication）3 星及以下的评价
DSR物流服务1分	在订单交易结束后,买家匿名给予分项评价——物品运送时间合理性（Shipping speed）1 星评价

图 8-41

考核订单指以下任一时间点发生在考核期内的订单：卖家发货超时时间、买家选择卖家原因并成功取消订单的时间、卖家完成发货时间、买家确认收货或确认收货超时时间、买家提起/修改纠纷时间、仲裁提起/结束时间、评价生效/超时时间。

总结出来一句话就是从订单开始到结束，每一个环节里出现的问题都会对自己的卖家服务等级造成影响。

例如：10月展示的服务等级，考核期为7月3日~9月30日。如果你的账户里有2笔评价生效的订单，评价生效时间分别是7月1日和8月5日，那么7月1日生效的订单不会计入考核订单中，8月5日生效的订单由于在考核期7月3日~9月30日之内，所以会计入考核订单中。

2．如何划分等级

90天内已结束的已支付订单数≥30笔的卖家，将根据卖家在考核期内的表现分为优秀、良好、及格和不及格四个等级，各等级要求如图8-42所示。

评级	优秀	良好	及格	不及格
评定标准	符合以下**所有**条件： 1．考核期内结束的已支付订单数>=**90笔** 2．ODR<2.5% 3．卖家责任裁决<0.8% 4．90天好评率>=97%	符合以下**所有**条件： 1．ODR<4% 2．卖家责任裁决率<0.8%	符合以下**所有**条件： 1．4%<=ODR<8% 2．卖家责任裁决率<0.8%	符合以下**任一**条件： 1．ODR>=8% 2．卖家责任裁决率>=0.8%

图8-42

当然，对于卖家服务等级，我们也有一些特殊的说明。

（1）结束的已支付订单指买家支付成功且处于"已完成"和"已关闭"状态（资金审核未通过、未成团除外）的所有订单。

（2）90天好评率＝过去90天内产生的好评数÷过去90天内的好评数和差评数之和。

（3）卖家责任裁决率指过去90天内提交至平台进行裁决且最终被判为卖家责任的订单数与发货订单数之比。计算方法：卖家责任裁决率＝过去90天内提交至平台进行裁决且最终被裁定为卖家责任的纠纷订单数÷（过去90天内买家确认收货+确认收货超时+买家提起退款并解决+提交到速卖通进行裁决并裁决结束的订单数总和）。

（4）考核期内，若买家不良体验的订单来自两个及以下买家时，将不考核ODR。

（5）考核期内，若卖家责任裁决订单数仅为1，将不考核其卖家责任裁决率。

3．不同等级卖家的资源

不同等级的卖家将在橱窗数量、搜索排序曝光、提前放款、平台活动、店铺活动等方面享有不同的资源。等级越高的卖家享受的资源奖励越多，"优秀"卖家将获得"Top-rated Seller"的标志，买家可以在搜索商品时快速发现优秀卖家，并选择优秀卖家的商品下单。指标表现较差的卖家将无法报名参加平台活动，且在搜索排序上会受到不同程度的影响，如图8-43所示。

奖励资源	优秀	良好	及格	不及格	成长期
橱窗推荐数	10个	5个	2个	无	2个
搜索排序曝光	曝光优先+特殊标识	曝光优先	正常	曝光靠后	正常
提前放款特权	有机会享受最高放款比例	无法享受最高放款比例	无法享受最高放款比例	无法享受最高放款比例	无法享受最高放款比例
平台活动	优先参加	允许参加	允许参加	不允许参加	允许参加
店铺活动	正常	正常	正常	活动时间和数量大幅减少	正常
营销邮件数	500	200	100	无	100

图 8-43

8.5.4.2 如何提升卖家服务等级

在解决这个问题之前，我们可以先问自己一个问题，为什么速卖通平台要把卖家服务等级作为考核一个店铺的标准，甚至作为影响曝光率的一个指标？

因为卖家的商品质量及服务能力对于买家的购买决策有着决定性的影响。特别是商品的描述及评价、沟通效率、纠纷处理效率和态度等方面，买家希望在选择商品时能快速识别商品和服务表现皆好的卖家。

所以 ODR 的上线自然显得理所应当了，那么提升服务等级的方法有哪些呢？

首先，我们要学会分析自己的店铺等级指标，如图 8-44 所示。

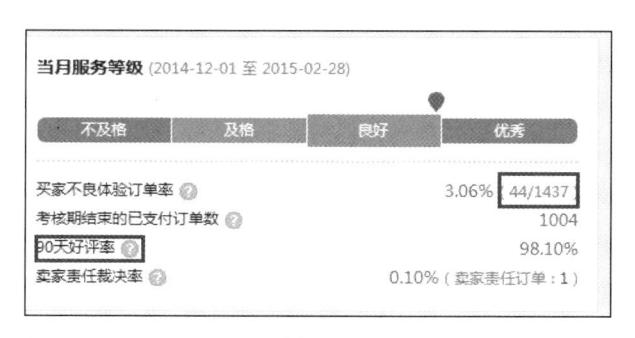

图 8-44

从这个卖家的当月服务等级来看，买家不良体验订单数占比较大，好评率及卖家责任裁决率都在可控范围之内，那么我们来看看这个卖家的指标详情，如图 8-45 所示。

不良体验订单分布详情	上期考核 (2014-12-01 ~ 2015-02-28)	下期考核 (2015-01-01 ~ 2015-03-10)
成交不卖	0	0
5天不回应纠纷	1	1
仲裁提起	10	5
中差评	22	20
DSR商品描述中低分	24	23
DSR卖家服务中低分	13	10
DSR物流服务1分	1	1
买家不良体验订单总数（去重）	44	36

图 8-45

在这些详细的指标中我们发现：DSR 商品描述中低分订单高达 24 个，我们可以这样推算一下：如果买家在评论我们的产品时给了差评，那么这个买家给 DSR 商品打的肯定是低分。但是中差评的订单个数小于 DSR 商品描述低分则说明，即使给了买家好评的卖家，在 DSR 匿名评分中也可能得低分。

因此，我们找出了影响提升服务等级的最重要的一个因素——DSR。

DSR 是评价系统中的一个环节，长期以来一直被卖家和买家忽视着。如果说中差评可以通过人为因素和后期弥补来挽回，DSR 则是评定一个卖家和一个商品的最客观的标尺。DSR（Detailed Seller Ratings）卖家分项评分，是指买家在订单交易结束后以匿名的方式对卖家在交易中提供的商品描述的准确性（Item as described）、沟通质量及回应速度（Communication）、物品运送时间合理性（Shipping speed）三方面服务做出的评价，是买家对卖家的单向评分。

信用评价买卖双方可以进行互评，但卖家分项评分只能由买家对卖家做出。

所以我们要做的也很简单，就是提升我们的卖家分项评分。

1. 提高商品描述的准确性

在自己的商品详情页及店铺装修中多找一些漏洞，凡是可能会影响买家购物判断的图片、描述、物流运达时间提示等都应该及时修改。

2. 提高客服人员素质，使回复更及时

在第二项"沟通质量"上，有很多卖家都"亮红灯"，这与客服人员的专业能力、反应速度及沟通技巧有非常重要的关系。我们要做到下面几点。

（1）24 小时旺旺在线。

（2）及时回复买家询盘并耐心解答。

(3)注意引导买家正确理解产品性能。

3．关于物流速度

物流问题是卖家没有办法控制而又感到头痛的问题。如果我们选择线上发货的话，这个部分的问题可以不用担心。如果我们是自己发货，一定要做到以下几点。

(1)货物发出时，要给买家留言。

(2)货物有清关问题时要及时和买家联系。

(3)在遇到一些不可抗因素导致物流缓慢时要提前告知买家。

如果大家可以做到这些，对于服务等级的提升将是非常有帮助的。

有这样一个故事：英国有一个行乞的老人，他穿着破烂的衣服坐在广场显眼的地方，身旁有一块牌子，上面写着："I am blind, please help me.（我是盲人，请帮助我。）"然而，在人群聚集的广场上，老人面前的硬币屈指可数。这时，走来一个穿着时尚的年轻女士，拿过老人身旁的牌子涂写了一番。老人摸了摸年轻女士的皮鞋，想知道她是谁。而女士写完牌子之后就俯下身拍拍老人的肩膀，放下牌子离开了。

奇怪的是，自年轻女士走了之后，人们开始不断地在老人面前放下硬币。后来女士又回到这个地方，站在老人面前会心地笑着。老人摸了摸她的鞋问道："What did you do to my brands?（你对我的标语做了什么？）"女士俯下身说："I wrote the same but in different words.（我写的和你一样只是用了不同的字。）"

后来老人知道，女士在那块牌子上写的是："It is a beautiful day, and I cannot see it.（这真是美好的一天，而我却看不见。）"

在本章的最后讲这样一个故事的用意是什么呢？Change your word, change your world! 在电商这个领域，未来的重心和品牌的打造一定离不开正确的服务理念和沟通方式、思维方式。也许一个好的客服不会让一个大企业拿到上千万美元的订单，但拥有良好沟通技巧和正面思维方式的客服会让一个小企业成为买家心中的大品牌。客服也许不是电商的灵魂、血液、骨骼，但是笔者认为，客服是电商的生命。

第 9 章

跨境支付

本章要点：

- 收款账户设置
- 速卖通收费标准
- 卖家提现
- 国际支付宝简介
- 买家支付方式介绍

9.1 收款账户设置

9.1.1 收款账户的类型

国际支付宝目前支持买家用美元、英镑、欧元、墨西哥比索、卢布支付（以后还会不断增加新的币种），卖家收款则有美元和人民币两种方式。根据付款方式的不同卖家收到的币种会有差别，目前总体来说人民币收款比例更小。

卖家收到的人民币部分，国际支付宝是按照买家支付当天的汇率（汇率由收单银行确定，汇率是清算日的汇率，而非支付日的，一般在支付后两个工作日左右清算）将美元转换成人民币支付到卖家国内支付宝或银行账户中的（特别提醒：速卖通普通会员的货款将直接支付到国内支付宝账户）。收到的美元部分，国际支付宝则是将美元直接打入卖家的美元收款账户（特别提醒：只有设置了美元收款账户才能直接收取美元）。

9.1.2 创建、绑定和修改支付宝收款账户的流程

如果你以前没有设置过支付宝收款账户（可以通过创建或登录支付宝的方式进行绑定），具体操作流程如下。

登录全球速卖通，点击"交易"按钮，在左侧菜单中，点击进入"支付宝国际账户"，如图 9-1 所示。

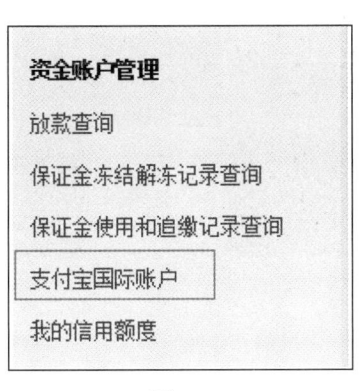

图 9-1

进入支付宝国际账户管理页面。可以通过"提现账户管理"设置，管理你的人民币提现账户，如图 9-2 所示。

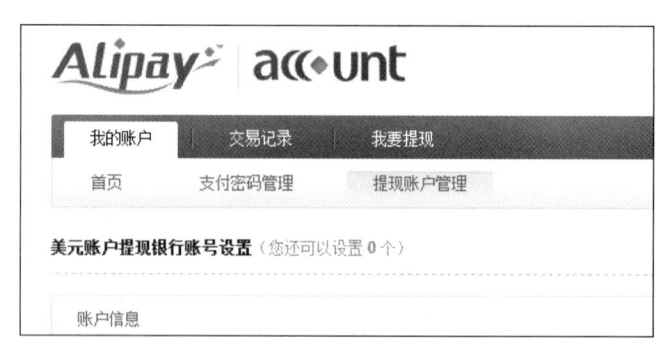

图 9-2

支付宝账户登录界面如图 9-3 所示。依次填写"支付宝账户姓名""登录密码"等必填项，填写完毕后点击"登录"按钮。登录成功后，即完成收款账户的绑定，也可以对收款账户进行编辑。

如果还没有支付宝账户，可以点击"创建支付宝账户"按钮，填写相应信息，完成支付宝注册。输入注册信息时，请按照页面中的要求如实填写，否则会导致你的支付宝账户无法正常使用。点击"填写全部"按钮可以补全信息。

建议使用实名认证的支付宝账户作为收款账户，以避免非实名认证账户提现额度的限制影响资金的提取。

图 9-3

9.1.3 注册和激活支付宝

可以使用 E-mail 地址或者手机号码来注册支付宝账户。下面简单介绍两种网站注册方法。

若要单独注册支付宝账户，建议登录支付宝网站注册，要在淘宝网上购物建议从淘宝网站进行注册。

登录支付宝网站注册，首先要进入支付宝网站 https://www.alipay.com，点击"新用户注册"按钮就可以按提示注册了。

支付宝账户分为个人和公司两种类型，请根据自己的需要慎重选择账户类型。公司类型的支付宝账户一定要有公司银行账户与之匹配。

选择使用 E-mail 注册时，第一步是填写注册信息，第二是进入邮箱查收邮件并激活支付宝账户。

输入注册信息时，请按照页面中的要求如实填写，否则会导致你的支付宝账户无法正常使用。点击"填写全部"可以补全信息。进入邮箱查收激活邮件，激活成功后，补全支付宝账户基本信息就可以进行付款、充值的操作了。

9.1.4 查询银行的 Swift Code

Swift Code 其实就是 ISO 9362，也叫 SWIFT-BIC、BIC code、SWIFT ID，是由计算机可以识别的 8 位或 11 位英文字母或阿拉伯数字组成的，用于在 Swift 电文中区分金融交易中的不同金融机构。

Swift Code 的 11 位数字或字母可以拆分为银行代码、国家代码、地区代码和分行代码四部分。以中国银行上海分行为例，其 Swift Code 为 BKCHCNBJ300，含义为：BKCH（银行代码）、CN（国家代码）、BJ（地区代码）、300（分行代码）。

银行代码：由 4 位英文字母组成，每家银行只有一个银行代码，由其自己决定，通常是该行的名字或缩写，适用于其所有的分支机构。

国家代码：由两位英文字母组成，用以区分用户所在的国家和地理区域。

地区代码：由 0、1 以外的两位数字或两位字母组成，用以区分位于所在国家的地理位置，如时区、省、州、城市等。

分行代码：由 3 位字母或数字组成，用来区分一个国家里某一分行、组织或部门。如果银行的 Swift Code 只有 8 位而无分行代码时，其初始值为"XXX"。

可以拨打银行的服务电话，询问该行 Swift Code。各大银行的服务电话如下。

中国银行：95566

中国工商银行：95588

中国农业银行：95599

中国建设银行：95533

中国交通银行：95559

招商银行：95555

民生银行：95568

华夏银行：95577

也可以登录 Swift 国际网站查询页面来查询我国某个城市某家银行的 Swift Code。

首先，你需要要知道该银行的缩写统一代码，下面列出了一些国内可以转账的银行的统一代码。

中国银行：BKCHCNBJ

中国工商银行：ICBKCNBJ

中国农业银行：ABOCCNBJ

中国建设银行：PCBCCNBJ

中国交通银行：COMMCN

招商银行：CMBCCNBS

民生银行：MSBCCNBJ

华夏银行：HXBKCN

工行国际借记卡：ICBKCNBJICC

以中国银行上海分行为例，登录 Swift 国际网站查询页面，根据提示填入要查询的银行信息。在"BIC or Institution name"中填入中国银行的统一代码：BKCHCNBJ；在"City"一栏中填入要查询的银行所在城市的拼音：Shanghai；在"Country"栏选择"CHINA"；最后在"Challenge response"中填入所看到的验证码。

完整填写要查询的银行信息后，点击"Search"按钮，如图 9-4 所示。

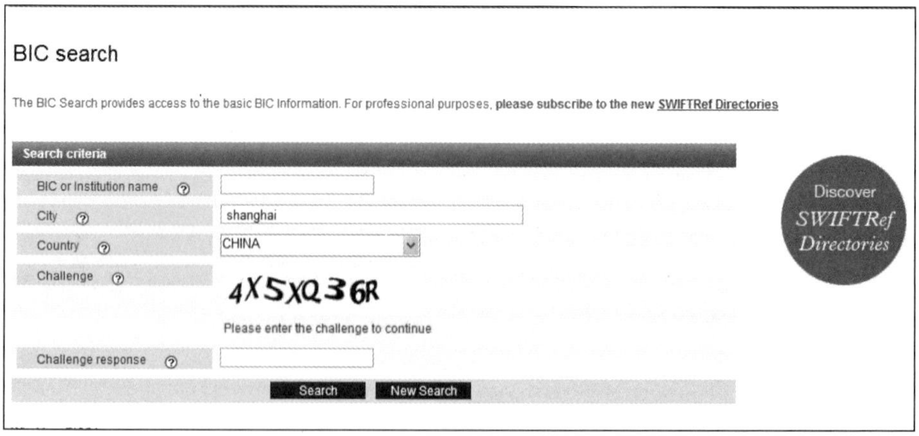

图 9-4

9.1.5 支付宝账户认证流程

1. 个人支付宝账户认证流程

打开 www.alipay.com，登录支付宝账户，进入"账户设置"—"基本信息"—"实名认证"板块，点击"立即认证"按钮，如图 9-5 所示。

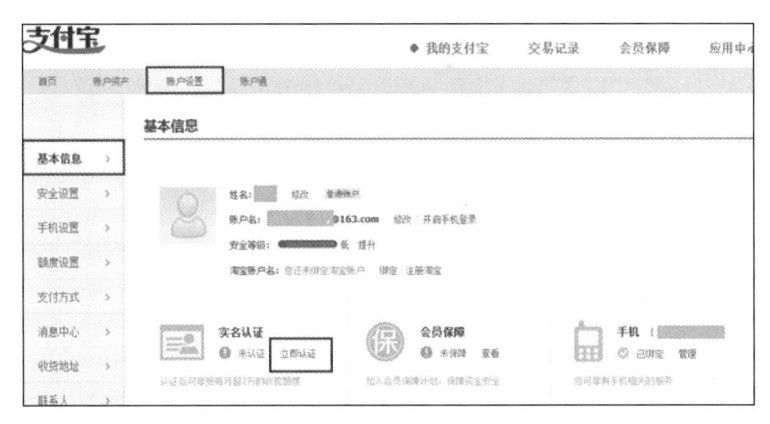

图 9-5

请仔细阅读支付宝实名认证服务协议后，按照提示步骤来申请开通。

2. 企业支付宝账户认证流程

打开 www.alipay.com，找到认证入口，填写认证信息，确认后，进入填写信息页面。请正确填写公司名称、营业执照注册号和校验码。公司名称需与营业执照上完全一致，填写后即进入具体信息提交页面，如申请人不是公司法定代表人，请下载委托书。组织机构代码、企业经营范围、企业注册资金、营业执照有效期等非必填项可以选择填写。请核对提交的信息是否正确。确认无误后，点击"下一步"按钮，进入审核页面，审核次数为两次。审核成功后，请等待客服工作人员对营业执照信息的审核。

卖家信息审核成功后，平台将在 1~3 个工作日内给卖家的银行卡打款，请确认后继续操作。

请确认支付宝给你的账户付款的金额，点击"继续"，填写你收到的金额，完成此次认证。点击"继续"进入金额款额，请你查询近期对公银行账户中支付宝打入的小于 1 元的金额。确认金额成功后，即完成整个卖家认证过程。

9.1.6 创建美元收款账户

1. 新增账户

你如果是中国供应商会员，请登录 My Alibaba，点击"交易"—"银行账户管理"按钮，进入"收款账户管理"界面,点击"创建美元收款账户"按钮。

如果是普通会员则登录"我的速卖通",点击"交易"—"资金账户管理"按钮,进入"支付宝国际账户"界面,在"提现账户管理"功能菜单中,进行美元收款银行账户的设置,如图9-6所示。

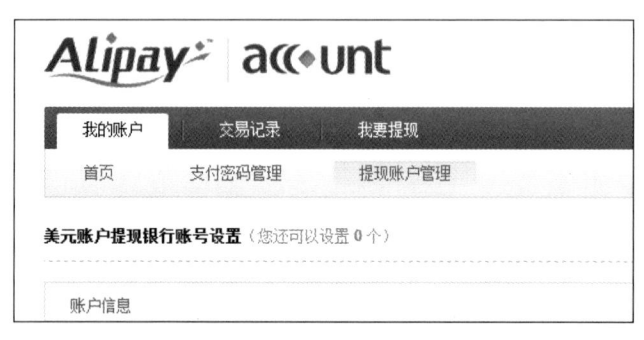

图 9-6

点击进入"新建美元账户"之后,可以选择"公司账户"和"个人账户"两种账户类型。

2. 公司账户

请不要使用中文填写信息,否则将引起放款失败,从而产生重复放款,损失手续费。设置的公司账户必须是美元账户或是能接收美元的外币账户。在中国大陆地区开设的公司必须有进出口权才能接收美元并结汇。使用公司账户收款的订单,必须办理正式报关手续,才能顺利结汇。

3. 个人账户

请不要使用中文填写信息,否则将引起放款失败,从而产生重复的放款,损失手续费。

创建的个人账户必须能接收海外银行(新加坡花旗银行)公司对个人的美元的打款。收汇没有限制,个人账户年提款总额可以超过 5 万美元。注意结汇需符合外汇管制条例,每人 5 万美元结汇限额。选择账户后,依次填写"开户名(中文)""开户名(英文)""开户行""Swift Code""银行账户"等必填项。填写完毕后,点击"保存"按钮即可。

9.1.7 美元收款账户相关问题

1. 哪些卡可以接受美元?我没有能接受美元的外币账户,怎么办?普通银行卡可以接收外币吗?

国内的银行都有外币业务,可以接收外币,但是需要本人带上有效身份证去银行开通个人外币收款功能。如果您的卡本身就是双币卡(人民币和美元),就可以直接接收了。

2. Swift Code 是什么?怎么知道我的银行卡的 Swift Code?

Swift Code 是国际编号,相当于各个银行的身份证号。从国外往国内转账外汇必须使用该号码。因为每个地区每家银行的 Swift Code 都不同，需要拨打银行服务电话或登录 Swift 国际网站查询。

3. 我创建的美元账户有误，想修改，可以吗？

不可以。您可以删除后重新创建一个新的美元收款账户。

4. 不是中国内地的美元账户，而是中国香港的美元账户可以吗？

可以。

5. 我只设置了美元收款账户，没有设人民币收款账户，能否做交易？

不可以。

6. 我刚刚通过注册且创建了一个人民币收款账户，为什么无法创建美元账户？

这很可能是因为系统同步的原因，您可以几个小时后再设置。

7. 我有一个中国银行的私人账户，既可以收人民币，也可以收美元，我已经绑定了支付宝人民币提现账户，同时又把它填在个人账户的美元账户中应该都没有问题吧？

请向发卡银行确认，是否能接收国外的美元汇款。因为速卖通是从新加坡花旗银行汇款进您的账户的。

8. 我设置了美元个人收款账户，收款超过 5 万美元的限制怎么办？

有两种解决方案：如果一次提现已经超过 5 万美元，可以分年结汇，还可以在金额未超过 5 万美元时提现一次，下次提现时更改个人收款账户，分开提现。

9. 我设置了美元收款账户，提现要手续费吗？

美元提现手续费用按提取次数计算，每笔提款手续费固定为 15 美元，已包含所有中转银行手续费。建议卖家减少提款次数，当可提资金累积到一定金额时再进行提现操作。

9.2 速卖通收费标准

全球速卖通会在交易完成后对卖家收取手续费，买家不需要支付任何费用。速卖通对卖家的每笔订单收取 5% 的手续费，目前这是全球同类服务中最低的费用。

9.3 卖家提现

提现采用余额提现方式，分为美元提现与人民币提现。美元提现将提款到你的美元银行账户中，人民币提现将提款到你的支付宝国内账户中。

卖家可以先登录国际支付宝，到"我要提现"功能下的"提现银行账户设置"中确认是否已经设置了美元和人民币提现银行账户,如果没有的话需要先设置完成才能操作提现。

具体提现操作步骤如下。

(1)查看"我的账户"信息,可以看到可提现的人民币金额和美元金额,已冻结的人民币金额和美元金额,以及人民币账户总金额和美元账户总金额。

(2)点击人民币或美元账户后对应的"我要提现"按钮。

(3)输入你要提现的金额,点击"下一步"按钮,到达提现信息确认页面。

美元提现如图 9-7 所示。

图 9-7

人民币提现如图 9-8 所示。

图 9-8

(4)确认提现信息后,输入支付密码,点击"确认"按钮后,系统会进行手机验证。输入正确的验证码后确认提交,即可提现成功(注:手机验证码的有效期是 30 分钟),如图 9-9 所示。

图 9-9

> **提示** 美元提现金额至少需 16 美元,人民币提现金额至少需 0.01 元;美元提现每次收取 15 美元的手续费,人民币提现无须手续费。

9.4 国际支付宝简介

9.4.1 如何申请国际支付宝账户

在你登录速卖通之后,点击"交易"按钮,左侧菜单中,点击进入"支付宝国际账户"。

如果你尚未开通支付宝国际账户,在你第一次进入的时候,请仔细阅读服务条款,根据提示,签署服务协议,设置支付宝密码用于资金提取等,并确认你的相关信息,这样就成功开通了支付宝国际账户,如图 9-10 所示。

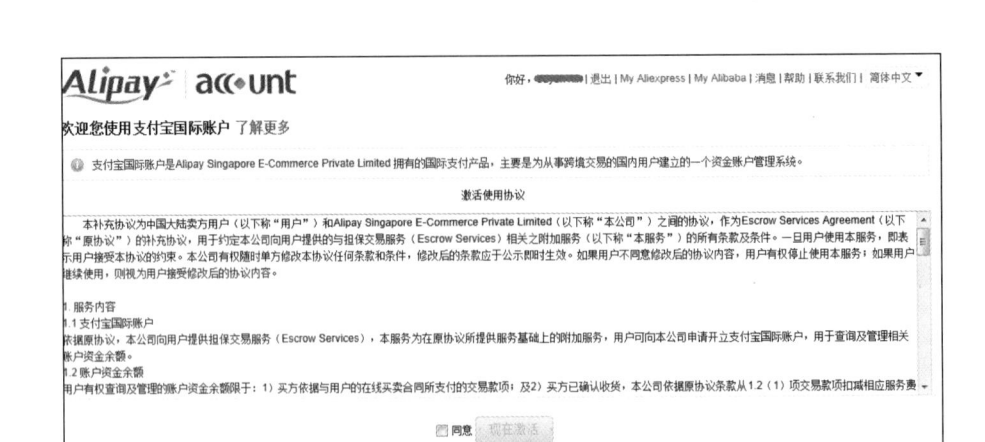

图 9-10

> **提示**
>
> 绑定国内支付宝账户后，你就可以通过支付宝账户收取人民币。国际支付宝会按照买家支付当天的汇率将美元转换成人民币支付到卖家的国内支付宝或银行账户中。你还可以通过设置美元收款账户的方式来直接收取美元。

9.4.2 国际支付宝常见问题

1. 什么是国际支付宝

国际支付宝由阿里巴巴与蚂蚁金融服务集团开发，是为了保护国际在线交易中买卖双方的交易安全所设的一种服务。如果你已经拥有国内支付宝账户，只需绑定国内支付宝账户即可，无须再申请国际支付宝账户。

2. 使用国际支付宝的优势

（1）多种支付方式：支持信用卡、银行汇款、第三方钱包等多种支付方式。

目前国际支付宝支持的支付方式有信用卡、借记卡、QIWI、Yandex.Money、WebMoney、Boleto、TEF、Mercadopago、DOKU、Western Union 和 T/T 银行汇款。更多符合各地买家习惯的支付方式还在不断地加入中。

（2）安全保障：全面保障卖家的交易安全。

国际支付宝是一种第三方支付服务，而不只是一种支付工具。对于卖家而言，它的风控体系可以保护其在交易中免受信用卡被盗卡的风险，同时也可以避免在交易中使用其他支付方式导致的交易欺诈。

（3）方便快捷：线上支付，直接到账，足不出户即可完成交易。

使用国际支付宝收款无须预存任何款项，速卖通会员只需绑定国内支付宝账户和美元银行账户就可以分别进行人民币和美元的收款。

（4）品牌优势：背靠阿里巴巴和支付宝两大品牌，海外潜力巨大。

3. 国际支付宝与国内支付宝（Alipay）的区别

国际支付宝的第三方支付服务是蚂蚁金服集团支付宝国际站提供的，专为跨境出口交易定制的交易收单服务。

4. 国际支付宝支持哪些产品的交易

只要你的产品满足以下条件即可通过国际支付宝进行交易：

（1）产品可以通过速卖通平台支持的物流方式进行发货。

（2）每笔订单金额小于10000美元（产品总价加上运费的总额）。

5. 国际支付宝支持哪些物流方式

目前国际支付宝支持速卖通的物流方式，即 UPS、DHL、FedEx、TNT、EMS、顺丰、中国邮政、中国香港地区邮政航空包裹服务及全球速卖通日后指定的其他物流方式，暂时不支持海运。

6. 国际支付宝单笔订单的最大额度

为降低支付宝用户在交易过程中产生的交易风险，目前支付宝支持单笔订单金额在10000美元（产品总价加上运费的总额）以下的交易。

7. 通过国际支付宝在线交易如何报关

如果你的货物申报价值在600美元以下，快递公司会集中报关。如果货物申报价值超过600美元，你可提供全套的报关单据，委托快递公司代报关。

8. 通过国际支付宝在线交易如何核销退税

买家使用 Visa 和 MasterCard 信用卡支付时，无法核销退税。买家使用 T/T 银行汇款支付时，卖家报关后可以进行核销退税。

9. 如何更好地向买家介绍国际支付宝

根据市场调研，对于使用过国际支付宝的买家，在第二次购买时，他们更倾向于使用国际支付宝交易，而且当国际支付宝接入更多的支付方式时，买家可以自由选择他们喜欢的支付方式，如果买家支付流程简单，在速卖通平台做生意也会更加容易。因此在交易中，如果你的买家对支付存在困惑，可以同他们沟通解释，以便更好达成你的生意。

对国际支付宝可以简单介绍如下：

The payment service on AliExpress is powered by Alipay.com, a leading third-party online payment platform from Alipay. The payment service allows you to pay securely online without exposing your credit card details. You can also track delivery of your order and payment is only released to the supplier after you confirm you've received the order. Alipay payment service is fast, safe and easy to use!

For buyers:

-Payment will only be released to the supplier after you confirm you've received the order.

-Track delivery using a unique tracking number on the shipping company's website.

For suppliers:

-Alipay payment service verifies the credit card details for every transaction.

-Alipay payment service only asks you to ship the order after we confirm payment is safe.

9.4.3 国际支付宝卖家保护指南

为了保护全球速卖通平台买卖双方交易的合法权益，让卖家能够更加放心和顺利地在速卖通平台完成交易，避免不必要的纠纷，我们特别推出"支付宝卖家保护指南"，当买家投诉货物没有收到或者收到的货物与描述不符时，"支付宝卖家保护指南"可以协助和保护卖家在最短时间里解决纠纷。

1. 什么是支付宝卖家保护

支付宝保护速卖通的卖家在速卖通平台上进行的合法交易。支付宝的卖家保护主要包括以下几方面：

（1）遭遇交易纠纷时，支付宝的卖家保护指南帮助卖家有效解决纠纷。

（2）支付宝的风控系统可以有效排除可疑订单，防止买家欺诈。

2. 支付宝卖家保护的范围

（1）只保护合法卖家在全球速卖通平台上使用支付宝进行的交易，若未使用支付宝将不能享受支付宝卖家保护。

（2）只保护合法卖家发布的不违反交易平台禁限售规则的交易产品。

3. 支付宝卖家保护指南是如何保护卖家的

（1）当买家投诉没有收到货时

如果卖家能够向平台提供货物已经送达给买家的证明，卖家将得到平台保护。因为物流等原因，货物可能还在途中，因此当纠纷发生时，卖家需主动积极联系买家，同买家沟通。若双方达成一致，买家确认收到货后，撤除纠纷，平台将全额放款给卖家。

若买家投诉没有收到货物，而卖家能提供清楚的可以显示货物已经送达的证据，包括但不仅限于：货物的运单号、货物底单、物流妥投证明、货物的运送状态显示"已送达"、送达日期、收件人地址（确保收货地址和买家地址一致）、收件人确认收货的签字回执。平台将会全额放款给卖家。

若买家投诉没有收到货，经平台查明货物被扣关，而卖家能够提供物流出具的买家不愿清关导致货物被扣关的证明，平台会全额放款给卖家。

（2）当买家投诉收到的货物与描述不符时

如果卖家能够提供清楚的文件来证明货物的说明是恰当的，卖家可以得到平台的保护。例如，当卖家提供的文件能说明以下问题时，索赔则可能会按对卖家有利的原则解决。

① 买家投诉收到的货物为二手货，而卖家在产品描述中已经清楚说明该物品为二手货。

② 卖家产品描述正确，比如卖家在产品描述中已经清楚说明了该物品的实际功能及可能存在的缺陷，而买家因为期望值等问题不想要了。

③ 当买家投诉货物数量不对时，而卖家能够提供证据证明是按照买家需求发出的订单。

④ 因货物与描述不符的投诉，由于涉及买家期望值问题，如果卖家能够提供证据来证明对该买家购买产品的描述是清楚的，平台将会根据货物的实际情况同买家协商，对卖家做出全额放款、退货，部分放款的处理。

4. 支付宝卖家保护指南相关问题

（1）在买家提交纠纷申请后，该怎么办

买家向平台提交纠纷申请后，平台会尽快联系卖家。卖家需要积极主动地提供相应证据，可能包括但不限于"运单号""货物底单""物流妥投证明""买卖双方交谈记录"截屏。提供详细的证据有助于平台站在利于卖家的立场上解决问题。

（2）如果卖家申诉成功，会怎么处理

如果申诉成功，平台会针对货物的实际情况，协调双方对卖家进行全额退款或者部分退款、退货处理。

（3）买家提出"未收到货物"纠纷申请时，如果货物仍然在途中，该如何处理

这时应该积极主动同买家沟通，告诉他货物仍然在途中，希望他耐心等待并且向平台申请撤销纠纷，平台上很多纠纷就是因为买卖双方沟通不畅导致的。如果买家撤销了投诉，等到物流妥投，买家确认收货后，平台会全额放款给卖家。

（4）我提供了正确的运单号，但是货物在运输途中丢失了，该如何处理

你需要积极联系物流公司或者货运公司，确认货物目前状态，同时主动同买家沟通，尽量让买家耐心等待一段时间。若确认货物系物流公司在运输途中遗失，平台会将钱退回给买家，

你需要向物流公司提出索赔。

（5）要确保买家满意，我应该做些什么

发布详细的产品描述，在产品描述中讲清楚货物的状况，比如是否是二手货物、货物是否有瑕疵，不夸大货物功效，提供清晰、丰富的产品图片。

发货后尽快向平台提交货物的订单号，确保买家能跟踪到货物。

积极主动地同买家沟通，让买家在整个交易过程中感觉到你的真诚和耐心。很多纠纷通过沟通都可以避免。

9.5 买家支付方式介绍

国际支付宝支持多种支付方式：信用卡、借记卡、QIWI、Yandex.Money、WebMoney、Boleto、TEF、Mercadopago、DOKU、Western Union 和 T/T 银行汇款。

1. 信用卡/借记卡支付

买家可以使用 Visa、Mastercard 及 Maestro 对订单进行支付。订单完成后，若卖家应收人民币，国际支付宝会将订单款项按照买家付款当天的汇率（汇率由收单银行确定，汇率是清算日的汇率，而非支付日的，一般在支付后两个工作日左右清算）结算成人民币支付给卖家；反之则会将美元结算给卖家。

国际通行的借记卡外表与信用卡一样，其右下角印有国际支付卡机构的标志。它通行于所有接受信用卡的销售点。唯一的区别是，当使用借记卡时，用户没有 Credit Line，只能用账户里的余额支付。目前平台支持的 Maestro 即为借记卡。

2. Western Union、T/T 银行汇款支付

这是国际贸易的主流支付方式，大额交易更方便。如果买家使用此方式支付，订单完成后，平台会直接将美元支付给卖家。不过其中会有一定汇款的转账手续费用，收到的金额可能会有一定出入。此外，银行提现也需要一定的提现费用。

3. Boleto 支付

除了信用卡，巴西国内的在线支付方式还有 Boleto。Boleto 是由多家巴西银行共同支持的一种使用 Bar Code 识别码的支付方式，在巴西占据重要地位，客户可以到任何一家银行、ATM、指定超市或彩票网点完成支付。目前国际支付宝通过第三方 Ebanx 提供 Boleto 支付。

Boleto 的支付限额是 1 美元到 3000 美元，需要同时满足全球速卖通网站和 Boleto 支付限额。

Boleto 的退款由 Ebanx 负责，速卖通跟对方的协议中要求 Ebanx 必须退款到买家端。

买家完成 Boleto 支付后一般 5 个工作日左右到账，到账后订单状态会变化为"等待卖家发货"，没有订单审核的情况。如果超过 5 个工作日未到账，请联系买家确认是否已付款。

如果已付款，请买家提供付款凭证，并联系支付宝客服查看，客服链接是：https://alipayaccount.alibaba.com/i.htm。

> **提示**
> 只要买家在下单页面点击了 Boleto 付款方式，卖家页面上就会有提醒（买家点击了 Boleto 付款，订单最长需要 5 个工作日才能显示付款成功，在此期间请不要修改订单价格或联系买家催单。如超过 5 个工作日没有显示支付成功，请联系买家确认是否付款）。
> 所以无法确定买家一定已经用 Boleto 付过款了。如果买家只是点击了这种付款方式，但实际并没有去银行汇款，那么超过 5 个工作日订单还会是等待买家付款的状态，卖家们需要跟买家核实是否已经付款。

4. QIWI 支付

QIWI 是俄罗斯客户主要的支付方式。

速卖通网站上的 QIWI 是 QIWI 金融集团旗下的电子钱包系统，其服务类似于支付宝。依托于 QIWI bank。

买家付款时，其付款页面会有此支付方式的提示，买家可以根据自己的情况选择合适的付款方式，卖家无须进行任何设置。

（1）如果通过 QIWI 钱包支付，且通过资金审核（一般 24 小时内）即可到账。

（2）如果通过西联汇款，一般需要 2 个工作日到账。

（3）如果通过 T/T 转账，一般需要 7 个工作日左右到账。

5. WebMoney 支付

WebMoney（简称 WM）是由成立于 1998 年的 WebMoney Transfer Techology 公司开发的一种在线电子商务支付系统，其支付系统可以在包括中国在内的全球 70 个国家使用，是俄罗斯三大主流支付机构之一。

在速卖通网站，WebMoney 这种支付方式的消费额度是 0.01 美元至 5000 美元。同时，不同买家在 WebMoney 的支付额度也有限制，WebMoney 的支付限额会根据会员类型有不同的限制。

买家使用 WebMoney 后发生退款，退款被 WebMoney 受理后，会立即到账。

若买家提交的退款申请被支付宝受理，会将退款请求提交给 WebMoney 处理。WebMoney 即时退款到买家的 WebMoney 账户。

买家通过 WebMoney 支付的是美元，但买家可以在 WebMoney 的账户里自己兑换成卢布。

6. Yandex.Money 支付

Yandex.Money 作为俄罗斯领先的支付电子钱包，拥有近 1800 万名活跃用户，日交易处理能力达到 15 万笔，在俄罗斯的品牌认知度高达 85%。

目前 Yandex.Money 支持钱包支付和现金支付。钱包支付是指用户可以注册 Yandex.Money 的钱包账户，通过账户余额或者账户绑定的银行卡进行支付。请注意，注册 Yandex.Money 的现金支付时，用户要通过网上下单，留下手机号码，Yandex.Money 会生成一个 payment code，并发送至其手机。用户可以凭借此 payment code 至最近的 Yandex.Money 的终端机或 Sberbank 的 ATM 机使用现金支付，抑或登录 Sberbank 的网上银行，输入 payment code 进行支付。

Yandex.Money 的支付限额是 0.01～5000 美元，需要同时满足全球速卖通网站和 Yandex.Money 支付限额。

7. TEF 支付

TEF 为巴西的网银类支付方式，和 Boleto 一样也是与 Ebanx 合作。买家通过 TEF 可以选择当地五家银行进行网银支付。

TEF 的支付限额是 1～3000 美元，需要同时满足全球速卖通网站和 TEF 支付限额。

若买家使用 TEF 后发生退款，会由 Ebanx 负责，速卖通跟对方的协议中要求 Ebanx 必须退款到买家端。

8. Mercadopago 支付

Mercadopago 是拉丁美洲最大的支付平台，覆盖巴西、墨西哥、阿根廷、智利、哥伦比亚和委内瑞拉，向超过 9000 万名注册用户提供本地化支付方式。但在速卖通，目前仅支持墨西哥的用户。

国际支付宝通过 Mercadopago 提供本地信用卡、借记卡、网银或线下存款、OXXO 支付方式（OXXO 为在墨西哥非常常见的便利店，类似于 7-ELEVEn）。这是一种线下支付方式，用户选择这种支付方式支付，需打印付款单到 OXXO 的门店支付，OXXO 必须要打印单据才能支付。

此支付方式支付宝不向用户收费。对于 OXXO，用户在其门店支付时，OXXO 会向用户收取费用。该费用退款时不退回。

买家使用 Mercadopago 支付，可以在支付的时候兑换为墨西哥比索，支付限额根据不同支付方式会有所不同，总体来说限额在 5～65000 比索。

9. DOKU 支付

DOKU 是印度尼西亚在线支付公司，支持钱包、网银、ATM 和便利店支付，目前也仅限在印度尼西亚境内使用。

DOKU 总体支付限额是 1~2000 美元。

第 10 章

移动业务

本章要点：

- 认识无线端
- 无线端营销工具
- 卖家如何运营无线端

10.1 认识无线端

10.1.1 为什么要运营无线端

AliExpress 无线端从 2013 年 10 月正式运营,从开始运营至今,整个无线保持着高速的增长。

如图 10-1 所示为整体无线成交金额随时间变化的情况,短的柱形图是无线成交金额,长的柱形图是总成交金额,趋势线是无线成交金额占总成交金额的比例(无线成交金额÷总成交金额)。

从图中可以看到,在无线成交金额增长的同时,无线成交金额占总成交金额的占比也一直在增长,说明无线端增长速度快于总体。

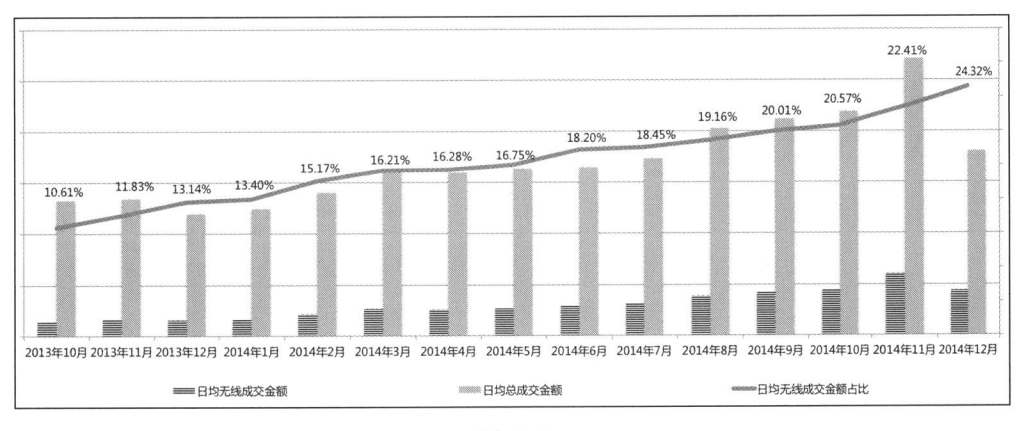

图 10-1

10.1.2 无线端买家的访问时间和频次

由于无线设备的便携性,买家可以随时随地打开,无线买家访问具有短时间、多频次的特点。也由于这个便携性,在周末、外出时和晚间等不方便使用电脑的时候,无线设备使用更为便捷。因此,无线流量具有每周流量峰值多出现在周末、每天流量峰值多出现在晚上的特点。当然,这个周末和晚上都是针对各国当地时间而言的。

下图中的折线,从上到下依次是同批买家从 PC 端引导到客户端之后,月下单频次 1 次、2 次、3 次、4~8 次、9~15 次、16 次以上的分布变化。可以观察到 2013 年 11 月至 2014 年 6 月同批用户从 PC 端到无线端之后,购买频次大大提升,尤其 3~8 次的购买频次提升最明显,如图 10-2 所示。

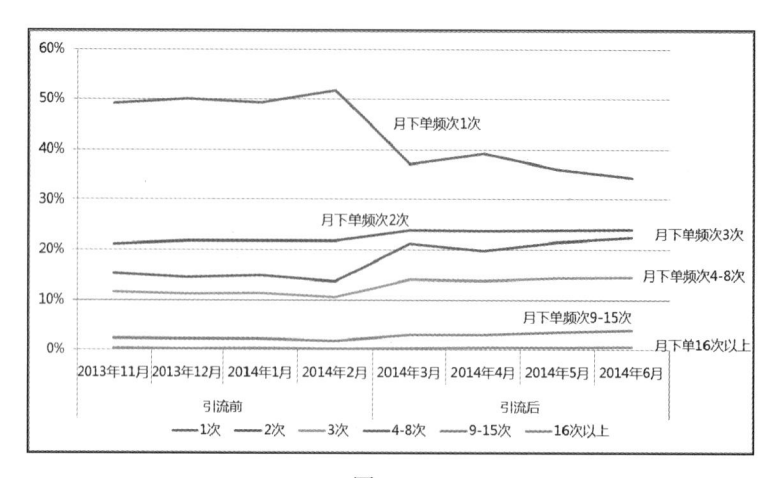

图 10-2

10.1.3　从买家角度体验无线端

在开始体验无线端之前，先做一下相关名词的解释。

① 手机客户端：也称 App，指智能手机的第三方应用程序，需要下载、安装之后使用。

② 手机操作系统：主要是苹果公司的 iOS 和谷歌公司的 Android（安卓）。

③ 应用中心：也称应用商店、应用市场，是下载客户端的渠道。iOS 系统的手机下载客户端的渠道主要是 App Store，这点国内外都比较统一；Android 系统的手机下载客户端的渠道国内外差异很大，国外主要的渠道是官方的 Google Play，国内有各种第三方应用中心。

④ Mobile Site：通过手机浏览器访问网址打开的就是 Mobile Site 的页面。

目前 AliExpress 的客户端有三个：Android、iPhone 和 iPad 客户端，可以通过在 App Store 或者 Google Play 搜索"AliExpress"下载、体验。AliExpress 的 Mobile Site 地址是 m.aliexpress.com。

因为下载客户端需要经过搜索、下载和安装的过程，需要花费时间和流量，所以，一般来说，安装了客户端的买家忠诚度会高于通过浏览器访问的买家。

目前 Android 客户端的买家数高于 iOS 客户端的买家数。Android 买家对促销、Coupon 比较敏感，喜欢看一些推荐的内容和活动；iOS 的买家自主性更强，对促销等敏感度比 Android 用户低。

以下分别为 Android、iPhone、iPad 版的 AliExpress App 和 MSite 的首页。

Android App 首页，如图 10-3 所示。

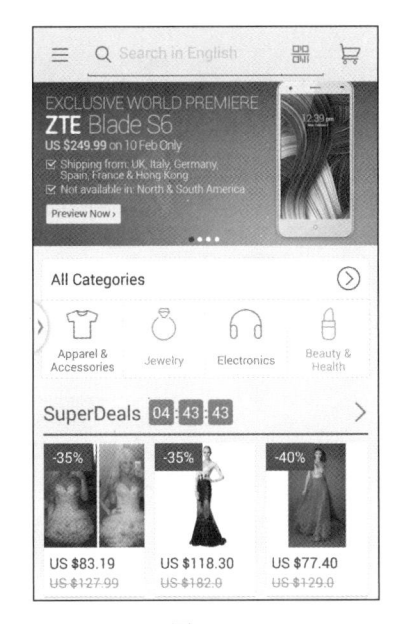

图 10-3

iPhone App 首页，如图 10-4 所示。

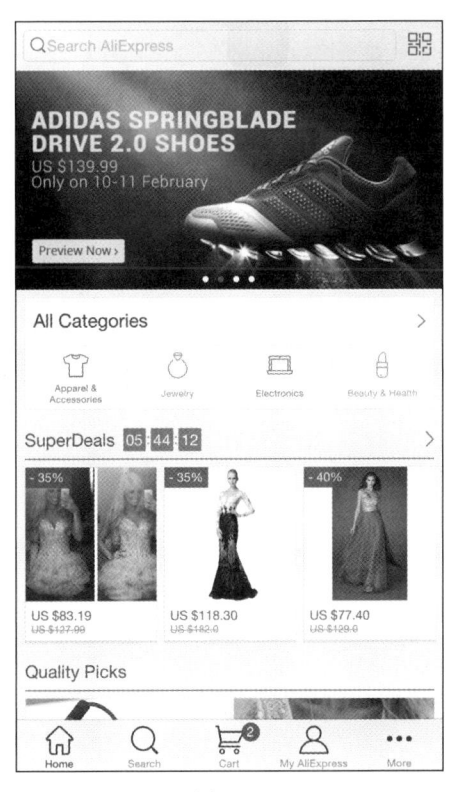

图 10-4

iPad App 首页，如图 10-5 所示。

图 10-5

Mobile Site 的首页，如图 10-6 所示。

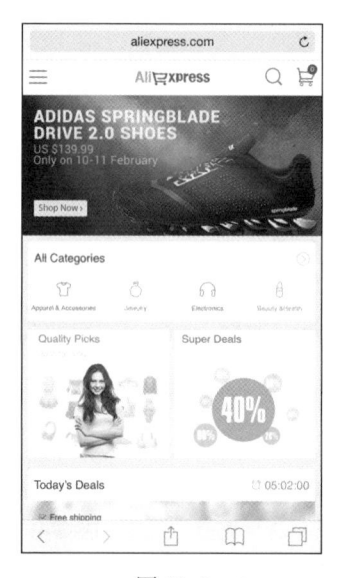

图 10-6

10.1.4　以 Android App 为例了解无线端

如图 10-7 所示为 AliExpress Android 客户端的首页设计，下面按照图中标注的序号进行讲解。

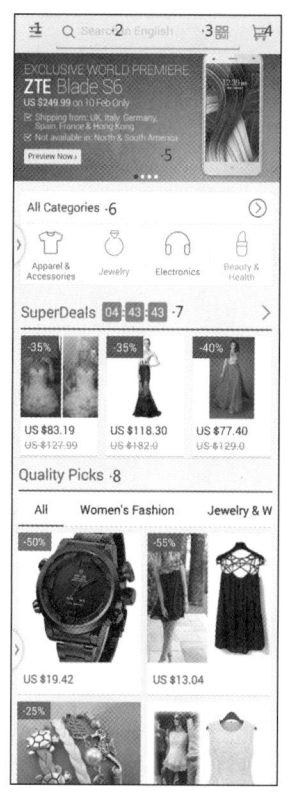

图 10-7

标注 1：快速导航栏

单击左侧图标可以打开快速导航栏，在此处买家可以快速登录，查看购物车，查看 Wish List，切换语言，如图 10-8 所示。

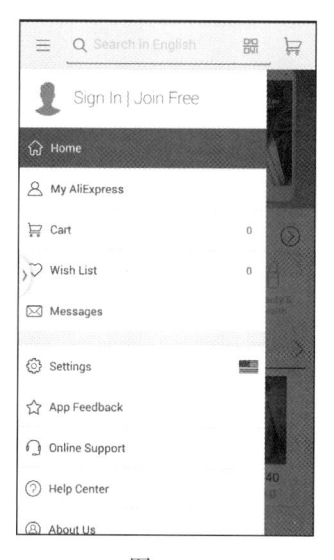

图 10-8

标注 2：无线搜索框

搜索是第一大流量和成交来源，目前无线搜索支持英语、俄语、葡萄牙语、西班牙语四种语言的搜索。

标注 3：扫码工具

使用客户端提供的扫码工具扫码，可以到达客户端的商品详情页、店铺首页或者活动页面；使用非客户端提供的扫码工具，则会到达 Msite 的相应页面。

与扫码工具相匹配的是生成二维码的工具，利用这个工具，设置了手机专享价的商品在 PC 端的商品详情页面会出现商品二维码。

标注 4：快速查看购物车

单击此图标可以快速查看购物车。

标注 5：平台活动

平台活动有两种：无线同步 PC 端的平台活动，无线组织的平台活动。无线组织的平台活动分报名活动和非报名活动两种，报名活动与 PC 端的平台活动相同，可以在营销中心里面的平台活动查看和报名，非报名活动，就是满足了某个条件就会通过算法直接生成活动，比如手机专享价活动，设置了手机专享价的商品会被自动抓取、生成在活动页面中。

标注 6：无线类目

无线类目目前是针对无线端单独搭建的，与 PC 端类目不完全一致。现在的无线类目分一二三级类目，在二级类目下除了细分的三级类目，还有通过算法取到的推荐商品，如图 10-9 所示。

图 10-9

标注 7：SuperDeals

目前无线端的 SuperDeals 商品来自 PC 端的 Super Deals 里面的 Today's Deals。以后这个区域会集合 Deals、团购和抢购等板块，如图 10-10 所示。

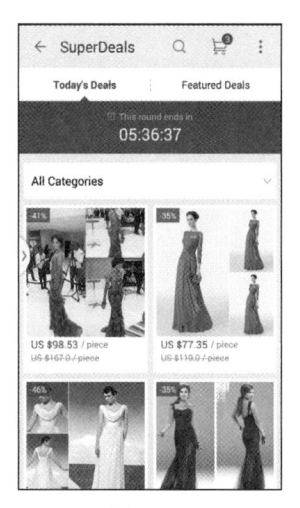

图 10-10

标注 8：Quality Picks 无线端个性化推荐

这是无线端独有的个性化推荐商品区块，根据用户的历史和实时行为，包括但不仅限于搜索、收藏、加入购物车、购买等行为，对用户进行个性化的商品推荐，如图 10-11 所示。

图 10-11

对于商品详情页，无线端用户最关注的商品详情页面的要素分别是图片、评价和描述，以下是 Android App 的商品详情页，如图 10-12 所示。这一块的优化在本书的后面会展开讲。

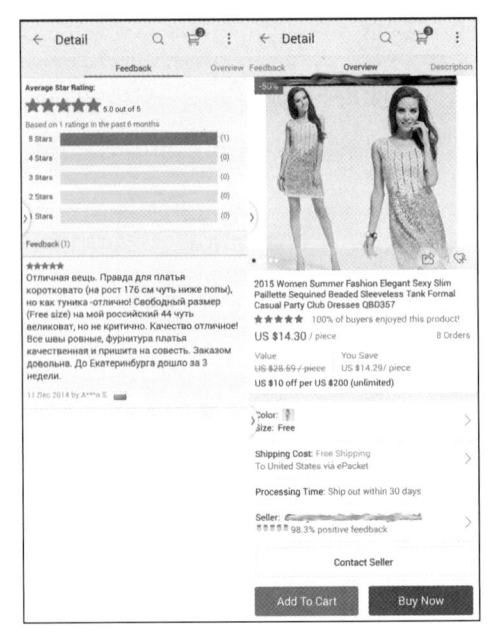

图 10-12

10.1.5 无线店铺

无线店铺主要包括三部分的内容：店铺信息区块、店铺营销区块、店铺商品区块。

店铺信息区块主要包含的内容是店铺名称、店铺信用等级标志、店铺好评率，在这个区块可以收藏店铺或者分享店铺。未收藏之前，爱心为白色，点击收藏之后，爱心变红，如图 10-13 所示。

图 10-13

点击分享之后，会唤起 Facebook、Twitter 和邮件，买家可以通过这几种方式分享店铺，如图 10-14 所示。

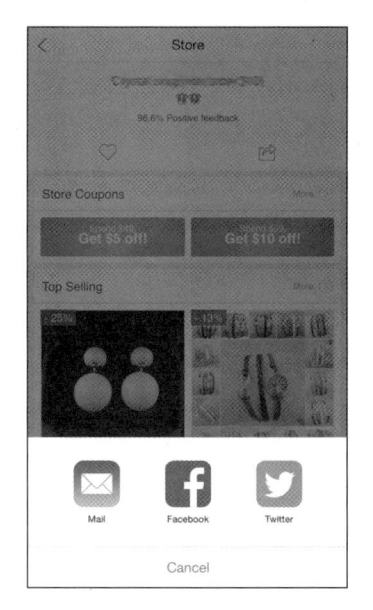

图 10-14

店铺营销区块包括店铺满减和店铺 Coupon 两部分内容,当店铺有满减或者 Coupon 的时候,这个区块才会展现,如图 10-15 所示。

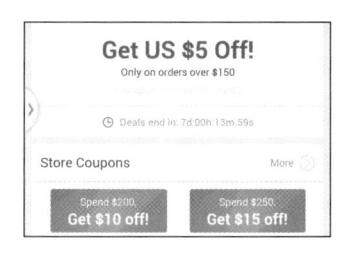

图 10-15

店铺商品区块包括店铺热销商品区块和店铺促销商品区块,每个区块 8 个主推商品,不足 8 个时按实际数量展现,没有打折商品时,只展现 Top Selling 的商品,通过点击"More"按钮可以达到所有的热销或者促销的商品,如图 10-16 所示。

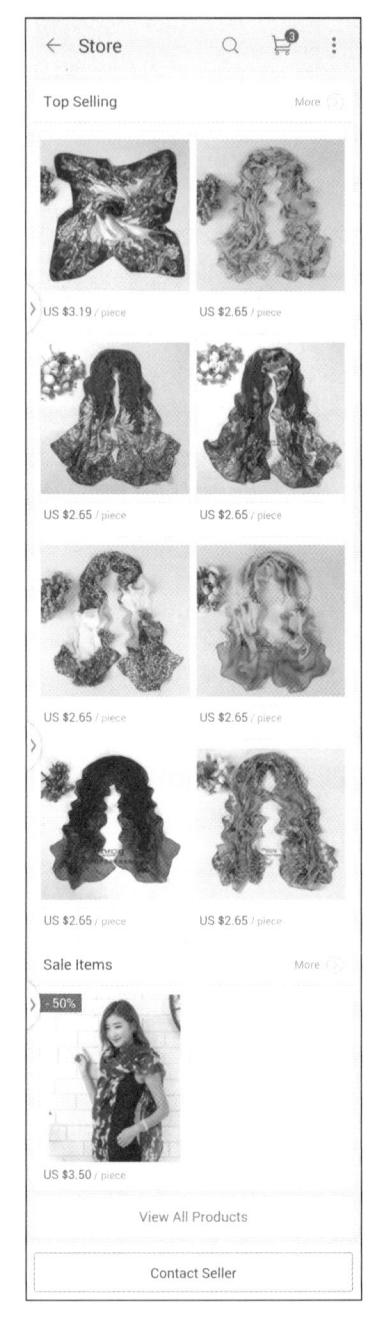

图 10-16

店铺其他的信息包括查看店铺所有商品和联系卖家，如图 10-17 所示。

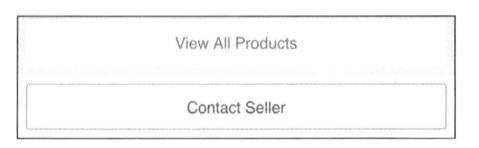

图 10-17

用户通过什么路径能够到达店铺首页？目前主要有以下几种，如图 10-18～图 10-21 所示。

- 商品详情页面里面的 Seller

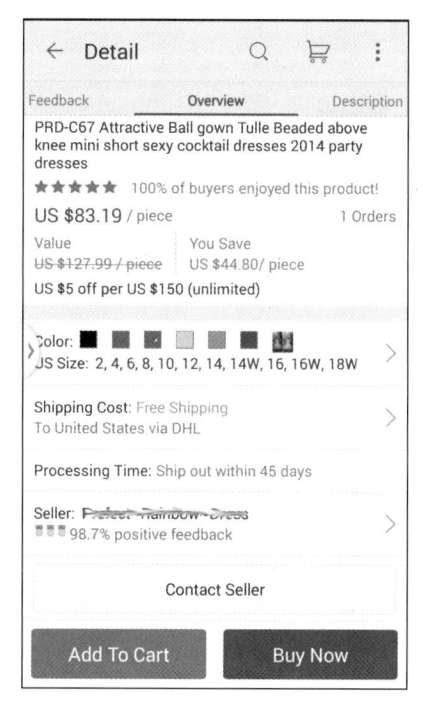

图 10-18

- Wish List 里面的 STORES

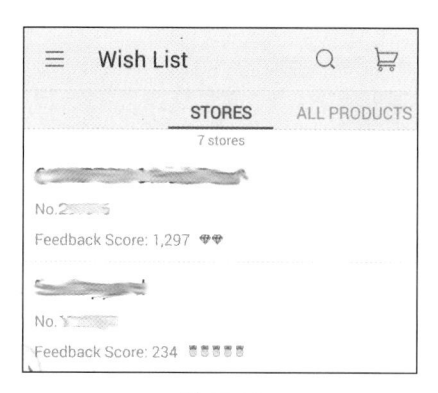

图 10-19

- 购物车里面的店铺名称

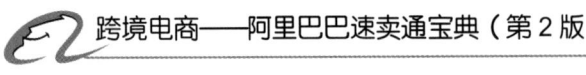

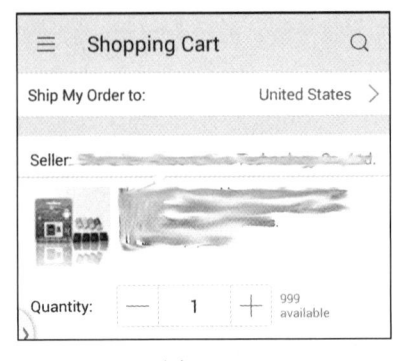

图 10-20

- 联系卖家对话框中的店铺名称

图 10-21

10.2 无线端营销工具

10.2.1 手机专享价

通过设置手机专享价，可以使用户快速地从 PC 端到达无线端。如图 10-22 所示，设置了手机专享价的商品在价格的下方出现"Save more on mobile"的字样，单击会出现扫码提示，扫码能直达无线端的商品详情页面。

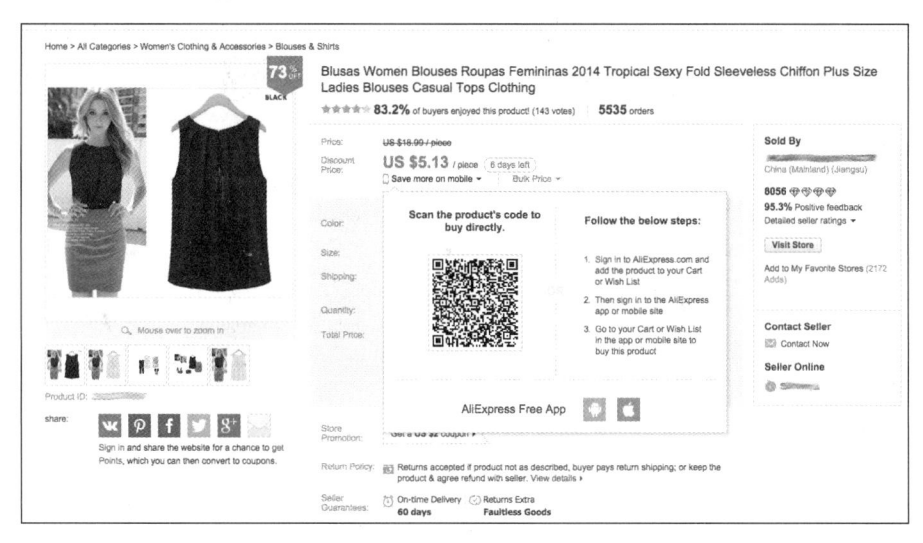

图 10-22

当你设置了更低的手机专享折扣时，你的商品在无线端重要的位置（如购物车、商品详情页及搜索结果页）均有特殊的 Logo 及优先筛选功能，买家将更容易找到你的商品，那么如何设置手机专享价呢？

1. 手机专享价的设置

进入卖家后台"营销活动"—"限时限量折扣"板块，点击"创建活动"按钮，添加你想促销的商品后即可编辑该商品在无线端专属的折扣，如图 10-23 ~ 图 10-25 所示。

图 10-23

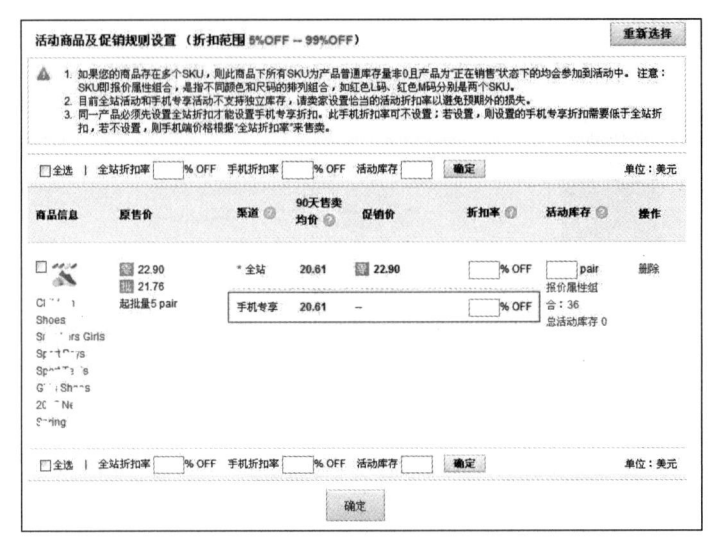

图 10-24

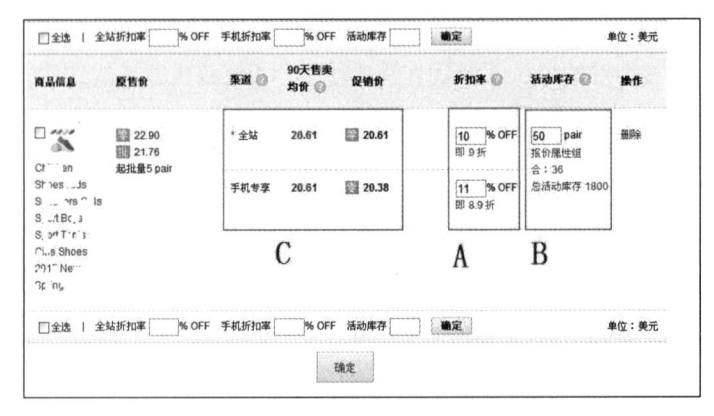

图 10-25

设置活动折扣率如图 10-25 中 A 区所示。只有在设置了手机专享折扣后，在无线端才会显示相应的活动折扣 Logo（手机折扣率可以不填，当买家通过无线端访问你的商品页面时，仍然会享受到你对该商品设置的全站折扣率，但是不会看到相应的手机专享折扣 Logo）。

如果填写全站折扣率后，又继续对该商品设置手机折扣率，PC 端将只出现全站折扣率，无线端将出现你设置的手机折扣率。比如：设置商品 A 的全站折扣率为 75% OFF，设置它的手机折扣率为 80% OFF，当促销开始后，买家通过 PC 端访问 A 商品页面时，他将看到 75% OFF 的折扣率，当他通过无线端访问时，将看到 80% OFF 的折扣率。

设置全站折扣率和手机折扣率的商品会"共享"你设置的总库存量（如图 10-25 中 B 区所示），当累积库存售罄后，商品将恢复原价，当然你可以增加促销数量，如图 10-26 所示。平台以后将进行全站折扣库存和手机专享折扣库存的拆分，另外目前设置的手机折扣价将会计入你的无线端 90 天售出价格中。

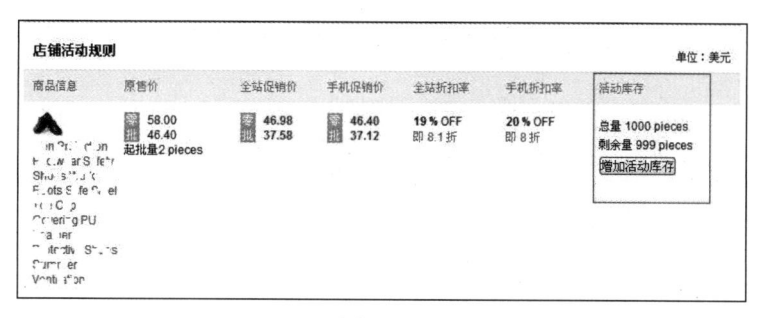

图 10-26

2. 手机专享价的展现

卖家通过速卖通后台的营销工具设置了商品的手机专享价，那么在无线端设置了手机专享价的商品是如何展现的呢？

我们以服装行业的 dress 为例，简介如下。

在无线端搜索"dress"，结果如图 10-27 所示，搜索的结果是按照默认的 Best Match 算法进行排序，我们可以看到有手机专享价的图片，从某种意义上而言，在这个搜索结果页上设置了手机专享价的商品已经获得了较高的自然搜索曝光率。

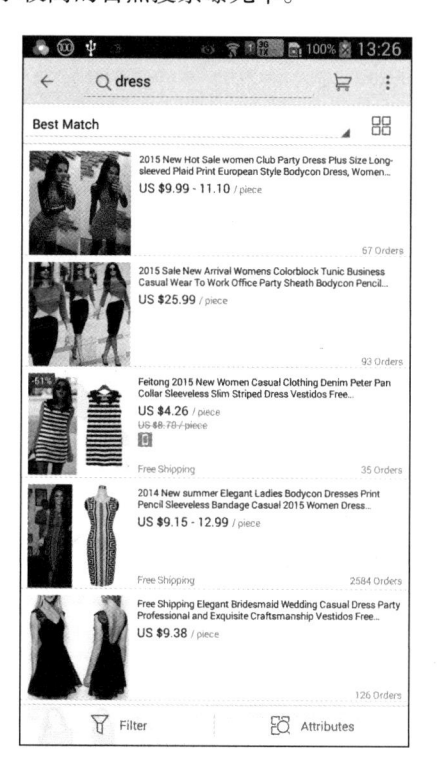

图 10-27

买家还可以点击"Filter"进行优先筛选，并且选中"Mobile Only Deal"作为筛选条件，这样得到的搜索结果将全部是设置了手机专享价的商品，如图 10-28 所示。

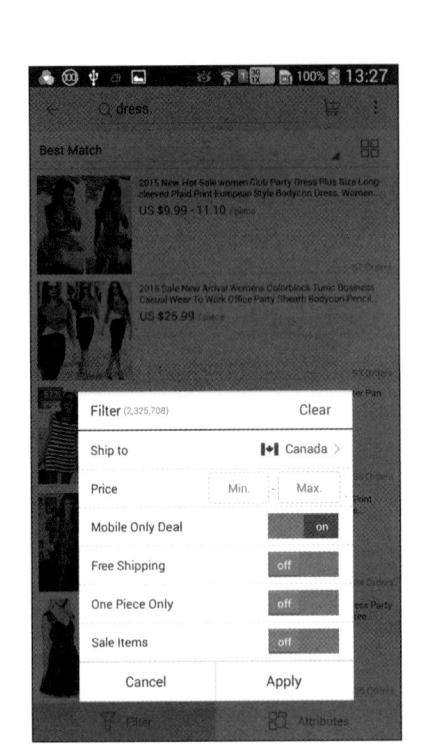

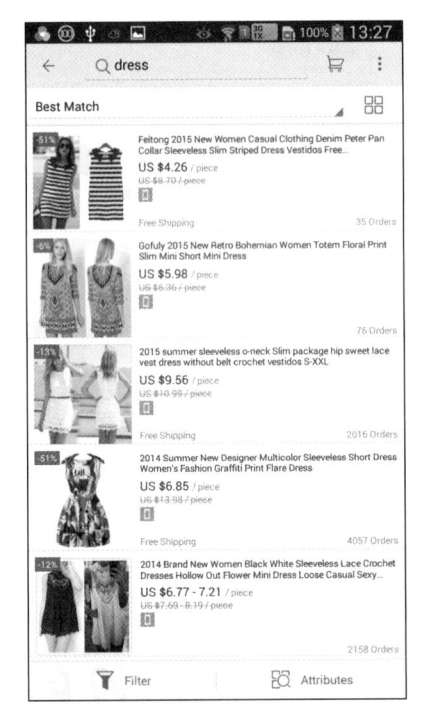

图 10-28

买家通过初步判断最终点击进入某个商品详情页后，默认进入 Overview 区块，在该区块自然也有手机专享价的 Logo，这样买家更容易找到设置了手机专享价的商品，进而促成成交转化，如图 10-29 所示。

图 10-29

10.2.2 二维码

二维码是一种能够让买家快速从 PC 端或者其他的平台跨屏到无线端的工具,目前已经实现的是设置了手机专享价的商品的二维码,之后会有更多二维码,比如店铺二维码等提供。

10.3 卖家如何运营无线端

10.3.1 无线流量获取技巧

结合前面介绍的用户查看无线端的方法和无线端的营销工具,我们可以梳理出以下的获取流量的渠道:站内部分,包括无线搜索、无线类目、活动资源、个性化推荐资源、PC 端等;站外部分,包括 SNS、物料等。

1. 无线搜索

无线端搜索结果目前的排序结果与 PC 端相同,但是接下来会做针对无线端的差异化处理。具体的差异化方向有两个。

(1) 数据无线化

在同样的维度下,系统会倾向于用无线端的数据。比如同样是转化率,目前使用的是总体转化率的数据,以后会使用无线转化率的数据。可能会受影响的搜索的模型和要素大致如下。

① 单品模型

优质因素:单品浏览量,单品点击率,单品转化率,单品收藏量,单品销量,单品反客率,单品价格,单品是否设置手机专享价,二维码营销,SNS 推广。

劣质因素:偷换宝贝,运费"倒挂",侵权扣分,重复铺货。

② 服务模型

优质因素:订单好评率,订单 DSR(货物描述相符度,运输时间,沟通能力),Top-Rated Seller,Free Shipping,海外仓,店铺服务(是否承诺 7 天无理由退换货等)。

劣质因素:裁决提起率,卖家责任率,虚假发货,成交不卖。

③ 店铺模型

优质因素:店铺信誉等级,店铺收藏量,店铺转化率,店铺销售量,店铺转化率。

劣质因素:全店滞销率。

④ 文本模型

优质因素:产品类目匹配度,属性匹配度,属性填全率,宝贝描述。

劣质因素：属性错填，关键属性缺失，类目错选，宝贝描述不匹配。

（2）产品优质化

在无线端，由于展现的界面比较紧凑，更需要用优质的商品和服务来尽快抓住买家，因此，无线端未来的搜索趋势会更倾向于推荐优质的产品，这个"优质"包括但不仅限于以下几个方面：商品评价、卖家的服务等级"优质"，商品图片和标题的"优质"。

这里有些小技巧，在无线端搜索时，会有一些联想词出现，这些词一般都是比较热的相关搜索词，如图10-30所示。另外，目前无线搜索支持多语言搜索，使用多语言的词能在一定程度上提升流量。

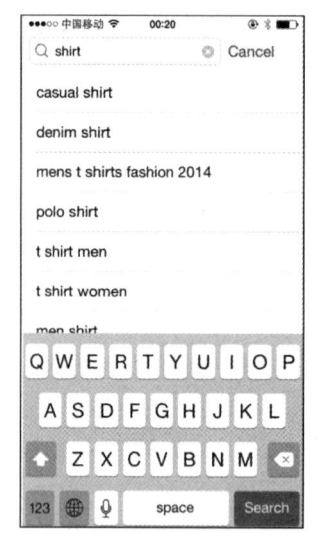

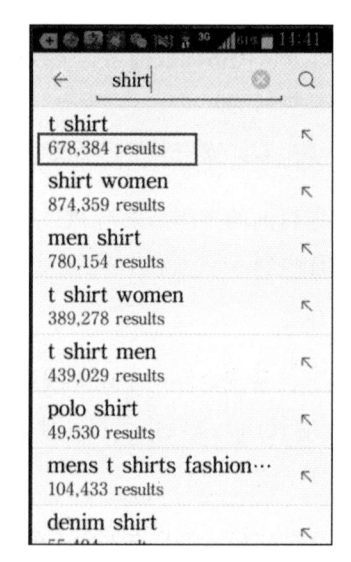

图10-30

2. 无线类目

我们以Android App下的Apparel—Women—Dresses为例，来看下如何利用无线类目来引流。在到达三级类目的时候，我们可以看到具体的三级类目下面的商品数量。

技巧一：选择产品类目时需要选择与客户搜索匹配度比较高的类目，当你不确定自己的产品属于那个产品类目时，可以进入一级目录、二级目录及三级目录，查看该目录下产品的类型，从而进行判断，如图10-31所示。

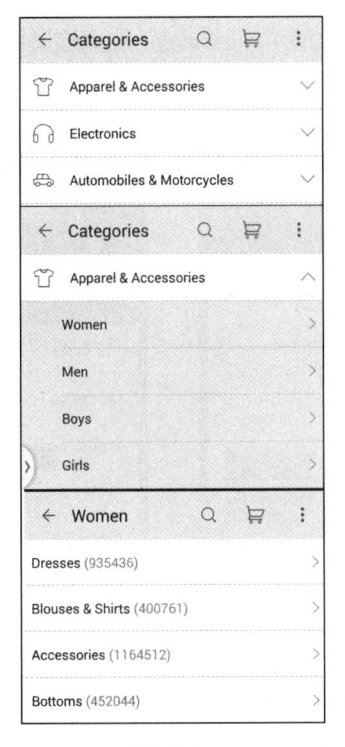

图 10-31

技巧二：要利用好类目下的筛选和排序项。在大的类目下，买家会通过筛选或者排序来缩小结果数，以便更好地找到所需的商品，如图 10-32 所示。比如通过左上方这些筛选项，包括图中所示的匹配方式，默认是 Best Match 的方式，但是也可以通过其他方式进行排序。

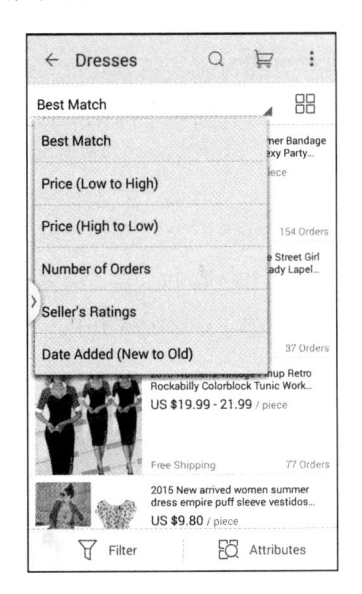

图 10-32

如图 10-33 所示，左下方的"Filter"筛选项可以筛选是否包邮，是否设置手机专享价等买家比较关注的优惠方式。而右下方的"Attributes"能筛选出该类目下的符合某些特征的商品。这里就要求各位卖家在发布商品时，注意准确、完善，尽量完整地填写商品的属性。

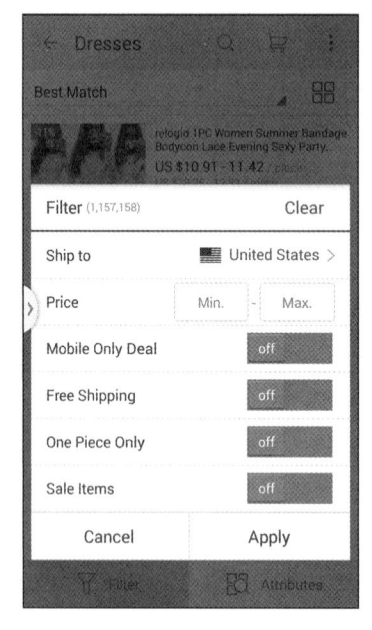

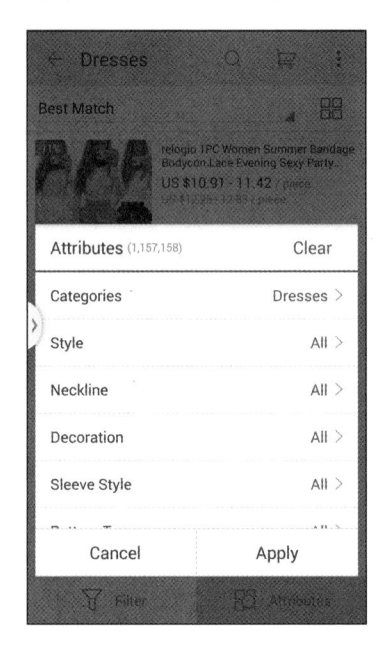

图 10-33

3．活动资源

关注卖家后台营销中心里面的活动报名，如果该活动报名需要同时报 PC 端活动和无线端活动时，尽量两个都报。在无线端的活动页面中，报了无线端活动的商品会有标志。

4．个性化推荐资源

在前面的简介中可以看到，个性化推荐的区块，只展现商品的主图和价格，所以需要更好地优化商品的主图。

5．PC 端

利用二维码，引导用户从 PC 端"跨屏"到无线端购买，培养买家在无线端购买商品的习惯。因为买家在无线端的购买频次高于 PC 端，所以可以在一定程度上提升流量和成交额。

6．SNS

无线端的拍照和分享都很方便，并且在无线端商品详情页面和无线端店铺的首页，都有明显的分享工具。在评价的页面，买家也可以方便地拍照评价，并且把照片分享到 Instagram。各位卖家可以引导买家利用无线端进行分享。虽然 SNS 不只是在无线端使用，但是目前大多数用户都是在无线端使用 SNS，所以这种分享也能带来无线流量的提升。

这里以目前假发行业的卖家为例，假发行业卖家长期以来都在积极地拓展 SNS 渠道，比如之前很火的YouTube，现在的Instagram，而效果也非常明显，整个假发行业平均50%～60%的成交都在无线端产生，如图10-34所示。

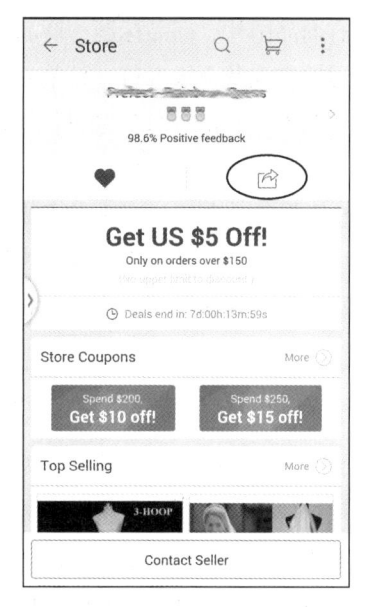

图10-34

7．其他技巧

可以利用快递包裹里面的出货单，或者其他物流的物料，比如快递箱等，通过二维码之类的方式引导用户分享和快速到达无线店铺或者商品页。

10.3.2　无线端转化率的提升技巧

由于无线访问的特殊性，无线端商品与PC端商品展现在买家面前的信息会有不同之处，当然也各有侧重。PC端的商品详情页可以最大限度地通过不同形式展示商品和进行关联推荐等，而无线端受限于屏幕大小，以及无线用户单次访问时间短的特性，商品详情页的内容直观、简明、有重点显得尤为重要。目前，无线端和PC端共用同一个商品详情页面。下面我们以Android App为例，具体看看无线端商品详情页所展示的信息，以及卖家如何通过无线端商品展示的特点进行有效地优化以获得较高的转化率。

Android App无线商品详情页分为三个区块，分别是Feedback、Overview和Description。通过对无线端的买家调研发现，买家在无线端商品详情页面最关心的是商品的主图、其他买家的评价及描述。无线端的功能设计，方便买家在这三个区块之间通过左右滑动自由切换，就同一个无线商品而言，增加了商品Feedback和Description内容的曝光权重，为无线端买家提供更好的参考，以决策其购买行为。

509

1. Overview 区块

当买家点击某个商品时，默认进入的界面就是 Overview，这个区块直观地反映着商品的概况，主要元素有商品图片、商品标题、商品好评率、商品价格、商品促销信息、商品颜色尺码及下级入口、运输方式及下级入口、订单处理时间等。同时这个区块还展示着卖家店铺名称和店铺好评率及下级入口。在这个区块的最下端有两个按钮，分别是"Add To Cart"和"Buy Now"，是用于买家移动端直接转化的工具，这两个功能按钮也是 Overview 区块及该区块部分下级入口所特有的，在另外两个区块 Feedback 和 Description 是没有的。在这个区块非常值得一提的是图片，相信卖家已经发现，在整个无线商品详情页面的首屏，绝大部分区域都是图片，这些图片可以点击放大观看，且在无线端，手机左右滑动比较方便。在图片区域的右下角有收藏和分享按钮。

下面是针对 Overview 区块部分内容设置的建议。

（1）充分利用好所有主图，多角度展现商品。主图的视觉效果直接影响到是否能留住无线端买家，尽量让用户在主图部分就能了解商品外观等信息。图片尽量放满 6 张，最大限度地满足买家视觉需求。首张图不宜过度拼接，以免看不清。图片不宜太大，以免影响无线端加载速度。剩余图片可以从多角度反映商品属性细节。不建议在图片上加入太多文字性内容，受限于移动端局限性，图片上加过多文字或许适得其反，影响买家对商品页面的访问深度。

（2）设置标题时把主要关键词尽量前置，其余关键词后置，充分利用移动终端买家的视觉区域特点，如图 10-35 所示。

图 10-35

2．Feedback 区块

Feedback 区块主要提供的是买家对该商品的评分细节，包括评分星级、主观评论和买家晒图。与 PC 端呈现的内容和目的基本一致，通过以往买家的真实体验和评论为潜在买家提供参考，平台在无线端功能设计上有意将这部分内容尽可能曝光在买家面前，因此对于卖家而言要重点关注 Feedback。

下面是针对 Feedback 区块的建议。

（1）严格把控产品质量，提升服务水平，有针对性地引导已经购买的用户做正面的评价。

（2）通过一定的方法鼓励买家"晒图"，买家的评价对后续买家的购买有很大的参考作用，而其中带买家"晒"的图的评价对买家来说尤其有参考价值，如图 10-36 所示。与模特图相比，买家"晒"的图可以让其他买家更真实地了解商品，缩小实物与模特图之间的心理差距，避免这方面产生的交易纠纷。

（3）无线端买家"晒"的图还能分享到 Instagram 之类的 SNS 平台，各位卖家可以利用无线端拍照方便的优势和分享的便捷性，引导用户拍照和分享。

图 10-36

3．Description 区块

Description 是买家基于在 Overview 区块对商品概况的了解，并参考其他买家评价之后进一步深度访问的区块。区块从上到下排列，最上方是平台系统商品属性及自定义属性展示，之后便是卖家自行设置的商品信息展示。下面我们将重点关注卖家自行设置的商品信息，这也是与 PC 端的一个较大的不同之处。

我们先来看一个案例，如图 10-37～图 10-44 所示是某一商品详情页面，图片是其 Android 手机端商品详情页的 Description 区块截屏。在无线端浏览该商品时相对而言比较流畅，Description 页面设置从上到下分屏，可自然向下滑动浏览，不需要左右滑动或者专门放大来查看 Description 区块的内容，可见该商品在无线端的展示是比较符合无线端特点和用户实际需求的。

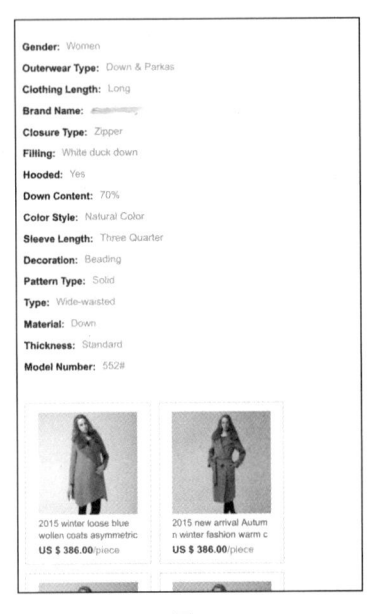

图 10-37

图 10-38

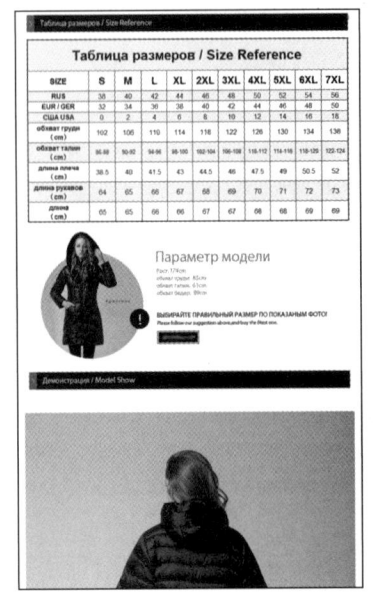

图 10-39

图 10-40

图 10-41

图 10-42

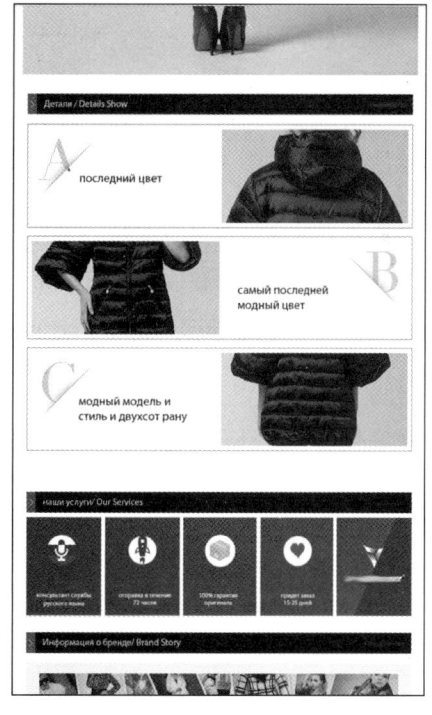

图 10-43

图 10-44

对于这个举例 Description 区块，还有几个值得学习的地方。

（1）对服饰很重要的信息度量标准和尺码表以图片的形式展现，并且这部分的内容设置比较合理，使得在无线端的买家也能比较清楚地了解尺码信息。

（2）该卖家可能有比较多的俄语系买家，所以商品详情页面做了英语和俄语的设置，帮助非英语买家读懂商品的描述。

（3）控制了关联推荐的商品数，使得关联商品不会抢了主商品的"风头"。

当然，针对这个案例，还是有一些可以优化之处的。

（1）可以把最重要的信息，比如尺码之类提前展示。

（2）为了更好地兼顾 PC 端和无线端的展示，可以考虑将关联推荐的商品放在最重要的主商品信息后面展示，否则在无线端，一屏内看不到主商品的有效信息。

（3）如果详情页面的内容特别多的话，建议做一下精简。

无线端和 PC 端 Description 的内容设置和排版整体上是相似的，但在某些方面有较大差异，下面是针对 Description 区块内容设置的建议。

（1）进行图文描述时注意重点内容放在前面展示，图片和文字分离，以便更好地在无线端展示，这与 PC 端有较大差异。

（2）考虑到移动设备流量问题，图片大小、图片清晰度、构图比例和字体大小等都将直接影响 Description 区块效果的好坏。例如图片不宜太大，以免影响无线端加载速度，导致买家流失。再比如构图比例，建议单屏只有一个或两个小模块的划分，这样能让买家清晰地看到商品效果，宁愿屏数多，也不要单屏里面小图多，这些会直接影响无线端流量的转化。

（3）文本形式的文字尽量少而精，并且字体不宜过小，颜色不宜过多。图片上不宜加太多文字，图片不宜使用太多色彩，所有内容能小则小。

（4）如果要在无线端 Description 区块设置商品推广图，背景一定要简洁，可精简文字，适当放大字号。

（5）关联销售一般具有超链接，而且受限于移动设备排版的问题，建议将关联销售模块尽量放在靠近下面的位置。

（6）某些行业商品的尺码表或描述表格尽量做成图片形式予以展现，但要注意图片大小。

（7）建议优化完成之后要在无线端验证，从自己的角度出发，验证用户是否能简单、清晰地了解商品信息。

电子工业出版社优秀跨境电商图书

阿里巴巴官方跨境电商系列

跨境电商物流 阿里巴巴速卖通宝典
书号：978-7-121-27562-3
定价：49.00元
配有PPT 

跨境电商客服 阿里巴巴速卖通宝典
书号：978-7-121-27620-0
定价：55.00元
配有PPT

跨境电商美工 阿里巴巴速卖通宝典
书号：978-7-121-27679-8
定价：69.00元
配有PPT 

跨境电商营销 阿里巴巴速卖通宝典
书号：978-7-121-27678-1
定价：78.00元 
全彩印刷
配有PPT

跨境电商数据化管理 阿里巴巴速卖通宝典
书号：978-7-121-27677-4
定价：49.00元
配有PPT 

跨境电商SNS营销与商机 阿里巴巴速卖通宝典
书号：ISBN 978-7-121-32584-7
定价：89.80元
配有PPT 

跨境电商运营与管理 阿里巴巴速卖通宝典
书号：ISBN 978-7-121-32582-3
定价：59.00元
配有PPT 

跨境电商视觉呈现 阿里巴巴速卖通宝典
书号：ISBN 978-7-121-32583-0
定价：59.00元 
全彩印刷
配有PPT

新电商精英系列教程 跨境电商
书号：ISBN 978-7-121-36615-4
定价：79.00元

跨境电商图书兄弟篇

跨境电商运营从基础到实践
ISBN 978-7-121-39147-7
定价：69.00元
出版日期：2020年6月
柯丽敏 等著
主要内容：以跨境电商的业务流程为主体框架，结合跨境电商案例，系统全面地介绍了跨境电商的理论与实际操作。
跨境电商名师力作。
从基础到实践，跨境电商精英之路。
配有PPT

跨境电商多平台运营（第3版）：实战基础
ISBN 978-7-121-38644-2
定价：79.00元
出版日期：2020年4月
易传识网络科技 主编 丁晖 等编著
主要内容：第3版对全书的内容和目录做了重新编排，力求结构分明、兼顾跨境电商新手和老手的需要。
畅销教程全新升级，兼顾跨境电商从业者与院校学员，提供PPT支持。
配有PPT 

跨境电商——阿里巴巴速卖通宝典（第2版）
ISBN 978-7-121-26388-0
定价：79.00元
出版日期：2015年7月
速卖通大学 编著
主要内容：阿里巴巴速卖通运营。
阿里巴巴官方跨境电商B2C权威力作！
第2版全新升级！持续热销！

亚马逊跨境电商运营宝典
ISBN 978-7-121-34285-1
定价：69.00元
出版日期：2018年6月
老魏 著
作者拥有12年外贸和跨境电商从业经历，助你系统解决亚马逊运营痛点。

阿里巴巴国际站"百城千校·百万英才"跨境电商人才认证配套教程　教程与PPT咨询，请致电编辑：010-88254045

从0开始 跨境电商实训教程
阿里巴巴（中国）网络技术有限公司　编著
ISBN 978-7-121-28729-9
适用于一切需要"从零开始"的跨境电商企业从业人员和院校学员。
配有PPT 

跨境电商B2B 立体化实战教程
阿里巴巴（中国）网络技术有限公司
浙江商业职业技术学院　编著
ISBN 978-7-121-35828-9
图书+PPT课件+在线视频学习资源+跨境电子商务师认证
配有PPT